SOCIO
LOGIA
GERAL

O GEN | Grupo Editorial Nacional – maior plataforma editorial brasileira no segmento científico, técnico e profissional – publica conteúdos nas áreas de ciências sociais aplicadas, exatas, humanas, jurídicas e da saúde, além de prover serviços direcionados à educação continuada e à preparação para concursos.

As editoras que integram o GEN, das mais respeitadas no mercado editorial, construíram catálogos inigualáveis, com obras decisivas para a formação acadêmica e o aperfeiçoamento de várias gerações de profissionais e estudantes, tendo se tornado sinônimo de qualidade e seriedade.

A missão do GEN e dos núcleos de conteúdo que o compõem é prover a melhor informação científica e distribuí-la de maneira flexível e conveniente, a preços justos, gerando benefícios e servindo a autores, docentes, livreiros, funcionários, colaboradores e acionistas.

Nosso comportamento ético incondicional e nossa responsabilidade social e ambiental são reforçados pela natureza educacional de nossa atividade e dão sustentabilidade ao crescimento contínuo e à rentabilidade do grupo.

Eva Maria Lakatos
Marina de Andrade Marconi

SOCIOLOGIA GERAL

8ª EDIÇÃO

Inclui a Sociologia da internet e das redes sociais

Atualização
Roberto Jarry Richardson

- As autoras deste livro e a editora empenharam seus melhores esforços para assegurar que as informações e os procedimentos apresentados no texto estejam em acordo com os padrões aceitos à época da publicação, *e todos os dados foram atualizados pelas autoras até a data de fechamento do livro.* Entretanto, tendo em conta a evolução das ciências, as atualizações legislativas, as mudanças regulamentares governamentais e o constante fluxo de novas informações sobre os temas que constam do livro, recomendamos enfaticamente que os leitores consultem sempre outras fontes fidedignas, de modo a se certificarem de que as informações contidas no texto estão corretas e de que não houve alterações nas recomendações ou na legislação regulamentadora.

- As autoras e a editora se empenharam para citar adequadamente e dar o devido crédito a todos os detentores de direitos autorais de qualquer material utilizado neste livro, dispondo-se a possíveis acertos posteriores caso, inadvertida e involuntariamente, a identificação de algum deles tenha sido omitida.

- **Atendimento ao cliente: (11) 5080-0751 | faleconosco@grupogen.com.br**

- Direitos exclusivos para a língua portuguesa
  Copyright © 2019, 2022 (2ª impressão) by
  Editora Atlas Ltda.
  Uma editora integrante do GEN | Grupo Editorial Nacional

- Travessa do Ouvidor, 11
  Rio de Janeiro – RJ – 20040-040
  www.grupogen.com.br

- Reservados todos os direitos. É proibida a duplicação ou reprodução deste volume, no todo ou em parte, em quaisquer formas ou por quaisquer meios (eletrônico, mecânico, gravação, fotocópia, distribuição pela Internet ou outros), sem permissão, por escrito, da Editora Atlas Ltda.

- Capa: OFÁ Design | Manu

- Imagens de capa: Orbon Alija; RyanJLane; Maxiphoto; peeterv; FernandoPodolski; Tinnakorn; Jorruang; missbobbi | iStockphoto

- Editoração Eletrônica: Set-up Time Artes Gráficas

- Ficha catalográfica

**CIP-BRASIL. CATALOGAÇÃO NA PUBLICAÇÃO
SINDICATO NACIONAL DOS EDITORES DE LIVROS, RJ**

Lakatos, Eva Maria

Sociologia geral / Eva Maria Lakatos, Marina de Andrade Marconi. - 8. ed. [2a Reimpr.] - São Paulo: Atlas, 2022

ISBN: 978-85-97-01863-9

1. Sociologia. 2. Sociedade da informação. I. Marconi, Marina de Andrade. II. Título.

18-54064   CDD: 301
  CDU: 316

Vanessa Mafra Xavier Salgado - Bibliotecária - CRB-7/6644

Dedico este livro ao Prof. Haddock Lobo, ao meu Pai e à memória de minha Mãe.

Prefácio à 8ª edição

Edições anteriores de *Sociologia geral* têm confirmado a sua importância para o estudo da sociologia no Brasil. Apresenta uma cobertura abrangente de conceitos fundamentais, origem e desenvolvimento da ciência, pensadores famosos e principais teorias. O conteúdo apresentado nos ajuda a compreender que a sociologia é uma ciência, não só senso comum, nos ajuda a compreender o nosso cotidiano, a entender por que e como a sociedade muda e, por último, nos fornece perspectivas teóricas para enquadrar esses entendimentos e métodos de pesquisa em um trabalho que contribua ao desenvolvimento social.

Em geral, o texto ajuda ao leitor que se dedica ao estudo da sociologia a compreender as relações e interações que compõem nosso mundo social, mundo que inclui tudo o que constitui a vida coletiva de grupos de pessoas... sua economia, suas políticas, suas vidas mentais partilhadas, suas culturas etc.

No entanto, nas últimas décadas a situação social do mundo tem mudado fundamentalmente. Estamos vivendo uma época sem precedentes para estudar as bases da sociologia. Seu objeto de estudo: a sociedade, está vivendo uma profunda crise social, econômica e cultural, produzida pela incapacidade dos paradigmas vigentes de responder às necessidades e aspirações de grande parte da população mundial. Nestes momentos de crise é necessário, mais do que nunca, uma ciência que colabore na compreensão e enfrentamento dos obstáculos que prejudicam o seu desenvolvimento socioeconômico.

Conceitos tais como, Leste, Oeste, modernidade, proletariado etc., ficaram obsoletos. A modernidade ou Idade Moderna, que pode ser caracterizada como a época da valorização e crença nas noções de verdade, razão, objetividade e determinismo, fé inabalável no progresso científico e na emancipação universal, fracassou. A convicção tradicional de que a razão é um princípio unificador válido, faliu. O progresso científico e o desenvolvimento tecnológico provocaram duas vias de acesso, de forma que ao mesmo tempo em que tornou o mundo melhor, trouxe consigo as guerras mundiais, o holocausto.

Surgem novas teorias que compreendem que nas sociedades do século XX, o indivíduo ficou cada vez mais fragilizado ante as forças do mercado ou do Estado que organizaram a sociedade a seu critério. O que estava em jogo ou que estava sendo questionado era a capacidade dos indivíduos de reger os seus próprios destinos, pois existem forças que os dominam, os subordinam (como o Estado, o mercado, as tecnologias, as crises econômicas, as máquinas burocráticas, as grandes empresas etc.). Confrontados com essa situação de fragilidade do indivíduo para lidar com o seu próprio destino, a teoria sociológica começou a produzir suas próprias respostas.

Assim, considerando a urgência de um texto que procure as origens e desenvolvimento da sociologia para repensar seus fundamentos, propõe-se a presente atualização.

Nos dias atuais, a sociologia procura consolidar sua posição como ciência, buscando novos caminhos que lhe permitam uma melhor compreensão da ação ante os novos fenômenos que aparecem na mudança de século. Em escala global, verifica-se o aprofundamento do

VIII **Prefácio à 8ª edição**

processo de globalização da economia e da informação, potencializado sobretudo pela Revolução Digital, que, tornou-se uma revolução no século XXI. As principais invenções deste século se encontram nas áreas de eletrônica e telecomunicações. Uma das consequências desse processo é que a cultura, as relações sociais e as instituições se alteraram profundamente com o surgimento de novas formas de comunicação vinculadas às tecnologias digitais. Tais transformações sociais impactaram o modo como fazemos ciência, reverberando, também, na disciplina da sociologia. Assim, a atualização do texto inclui dois capítulos que tratam especificamente do tema.

As *tecnologias de informação e comunicação* (TICs) são componentes vitais nas transformações socioeconômicas da atualidade. A internet é o epicentro pelo qual transitam a inovação, a inquietação e as novas ideias nos mais diversos campos. É também um pilar fundamental para a construção de uma sociedade do conhecimento que inclua todos e permita o acesso universal à informação e à liberdade de expressão.

Além disso, o texto faz referência específica aos seguintes assuntos preeminentes da atualidade:

Gênero. A importância de uma "perspectiva de gênero" nas políticas de desenvolvimento tem sido introduzida nas últimas décadas como elemento transversal e essencial nos projetos sociais. Na verdade, a importância do papel da mulher no desenvolvimento sustentável da sociedade já não é um tema apenas teórico ou uma discussão meramente intelectual. É um fato objetivo e urgente, que une as mulheres de todo o mundo na consciencialização do seu papel fundamental para que esse desenvolvimento sustentável seja alcançado.

A **pobreza** crescente pela má distribuição da renda. A percepção de incompetência do sistema econômico e político se soma ao desconforto de saber que, nos grandes centros, milhares de pessoas não se encontram sob a vigilância das instituições sociais, vivem como podem, à deriva e à revelia dos planejamentos oficiais. Cria-se, em relação a essa população, um sentimento de desconfiança e de insegurança.

Desequilíbrio ecológico causado pelo ser humano e que nos afeta diretamente com terremotos, tsunamis etc.

Esses são problemas graves existentes na sociedade do século XXI, que só serão resolvidos com uma participação solidária de cada um de nós. A responsabilidade da sociologia não é muito grande (estudar a sociedade), mas, se cumprida, temos a possibilidade de viver em um mundo melhor. O público espera que o sociólogo opine sobre a situação social. Devemos ter confiança em nós para que esse público tenha confiança em nosso trabalho. Assim, o presente texto é dedicado a pessoas que procuram ir além de ditados populares ou respostas superficiais a problemas profundos. Pessoas que desejam compreender o que é a sociedade, o social e os múltiplos problemas que surgem em nosso cotidiano para colaborar na sua solução.

Roberto Jarry Richardson

Prefácio à 7ª edição

Ciência muito nova, tratando de problemas ante os quais não é fácil assumir atitudes objetivas, a sociologia ainda se encontra em fase de arriscadas hipóteses e acaloradas controvérsias. As divergências entre as múltiplas interpretações e doutrinas estendem-se à própria linguagem empregada pelos autores mais acatados. E daí as frequentes confusões e dúvidas experimentadas pelos que se iniciam no conhecimento das respectivas questões.

É principalmente para vir em auxílio de tais estudiosos que Eva Maria Lakatos, muito convenientemente, lança o livro intitulado *Sociologia geral*. Aproveitando a experiência de valiosos esforços da indagação e vários anos de docência no ensino superior, essa pesquisadora e professora apresenta uma obra que vem atender, de maneira satisfatória, às aludidas dificuldades. Isso porque ela consegue expor, com clareza e proficiência didática, as principais teorias e diretrizes adotadas em nossos dias, explicando com inteira fidelidade os pontos de vista dos líderes consagrados. Trata-se de árdua tarefa, que somente poderia levar a cabo uma especialista de invejável capacidade de trabalho e de espírito lúcido e desapaixonado.

Não se limita a Dra. Eva Maria Lakatos a sintetizar com acerto as doutrinas, mas esmera-se em apontar a significação (ou significações) em que são tomadas as palavras-chave utilizadas pelos mais influentes defensores das diversas escolas. E, como não poderia deixar de ser, aponta as soluções para os problemas cruciais da matéria, disso se desincumbindo com exemplar isenção de ânimo.

Sociologia geral, portanto, além de dar o exemplo de atitudes despidas de dogmatismos ou sectarismos, proporciona as informações básicas, indispensáveis a quantos seriamente tencionam empenhar-se nos estudos referentes à estrutura e mudanças das sociedades.

Deve-se realçar que bastante valorizou a obra a colaboração da antropóloga Dra. Marina de Andrade Marconi, especialmente nos capítulos referentes à cultura e às instituições, cujo assunto se prende tanto à sociologia como à antropologia.

Quem tiver ensejo de aproveitar tão oportuno trabalho deixará de ficar perplexo ante os termos integrantes do intrincado glossário sociológico, e poderá formar uma noção adequada das mais difundidas posições doutrinárias da atualidade. Esta publicação surge num momento em que, no Brasil, fortemente se faz sentir a sua necessidade. Logrará, por certo, aceitação tão ampla quão merecida e proveitosa.

R. Haddock Lobo

Nota da autora à 6ª edição

Em nova edição, este texto traz uma série de modificações e acréscimos, a maior parte dos quais levando em consideração valiosas sugestões dadas por colegas professores, que adotaram o livro. Temos procurado, a cada nova edição, sem perder de vista as finalidades didáticas do texto, incorporar o que de novo se tem analisado na sociologia, quer as mudanças sejam de natureza teórica – teorias de amplo ou de médio alcance – quer conceituais ou de enfoque. É característico de uma ciência dinâmica, como a sociologia, seu constante aperfeiçoamento, alterando e ampliando sua estrutura, seu conteúdo, suas relações com as outras Ciências Humanas e sua metodologia. Assim, para quem como nós não compreende a ciência como um todo acabado, há e sempre haverá muito o que modificar, principalmente em se tratando de texto didático que, por sua própria natureza, deve posicionar-se na vanguarda, renovando-se e sendo acrescido das novas correntes que surgem e se afirmam no exame científico da sociedade.

Independentemente de modificações, este texto, desde sua origem até sua atual forma, muito deve a colegas e amigos, a quem reitero meus agradecimentos:

- Prof. Haddock Lobo, de saudosa memória, incentivador desses escritos em seu nascedouro.
- Prof. Delorenzo Neto, orientador de nossa carreira universitária e crítico sempre estimado deste texto.
- Profa. Marina de Andrade Marconi, amiga e colaboradora, sempre presente com suas sugestões; a troca de ideias e discussões com uma antropóloga, em nosso entender, enriquece sobremaneira o texto, dadas as estreitas relações entre as modernas correntes da sociologia e da antropologia, ambas integrando o agrupamento mais amplo das ciências do comportamento. Além de seu apoio, da primeira à última linha deste livro, são de sua autoria os capítulos "Cultura e Sociedade" e "Instituições Sociais".
- Professores Pe. Walmor Zucco, Juventino de Castro Aguados, Edina Watfa Elid Duenhas, Juan Antonio Rodrigues Fernandes e Osimar de Carvalho Lyra, cujas proveitosas sugestões foram de grande valia.

Queremos estender nossa gratidão a:

- Luiz Herrmann, Diretor-Presidente da Editora Atlas S.A., por tornar possível o trabalho de escrever obras didáticas, com seu apoio e compreensão.
- Ailton Bomfim Brandão, Diretor de Marketing da Editora Atlas S.A., pois seus conselhos e orientação foram essenciais à nossa atividade.

Eva Maria Lakatos

Sumário

1 Ciências sociais e sociologia, 1
1.1 Características da ciência, 2
1.2 Conhecimento, 3
    1.2.1 Tipos de conhecimento, 3
1.3 Três níveis de conhecimento científico: inorgânico, orgânico e superorgânico, 5
1.4 Ciências sociais ou humanas – classificação, 5
    1.4.1 Antropologia cultural, 6
    1.4.2 Direito, 6
    1.4.3 Economia, 7
    1.4.4 Política, 7
    1.4.5 Psicologia social, 7
    1.4.6 Sociologia, 8

2 História da sociologia, 9
2.1 Consequências da industrialização, 10
2.2 Origem da sociologia, 11
    2.2.1 Os pensadores helênicos, 11
    2.2.2 A Idade Média, 12
    2.2.3 A Renascença, 12
    2.2.4 O século XVIII, 12
2.3 Precursores da sociologia, 13
    2.3.1 Emmanuel Joseph Sieyès (1748-1836), 13
    2.3.2 Claude-Henri De Rouvroy, Conde de Saint-Simon (1760-1825), 14
2.4 Fundadores da sociologia, 15
    2.4.1 Auguste Comte (1798-1857), 15
    2.4.2 Herbert Spencer (1820-1903), 17
    2.4.3 Karl Marx (1818-1883), 17
    2.4.4 Émile Durkheim (1858-1917), 18
    2.4.5 Max Weber (1864-1920), 20

3 A sociologia como ciência, 23
3.1 O desenvolvimento da sociologia no século XX, 24
    3.1.1 Positivismo, 25
    3.1.2 Estruturalismo (europeu), 28

XIV Sumário

3.1.3 Estrutural-funcionalismo, 31
3.1.4 A perspectiva do conflito, 33
3.1.5 Teoria crítica, 37
3.1.6 Contribuições mais importantes, 38

4 Desenvolvimento geográfico da sociologia, 47
4.1 A sociologia nos Estados Unidos, 48
4.2 A sociologia na Europa, 48
4.3 A sociologia na América Espanhola e Portuguesa, 49
4.4 A sociologia no Brasil, 50
4.5 Desenvolvimento da sociologia na América Latina, 50
4.6 Desenvolvimento da sociologia no Brasil, 52
4.6.1 Etapa pré-sociológica (até 1920), 52
4.6.2 Década de 1980, 53

5 Métodos e técnicas da sociologia, 55
5.1 Conceitos básicos, 55
5.1.1 Método, 55
5.1.2 Metodologia, 56
5.1.3 Técnicas, 56
5.2 Abordagens de pesquisa na sociologia, 58

6 Grupos e organização social – tipos de grupos, estrutura e organizações formais, 61
6.1 Conceitos básicos: estrutura, *status*, grupo e organização social, 61
6.1.1 Estrutura, 61
6.1.2 Proposições de Radcliffe-Brown, 62
6.1.3 Morris Ginsberg, 63
6.1.4 T. B. Bottomore, 63
6.1.5 Brown e Barnett, 63
6.2 *Status*, 64
6.2.1 Critérios de determinação *status*, 64
6.2.2 Tipos de *status*, 64
6.2.3 Status principal, 65
6.3 Papel, 65
6.3.1 Relações entre *status* e papel, 65
6.3.2 Tipos de papéis, 66
6.4 Organização, 66
6.4.1 Tipos de organizações, 67
6.4.2 Tipos de organização formal, 68
6.5 Grupos sociais, 69

6.5.1 Categorias sociais, 69

6.5.2 Agregados, 71

6.5.3 Grupos, 74

6.6 Tamanho do grupo, 78

6.6.1 Efeitos do tamanho do grupo, 78

6.7 Grupos de referência, 79

6.8 Estrutura social, 80

6.9 Teorias de estrutura social – sistemas sociais, 81

6.9.1 Teoria de sistemas de Talcott Parsons, 81

6.9.2 Concepções de Parsons e Homans, 82

6.9.3 Teoria de sistemas de Luhmann, 85

6.10 Organização social do trabalho, 87

6.10.1 Sociedades tribais, 87

6.10.2 Sociedade feudal, 87

6.10.3 Sociedade industrial – Giddens (2008), 88

6.10.4 Sociedade da informação, 88

7 Cultura, sociedade e indivíduo, 91

7.1 Natureza da cultura, 91

7.1.1 Conceituação, 92

7.1.2 Relativismo cultural, 94

7.1.3 Etnocentrismo, 95

7.2 Estrutura da cultura, 95

7.2.1 Traços culturais, 95

7.2.2 Complexos culturais, 96

7.2.3 Padrões culturais, 96

7.2.4 Configurações culturais, 97

7.2.5 Áreas culturais, 98

7.2.6 Subcultura, 98

7.3 Processos culturais, 99

7.3.1 Mudança cultural, 99

7.3.2 Difusão cultural, 101

7.3.3 Aculturação, 101

7.3.4 Endoculturação, 102

7.4 Diversidade cultural, 103

7.4.1 Região Norte, 103

7.4.2 Região Nordeste, 103

7.5 Cultura material e imaterial, 104

7.6 Elementos da cultura, 104

7.6.1 Símbolos e linguagem, 104

XVI Sumário

      7.6.2   Linguagem, 104

      7.6.3   Valores, 104

      7.6.4   Normas, 105

7.7   Contracultura, 107

7.8   Cultura e sociedade, 108

7.9   Cultura global e imperialismo cultural, 108

8 Instituições sociais, 109

8.1   Conceito, 109

8.2   Características de uma instituição, 110

      8.2.1   Exterioridade, 110

      8.2.2   Objetividade, 110

      8.2.3   Coercitividade, 111

      8.2.4   Autonomia moral, 111

      8.2.5   Historicidade, 111

8.3   Principais instituições sociais, 111

      8.3.1   Família e parentesco, 112

      8.3.2   União e casamento, 114

      8.3.3   Instituições religiosas, 116

      8.3.4   Instituições políticas, 121

      8.3.5   Instituições econômicas, 127

      8.3.6   Empresas, 130

      8.3.7   A educação, 132

      8.3.8   A medicina, 134

9 Socialização, controle social e problemas sociais, 137

9.1   Socialização, 137

9.2   Agentes de socialização, 140

9.3   Controle social, 140

      9.3.1   Conceito, 140

      9.3.2   Conformidade e desvio, 141

      9.3.3   Aspectos relacionados com a conformidade e com o desvio, 144

9.4   Códigos e sanções, 146

      9.4.1   Tipos de sanções, 148

9.5   Classificação dos controles, 149

      9.5.1   Tipos de controle, 150

      9.5.2   Agências de controle social, 151

10 Estratificação social, 153

10.1 Conceito e tipos, 153

10.2 Teorias de estratificação social: teoria funcionalista, teoria marxista, teoria weberiana, 155

    10.2.1 Enfoque de Marx, 155

    10.2.2 Enfoque de Weber, 155

    10.2.3 Enfoque funcionalista, 156

10.3 Estratificação de classes, grupos, etnias, raça e gênero, 157

    10.3.1 Classes, 157

    10.3.2 Castas, 170

    10.3.3 Estamentos, 173

10.4 Classes sociais no Brasil, 177

11 Mobilidade social, 181

11.1 Conceito, 181

11.2 Tipos de mobilidade social, 182

    11.2.1 Mobilidade social horizontal, 182

    11.2.2 Mobilidade social vertical, 182

11.3 Características da mobilidade social, 183

    11.3.1 A mobilidade social horizontal, 183

    11.3.2 A mobilidade vertical, 185

11.4 Fontes de mobilidade, 186

11.5 Fatores de mobilidade, 186

11.6 Mobilidade social no Brasil, 187

11.7 Circulação de elites, 190

    11.7.1 Conceito de Vilfredo Pareto, 190

    11.7.2 Conceito de Gaetano Mosca, 191

    11.7.3 Conceito de Wright Mills, 191

    11.7.4 Conceito de Guy Rocher, 192

11.8 Tipos de elite, 192

    11.8.1 Elites tradicionais, 192

    11.8.2 Elites tecnocráticas, 192

    11.8.3 Elites carismáticas, 192

    11.8.4 Elites de propriedades, 193

    11.8.5 Elites ideológicas, 193

    11.8.6 Elites simbólicas, 193

12 Mudança social, 195

12.1 Conceito, 195

12.2 Fatores que influenciam na mudança social, 196

    12.2.1 O meio ambiente, 196

    12.2.2 Organização política, 196

XVIII Sumário

12.2.3 Fatores culturais, 197

12.2.4 Mudança social na atualidade, 197

12.2.5 Agentes de mudança social, 200

12.2.6 Modernidade, modernização e pós-modernidade, 200

13 Movimentos sociais, 205

13.1 Conceito, 205

13.2 Teorias dos movimentos sociais, 207

13.2.1 Teoria de privação relativa (Stouffer, Suchman, DeVinney, Star e Williams, 1949), 207

13.2.2 Teoria da sociedade de massas, 208

13.2.3 A teoria sobre os comportamentos coletivos (Smelser), 208

13.2.4 Teoria da mobilização de recursos – TMR (Olson, Zald e McCarthy), 208

13.2.5 Teoria da mobilização política – TMP (Tarrow e Tilly), 209

13.2.6 Teoria dos novos movimentos sociais (NMS), 209

13.2.7 Paradigma europeu dos movimentos sociais transformadores da sociedade, 210

13.3 Classificação dos movimentos sociais, 210

13.3.1 Migratórios, 211

13.3.2 Progressistas, 211

13.3.3 Conservacionistas ou de resistência, 211

13.3.4 Regressivos, 211

13.3.5 Expressivos, 212

13.3.6 Utópicos, 212

13.3.7 Reformistas, 212

13.3.8 Revolucionários, 212

13.4 Estratégias e táticas, 213

13.4.1 Agitação (inquietação ou intranquilidade), 213

13.4.2 Excitação (excitamento ou desenvolvimento do *esprit de corps*), 213

13.4.3 Formalização (desenvolvimento da moral e da ideologia ou planejamento), 213

13.4.4 Institucionalização, 214

13.5 Fatores propensores individuais, 214

13.5.1 Mobilidade, 214

13.5.2 Marginalidade, 215

13.5.3 Isolamento e alienação, 215

13.5.4 Mudança de *status* social, 216

13.5.5 Ausência de laços familiares, 216

13.5.6 Desajustamento pessoal, 216

13.6 Situações sociais propiciadoras, 216

13.7 Precondições estruturais, 217

13.8 Movimentos sociais e tecnologias de informação e comunciação (TICs), 218

13.9 Movimentos feministas, 219

    13.9.1 Feminismo pré-moderno, 220

    13.9.2 Idade Média, 220

    13.9.3 Idade Moderna, 220

    13.9.4 O movimento feminino no Brasil, 222

13.10 Movimentos sociais no Brasil, 223

    13.10.1 Mapeamento do cenário dos movimentos sociais no Brasil – 1972-1997, 224

14 Degradação e problemas sociais, 229

14.1 Degradação social, 229

    14.1.1 Degradação em instituições, 230

14.2 Problemas sociais, 236

    14.2.1 Conceito de problemas sociais, 236

    14.2.2 Como se determinam os problemas sociais, 237

    14.2.3 Características dos problemas sociais, 237

    14.2.4 Questão social, 237

    14.2.5 Tipos de problemas sociais, 238

    14.2.6 Problemas sociais no Brasil, 239

    14.2.7 Soluções, 241

    14.2.8 Desvio social, 241

    14.2.9 Criminologia, 244

    14.2.10 Abuso do álcool e alcoolismo, 245

    14.2.11 Consumo de drogas, 249

15 Globalização, 253

15.1 Origem, 253

15.2 Conceitos, 255

15.3 Dimensões, 255

15.4 Características da globalização, 256

15.5 Teorias de globalização, 258

    15.5.1 Teoria "economia-mundo", 258

    15.5.2 Teoria da "internacionalização do capital", 258

    15.5.3 A teoria sistêmica das relações internacionais, 258

    15.5.4 A "ocidentalização do mundo", 258

    15.5.5 A teoria da "aldeia global", 259

    15.5.6 Teoria da "racionalização do mundo", 259

XX Sumário

15.5.7 A dialética da globalização, 259

15.5.8 Teoria modernidade-mundo, 259

15.5.9 Fatores que contribuem para a globalização, 259

15.5.10 Tipos de globalização, 260

15.5.11 Efeitos da globalização, 261

15.5.12 Tendências atuais, 265

15.5.13 O futuro da globalização, 265

15.5.14 Riscos da globalização, 267

15.5.15 Brasil e a globalização, 268

15.5.16 Boaventura dos Santos e a globalização, 272

16 Gênero e sexualidade, 275

16.1 Conceitos, 275

16.2 Identidade de gênero, 276

16.2.1 Influências biológicas na identidade de gênero, 277

16.2.2 Influências psicológicas e sociais na identidade do gênero, 277

16.3 Papéis de gênero, 278

16.4 Estereótipos, 279

16.5 Estratificação social e gênero, 280

16.5.1 Emprego, 282

16.5.2 Renda, 282

16.5.3 Educação, 282

16.5.4 Família, 283

17 Meios contemporâneos de comunicação de massas, 285

17.1 Conceito, 285

17.2 Características dos meios de comunicação de massas, 286

17.3 Funções dos meios de comunicação de massas, 287

17.4 Tipos de meios de comunicação, 287

17.4.1 Mídia impressa, 287

17.4.2 Mídia eletrônica, 288

17.4.3 Jornais, 289

17.4.4 Rádio, 289

17.4.5 Televisão, 289

17.4.6 Telenovelas, 290

17.5 Teorias das mídias de comunicação, 291

17.5.1 Harold Innis e Marshall McLuhan, 291

17.5.2 Jürgen Habermas: a esfera pública, 292

17.5.3 Baudrillard: o mundo da hiper-realidade, 293

17.5.4 John Thompson: as mídias e a sociedade moderna, 294

17.6 As novas tecnologias da comunicação, 294

18 A sociedade da informação e as TICs, 297
18.1 Origens, 297
18.2 Conceito, 299
18.3 Fatores que influenciam nas TICs, 300
18.4 Características das TICs, 302
18.5 Funções educativas das TICs, 303
18.6 Classificação e tipos de TICs, 304
18.7 Impacto das TIC nas relações sociais, 306
18.8 Limites associados às TICs na sociedade da informação, 306
18.9 Desafios das TICs, 307

19 Sociologia da internet e redes sociais, 309
19.1 Origens da internet, 309
19.2 Conceito, 311
19.3 Funções da internet, 312
    19.3.1 Comunicação, 312
    19.3.2 Informação, 313
    19.3.3 Comércio, 313
    19.3.4 Entretenimento, 313
    19.3.5 Aprendizagem, 314
19.4 Características da internet, 315
19.5 A internet ameaçada e os desafios, 316
19.6 Redes sociais, 319
    19.6.1 Conceito, 319
    19.6.2 Características, 320
    19.6.3 Tipos de redes sociais, 322
    19.6.4 Usos e abusos nas redes sociais, 324
    19.6.5 Desafios, 326

20 Temas macrossociais, 327
20.1 Sociologia da saúde mental, 328
    20.1.1 Origens e evolução, 329
    20.1.2 Desafios, 330
20.2 Sociologia ambiental, 331
    20.2.1 Origens e evolução, 331
    20.2.2 Sociologia ambiental no Brasil, 334
20.3 Sociologia da pobreza, 335
    20.3.1 Definição, 336

XXII **Sumário**

        20.3.2 Origens, 339

        20.3.3 Tipos de pobreza, 340

        20.3.4 Teorias, 341

        20.3.5 A pobreza no Brasil, 342

   20.4 Sociologia do envelhecimento, 346

        20.4.1 Definição de envelhecimento, 347

        20.4.2 Envelhecimento no Brasil, 350

Glossário, 355

Bibliografia, 377

1
Ciências sociais e sociologia

Por que é necessário definir ciência? Porque "ciência" faz referência a uma grande variedade de atividades. O conceito precisa incorporar a investigação dos mundos sociais, bem como naturais. Deve ter os conceitos "sistemática" e "evidências". Por último, precisa ser simples e breve.

Assim, pode-se conceituar o aspecto lógico da ciência como o método de raciocínio e de inferência acerca de fenômenos já conhecidos ou a serem investigados; em outras palavras,

2   Capítulo 1

pode-se considerar que o "aspecto lógico constitui o método para a construção de proposições e enunciados", objetivando, dessa maneira, uma descrição, interpretação, explicação e verificação mais precisas.

A logicidade da ciência manifesta-se por meio de procedimentos e operações intelectuais que:

- possibilitam a observação racional e controlam os fatos;
- permitem a interpretação e a explicação adequada dos fenômenos;
- contribuem para a verificação dos fenômenos, positivados pela experimentação ou pela observação;
- fundamentam os princípios da generalização ou o estabelecimento dos princípios e das leis (TRUJILLO FERRARI, 1974, p. 8).

Portanto, a ciência constitui-se em um conjunto de proposições e enunciados, hierarquicamente correlacionados de maneira ascendente ou descendente, que vai gradativamente de fatos particulares para os gerais e vice-versa (conexão ascendente = indução; conexão descendente = dedução).

As ciências possuem:

a. **Objetivo ou finalidade:** preocupação em distinguir a característica comum ou as leis gerais que regem determinados eventos;
b. **Função:** aperfeiçoamento, por meio do crescente acervo de conhecimentos, da relação do homem com seu mundo;
c. **Objeto:** subdividido em: (1) **material**, de modo geral, aquilo que se pretende estudar, analisar, interpretar ou verificar; (2) **formal**, o enfoque especial, em face das diversas ciências que possuem o mesmo objeto material.

1.1 Características da ciência

- **Sistemática:** deve proceder seguindo um **conjunto de normas básicas** (método) **para a produção de um conhecimento que respeite o rigor da ciência (conhecimento científico).**
- **Observação objetiva:** medição e dados (não necessariamente usando a matemática como ferramenta).
- **Evidências:** conjunto de informações utilizadas para confirmar ou negar uma teoria ou hipótese científica.
- **Experimento e/ou observação** como base para testar hipóteses.
- **Indução:** raciocínio para estabelecer regras gerais ou as conclusões extraídas dos dados ou exemplos.
- **Análise crítica** dos dados ou exemplos.
- **Verificação e testes:** exposição para discussão dos resultados, revisão por pares e avaliação do trabalho.

1.2 Conhecimento

Desde os tempos mais antigos o conhecimento tem sido assunto de discussão. Desde Platão e Aristóteles, até filósofos mais atuais, tal como Habermas. Todo esse estudo tem gerado uma diversidade de conceitos. No entanto, a dificuldade em definir conhecimento, seguem duas definições muito utilizadas entre os cientistas sociais: segundo Davenport e Prusak (1998), o conhecimento é uma mistura fluida de experiência condensada, valores e informações contextuais, que proporciona uma estrutura para a avaliação e incorporação de novas experiências e informações. Ele tem origem e é aplicado na mente dos conhecedores (apud UFAL, s.d.). Já segundo Nonaka e Takeuchi (1997), o conhecimento diz respeito a crenças e compromissos, é uma função de atitude, perspectiva ou intenção específica; está relacionado com a ação, possui sempre alguma finalidade e é específico em relação ao contexto. Trata-se da crença verdadeira justificada (UFAL, s.d.).

Para Davenport e Prusak (op. cit.), o conhecimento possui quatro componentes:

- **Ação:** o conhecimento é um ativo valioso porque está próximo da ação.
- **Experiência:** abrange aquilo que absorvemos de cursos, livros, mentores e também do aprendizado informal.
- **Discernimento:** o conhecimento pode julgar a si mesmo e a novas informações com base no que já é conhecido e se aprimorar em resposta a novas informações.
- **Valores e crenças:** determinam, em grande parte, aquilo que o conhecedor vê, absorve e conclui a partir de informações.

1.2.1 Tipos de conhecimento

Tal como acontece com a definição de conhecimento, existem diversas classificações para categorizar considerações sobre uma mesma realidade. Na atualidade, uma das classificações mais comuns estabelece quatro níveis de conhecimento: empírico, teológico, filosófico e científico.

1.2.1.1 Conhecimento empírico (senso comum, vulgar)

Para Tartuce (2006) é o conhecimento do dia a dia que se obtém pela experiência cotidiana, adquirido por meio de ações não planejadas. É espontâneo, focalista, sendo por isso considerado incompleto, carente de objetividade. Ocorre por meio do relacionamento diário do homem com as coisas.

Exemplos:

- A mãe diz à criança: "Não coloque a mão na tomada que dá choque".
- Beba chá de laranjeira e dormirá melhor.
- Mulher ao volante é um perigo.

4   Capítulo 1

1.2.1.2 Conhecimento teológico

É um conjunto de verdades a que os homens chegaram mediante a aceitação de uma revelação divina; revelado pela fé ou crença religiosa. Não pode, por sua origem, ser confirmado ou negado. Depende da fé de cada pessoa.

Exemplos: acreditar que alguém foi curado por um milagre; acreditar em Deus; acreditar em reencarnação; acreditar em espírito etc.

O conhecimento teológico, religioso ou místico, é fundamentado exclusivamente na fé humana e desprovido de método. Nada pode ser provado cientificamente e nem se admite crítica. A revelação é a única fonte de dados. Exemplos são os textos sagrados, tais como a Bíblia e o Alcorão, entre outros (TARTUCE, 2006). Graças a esse conhecimento, muitas pessoas sentem confiança para agir e interagir com os outros. Podemos citar os exemplos a seguir:

a. O início da vida de Adão e Eva.

b. Religiosamente, Jesus Cristo é um ser que foi enviado pelo Espírito Santo à terra.

c. Deus criou o universo em 7 dias.

d. Os rituais que surgem em diferentes culturas e têm em conta uma entidade além de tudo isso.

1.2.1.3 Conhecimento filosófico

Segundo Cervo, Bervian e Silva (2007), o conhecimento filosófico distingue-se do conhecimento científico pelo objeto de investigação e pelo método. O objeto das ciências são os dados próximos, perceptíveis pelos sentidos ou por instrumentos, pois, sendo de ordem material e física, são suscetíveis de experimentação. O objeto da filosofia é constituído de realidades mediatas, imperceptíveis aos sentidos e que, por serem de ordem suprassensíveis, ultrapassam a experiência. Hoje, os filósofos, além das interrogações metafísicas tradicionais, formulam novas questões: a humanidade será dominada pela técnica? A máquina substituirá o ser humano? Quando chegará a vez do combate à fome e à miséria? Hoje, o que é valor?

1.2.1.4 Conhecimento científico

Para Anol Bhattacherjee (2012) o propósito da ciência é criar conhecimento científico. Conhecimento científico refere-se a um corpo generalizado de leis e teorias para explicar um fenômeno ou comportamento adquiridos usando o método científico. As **leis** são padrões observados de fenômenos ou comportamentos, enquanto as **teorias** são explicações sistemáticas do fenômeno ou comportamento.

1.2.1.4.1 Características do conhecimento científico

Na atualidade, semelhante aos conceitos anteriores, existe uma diversidade de opiniões sobre as características e os níveis do conhecimento científico. Assim, em termos de características existe unanimidade com relação às seguintes:

a. **Objetividade:** o conhecimento científico é objetivo. Objetividade significa a capacidade de ver e aceitar os fatos como eles são, não como seria desejável que fossem.

b. **Verificabilidade:** o conhecimento científico baseia-se em evidências verificáveis (observações factuais concretas) para que outros observadores possam observar, pesar ou medir o mesmo fenômeno e conferir a observação realizada. Por exemplo: Existe um Deus? A ciência não tem respostas para isso. As perguntas são formuladas apenas sobre assuntos que podem ser verificados.

c. **Neutralidade ética:** a ciência é eticamente neutra. Só busca conhecimento. A maneira de como usar esse conhecimento está determinada por valores sociais. Neutralidade ética não significa que o cientista não tem valores. Ele não deve permitir que seus valores distorçam a conduta de sua pesquisa.

d. **Exploração sistemática:** uma investigação científica adota um determinado procedimento sequencial, um plano organizado de pesquisa.

e. **Confiabilidade:** o conhecimento científico tem a capacidade de ser reproduzível nas mesmas condições, em qualquer lugar e a qualquer momento.

f. **Previsibilidade:** os cientistas não só descrevem os fenômenos em estudo, mas também tentam explicar e prever situações futuras. Em geral, as ciências sociais têm uma previsibilidade muito inferior que aquela das ciências naturais. As razões mais óbvias são a complexidade do assunto, os problemas no controle das variáveis etc.

1.3 Três níveis de conhecimento científico: inorgânico, orgânico e superorgânico

Faz-se, hoje, uma distinção em relação aos três níveis de conhecimento científico: o *inorgânico*, estudado pelas Ciências Físicas; o *orgânico*, investigado pelas Ciências Biológicas; o *superorgânico*, abrangido pelas Ciências Sociais. De acordo com essa concepção, o campo de ação das Ciências Sociais tem início justamente quando os estudos físico e biológico do homem e seu universo terminam. Os três níveis encontram-se inter-relacionados, e a transição de um para o outro é gradativa. O superorgânico é observado no mundo dos seres humanos em interação e nos produtos dessa interação: linguagem, religião, filosofia, ciência, tecnologia, ética, usos e costumes e outros aspectos culturais e da organização social. Portanto ao estudar o superorgânico, as Ciências Sociais têm seu interesse voltado para o homem em sociedade.

1.4 Ciências sociais ou humanas – classificação

Atualmente, uma das classificações de ciência mais utilizadas é a classificação elaborada por Mario Bunge (1960). Tem como base o objeto de estudo de cada ciência e as divide em ciências formais e factuais, segundo tratem de relações lógicas (inexistentes na realidade) ou fatos da realidade.

Marconi e Lakatos (2003) apresentam uma adaptação da classificação de Bunge, como mostra a Figura 1.1:

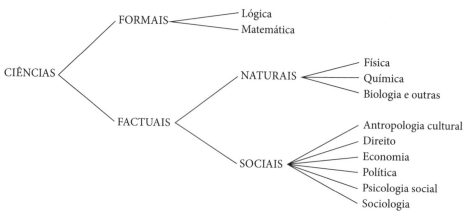

Fonte: Marconi e Lakatos (2003, p. 81).

Figura 1.1 Classificação de Bunge conforme Marconi e Lakatos.

Embora alguns autores apresentem classificações diferentes em relação às Ciências Sociais ou Humanas, consideramos que elas englobam as especificadas a seguir.

1.4.1 Antropologia cultural

Estuda as semelhanças e diferenças culturais, origem e história das culturas do homem, sua evolução e desenvolvimento, estrutura e funcionamento, em qualquer lugar e tempo. *Exemplos*: ritos de passagem (comportamento dos indivíduos quando do nascimento de um filho, cerimonial que envolve a iniciação dos jovens nas responsabilidades de adulto, formalidades que cercam o casamento, procedimento por ocasião de mortes); tipos de organização familiar; religião e magia; artes e artesanato; mito, meios de comunicação.

Inicialmente, a Antropologia Cultural preocupava-se apenas com o estudo das culturas aos povos ágrafos (pré-letrados ou comumente denominados "primitivos"). Mais recentemente, tem-se interessado também pela cultura das sociedades industriais. A abordagem específica da Antropologia Cultural, ao analisar as sociedades, está relacionada com os aspectos culturais e comportamentais que as caracterizam.

1.4.2 Direito

Estuda o conjunto de leis e regras que governam a atividade das pessoas na sua vida social, bem como sua base e aplicação. *Exemplos*: normas de proteção ao trabalhador (direito trabalhista); tipos de contrato e transações comerciais (direito comercial); desquite ou divórcio (direito civil); especificação das penalidades por crimes cometidos (direito penal).

Estuda as normas, expressas com preocupação de precisão, que regulam o comportamento social, estabelecendo direitos e obrigações entre as partes, por meio dos sistemas legislativos característicos das sociedades. As leis que regem a vida social podem ser escritas ou consuetudinárias (isto é, baseadas nos costumes). A lei ou regra jurídica é estabelecida por um órgão competente, que se apresenta como um poder, e é válida para todos os casos semelhantes. O Direito é um controle social, que, por meio da aplicação sistemática da força da sociedade politicamente organizada, exerce coerção efetiva sobre os indivíduos. Concentra-se, portanto, na análise dos fatores normativos do comportamento social.

1.4.3 Economia

Estuda as atividades humanas no campo da organização de recursos, isto é, produção, circulação, distribuição e consumo de bens e serviços. Em outras palavras, estuda a distribuição dos recursos escassos (água, terra, casas, meios de transporte etc.) para satisfazer as necessidades do ser humano. *Exemplos*: o que, quando, como produzir, para quem?

A economia se preocupa com a atividade do homem, individual e coletiva, em busca de bens materiais, e com a organização pela qual estes são distribuídos em relação às necessidades humanas. Convém dizer que a Economia, entre as várias atividades humanas, estuda apenas a atividade econômica.

Macroeconomia (estudo das atividades econômicas globais da totalidade dos participantes de uma sociedade) – sistema monetário e valor da moeda; bens e propriedades; renda, consumo, poupança e investimento; Produto Nacional Bruto; distribuição da renda. **Microeconomia** (estudo das atividades econômicas de agentes individuais) – política salarial de uma empresa; produtividade de uma empresa; orçamento familiar.

1.4.4 Política

Estuda a distribuição do poder nas sociedades humanas. Refere-se à teoria, à arte e à prática do governo. *Exemplos*: formas de governo; partidos políticos; mecanismo das eleições; funções do Estado; transformação da liderança política.

Sistematiza o conhecimento dos fenômenos políticos, isto é, do Estado, e investiga o conjunto de processos e métodos empregados para que determinado grupo alcance, conserve e exerça o poder. Portanto, a Política analisa o governo, tanto como organização formal quanto como resultante do comportamento de seus componentes, que pode ser determinado pela própria organização ou por suas ideologias ou filosofias de poder. Assim, diremos que a Política se refere à teoria, à arte e a prática do governo.

1.4.5 Psicologia social

Estuda como os pensamentos, sentimentos e comportamentos de uma pessoa são influenciados pela presença real, imaginada ou implícita de outras pessoas. Procura estabelecer padrões de comportamento dos indivíduos em grupos e organizações sociais.

Estuda o comportamento e a motivação do indivíduo, determinados pela sociedade, e seus valores. O indivíduo recebe estímulo do grupo, e as influências que os contatos

8   Capítulo 1

sociais exercem sobre a sua personalidade constituem o campo de interesse da Psicologia Social. Essa ciência se ocupa também com todas as reações coletivas, reações de indivíduos que interagem mútua e reciprocamente, alterando suas condutas. Dessa maneira, o conceito central da Psicologia Social é a personalidade moldada pela cultura e pela sociedade. *Exemplos*: atitudes grupais perante a natalidade; comportamento em relação à questão racial; procedimento dos adolescentes; comportamento coletivo.

1.4.6 Sociologia

Estudo da estrutura e funcionamento da sociedade humana. Estuda os fenômenos coletivos produzidos pela atividade social das pessoas no seu contexto histórico-cultural. *Exemplos*: formação e desintegração de grupos; divisão das sociedades em camadas; mobilidade de indivíduos e grupos nas camadas sociais; processo de competição e cooperação.

Há autores que apresentam também como Ciências Humanas ou Sociais ramos de estudo tais como: História, Geografia Humana, Ecologia Humana etc.

2
História da sociologia

As ciências estão estreitamente relacionadas com seus contextos sociais. Isto é particularmente importante no caso da sociologia, que recebe a influência do contexto e esse mesmo contexto é o seu objeto de estudo.

Termina o Iluminismo (século das Luzes), dissolve-se a sociedade feudal, surge o sistema industrial e a Europa vive uma crise política, social e cultural que causam a Revolução Francesa. O ocaso do sistema feudal, apoiado por um pensamento teológico autoritário e fechado, e a ausência de uma doutrina que sirva de alicerce do sistema que veio para substituí-lo (indústria e cientista), fez surgir a necessidade de desenvolver essa doutrina (BRIGIDO, 2006).

Assim, pode-se afirmar que a sociologia clássica apareceu no início do século XIX. Para Hobsbawm (2015), a "dupla revolução" (Revoluções Francesa e Industrial) abalou as estruturas do mundo europeu, iniciando uma nova era, a partir dos anos 1780, com o fim do feudalismo e o surgimento da sociedade capitalista. Ambas as revoluções criaram um sistema de poder sem precedentes. De um lado, a Inglaterra, potência naval, expandindo seus territórios coloniais e seu mercado. De outro, a França, potência terrestre, com ideais revolucionários exportados para o resto do mundo. Combinado com essas revoluções o desenvolvimento da ciência, as mudanças religiosas, a ilustração etc., foram fatores fundamentais para o nascimento e o desenvolvimento da sociologia.

Para Brandão, apud Azevedo (2015) a revolução industrial foi mais que máquina à vapor e melhora nos métodos de produção. Ela representou o triunfo da indústria capitalista. O acúmulo dos meios de produção nas mãos do empresário contrastava com os trabalhadores sem posses (e seria assunto martelado por Karl Marx). Os avanços do capitalismo modificaram os costumes e as instituições, introduzindo novas formas de organização da vida social. O uso da máquina na produção não só tirou o artesão independente de sua terra cultivada, mas também impôs sobre ele a disciplina e novas formas de conduta e relações de trabalho.

Entre 1780 e 1860 a Inglaterra deixou de ser um país com cidades pequenas e população rural dispersa para ter enormes cidades com várias indústrias que espalhavam seus produtos pelo mundo.

2.1 Consequências da industrialização

O crescimento desordenado e a explosão demográfica das grandes cidades não era acompanhado por adequadas estrutura de moradia, saúde ou serviços sanitários. Aumento de prostituição, suicídio, alcoolismo, infanticídio, criminalidade, violência, surtos de epidemia. O proletariado se revolta contra os donos dos meios de produção e há uma crescente criação de literatura com críticas à sociedade capitalista e inclinação para o socialismo como meio de mudança.

Esses fatores são importantes porque representam um problema, um objeto a ser estudado. Os pensadores ingleses não eram sociólogos, mas **desejavam modificar** a sociedade. Não queriam apenas o conhecimento, mas a ação para reformar, manter ou modificar radicalmente. Os precursores da sociologia eram militantes políticos ou indivíduos envolvidos profundamente nos problemas sociais da época. Suas reflexões e escritos foram fundamentais para a formação e constituição de um saber sobre a sociedade. Assim, a sociologia é, em certa medida, uma resposta intelectual às novas situações colocadas pela revolução industrial. Ela inexistia em tempos pré-capitalismo, pois com essa revolução é que o ritmo das mudanças pôde constituir uma crise (BRANDÃO, apud AZEVEDO, 2015).

Assim, cabe afirmar que o surgimento da sociologia é provocado pelos abalos causados pela revolução industrial e pelo avanço da ciência e da filosofia.

As ciências estão estreitamente relacionadas com seus contextos sociais. Isto é particularmente importante no caso da sociologia que recebe a influência do contexto e esse mesmo contexto é o seu objeto de estudo.

Foi no início do século XIX que a sociologia começou a ser observada como uma disciplina científica, sendo uma resposta acadêmica para os novos desafios da era moderna. Nesse período, o mundo se tornava cada vez menos e mais integrado, o que começava a gerar uma consciência nas pessoas sobre o mundo e que ele estava se espalhando e alargando.

Os sociólogos buscavam entender o que mantinha os grupos sociais em união e tentavam desenvolver soluções para a desintegração social. O termo "sociologia" foi criado por Auguste Comte, sendo a união da palavra em latim *socius* (associação) e da palavra grega *logos* (estudo). Ambicionando assim unir todos os estudos sobre a humanidade somando psicologia, economia e história (NEEJACP, 2017).

A estrutura da sociedade se modificou com a Revolução Industrial que atingiu toda a Europa no século XVIII. Os homens começaram a ser substituídos por máquinas que produziam muito mais e custavam bem menos. Com isso, os problemas sociais começaram a aumentar, porque muitas pessoas desse período trabalhavam de forma artesanal, gerando dessa maneira enorme desemprego. Foi nesse período que a sociedade se decompôs em burgueses, pessoas que controlavam a economia e detinham as fábricas, e os proletariados, pessoas que tinham a força de trabalho. O sistema Capitalista se solidificou, aqueles que produzissem mais teriam vantagem sobre os demais no mercado (PORTAL DA EDUCAÇÃO, 2018).

Assim, podemos afirmar que a sociologia surge como consequência das mudanças trazidas por essas grandes revoluções. As sociedades não se adaptaram às mudanças trazidas por esses acontecimentos e enfrentaram graves problemas sociais. A sociologia foi chamada "ciência da crise" e surgiu com o objetivo de organizar a sociedade.

2.2 Origem da sociologia

Faremos um resumo da evolução dos estudos referentes às relações entre os homens e a constituição dos grupos em que eles se integram (em determinadas condições de interdependência e normas de conveniência), isto é, as sociedades.

2.2.1 Os pensadores helênicos

Desde tempos muito remotos, essas relações vinham sendo encaradas sob a forma de preceitos religiosos, de legislações e mesmo de teorias de direito. Pensadores helênicos, notadamente Platão (429-341 a.C.), *A república*, e Aristóteles (384-322 a.C.), *A política*, foram os primeiros a tratar de tais problemas de maneira sistemática e separada da religião, mas não independente dos regimes políticos e econômicos. As obras desses dois filósofos tiveram imensa repercussão e sua influência, na verdade, se faz sentir até nossos dias. Posteriormente, Santo Agostinho (354-430), *A cidade de Deus*, apresentou ideias e análises básicas para as modernas concepções jurídicas e até sociológicas.

12   Capítulo 2

2.2.2   A Idade Média

Na Idade Média europeia, as cogitações relativas aos grupos sociais tornaram-se fortemente influenciadas pela religião. Desde o início, o Cristianismo, então dominante, traçara diretrizes e normas que o comportamento dos homens em seu relacionamento deveria obedecer. Dessas recomendações (ou mandamentos) estavam ausentes as preocupações de critérios científicos. O mesmo ocorreu com o Islamismo, apesar de ter estabelecido uma legislação bastante minuciosa, por muitos até hoje adotada. O principal pensador oriental, Ibn Khaldun (1332-1406), *Prolegômenos*, constituiu uma exceção, pois deu ao social uma explicação causalista.

No século XIII, São Tomás de Aquino (1226-1274), *Summa theologica*, conquanto inteiramente decidido a não se afastar da orientação cristã, retomou os processos e as ideias de Aristóteles, para manifestar-se sobre as relações inter-humanas.

2.2.3   A Renascença

Durante a Renascença apareceram obras vigorosas em que se propunham normas entrosadas de política e economia, destacando-se entre elas a de Campanella (1568-1639), *Cidade do sol*, e, sobretudo, a conhecidíssima *Utopia*, de Thomas Morus (1478-1535), romance político e social avançado para a sua época.

A partir de então, com o desenvolvimento do capitalismo comercial, multiplicaram-se os tratados de economia em que eram abordados vários aspectos dos problemas sociais. E a própria evolução política, que não podia deixar de se acelerar, em virtude das constantes modificações econômicas, favoreceu o aparecimento de livros, onde, embora se cuidasse principalmente de relações de mando, consideravam-se também outros aspectos do convívio entre os homens: *O príncipe*, de Maquiavel (1469-1527), e *Leviatã*, de Hobbes (1588-1679), seus autores consideravam ser a vida da sociedade baseada no uso da força. Esses livros tiveram e têm grande influência, assim como *Ensaios sobre o entendimento humano*, de Locke (1632-1704), autor que deu contribuição à filosofia, psicologia e educação.

Ainda no Renascimento, devemos mencionar dois autores cujas inovações foram importantes para o desenvolvimento do pensamento científico: Bacon (1561-1626), *Novum organum*, que preconizou a observação da natureza, o uso da experimentação e, principalmente, do raciocínio indutivo; e Descartes (1596-1650), *Discurso sobre o método*. O método cartesiano influenciou as Ciências Sociais e as doutrinas políticas por meio de seu racionalismo.

2.2.4   O século XVIII

No século XVIII apareceram obras de grande valor no campo da política, economia e sociologia. Montesquieu (1689-1775), *O espírito das leis*, analisou o papel da lei e dos poderes políticos na sociedade; Hume (1711-1776), continuador do empirismo de Locke, escreveu *Tratado sobre a natureza humana*; Adam Smith (1723-1790), *A riqueza das nações*, relacionou suas análises econômicas com o conjunto da sociedade. É preciso ainda salientar o impacto das teorias do *Contrato social*, de Jean Jacques Rousseau (1712-1778), de decisiva influência na revolução democrática e, consequentemente, na história das instituições; sua primordial importância consiste na apresentação de uma teoria para fundamentar a legitimidade do poder político.

Desse período em diante, sempre sob a inspiração de problemas criados pela evolução econômica, multiplicaram-se as chamadas "doutrinas socialistas", cujos autores, tentando atenuar as injustiças imperantes na distribuição de riquezas e na exploração dos trabalhadores, criticavam a situação existente e pregavam novas e mais equitativas relações entre os homens. Entre eles podemos destacar Fourier (1772-1837), que estabeleceu uma correlação entre os sentimentos e as estruturas sociais, criador dos *Falanstérios*; Saint-Simon (1760-1825), verdadeiro fundador do socialismo, autor da famosa frase "de cada um de acordo com sua capacidade, e a cada um, de acordo com sua necessidade"; Owen (1771-1858), *Uma nova visão da sociedade*, fundador das primeiras sociedades cooperativas; Proudhon (1809-1865), *O que é a propriedade*, criador do sistema mutualista.

Os líderes socialistas, para fundamentar suas críticas e seus projetos, procediam à análise da realidade social. A tônica de suas diretrizes residia, entretanto, na intenção de mudar as instituições e costumes vigentes e de criar, através de radicais alterações da ordem política, uma ordem social mais equitativa.

Hegel (1770-1831) promove um movimento de íntimo entrosamento entre princípios puramente filosóficos e as ciências sociais. A dialética de Hegel baseia-se no método antitético, dando origem à explicação das mudanças ocorridas no universo, mediante um processo em três tempos: tese, antítese e síntese. Ainda nesse período de transição, aparecem obras de economistas que marcaram profundamente o pensamento econômico e social da época: Ricardo (1772-1823), primeiro teórico da economia política clássica, com a obra *Princípios de economia política*, e que formulou a lei da renda diferencial; Malthus (1766-1834), *Ensaios sobre o princípio de população*, tornou-se famosa pela sua teoria da população, onde afirma que a correlação entre os recursos materiais e a excessiva fecundidade humana resulta em graves problemas de antinomia demográfica.

2.3 Precursores da sociologia

2.3.1 Emmanuel Joseph Sieyès (1748-1836)

Emmanuel Joseph Sieyès, (nascido em 3 de maio de 1748 em Fréjus, França – faleceu em 20 de junho de 1836, Paris). Eclesiástico e teórico constitucionalista cujo conceito de soberania popular orientou a Assembleia Nacional (1789-1791) em sua luta contra a monarquia e nobreza durante os primeiros meses da Revolução Francesa (1789). Mais tarde, ele desempenhou um papel importante na organização do golpe de estado que levou Napoleão Bonaparte ao poder (1799).

Em um manuscrito, Sieyès estabeleceu o neologismo "sociologia" cerca de 50 anos antes de Auguste Comte. No seu escrito, o termo permanece pouco conceituado e dirigido ao desenvolvimento de uma arte social: o conhecimento positivo da sociedade que deve ser seu fundamento.

14   Capítulo 2

2.3.2   Claude-Henri De Rouvroy, Conde de Saint-Simon (1760-1825)

Durkheim, em sua reflexão sobre a história das ciências sociais, foi o primeiro que trouxe uma nova interpretação de Claude-Henri De Rouvroy e sua importância na criação das ciências sociais. Dedicou seus esforços para demonstrar que é muito mais exato atribuir a fundação da sociologia a Saint-Simon (ANSART, 1992).

A obra de Saint-Simon, escrita entre 1802 e 1825, situa-se exatamente no período decisivo da história europeia, que significou o abandono do modo de pensar do Século das Luzes e o estabelecimento de uma estrutura epistemológica que ao converter o homem no objeto do conhecimento científico, possibilitou o surgimento das ciências sociais.

Para os pensadores dessa época, a importância dos problemas colocados pela sociedade exigia uma abordagem científica. A filosofia e as doutrinas jurídicas, já não estavam em condições de explicar os conflitos sociais surgidos na Europa em consequência da nova ordem social e econômica. Tinha chegado o momento de investigar as leis científicas da evolução social e implementar técnicas adequadas para a regulação desses conflitos. Assim, procurava-se uma ciência de social, à imagem da ciência da natureza, positiva e integrada às atitudes epistemológicas e metodológicas dessa ciência. Portanto, a sociedade, é comparável ao modelo do corpo. Para o seu estudo será necessário distinguir uma análise das suas partes, uma morfologia ou anatomia e o seu funcionamento: uma fisiologia. Assim, Saint-Simon preocupado fundamentalmente com a organização social, define as tarefas da nova ciência: "uma fisiologia social, formada pelos fatos materiais, derivados da observação direta da sociedade e considerando as normas aplicadas aos fatos. Essas são as únicas fontes positivas na qual pode-se estabelecer uma organização exigida pela civilização atual pode ser definido sistema reivindicado pelo estado atual da civilização" (SAINT-SIMON apud PORTANTIERO s.d., p. 4). Uma fisiologia que permite estabelecer princípios aplicáveis na melhora das enfermidades do organismo social. Fisiologia e higiene: não é pura especulação, mas também a possibilidade de "regras" para a correção das doenças do organismo social (PORTANTIERO, s.d.).

Para Saint-Simon, apud Grange, 2008, "a organização positiva da teoria fisiológica, será a teoria geral da organização". O mundo humano será um dos seus objetos, na medida em que a sociedade apresente as características de um mundo organizado. Assim, pela referência à fisiologia compreendida como generalização da medicina, cria-se a "fisiologia social". O termo "sociologia" é criado, posteriormente, por Auguste Comte (GRANGE, 2008).

Segundo Azevedo (2015) as ideias principais de Saint-Simon eram as seguintes:

- O problema social a ser resolvido era a restauração da ordem.
- Acreditava que o progresso econômico acabaria com os conflitos sociais e traria segurança aos homens.
- A função do pensamento social seria orientar a indústria e a produção.
- A elite da sociedade deveria ser formada por industriais e homens da ciência.
- Ciência ocuparia lugar da religião na função de conservação social (cientistas = clero).
- Ciência da sociedade era vital para estabelecer nova ordem.

História da sociologia   15

- Ciência social deveria usar métodos das ciências naturais e descobrir leis do progresso e desenvolvimento.

Para concluir, podemos afirmar que Saint-Simon ocupa um lugar excepcional na história social e intelectual da Europa e no desenvolvimento da sociologia.

2.4 Fundadores da sociologia

Sociólogos discordam acerca de muitos assuntos, mas há um grande consenso: sobre onde a história da teoria social realmente começa. Isto é, no século XVIII, começando a sua consolidação no século XIX. Já foi colocado anteriormente, que a palavra "sociologia" foi estabelecida primeiro pelo abade Sieyès e, posteriormente, pelo conde Saint-Simon. Cabe ao filósofo francês Auguste Comte, fazer um desenvolvimento mais profundo do conceito, como mencionado anteriormente, unindo a palavra latina "socius", associação, com o sufixo grego "logos", que significa o conhecimento de algo. Comte publicou um livro no ano de 1838, no qual esta palavra pode ser encontrada impressa pela primeira vez. Na verdade, ele tinha utilizado outro termo antes para denotar o mesmo fenômeno, a ciência da sociedade, referindo-se a ela como "la physique sociale", a física social.

2.4.1 Auguste Comte (1798-1857)

Em meados do século passado, surgiu o que se pode chamar de "reação positivista" a que deu início o próprio criador da doutrina positivista: *Auguste Comte.*

Este pensador francês lutava para que, em todos os ramos de estudos, se obedecesse à preocupação da máxima objetividade. Em sua classificação das ciências, colocou a matemática na base e, no ápice, os esforços de compreensão de tudo o que se referia ao homem, principalmente as relações entre eles.

Nessa atitude, entretanto, assumia uma posição diferente da dos socialistas. Defendia o ponto de vista de somente serem válidas as análises das sociedades quando feitas com verdadeiro espírito científico, com objetividade e com ausência de metas preconcebidas, próprios das ciências em geral. Os estudos das relações humanas, assim, deveriam constituir uma nova ciência, a que se deu o nome de "sociologia". Ela não deveria limitar-se apenas à análise, mas propor normas de comportamento, seguindo a orientação resumida na famosa fórmula positivista: "saber para prever, a fim de prover".

É verdade que, nos seus escritos sobre a sociedade, Comte esteve bem longe de seguir à risca as suas recomendações de "positividade". Mas teve enorme repercussão, e ainda tem, a atitude que preconizou quanto ao estudo dos fenômenos sociais, não influenciado pela emotividade, mas levado a efeito com a isenção de ânimo, semelhante à adotada na Química ou na Física. Aliás, inicialmente, em vez do termo "sociologia", denominara esta ciência de "Física Social".

Em 1839 publicou o "Curso de Filosofia Positiva". Nesse trabalho apareceu, publicado pela primeira vez, o termo "sociologia". O objetivo de Comte foi duplo. Por um lado, procurava descrever uma nova forma de ver a sociedade. Por outro, queria distanciar-se dos autores

16   Capítulo 2

que tinham começado a usar o termo "física social", o nome com o qual, como já foi mencionado, ele havia nomeado essa nova ciência da sociedade.

Nos estudos de Comte podem-se destacar três princípios básicos:

a. **Prioridade do todo sobre as partes**: significa que, para compreender e explicar um fenômeno social particular, devemos analisá-lo no contexto global a que pertence. Considerava que tanto a sociologia estática (estudo da ordem das sociedades em determinado momento histórico) quanto a sociologia dinâmica (estudo da evolução das sociedades no tempo) deveriam analisar a sociedade de uma determinada época, correlacionando-a com sua história e com a história da humanidade (a sociologia de Comte é, na realidade, sociologia comparada, tendo como quadro de referência a história universal).

b. **O progresso dos conhecimentos é característico da sociedade humana**: a sucessão de gerações, com seus conhecimentos, permite uma acumulação de experiências e de saber que constitui um patrimônio espiritual objetivo e liga as gerações entre si; existe uma coerência entre o estágio dos conhecimentos e a organização social.

c. **O homem é o mesmo por toda a parte e em todos os tempos**, em virtude de possuir constituição biológica e sistema cerebral idênticos.

Desses princípios básicos, Comte concluiu ser natural que a sociedade, em toda parte, evolua da mesma maneira e no mesmo sentido, resultando daí que a humanidade em geral caminha para um mesmo tipo de sociedade mais avançada. De tais ideias surgiu a classificação das sociedades denominada "A Lei dos Três Estados":

a. **Estado teológico ou fictício**, em que se explicam os diversos fenômenos por meio de causas primeiras, em geral personificadas nos deuses. O Estado Teológico subdivide-se em:
   - **fetichismo**, em que o homem confere vida, ação e poder sobrenaturais a seres inanimados e a animais;
   - **politeísmo**, quando atribui a diversas potências sobrenaturais ou deuses certos traços da natureza humana (motivações, vícios e virtudes etc.);
   - **monoteísmo**, quando se desenvolve a crença num deus único.

b. **Estado metafísico ou abstrato**. As causas primeiras são substituídas por causas mais gerais – as entidades metafísicas –, buscando nessas entidades abstratas (ideias) explicações sobre a natureza das coisas e a causa dos acontecimentos.

c. **Estado positivo ou científico**. O homem tenta compreender as relações entre as coisas e os acontecimentos pela observação científica e pelo raciocínio formulando leis; portanto, não mais procura conhecer a natureza íntima das coisas e as causas absolutas.

A característica da filosofia positivista de Comte, desenvolvida em suas obras *Curso de filosofia positiva* (1830-1842) e *Política positiva* (1851-1854), é substituir em toda parte o absoluto pelo relativo.

2.4.2 Herbert Spencer (1820-1903)

Na segunda metade do século XIX, as ideias de Darwin sobre a evolução das espécies influenciaram a maioria dos estudiosos. A sociologia foi, depois da biologia, a ciência que maior impacto recebeu da Teoria de Darwin, levando ao aparecimento da Escola Biológica, iniciada pelo inglês *Herbert Spencer*.

Segundo a concepção desse pensador, a sociedade assemelha-se a um organismo biológico, sendo o crescimento caracterizado pelo aumento da massa; o processo de crescimento dá origem à complexidade da estrutura; aparece nítida interdependência entre as partes; tanto a vida da sociedade como a do organismo biológico são muito mais longas do que a de qualquer de suas partes ou unidades. Desses princípios básicos chega-se à formulação de uma lei geral, segundo a qual a evolução de todos os corpos (e, por analogia, a das sociedades) passa de um estágio primitivo, caracterizado pela simplicidade de estrutura e pela homogeneidade, a estágios de complexidade crescente, assinalados por uma heterogeneidade progressiva das partes, acompanhadas por novas maneiras de integração.

Especificamente no que concerne às sociedades, para Spencer, a História demonstra a diferenciação progressiva das sociedades: de pequenas coletividades nômades, homogêneas, indiferenciadas, sem nenhuma organização política e de reduzida divisão de trabalho, as sociedades tornam-se cada vez mais complexas, mais heterogêneas, compostas de grupos diferentes, mais numerosos, onde a autoridade política se torna organizada e diferenciada, aparecendo uma multiplicidade de funções econômicas e sociais, exigindo maior divisão de trabalho.

Obras mais importantes: *Princípios de sociologia* (1876-1896) e *O estudo da sociedade* (1873).

2.4.3 Karl Marx (1818-1883)

Figura 2.1 Karl Marx.

Fundador do materialismo histórico, *Karl Marx*, na realidade um filósofo social e economista alemão, contribuiu para o desenvolvimento da sociologia, salientando que as relações sociais decorrem dos modos de produção (fator de transformação da sociedade), numa tentativa de elaborar uma teoria sistemática da estrutura e das transformações sociais.

O postulado básico do marxismo é o determinismo econômico, segundo o qual o fator econômico é determinante da estrutura do desenvolvimento da sociedade.

O homem, para satisfazer suas necessidades, atua sobre a natureza, criando *relações técnicas de produção*. Todavia, essa atuação não é isolada: na produção e distribuição necessárias ao consumo, o homem relaciona-se com outros seres hu-

18   Capítulo 2

manos, dando origem às *relações de produção*. O conjunto dessas relações leva *ao modo de produção*. Os homens desenvolvem as *relações técnicas de produção* por meio do *processo de trabalho* (força humana e ferramentas), dando origem a *forças produtivas* que, por sua vez, geram um determinado *sistema de produção* (distribuição, circulação e consumo de mercadorias); o *sistema de produção* provoca uma divisão de trabalho (proprietários e não proprietários das ferramentas de trabalho ou dos meios de produção) e o choque entre as *forças produtivas* e os proprietários dos meios de produção determina a mudança social.

Para Marx, a sociedade divide-se em infraestrutura e superestrutura. A infraestrutura é a estrutura econômica, formada pelas relações de produção e forças produtivas. A superestrutura divide-se em dois níveis: o primeiro, a estrutura jurídico-política, é formado pelas normas e leis que correspondem à sistematização das relações já existentes; o segundo, a estrutura ideológica (filosofia, arte, religião etc.), justificativa do real, é formado por um conjunto de ideias de determinada classe social que, por meio de sua ideologia, defende seus interesses. Sendo a infraestrutura determinante, toda mudança social se origina das modificações nas forças produtivas e relações de produção. De acordo com essa teoria, Marx, juntamente com Engels, chegou a uma classificação de sociedades segundo o tipo predominante de relações de produção: a comunidade tribal, a sociedade asiática, a cidade antiga, a sociedade germânica, a sociedade feudal, a sociedade capitalista burguesa (comercial; manufatureira e industrial; financeira e colonialista) e a sociedade comunista sem classes (que se instalaria pela ditadura do proletariado).

Obra principal: *O capital* (1867-1895).

2.4.4 Émile Durkheim (1858-1917)

Francês, é considerado por muitos estudiosos o fundador da sociologia como ciência independente das demais *Ciências Sociais*. Ao preconizar o estudo dos fatos sociais como "coisas", por meio de regras de rigor científico, determinou seu objeto, próprio dos estudos sociológicos, e sua metodologia.

Sua primeira obra, *A divisão do trabalho social* (1893), combate certas ideias de Spencer e enuncia dois princípios básicos: *consciência coletiva* e *solidariedade mecânica e orgânica*.

Por *consciência coletiva* entende-se a soma de crenças e sentimentos comuns à média dos membros da comunidade, formando um sistema autônomo, isto é, uma realidade distinta que persiste no tempo e une as gerações. A consciência coletiva envolve quase que completamente a mentalidade e a moralidade do indivíduo: o homem "primitivo" pensa, sente e age conforme determina ou prescreve o grupo a que pertence. Durkheim acusa a existência, em cada indivíduo, de duas consciências, a coletiva e a individual; a primeira, predominante, compartilhará com o grupo; a segunda, peculiar ao indivíduo. Nas sociedades "primitivas", a consciência coletiva subjuga a individual, e as sanções aplicadas ao indivíduo, que foge às normas de conduta do grupo, são extremamente severas.

À medida que as sociedades se tornam mais complexas, a divisão de trabalho e as consequentes diferenças entre os indivíduos conduzem a uma crescente independência das consciências. As sanções repressivas, que existem nas sociedades "primitivas", dão origem a um sistema legislativo que acentua os valores da igualdade, liberdade, fraternidade e justiça. A coerção social não desaparece, pois a característica da sociedade moderna – os contratos de trabalho – contém elementos predeterminados, independentes dos próprios acordos pessoais. Exemplo: cabe ao Estado determinar a duração do período de trabalho, o salário mínimo e as condições em que se realiza o trabalho físico.

As "primitivas" coletividades humanas são caracterizadas pela *solidariedade mecânica*, que se origina das semelhanças entre os membros individuais. Para a manutenção dessa igualdade, necessária à sobrevivência do grupo, a coerção social deve, com base na consciência coletiva, ser severa e repressiva. Essas sociedades não podem tolerar as disparidades, a originalidade, o particularismo, tanto nos indivíduos quanto nos grupos, pois isso significaria um processo de desintegração. Todavia, o progresso da divisão de trabalho faz com que a sociedade de solidariedade mecânica se transforme.

O princípio de divisão do trabalho está baseado nas diversidades das pessoas e dos grupos e se opõe diretamente à solidariedade por semelhança. A divisão do trabalho gera um novo tipo de solidariedade, com base na complementação de partes diversificadas. O encontro de interesses complementares cria um laço social novo, ou seja, outro tipo de princípio de solidariedade, com moral própria, e que dá origem a uma nova organização social. Durkheim denomina *solidariedade orgânica* essa solidariedade, não mais baseada nas semelhanças de indivíduos e grupos, mas na sua independência. Sendo seu fundamento a diversidade. A solidariedade orgânica implica maior autonomia com uma consciência individual mais livre.

Em 1895, Durkheim publica *As regras do método sociológico*. É o seu tratado mais importante, pois estabelece as regras que devem ser seguidas na análise dos fenômenos sociais. Para esse autor, a primeira regra, fundamental, relativa à observação dos fatos sociais, consiste em considerá-los como "coisas". Somente assim, desvinculada de concepções filosóficas e não subordinada às noções biológicas e psicológicas, a sociologia pode manipular, com finalidade de estudo e análise, os fenômenos sociais. "Coisas" opõem-se a "ideias", como as coisas exteriores se opõem às interiores.

Ao escolher seu método de pesquisa, o sociólogo deve selecionar um grupo de fenômenos cujos caracteres exteriores comuns sejam previamente definidos e analisar todos os que correspondam a essa definição. Ainda mais, sabendo-se que uma mesma causa dá origem a um mesmo efeito, a explicação de um fato social complexo requer o conhecimento de seu desenvolvimento por meio de todos os tipos de sociedades.

Na análise dos fenômenos sociais como "coisas", o pesquisador deve abandonar as pré-noções e a pressuposição do significado ou caráter de uma prática ou instituição social. Deve ser objetivo e estabelecer, por meio da investigação, o próprio significado do fenômeno estudado, dentro da sociedade particular em pauta. Deve considerar somente os fenômenos que se apresentam isolados de manifestações individuais.

Para explicar um fenômeno social, deve-se procurar a causa que o produz e a função que desempenha. Procura-se a causa nos fatos anteriores, sociais e não individuais; e a função, pela relação que o fato mantém com algum fim social.

Durkheim, ao estabelecer as regras de distinção entre o normal e o patológico, propôs: um fato social é normal, para um tipo social determinado, quando considerado numa determinada fase de seu desenvolvimento, desde que se apresente na média das sociedades da mesma categoria, e na mesma fase de sua evolução. Essa regra estabelece uma norma de relatividade e de objetividade na observação dos fatos sociais, como foi ilustrado em sua obra

20   Capítulo 2

sobre o suicídio. Demonstra, também, que certos fenômenos sociais, tidos como patológicos, só o são à medida que ultrapassam uma taxa dita "normal", em determinado momento, em sociedades de mesmo nível ou estágio de evolução.

Na obra *Suicídio* (1897), Émile Durkheim demonstra que o suicídio varia inversamente ao grau de integração do grupo social do qual o indivíduo faz parte, com algumas exceções por ele apontadas.

A lei do suicídio de Durkheim é considerada uma lei sociológica em virtude de as variáveis relacionadas constituírem fenômenos sociais: a taxa de suicídio, representando um traço característico de um grupo, e o grau de coesão que, além de ser um traço do grupo, aparece também como característico desse grupo. Estabelece o conceito de **anomia**: ausência ou desintegração das normas sociais. O conceito surgiu com o objetivo de descrever as patologias sociais da sociedade ocidental moderna, racionalista e individualista, devido fundamentalmente, ao acelerado processo de urbanização, a falta de solidariedade, as novas formas de organização das relações sociais e a influência da economia na vida dos indivíduos produto das revoluções e mudanças dos séculos XVIII e XIX.

2.4.5 Max Weber (1864-1920)

Max Weber era alemão. Obras principais: *A ética protestante e o espírito do capitalismo* (1905) e *Economia e sociedade*, publicação póstuma (1922).

Segundo Max Weber, a sociologia é o estudo das interações significativas de indivíduos que formam uma teia de relações sociais, sendo seu objetivo a compreensão da conduta social. Esta ênfase dada à compreensão subjetiva levou Weber a definir *ação social* como a conduta humana, pública ou não, a que o agente atribui significado subjetivo.

Para Weber, a conduta social se apresenta em quatro formas ou categorias:

a. a conduta tradicional, relativa às antigas tradições;

b. a conduta emocional, reação habitual ou comportamento dos outros, expressando-se em termos de lealdade ou antagonismo;

c. a conduta valorizadora, agindo de acordo com o que os outros indivíduos esperam de nós;

d. a conduta racional-objetiva, que consiste em agir segundo um plano concebido em relação à conduta que se espera dos demais (mais detalhes no Capítulo 3).

A contribuição de Max Weber à metodologia foi a distinção preconizada entre o método científico de abordar os dados sociológicos e o método do valor-julgamento: a validade dos valores é um problema de fé, não de conhecimentos e, em consequência, as Ciências Sociais devem libertar-se dos valores. O principal objetivo da análise sociológica é a formulação de regras sociológicas. Weber desenvolveu um instrumento de análise dos acontecimentos ou situações concretas que exigia conceitos precisos e claramente definidos – *o tipo ideal*. (Ver Capítulo 1.) Quando a realidade concreta é estudada dessa forma, torna-se possível estabelecer relações causais entre seus elementos. Sua obra *A ética protestante e o espírito do capitalismo* permite verificar essa relação.

História da sociologia 21

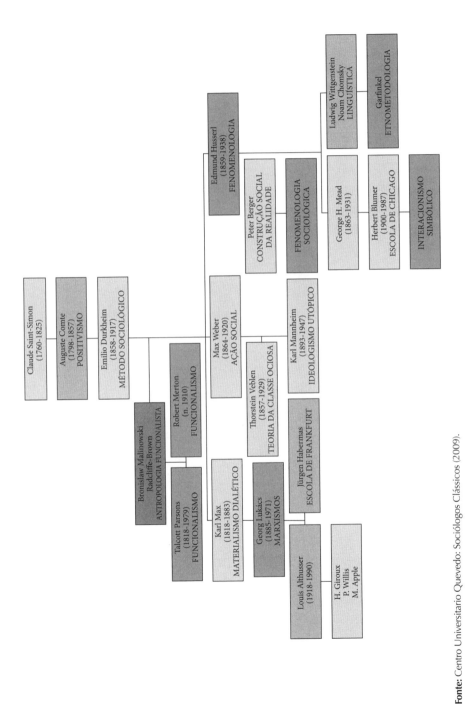

Fonte: Centro Universitario Quevedo: Sociólogos Clássicos (2009).

Figura 2.2 Evolução histórica da sociologia.

Capítulo 2

Por "espírito", o autor entendia um sistema de máximas de comportamento humano. Estudando as sociedades capitalistas ocidentais e depois confrontando seus dados com estudos realizados na China e na Índia, Weber chegou à conclusão de que o surgimento do capitalismo não é automaticamente assegurado só por condições econômicas específicas; deve haver pelo menos uma segunda condição. Essa condição deve pertencer ao mundo interior do homem, isto é, existe forçosamente um poder motivador específico, qual seja, a aceitação psicológica de ideias e valores favoráveis a essa transformação.

3
A sociologia como ciência

clu | iStockphoto

No final do século XIX, o estudo da sociologia foi incorporado aos programas universitários, enquanto institucionalizada em associações e organizações que promoviam estudos e pesquisas. As universidades de Chicago (1915) e Columbia, em Nova York, foram as primeiras universidades a estabelecer o ensino da Sociologia oficialmente nos Estados Unidos da América. Na Europa, o primeiro departamento europeu de Sociologia foi fundado em

1895 na Universidade de Bordeaux por Émile Durkheim. Em 1919, estabelece-se um departamento de Sociologia na Alemanha na Universidade Ludwig Maximilians, de Munique e, em 1920, na Polônia. Os primeiros departamentos de Sociologia no Reino Unido foram fundados após a Segunda Guerra Mundial.

Alguns detalhes: o primeiro livro com o termo sociologia em seu título foi escrito em meados do século XIX pelo filósofo inglês Herbert Spencer. Nos Estados Unidos, o primeiro curso de Sociologia foi ministrado na Universidade de Kansas, Lawrence em 1890 (CRAGUN, CRAGUN & KONIECZNY, 2010).

Figura 3.1 – Herbert Spencer.

Resultado dessa academização, a compreensão da cultura, da estrutura social, da socialização, da ação, do conflito e da mudança passou por significativos debates e importantes elaborações teóricas, e questões como gênero, raça, cultura e classe social passaram a ganhar muito espaço entre os pensadores contemporâneos. Autores clássicos, como Comte, Marx, Weber e Durkheim, procuraram demonstrar a viabilidade das reflexões sociológicas, ou sobre a sociedade, como objeto de estudo. Já a sociologia do século XX apresentou uma diversidade de pontos de vista, uma pluralidade de discursos sociológicos procurando afirmação dentro de uma estrutura institucional como as universidades e institutos de pesquisa. Certamente, os autores desse período partiram de contribuições dos teóricos formativos para a ampliação de seus argumentos ou para o desenvolvimento de conceitos totalmente inéditos como base da própria obra intelectual (CESARINO, 2012).

3.1 O desenvolvimento da sociologia no século XX

O estudo do desenvolvimento da sociologia ou de qualquer ciência implica escolher entre as abordagens disponíveis. As mais comuns são: a análise segundo seus autores e análise segundo correntes epistemológicas (OLIVEIRA, 2009).

A análise segundo autores permite personalizar a ciência, dar nomes, investigar biografias, mostrando que a ciência tem seus cânones, seus mestres de referência. Mas, escolhendo autores, eles são individualizados. O impacto da época sobre a obra se torna menos importante do que a obra e a forma como ela é interpretada e/ou atualizada.

Quando os autores são retirados de seu momento histórico (no máximo apresenta-se uma biografia individual), tende-se a trazer suas teorias para o presente e para outros espaços (nacionais e sociais muito diversos), obscurecendo os problemas locais e históricos que seus trabalhos queriam. Os autores são selecionados, seu tempo e ambiente se tornam apenas a história e as condições que os projetaram. Seus feitos são superdimensionados e os tantos colegas que participaram de muitas de suas empreitadas tornam-se rapidamente "colaboradores" (OLIVEIRA, 2009).

A análise segundo correntes epistemológicas identifica o autor como funcionalista, interacionista, estruturalista etc. A classificação de obras e autores em correntes de pensamento naturaliza aquilo que é histórico e social. As correntes traduzem a classificação dos autores que as cunharam e a interpretação dos autores classificados. Dito de outro modo, as correntes impõem a seleção e organização dos autores que foram colocados em cada uma das correntes. No entanto, um problema importante é a variedade de classificações. Segundo Oliveira "são tantas as reservas que se podem fazer a cada um dos partidos tomados e os paralelos construídos entre autores e conceitos são tão localizáveis, que muitas vezes estamos diante de um exercício acadêmico de enciclopedismo e de inteligência, tanto quanto diante de um esforço organizador que apresenta as diversas dimensões da Sociologia" (2009, p. 7).

Em geral, as abordagens trabalhadas sofrem de uma deficiência comum: não fazem uma análise do campo social onde estão inseridos autores e suas obras. Padecem particularmente de uma rigorosa análise do campo científico, conferindo nula ou pouca importância aos autores que aparentemente fracassaram e, por isso, não são objetos de colóquios, livros ou reedições críticas de suas obras (Op. cit. p. 9).

Em consideração, à importância da história nas origens e desenvolvimento da Sociologia, utilizaremos a abordagem das correntes epistemológicas. No entanto, é necessário advertir as críticas já mencionadas (OLIVEIRA, 2009).

A seguir apresentam-se cinco grandes correntes sociológicas e antropológicas da teoria social do século XX.

3.1.1 Positivismo

Poucas tendências, escolas de pensamento ou correntes têm tido, no mundo ocidental, a importância e influência do positivismo. Desde a primeira metade do século XIX, ele tem mostrado sua importância. Surgiu na atmosfera dos sucessos das ciências naturais (a teoria evolucionista de Darwin; o sistema Kant-Laplace de explicação da formação do sistema solar e a descoberta das leis térmicas de J. Joule e H. F. Lenz), mostrando assim uma fé absoluta no poder da investigação experimental. A atração natural dos cientistas dos séculos XVIII e XIX pelos métodos de investigação empírica deu origem à ideia de que todos os problemas das ciências e da sociedade podiam resolver-se exclusivamente por métodos empíricos. Assim, as técnicas das ciências naturais deveriam ser aplicadas às ciências sociais. Herbert Spencer, um dos fundadores do positivismo, insistiu na necessidade de uma "ciência prática" que servisse para as necessidades da vida humana.

Auguste Comte, outro fundador do positivismo, insistiu na semelhança entre os pensamentos teológico e metafísico (ficções e abstrações espontâneas) contrários ao pensamento científico (positivo). Segundo Comte, o espírito positivo estabelece as ciências como

26 **Capítulo 3**

investigação do real, do certo, do indubitável e do determinado. A imaginação e a argumentação ficam subordinadas à observação. Considerando que essa observação é limitada, o conhecimento apenas pode apreender fatos isolados. Além disso, existe uma ordem natural que os homens não podem alterar; portanto, os cientistas apenas podem interpretar a natureza.

Em termos gerais, o positivismo é um movimento que enfatiza a ciência e o método científico (a física) como única fonte de conhecimento, estabelecendo forte distinção entre fatos e valores, e grande hostilidade com a religião e a metafísica. Insiste na existência de uma ordem natural com leis que a sociedade deve seguir. Além disso, a realidade não pode ser conhecida em sua totalidade; portanto, apenas se estudam dados individuais.

O pesquisador preocupa-se basicamente em estudar características dos elementos fundamentais do fenômeno e possíveis relações. Por exemplo: situação econômica dos alunos de 1º grau; fatores que influenciam a evasão escolar etc.

O problema da demarcação entre ciência e metafísica tem sido um aspecto fundamental no desenvolvimento do positivismo. Assim, na década de 1920 surge o positivismo lógico, que tem como ponto de partida as investigações do Círculo de Viena – um grupo de cientistas, matemáticos e filósofos que se reuniam na Universidade de Viena, entre meados da década de 1920 e 1930 – caracterizadas pela luta contra a metafísica, a partir de posições empíricas.

Os positivistas lógicos defendiam que a ciência nos proporciona todo o conhecimento necessário, e que a metafísica era literalmente um absurdo. O referido positivismo pode ser considerado o movimento filosófico do século XX. Foi uma tentativa de dispensar a metafísica e substituí-la por uma filosofia de base científica.

Os membros do Círculo de Viena consideravam insignificantes as afirmações da metafísica tradicional por considerar impossível verificá-las empiricamente. Por exemplo, se um metafísico afirma que "a realidade é absoluta", não existe argumento de discussão, pois a experiência empírica não permite comprová-la. Em poucas palavras, o princípio básico do positivismo lógico é o seguinte: o significado de uma proposição é seu método de verificação. Assim, podemos afirmar que uma proposição é empiricamente significativa para qualquer pessoa apenas quando se conhece a forma de verificá-la, isto é, se o autor da proposição conhece as observações a serem feitas que conduzem a aceitar a proposição como verdadeira ou rejeitá-la como falsa. Por exemplo, se alguém afirma: "está chovendo lá fora", sabemos o tipo de observações que podem demonstrar a veracidade ou falsidade da proposição – sair e constatar o fato.

Em termos gerais, os argumentos do positivismo lógico são os seguintes:

1. Uma proposição é significativa quando é verificada, no sentido de que a proposição possa ser julgada provável a partir da experiência.
2. Uma proposição é verificável se é uma proposição empírica ou uma proposição da qual pode ser deduzida uma proposição empírica.
3. A proposição é formalmente significativa só quando é verdadeira, em virtude da definição de seus termos – isto é, se ela for tautológica.
4. As leis da lógica e da matemática são tautológicas.

5. Uma proposição é literalmente significativa somente se for verificável ou tautológica.
6. Considerando que as proposições da metafísica não são nem verificáveis, nem tautológicas, elas são literalmente insignificantes.
7. Considerando que as proposições teológicas, éticas e estéticas não cumprem as condições, também são insignificantes em termos de conhecimento.
8. Considerando que a metafísica, a ética, a filosofia da religião e a estética são eliminadas, a única tarefa da filosofia é a clarificação e a análise.

Podemos constatar que o positivismo lógico deu à verificação empírica uma função além de suas possibilidades – avaliar a veracidade de toda proposição, sem exceção.

Segundo o positivismo lógico, o único método possível de ser utilizado para verificar o significado de uma proposição é o método indutivo, com algumas modificações relativas à lógica indutiva tradicional. O objetivo do método indutivo conhecido é a generalização probabilística de um caso particular. No caso do positivismo lógico, o objetivo é chegar a uma proposição universal.

3.1.1.1 Método indutivo

A indução é um processo pelo qual, partindo de dados ou observações particulares constatadas, podemos chegar a proposições gerais. Por exemplo, com base em uma pequena amostra do comportamento de uma criança, concluímos aspectos do temperamento; a partir da experiência própria e de amigos, concluímos que um *shopping center* vende roupa boa e cara. Outro exemplo: suponhamos que estamos dirigindo em uma rua secundária e queremos entrar em uma avenida principal. Chegamos à referida avenida e constatamos engarrafamento do trânsito. Concluímos que a avenida está engarrafada e procuramos outro caminho. Fizemos uma inferência sobre as condições da avenida, partindo de um dado observado. Esse raciocínio é indutivo.

Assim, o método indutivo parte de premissas dos fatos observados para chegar a uma conclusão que contém informações sobre fatos ou situações não observadas. O caminho vai do particular ao geral, dos indivíduos às espécies, dos fatos às leis.

Um dos principais críticos ao uso da indução nas ciências e à posição do positivismo lógico foi Karl Popper. Segundo esse pensador,

> [...] de um ponto de vista lógico, está longe de ser óbvio que estejamos justificados ao inferir enunciados universais a partir dos singulares, por mais elevado que seja o número destes últimos; pois qualquer conclusão obtida dessa maneira pode sempre acabar sendo falsa: não importa quantas instâncias de cisnes brancos possamos ter observado, isso não justifica a conclusão de que todos os cisnes são brancos (POPPER, 1980, p. 5).

A ciência não tem o poder de alcançar a verdade ou a falsidade. Os enunciados científicos somente podem alcançar graus de probabilidade.

28   **Capítulo 3**

Para Popper, a única maneira de testar um argumento científico é comprovar sua refutabilidade empírica. Uma teoria pode ser reconhecida como científica à medida que for possível deduzir dela proposições observacionais singulares, cuja falsidade seria prova conclusiva da falsidade da teoria. Portanto, para testar uma teoria, devemos utilizar o método dedutivo.

3.1.1.2 Método dedutivo

Em oposição à lógica indutiva, o raciocínio dedutivo opera do geral ao específico. Você pode começar por pensar em uma teoria sobre algum assunto de interesse. Em seguida, se resume a alguma hipótese específica que você quer tentar.

3.1.1.3 Importância e críticas ao positivismo

Como já vimos, o positivismo teve muita importância para o desenvolvimento das ciências, particularmente, das exatas e naturais. O método indutivo é a base do método experimental, que tem dado importante contribuição para o avanço, entre outras, da medicina e da psicologia. Podemos constatar que Popper também deu uma contribuição básica para o avanço da ciência. Em termos das ciências sociais, porém, o positivismo tem sido objeto de críticas fundamentais:

1. A concepção de ciência é idealista (império das ideias), a-histórica (o indivíduo não é um ser histórico) e empirista (preocupa-se fundamentalmente com as manifestações imediatas e concretas dos fenômenos).
2. Não é possível aplicar modelos das ciências exatas e da natureza aos fenômenos sociais.
3. Contenta-se com o estudo das aparências de um fenômeno, sem descer à essência.
4. Ao insistir no estudo de fatos ou dados isolados, esquece a relação que existe entre os elementos de um fenômeno e entre fenômenos.
5. Não se preocupa com os processos de conhecimento, interessam-lhe os resultados.

Entre os membros mais proeminentes, podem-se mencionar:

- Auguste Comte (1798-1857) – França
- Herbet Spencer (1820-1903) – Inglaterra
- John Stuart Mill (1806-1876) – Inglaterra
- Karl Popper (1902-1994) – Áustria

3.1.2 Estruturalismo (europeu)

Ao analisar o método indutivo, vimos que na vida diária existem diversas atividades nas quais aplicamos o referido método. Mas também, nas 24 horas do dia, cada um de nós participa de diversos tipos de atividades – econômicas, políticas, educativas etc. –, com autonomia própria, suas leis fundamentais a sua temporalidade específica. A participação nessa variedade de atividades nos leva a uma autorrepresentação que passa a ser o centro dessas atividades. Essa representação é uma ilusão que se impõe no dia a dia. À medida que o indivíduo a reflete, ele a duplica, a ilusão perpetua-se como ideologia.

Todos nós precisamos pensar nossas relações com a natureza e com os outros e a urgência de determinadas ações impõem reações imediatas que não respeitam as exigências do conhecimento científico. Essa forma de reflexão denomina-se ideologia. O homem não pode viver sem uma representação do mundo – sua ideologia. Essa representação ideológica está na base do estruturalismo.

Em primeiro lugar, devemos analisar o conceito de estrutura:

- "Uma estrutura oferece um caráter de sistema; consiste em elementos combinados de tal forma que qualquer modificação em um deles implica uma modificação de todos os outros" (LÉVI-STRAUSS, 1980).
- "Falaremos de estrutura quando existirem elementos reunidos numa totalidade, apresentando qualidades específicas de totalidade, e quando as propriedades dos elementos dependerem, inteira ou parcialmente, dessas características da totalidade" (JEAN PIAGET, 1970).

Tomando como base Eduardo Coelho (s.d., p. XXI), pode-se concluir que uma estrutura é:

- Um conjunto de elementos com leis próprias, independentes das leis que regem cada um desses elementos;
- A existência de tais leis, relativas ao conjunto implica que a alteração de um dos elementos provoque a alteração de todos os outros;
- Dado que o valor de cada elemento não depende apenas do que ele é por si mesmo, ele depende também, e, sobretudo, da posição que ocupa em relação a todos os outros do conjunto.

A estrutura das relações entre os elementos é relativamente estável, invariante. Alguns exemplos: fenômenos, produtos e compostos químicos são relações entre um número finito e restrito de elementos atômicos que obedecem a uma ordem estabelecida.

O fenômeno musical (peças musicais) não passa de uma combinação variável de 12 elementos invariantes, os 12 semitons. O aparelho circulatório é uma relação de quatro elementos invariantes: o coração, as artérias, as veias e os vasos capilares.

O estruturalismo trabalha basicamente com estruturas mentais (representações) e suas invariantes históricas. Para o estruturalismo, os fenômenos fundamentais da vida humana são determinados por leis de atividades inconscientes. Portanto, o centro não é o indivíduo, mas o inconsciente como sistema simbólico.

A estrutura, embora seja um nível da realidade, não é acessível a um conhecimento imediato e direto dessa realidade e é ela própria que suscita tal inacessibilidade. Portanto, o estruturalismo é antiempírico.

3.1.2.1 Origens e características do estruturalismo

O estruturalismo tem suas origens no campo da Linguística com os trabalhos de Ferdinand Saussure – *Curso de linguística geral*, 1916 – e a Escola Fonológica de Praga – Jakobson. A Linguística Estruturalista fundamenta-se em dois princípios aplicáveis às ciências sociais:

30 Capítulo 3

- os fenômenos linguísticos têm como base infraestruturas inconscientes que devem ser pesquisadas e compreendidas;
- o objeto da Linguística não está constituído pelos termos que formam uma língua, senão pelas relações entre os termos.

Para Saussure, a língua é um sistema cujas partes podem e devem ser consideradas em sua solidariedade sincrônica (SAUSSURE, 1978).

Claude Lévi-Strauss foi o primeiro a aplicar o estruturalismo à Antropologia. Posteriormente, Louis Althusser o aplicou à sociologia; Pierre Bourdieu e Jean C. Passeron, à educação etc.

O que importa no modelo estruturalista é o estudo das relações entre os elementos. Portanto, o objetivo das ciências sociais é compreender o sistema de relações entre os elementos constitutivos da sociedade. A sociedade é interpretada em função da comunicação entre os elementos. Assim, o estudo da cultura ocupa um lugar fundamental, como conjunto de sistemas simbólicos que permitem a comunicação entre os atores sociais.

3.1.2.2 Características e exigências científicas do modelo estrutural

Um modelo científico será considerado estruturado se satisfizer às seguintes condições:

- Quando oferecer características de sistema, isto é, consistir em elementos tais que uma modificação de um dos elementos produza modificações nos outros.
- Quando todo modelo pertencer a um grupo de transformações. Em outras palavras, como os elementos de um modelo estão ligados de maneira sistemática, a modificação de um deles arrasta consigo uma variação combinada dos outros, e, como consequência, uma transformação do modelo. Um modelo dado, porém, apenas pode sofrer as transformações que provêm de uma mesma matriz.
- Quando as condições anteriores permitirem prever as reações do modelo a modificações em algum de seus elementos.
- Quando o modelo der conta de todos os elementos. Seu funcionamento deve explicar todos os casos observados.

3.1.2.3 Importância e problemas do estruturalismo

O estruturalismo teve grande importância no desenvolvimento das ciências sociais do século XX. Ao negar a realidade como algo singular, rejeitar o império da experiência sensível e considerar insignificante o estudo dos fatos isolados, constitui-se o estruturalismo em uma alternativa significativa para todas as formas de positivismo.

Cabe destacar a contribuição de Saussure e outros pesquisadores à análise da língua, particularmente, na procura de uma estrutura de linguagem comum a todas as pessoas.

Importantes para a antropologia e todas as ciências sociais são os trabalhos de Lévi-Strauss que difundem os princípios estruturalistas. A relação entre cultura e indivíduo, o conceito de inconsciente e os modelos são alguns exemplos da contribuição desse pensador.

Roland Barthes e outros pesquisadores franceses difundiram a análise das narrativas, utilizando os princípios e características metodológicas do estruturalismo.

Por último, a semiótica (estudo de sistemas de signos, códigos etc.) tem suas origens no estruturalismo.

Embora se reconheça sua importância, o estruturalismo tem sido objeto de críticas importantes:

- No momento que procura as estruturas invariantes de uma sociedade ou grupo social esquece a possível transformação dos fenômenos.
- Considerando o inconsciente coletivo igual em todas as pessoas, isso permite que todos tenhamos as mesmas categorias mentais, e a consciência passa a segundo plano.
- O estudo da estrutura precede o estudo da evolução e da gênese. Portanto, relega a história a um segundo plano.
- O trabalho estruturalista não procede por síntese de realidades significativas, senão por empobrecimento dessas realidades, simplificando o fenômeno em modelos estruturais.
- A estrutura caracteriza-se por uma ausência de centro, individual ou grupal.
- O investigador estruturalista pode cair em um pré-determinismo negativo para as transformações sociais.

Essas e outras críticas têm dado origem a ideias "pós-estruturalistas", "pós-construtivistas" etc. que procuram afirmar-se no limiar do terceiro milênio.

Representantes mais importantes:

- Ferdinand de *Saussure* (1857-1913) – linguística.
- Claude *Lévi-Strauss* (1908-2009) – foi o primeiro a aplicar o estruturalismo à antropologia.
- Louis Althusser (1918-1990) – estruturalismo e sociologia.
- Pierre Bourdieu (1930-2002) e Jean C. Passeron (1930-) – estruturalismo e educação.

3.1.3 Estrutural-funcionalismo

A teoria estrutural-funcionalista procura explicar o desenvolvimento de uma sociedade a partir de ações sociais. Considera a sociedade um sistema complexo e **interligado**, onde cada parte trabalha em conjunto como um todo funcional. Por exemplo, o corpo humano, constituído por diversas partes (braços, pernas, coração, cérebro etc.), cada parte do corpo tem seus próprios neurônios e sistema para trabalhar, mas cada parte tem que trabalhar em conjunto para uma estrutura totalmente funcional, ou sistema. O mesmo acontece com diversas estruturas ou sistema da sociedade: governo, educação, família etc. Todos esses sistemas precisam trabalhar em conjunto para ter uma sociedade plenamente funcional (CLIFF NOTES, 2016).

Talcott Parsons foi um dos grandes expoentes da teoria sociológica do século XIX. Ele foi fortemente influenciado pelo trabalho de R. Brown e Malonowki. No ano 1951 escreveu

32   Capítulo 3

um trabalho intitulado "O Sistema Social". Nesse trabalho, Parsons concebeu a sociedade como um conjunto de sistemas sociais, culturais e de personalidade.

Esses sistemas não podem ser reduzidos uns aos outros (por exemplo, a sociedade não pode ser explicada pelo sistema de personalidade dos indivíduos que o compõem). No entanto, existe uma inter-relação entre os sistemas (BRANDONE, 2015).

Parsons estava, particularmente, interessado na orientação do comportamento social. Para o autor, a maneira pela qual uma pessoa orienta sua conduta social estará intimamente ligada à internalização das normas de socialização. Esse processo de socialização começa no nascimento no seio da família e, em seguida, em outras áreas, como a escola, a empresa etc. (BRANDONE, 2015).

Para Parsons, o sistema social consiste em uma pluralidade de atores individuais que interagem entre si em uma situação que tem pelo menos um aspecto físico ou ambiental. Atores que utilizam símbolos culturalmente estruturados e estão motivados por uma tendência para a otimização de uma possível gratificação (CLIFF NOTES, 2016). Ele considerava que o sistema social poderia chegar a um equilíbrio com ausência de conflito. Para que não exista conflito na sociedade, deve haver uma interdependência entre todas as instituições sociais. Assim, os funcionalistas acreditam que a sociedade se mantém unida por consenso social, ou coesão, na qual os membros da sociedade concordam, e trabalham juntos para alcançar, o que é melhor para a sociedade. Havendo mudança, há necessidade de modos funcionais de ajustamento.

Segundo Parsons, podem-se identificar quatro problemas fundamentais de ajustamento, enfrentados por qualquer sistema social, considerados seus "imperativos funcionais", já que, para sobreviver, qualquer sistema social deve, constantemente, resolvê-los. Assim, distinguem-se, dentro do sistema social, quatro funções específicas, devendo atender aos seguintes problemas:

a. **Estabilidade normativa**, função menos dinâmica, que consiste em levar os membros das sociedades a conhecerem os seus valores, a aceitá-los e a conformarem-se com suas exigências;

b. **Integração**, função que tem por finalidade assegurar a necessária coordenação entre as partes ou unidades do sistema, especificamente no que diz respeito a contradições entre elas e a organização, ou ao funcionamento do conjunto;

c. **Consecução** de fins, que diz respeito à definição e à obtenção de objetivos, para a totalidade do sistema, para suas unidades constituintes ou para ambas;

d. **Adaptação**, conjunto de meios de que lançam mão o sistema e seus membros, para a consecução de seus fins.

Para os fundadores do estrutural-funcionalismo o sistema social é composto de estruturas que garantem o seu funcionamento. A representação da realidade social como um sistema equilibrado permite compreender os antagonismos, guerras e revoluções, como expressão de comportamentos que não se integram ao sistema social, desviando-se das normas e gerando estruturas alternativas. No entanto, para essa teoria, as estruturas alternativas acabam institucionalizando-se, criando um novo ponto de equilíbrio num novo sistema social.

Em geral, as ciências sociais tomaram das ciências biológicas e da medicina a concepção do sistema (sistema respiratório, sistema imunológico etc.). Por sua parte, os cientistas sociais que utilizam o conceito do sistema entendem que a sociedade pode funcionar como um organismo em que cada parte cumpre seu papel de acordo com um *status* ou posição dentro do sistema. Se falha uma parte o sistema não funciona (BRANDONE, 2015).

Por exemplo, imaginemos o funcionamento do sistema educacional a partir de uma sala de aula, sabemos que existem, pelo menos, dois *status* (posição no sistema) sociais: professores e alunos. No *status* de professor, a expectativa social dos alunos é que ele ensine determinados conteúdos. No *status* do aluno, a expectativa social do professor é que ele tenha disposição para aprender o conteúdo transmitido (BRANDONE, 2015).

A perspectiva funcionalista alcançou sua maior popularidade entre os sociólogos norte-americanos nos anos 1945, particularmente preocupados em descobrir as funções do comportamento humano.

Robert Merton (1910-2003) foi um importante sociólogo norte-americano funcionalista. De acordo com Tunussi (2016, p. 1):

> Merton acreditava que em toda relação sociocultural desenvolve-se metas culturais, que expressam valores que orientam a vida do indivíduo em sociedade. Para se chegar as metas cada sociedade, com suas peculiaridades, estabelece meios, sendo estes os recursos institucionalizados. Entretanto, apesar da sociedade estabelecer metas a serem cumpridas através de determinados meios institucionalizados, os meios sociais, entre eles a desigualdade, não permite que todos as alcancem, resultando assim em um desajuste entre os fins e os meios.

Merton, foi um dos mais destacados sociólogos norte-americanos do século XX, deu uma importante contribuição ao estudo do delito e da conduta divergente. Na sua obra "Teoria e Estrutura Social" retoma o conceito de "anomia" usado por Durkheim no estudo do suicídio, e dá outro significado ligando-o ao crime e ao comportamento desviante, como um produto da dissociação entre a estrutura cultural (metas) e a estrutura social (meios). Não é a falta de normas que produz anomia, é o não cumprimento do que as normas prometem (BOMPADRE, 2016).

O estrutural-funcionalismo tem sido criticado por desconhecer as funções negativas de um evento, tal como, o divórcio. Os críticos também afirmam que a perspectiva justifica o *status quo* e a complacência por parte dos membros da sociedade. O funcionalismo não incentiva as pessoas a desempenhar um papel ativo na mudança de seu ambiente social, mesmo quando essa mudança possa beneficiá-las. Considera indesejável a mudança social ativa porque os diversos elementos da sociedade compensarão naturalmente quaisquer problemas que possam surgir (CLIFF NOTES, 2016).

3.1.4 A perspectiva do conflito

A perspectiva de conflito, que surge com os trabalhos de Karl Marx (1818-1883) sobre lutas de classes e condições do capitalismo, apresenta a sociedade de um ponto de vista contrário ao estrutural-funcionalismo e ao interacionismo simbólico. Enquanto estas últimas perspectivas

34   Capítulo 3

se concentram nos aspectos positivos da sociedade que contribuem para a sua estabilidade, a perspectiva de conflito enfoca a natureza conflitiva e em constante mudança dessa sociedade. Ao contrário dos funcionalistas que defendem o *status quo*, evitam a mudança social e acreditam que as pessoas cooperam para efetuar a ordem social, os teóricos da perspectiva de conflito, desafiam o *status quo*, incentivam a mudança social (mesmo quando isso significa revolução social), e acreditam que os ricos e poderosos impõem a ordem social aos pobres e aos fracos. Por exemplo, podem interpretar que a decisão de um Conselho Superior de uma universidade de "elite" de aumentar a mensalidade paga pelos alunos para criar novos programas esotéricos seja para benefício próprio e não para benefício dos alunos (CLIFF NOTES, 2016).

Hoje, os representantes dessa perspectiva encontram conflitos sociais entre quaisquer grupos em que existe o potencial de desigualdade: racial, gênero, religioso, político, econômico etc. Observam que grupos desiguais geralmente têm valores e objetivos conflitantes, fazendo que eles concorram entre si. Essa constante competição entre grupos constitui a base da natureza sempre mutável da sociedade (CLIFF NOTES, 2016).

3.1.4.1 Principais representantes

3.1.4.1.1 *Karl Marx (1818-1883)*

De acordo com Marx não se poderia discutir a relação indivíduo/sociedade sem que fossem levadas em conta as condições materiais em que vive esse indivíduo, mais precisamente por intermédio do modo de produção que se poderia entender a organização da sociedade. Modo de produção significa a forma como os homens se reúnem para produzir a sua sobrevivência.

Assim, para Marx: no sistema capitalista, o elemento principal que move a sociedade é o conflito entre as duas classes fundamentais: a burguesia e a proletária.

De acordo com Souza Martins:

- Para Marx, o método dialético é a chave para compreender a realidade social.
- Marx cria um artifício didático, infra e superestrutura, para explicar a organização da sociedade.
- Na infraestrutura estão as relações econômicas determinantes na sociedade.
- Na superestrutura encontram-se as instituições responsáveis pela elaboração do pensamento social, que serve de justificativa para as relações existentes na infraestrutura.
- A realidade não é aquilo que vemos num primeiro momento, a objetividade como quer o positivismo, não é a aparência que mostra o objeto, mas o que ele esconde.
- Não existe neutralidade para Marx, o pesquisador se envolve com o objeto e este com o pesquisador (MARTINS, 2012, p. 48).

3.1.4.1.2 *Antonio Gramsci*

Antonio Gramsci (1891-1937) foi um filósofo marxista, jornalista, crítico literário e político italiano. Proclamado o fascismo, Gramsci é encarcerado em 1926, nessas circunstâncias ele escreve seus famosos Cadernos do Cárcere. Morre na prisão em 1937.

É o pensador que, em sua época, brilhantemente justifica a gravitação autônoma da esfera ideológica-cultural, rejeitando a visão marxista como aparência ou reflexão da infraestrutura e a redução do marxismo ao "economicismo histórico" (CAMPIONE, 2003).

Para Christine Buci-Glucksmann, profunda conhecedora da obra de Gramsci, esse não é um culturalismo idealista que descolocaria o marxismo e o leninismo do campo da dialética histórica ao da "cultura", mas sim uma nova forma de colocar as relações econômicas e políticas que excluem do seu campo de análise todo o economicismo. Só assim, a cultura faz parte de uma teoria materialista (BUCI-GLUCKSMANN, 1980).

Gramsci é um antideterminista que valoriza a subjetividade. Esse subjetivismo antideterminista e a importância fundamental da vontade se transformavam em uma nítida propensão a tomar parte, a tornar-se ativo, a participar e lutar, a esquivar-se da passividade: esse era o significado do célebre grito "odeio os indiferentes" (GRAMSCI, 2016b, p. 73 *et seq.*), lançado em janeiro de 1917, poucas semanas antes da "revolução de fevereiro" na Rússia (GRAMSCI, apud LIGUORI, p. 22).

Segundo Gramsci o estudo da história é fundamental para entender um processo social, afirma que para compreender plenamente uma sociedade deve-se conhecer em profundidade, pelo menos, seus últimos cem anos de história. Isso significa "saber" e "sentir", o que gera a preocupação de fechar a separação entre intelectuais que muitas vezes "sabem", mas não "entendem" ou "sentem", e uma esfera popular que "sente", mas não "entende". A constituição de uma intelectualidade "orgânica" que supera essa dissociação, organizando-se no príncipe moderno (o partido revolucionário). No ponto de vista de Gramsci, a realização dessa "organicidade" é uma condição indispensável para aspirar a uma transformação revolucionária, para construir a hegemonia que vai levar a um "desejo coletivo popular nacional".

A teoria gramsciana desenvolve três conceitos-chave: **hegemonia, bloco histórico e intelectual orgânico**. Esses conceitos têm alimentado muitos debates políticos e historiográficos nos séculos XX e XXI.

3.1.4.1.2.1 Hegemonia

Após uma referência inicial ao aspecto filólogo, do termo grego "Eghestai": liderar, atuar como líder, atuar como chefe, tem, portanto, o sentido da direção. Gramsci propôs elaborar mais rigorosamente o conceito no plano teórico-político, interrelacionando-o com o conceito bloco histórico (PRIETO, 2004).

Gramsci ampliou o conceito ao utilizá-lo para explicar os modos de dominação pela burguesia e estabelecer uma base teórica para uma estratégia proletária adequada às novas formas políticas do capitalismo moderno. O autor dá muita importância à hegemonia política, mas também distingue outras duas formas: hegemonia ideológica e cultural (PRIETO, 2004).

3.1.4.1.2.2 Intelectual orgânico

O conceito de intelectual orgânico, que Gramsci elaborou a partir de sua pesquisa sobre o papel dos intelectuais ao longo da história, é assim definido em um de seus textos: "cada grupo social, que nasce no mundo próprio de uma função essencial no campo da produção

36   **Capítulo 3**

econômica, cria, organicamente, uma ou várias camadas de intelectuais que lhe dão sua homogeneidade e a consciência de sua própria função, não apenas no campo econômico, mas também no campo social e político" (GRAMSCI, 1991).

Assim, por intelectuais, deve-se entender [...] todo o estrato social que exerce funções organizativas em sentido lato, seja no campo da produção, seja no da cultura e no político-administrativo [...]. Para analisar a função político-social dos intelectuais, é preciso investigar e examinar sua atitude psicológica em relação às classes fundamentais que eles põem em contato nos diversos campos: têm uma atitude "paternalista" para com as classes instrumentais ou se consideram uma expressão orgânica dessas classes? Têm uma atitude "servil" para com as classes dirigentes ou se consideram, eles próprios, dirigentes, parte integrante das classes dirigentes? (Idem, p. 37; C 19, § 26, p. 2041; v. 5, p. 93) apud Duriguetto (2014).

Gramsci utiliza duas formas para definir o tipo de intelectual, a primeira definida pelo lugar e função que ocupam na estrutura social, **intelectuais orgânicos**. A segunda, de tipo histórico, determinada pelo lugar e a função que ocupam no seio de um processo histórico. Este segundo tipo é denominado tradicional (OLIVÉ, 2012).

3.1.4.1.2.3 Bloco histórico

"A estrutura e as superestruturas formam um 'bloco histórico', isto é, o conjunto complexo e contraditório das superestruturas é o reflexo do conjunto das relações sociais de produção" (GRAMSCI, 2006, p. 250).

De maneira geral, o conceito de bloco histórico diz respeito àquelas situações nas quais há um alto grau de congruência política entre três tipos de relações de forças. A primeira relação de força diz respeito ao nível estrutural ou material – por exemplo, o nível das forças de produção. A segunda relação de força é política e se encontra relacionada com o desenvolvimento das classes e de seu nível de consciência política. Por fim, a terceira relação de força é militar, dizendo respeito tanto ao uso doméstico do poder militar quanto às forças militares geopolíticas que configuram o desenvolvimento de uma sociedade particular (RAMOS, 2012).

Para Gramsci só existe um bloco histórico quando se torna realidade a hegemonia de uma classe sobre toda uma sociedade. É a ideologia da classe dominante, "internalizada" socialmente por meio dos aparelhos ideológicos constituídos pela mídia, o ensino, a igreja etc., que permitem à classe dominante juntar em torno do seu bloco aquele das diversas forças sociais.

Segundo Gramsci, os intelectuais desempenham um papel fundamental na construção de um bloco histórico. Eles não fazem parte de um estrato social distinto que "paira" sobre as classes sociais, mas se encontram ligados às classes sociais. Na verdade, eles desempenham a função de desenvolver e sustentar as imagens mentais, as tecnologias e as organizações que mantêm coesos os membros de uma classe e de um bloco histórico em uma identidade comum: "os intelectuais [...] são os 'persuasores' da classe dominante, são os 'funcionários' da hegemonia da classe dominante" (GRUPPI, 1978, p. 80). Em outras palavras: "Os intelectuais são os 'prepostos' do grupo dominante para o exercício das funções subalternas da hegemonia social e do governo político, isto é: 1) do consenso 'espontâneo' dado pelas grandes massas da população à orientação impressa pelo grupo fundamental dominante à vida social, consenso que nasce 'historicamente' do prestígio (e, portanto, da confiança) obtido pelo grupo dominante por causa de sua posição e de sua função no mundo da produção; 2) do aparelho de coerção estatal que assegura 'legalmente' a disciplina dos grupos que não 'consentem', nem ativa nem passivamente, mas que é constituído para toda a sociedade na previsão dos momentos de crise no comando e na direção, nos quais desaparece o consenso espontâneo" (GRAMSCI, 2001, p. 21).

3.1.5 Teoria crítica

A teoria crítica é o produto de um grupo de neomarxistas alemães que estavam insatisfeitos com o estado da teoria marxista, particularmente a sua tendência para o determinismo econômico. A organização associada à teoria crítica, o Instituto de pesquisa social, foi fundada oficialmente em Frankfurt, Alemanha, em 23 de fevereiro de 1923 (RITZER & STEPNISKY, 2012). Conhecida como Escola de Frankfurt o grupo estava constituído principalmente por **Max Horkheimer** (1895-1973), **Theodor W. Adorno** (1903-1969), **Walter Benjamin** (1892-1940), **Herbert Marcuse** (1898-1979). Com a Segunda Guerra Mundial, eles saíram de Frankfurt, na Alemanha, para se refugiar nos Estados Unidos, voltando apenas na década de 1950 (Ribeiro). **Posteriormente, incluem-se Erich Fromm** (1900-1980) e **Jürgen Habermas** (1929-) como o mais recente representante da teoria crítica de Frankfurt.

Na Europa do início do século XX, os rumos e os resultados a que se chegaram com os feitos políticos em nome do proletariado e de uma ideologia marxista começaram a ser questionados por alguns intelectuais. Os teóricos críticos questionam o determinismo econômico dos teóricos marxistas posteriores a Marx. Não diziam que os deterministas econômicos estavam errados em concentrar seus argumentos no campo econômico, mas que eles deveriam ter se preocupado com outros aspectos da vida social. Assim, a teoria crítica concentra sua atenção no social, na cultura, na arte etc.

Sua análise recai sobre a "superestrutura". Ou seja, os mecanismos que determinam a personalidade, a família e a autoridade, analisadas no contexto da estética e da cultura de massa. Para os estudiosos, as técnicas de dominação seriam ditadas pela Indústria Cultural, principal responsável pela massificação do conhecimento, da arte e da cultura.

Os assuntos mais importantes tratados pelos teóricos da Escola de Frankfurt foram:

- as novas configurações da razão libertadora;
- a emancipação do ser humano pela arte e pelo prazer;
- a ciência e a técnica enquanto ideologia.

3.1.5.1 Críticas à teoria marxista

A teoria crítica tem como base a crítica às teorias marxistas, essencialmente, o seu determinismo econômico-mecanicista, ou mecânico.

38   Capítulo 3

3.1.5.2 Críticas ao positivismo

Critica-se o positivismo por acreditar que um único método científico é aplicável a todos os campos de estudo. Considera as ciências físicas como o padrão de certeza e exatidão para todas as disciplinas.

3.1.5.3 Críticas à sociologia

A sociologia é criticada pelo seu "cientificismo", isto é, por fazer o método científico um fim em si mesmo. Além disso, a sociologia é responsabilizada por aceitar o *status quo*. Sustenta que a sociologia não critica seriamente a sociedade ou procura transcender a estrutura social contemporânea.

3.1.5.4 Críticas à sociedade moderna

A maioria dos trabalhos da escola visa uma crítica da sociedade moderna e seus componentes. Isto é, o mundo moderno deslocou o *locus* de dominação da economia à esfera cultural. Procura se concentrar na repressão cultural do indivíduo na sociedade moderna. Os pensadores críticos foram influenciados não somente pela teoria marxista, mas também pela teoria de Weber, como mostra seu foco na racionalidade como o desenvolvimento dominante no mundo moderno

3.1.5.5 Críticas à cultura

Os teóricos críticos se debruçam no que chamam de "indústria da cultura", as estruturas racionalizadas, burocráticas (por exemplo, as redes de televisão) que controlam a cultura moderna. O interesse na indústria da cultura reflete sua preocupação com o conceito marxista de "superestrutura" em vez do interesse pela base econômica (BEAMISH, 2007). A indústria da cultura produz a chamada "cultura de massa", é definida como o produto da Indústria Cultural, consistindo em todos os tipos de expressões culturais que são produzidos para atingir a maioria da população, com o objetivo essencialmente comercial, ou seja, de gerar produtos para o consumo (SIGNIFICADOS, 2017).

Duas coisas relacionadas com a indústria cultural preocupam os pensadores críticos: em primeiro lugar, sua falsidade. A mídia dissemina ideias "pré-empacotadas" produzidas em massa. Em segundo lugar, os seus efeitos pacificadores, repressivos e soporíferos.

3.1.6 Contribuições mais importantes

3.1.6.1 Subjetividade

A grande contribuição da teoria crítica tem sido seu esforço para reorientar a teoria marxista em uma direção subjetiva. Embora isso constitua uma crítica ao materialismo de Marx e ao seu enfoque nas estruturas econômicas, representa também uma importante contribuição para a compreensão dos elementos subjetivos da vida social tanto no nível individual como no cultural.

3.1.6.2 Dialética

Importante contribuição é o interesse na dialética. No nível mais geral, uma abordagem dialética significa um enfoque na totalidade social. Nenhum aspecto da vida social ou fenômeno pode ser compreendido a menos que esteja relacionado com o todo histórico, com a estrutura social concebida como uma entidade global (RITZER & STEPNISKY, 2012).

Em geral, para os teóricos da Escola de Frankfurt a razão que desponta com a valorização da ciência cada vez mais evidente, trata-se de uma razão instrumental. Assim, o que se tem é uma racionalidade de cunho positivista que visa a dominação e intervenção na natureza a serviço do poder do capital, estendendo-se essa dominação também aos homens, cada vez mais alienados dos processos sociais em que estavam envolvidos. Logo a ciência não é imparcial, mas controla o exterior e o interior do homem (RIBEIRO, s.d.).

3.1.6.2.1 *Principais representantes*

Max Horkheimer (1895-1973) filósofo, concentrou seu pensamento no "Eclipse da razão". Theodor Adorno (1903-1969) filósofo, sociólogo, musicólogo e compositor. "*Dialética Negativa*" (DN), Adorno enfrenta toda uma tradição histórico-filosófica, incidindo nela a desconstrução da concepção de "dialética". Com Horkheimer escreve "A Dialética do Esclarecimento". Walter Benjamin (1892-1940) ensaísta, crítico literário, tradutor, filósofo e sociólogo, reflexão crítica da arte e sociedade. "*A Obra de Arte na Era de Sua Reprodutibilidade Técnica*". Herbert Marcuse (1898-1979) sociólogo e filósofo emancipação da condição humana. "A Ideologia da Sociedade Industrial – o Homem Unidimensional". Erich Fromm (1900-1980), psicoanalista, filósofo. "O medo à liberdade", "A arte de amar". Jürgen Habermas (1929), filósofo e sociólogo, razão e comunicação. "Teoria da Ação Comunicativa".

3.1.6.2.1.1 Jürgen Habermas e a razão comunicativa

Quem é Jürgen Habermas? Filósofo alemão, nascido em Dusseldorf em 1929, que pode ser considerado o mais importante herdeiro da Escola de Frankfurt. Sua obra filosófica tenta recuperar a relação sujeito-objeto, frente à pretendida neutralidade do conhecimento científico e positivista. Para Habermas, não é possível uma objetividade alheia a valores e interesses. Desconhecê-los leva a um conhecimento limitado, na medida que se fundamenta em uma razão instrumental. Como resultado temos uma sociedade individualista e autoritária. Habermas propõe uma "razão comunicativa", cuja base é o caráter intersubjetivo e consensual de todo conhecimento, e que devolveria à sociedade o controle crítico e a orientação consciente e dialógica de fins e valores.

3.1.6.2.1.2 O paradigma de Habermas

De acordo com Oliveira (2009), Habermas procura mostrar que uma mudança de paradigma para o da teoria da comunicação tornará possível um retorno à tarefa que foi interrompida com a crítica da razão instrumental. Essa mudança de paradigma nos permite retomar as tarefas, desde então negligenciadas, de uma teoria crítica da sociedade.

40   **Capítulo 3**

Habermas, não critica a filosofia de um modo geral, mas aquela que tem suporte na consciência. Assim, o que está propondo na verdade é a substituição da filosofia da consciência por outra, uma filosofia da linguagem, que vai ser a base de sua teoria da comunicação.

Cabe lembrar que a razão considerada por Habermas, como "razão instrumental" e aquela que tem suas origens no racionalismo do século XVI e domina os séculos XVII e XVIII, a época do iluminismo ou ilustração. Nessa razão, quem predomina na relação sujeito-objeto, é o sujeito. Por exemplo, a máxima de Descartes **"penso, logo existo"**.

Para os filósofos que defendiam essa razão, a possibilidade de conhecer o objeto era limitada, a capacidade absoluta estava em Deus (Idade Média); na ideia clara e distinta de Descartes, ou no Espírito Absoluto de Hegel. Essa situação contribuiu muito para que a razão subjetiva (centrada no sujeito) fosse transformada em uma razão manipuladora, pragmática e individualista que obedece, particularmente, a lógica dos interesses econômicos dominantes.

Para Habermas essa razão deve ser substituída por uma razão dialógica que considere a compreensão entre as pessoas e a lógica do melhor argumento. Portanto, seguindo Habermas, temos dois tipos de racionalidade:

- Uma **racionalidade instrumental**, positivista, que orienta o sujeito para estabelecer relações de dominação com a natureza e com os semelhantes.
- Outra **racionalidade comunicativa**, dialógica, dirigida a ações que respeitam os valores e interesses dos indivíduos e procura um entendimento intersubjetivo.

Para Habermas (1990, p. 52), é impossível permanecer no paradigma antigo:

> Todas essas tentativas de destranscendentalizar a razão ficam presas ainda a pré--decisões conceituais da filosofia transcendental. As alternativas falsas caem somente quando há a passagem para um novo paradigma, o do entendimento.

A mudança de paradigma, proposta por Habermas, supõe não apenas a passagem do raciocínio lógico ou do processo de interpretação do conhecimento, onde o sujeito conhece isoladamente; mas baseia-se principalmente em tomarmos as ações e os atos de fala como ponto de partida e de extrema importância no interior das relações.

Diante desses dois grandes paradigmas, Habermas questiona o paradigma da filosofia da consciência (filosofia centrada no sujeito). Inicia-se então, a partir desse momento (década de 1970), uma busca intensa em suas pesquisas, para explicar o que é paradigmático para a racionalidade comunicativa. Segundo Habermas (1987 apud IAROZINSKI, 2000, p. 12):

> [...] não é mais a relação do sujeito isolado com algo no mundo objetivo, representável e manipulável; o que é paradigmático, é ao contrário a relação intersubjetiva que se instaura entre os sujeitos capazes de falar e de agir, assim que eles se entendem entre si sobre alguma coisa.

Segundo Habermas, devemos retornar ao momento que se procura desmascarar as ciências humanas como crítica à razão. Não se trata de procurar modificar ou melhorar a situação da razão centrada no sujeito, o paradigma que representa o conhecimento de objetos deve ser **substituído** pelo paradigma do entendimento entre sujeitos capazes de falar

A sociologia como ciência 41

e agir. No paradigma do conhecimento, o sujeito cognoscente se dirige a si mesmo como a entidades do mundo. No paradigma do entendimento, o ego ao falar, o alter ao tomar posição sobre este, participam de uma relação interpessoal. Assim, o ego encontra-se em uma relação que, na perspectiva de alter, lhe permite referir-se a si mesmo como participante de uma interação.

De acordo com Habermas, a razão comunicativa estará baseada na práxis cotidiana (**o mundo da vida**) e não de uma determinada ação cotidiana.

O **mundo da vida** é o ambiente cotidiano onde os indivíduos agem e se defrontam com suas ações e reações, relações sociais, interpessoais e subjetivas. Já o mundo sistêmico é a esfera do trabalho e do mercado orientado pela ação estratégica-instrumental capitalista. As fronteiras entre eles não são bem definidas como sugere a teoria, há uma interação entre elas. Se por um lado, o **mundo da vida** tenta integrar os indivíduos de modo social, consensual, comunicativo e intersubjetivo, por outro, o mundo do sistema confere uma integração sistêmica regulada pelo mercado e pela racionalidade econômica.

Essencial para a **práxis cotidiana** é o acordo alcançado comunicativamente, entre os diversos autores, mediante o uso da linguagem orientada ao entendimento, no tempo histórico e um espaço social, medido segundo o reconhecimento intersubjetivo das pretensões de validade. Isso permite o entrelaçamento de interações sociais e mundos de vida.

A fundamentação desse novo paradigma está na linguagem: os sujeitos capazes de fala e de ação, [...] podem ter frente ao meio de sua linguagem uma atitude tanto dependente como autônoma [...] a linguagem se faz valer frente aos sujeitos falantes como algo objetivo e processual, como a estrutura que molda as condições possibilitadoras (HABERMAS, 1990, p. 52).

Para Habermas (2002), as comunicações que os sujeitos estabelecem entre si, mediadas por atos de fala, dizem respeito sempre a três mundos: o mundo objetivo das coisas, o mundo social das normas e instituições e o mundo subjetivo das vivências e dos sentimentos. As relações com esses três mundos estão presentes, ainda que não na mesma medida, em todas as interações sociais. De acordo com Habermas (2002, p. 414-415):

> No paradigma do entendimento recíproco é fundamental a atitude performativa dos participantes da interação que coordenam seus planos de ação ao se entenderem entre si sobre algo no mundo. [...] Ora, essa atitude dos participantes em uma interação mediada pela linguagem possibilita uma relação do sujeito consigo mesmo, distinta daquela mera atitude objetivante, adotada por um observador em face das entidades no mundo.

Desse modo, a teoria do entendimento "chega ao princípio de que entendemos uma proposição quando conhecemos as condições sob as quais é verdadeira" (op. cit., p. 434). Assim, todo ato de fala pode ser questionado sob três diferentes aspectos de validade. Para Habermas (op. cit. p. 435),

> [...] o ouvinte pode negar *in toto* a manifestação de um falante, ao contestar quer a *verdade* do enunciado nela afirmado, [...] quer a justeza do ato de fala em relação ao

42   **Capítulo 3**

contexto normativo da manifestação, [...] quer a veracidade da intenção manifesta do falante.

Assim, a mudança de paradigma, proposta por Habermas, supõe não apenas a passagem do raciocínio lógico ou do processo de interpretação do conhecimento, onde o sujeito conhece isoladamente; mas baseia-se principalmente em tomarmos as ações e os atos de fala como ponto de partida e de extrema importância no interior das relações.

Podemos notar as grandes mudanças o grande salto paradigmático proposto por Habermas em relação ao paradigma anterior. Não apenas critica de modo radical o pensamento moderno, mas foi além, propôs e construiu toda uma teoria alternativa com base no paradigma da comunicação.

3.1.6.3 Interacionismo simbólico

A perspectiva do interacionismo simbólico surge em oposição às teorias sociológicas de caráter totalizantes, como o Funcionalismo, que concebe as relações e ações sociais como derivadas das normas e regras sociais pré-estabelecidas. Tem as suas origens nas ideias de Max Weber relacionadas com a conduta das pessoas orientadas pela própria interpretação que fazem do seu mundo. George H. Mead (1863-1931) filósofo norte-americano introduziu a perspectiva na sociologia dos EUA na década de 1920. Orienta os sociólogos a considerar os símbolos e os pormenores da vida quotidiana, o que significam esses símbolos e como as pessoas interagem umas com as outras.

De acordo com o interacionismo simbólico, as pessoas atribuem significados aos símbolos, e agem de acordo com a sua interpretação desses símbolos. Conversas, nas quais as palavras servem como símbolos predominantes, tornam evidente essa interpretação subjetiva. As palavras têm um certo significado para o "remetente" e, durante a comunicação efetiva, esperava-se que tivessem o mesmo significado para o "receptor". Em outros termos, as palavras não são "coisas" estáticas, requerem intenção e interpretação. A conversação é uma interação de símbolos entre os indivíduos que interpretam constantemente o mundo em torno deles. Evidentemente, qualquer assunto pode servir como um símbolo, desde que faça referência a algo além de si mesmo. A música escrita serve de exemplo. Os pontos pretos e as linhas são mais do que meras marcas na página; referem-se a notas organizadas de forma a fazer sentido musical. Assim, os interacionistas simbólicos dão um pensamento sério à forma como as pessoas agem, e procuram determinar que significados os indivíduos atribuem às suas próprias ações e símbolos, bem como aos dos outros (CLIFF NOTES, 2016).

Blumer (1969) apud Carvalho, Borges e Rêgo (2010) reafirmam a noção de que o significado é um produto social, uma criação que emana das atividades dos indivíduos à medida que estes interagem. Conforme esclarece em sua obra, a natureza do interacionismo simbólico tem como base a análise de três premissas:

> A primeira é que o ser humano orienta seus atos em direção às coisas em função do que estas significam para ele... A segunda é que o significado dessas coisas surge como consequência da interação social que cada qual mantém com seu próximo. A terceira é que os significados se manipulam e se modificam mediante um processo interpreta-

tivo desenvolvido pela pessoa ao defrontar-se com as coisas que vai encontrando em seu caminho (BLUMER, 1969, p. 2).

Para os autores mencionados, ao fundar-se nessas premissas, a interação simbólica é levada a desenvolver um esquema da sociedade e da conduta humana que envolve certas ideias básicas relacionadas com a natureza dos seguintes temas: grupos humanos ou sociedades, interação social, objetos, o ser humano como ator, a ação humana e as interconexões entre as linhas de ação. Em uma visão de conjunto, essas ideias representam a forma como o interacionismo simbólico vê a sociedade humana e a conduta (CARVALHO, BORGES & RÊGO, 2010).

Outro aspecto da interação humana que Blumer destaca é que os que participam dela se veem obrigados a inibir tendências dirigidas à ação. As inclinações, impulsos, desejos e sentimentos podem ser refreados em razão daquele que se considera e do modo como se julga ou interpreta. A presença do outro e os atos que desenvolve se convertem em outras tantas oportunidades para orientar o ato próprio, constituindo, desse modo, os acontecimentos da experiência que impulsionam o indivíduo, enquanto este orienta sua ação ao reconsiderar sua conduta.

Na perspectiva do interacionismo simbólico, além das ações sociais, há uma variedade de interações sociais que ocorrem de modo a formar coletividades separadas, que levam à constituição de determinados grupos sociais, cada qual com suas regras e normas de conduta, validadas e aceitas pelos indivíduos que os compõem (CANCIAN, 2009).

Para o autor, as interações sociais são processos dialéticos, pois os indivíduos constroem os grupos sociais dos quais fazem parte, mas, ao mesmo tempo, esses grupos e coletividades interferem na conduta do participante desses grupos (CANCIAN, 2009).

Seguindo essa ideia das interações "dialéticas", Cancian (2009, p. 1) retoma as três premissas básicas já citadas, de maneira a ter o seguinte quadro:

> [...] a ação dos atores é derivada da significação; essa significação deriva ou surge das interações sociais; por fim, as significações são empregadas pelos atores sociais nas interações sociais grupais, que, por sua vez, modificam as próprias significações.

Para Blumer, apud Correa (2017) a metodologia de pesquisa mistura uma autorreflexão sobre a atividade científica, com uma dimensão pragmática. Criticava as tentativas da sociologia de restringir a discussão metodológica a uma preocupação exclusiva com métodos e técnicas. Sua primeira fase de reflexão metodológica aborda ciência e interpretação, onde desenvolve a questão da compreensão interpretativa, que trata da autoidentificação do observador com o observado. Estabelece assim uma tensão entre ciência e interpretação, que afirma a impossibilidade de generalizações a partir de casos singulares.

De acordo com Ribeiro dos Santos (2018) para os interacionistas a concepção que os atores sociais fazem para si do mundo, em última análise, representa o objeto essencial da investigação. Nessa perspectiva, tanto o conhecimento das ciências sociais quanto da saúde só pode ser percebido pelo pesquisador pela observação direta e interação entre os atores envolvidos, pelas ações práticas e o significado que eles interpretam dos objetos, às situações, aos símbolos que os cercam, porque é por meio desses elementos que os atores constroem seu mundo social.

44   Capítulo 3

Para Gadea (2013), os estudos sobre cultura fazem uma boa aliança com o Interacionismo Simbólico, ao encontrar a sua especificidade na ordem do método, já que parecem se apresentar como antirreducionistas e antideterministas, operando com um enfoque contextual na relação entre cultura e poder. Considerando que o contexto é um emaranhado e entrelaçamentos de relações específicas em que emerge uma prática social, esse enfoque contextual torna objeto de suas inquietações desvendar essas relações, opondo-se, dessa maneira, aos reducionismos epistemológicos que de antemão impõem uma dimensão concreta (economia, cultura, sociedade, discurso) como aquilo que se instituiu em princípio explicativo da realidade. Nesse sentido, nos estudos sobre cultura e poder, vislumbra-se uma estratégia de observação: a "cultura", compreendida como prática social, encontra-se numa sequencialidade de interações e símbolos que fazem parte de uma realidade social nomeada e classificada, em que as ações das pessoas e as classificações têm algum significado.

Para Ennes (2013, p. 79)

> [...] o interacionismo simbólico, na diversidade de seus autores e categorias analíticas, constitui-se como uma importante contribuição para uma crítica ao senso comum (denunciado no início do artigo) relativo ao reiterado uso do termo "identidade", o que ajuda a avançarmos na compreensão do que aqui foi denominado como "processos identitários". Isso porque, sem a dimensão contextual, não é possível apreender a dimensão das relações de poder, de subordinação e hierarquização social.

Em suma, pode-se afirmar que o interacionismo simbólico tem representado uma alternativa importante para aprofundar a compreensão da realidade, atendendo a necessidade de adotar alternativas científicas que conduzam à construção de um conhecimento que considere a dialética indivíduo-grupo na análise e discussão do cotidiano. Que mantendo o rigor teórico e metodológico, abra novos caminhos e seja centrado na mudança social. Nessas possibilidades residem as suas principais contribuições à psicologia social contemporânea (CARVALHO, BORGES & RÊGO, 2010).

3.1.6.4 Sociologia compreensiva (Max Weber)

> A sociologia compreensiva representa, como Max Weber (1864-1920) concebeu e definiu-a, um capítulo da história do pensamento sociológico. Um capítulo, sem dúvida, central, pois marca o início de uma variedade de correntes sociológicas e metodológicas fundadas no recurso teórico da compreensão como interpretação do sentido. Por exemplo, a fenomenologia de Alfred Schutz, o interacionismo simbólico, a etnometodologia (FARFÁN, 2009).

Para apreender a compreensão em Max Weber é necessário fazer referência a sua definição de Sociologia: "una ciencia que pretende comprender, interpretándola, la acción social, para de esa manera explicarla causalmente en su desarrollo y efectos" (WEBER, 1984, p. 5 apud FARFAN, 2009).

De acordo com essa definição, a interpretação sociológica é uma explicação que, para dar conta do sentido da ação social, atende as suas causas sociais e não aos motivos psicoló-

A sociologia como ciência   45

gicos internos do indivíduo. Nesse sentido, para ele a compreensão da ação é uma forma de interpretação do sentido daquele que se orienta para a conduta externa dos atores e para as regularidades ou leis que o guiam ou determinam (FARFÁN, 2009).

Max Weber, quando conceitua de modo subjetivo a ação social – objeto da Sociologia –, baseia-se em critérios internos dos indivíduos participantes.

Weber considerava que as ciências sociais tinham certas vantagens sobre as ciências naturais, havendo a possibilidade de uma espécie de compreensão, baseada no fato de que os seres humanos são diretamente conscientes das suas ações. Assim, por exemplo, no estudo dos grupos sociais, pode-se ir além da demonstração de relações funcionais e de uniformidades; podem-se compreender as ações e intenções subjetivas dos membros individuais.

A ação social, segundo o autor, seria a conduta humana, pública ou não, a que o agente atribui significado subjetivo; acentua a importância de ser a ação social uma espécie de conduta que envolve significado para o próprio agente. Essa "compreensão ao nível do significado" pode ocorrer de duas maneiras.

Em primeiro lugar, a compreensão por observação direta do significado subjetivo do ato de outra pessoa (compreensão *atual* do sentido pretendido de uma ação ou manifestação). Exemplos: alguém declarar que a Terra é redonda ou que $\sqrt{4} = 2$ (compreensão racional, *atual*, de pensamentos); lançar um anzol à água, disparar uma arma de fogo (compreensão racional, *atual*, de ações); um momento de raiva que leva um indivíduo a proferir impropérios e a quebrar objetos (compreensão irracional, *atual*, de emoções). Compreendemos o significado dessas atitudes partindo da consciência das intenções subjetivas que orientam ações iguais de nossa parte.

Em segundo lugar, chega-se à compreensão do motivo, reproduzindo em nós o raciocínio do agente, ou, em caso de ação irracional, compreendendo o contexto emocional em que ocorreu sua ação (compreensão explicativa). Exemplos: se alguém, no contexto de uma demonstração científica, indicar que a Terra é redonda ou, no decorrer de um cálculo técnico, colocar a proposição $\sqrt{4} = 2$, compreendemos, por meio de seus motivos, o sentido dado por quem os afirmou ou os escreveu, as razões por que os fez, precisamente nesse contexto ou com essa conexão. Em outras palavras, as proposições alcançam uma "conexão de sentido" compreensível. Compreendermos o pescador ou a pessoa que dispara uma arma de fogo, tanto pelo modo *atual*, quanto por seus motivos, já que sabemos que o pescador executa sua ação por necessidade de sobrevivência ou distração (racional), e quem dispara a arma de fogo o faz contra alguém, para se defender ou a sua Pátria – guerra (racional), ou por vingança (afetiva e, nesse sentido, irracional).

Por último, compreendemos a manifestação de raiva ou de cólera, pelos seus motivos, já que sabemos que por trás de tais atos existem preocupações, ciúmes, vaidade ou honra ferida (efetivamente condicionada: compreensão irracional por razões).

A Sociologia, na interpretação de Weber, é uma ciência que tem por objeto compreender claramente a conduta humana e fornecer explicação causal de sua origem e resultados. Se são as atitudes que explicam a conduta social, faz-se necessário pesquisar a natureza e a operação desses fatores, levando-se em consideração, principalmente, serem essas atitudes afetadas ou modificadas por motivos e ações de outros indivíduos. Padrões e categorias de

46   **Capítulo 3**

validade sociológica revelar-se-iam pela atividade do indivíduo em suas relações com outras pessoas.

A conduta social seria, então, o caminho para a compreensão da situação social e o entendimento das intenções. Portanto, a compreensão social deve envolver a análise dos efeitos que o ser humano procura conseguir.

Weber sugeriu dois tipos de compreensão:

a. **real**, baseada no conhecimento da conduta visível dos outros, revelando a intenção imediata ou indireta;

b. **explanatória**, voltada para o campo mais amplo dos motivos. Assim, para a compreensão do social, deve o sociólogo ser um técnico no diagnóstico da significação ou das intenções que motivam a conduta do indivíduo.

A ação humana, para Max Weber, "é social à medida que, em função da significação subjetiva que o indivíduo ou os indivíduos que agem lhe atribuem, toma em consideração o comportamento dos outros e é por ele afetada no seu curso" (*Apud* ROCHER, 1971, p. 42).

Para concluir, a obra de Max Weber exerceu uma forte influência sobre a ciência social do século XX, tanto pela forma de compreender a ação social como pelo diagnóstico sobre a sociedade contemporânea e, particularmente, para os seus estudos sobre a gênese do capitalismo ocidental e a ética protestante. Weber colocou no centro da teoria sociológica a ação social e recupera o seu componente histórico, que passou despercebido pelos formalismos sociológicos (FERRER, s.d.).

4
Desenvolvimento geográfico da sociologia

Trifonov_Evgeniy

Na primeira metade do século XX. alguns fatos foram essenciais para que a sociologia repensasse as afirmações passadas. A Primeira e a Segunda Guerras Mundial, a crise econômica de 1929, a Revolução Russa de 1917 e a ascensão do fascismo, entre outros fatos importantes.

No fim da segunda guerra mundial, o mundo aparece com uma nova configuração, com duas potências dominando o planeta: a União Soviética, o centro do comunismo e os EUA, o centro do poder capitalista. Ambos os poderes, com suas respectivas áreas de influência, ameaçavam-se uns aos outros.

48   Capítulo 4

As novas teorias compreenderam que nas sociedades do século XX, o indivíduo é cada vez mais frágil ante as forças do mercado ou do Estado que organizam a sociedade a seu critério. O que estava em jogo ou que estava sendo questionado era a capacidade de os indivíduos regerem os seus próprios destinos, pois existiam forças que os dominavam, os subordinavam (como o Estado, o mercado, as tecnologias, as crises econômicas, as máquinas burocráticas, grandes empresas etc.). Confrontados com essa situação da fragilidade do indivíduo para lidar com o seu próprio destino, a teoria sociológica começou a produzir suas próprias respostas (BRANDONE, 2015).

4.1 A sociologia nos Estados Unidos

Influenciado pelo movimento evangélico interessado em melhorar os problemas urbanos, os primeiros sociólogos americanos estavam interessados em estudar a transição demográfica do meio rural para a sociedade urbana por meio da pesquisa científica e da sociologia empírica, como a praticada pela Universidade de Chicago (DARITY JR., 2007).

Em 1945, no fim da Segunda Guerra Mundial, a participação dos sociólogos no New Deal e na implementação de programas relacionados, em particular, com a guerra proporcionou à sociologia um poderoso ímpeto para a sua legitimação profissional na vida acadêmica.

Consequentemente, a sociologia de pós-guerra tende a ser avaliada de acordo com seu sucesso na conciliação teoria e pesquisa empírica, a validade científica de seus métodos empíricos, o grau em que as teorias geradas descrevem realmente as condições sociais modernas, e outras questões enraizadas na epistemologia, em vez de no fluxo e contingência do conhecimento enraizado na história (HANEY, 2008).

A identidade da sociologia dependia, portanto, de uma concepção de verificação da ciência que aderia à tradição do positivismo ocidental. As técnicas e seus praticantes orientaram a sociologia na direção de uma legitimação baseada nos métodos empíricos utilizados, menosprezando a construção da teoria ou na manutenção da ordem social na idade moderna. Dessa forma, a pesquisa social estatística, especialmente a pesquisa de levantamento (survey), tornou-se essencial para a legitimação profissional da sociologia (DARITY JR., 2007).

O impacto do pós-modernismo sobre as disciplinas sócio-humanísticas nos anos 1970 e 1980, as ideias de Michel Foucault relacionadas com a negação da existência de significados essenciais independentes de circunstâncias externas e a consolidação dos movimentos negros, feministas, gays e outros mudou a sociologia norte-americana participando do desafio filosófico contemporâneo mais convincente à sua identidade científica: mostrar ao homem que ele não é meramente um produto do meio, mas também interfere no meio de forma ativa, criando e transformando a sociedade (MEDEIROS, 2011).

4.2 A sociologia na Europa

Tal como foi analisado anteriormente, as transformações sociais envolvidas na transição da sociedade "tradicional" para a "moderna", a descoberta de variações sociais e culturais entre os vários povos e o reconhecimento dos fundamentos persistentes da dimensão não racional na vida social, foram determinantes para o surgimento da sociologia francesa. Auguste Comte sugeria que uma compreensão científica da sociedade devesse enfrentar os fundamentos não racionais do comportamento das pessoas e das tradições da sociedade e do papel que estes desempenhavam no apoio aos ideais morais subjacentes à ordem social. A sociologia seria capaz de fornecer a explicação mais abrangente das leis científicas que regem o progresso intelectual e social (JOHNSON, 2008).

Em suma, a sociologia francesa e europeia nasce como consequência de um conflito crescente, entre o ser social e a consciência desse ser social. A sociedade surge como algo específico e novo, enquanto os atores ficam espantados com esse ser. É essa contradição que vai dar origem ao questionamento sobre a natureza da sociedade (ESPINOSA, 1989).

Assim, de acordo com Münch (1991), na Europa, a sociologia desenvolve-se em uma relação muito mais estreita com as ideias filosóficas do que com a sociologia empírica – EUA (especialmente na Alemanha e França). A diversidade das diferentes sociologias europeias traduz-se numa maior criatividade, porque se realizam numa variedade mais ampla de ideias. Por exemplo:

- Os britânicos, cujo desenvolvimento está ligado ao movimento dos trabalhadores e é representado pelo marxismo britânico (Rex, Lokwood, Miliband, Giddens).
- O estruturalismo francês, que considera o poder como um conceito central da análise, como faz a teoria britânica do conflito. Só que para os franceses o poder reside na estrutura, não na solidariedade da classe. Outra variedade da teoria social francesa é desenvolvida em estreita correspondência com a sociologia empírica (Crozier, Bourricaud, Bourdieu, Touraine, Boudon). A sociedade cumpre primeiramente com o poder de sua estrutura.
- A sociologia alemã, hereditária do historicismo e da dialética, agora representada pela teoria crítica de Habermas e sua mudança para a ação e a razão comunicativa, com o objetivo de eliminar a racionalidade técnica da estrutura social para alcançar uma racionalidade mais substancial e aceitável por todos.

4.3 A sociologia na América Espanhola e Portuguesa

De modo geral, foi na segunda metade do século XX que os estudos de sociologia adquiriram, em alguns países da América, portuguesa e espanhola, uma forma verdadeiramente científica, quer no domínio da especulação teórica, quer nas pesquisas metodicamente conduzidas, quer na associação do ensino e da investigação. Indubitavelmente, no crepúsculo do século XIX, já haviam sido criadas, em algumas faculdades, cadeiras de sociologia, como a da Universidade de Lima, no Peru, confiada a Mariano Cornejo e, em 1898, a primeira que se fundou na Argentina, na Faculdade de Filosofia e Letras, da Universidade de Buenos Aires. No início do século XX, criam-se as cátedras em Cuba (1900), Uruguai (1915) e Brasil (1925) (AZEVEDO, 1950).

Na década de 1920, o ensino da sociologia já estava estabelecido em quase todos os países da América Latina e em várias universidades. No México, em 1939, se estabelece o Instituto de pesquisa social na Universidade Nacional Autónoma do México. Na Argentina, são criadas duas instituições especializadas no campo, o Instituto de Sociologia da Faculdade

50   Capítulo 4

de Filosofia e Letras da Universidade de Buenos Aires, fundada em 1940 e no ano seguinte, na Universidade Nacional de Tucumán, o Instituto de Pesquisa Econômica e Sociológica. Nesse mesmo ano, se abre na Bolívia o Instituto de Sociologia Boliviana da Universidad Mayor Real y Pontificia de San Francisco Xavier, em Sucre. Em 1946, foi criado o Instituto de Pesquisa Sociológica, na Faculdade de Filosofia e Educação da Universidade do Chile (BLANCO, 2005).

Completando a institucionalização da sociologia na América portuguesa e espanhola, em 1957, se inaugura a Escola de Sociologia da Universidade do Chile, a faculdade de ciências sociais da América Latina (FLACSO) fundada pela UNESCO e a Escola Latino--americana de sociologia. Em 1958, também no Chile, funda-se a Escola de Sociologia da Universidade Católica.

4.4 A sociologia no Brasil

Em 1882, Rui Barbosa, no Brasil, propõe num projeto de reforma do ensino secundário e superior, a introdução da sociologia no quadro das matérias dos cursos de direito.

Em meados da década de 1920 criam-se as primeiras cátedras de sociologia em Escolas Normais (1924-25), "enquanto disciplina auxiliar da pedagogia, dentro do esforço democratizante do movimento reformista pedagógico que tem sua expressão maior no movimento da Escola Nova" (LIEDKE FILHO, 2005, p. 376). De acordo com o mesmo autor "a institucionalização acadêmica da sociologia no Brasil ocorreu em meados da década de 1930, com a criação da Escola Livre de Sociologia e Política de São Paulo (1933) e com a criação da Seção de Sociologia e Ciência Política da Faculdade de Filosofia da Universidade de São Paulo (1934)" (op cit., p. 382).

Na década de 1950, Florestan Fernandes discute a introdução de sociologia na escola secundária como uma medida para a absorção dos novos docentes licenciados em Ciências Sociais (TAKAGI e MORAES, 2007).

4.5 Desenvolvimento da sociologia na América Latina

A sociologia sempre teve como um dos objetos de estudos o conflito entre as classes sociais. Na América Latina, por exemplo, a sociologia do início do século XX sofreu intensas influências das teorias marxistas, na medida em que suas preocupações passaram a ser o subdesenvolvimento dos países latinos.

Uma das melhores sínteses relacionadas com o desenvolvimento da sociologia na América Latina até fins da década de 1970 foi escrita por Pablo González Casanova e publicada na revista Nexos (México), em 1978.

Nos anos pós-guerra, a crítica das ciências sociais nas universidades da América Latina começou com um ataque ao empirismo e behaviorismo, contra as interpretações dominantes de uma sociologia liberal em declínio. A sociologia empirista fingiu não ser uma ideologia e acreditava em poder fundamentar essa posição. Na América Latina, essa corrente

Desenvolvimento geográfico da sociologia   51

apareceu junto com os embriões de uma sociologia profissional. O mais importante representante dessa corrente foi o sociólogo argentino Gino Germani (CASANOVA, 1978).

Para o autor, o pensamento de Germani dominou os inícios da profissionalização da sociologia e prevaleceu até o início dos anos 1960. Nessa década, a crítica científica, com suas abordagens teóricas e metodológicas, ocupou grande parte do trabalho acadêmico. A crítica do cientificismo levou mais tarde a questionar não só os métodos da pesquisa estrutural--funcionalista, mas seus esquemas de um desenvolvimento social linear e progressivo. Outra corrente fundamental do pós-guerra foi a da crítica do desenvolvimentismo, que permitiu desenvolver os elementos de uma análise profunda dos sintomas do subdesenvolvimento latino-americano.

Para Casanova, a década de 1960 começou entre o fervor da revolução cubana, e as tentativas sociais da administração do presidente dos EUA, John Kennedy. Em quase todos os países latino-americanos, houve uma ofensiva crescente contra a sociologia que tinha sido implementada como algo não ideológico. A sociologia empírica e a cooperação internacional caíram em descrédito, porque muitos de seus estudos tinham servido apenas para aumentar a dominação estrangeira.

Em 1970, Fernando Henrique Cardoso publicou com Enrique Weffort um ensaio crítico sobre a sociologia latino-americana. É um importante equilíbrio entre a evolução da disciplina e seus novos argumentos agrupados genericamente sob o conceito de teoria da dependência. De acordo com os autores, a teoria da dependência está ligada à necessidade de revolução em vez de reforma, de autonomia nacional e não de desenvolvimento, e para a capacidade política de ação dos grupos revolucionários. Apontava para a necessidade de grupos e classes e propunha determinar estruturalmente e definir historicamente o núcleo da problemática dos países dependentes. A crítica mais sólida e recente da teoria de dependência é a de Agustín Cueva, que não só questionou o próprio caráter de um novo objeto teórico quando se fala de dependência, senão a predominância da categoria, dependência sobre a categoria exploração e da nação sobre classe, com as implicações políticas e ideológicas que esses fatos têm (CASANOVA, 1978).

Nos últimos vinte anos do século passado, ciência, tecnologia e inovação afirmam-se, cada vez mais, como o motor da grande competição que leva à supremacia econômica, ao progresso e ao desenvolvimento econômico e social. A definição de suas finalidades atende, nesse contexto, diretamente ao mercado (BAUMGARTEN, 2005 apud DOS SANTOS, p. 219).

No final do século XX, três processos independentes se uniram, inaugurando uma nova estrutura social predominantemente baseada em redes: as exigências da economia por flexibilidade administrativa e por globalização do capital, da produção e do comércio; as demandas da sociedade, em que os valores da liberdade individual e da comunicação aberta; e os avanços extraordinários na computação, que se tornaram supremos (CASTELLS, 2003, p. 8).

Para Castells (2002), a internet passa a ser a espinha dorsal de uma nova sociedade e economia. Embora promovendo a partilha das informações e criando valores independentes da posição social do usuário, exclui aos que a ela não tem acesso.

Nesse panorama mundial atual, marcado por questões sociais globais, que se manifestam, de forma articulada, mas com distintas especificidades nas diferentes sociedades,

52   Capítulo 4

a sociologia, na América Latina, tem contribuído para o debate sobre as mudanças que acompanham as novas formas de produção da vida material, imaterial e do conhecimento na sociedade (DOS SANTOS, 2005).

4.6 Desenvolvimento da sociologia no Brasil

4.6.1 Etapa pré-sociológica (até 1920)

De acordo com Candido (2006), talvez a primeira manifestação do que seria considerado sociologia no Brasil se encontre na Introdução à história da literatura brasileira (1881), onde Silvio Romero estabelece as diretrizes dos estudos sociais no Brasil, ao interpretar o sentido da evolução cultural e institucional segundo os fatores naturais do meio e da raça.

Mas o primeiro escrito teórico de certo vulto sobre a matéria (deixando de lado as repetições automáticas dos positivistas) foi possivelmente devido a Tobias Barreto e obedeceu – vale mencionar – a um critério negativista [...] (CANDIDO, 2006, p. 273).

Nessa etapa, manifesta-se um enriquecimento evolutivo do pensamento sociológico. Pensadores como Silvio Romero, com *Poesia popular no Brasil* (1879-1880), *História da literatura brasileira* (2 volumes, 1883) e *Ensaios sobre sociologia e literatura* (1901); o trabalho de Aníbal Falcón, *Fórmula da civilização brasileira* (1883); o trabalho de Paulo Egydio, *Estudos de sociologia criminal* (1900); e o trabalho de Florentino Menezes *Estudo da sociologia* e *Escola social positiva* (2 volumes, 1917) são alguns dos mais influentes (RODRÍGUEZ, CAÑARTE & NETO, 2013).

Atenção especial merece o trabalho de Euclides da Cunha *Os sertões* (1902), considerado o primeiro ensaio de descrição sociológica e de interpretação histórica-geográfica do meio físico, os modelos humanos e as condições de existência (RODRÍGUEZ, CAÑARTE & NETO, 2013).

Nas décadas de **1920** e **1930**, os estudiosos da área passaram a se dedicar a pesquisas que visavam construir um entendimento acerca da formação da sociedade brasileira analisando temáticas cruciais para essa compreensão. Assim, eles voltaram-se para estudos referentes a **escravatura** e a **abolição**, estudos sobre índios e **negros** e o êxodo dessas populações, e mesmo análises sobre o processo de **colonização**. Entre os autores mais significativos, temos: Sérgio Buarque de Holanda (*Raízes do Brasil*, 1936), Gilberto Freyre (*Casa grande & senzala*, 1933) e Caio Prado Júnior (*Formação do Brasil contemporâneo*, 1942).

Não menos importante foi a realização do Simpósio sobre o ensino da sociologia e etnologia, cujos textos são publicados em *Sociologia* (1942, vol. XI), destacando autores como Antonio Candido (*Sociologia, ensino e estudo*), L. A. Costa Pinto (*Sociologia docente nas escolas secundárias*). Dessa época data o trabalho de Fernando Azevedo "*A cultura brasileira*".

Nas décadas seguintes, a **sociologia no Brasil** passou a voltar-se para os estudos que abordassem prioritariamente temas relacionados com as **classes trabalhadoras**, tratando assim de assuntos como **salário, jornadas de trabalho, ambientes de trabalho urbano e rurais, organizações e condições dos ambientes de trabalho, relações entre empregados e empregadores etc.** (PORTAL DA EDUCAÇÃO, 2012).

Cabe destacar, a contribuição de Florestan Fernandes (1920-1955) embora seu trabalho exceda os limites do período. Fernandes pode ser considerado o fundador da sociologia crítica brasileira, integrando essa geração com Luís Costa Pinto, Alberto Guerreiro Ramos e Hélio Jaguaribe, entre outros.

Segundo Camargo (s.d.), **na década de 1960** a sociologia passou a se preocupar com o processo da industrialização do país, nas questões de reforma agrária e movimentos sociais; a partir de 1964, o trabalho dos sociólogos se voltou para os problemas socioeconômicos e políticos brasileiros, decorrentes do regime militar (1964-1985).

4.6.1.1 A teoria de dependência

No Pós-Segunda Guerra Mundial, surge na América Latina o interesse de analisar as relações econômicas com o resto do mundo. Assim surge a teoria do desenvolvimento, cuja ideia central era o entendimento do desenvolvimento enquanto um *continuum* evolutivo. Os países avançados se encontrariam nos extremos superiores desse *continuum* (DUARTE & GRACIOLLI, 2007). Com a incapacidade de cumprir-se a ideia dessa teoria, surge no quadro histórico latino-americano do início dos anos 1960, a teoria da dependência como uma tentativa de explicar o desenvolvimento socioeconômico na região, em especial a partir de sua fase de industrialização.

Para Duarte & Graciolli (2007, p. 1):

> se propunha a tentar entender a reprodução do sistema capitalista de produção na periferia, enquanto um sistema que criava e ampliava diferenciações em termos políticos, econômicos e sociais entre países e regiões, de forma que a economia de alguns países era condicionada pelo desenvolvimento e expansão de outras.

De acordo com esses autores a teoria de dependência considerava o desenvolvimento e o subdesenvolvimento como realidades estruturalmente vinculadas, distintas e contrapostas. Dessa forma, o subdesenvolvimento passava a ser visto como um produto do desenvolvimento capitalista mundial sendo, por isso, uma forma específica de capitalismo (op. cit.).

Os países desenvolvidos precisariam dessa divisão de trabalho, na qual os periféricos provessem os centrais e estes revendessem seus produtos, já prontos, aos periféricos. Por exemplo: os países periféricos venderiam minerais e receberiam materiais de origem mineral de volta, como carros e computadores, sempre dando preferência para a venda de produtos com alto preço de mercado (BORGES, GERMANO & ARAUJO, 2011).

Fernando Henrique Cardoso, Enzo Falleto e Rui Mauro Martini foram os principais expoentes da Teoria da Dependência que marcou época nas discussões sobre desenvolvimento no mundo todo, na década de 1960 e 1970. Entre outros pensadores dessa época, cabe destacar: Octavio Gianni, Juarez Brandão Lopes e Darcy Ribeiro.

4.6.2 Década de 1980

Quanto aos temas abordados nessa década, a sociologia se importou mais com a economia, a política e as mudanças sociais características da instalação da nova república (1985). Outros

54 Capítulo 4

assuntos começaram a ser estudados, como o papel da mulher na sociedade, o trabalhador rural e outras abordagens que até então não tinham recebido a atenção que mereciam. A partir dos anos 1980, a sociologia no Brasil diversificou o seu leque de enfoques (MISTER SABIDO, s.d.).

Nesse período, se profissionaliza a sociologia no Brasil. Além da preocupação com a economia, política e mudanças sociais apropriadas com a instalação da nova república (1985), os sociólogos diversificaram os horizontes e ampliaram seus leques de estudos, voltaram-se para o estudo da mulher, das tribos indígenas, e outros assuntos culminantes (CAMARGO, s.d.).

Nos dias atuais a sociologia busca cada vez mais sua posição perante as ciências sociais, buscando novos rumos e uma metodologia que se encaixe nos novos temas que aparecem na mudança de século.

De acordo com Braga & Santana (2009) quando Simon Schwartzman descreve em traços gerais o atual estado dos programas de pós-graduação em sociologia no país e reconhece o potencial contido na recém-conquistada obrigatoriedade do ensino de sociologia nas escolas secundárias, aponta na realidade para a ampliação da importância da sociologia brasileira no debate público. Contudo, isso carregaria também consigo o risco da subordinação da disciplina aos interesses das organizações não governamentais da sociedade civil e do trabalho na administração pública, setores privilegiados da ação dos sociólogos brasileiros, conforme o autor. É nesse sentido que o principal desafio percebido por Schwartzman para os sociólogos do país seria esse: "[...] estar atento e sintonizado com essa agenda pública e, ao mesmo tempo, consolidar uma sociologia que mantenha sua independência e sua relevância, tanto em relação aos rituais acadêmicos quanto em relação às organizações desses movimentos sociais com os quais dialoga ou dos quais participa". Assim, o futuro da sociologia brasileira não estaria localizado tanto na relação dos sociólogos com os movimentos sociais, mas sim na relação desses com uma pauta pública de intervenções estruturadas por meio da autonomia do campo acadêmico (BRAGA & SANTANA, 2009, p. 229).

5
Métodos e técnicas da sociologia

Ao recorrer à literatura sobre investigação, verificamos uma crescente confusão dado que os autores usam termos diferentes para discutir as mesmas ideias. Por exemplo, constatamos existir um grande número de textos que simplesmente não definem os conceitos a que se referem, outros utilizam os termos de forma intercambiável, enquanto alguns acabam mesmo por usá-los como tendo significados diferentes.

5.1 Conceitos básicos

5.1.1 Método

Das definições apresentadas, todas, menos a de Hegenberg, confundem método com metodologia. Método vem do grego *methodos* (*meta* = além de, após de + *ódos* = caminho).

56   Capítulo 5

Portanto, seguindo a sua origem, método é o caminho ou a maneira para chegar a determinado fim ou objetivo, distinguindo-se assim, do conceito de metodologia.

5.1.2 Metodologia

Metodologia, que deriva do grego *methodos* (caminho para chegar a um objetivo) + *logos* (conhecimento). Assim, a metodologia é o estudo dos métodos, seu desenvolvimento, explicação e justificação. Seu objetivo é compreender o processo de pesquisa e não os seus resultados. São os procedimentos e regras utilizados por determinado método. Portanto, o método científico é o caminho da ciência para chegar a um objetivo. A metodologia são as regras estabelecidas para o método científico, por exemplo: a necessidade de observar, a necessidade de formular hipóteses, a elaboração de instrumentos etc.

5.1.3 Técnicas

As técnicas de pesquisa compõem um conjunto de procedimentos organizados sistematicamente que orientam o investigador na tarefa de aprofundar o conhecimento.

Segundo o dicionário Priberam de Língua Portuguesa, a palavra tem origem grega (*tékhne*) cuja tradução é arte. **Técnica** significa um "conjunto dos processos de uma arte". Assim, o conceito de técnica pode ser considerado o conjunto de instrumentos de trabalho que viabiliza a realização de uma pesquisa. Por exemplo, técnicas de amostragem, técnicas de coleta de dados, técnicas de análise de dados.

São consideradas técnicas de investigação um conjunto de regras adequadas para a realização de uma atividade de pesquisa; e a capacidade de executá-las. Também são compreendidas como os procedimentos e as operações necessárias para se resolver um problema. São, portanto, diferentes mediações utilizadas pelo método. Esta última característica permite afirmar que entre a técnica e o método de investigação existe uma relação imediata, uma vez que ambas são essenciais para a geração de conhecimentos precisos e objetivos. Por essa razão, uma técnica é adequada e justificada, uma vez que é relevante na prática e contribui para a consecução dos objetivos de um estudo específico (NARVAEZ & HERNANDEZ, 2016).

Não se deve confundir técnicas e método! A diferença entre método e técnica é que o método é o conjunto de etapas e estágios que devem atender a uma investigação e isso se aplica a várias ciências, enquanto a técnica é o conjunto de instrumentos em que o método é realizado.

Para Andersen e Hepburn (2015) colaboradores da *Stanford Encyclopedia of Philosophy*, muitas vezes o método científico é apresentado em livros didáticos e páginas educacionais da internet como um procedimento fixo de quatro ou cinco passos a partir de observações e descrição de um fenômeno, formulação de uma hipótese que explique o fenômeno, planejamento e realização de experimentos, análise dos resultados e uma conclusão sobre o modelo "testado". Tais referências a um método científico empirista e limitado podem ser encontradas no material educacional em todos os níveis da educação científica (BLACHOWICZ, 2009).

Steven Weinberg, prêmio Nobel de Física em 1979, afirma que os padrões utilizados para avaliar o sucesso científico mudam com o tempo, o que não apenas dificulta a filosofia da ciência; também gera problemas para a compreensão pública da ciência. Não temos um método científico único para apoiar e defender (WEINBERG, 1995, p. 8).

É hora de mudar e aperfeiçoar o próprio conceito de ciência e o que é o método científico. Nem sempre o fato de ser ortodoxos ou teoricamente rígidos permite assegurar os melhores resultados; frequentemente, a relação é invertida quando um determinado limite é ultrapassado (TIBERIUS, 2013).

A ciência pós-moderna deve ser uma ciência que não tente legitimar-se com o discurso de busca desinteressada da verdade e a emancipação gradual da razão, uma ciência que compartilhe sua autoridade epistêmica, que participe do debate sobre as consequências do desenvolvimento científico e técnico nas questões sociais, uma ciência que reconheça sua diversidade e deficiências. Portanto, pode-se assumir, ao mesmo tempo, um pluralismo metodológico tão amplo quanto necessário e até mesmo um pluralismo axiológico. Não existem métodos científicos universais e permanentes, são limitados e historicamente condicionados (DIEGUEZ, 2006).

A. Método dedutivo

O método dedutivo é um método que parte do geral, e desce para o particular. Parte de princípios reconhecidos como verdadeiros e indiscutíveis e possibilita chegar a conclusões de maneira puramente formal, em virtude de apenas uma lógica. É o método proposto pelos racionalistas, segundo os quais a razão é capaz de levar ao conhecimento verdadeiro, que decorre de princípios *a priori* evidentes e irrecusáveis.

B. Método indutivo

Já o método indutivo procede inversamente ao dedutivo, parte do particular e coloca a generalização como um produto posterior do trabalho de coleta de dados particulares. De acordo com o pensamento indutivo, a generalização é constatada na observação de casos concretos suficientemente confirmadores dessa realidade. Constitui o método proposto pelos empiristas, para os quais o conhecimento é fundamental exclusivamente na experiência, sem levar em consideração os princípios estabelecidos.

C. Método hipotético-dedutivo

Tal método, proposto pelo filósofo austríaco Karl Popper, tem uma abordagem que busca a eliminação dos erros de uma hipótese. Faz isso a partir da ideia de testar a falsidade de uma proposição, ou seja, a partir de uma hipótese, estabelece-se que situação ou resultado experimental nega essa hipótese e tenta-se realizar experimentos para negá-la. Assim, a abordagem do método hipotético-dedutivo é a de buscar a verdade eliminando tudo o que é falso.

Para Karl R. Popper, o método científico parte de um problema (P1), ao qual se oferecesse uma espécie de solução provisória, uma teoria-tentativa (TT), passando-se depois a criticar a solução, com vista à eliminação do erro (EE) e, tal como no caso da dialética, esse processo se renovaria a si mesmo, dando surgimento a novos problemas (P2). Posteriormente,

58   Capítulo 5

diz o autor, "condensei o exposto no seguinte esquema: P1_____TT_____
EE_____P2".

D. Método dialético

O que se entende por dialética? De origem grega (*dialektiké* = discursar, debater), a dialética está vinculada ao processo dialógico de debate entre posições contrárias, e baseada no uso de refutações ao argumento por redução ao absurdo ou ao falso. Segundo Joseph Stalin, antigamente era considerada a arte de chegar à verdade, mostrando as contradições dos argumentos do oponente e superando essas contradições.

Em termos gerais, a dialética obedece a princípios diferentes dos silogismos formais. Os argumentos da dialética dividem-se em três partes: a tese, a antítese e a síntese. A tese refere-se a um argumento que se expõe para ser impugnado ou questionado; a antítese é o argumento oposto à proposição apresentada na tese e a síntese é uma fusão das duas proposições anteriores que retêm os aspectos verdadeiros de ambas as proposições, introduzindo um ponto de vista superior.

Embora hoje se dê a esse termo um sentido mais amplo, o núcleo da dialética, sua essência, continua a ser a investigação das contradições da realidade, pois elas são a força propulsora do desenvolvimento da natureza.

E. Fenomenologia

O conceito de fenomenologia vem do grego *phainomenon*, que significa fenômeno, algo que se manifesta ao sujeito, e *logos*, estudo, tratado. Portanto, a fenomenologia procura desvendar a essência do fenômeno.

A fenomenologia é reconhecida como uma das mais importantes manifestações filosóficas dos séculos XIX e XX. Foi formulada por Edmund Husserl, filósofo alemão, conhecido como fundador da fenomenologia. Em termos gerais, é uma crítica ao empirismo em sua expressão positivista do século XIX e procura resolver a contradição entre corpo-mente e sujeito-objeto que se arrastava desde Descartes.

O objetivo central da pesquisa "husserliana" é a descoberta das essências dos fenômenos e, de acordo com Moustakas (1994), no processo de análise de dados o pesquisador se afasta o mais humanamente possível de todas as experiências preconcebidas, para melhor compreender as experiências dos participantes do estudo.

5.2 Abordagens de pesquisa na sociologia

A seguir descreveremos as principais abordagens atualmente utilizadas nas Ciências Sociais: abordagens quantitativa, qualitativa e mista. Durante anos, a abordagem quantitativa dominou as Ciências Sociais, a abordagem qualitativa surgiu principalmente nas últimas três ou quatro décadas e a abordagem mista é nova, ainda em desenvolvimento quanto a sua forma e essência.

De acordo com Muñoz Campos (2000), a **pesquisa quantitativa** tem como características e técnicas principais: a aplicação do método hipotético-dedutivo, escolha de amostras representativas, medição objetiva de variáveis, uso de técnicas quantitativas de coleta de dados tais como questionários, escalas, testes, aplicação da estatística na análise das informações e tentativas de testar hipóteses e teorias. Podemos identificar dois tipos: pesquisa de levantamento e pesquisa experimental.

a. **Pesquisa de levantamento (enquete)**, que proporciona uma descrição quantitativa ou numérica de tendências, de atitudes ou de opiniões de uma população, estudando uma amostra dessa população. Inclui estudos transversais e longitudinais, utilizando questionários ou entrevistas estruturadas para a coleta de dados e análise estatística com a intenção de generalizar a partir de uma amostra para uma população (BABBIE, 1990).

b. **Pesquisa experimental**, que busca determinar se um tratamento específico influencia um resultado. Esse impacto é avaliado ao se proporcionar um tratamento específico a um grupo e negá-lo a outro, e depois determinar como os dois grupos pontuaram em um resultado. Utiliza técnicas estatísticas no planejamento e análise dos resultados.

A **pesquisa qualitativa** é um meio para explorar e entender o significado que os indivíduos ou os grupos atribuem a um problema social ou humano. O processo de pesquisa envolve as questões e os procedimentos que emergem, os dados tipicamente coletados no ambiente do participante, a análise dos dados indutivamente construída a partir das particularidades para os temas gerais e as interpretações feitas pelo pesquisador acerca do significado dos dados.

Entre as estratégias e técnicas de investigação qualitativa podemos mencionar: a teoria fundamentada, pesquisas narrativas, etnografias, hermenêutica, etnometodologia, grupos focais, estudos de caso, pesquisa-ação, entrevistas, grupos de discussão, análise de conteúdo, análise de discurso e outras.

A **pesquisa de métodos mistos** é uma abordagem da investigação que combina ou associa as abordagens qualitativas e quantitativas. Envolve suposições filosóficas e o uso de combinação de ambas as abordagens. Por isso, é mais do que uma simples coleta e análise dos dois tipos de dados; envolve também o uso das duas abordagens em conjunto, de modo que a força geral de um estudo seja maior do que a da pesquisa qualitativa ou quantitativa isolada (CRESWELL & CLARK, 2013).

A abordagem mista surge como resultado da necessidade de lidar com a complexidade dos problemas de pesquisa em todas as ciências e abordá-los de forma holística, de uma forma global. Em 1973, Sam Sieber (citado por CRESWELL, 2007) sugeriu a combinação de estudos de caso qualitativos com pesquisas de levantamento, criando "um novo estilo de investigação" e a integração de técnicas diferentes em um mesmo estudo. Em 1979, duas obras foram fundamentais para o surgimento dos métodos mistos: *On the reconciliation of qualitative and quantitative analysis: a case study* (Trend, 1979) e *Mixing qualitative and quantitative methods: triangulation in action* (Jick, 1979). O primeiro, propõe combinar a análise dos dados quantitativos e qualitativos para resolver as discrepâncias entre esse tipo de estudo; e o segundo, introduz os conceitos básicos de planos mistos, propõe medidas para coletar dados usando técnicas quantitativas e qualitativas e menciona a triangulação de dados como forma de validação. Além de fazer referência à possibilidade de obter uma imagem mais enriquecedora dos fenômenos (BULEGE, 2013).

6
Grupos e organização social – tipos de grupos, estrutura e organizações formais

6.1 Conceitos básicos: estrutura, *status*, grupo e organização social

6.1.1 Estrutura

O termo *estrutura* tem recebido diferentes conceituações de antropólogos e sociólogos, que muitas vezes apresentam proposições diferentes, e até mesmo opostas. Spencer foi o primeiro

62   Capítulo 6

a empregar o termo *estrutura*, ao estabelecer paralelo entre a organização e a evolução de organismos vivos e a organização e a evolução da sociedade; considerava estrutura toda a organização de células, de órgãos e de partes. Em outras palavras, estrutura seria a maneira como as partes de um todo se encontrariam articuladas entre si. Todavia, Spencer não fez distinção precisa entre estrutura e organização.

6.1.2 Proposições de Radcliffe-Brown

Radcliffe-Brown considera "como parte da estrutura social todas as relações sociais de pessoa a pessoa [...] No estudo da estrutura social, a realidade concreta de que cuidamos é o conjunto de relações realmente existentes, em dado momento, e que ligam certos seres humanos" (In: PIERSON, 1970b, p. 160).

Em sua proposição, afirma que as ações e as interações entre os seres humanos formam uma estrutura de relações cuja continuidade é mantida pelo funcionamento de elementos estruturais particulares, tais como instituições, organizações, cerimônias, rituais. Estes elementos deviam ser analisados do ponto de vista de sua contribuição para a manutenção do sistema social; isto porque nem todos os elementos, na vida de uma comunidade, possuem uma função essencial para sua continuidade, e existem também reminiscências, destituídas de seu significado anterior. Radcliffe-Brown parte do princípio de que "as relações sociais só são observadas e só podem ser descritas com referência ao comportamento recíproco das pessoas relacionadas. A forma da estrutura social tem, portanto, de ser descrita pelos padrões de comportamento a que se conformam indivíduos e grupos nas suas inter-relações" (1973, p. 167). Deve-se, pois, analisar a *forma estrutural*, ou seja, as relações gerais, independentes das variações individuais apresentadas e dos diferentes indivíduos que delas participam.

Através do tempo, a continuidade da estrutura social não é estática, mas dinâmica, pois as relações reais de pessoas e grupos se alteram: a vida social renova constantemente a estrutura social. Enquanto a estrutura real se modifica, a forma estrutural geral permanece relativamente estável durante determinado período de tempo; ela muda gradativamente e, em certas circunstâncias, com relativa rapidez, como ocorre nas revoluções e guerras. Na opinião de Radcliffe-Brown, mesmo as transformações revolucionárias permitem a manutenção de alguma continuidade, pois todo o sistema social se caracteriza pela *unidade funcional*, com as diversas partes relativamente bem integradas. Assim, a unidade funcional é um "estado de equilíbrio" para o qual tendem os sistemas sociais. As perturbações internas (revoluções) e as externas (guerras) dão origem a reações que contribuirão para o restabelecimento do equilíbrio.

Estabelecendo uma distinção entre estrutura social e organização social Radcliffe-Brown cita como exemplo um exército moderno, indicando que a estrutura seria a combinação em grupos: divisões, brigadas, batalhões, companhias, pelotões etc.; e a combinação hierárquica: generais, coronéis, majores, capitães, tenentes etc. A organização consistiria na combinação das atividades especializadas dos indivíduos; assim, numa organização, cada pessoa teria um papel.

Portanto, quando estudamos o sistema estrutural, referimo-nos ao sistema de *posições sociais*, ao passo que, estudando a organização, fazemos referência a um *sistema de papéis*.

Grupos e organização social – tipos de grupos, estrutura e organizações formais 63

6.1.3 Morris Ginsberg

Ginsberg limitou o termo *estrutura* às relações mais permanentes nas sociedades. Conceituou a estrutura social como "o complexo dos principais grupos e instituições que constituem as sociedades" (*Apud* BOTTOMORE, 1965a, p. 98). Bottomore considera importante essa posição que demonstra a conexão entre relações sociais abstratas e os grupos sociais nelas envolvidos, ou que lhes dão origem. "Deste ponto de vista, o estudo da estrutura social pode ser empreendido em termos de disposições situacionais de relações entre grupos sociais, ou de ambos juntamente" (1965a, p. 98).

6.1.4 T. B. Bottomore

Bottomore opinou que, das diferentes concepções de estrutura, a mais adequada é aquela que se refere ao complexo das principais instituições e grupos de uma sociedade. Considera fácil identificar essas instituições e grupos, pois se relacionam com as exigências básicas ou os pré-requisitos funcionais da sociedade:

- sistema de comunicações, que passa a existir desde que apareça uma linguagem;
- sistema econômico, relacionado com a produção, a circulação e a distribuição de bens e serviços;
- sistema de socialização das novas gerações, incluindo família e educação;
- sistema de autoridade e distribuição de poder;
- sistema de ritual, cuja finalidade é manter e aumentar a coesão social do grupo e dar significação social a acontecimentos pessoais (nascimento, puberdade, casamento e morte).

6.1.5 Brown e Barnett

Brown e Barnett sugerem uma diferenciação para os termos *estrutura* e *organização social*, tendo por base a constatação de que os membros e os grupos de uma sociedade são unidos por um sistema de relações de obrigação, isto é, por uma série de deveres e direitos (privilégios) recíprocos, aceitos e praticados por eles. Assim, "organização social refere-se aos sistemas de relações de obrigação que existem entre os grupos que constituem uma determinada sociedade, ao passo que estrutura social se refere à colocação e posição de indivíduos e de grupos dentro desse sistema de relações de obrigação" (In: PIERSON, 1970b, p. 174).

Exemplo: ao analisar a natureza e o funcionamento das "relações de obrigação" atuantes entre os diversos grupos de uma sociedade, estaríamos descrevendo a organização social, e ao estudar a posição, com referência uns aos outros, dos numerosos grupos, posição que se manifesta no sistema de "relações de obrigação" familiares, políticas, econômicas, religiosas etc., estaríamos analisando a estrutura social. Portanto, "o agrupamento de indivíduos, segundo posições, que resulta dos padrões essenciais de relações de obrigação, constitui a estrutura social de uma sociedade" (In: PIERSON, 1970b, p. 181).

64   Capítulo 6

6.2 *Status*

Em toda sociedade os indivíduos vivem o seu cotidiano utilizando a ideia de *status*, o lugar ou posição que a pessoa ocupa na estrutura social de acordo com o julgamento coletivo ou consenso do grupo. Portanto, o *status* é a posição em função dos valores sociais correntes na sociedade, forma parte de nossa identidade social e contribui para definir as relações com os outros indivíduos.

Em geral, nas sociedades "primitivas" existem poucos *status*, mas em todas vamos encontrar categorias de idade, sexo e parentesco; chefe e curandeiro. Na regulamentação do casamento, surge o *status* de marido e de mulher e, através do ciclo de vida, aparecem regras relativas a direitos e deveres para crianças, jovens, adultos e velhos. Há poucos *status* nessas sociedades, porque poucos são os grupos diferenciados. À medida que as sociedades se tornam mais complexas, a diferenciação de funções aumenta, aparecendo outros *status*, tais como posições políticas (eletivas ou nomeadas), ocupações (empregador, empregado, industrial, comerciante, banqueiro, médico, engenheiro, advogado) e outras.

Quando as pessoas se ajustam, surgem posições que não se constituem *status*.

6.2.1 Critérios de determinação *status*

Como já dissemos, *status* é a posição em função dos valores sociais correntes nas sociedades. Ao se dizer que *status* é algo definido socialmente, consideramos que é determinado por fatores extrínsecos às pessoas e, dessa forma, existem certos critérios universais, contidos nos valores sociais, para a atribuição de *status*. Esses determinantes ou fatores, universalmente, encontrados nas diferentes sociedades, podem estar acentuados em maior ou menor grau e combinados de diversas maneiras. Por exemplo: parentesco, riqueza, ocupação, educação etc. Nenhum dos elementos componentes, isoladamente, é suficiente para avaliar o *status* e, por isso, devem tais elementos ser considerados em conjunto.

6.2.2 Tipos de *status*

Na sociedade, duas são as principais formas pelas quais o indivíduo obtém seu *status*:

a. **Atribuído** por circunstâncias que independem de sua vontade

O *status* **atribuído** independe da capacidade do indivíduo. Ele é atribuído mesmo contra sua vontade, em virtude de seu nascimento. Idade, sexo e etnia têm importância maior ou menor, dependendo da sociedade. Em algumas sociedades, onde há rígida estratificação de sexo, de idade, ou há preconceito racial, por exemplo, a pessoa terá, de início, uma vantagem ou desvantagem em relação ao sexo, etnia ou o grupo etário de que faz parte. Em outras sociedades, a ordem de nascimento é mais importante para a atribuição de *status*: sistema de primogenitura e de ultimogenitura, herança de bens, liderança da família.

b. **Adquirido** por meio de suas qualidades, capacidades e habilidades específicas

As sociedades diferem em relação à predominância de um ou outro tipo de *status*. Por mais rígida que seja a estratificação de uma sociedade e numerosos os

Grupos e organização social – tipos de grupos, estrutura e organizações formais   65

status atribuídos, há sempre uma possibilidade de o indivíduo adquirir *status* por meio de habilidade, conhecimento e capacidade pessoal. Por exemplo: atleta olímpico, médico, general de exército etc.

6.2.3 *Status* principal

Usualmente, as pessoas dão mais importância a determinados *status*. Um *status* principal é aquele que tem particular importância para a identidade social e, frequentemente, influi na vida toda da pessoa. Por exemplo, para muitos o trabalho é *status* principal, pois revela antecedentes sociais, escolarização e renda. Em alguns casos, o sobrenome de família constitui um *status* principal.

6.3 Papel

O **papel social**, de maneira geral, determina a função dos indivíduos na sociedade. Ele é produzido pelas interações sociais (processos de socialização) desenvolvidas, as quais geram determinados comportamentos dos sujeitos de um grupo social.

Sendo assim, o papel social agrupa um conjunto de comportamentos, normas, regras e deveres de cada indivíduo na estrutura social os quais determinarão diversos padrões sociais. Por exemplo, o *status* de aluno implica o papel de assistir às aulas e cumprir os deveres escolares.

Note que eles podem ser atribuídos ou conquistados durante a vida (TODA MATÉRIA, 2015).

6.3.1 Relações entre *status* e papel

Ao considerarmos determinado *status* (por exemplo, o de pai), vamos verificar que se pode aplicar o termo papel a três níveis:

a. O comportamento esperado dos pais em determinada sociedade.
b. O comportamento adotado por determinado indivíduo (consciente ou inconscientemente) ao desempenhar seu papel de pai.
c. O comportamento total desse mesmo indivíduo em seus diversos relacionamentos como pai.

O sistema de *status* define um padrão de relações que governará a interação entre os membros de um grupo e determinadas condutas são consideradas mais apropriadas para expressar a relação existente entre as pessoas que ocupam diferentes posições na hierarquia do *status*.

A importância dada ao *status*, pelos diferentes grupos, reflete-se nas formas de tratamento dadas a determinadas pessoas. Exemplo: Vossa Santidade, ao Papa; Vossa Majestade, a reis; Vossa Alteza, a príncipes; Vossa Excelência, a presidentes; Meritíssimo, a juízes etc.

6.3.2 Tipos de papéis

Deve-se considerar o ajustamento do indivíduo aos papéis que deve desempenhar, o que se dá de dois modos: atribuído e assumido.

a. **Atribuído:** quando são conferidos externamente ao indivíduo; de acordo com o tipo de papel social, esta atribuição pode efetuar-se de duas maneiras: **automaticamente**, com certos papéis familiares que não dependem da decisão do indivíduo – filho, irmão, primo, tio, avô; **intencionalmente**, na adoção de um filho.

b. **Assumido:** quando se assume um papel voluntariamente, por decisão pessoal. Exemplo: casar-se, seguir uma profissão, estudar numa faculdade. Essa distinção de papel atribuído e assumido não é total; pode haver num mesmo papel as duas características. Exemplo: os pais de uma criança podem atribuir a um amigo ou parente o papel de padrinho de seu filho, mas depende de o escolhido assumir ou não este papel.

Importa lembrar que o *status* faz referência a uma posição social e o papel a um comportamento. Temos um *status* e desempenhamos um papel.

6.4 Organização

Sendo assim, uma organização é tida como um ente com uma determinada estrutura, dada por relações entre papéis objetivos, e cuja totalidade cumpre uma função social; ou seja, produz um resultado observável que pode ser utilizado por outro sistema.

"Aquilo que, do ponto de vista da organização, é sua meta específica constitui, do ponto de vista do sistema maior do qual representa parte diferençada [sic], ou mesmo um subsistema, uma função especializada ou diferençada. Essa relação constitui o vínculo básico entre uma organização e o sistema maior de que é parte, e proporciona uma base para a classificação dos tipos de organização" (PARSONS, 1973, p. 45 apud BAUER, 2016, p. 2).

Para Bauer (2016, p. 5) "o que une as pessoas em uma organização, seja dentro da fábrica ou escritório, seja nas praças e nas ruas não é o conjunto de complexos mecanismos de coordenação e divisão de papéis, mas algo que lhes fornece um sentido de solidariedade".

Trata-se de "uma relação com o próximo, com o outro, não em virtude da similaridade das tarefas, da miséria ou da habitação, mas em virtude da comunidade, por muito confusa que seja, de um projeto comum" (DUVIGNAUD, 1986, p. 104, apud BAUER, 2016).

Esses elementos em destaque ligam a organização à solidariedade; não uma solidariedade de papel ou tradicional, mas uma solidariedade de projeto compartilhado. Isso nos conduz a um fenômeno desprezado pela teoria organizacional dominante, embora fossem centrais para uma corrente de estudos importante da sociologia que se debruçava justamente sobre a **organização social** (op. cit).

A função de uma organização pode ser vista sob dois aspectos:

a. relação mútua do funcionamento das partes da organização;

b. relação do funcionamento da organização, para a consecução de determinada tarefa, fora da interação de seus membros. Exemplo: na escola, uma série de funções internas diz respeito às interações entre seus membros, com base na competição ou no conflito, e há uma relação no que diz respeito ao funcionamento de suas partes, isto é, administração, corpo docente, corpo discente e outras; também existem funções orientadas para o exterior, servindo diretamente às necessidades da sociedade geral: socialização e instrução.

Esses dois pontos de vista dizem respeito a todas as organizações sociais, pois cada uma possui identidade própria e, ao mesmo tempo, faz parte de um sistema social total. Denominam-se *expressivas* as funções interpessoais, relacionadas com o moral do grupo, e *instrumentais* todas as demais funções.

A existência das organizações baseia-se em sua eficácia para realização de coisas ou objetivos. Entretanto, em uma sociedade, em dado momento, nem todas as organizações são eficazes: existem algumas cuja eficiência pertence ao passado, mas que persistem por inércia.

6.4.1 Tipos de organizações

De acordo com Chester Bernard (1968, p. 73) a organização formal é "um sistema de atividades ou forças conscientemente coordenadas de duas ou mais pessoas. Refere-se à estrutura de empregos bem definidos, cada uma com uma medida definida de autoridade, responsabilidade e responsabilização".

A essência da organização formal é o objetivo comum conscientemente decidido e surge quando as pessoas são capazes de se comunicar uns com os outros e estão dispostas a agir compartilhando o objetivo. Exige: possibilidades de comunicação entre os membros; desejos de agir e objetivo comum (WISDOMJOBS, 2018).

A organização formal é construída em torno de quatro pilares fundamentais. São eles: divisão do trabalho, processos escalares e funcional e dimensão do controle. Assim, uma organização formal resulta do planejamento, onde o padrão estrutural já foi determinado pela gerência.

Já a **organização informal** faz referência à relação entre as pessoas na organização com base nas atitudes pessoais, emoções, preconceitos, gostos, desgostos etc. Uma organização informal é uma organização que não foi estabelecida por nenhuma autoridade formal, mas surge das relações pessoais e sociais.

Essas relações não são desenvolvidas de acordo com procedimentos e regulamentos estabelecidos na estrutura formal da organização. Geralmente, os grandes grupos formais dão origem a pequenos grupos sociais informais. Podem se basear no mesmo gosto, língua, cultura ou algum outro fator (WISDOMJOBS, 2018).

6.4.2 Tipos de organização formal

Podem ser classificadas segundo critérios diversos, para Katz e Kahn (1975):

68   Capítulo 6

1. Organizações econômicas ou produtivas: dedicam-se à produção de bens e prestação de serviços (primárias, secundárias e terciárias).
2. Organizações de manutenção: dedicam-se à socialização e capacitação das pessoas para desempenhar seus papéis em outras organizações (escolas e igrejas).
3. Organizações adaptativas: dedicam-se à produção, desenvolvimento e difusão do conhecimento necessário para fornecer respostas às questões propostas no âmbito da sociedade (universidades).
4. Organizações político-administrativas: coordenação e controle de pessoas e recursos e com a adjudicação entre grupos em competição (estado, agências governamentais, sindicatos).

Segundo Blau e Scott (1970):

1. Associações de benefícios mútuos: o beneficiário é o quadro social (clubes sociais e entidades).
2. Organizações de interesse comercial: proprietários, investidores, acionistas.
3. Organizações de serviços: o beneficiário é o grupo de clientes (hospitais, universidades, agências sociais).
4. Organizações de Estado: criadas pelo Estado para oferecer algum tipo de serviço (tribunais, correios, polícia).

Amitai Etzioni (1929-) distingue as organizações pela natureza do poder que nelas é exercido conforme quatro tipos:

1. **Organizações utilitárias:** o poder baseia-se no controle dos incentivos econômicos.
2. **Organizações normativas:** também chamadas de voluntárias. O poder baseia-se no consenso acerca dos objetivos e dos métodos da organização e do envolvimento motivacional e moral dos seus membros. Exemplos: igrejas, partidos políticos, agremiações sociais e instituições filantrópicas.
3. **Organizações coercitivas:** o poder é imposto pela força ou pela ameaça de sua utilização. Exemplos: prisões, hospitais psiquiátricos, campos de concentração.
4. **Organizações burocráticas (Weber):** a burocracia constitui um requisito necessário para conferir racionalidade às organizações. Modelo organizacional radicalmente elaborado, com vistas a garantir a máxima eficiência possível no alcance dos objetivos pretendidos Weber identifica seis elementos que caracterizam a organização burocrática ideal. A modo de exemplo, apresentam-se dois deles:

    a. **Especialização do trabalho:** tendência para acentuada divisão do trabalho. Os trabalhadores especializam-se numa única tarefa, que tende a se tornar cada vez mais específica.
    b. **Hierarquia da autoridade:** hierarquia fixa de posições, cada uma delas sob a supervisão de um superior. Os cargos são definidos mediante regras delimitadas específicas. A autoridade decorre da natureza do cargo e não das características de seus ocupantes.

6.5 Grupos sociais

6.5.1 Categorias sociais

De acordo com Fichter (1973, p. 85), "uma categoria social é uma pluralidade de pessoas que são consideradas como uma unidade social pelo fato de serem efetivamente semelhantes em um ou mais aspectos". Não há necessidade de proximidade ou contato mútuo para que as pessoas pertençam a uma categoria social. Por exemplo, estudantes, empregadas domésticas, pequenos empresários etc.

6.5.1.1 Categorias socialmente importantes

Os dados estatísticos, principalmente os obtidos por meio dos censos, constituem-se fonte para o estabelecimento de categorias sociais; essa formação é um processo mental, apesar de as categorias não serem imaginárias. Não há necessidade de proximidade ou contato mútuo para que as pessoas pertençam a uma categoria social. Exemplos: adolescentes, operários, soldados, analfabetos etc.

Em relação aos aspectos semelhantes entre as pessoas, só nos interessam aqueles que têm significação sociológica, e mesmo estes variam de acordo com o objetivo do estudo. Exemplo: se quisermos analisar os padrões de comportamento religiosos, a classificação abrangeria as categorias de crentes, ateus, cristãos, judeus, budistas, entre outras; homens, mulheres, jovens, adultos e idosos.

As principais categorias estudadas pela Sociologia são as que implicam valores sociais. Embora eles variem nas sociedades, alguns valores constituem determinantes quase universais de *status* e, portanto, servem de base para a classificação das categorias sociais significativas.

a. **Parentesco:** reúne as pessoas em função de sua procedência familiar e/ou étnica. A primeira grande distinção seria a separação entre nobres e plebeus; entre as famílias tradicionais, poderosas e os novos ricos; entre as legalmente constituídas e as ilegais etc. Outra distinção que pode ser observada relaciona-se com os nativos e os estrangeiros. Entre alguns imigrantes ou, principalmente, entre seus filhos, nota-se, às vezes, o desejo de modificação do nome para se assemelharem mais aos que prevalecem na sociedade de "adoção".

b. **Riqueza:** a posse de bens, ou a sua ausência, pode indicar diferentes camadas sociais de uma sociedade. Essa divisão é importante, principalmente para aquelas que dão mais valor às coisas materiais. A classificação baseada na riqueza agrupa os indivíduos em determinada categoria, por exemplo, rico, pobre, remediado.

c. **Ocupação:** relaciona-se com os diversos tipos de atividades e profissões, e sua valorização. Exemplo: professores, funcionários públicos, agrônomos, pedreiros etc. A diferenciação dá-se também em relação às atividades não remuneradas, por exemplo, donas de casa. Nos países socialistas, a classificação pela ocupação assume grande importância.

70   Capítulo 6

d. **Educação:** distingue analfabetos de alfabetizados, aptidões e habilidades de incapacidades, graduações escolares e cargos de ensino. Ainda neste item, temos ainda as categorias de cientistas, literatos, humanistas, entre outras.

e. **Religião:** parte do ponto de vista da manifestação de valores religiosos. Em primeiro lugar, temos a distinção entre "sagrado" e "secular", entre os grupos que ministram a religião e os fiéis. Católicos e protestantes, muçulmanos e confucionistas, conservadores e modernistas, crentes e ateus, também formam categorias sociais. Muitas vezes, até as minorias de uma sociedade são rotuladas pela categoria religiosa.

f. **Fatores biológicos:** as principais diferenciações neste item dizem respeito a sexo, idade e cor da pele. As categorias de sexo e idade têm importância sociológica, em virtude de, nas sociedades em geral, os homens e as mulheres, as crianças, os adolescentes, os adultos e os idosos ocuparem *status* diferentes e, em consequência, desempenharem papéis diversos. Entre as características físicas como textura de cabelo, formato do nariz, cor dos olhos e da pele, grossura dos lábios, o critério de "cor da pele", representam, em muitas sociedades, um valor social mais importante. Tipos físicos, que envolvem padrões de beleza (estatura, peso, traços fisionômicos), servem também para a classificação de categorias.

6.5.1.2 Estereótipos

Ao lado das categorias, construções mentais baseadas nos fatos, encontramos os *estereótipos*, construções mentais falsas, imagens e ideias de conteúdo alógico que estabelecem critérios socialmente falsificados.

Os estereótipos se baseiam em características não comprovadas e não demonstradas, atribuídas a pessoas, coisas e situações sociais, mas que, na realidade, não existem. Os principais estereótipos referem-se à classe, etnia e religião. Pelo fato de um estereótipo salientar qualidades em vez de defeitos, não significa que deixe de ser estereótipo.

As generalizações: o japonês é trabalhador, o sírio é ladrão, o português é burro, o paulista é dinâmico, o carioca é boa-vida, o mineiro é apegado ao dinheiro, a francesa é elegante, o inglês é fleumático são igualmente estereótipos, portanto, falsas.

A formação de estereótipos favoráveis ou desfavoráveis depende principalmente da posição social e cultural dos indivíduos e dos grupos. Teríamos assim os estereótipos do "branco explorador" ou do "mulato traiçoeiro"; do capitalista como "explorador do operário" ou como "pessoa bem-sucedida".

Mais do que criações do indivíduo, os estereótipos são criações do grupo e, à medida que se isola, diminuindo a oportunidade de experiências novas, os estereótipos tendem a se fortalecer, o mesmo acontecendo com o estereótipo que se propaga e passa a ser aceito por maior número de pessoas. Os meios de comunicação de massa colaboram na criação e difusão de estereótipos.

O estereótipo se desenvolve por generalização e por especificação. Entendemos por *generalização* o processo mental através do qual tendemos a associar, a toda uma categoria de pessoas, certas características que uma ou poucas pessoas conhecidas possuem. Exemplo: alguém que teve problemas de trânsito, causados por um jovem, pode concluir que todos

Grupos e organização social – tipos de grupos, estrutura e organizações formais 71

os jovens são motoristas imprudentes; um indivíduo que sofreu prejuízos financeiros com um italiano pode generalizar, concluindo que todos os italianos são ladrões; se o doente foi desinteressadamente socorrido por um médico, pode vir a pensar que todos os médicos são abnegados; e aquele que foi enganado por um advogado, englobará todos como desonestos.

A *especificação* é um processo inverso e mais comum; consiste na atribuição a determinada pessoa das qualidades ou defeitos considerados pertencentes a todas as pessoas da mesma categoria. Exemplo: o estereótipo de que os judeus são inteligentes leva à consideração de que todo judeu é inteligente.

Toda cultura possui inúmeros estereótipos positivos ou negativos; determinada pessoa pode ser classificada pelos seus componentes, de acordo com as qualidades ou defeitos imaginários atribuídos à sua categoria. Exemplos: todo garimpeiro é aventureiro; todo caboclo é indolente; todo corintiano é fanático; todas as enfermeiras são dedicadas.

6.5.2 Agregados

Agregado é uma reunião de pessoas frouxamente aglomeradas que, apesar da proximidade física, têm um mínimo de comunicação e de relações sociais.

As características dos agregados podem aparecer em maior ou menor grau, dependendo do seu tipo. Da mesma forma existe uma variação no que se refere ao aspecto quantitativo de indivíduos. A relação do indivíduo com o agregado apresenta os seguintes aspectos:

a. **Presença física:** como a proximidade física entre seus componentes é característica fundamental para a formação de um agregado social, o indivíduo tem de estar necessariamente presente no agregado social.

b. **Ausência de *status*:** o agregado, não sendo estruturado, não pode conferir ao indivíduo um *status*, já que este implica a posição que a pessoa ocupa em relação a outros, de acordo com o julgamento coletivo. Entretanto, o tipo de agregado de que um indivíduo faz parte pode influir em seus diferentes *status*, de acordo com os grupos a que pertence.

c. **Padrão de comportamento:** as formas de comportamento dos indivíduos variam de acordo com o tipo de agregado social em que se encontram, em determinado momento. Essa variação resulta, portanto, no tipo de agregado e não na integração com os outros elementos. Por exemplo, quem assiste a um concerto, a uma partida de xadrez, a uma ópera, permanece em silêncio; todavia, quem presencia um jogo de futebol, uma luta livre, um torneio de basquete, manifesta ruidosamente sua apreciação ou desagrado.

d. **Comportamento coletivo:** nos agregados, as pessoas manifestam comportamento coletivo e não social. No comportamento social existe comunicação, contato e interação; no coletivo, esses processos podem aparecer em grau mínimo, mas não são obrigatórios. As ações são simultâneas e análogas.

e. **Anonimato:** no agregado social há a tendência para o indivíduo tornar-se anônimo, não necessariamente por uma atitude voluntária, mas como consequência da natureza dos agregados sociais.

72   Capítulo 6

f. **Diminuição da responsabilidade pessoal:** em decorrência de os agregados sociais serem temporários e compostos de elementos anônimos, a responsabilidade pessoal diminui, pois, o indivíduo não age isoladamente, mas participa da manifestação coletiva.

Diferenciação entre categoria, agregado e grupo social: o diretório do MDB em determinada cidade é um grupo social; os indivíduos que comparecem a um comício promovido por esse diretório formam um agregado social, e os partidários do MDB, em todo o país, constituem uma categoria social.

6.5.2.1 Tipos de agregados

Na atualidade, os principais tipos de agregados sociais são a **multidão**, o **público**, a **massa** e, recentemente, a **comunidade virtual**.

6.5.2.1.1 Multidão

Um exemplo de multidão é um grupo de pessoas se juntando para observar um fenômeno. Uma multidão é um agregado pacífico ou tumultuoso de pessoas ocupando determinado espaço físico.

As principais características da multidão são:

- **Proximidade física:** há contato direto, porém temporário, entre os componentes de uma multidão. O indivíduo tem de estar necessariamente presente no agregado social.

- **Anonimato e ausência de *status*:** o nome e posição social/profissional/econômica das pessoas que se integram à multidão não têm importância. Os componentes são anônimos, pois não levam consigo sua posição social ao se integrarem na multidão.

- **Falta de organização:** mesmo que haja um líder, não há um conjunto de normas ou posições definidas ou uma divisão de trabalho. A interação é geralmente desordenada e descontrolada, espontânea e imprevisível.

- **Objetivos comuns:** a multidão compartilha algum interesse, ato ou emoção. Porém, a interação não leva em consideração as personalidades sociais distintas. A multidão pode ser fanática e buscar seus objetivos sem restrições.

- **Indiferenciação:** não há espaço para as diferenças individuais se manifestarem. Isso torna os membros iguais.

- **Segurança e poder:** devido à presença de outros, os participantes podem fazer ou falar coisas que não fariam ou falariam se estivessem sozinhos.

- **Interexcitação:** os componentes se deixam perder momentaneamente no "espírito da multidão" (EDUCABRAS, 2018).

6.5.2.1.2 Público

O **público** é um agrupamento de pessoas que seguem os mesmos estímulos. É baseado não em contato físico, mas na comunicação recebida por diversos meios de comunicação.

Grupos e organização social – tipos de grupos, estrutura e organizações formais 73

O público é um conjunto de indivíduos em que o número de pessoas que se expressam e recebem opiniões é praticamente igual. A opinião do público pode se transformar em ação efetiva, mesmo contra o sistema de autoridade vigente. O público também é relativamente autônomo em suas ações.

Há diferença entre multidão e público, pois a integração dos indivíduos que formam o público é geralmente intencional. Já na multidão, a integração é ocasional.

Os modos de pensar, sentir e agir do público constituem o que é conhecido como **opinião pública**. Três características básicas sobressaem na opinião pública. A primeira delas é o acesso à informação. Só há opinião pública quando os indivíduos de uma sociedade têm acesso livre às informações da atualidade. A segunda característica é a livre discussão. Diante das informações recebidas, cada indivíduo pode tomar uma posição. A terceira característica é a tentativa de se fazer com que a opinião se transforme em ação, ou seja, que as opiniões sobre assuntos de interesse da nação influenciem e determinem as ações do governo (EDUCABRAS, 2018).

6.5.2.1.3 Massa

A **massa** é diferente do público, pois consiste num agrupamento relativamente grande de pessoas separadas, que não se conhecem. É formada por indivíduos que recebem opiniões formadas, que são veiculadas pelos meios de comunicação de massa. A massa é um conjunto de elementos em que a organização da comunicação pública torna difícil ou até impossível uma resposta efetiva às opiniões externadas publicamente. A massa não tem autonomia; praticamente inexiste a formação de opinião independente gerada por meio da discussão. O grupo de indivíduos que se comporta como massa tende a ser manipulado, pois reage de forma impensada, não tendo consciência de grupo (EDUCABRAS, 2018).

6.5.2.1.4 Comunidade virtual

Muitos autores têm ressaltado a importância dos meios de comunicação que, por meio de sua ação modificam o espaço e o tempo, modificam também as relações entre as várias partes da sociedade, transformando também a ideia de comunidade (MCLUHAN, 1964). Desse modo, também a Comunicação Mediada por Computador está afetando a sociedade e influenciando a vida das pessoas e a noção de comunidade. Por isso, muitos autores optaram por definir as novas comunidades, surgidas no seio da CMC por "comunidades virtuais" (RHEINGOLD, 1996; PALACIOS, 1998; DONATH, 1999; SMITH, 1999; WELLMAN e GULIA, 1999; PACCAGNELLA, 1997; entre outros). Comunidade virtual seria o termo utilizado para os agrupamentos humanos que surgem no ciberespaço [2], por meio da comunicação mediada pelas redes de computadores (CMC).

Howard Rheingold (1994, p. 20 apud RECUERO, 2009, p. 5), um dos primeiros autores a efetivamente utilizar o termo comunidade virtual para os grupos humanos que travavam e mantinham relações sociais no ciberespaço, define-a: "As comunidades virtuais são agregados sociais que surgem da Rede [internet], quando uma quantidade suficiente de gente leva adiante essas discussões públicas durante um tempo suficiente, com suficientes sentimentos humanos, para formar redes de relações pessoais no espaço cibernético [ciberespaço]".

74   Capítulo 6

De acordo com Recuero (op. cit.) o uso da definição de Rheingold, permite destacar, alguns elementos formadores da comunidade virtual: as discussões públicas, as pessoas que se encontram e reencontram, ou que ainda, mantêm contato pela Internet (para levar adiante a discussão), o tempo e o sentimento. Esses elementos poderiam integrar redes sociais, constituindo-se comunidades. Rheingold deixa de considerar comunidade um agrupamento humano com base territorial, o qual gerou severas críticas de diversos autores entre os quais cabe destacar Weinrech, (1997, apud JONES, 1997) que não consegue conceber a ideia de uma comunidade sem um *locus* específico. Para resolver esse problema Jones (op. cit.) cria o conceito de *virtual settlement* (o lugar que a comunidade virtual ocupa no ciberespaço).

6.5.3 Grupos

De acordo com R. Cragun, D. Cragun & Konieczny (2012) um grupo está constituído por pessoas que se identificam e interagem entre si. Definição bastante ampla que inclui grupos de todos os tamanhos, de díadas até uma sociedade. O grupo apresenta coesão e interesses comuns.

6.5.3.1 Recrutamento dos membros

No que se refere ao recrutamento dos membros, os grupos podem apresentar-se fechados, opondo resistência à participação de muitos (são fechados principalmente os grupos em que a participação traz vantagens e privilégios de diferentes tipos), ou abertos, aceitando todos os candidatos (são abertos principalmente os grupos que trazem a seus membros mais ônus e sacrifícios do que vantagens e privilégios). Em relação ao predomínio das diferentes formas, encontramos principalmente: conscrição .e coerção – grupos em que a participação envolve grandes ônus e sacrifícios; uso concomitante de vários métodos – quando a participação traz certas vantagens e desvantagens; indicação, nomeação ou designação, assim como eleição – nos casos em que a participação significa a aquisição de vantagens e privilégios.

6.5.3.2 Características dos grupos

Os grupos apresentam diversidade entre si, não só na forma de recrutamento, como também na organização, finalidade e objetivos. Porém, todos eles possuem determinadas características, que levaram Fichter a definir grupo social como "uma coletividade identificável, estruturada, contínua, de pessoas sociais que desempenham papéis recíprocos, segundo determinadas normas, interesses e valores sociais, para a consecução de objetivos comuns" (1973, p. 140).

Para Fichter, as características dos grupos sociais são as seguintes:

a. **Identificação:** o grupo deve poder ser identificado como tal pelos seus membros e pelos elementos de fora.

b. **Estrutura social:** decorrente do fato de que cada componente ocupa uma posição relacionada com a posição dos demais.

Grupos e organização social – tipos de grupos, estrutura e organizações formais 75

c. **Papéis individuais:** condição essencial para a existência do grupo e sua permanência como tal, pois cada um de seus membros tem uma participação determinada.

d. **Relações recíprocas:** entre os membros de um grupo deve haver interação. Para alguns autores, esta é a única característica empregada na conceituação de grupo social.

e. **Normas comportamentais:** são certos padrões, escritos ou não, que orientam a ação dos componentes do grupo e determinam a forma de desempenho do papel.

f. **Interesses e valores comuns:** o que é considerado bom, desejável, aceito e compartilhado pelos membros do grupo. A importância dos valores pode ser aquilatada pelo fato de que o grupo, geralmente, se divide quando ocorre conflito de valores.

g. **Finalidade social:** razão de ser e objetivo do grupo.

h. **Permanência:** para que um grupo seja considerado como tal, é necessário que a interação entre os membros se prolongue durante determinado período de tempo.

6.5.3.2.1 Principais características dos grupos sociais

Os grupos sociais se caracterizam por ter: pluralidade de indivíduos – grupo dá ideia de algo coletivo: há sempre mais de uma pessoa no grupo; interação social – para que haja grupo, é preciso que os indivíduos interajam uns com os outros em seu interior; organização – todo grupo, para funcionar bem, precisa de uma certa ordem interna; objetividade e exterioridade – os grupos sociais são superiores e exteriores ao indivíduo, isto é, quando uma pessoa entra no grupo, ele já existe; quando sai, ele continua a existir; conteúdo intencional ou objetivo comum – os membros de um grupo unem-se em torno de certos princípios ou valores para atingir um objetivo comum; quando uma parte deles coloca em dúvida algum desses princípios, o grupo se desagrega ou sofre divisões; consciência grupal ou sentimento de "nós" – são as maneiras de pensar, sentir e agir próprias do grupo; existe um sentimento mais ou menos forte de compartilhamento de uma série de ideias, pensamentos e modos de agir; continuidade – as interações passageiras não chegam a formar grupos sociais estáveis, para isso, é necessário que as interações tenham certa duração, como acontece, por exemplo, com a família, a escola, a Igreja etc., mas há grupos de duração efêmera, que aparecem e desaparecem com facilidade, como os mutirões para a construção de casas populares

6.5.3.3 Classificação dos grupos

Por sua variedade e complexidade os grupos admitem diversas classificações, entretanto, acreditamos que para a sociologia, uma classificação importante é aquela que se baseia nas suas funções principais. Sem eles a sociedade não existiria:

- ■ **Grupo familiar:** integrado por pessoas unidas por laços de sangue.

76   Capítulo 6

- **Grupos educacionais:** são responsáveis pela transmissão da cultura. Escolas e outras instituições encarregadas da educação em geral.
- **Grupos econômicos:** produzir e distribuir bens e serviços materiais.
- **Grupos políticos:** eles têm a função de governar e administrar o país.
- **Grupos religiosos:** eles são compostos de pessoas com crenças comuns e o mesmo comportamento religioso.
- **Grupos recreativos:** sua função é a recreação ou o descanso dos povos. Por exemplo, clubes sociais, esportes.

6.5.3.3.1 Grupos primários e secundários

A primeira distinção de grupos, em termos de uma dicotomia, opondo grupos pequenos e íntimos e grupos grandes e impessoais, foi feita por Tönnies, em sua obra *Gemeinschaft und Gesellschaft* (1887), que vimos no Capítulo 2. A seguir, Cooley retoma essa dicotomia em *Social organization* (1909), denominando os grupos de primários e secundários. A partir de então, muitos autores têm usado essa distinção fundamental.

6.5.3.3.2 Conceituação de Cooley

Conceituação de grupo primário de Cooley: "Entendemos por grupos primários aqueles caracterizados por uma íntima cooperação e associação face a face. São primários sob vários aspectos, principalmente porque são fundamentais na formação da natureza social e nos ideais do indivíduo. O resultado dessa associação íntima é, psicologicamente, certa fusão das individualidades num todo comum, de modo que o próprio ego individual se identifica, pelo menos para vários fins, com a vida e o propósito comuns ao grupo. Possivelmente, a maneira mais simples de descrever essa totalidade consiste em apresentá-la como 'nós', porque envolve a espécie de simpatia e identificação mútua para as quais o 'nós' é a expressão natural" (*Apud* DAVIS, 1961, v. II, p. 11).

Por sua vez, o grupo secundário possui certas características que se apresentam como opostas às do grupo primário. As relações geralmente são estabelecidas por contato indireto e, no caso de serem por contato direto, são passageiras e desprovidas de intimidade; as relações são ainda formais e impessoais. No grupo secundário, a consciência de "nós" é fraca, o tipo de contato é predominantemente secundário e categórico, a posição dos membros define-se em relação aos papéis que lhes cabem, sendo sua participação limitada à contribuição que prestam.

6.5.3.3.3 Diferenças entre relações primárias e secundárias

O Quadro 6.1 permite verificar as diferenças entre relações primárias e secundárias (DAVIS, 1961, v. II, p. 30).

Grupos e organização social – tipos de grupos, estrutura e organizações formais 77

Quadro 6.1 Diferenças entre relações primárias e secundárias

	CONDIÇÕES FÍSICAS	CARACTERÍSTICAS SOCIAIS	EXEMPLO DE RELAÇÕES	EXEMPLO DE GRUPOS
PRIMÁRIA	Proximidade física Exiguidade do grupo Duração prolongada da relação	Identificação dos fins A relação é um fim em si mesma – avaliação intrínseca da relação A relação é pessoal – avaliação intrínseca de outra pessoa A relação é completa – completo conhecimento de outra pessoa A relação é espontânea – sentimento de liberdade e espontaneidade, funcionamento dos controles informais	Marido – mulher Pai – filho Amigo – amigo Professor – aluno (escolas de 1º grau)	Família Grupo de brinquedos Grupo de amigos Aldeia ou vizinhança
SECUNDÁRIA	Distância física Grande número de pessoas Pouca duração da relação	Disparidade dos fins Avaliação intrínseca da relação Avaliação extrínseca de outra pessoa Conhecimento especializado e limitado de outra pessoa Sentimento de constrangimento externo Funcionamento dos controles formais	Presidente da República – eleitores Papa – fiéis Oficial de Estado-maior – soldado Vendedor – freguês	Estado Igreja Forças Armadas Federações e Confederações de Trabalhadores

78   Capítulo 6

6.6 Tamanho do grupo

Um grupo é pequeno quando todos os seus membros podem se relacionar entre si. Quanto menos membros há em um grupo mais forte tende a ser a relação entre eles. É por isso que os principais agentes de socialização são geralmente grupos pequenos, como a família ou grupo de amigos.

Díades são grupos de duas pessoas (pares, casais etc.). São importantes como grupo único ou como base para formar agrupamentos maiores. Possuem uma forte interação. Uma díade existe somente enquanto ambos os membros participam. Ao contrário de um grupo maior, não podem substituir membros perdidos e não são permanentes.

Tríades são grupos com três membros (triunviratos, trios, troikas etc.). São difíceis de se manter. É mais fácil lidar com uma pessoa do que com duas. Além disso, duas das pessoas em uma tríade estão aptas a achar mais fácil se relacionar entre si do que com o outro parceiro. Isso pode motivar a parte negligenciada a abandonar o grupo. Na história, por vezes três líderes tentaram partilhar o poder político num triunvirato, com pouco sucesso a longo prazo. Por outro lado, grupos de três podem ser muito estáveis se houver um líder e dois seguidores, como uma família de um pai solteiro e dois filhos. Do mesmo modo, um subordinado pode estar relacionado com dois referentes, por exemplo, um único filho com dois pais.

Tétrades são grupos de quatro membros. Com algumas exceções, só os quartetos vocais e musicais tendem a durar algum tempo. Duas pessoas no grupo podem achar mais gratificante se relacionar entre si do que com qualquer uma das outras. O relacionamento se torna uma formação de dois pares em vez de um grupo efetivo de quatro membros. A existência de um líder e três seguidores pode garantir a estabilidade do quarteto.

Os grupos grandes, de mais de vinte pessoas, podem chegar a ser tão grandes quanto a sociedade inteira ou um país e possuem características completamente diferentes daquelas do grupo pequeno. Por exemplo, um clube desportivo, uma escola ou uma empresa.

6.6.1 Efeitos do tamanho do grupo

- Ao aumentar o tamanho do grupo aumenta o número de conhecimentos, habilidades e habilidades disponíveis.
- Quanto maior o grupo, maiores os problemas organizacionais.
- Em grupos maiores é mais fácil promover os subgrupos e os conflitos entre eles.
- Nos grupos maiores, há membros relativamente menos participantes nas suas atividades.
- Como o grupo é maior, diminui a quantidade de tempo que cada membro tem de participar.
- Ao aumentar a dimensão do grupo aumentam as diferenças na participação dos seus membros.
- Quanto maior o tamanho do grupo, torna-se mais estruturado e o papel do líder tende a se concentrar em uma pessoa.
- Em grupos maiores, os membros se sentem menos integrados e menos satisfeitos e experimentam uma maior tensão.

Grupos e organização social – tipos de grupos, estrutura e organizações formais   79

- Em grupos numerosos é difícil chegar a consenso, mas os membros são mais propensos a serem coerentes com os acórdãos da maioria, porque a pressão do grupo é maior.
- O grupo maior oferece maiores oportunidades de conhecimento e lidar com pessoas que estão interessadas.
- Em um grupo grande as pessoas tímidas se sentem melhor porque permitem maior anonimato, mas participam menos.

6.7 Grupos de referência

Se os grupos primários têm como qualidade específica a influência exercida em seus membros pela relação direta, face a face, os grupos de referência exercem ascendência pela natureza e modo de identificação que despertam nos indivíduos. Por esse motivo, um grupo de referência não necessita ser primário: na maior parte das vezes, a pessoa não pertence diretamente a ele, seu contato é reduzido com os componentes e o grupo é secundário. Já se comprovou que a influência da identificação com o grupo sobre a opinião, as crenças e as atitudes das pessoas é tão sólida no grupo secundário quanto no primário, se aquele é adotado como grupo de referência, pois o aspecto fundamental de tal grupo é a identificação psicológica que desperta no indivíduo. Em outras palavras, pessoas que atuam em situações específicas podem ser influenciadas não apenas por sua posição (*status*), pelos membros dos grupos a que pertencem, por suas expectativas de comportamento e por suas concepções, mas pelo conceito que possuem sobre grupos de que não fazem parte. É por esse motivo que muitos sociólogos afirmam que a identificação dos indivíduos com certos grupos de referência é mais ideal do que real: decorre do modo como *pensam* que seus componentes se posicionariam diante da situação, e quando procuram copiar suas atitudes o fazem sob o prisma de sua interpretação das concepções reais.

Não se deve depreender disso que os grupos de referência têm de ser, inevitavelmente, estranhos à pessoa considerada: se, geralmente, são grupos aos quais ela não pertence, mas têm o condão de influenciá-la, pode também ocorrer que sejam seus próprios grupos, mais especificamente, os elementos situados no topo desses grupos. Portanto, eles serão intermediários, preferencialmente aos primários, pois nesses últimos dificilmente ocorre uma rígida estratificação, comportando "os de cima" e "os de baixo".

Os grupos de referência funcionam como quadro de apoio para aspirações, tomada de consciência e opiniões. Lane e Sears (1966, p. 71-72) chegam a afirmar que se uma pessoa "não tem opinião", isso ocorre por uma de três razões principais:

- o indivíduo não dispõe de um grupo de referência em que possa adotar uma posição relevante para a proposição;
- ele não pode mudar, psicologicamente, para o grupo de referência apropriado, talvez por causa de referências conflitantes; ou
- não tem consciência da posição que o seu grupo apropriado adotou ou adotaria, se consultado.

80   Capítulo 6

Como característica da influência dos grupos de referência na pessoa, podemos citar:

- ajudam a formar uma perspectiva da vida;
- conferem uma imagem da realidade;
- fornecem um meio de "conhecer" a realidade;
- formam opiniões;
- determinam atitudes.

Muitas vezes, pode ocorrer que a pessoa, possuindo vários grupos de referência, fique sujeita a identificações grupais conflitantes, ou seja, esses grupos podem formular exigências opostas. Como os indivíduos enfrentam esses conflitos? De várias formas, segundo Lane:

- podem renunciar a uma opinião;
- pode ocorrer a identificação com "um dos grupos de referência participantes no conflito" (por vezes, em virtude da frustração experimentada em outro);
- aparece a moderação do ponto de vista, quer sob uma forma confusa e eclética, quer através de uma síntese;
- cria-se uma tendência para minimizar o problema;
- acontece "o malogro em 'ver' o problema";
- manifesta-se uma "apatia generalizada" (onde os grupos conflitantes abrangem grandes áreas da vida) (In: LANE e SEARS, 1966, p. 74).

A importância dos grupos de referência cresce em uma sociedade grande e heterogênea, onde o contato dos indivíduos se realiza com grupos variados. Em uma comunidade pequena e homogênea, como ainda o são as das regiões rurais, há total predominância do grupo primário sobre o de referência: poucas oportunidades de comportamentos novos e diferenciados levam as pessoas a pautar suas ações, assim como suas crenças, ideias e opiniões pelo das dos demais membros de seu grupo. Por sua vez, no meio urbano, as diferentes formas de comunicação de massa, exaltando elementos do mundo dos desportes, da arte, da política etc., propiciam a identificação psicológica com esses indivíduos e grupos, levando as pessoas a nos escolher como grupo de referência, muitas vezes totalmente divorciados de sua realidade cotidiana.

6.8 Estrutura social

Não é possível pensar o conceito de sociedade sem o conceito de estrutura social. A sociedade é uma totalidade composta de partes interdependentes. A estrutura é a forma como a sociedade se organiza, essa forma é objeto de estudo da sociologia. Quando os indivíduos que compõem a sociedade se relacionam entre si, eles engendram as estruturas da sociedade. Essas, por sua vez, também determinam as ações dos indivíduos (SOUZA, 2011). No entanto, a falta de consenso sobre o que é substantivamente a estrutura social é tal que apenas definições muito formais têm aceitação na comunidade sociológica. Assim, não seria problemático concordar que "a estrutura social se refere às relações duradouras, ordeiras e tipificadas entre os elementos da sociedade" (ABERCROMBIE, HILL & TURNER, 1980, p. 103). Ou, indo um pouco mais longe, seguindo Boudon (1973, p. 14), que "estrutura significa sistema, coerência, totalidade, dependência das partes em todo o sistema de relações, a totalidade não redutível à soma das suas partes etc.". No entanto, além desse tipo de definições formais, a verdade é que a diversidade de concepções de estrutura social torna impossível um "consenso paradigmático" (BERNARDI, GONZÁLEZ & REQUENA, 2006, apud BRYANT & PECK, 2007).

A sociologia atual não pode continuar a conceber a estrutura social no âmbito da ideia sobre sociedade da tradição sociológica (Durkheim, Marx, Parsons e outros), na qual a vida social era reduzida a uma ação individual ajustada a uma estrutura social preestabelecida. O indivíduo era um reflexo dessa estrutura. A modernidade e a pós-modernidade têm produzido diversos processos de mudança social e, como consequência, as ideias de posições estruturais, de classes sociais etc. têm perdido a capacidade analítica para explicar as práticas e as representações dos indivíduos (MARTUCELLI e SANTIAGO, 2017).

6.9 Teorias de estrutura social – sistemas sociais

6.9.1 Teoria de sistemas de Talcott Parsons

6.9.1.1 Conceituação

A ênfase que se tem dado à análise da composição de uma organização e à inter-relação de suas partes deu origem ao termo "sistema social", definido por Parsons como "uma pluralidade de indivíduos que desenvolvem interações segundo normas e significados culturais compartilhados", ou "um sistema social é composto por uma pluralidade de atores individuais, que desenvolvem interação em uma situação que tem pelo menos um aspecto físico ou ambiental; a motivação desses atores responde a uma tendência para a 'obtenção ótima da satisfação', e a relação que têm com suas situações, incluindo as de uns com os outros, se define e assenta em função de um sistema de símbolos culturalmente estruturados e compartilhados" (apud OGBURN e NIMKOFF, 1971, p. 485 s.).

Segundo a concepção de Parsons, todos os sistemas sociais devem resolver quatro problemas básicos:

a. **Adaptação:** a acomodação do sistema às exigências reais do ambiente, junto com a transformação ativa da situação externa.

b. **Conquista de objetivos:** a definição dos objetivos e a mobilização de recursos para atingi-los.

c. **Integração:** estabelecer e organizar as relações entre as unidades do sistema, coordenando-as e unificando-as em uma só entidade.

d. **Latência:** a manutenção dos padrões motivacionais e culturais do sistema (apud BLAU e SCOTT, 1970, p. 52).

A estrutura de um sistema social inclui:

- subgrupos de vários tipos, interligados por normas relacionais;
- funções de vários tipos, dentro de um sistema maior e de subgrupos. Cada sistema de função também está ligado a outros, por meio de normas relacionais;
- normas reguladoras que governam os subgrupos e as funções;
- valores culturais.

Em um sistema social, cada um dos indivíduos que interatuam tem uma função a desempenhar. Quando essas funções são reconhecidas e apreciadas publicamente, denominam-se papéis. Cada pessoa interatuante em um sistema social tem um ou vários papéis para desempenhar. As unidades que interatuam em um sistema social podem ser indivíduos (fundamentalmente), grupos ou organizações de pessoas. Exemplo: a escola possui grupos de indivíduos (administradores, professores, alunos) que têm funções relacionadas entre si; por outro lado, diversos tipos de escolas – educação infantil, ensino fundamental e médio, superior, pós-graduação e outros – também estão relacionadas entre si, em um sistema social.

Sob o ângulo metodológico, para Rudner um sistema comporta:

- uma identificação dos elementos que o compõem (conjuntos de unidades ou de objetos);
- uma especificação das características ou das propriedades dos elementos, em relação às quais os estados do sistema podem ser descritos;
- uma especificação das regras ou das leis que regem as interações dos elementos ou de suas propriedades, assim como a sucessão dos estados dos sistemas.

Em princípio, os elementos constitutivos de um sistema podem ser de qualquer tipo, desde indivíduos ou grupos até objetos ou funções, uma vez que haja entre eles uma ordem, uma interdependência, um caráter relacional.

O conceito de sistema social, utilizado pela sociologia, não é novo. Ao contrário, entre os precursores dessa ciência, foi comum o uso de analogias, comparando o organismo social e os sistemas, nele existentes com as demais ciências, mais precisamente com o objeto de estudo delas.

6.9.2 Concepções de Parsons e Homans

A seguir, ainda baseados em Buckley, apresentamos um quadro comparativo dos modelos de sistema de Talcott Parsons e George C. Homans, sociólogos contemporâneos.

Quadro 6.2 Comparação entre o modelo de sistema de Talcott Parsons e o de George C. Homans

PARSONS	HOMANS
1. "O sistema social de relações determinadas inclui apenas, ou primordialmente, as relações determinadas que compõem a estrutura dominante." Dessa forma, a estrutura dominante é tomada como ponto fixo de referência, em relação (ou contraste) ao qual outras estruturas ou consequências latentes são vistas como "potencialmente disruptivas", suscitam problemas de controle e precisam ser enfrentadas para que o sistema se mantenha ou se conserve.	1. "O sistema é coerentemente definido em termos das inter-relações determinadas, recíprocas, de **todas** as suas partes, sem levar em conta a estrutura particular em que essas inter-relações se manifestam." Aqui, as partes ou elementos básicos são atividades, interações, sentimentos e normas, e não existe nenhuma tentativa para se tomar qualquer estrutura como ponto fixo de referência.
2. "Isso significa que a aberração e as tensões de várias espécies são residuais no modelo, visto que não lhes dá *status* cabal como partes integrantes do sistema." Assim, aberração e tensões são tratadas como disfuncionais para o sistema, independentemente de se manifestarem como sintomas neuróticos difusos, comportamento delinquente ou criminoso, movimentos sociais parcial ou plenamente organizados ou inovação ideacional.	2. "Isso significa que a aberração é uma parte integrante do sistema, explicável em termos das relações mútuas determinadas dos elementos. Dessa maneira, pressões e tensões podem constituir-se em parte integrante do sistema e, ao lado da estrutura normativa consensual, constituem um equilíbrio automantenedor."
3. "Surge a questão de saber se a postulada 'lei da estática social' ou 'inércia social' é aplicável a um sistema dinâmico **dentro** do qual existem, como elementos integrantes, forças ou pressões tendentes à mudança." Parsons, na maioria das vezes, considera tais pressões, como externas em relação ao sistema.	3. "A manutenção de um padrão ou, estrutura de dados é problemática. Os padrões estabelecidos de conformidade ou aberração não se sustentam automaticamente, e a regularidade persiste porque o afastamento encontra resistência. Nem é a resistência simples inércia. Consiste, antes, na maneira pela qual estão inter-relacionados os elementos do sistema: uma mudança num elemento resulta numa mudança em outros, que a neutralizam e o trazem de volta ao estado original." Um sistema onde isso ocorre está em equilíbrio: o sistema social é uma configuração de forças dinâmicas que, em determinadas circunstâncias, estão em equilíbrio, mantendo-se num estado constante, e, em outras, estão desequilibradas, ocorrendo mudanças contínuas.

PARSONS	HOMANS
4. "O sistema 'procura' o equilíbrio, tem 'problemas' e 'imperativos' de controle, tem 'necessidades sistêmicas'." A procura do equilíbrio significa necessidade de mecanismos de controle que sustentam uma estrutura dominante ou legitimada.	4. "Nem todos os estados de um sistema estão em equilíbrio, nem o sistema 'procura' o equilíbrio." Além do mais, um sistema não tem "problemas"; da mesma forma que as estruturas não surgem por serem "necessárias" a ele, isto é, por serem "imperativos funcionais", mas, ao contrário, porque existem forças que as produzem e que se manifestam na natureza dos elementos do sistema e de suas relações mútuas. Por isso, as estruturas podem, inclusive, desaparecer.
5. "Os postulados 'mecanismos de controle' são inteiramente unilaterais." Parsons toma como ponto fixo de referência a estrutura dominante ou legitimada e julga a relevância dos mecanismos de controle em relação a essa estrutura. Em decorrência desse proceder, todas as outras estruturas ou tendências para a mudança estrutural são aberrantes ou disfuncionais e devem, por isso, ser neutralizadas pelos mecanismos.	5. "O sistema é o controle social, não 'impõe' um controle." Implícito nas relações dos elementos do sistema está o controle social, que é um processo pelo qual, quando um indivíduo se afasta do grau existente de obediência a uma norma, retorna a esse grau por intermédio de outras mudanças (no caso de o sistema estar em equilíbrio e, como consequência, o controle apresentar-se eficaz). Os controles não são uma "função" executada pelo grupo nem um elemento separado da organização: não passam de relações de mútua dependência.
6. "Segue-se, em decorrência do conceito mencionado de aberração, que o modelo parsoniano dá maior destaque à mudança exógena do que aos fatores de mudança endógena", apesar de, em seu livro *O sistema social*, Parsons ter destacado a grande influência dos sistemas de ideias ou crenças, oriundos do interior da própria cultura, como fatores de mudança social.	6. "Ao tratar da mudança, Homans aprecia tanto os processos de crescimento ou de elaboração de estruturas (evolução adaptativa) quanto os processos de desorganização e desintegração de estruturas (anomia). Ao fazê-lo, distingue, no sistema total, dois sistemas analiticamente separáveis, o 'externo' e o 'interno', e os relaciona em termos do conceito de realimentação." Entre o sistema interno e o externo pode ocorrer uma realimentação favorável **ou** não à existência continuada, tanto de um, como do outro, ou de ambos.

Como se pode verificar da comparação entre os dois autores, ambos partem do conceito de equilíbrio, derivado de Pareto, mas chegam a conclusões diferentes: basicamente, é a diferença que existe entre um sistema "fechado" (Parsons) e um sistema "aberto"

(Homans). Os dois autores têm grande importância no desenvolvimento do conceito de sistema social, talvez mais extensivamente tratado nas obras que Parsons escreveu com diferentes colaboradores.

6.9.3 Teoria de sistemas de Luhmann

Niklas Luhmann (1927-1998), sociólogo alemão, considerado um dos mais importantes teóricos da teoria de sistemas das últimas décadas do século XX. Luhmann desenvolveu uma abordagem sociológica que combinou elementos do estrutural funcionalismo de Talcott Parsons com a teoria geral dos sistemas. No entanto, ele vê dois problemas com a abordagem de Parsons. Primeiro, ele não tem lugar para a autorreferência, e de acordo com Luhmann, a capacidade da sociedade para se referir a si mesmo é fundamental para a nossa compreensão de como é um sistema. Segundo, Parsons não reconhece contingência. Como resultado, Parsons não pode analisar adequadamente a sociedade moderna como é, porque ele não vê que ela poderia ser de outra forma (RITZER, 2010).

Para Leo Rodrigues e Fabrício Neves (2012), apud Melo Junior (2013) o conceito de sistema social, de Luhmann, é um dos temas mais controversos das ciências sociais do século XX. Tanto é assim que o seu sistema teórico insere no interior das ciências sociais conceitos oriundos de diversas ciências, tais como, biologia, física, psicologia, economia, teoria da comunicação, cibernética, utilizando-os no estudo de fenômenos sociais. Autopoiese, autorreferência, diferença sistema/entorno, operação, sentido e comunicação são alguns dos conceitos mais utilizados por Luhmann.

Os sistemas sociais são autorreferenciais porque são capazes de operar com base em suas próprias operações constituintes. São autopoiéticos porque se autorreproduzem ou produzem a si mesmos enquanto unidade sistêmica.

Para Luhmann, a comunicação é o elemento básico da sociedade e a comunicação é produzida pela sociedade. Os participantes na sociedade se relacionam com ela pela comunicação. O indivíduo será importante para a sociedade na medida que ele ou ela participam na comunicação ou podem ser interpretados como participando de uma comunicação (RITZER, 2010).

"En la teoría de sistemas lo que se enfatiza es la verdadera emergencia de la comunicación. No existe propiamente transmisión de alguna cosa; lo que hay es más bien una redundancia creada en el sentido de que la comunicación inventa su propia memoria que puede ser evocada por distintas personas, de diferentes maneras. Cuando A comunica algo a B, la comunicación siguiente puede dirigirse no mismo a A que a B. Se puede imaginar, entonces, el sistema como un pulsar constante: con cada creación de redundancia y con cada selección el sistema se expande y recontra permanentemente" (LUHMANN, 2002, apud TEIXEIRA, BECKER & LOPES, 2016, p. 147).

A crítica luhmanniana estaria centrada na necessidade de construção de um modelo explicativo da sociedade moderna que dê conta de sua atual complexidade e também no abandono de determinados pressupostos ontológicos que têm pautado grande parte dos esforços de compreensão da sociedade. Um desses pressupostos diz respeito à relação entre sujeito e objeto, discutida e problematizada nas diferentes abordagens epistemológicas – positivista, estruturalista, materialista histórica, hermenêutica, fenomenológica etc. – e que

86   **Capítulo 6**

desaparece na proposta teórica de Luhmann. Considerando "que a sociedade é um sistema autopoiético formado por comunicações que se estabelecem recursivamente é um sistema que se autodescreve" (RODRIGUES e NEVES, 2012, p. 117).

O que é autopoiese? *Poiesis* é um termo grego que significa produção. Autopoiese quer dizer autoprodução. A palavra surgiu pela primeira vez em 1974, num artigo publicado pelos biólogos chilenos Varela, Maturana e Uribe, para definir os seres vivos como sistemas que produzem continuamente a si mesmos. Esses sistemas são autopoiéticos por definição, porque recompõem continuamente os seus componentes desgastados. Pode-se concluir, portanto, que um sistema autopoiético é ao mesmo tempo produtor e produto. Para Maturana, o termo "autopoiese" traduz o que ele chamou de "centro da dinâmica constitutiva dos seres vivos". Para exercê-la de modo autônomo, eles precisam recorrer a recursos do meio ambiente. Em outros termos, são ao mesmo tempo autônomos e dependentes. Trata-se, pois, de um paradoxo. Essa condição paradoxal não pode ser adequadamente entendida pelo pensamento linear, para o qual tudo se reduz à binariedade do sim/não, do ou/ou (MARIOTTI, 1999).

Luhmann usa o termo para se referir a sistemas tais como a economia, sistema político, sistema legal, sistema científico e as burocracias, entre outros. De acordo com Ritzer (2010) os sistemas autopoiéticos têm quatro características.

1. Um sistema autopoiético produz os elementos básicos que compõem o sistema. Por exemplo, o dinheiro, como nós compreendemos o termo hoje, não existiu antes do sistema econômico. Um sistema econômico moderno sem dinheiro é difícil de imaginar. Dinheiro sem um sistema econômico é apenas um pedaço de papel ou metal.

2. Os sistemas de autopoiéticos se auto-organizam de duas maneiras: organizam seus próprios limites, e organizam suas estruturas internas. Por exemplo, o sistema econômico considera como parte integrante tudo o que é escasso e pode ter um preço. O ar está em toda parte é uma fonte abundante, não tem preço. Portanto, não forma parte do sistema econômico.

3. Os sistemas autopoiéticos são autorreferenciais. Por exemplo, o sistema econômico usa o preço como uma forma de se referir a si mesmo. Da mesma forma, o sistema jurídico tem leis que se referem ao sistema legal: leis sobre como as leis podem ser promulgadas, aplicadas, interpretadas etc.

4. Um sistema autopoiético é um sistema fechado. Responde a necessidades apenas na medida em que elas podem ser representadas em termos dinheiro. Consequentemente, o sistema econômico responde bem às necessidades materiais e desejos de pessoas dinheiradas, mas muito mal às necessidades e desejos dos pobres.

6.9.3.1 Críticas

Pela sua importância, tem sido muito contestada. Em continuação, apresentam-se três críticas fundamentais (RITZER, 2010):

Grupos e organização social – tipos de grupos, estrutura e organizações formais   87

Primeira: o que Luhmann vê como desenvolvimento evolutivo necessário é, de fato, regressivo e desnecessário. A sociedade pode de fato estar se desenvolvendo em um sistema fechado de reinos diferenciados incapazes de atuar em nome do todo social, mas isso é algo para resistir. As teorias devem ser desenvolvidas para ajudar a combater essa tendência, não, como Luhmann faz, para torná-lo algo inevitável.

Segunda: a teoria do sistema de Luhmann supõe uma diversidade de opiniões sobre sociedade, igualmente válidas, sem a possibilidade de dar prioridade a uma sobre as outras. No entanto, Luhmann afirma que somos capazes de desenvolver um conhecimento confiável da sociedade observando a semântica das autodescrições da sociedade. Esse ponto de vista é inconsistente porque não é possível reivindicar ambas as posições ao mesmo tempo.

Terceira: a teoria de Luhmann parece limitada em sua capacidade de descrever as relações entre sistemas. Nem todos os sistemas parecem ser tão fechados e autônomos como Luhmann assume. Não só alguns sistemas parecem traduzir os códigos uns dos outros, mas às vezes eles incorporam outros sistemas como seus elementos.

Finalmente, apesar dessas e outras fraquezas, a teoria de Luhmann apresenta-se como uma das principais teorias sociais existentes no início do século XXI contribuindo para o ressurgimento da teoria de sistema.

6.10 Organização social do trabalho

Devido às transformações ocorridas na sociedade econômica, do trabalho de subsistência ao trabalho assalariado e das pressões exercidas sobre os patrões no final do século XVIII e início do XIX em relação às condições de trabalho e a formas de organização do trabalho, começaram a surgir novas propostas de organização do trabalho que foram se adaptando ao longo do tempo de acordo com as mudanças socioeconômicas.

6.10.1 Sociedades tribais

Na sociedade tribal não existe uma hierarquia ou separação do trabalho por classes sociais, mas apenas uma simples divisão de tarefas por sexo e idade, onde as mulheres ficam responsáveis por cuidar dos filhos e da casa; as crianças pela colheita e plantio; e os homens pelo serviço mais "pesado" como a caça, pesca, guerra (CARVALHO et al., 2012).

De acordo com esses autores, é importante saber que as atividades produtivas não funcionam de forma isolada, estão sempre ligadas aos ritos, mitos, ao sistema de parentesco, às festas, às artes, enfim, a toda a vida social, econômica, política e religiosa delas. Para essa sociedade o trabalho separado de toda a sua cultura não tem nenhum valor ou importância. O que mais importa para as sociedades tribais é o sentido de unidade em todos os seus aspectos.

6.10.2 Sociedade feudal

Dos séculos IX a XV, o feudalismo era uma forma de sociedade baseada na propriedade da terra. Ao contrário dos fazendeiros de hoje, vassalos no feudalismo eram obrigados a cultivar

88   **Capítulo 6**

a terra de seu senhor. Em troca de proteção militar, os senhores exploraram os camponeses para fornecer alimentos, lavouras, ofícios, homenagens e outros serviços ao proprietário da terra. O sistema de castas do feudalismo era muitas vezes multigeracional; as famílias de camponeses podiam cultivar a terra de seu senhor por gerações (CLIFF NOTES, 2016).

6.10.3 Sociedade industrial – Giddens (2008)

A industrialização pode ser definida como o aparecimento da produção mecanizada, baseada no uso de recursos energéticos inanimados (como o vapor ou a eletricidade). As sociedades industriais (por vezes chamadas simplesmente "sociedades modernas" ou "desenvolvidas") são absolutamente diferentes, sob muitos pontos de vista, de qualquer outro tipo de ordem social anterior e o seu desenvolvimento teve consequências que se estenderam muito além das suas origens europeias.

Uma das características principais das sociedades industriais atuais é a grande maioria da população ativa trabalhar em fábricas, escritórios ou lojas, e não na agricultura. Mais de 90% da população vive em cidades, onde se encontram a maior parte dos postos de trabalho e novas oportunidades de emprego são criadas. A dimensão das principais cidades é muito maior do que a dos centros urbanos das civilizações tradicionais. Nas cidades, a vida social torna-se mais impessoal e anônima do que anteriormente, e muitos dos nossos encontros diários e casuais são com estranhos e desconhecidos, e não com pessoas conhecidas nossas. Organizações em grande escala, como empresas ou organismos governamentais, acabam por influenciar a vida de praticamente toda a gente.

Outra característica das sociedades modernas diz respeito aos seus sistemas políticos. Nas civilizações tradicionais, as autoridades políticas (monarcas e imperadores) tinham muito pouca influência direta nos hábitos e costumes da maioria dos seus súbditos. Com a industrialização, o transporte e as comunicações tornaram-se muito mais rápidos, criando uma comunidade "nacional" mais integrada.

As sociedades industriais foram os primeiros estados-nação, comunidades políticas divididas e delimitadas entre si por meio de fronteiras claras, em vez das vagas áreas de fronteira que separavam habitualmente os estados tradicionais.

Desde a fase mais inicial da industrialização, os processos de produção modernos foram colocados ao serviço dos militares, o que veio alterar radicalmente as formas de guerra, criando armamento e formas de organização militar muito mais avançados do que os das culturas não industrializadas. Um poder econômico superior, a coesão política e a força militar estão na origem da expansão, aparentemente irreversível, dos modos de vida ocidentais por todo o mundo nos últimos dois séculos.

6.10.4 Sociedade da informação

Uma recente contribuição essencial para a teoria social moderna é a obra de Manuel Castells (1942-), sociólogo e economista espanhol que defende uma posição contrária à teoria social pós-moderna, que "celebramos o fim da história, e, em certa medida, o fim da razão, desistindo de nossa capacidade de entender e fazer sentido" (CASTELLS, 2000, p. 42).

Grupos e organização social – tipos de grupos, estrutura e organizações formais 89

"O projeto inspirador deste livro nada contracorrentes de destruição, e contesta várias formas de niilismo intelectual, ceticismo social e descrença política. Acredito na racionalidade, e na possibilidade de recorrer à razão sem idolatrar sua deusa. Acredito nas oportunidades de ação social significativa e de política transformadora sem necessariamente derivar para as corredeiras fatais de utopias absolutas... E acredito, sim, apesar de uma longa tradição de alguns eventuais erros intelectuais trágicos que observar, analisar e teorizar é um modo de ajudar a construir um mundo diferente e melhor" (CASTELLS, 2000, p. 42).

Castells examina o surgimento de uma nova sociedade, cultura e economia à luz de uma "revolução", iniciada nos Estados Unidos na década de 1970, em tecnologia da informação (televisão, computadores etc.). Com início na década de 1980, essa revolução levou, por sua vez, a uma reestruturação fundamental do sistema capitalista e ao surgimento do que Castells chama de "capitalismo informacional". O conceito refere-se à evolução dos instrumentos técnicos do sistema capitalista, sobretudo envolvendo as transformações tecnológicas proporcionadas pela Terceira Revolução Industrial. A particularidade do sistema informacional é, assim, a importância do conhecimento e a sua maior facilidade em se deslocar e reproduzir-se pelas diferentes partes do mundo (PENA, s.d.).

Ao mesmo tempo surgem as "sociedades da informação" com importantes diferenças entre elas. Tanto o capitalismo de informação, quanto as sociedades de informação baseiam-se no conceito de "informacionalismo" entendido "como um modo de desenvolvimento em que a principal fonte de produtividade acha-se na tecnologia de geração de conhecimentos, de processamento da informação e comunicação de símbolos" (CASTELLS, 2000, p. 53). Para o autor a esperança contra a propagação do capitalismo informativo e os problemas que causa (exploração, exclusão, ameaças ao self e identidade) não é a classe trabalhadora, mas um conjunto diversificado de movimentos sociais (por exemplo, ecológico, feminista) baseado principalmente na identidade.

No coração da análise de Castells está o que ele chama de paradigma de tecnologia da informação com cinco características básicas (CASTELLS, 2000, p. 108-109):

A **primeira** característica do novo paradigma é que a informação é sua matéria-prima: são tecnologias para agir sobre a informação. A **segunda** refere-se à penetrabilidade dos efeitos das novas tecnologias. Todos os processos de nossa existência individual e coletiva são diretamente moldados (embora, com certeza, não determinados) pelo novo meio tecnológico. A **terceira** característica refere-se à lógica de redes em qualquer sistema ou conjunto de relações, usando essas novas tecnologias da informação. A **quarta** refere-se ao sistema de redes, mas sendo um aspecto claramente distinto, o paradigma da tecnologia da informação é baseado na flexibilidade. Não apenas os processos são reversíveis, mas organizações e instituições podem ser modificadas, e até mesmo fundamentalmente alteradas, pela reorganização de seus componentes. A **quinta** característica dessa revolução tecnológica é a crescente convergência de tecnologias específicas para um sistema altamente integrado, no qual trajetórias tecnológicas antigas ficam literalmente impossíveis de se distinguir em separado.

Em geral, Castells se apresenta como um dos grandes teóricos sociais da atualidade. Pensando a partir da tecnologia da informação e de uma sociedade em rede como estrutura interativa para transmissão de informações e conhecimentos, faz surgir uma percepção crítica, com raízes nos campos políticos, culturais, sociais e econômicos, até então não desenvolvida pelos teóricos da pós-modernidade. Oferece-nos uma análise importante que deve influir em nosso esforço para obter uma melhor compreensão do mundo emergente que ele descreve.

7
Cultura, sociedade e indivíduo

7.1 Natureza da cultura

A cultura, para os antropólogos em geral, constitui-se no "conceito básico e central de sua ciência", afirma Leslie A. White (In: KAHN, 1975, p. 129).

O termo *cultura* (*colere*, cultivar ou instruir; *cultus*, cultivo, instrução) não se restringe ao campo da antropologia. Várias áreas do saber humano – agronomia, biologia, artes, literatura, sociologia, história etc. – se valem dele, embora seja outra a conotação.

92   Capítulo 7

Muitas vezes, a palavra *cultura* é empregada para indicar o desenvolvimento do indivíduo por meio da educação, da instrução. Nesse caso, uma pessoa "culta" seria aquela que adquiriu domínio no campo intelectual ou artístico. Seria "inculta" a que não obteve instrução.

Os antropólogos não empregam os termos *culto* ou *inculto*, de uso popular, e nem fazem juízo de valor sobre esta ou aquela cultura, pois não consideram uma superior à outra. Elas apenas são diferentes a nível de tecnologia ou integração de seus elementos. Todas as sociedades – rurais ou urbanas, simples ou complexas – possuem cultura. Não há indivíduo humano desprovido de cultura exceto o recém-nascido e o *homo ferus*; um, porque ainda não sofreu o processo de endoculturação, e o outro, porque foi privado do convívio humano.

Para os antropólogos, a cultura tem significado amplo: engloba os modos comuns e aprendidos da vida, transmitidos pelos indivíduos e grupos, em sociedade.

7.1.1 Conceituação

Desde o final do século passado os antropólogos vêm elaborando inúmeros conceitos sobre cultura. Apesar de a cifra ter ultrapassado 160 definições, ainda não chegaram a um consenso sobre o significado exato do termo. Para alguns, cultura é comportamento aprendido; para outros, não é comportamento, mas abstração do comportamento; e para um terceiro grupo, a cultura consiste em ideias. Há os que consideram como cultura apenas os objetos imateriais, enquanto outros, ao contrário, aquilo que se refere ao material. Mas também se encontram estudiosos que entendem por cultura tanto as coisas materiais quanto as não materiais.

Alguns conceitos, para melhor esclarecimento, serão apresentados aqui, obedecendo a uma ordem cronológica e com as diferentes abordagens.

Edward B. Tylor (1871) foi o primeiro a formular um conceito de *cultura*, em sua obra *Cultura primitiva*. Ele propôs: "Cultura [...] é aquele todo complexo que inclui o conhecimento, as crenças, a arte, a moral, a lei, os costumes e todos os outros hábitos e aptidões adquiridos pelo homem como membro da sociedade" (In: KAHN, 1975, p. 29). O conceito de Tylor, que engloba todas as coisas e acontecimentos relativos ao homem, predominou no campo da antropologia durante várias décadas.

Para Ralph Linton (1936), a cultura de qualquer sociedade "consiste na soma total de ideias, reações emocionais condicionadas a padrões de comportamento habitual que seus membros adquiriram por meio da instrução ou imitação e de que todos, em maior ou menor grau, participam" (1959, p. 316). Esse autor atribui dois sentidos ao termo cultura: um, geral, significando "a herança social total da humanidade"; outro, específico, referindo-se a "uma determinada variante da herança social".

Franz Boas (1938) define cultura como "a totalidade das reações e atividades mentais e físicas que caracterizam o comportamento dos indivíduos que compõem um grupo social [...]" (1964, p. 166).

Malinowski (1944), em *Uma teoria científica da cultura*, conceitua cultura como "o todo global consistente de implementos e bens de consumo, de cartas constitucionais para os vários agrupamentos sociais, de ideias e ofícios humanos, de crenças e costumes" (1962, p. 43).

Cultura, sociedade e indivíduo   93

O mais breve dos conceitos foi formulado por Herskovits (1948), embora este não seja o único: "a parte do ambiente feita pelo homem" (1963, p. 31).

Kroeber e Kluckhohn (1952), em *Culture: a critical review of concepts and definitions*, referem-se à cultura como "uma abstração do comportamento concreto, mas em si própria não é comportamento".

Beals e Hoijer (1953) também são partidários da cultura como abstração. Afirmam eles: "a cultura é uma abstração do comportamento e não deve ser confundida com os atos do comportamento ou com os artefatos materiais, tais como ferramentas, recipientes, obras de arte e demais instrumentos que o homem fabrica e utiliza" (1969, p. 265 s.).

Para Felix M. Keesing (1958), a cultura é "comportamento cultivado, ou seja, a totalidade da experiência adquirida e acumulada pelo homem e transmitida socialmente, ou, ainda, o comportamento adquirido por aprendizado social" (1961:49).

Leslie A. White (1959), em *O conceito de cultura* (In: KAHN, 1975, p. 129 s.), faz diferença entre comportamento e cultura. Para ele, é:

a. **Comportamento:** "quando coisas e acontecimentos dependentes de simbolização são considerados e interpretados devido a sua relação com organismos humanos, isto é, em um contexto somático" – relativo ao organismo humano.

b. **Cultura:** "quando coisas e acontecimentos dependentes de simbolização são considerados e interpretados num contexto extrassomático, isto é, em face da relação que têm entre si, em vez de com os organismos humanos" – independente do organismo humano.

Dessa forma, comportamento pertence ao campo da Psicologia e cultura ao campo da Antropologia.

Para White, esse conceito "livra a antropologia cultural das abstrações intangíveis, imperceptíveis e ontologicamente irreais e lhe proporciona uma disciplina verdadeira, sólida e observável".

G. M. Foster (1964) descreve a cultura como "a forma comum e aprendida da vida, compartilhada pelos membros de uma sociedade, constante da totalidade dos instrumentos, técnicas, instituições, atitudes, crenças, motivações e sistemas de valores conhecidos pelo grupo" (1964, p. 21).

Mais recentemente, Clifford Geertz (1978) propõe: "a cultura deve ser vista como um conjunto de mecanismos de controle – planos, receitas, regras, instituições – para governar o comportamento". Para ele, "mecanismos de controle" consiste naquilo que G. H. Mead e outros chamaram de símbolos significantes, ou seja, "palavras, gestos, desenhos, sons musicais, objetos ou qualquer coisa que seja usada para impor um significado à experiência" (In: GEERTZ, 1978, p. 37). Esses símbolos, correntes na sociedade e transmitidos aos indivíduos – que fazem uso de alguns deles, enquanto vivem –, "permanecem em circulação" mesmo após a morte dessas pessoas.

Pelo visto, o conceito de cultura varia no tempo, no espaço e em sua essência. Tylor, Linton, Boas e Malinowski consideram a cultura como ideias. Para Kroeber e Kluckhohn, Beals e Hoijer ela consiste em abstrações do comportamento. Keesing e Foster a definem como comportamento aprendido. Leslie A. White apresenta outra abordagem: a cultura deve

94   Capítulo 7

ser vista não como comportamento, mas em si mesma, ou seja, fora do organismo humano. Ele, Foster e outros englobam no conceito de cultura os elementos materiais e não materiais da cultura. A colocação de Geertz difere das anteriores, na medida em que propõe a cultura como um "mecanismo de controle" do comportamento.

Essas colocações divergentes, ao longo do tempo, permitem apreender a cultura como um todo, sob os vários enfoques.

A cruz, por exemplo, pode ser vista sob essas diferentes concepções:

a. **Ideia:** quando se formula sua imagem na mente.
b. **Abstração do comportamento:** quando ela representa, na mente, um símbolo dos cristãos.
c. **Comportamento aprendido:** quando os católicos fazem o sinal da cruz.
d. **Coisa extrassomática:** quando é vista por si mesma, independentemente da ação, tanto material quanto imaterial.
e. **Mecanismo de controle:** quando a Igreja a utiliza para afastar o demônio ou para obter a reverência dos fiéis.

A cultura, portanto, pode ser analisada, ao mesmo tempo, sob vários enfoques: ideias (conhecimento e filosofia); crenças (religião e superstição); valores (ideologia e moral); normas (costumes e leis); atitudes (preconceito e respeito ao próximo); padrões de conduta (monogamia, tabu); abstração do comportamento (símbolos e compromissos); instituições (família e sistemas econômicos); técnicas (artes e habilidades) e artefatos (machado de pedra, telefone).

Os artefatos decorrem da técnica, mas a sua utilização é condicionada pela abstração do comportamento. As instituições ordenam os padrões de conduta, que decorrem de atitudes condicionadas em normas e baseadas em valores determinados tanto pelas crenças quanto pelas ideias.

7.1.2 Relativismo cultural

A posição cultural relativista tem como fundamento a ideia de que os indivíduos são condicionados a um modo de vida específico e particular, por meio do processo de endoculturação. Adquire, assim, seus próprios sistemas de valores e sua própria integridade cultural.

As culturas, de modo geral, diferem umas das outras em relação aos postulados básicos, embora tenham características comuns.

Toda a cultura é considerada como configuração saudável para os indivíduos que a praticam. Todos os povos formulam juízos em relação aos modos de vida diferentes dos seus. Por isso, o relativismo cultural não concorda com a ideia de normas e valores absolutos e defende o pressuposto de que as avaliações devem ser sempre relativas à própria cultura onde surgem.

O relativismo cultural refere-se à situação em que existe uma atitude de respeito pelas diferenças culturais em vez de condenar a cultura de outras pessoas como incivilizada ou retrógrada.

Os padrões ou valores de certo ou errado, dos usos e costumes, das sociedades em geral, estão relacionados com a cultura da qual fazem parte. Dessa maneira, um costume pode ser válido em relação a um ambiente cultural e não a outro ou, mesmo, ser repudiado. Por exemplo, no Brasil, come-se manteiga; na África, ela serve para untar o corpo. Pescoços longos (mulheres-girafas da Birmânia), lábios deformados (indígenas brasileiros), nariz furado (indianas), escarificação facial (entre australianos), deformações cranianas (índios sul-americanos) são valores culturais para essas sociedades. Esses tipos de adornos significam beleza. O infanticídio e o gerontocídio, costumes praticados em algumas culturas (esquimós), são totalmente rejeitados por outras.

7.1.3 Etnocentrismo

O conceito de etnocentrismo acha-se intimamente relacionado com o de relativismo cultural. A posição relativista liberta o indivíduo das perspectivas deturpadoras do etnocentrismo, que significa a supervalorização da própria cultura em detrimento das demais. Todos os indivíduos são portadores desse sentimento e a tendência na avaliação cultural é julgar as culturas segundo os moldes da sua própria. A ocorrência da grande diversidade de culturas vem testemunhar que há modos de vida bons para um grupo e que jamais serviriam para outro.

Toda referência a povos primitivos e civilizados deve ser feita em termos de culturas diferentes e não na relação superior/inferior.

O etnocentrismo pode ser manifestado no comportamento agressivo ou em atitudes de superioridade e até de hostilidade. A discriminação, o proselitismo, a violência, a agressividade verbal são outras formas de expressar o etnocentrismo.

Entretanto, o etnocentrismo apresenta um aspecto positivo, ao ser agente de valorização do próprio grupo. Seus integrantes passam a considerar e aceitar o seu modo de vida como o melhor, o mais saudável, o que favorece o bem-estar individual e a integração social.

7.2 Estrutura da cultura

Para analisar a cultura, alguns antropólogos desenvolveram conceitos de traços complexos e padrões culturais.

7.2.1 Traços culturais

Em geral, os antropólogos consideram os traços culturais como os menores elementos que permitem a descrição da cultura. Referem-se, portanto, à menor unidade ou componente significativo da cultura, que pode ser isolado no comportamento cultural. Embora os traços sejam constituídos de partes menores, os itens, estes não têm valor por si sós. Por exemplo, uma caneta pode existir com um objetivo definido, mas só pode funcionar como unidade cultural em sua associação com a tinta, convertendo-se assim em um traço cultural. O mesmo ocorre com os óculos: precisa da associação da lente com a armação; o arco e a flecha (arma).

96   Capítulo 7

Alguns traços culturais são simples objetos, ou seja, cadeira, mesa, brinco, colar, machado, vestido, carro, habitação etc. Os traços culturais não materiais compreendem atitudes, comunicação, habilidades. Por exemplo, aperto de mão, beijo, oração, poesia, festa, técnica artesanal etc.

Nem sempre a ideia de traço é facilmente identificável em uma cultura, devido à integração, total ou parcial, de suas partes. Muitas vezes, fica difícil saber quando uma "unidade mínima identificável" pode ser considerada um traço ou um item. Por exemplo, o feijão, como prato alimentício, é um traço cultural material; mas o feijão, como um dos ingredientes da feijoada, torna-se apenas um item dessa dieta brasileira.

Na verdade, os estudiosos da cultura estão mais preocupados com o significado e a maneira como os traços se integram em uma cultura do que com o seu total acervo.

O mesmo material utilizado e organizado por pessoas pertencentes a duas sociedades diversas, pode chegar a resultados diferentes; vai depender da utilização e da importância ou do valor do objeto para cada uma dessas culturas. Por exemplo, um artesão pode, com fibras de junco, confeccionar cadeiras (Brasil) ou casas (Iraque).

Em cada cultura, portanto, devem-se estudar não só os diferentes traços culturais encontrados, mas, principalmente, a relação existente entre eles. "Todo elemento cultural (WHITE, In: KAHN, 1975, p. 140-141) tem dois aspectos: subjetivo e objetivo" (o objeto em si e o seu significado).

Atualmente, parece que os antropólogos têm preferido o termo *elemento cultural*, em substituição a traço cultural. Hoebel e Frost (1981, p. 20 s.) definem elemento cultural como "a unidade reconhecidamente irredutível de padrões de comportamento aprendido ou o seu produto material".

7.2.2 Complexos culturais

Complexos culturais consistem no conjunto de traços ou num grupo de traços associados, formando um todo funcional; ou ainda, um grupo de características culturais interligadas, encontrado em uma área cultural.

O complexo cultural é constituído, portanto, de um sistema interligado, interdependente e harmônico, organizado em torno de um foco de interesse central.

Cada cultura engloba um número grande e variável de complexos inter-relacionados. Dessa maneira, o complexo cultural engloba todas as atividades relacionadas com o traço cultural. Por exemplo, o carnaval brasileiro, que reúne um grupo de traços ou elementos relacionados entre si, ou seja, carros alegóricos, música, dança, instrumentos musicais, desfile, organização etc. A cultura do café, que abrange técnicas agrícolas, instrumentos, meios de transporte, máquinas. O complexo do fumo, entre sociedades tribais, envolvendo cultivo, produto, e os mais variados usos sociais e cerimoniais; o complexo do casamento, da tecelagem caseira etc.

7.2.3 Padrões culturais

Padrões culturais são, segundo Herskovits (1963, p. 231), "os contornos adquiridos pelos elementos de uma cultura, as coincidências dos padrões individuais de conduta, manifestos pelos membros de uma sociedade, que dão ao modo de vida essa coerência, continuidade e forma diferenciada".

O padrão resulta do agrupamento de complexos culturais de um interesse ou tema central do qual derivam o seu significado. O padrão de comportamento consiste em uma norma comportamental, estabelecida pelos membros de determinada cultura. Essa norma é relativamente homogênea, aceita pela sociedade, e reflete as maneiras de pensar, de agir e de sentir do grupo, assim como os objetos materiais correlatos.

Herskovits aponta dois significados nos padrões, que embora pareçam contraditórios, na verdade, são complementares:

a. **Forma:** quando diz respeito às características dos elementos. Por exemplo, casas cobertas de telha e não de madeira.

b. **Psicológico:** quando se refere à conduta das pessoas. Por exemplo, comer com talher e não com pauzinhos.

Os indivíduos, por meio do processo de endoculturação, assimilam os diferentes elementos da cultura e passam a agir de acordo com os padrões estabelecidos pelo grupo ou sociedade.

O padrão cultural é, portanto, um comportamento generalizado, estandardizado e regularizado; ele estabelece o que é aceitável ou não na conduta de uma dada cultura.

Nenhuma sociedade é totalmente homogênea. Existem padrões de comportamento distintos para homens e mulheres, para adultos e jovens. Quando os elementos de uma sociedade pensam e agem como membros de um grupo, expressam os padrões culturais do grupo.

O comportamento do indivíduo é influenciado pelos padrões da cultura em que vive. Embora cada pessoa tenha caráter exclusivo, devido às próprias experiências, os padrões culturais, de diferentes sociedades, produzem tipos distintos de personalidades, característico dos membros dessas sociedades. O padrão se forma pela repetição contínua. Quando muitas pessoas, em dada sociedade, agem da mesma forma ou modo, durante um longo período de tempo, desenvolve-se um padrão cultural. Por exemplo, o matrimônio, como padrão cultural brasileiro, engloba o complexo do casamento, que inclui vários traços (cerimônia, aliança, roupas, flores, presentes, convites, agradecimentos, festa, jogar arroz nos noivos, amarrar latas no carro etc.): o complexo da vida familiar, de cuidar da casa, de criar filhos, de educar as crianças.

Ir à igreja aos domingos, participar do carnaval, assistir futebol, comer três vezes ao dia são alguns dos inúmeros padrões de comportamento que constituem a cultura total.

7.2.4 Configurações culturais

Configuração cultural consiste na integração dos diferentes traços e complexos de uma cultura, com seus valores objetivos mais ou menos coerentes, que lhe dão unidade.

Ruth Benedict (s. d., p. 37), que introduziu a ideia de configuração cultural na Antropologia moderna, escreve: "uma cultura é um modelo mais ou menos consistente de

98   Capítulo 7

pensamento e ação [...]. Não é apenas a soma de todas as suas partes, mas o resultado de um único arranjo e uma única inter-relação das partes, do que resultou uma nova entidade".

A configuração cultural é uma qualidade específica que caracteriza uma cultura. Tem sua origem no inter-relacionamento de suas partes.

Desse modo, a cultura deve ser vista como um todo, cujas partes estão de tal modo entrelaçadas, que a mudança em uma das partes afetará as demais. Ao estudar uma cultura, deve-se ter visão conjunta de suas instituições, costumes, usos, meios de transporte etc. que estejam influindo entre si.

Duas sociedades com a mesma soma de elementos culturais podem apresentar configurações totalmente diferentes, dependendo do modo como esses elementos estão organizados e relacionados. Por exemplo, índios Pueblos e Navajos das Planícies (EUA).

7.2.5 Áreas culturais

As áreas culturais são territórios geográficos onde as culturas se assemelham. Os traços e os complexos culturais mais significativos estão difundidos, resultando em um modo peculiar e característico de seus grupos constituintes.

A área cultural refere-se a um território relativamente pequeno em face ao da sociedade global, no qual os indivíduos compartilham os mesmos padrões de comportamento.

A área cultural nem sempre corresponde às divisões geográficas, administrativas ou políticas. O conceito, que a princípio se referia mais à cultura material do que a outros aspectos, tornou-se com o passar do tempo, devido às pesquisas realizadas, mais abrangente.

O estudo das áreas é importante para o conhecimento de povos ágrafos ou para análise histórica das tribos antigas, a fim de descobrir a origem e a difusão de traços culturais. É importante também para verificar as mudanças que ocorrem na cultura.

7.2.6 Subcultura

O termo *subcultura*, em geral, significa alguma variação da cultura total. Para Ralph Linton, a cultura é um agregado de subculturas.

Subcultura pode ser considerada como um meio peculiar de vida de um grupo menor dentro de uma sociedade maior. Embora os padrões da subcultura apresentem algumas divergências em relação à cultura central ou à outra subcultura, mantêm-se coesos entre si.

A subcultura não tem conotação valorativa, ou seja, não é superior ou inferior à outra; são apenas diferentes, devido à organização e estrutura de seus elementos. Também não está necessariamente ligada a determinado espaço geográfico. Uma área cultural pode corresponder a uma subcultura, mas dificilmente ocorre o inverso, isto é, uma subcultura identificar-se com determinada área cultural.

Alguns antropólogos associam o termo *subcultura* a certos grupos regionais, étnicos, castas e classes sociais. Por exemplo, os quíchuas do Peru, os índios das planícies (EUA), a cultura do Nordeste brasileiro.

7.3 Processos culturais

Processo é a maneira, consciente ou inconsciente, pela qual as coisas se realizam, se comportam ou se organizam.

As culturas mudam continuamente, assimilam novos traços ou abandonam os antigos, por meio de diferentes formas. Crescimento, transmissão, difusão, estagnação, declínio, fusão são aspectos aos quais as culturas estão sujeitas.

7.3.1 Mudança cultural

Mudança é qualquer alteração na cultura, sejam traços, complexos, padrões ou toda uma cultura, o que é mais raro. Pode ocorrer com maior ou menor facilidade, dependendo do grau de resistência ou aceitação. O aumento ou diminuição das populações, as migrações, os contatos com povos de culturas diferentes, as inovações científicas e tecnológicas, as catástrofes (perdas de safras, epidemias, guerras), as depressões econômicas, as descobertas fortuitas, a mudança violenta de governo etc. podem exercer especial influência, levando a alterações significativas na cultura de uma sociedade.

Quando o número de elementos novos, adotados, supera os antigos, que caíram em desuso, tem-se o crescimento da cultura. As mudanças podem ser realizadas com lentidão ou com rapidez (como ocorre atualmente, devido aos meios de comunicação) devido aos contatos diretos e contínuos entre povos.

A mudança pode surgir em consequência de fatores internos, *endógenos* (descoberta e invenção) ou externos, *exógenos* (difusão cultural). Assim, tem-se mudança quando:

- novos elementos são agregados ou os velhos aperfeiçoados por meio de invenções;
- novos elementos são tomados de empréstimo de outras sociedades;
- elementos culturais, inadequados ao meio ambiente, são abandonados ou substituídos;
- alguns elementos, por falta de transmissão de geração em geração, se perdem.

O crescimento de uma cultura não é uniforme nem contínuo, no espaço e no tempo, pois está sujeito a variações.

Quando os povos se mantêm isolados ocorre a estagnação, pois a cultura permanece relativamente estática, modificando-se apenas em consequência de ações internas. Mas só as culturas totalmente isoladas podem manter-se estáveis.

Se os elementos culturais desaparecem, tem-se o declínio cultural. Muitas vezes, condições religiosas, sociais e ambientais levam ao desaparecimento ou mudança de um complexo cultural. Por um lado, se um simples traço ou toda uma cultura pode desaparecer, por outro lado, o renascimento cultural pode ocorrer, em consequência de fatores endógenos ou exógenos.

Quando os elementos novos, acrescentados a uma cultura, forem menos significativos em relação aos anteriores, desaparecidos, a cultura permanece estacionária ou declina. O crescimento, no âmbito geral de uma cultura, não se processa no mesmo ritmo em todos os

100   Capítulo 7

setores. Esse retardamento ou diferença de movimento entre as partes de uma cultura recebe o nome de demora ou retardamento cultural.

As modificações na cultura, segundo Murdock (In: SHAPIRO, 1966, p. 208 s.), estão relacionadas com quatro fatores: inovações, aceitação social, eliminação seletiva e integração.

Inovação. Sempre começa com o ato de alguém e pode ser efetuada de cinco maneiras:

- **Variação:** representada por uma ligeira mudança nos padrões de comportamento.
- **Invenção ou descoberta:** por meio da criatividade. Os processos de descoberta e invenção podem ser atribuídos à casualidade ou à necessidade. Algumas invenções são absolutamente locais; outras exigem um meio geográfico propício para se desenvolverem, por isso, são em número reduzido.

No campo das inovações, deve-se fazer distinção entre:

- **Descoberta:** aquisição de um elemento novo, coisa já existente (eletricidade, vapor).
- **Invenção:** aplicação da descoberta (lâmpada, máquinas).

Em geral, as invenções são atribuídas a substâncias concretas, mas o termo pode ser aplicado às coisas imateriais, como um novo costume, uma nova organização.

A invenção pode ser **não volutiva** ou acidental, e **volutiva**, ou seja, resultado de um processo racional.

No crescimento da cultura, cada novo traço cultural nada mais é do que o desenvolvimento de elementos culturais existentes anteriormente. Mesmo que pareçam totalmente novas, as invenções são compostas de velhos elementos, como os sindicatos, cuja origem se encontra na organização dos trabalhadores por ofícios. Poucos elementos de uma cultura são inventos locais: a grande parte da herança cultural brasileira, por exemplo, proveio de Portugal, de algumas regiões da África, da Europa e de outras localidades.

- **Tentativa:** quando surgem elementos que tenham pouca ou nenhuma ligação com o passado. Por exemplo, máquina de escrever e computadores.
- **Empréstimo cultural:** elementos vindos de outra cultura.
  De todas as inovações, o empréstimo cultural é o meio mais comum e importante. Depende do contato humano e, nesse caso, o inovador é apenas o seu introdutor. O empréstimo cultural não necessita ser completo; às vezes, a única coisa emprestada é a forma. Muitas vezes resulta do desejo de adoção de um elemento cultural mais adequado. Por exemplo, fumo, arado, zen-budismo, papai-noel etc.
- **Incentivo:** elemento alheio, aceito por um povo quando atende às suas necessidades. É essencial ao empréstimo cultural. Por exemplo, rádio, televisão, robô e computador.

Aceitação social. É a adoção de um novo traço cultural pela imitação ou pelo comportamento copiado. No início, esse elemento pode ser aceito apenas por um indivíduo, estendendo-se depois aos demais. Preconceitos preexistentes dos membros de uma sociedade receptora facilitam ou bloqueiam a aceitação ou o empréstimo de uma nova possibilidade cultural.

A aceitação de um traço depende, muitas vezes, do seu significado. Ele é avaliado, aceito com ou sem modificações ou rejeitado, pela cultura receptora. A aceitação vai depender de sua utilização ou necessidade. Todavia, a sociedade pode aceitar traços não utilitários como um jogo, uma ideologia, mas a aceitação é mais demorada.

Eliminação seletiva. Consiste na competição pela sobrevivência feita pelo elemento novo. Quando um traço cultural ainda se revela mais compensador do que suas alternativas, ele perdura; mas quando deixa de satisfazer as necessidades do grupo, cai no desuso e desaparece, numa espécie de processo seletivo. Por exemplo, a liteira, a carruagem, o trole, que foram substituídos pelo automóvel, a bicicleta, a motocicleta etc.

Integração cultural. O processo de integração, segundo Ralph Linton (1959:377), consiste no "desenvolvimento progressivo de ajustamento cada vez mais completo, entre os vários elementos que compõem a cultura total". A integração nunca é perfeita, pois há sempre modificações na cultura. Na integração deve haver adaptação progressiva, ajustamento recíproco entre os elementos culturais.

7.3.2 Difusão cultural

Difusão "é um processo, na dinâmica cultural, em que os elementos ou complexos culturais se difundem de uma sociedade a outra", afirmam Hoebel & Frost (1981, p. 445). As culturas, quando vigorosas, tendem a se estender a outras regiões, sob a forma de empréstimo mais ou menos consistente. A difusão de um elemento da cultura pode realizar-se por imitação ou por estímulo, dependendo das condições sociais, favoráveis ou não, à difusão. O tipo mais significativo de difusão é o das relações pacíficas entre os povos, numa troca contínua de pensamentos e invenções. Nem tudo, porém, é aceito imediatamente: há rejeições em relação a certos traços culturais. Quase sempre ocorre uma modificação no traço de uma cultura tomado de empréstimo pela outra, havendo reinterpretação posterior pela sociedade que o adotou.

Um traço, vindo de outra cultura por meio do empréstimo, pode sofrer reformulações quanto à forma, à aplicação, ao significado e à função.

As condições geográficas e o isolamento são fatores de impedimento à difusão cultural, que inclui três processos:

- apresentação de um ou mais elementos culturais novos a uma sociedade;
- aceitação desses elementos;
- integração na cultura existente, de um ou mais elementos.

7.3.3 Aculturação

Aculturação é a fusão de duas culturas diferentes que entrando em contato contínuo originam mudanças nos padrões da cultura de ambos os grupos. Pode abranger numerosos traços culturais, apesar de, na troca recíproca entre as duas culturas, um grupo dar mais e receber menos. Dos contatos íntimos e contínuos entre culturas e sociedades diferentes resulta um intercâmbio de elementos culturais. Com o passar do tempo, essas culturas fundem-se

102   **Capítulo 7**

para formar uma sociedade e uma cultura nova. O exemplo mais comum relaciona-se com as grandes conquistas.

Assimilação. A assimilação, como uma fase de aculturação, seria o processo mediante o qual os grupos que vivem em um território comum, embora procedentes de lugares diversos, alcançam uma "solidariedade cultural".

O termo *aculturação*, no entanto, vem sendo empregado ultimamente, também, como fusão de subculturas ou cultura rural *versus* cultura urbana. No processo de aculturação deve haver a fusão completa dos grupos de origens diversas, supressão de um grupo ou de ambos, e a persistência dos dois no equilíbrio dinâmico da sociedade.

Segundo Herskovits, o termo *aculturação* "não implica, de modo algum, que as culturas que entram em contato se devam distinguir uma da outra como 'superior' ou 'mais avançada', ou como tendo um maior 'conteúdo de civilização', ou por diferir em qualquer outra forma qualificativa". Por exemplo, a cultura brasileira resultou, em princípio, da fusão das culturas europeia, africana e indígena.

O processo de aculturação inclui o processo de sincretismo e transculturação.

Sincretismo. Em religião, sincretismo seria a fusão de dois elementos culturais análogos (crenças e práticas), de culturas distintas ou não. Por exemplo, macumba, que contém traços do catolicismo, do fetichismo africano e indígena e do espiritismo.

Em linguagem, consiste no uso de uma forma gramatical particular, a fim de realçar as funções de outra ou de outras, além da sua. Por exemplo, abacaxi (fruta ou problema); pão (alimento ou rapaz bonito).

Transculturação. Consiste na troca de elementos culturais entre sociedades diferentes. Por exemplo, os sírio-libaneses trouxeram o quibe e a esfiha para o Brasil, e adotaram o arroz com feijão.

A aculturação consiste, pois, em uma forma especial de mudança. A sociedade que sofre o processo de aculturação modifica sua cultura, ajustando ou conformando seus padrões culturais aos daquela que a domina. Entretanto, embora sofra grandes alterações no seu modo de vida, conserva sempre algo de sua própria identidade.

No processo de aculturação, a mudança surge como um desvio das normas consuetudinárias existentes, afirmam Hoebel e Frost. O desvio é realizado de formas diferenciadas, ou seja, com "entusiasmo, desprezo, totalmente desaprovado, sancionado levemente ou lentamente ou totalmente rejeitado".

Em nenhuma sociedade os processos de aculturação ocorrem total ou instantaneamente; a mudança é sempre mais rápida e aceita com maior facilidade em relação a traços materiais.

Quando um traço novo entra em competição com outro já existente e o substitui, tem-se a deculturação. Por exemplo, o fogão a gás que substituiu o de lenha.

7.3.4 Endoculturação

O processo de "aprendizagem e educação em uma cultura desde a infância" é chamado *endoculturação* tanto por Felix Keesing quanto por Hoebel e Frost. Herskovits emprega o termo *enculturação* para conceituar a mesma coisa, significando, além disso, o processo que estrutura o condicionamento da conduta, dando estabilidade à cultura.

Cada indivíduo adquire as crenças, o comportamento, os modos de vida da sociedade a que pertence. Ninguém aprende, todavia, toda a cultura, mas está condicionado a certos aspectos particulares da transmissão de seu grupo.

As sociedades não permitem que seus membros ajam de forma diferenciada. Todos os atos, comportamentos e atitudes de seus membros são controlados por ela.

7.4 Diversidade cultural

Para Wagner de Cerqueira e Francisco (s/d) a diversidade cultural refere-se aos diferentes costumes de uma sociedade, entre os quais podemos citar: vestimenta, culinária, manifestações religiosas, tradições, entre outros aspectos. O Brasil, por conter um extenso território, apresenta diferenças climáticas, econômicas, sociais e culturais entre as suas regiões. Apresentam-se como exemplos manifestações culturais as Regiões Norte e Nordeste.

7.4.1 Região Norte

A quantidade de eventos culturais do Norte é imensa. As duas maiores festas populares do Norte são o Círio de Nazaré, em Belém (PA); e o Festival de Parintins, a mais conhecida festa do boi-bumbá do país.

7.4.2 Região Nordeste

Entre as manifestações culturais da região estão danças e festas como o bumba meu boi, maracatu, caboclinhos, carnaval, ciranda, coco, terno de zabumba, marujada, reisado, frevo, cavalhada e capoeira. Algumas manifestações religiosas são a festa de Iemanjá e a lavagem das escadarias do Bonfim. A literatura de cordel é outro elemento forte da cultura nordestina.

7.5 Cultura material e imaterial

A **cultura material** nada mais é que a importância que determinados objetos possuem para determinado povo e sua cultura. É também por meio da cultura material que se ajuda a criar uma identidade comum. Esses objetos fazem parte de um legado de cada sociedade. Cada objeto produzido tem um contexto específico e faz parte de determinada época da história de um país. A cultura material se aplica a quase toda produção humana (COELHO, 2016). Por exemplo, vestimentas, igrejas, monumentos, obras de arte, utensílios.

Todo povo possui um patrimônio que vai além do material, de objetos. Esse patrimônio é chamado de **cultura imaterial**. Ou seja, cultura imaterial é uma manifestação de elementos representativos, de hábitos, de práticas e costumes. A transmissão dessa cultura se dá muitas vezes pela tradição. Os maiores exemplos de cultura imaterial no Brasil são o folclore, a capoeira, frevo etc. (COELHO, 2016).

A união de ambas representa a **identidade cultural** de um grupo ou sociedade.

7.6 Elementos da cultura

7.6.1 Símbolos e linguagem

Símbolos são os componentes centrais da cultura. Referem-se a qualquer coisa a que as pessoas atribuem significado e que podem ser utilizados para se comunicar com os outros. Mais especificamente, os símbolos são palavras, objetos, gestos, sons ou imagens que representam algo mais em vez de si mesmos. O pensamento simbólico é único e crucial para os seres humanos e para a cultura. É a capacidade humana de dar uma coisa ou evento um significado arbitrário e compreender e apreciar esse significado. Não há nenhuma conexão óbvia natural ou necessária entre um símbolo e o que ele simboliza (DODA, 2005).

7.6.2 Linguagem

A linguagem pode ser definida como um sistema verbal e, em muitos casos, símbolos escritos que obedecem determinadas regras que estabelecem sua utilização, é uma capacidade característica dos seres humanos. É um elemento chave da cultura. A cultura engloba a língua, e por meio da língua, a cultura é comunicada e transmitida. Sem língua seria impossível desenvolver, elaborar e transmitir a cultura às gerações futuras.

7.6.3 Valores

O valor é algo significativo, importante, para um indivíduo ou grupo social. Os valores fundamentais dos indivíduos, por sua vez, constituem motivações poderosas das ações individuais. Os valores são mobilizadores e isso é ainda mais forte e verdadeiro no caso dos valores fundamentais. Os valores, no entanto, são constituídos socialmente e, por conseguinte, é preciso compreender a sociedade para compreender determinados valores e como alguns deles se tornam dominantes na totalidade da vida social ou fundamentais para determinados indivíduos (VIANA, 2014).

Os valores são o padrão de uma cultura para discernir o que é bom e justo na sociedade. Os valores estão profundamente incorporados num grupo social e são fundamentais para transmitir e ensinar as crenças de uma cultura. Crenças são os princípios ou convicções que as pessoas acreditam como verdades. Os indivíduos de uma sociedade têm crenças específicas, mas também compartilham valores coletivos.

Os valores ajudam a moldar uma sociedade sugerindo o que é bom e mau, bonito e feio, procurado ou evitado. As crianças representam inocência e pureza, enquanto uma aparência jovem adulta significa sexualidade.

Viver até os valores de uma cultura pode ser difícil. É fácil valorizar a boa saúde, mas é difícil parar de fumar. A igualdade de oportunidades para todas as pessoas são valores fundamentais de uma democracia. Mas, em toda sociedade moderna a desigualdade é algo comum.

Os valores geralmente sugerem como as pessoas devem se comportar, mas elas não refletem exatamente como as pessoas se comportam. A gravidez prematura e as drogas são exemplos que indicam que o valor por si só não é suficiente para poupar adolescentes das consequências desses atos (OPENSTAX, 2013).

O juramento de Hipócrates, na profissão médica, dita que os profissionais devem, entre outras coisas, manter os segredos dos pacientes, fornecer-lhes qualquer ajuda que puderem, não fazer mal aos pacientes por vontade própria etc. Esse é um exemplo de valor positivo. Os valores são dinâmicos, ou seja, mudam com o tempo. Eles também são estáticos, o que significa que tendem a persistir sem nenhuma modificação significativa. Os valores também são diversificados, o que significa que variam de lugar para lugar e cultura para cultura.

7.6.4 Normas

As normas também são elementos essenciais da cultura. São princípios implícitos da vida social, relacionamento e interação. Constituem regras detalhadas e específicas para situações específicas. Prescrevem o que deve ser feito, como fazer algo, o que fazer, o que não fazer, quando fazê-lo, por que fazê-lo etc. As normas são derivadas de valores. Isso significa que, para cada norma específica, existe um valor geral que determina o seu conteúdo.

As normas sociais podem ser divididas em três. Estes são *folkways*, mores e leis.

Folkways. Padrões não obrigatórios de comportamento social exterior constituem os modos coletivos de conduta, convencionais ou espontâneos, reconhecidos e aceitos pela sociedade. Praticamente, regem a maior parte da nossa vida cotidiana, sem serem deliberadamente impostos. Indicam o que é adequado ou socialmente correto. Não têm caráter obrigatório, mas são bastante difundidos.

Segundo William Sumner (1906), famoso liberal norte-americano, surgem de uma necessidade coletiva para a solução de problemas imediatos. A pessoa que infringe um folkway

106   Capítulo 7

pode ser taxada de excêntrica, distraída, mas a infração não constitui uma ameaça ao grupo. As sanções são brandas, quase despercebidas, como o riso, o ridículo.

Os usos não são superficiais e tampouco transitórios, mas mudam com o tempo. As mulheres de hoje, por exemplo, exercem algumas profissões que no passado eram consideradas somente como tarefas dos homens. A linguagem também muda.

Exemplos de folkways: convenções, formas de etiqueta, celebração da puberdade, estilos de construções, rituais de observância religiosa, rotinas de trabalho e lazer, convenções da arte ou da guerra, maneiras de cortejar, de vestir etc.

Mores. "São as normas moralmente sancionadas com vigor", segundo Ely Chinoy (1971, p. 60). Constituem comportamento imperativo, tido como desejável pelo grupo, apesar de restringir e limitar a conduta. São essenciais e importantes ao bem-estar da sociedade e aparecem como normas reguladoras de toda cultura. Apesar da obrigatoriedade e imposição, são considerados justos pelo grupo que os compartilha.

Os mores têm caráter ativo e seu controle pode ser consciente ou inconsciente; são sancionados pela tradição e sustentados pelas pressões da opinião de grupos: ridículo, mexerico, castigos, não aceitação. Como forma de controle natural, penetram nas relações sociais. Suas normas de conduta regulam o comportamento social, restringindo, moldando e reprimindo certas tendências dos indivíduos. Têm maior conteúdo emocional do que os usos.

A não conformidade com os mores provoca desaprovação moral. A reação do grupo é violenta e séria, como no adultério, roubo, assassínio e incesto, na sociedade ocidental. Entretanto, há amplas variações nas atitudes dos grupos em relação a essas regras, de acordo com as diferentes culturas.

Quem obedece aos costumes recebe o respeito, a aprovação, a estima pública. Quem os viola, além do sentimento de culpa, cai no ostracismo e sua reputação sofre desvios. É apedrejado, ridicularizado, encarcerado, açoitado, exilado, degradado, excomungado, morto.

Exemplos de mores em nossa sociedade: atos de lealdade e patriotismo, cuidado e trato das crianças, enterro dos mortos, uso de roupas, monogamia etc.

Os mores variam de sociedade para sociedade. Coisas terminantemente proibidas em determinadas culturas podem ser aceitas, permitidas e mesmo encorajadas em outras. Em algumas sociedades é permitido matar recém-nascidos e velhos desamparados, ter várias esposas. Esses mores, radicalmente diferentes dos conhecidos por nós, não só escandalizam como também causam repulsa e horror.

Tanto os mores quanto os folkways estão sujeitos a mudanças que nem sempre são lentas. A escravidão é um exemplo, considerada moral no passado hoje, é imoral.

O comportamento nas sociedades simples é regulado principalmente pelos costumes; nas sociedades complexas, além dos mores, há as leis.

Leis. São "regras de comportamento formuladas deliberadamente e impostas por uma autoridade especial", escrevem Biesanz e Biesanz (1972, p. 58). São decretadas com a finalidade de suprir os costumes que começam a desintegrar-se, a perder seu controle sobre os indivíduos. Nas sociedades pequenas e unificadas, as pressões e sanções informais são suficientes para manter o comportamento grupal; nas sociedades complexas são necessários controles mais formais, decretados e exercidos pelas instituições políticas, jurídicas ou pelo Estado.

A linha divisória entre leis e mores também não é fácil de ser traçada, tanto nas sociedades simples quanto nas complexas. Assim como os costumes podem transformar-se em leis, estas podem tornar-se mores. As leis servem a diferentes propósitos:

- Impõem os mores aceitos pelo grupo cultural.
- Regulam novas situações, fora dos costumes.
- Substituem costumes antigos e ineficazes.
- Congregam os padrões reais com os ideais e os valores imperantes.

Exemplos de mores impostos por lei ou por ela reforçados: monogamia, bem-estar da esposa e dos filhos, a punição do roubo, do estupro, do assassinato etc.

7.7 Contracultura

De um lado, o termo "contracultura" pode se referir ao conjunto de movimentos de rebelião da juventude que marcaram os anos 1960. De outro lado, o mesmo termo pode também se referir a alguma coisa mais geral, mais abstrata, um certo espírito, um certo modo de contestação, de enfrentamento diante da ordem vigente, de caráter profundamente radical e bastante estranho às forças mais tradicionais de oposição a essa mesma ordem dominante (PEREIRA, 1992).

Como movimento, a contracultura tem origem nos EUA. A geração do pós-Segunda Guerra Mundial passou a refletir sobre a condição de existência dos indivíduos e das sociedades a partir de novos referenciais. Os espectros cartesiano, racionalista e empirista parecem ter dado lugar às forças místicas, aos referenciais simbólicos e às representações subjetivas, à negação da ordem e dos valores que se hegemonizaram com a sociedade capitalista. Na década de 1960, o movimento de caráter libertário, com forte apelo à juventude, veiculou o florescimento de novos paradigmas e atitudes comportamentais questionadoras, libertadoras, fazendo surgir culturas novas e autênticas.

A expressão do protagonismo juvenil e de uma contracultura que florescia tomou forma com as expressões musicais e artísticas. Na música, os Beatles começavam a tocar nas rádios e a embalar a juventude. Bob Dylan, Janis Joplin, Jimi Hendrix e outros. Com o início do movimento hippie, vários jovens começaram a sair de suas casas começando uma jornada na qual nenhum bem material lhes valia, apenas a procura pela tão esperada paz. O movimento hippie, com sua negação dos valores burgueses e com o enfrentamento da cultura de guerra, promovia passeatas pela paz e questionava o *establishment* (o sistema) (SOCIOLOGIA, 2016).

No Brasil, a contracultura pode ser observada com o desenvolvimento do movimento hip hop. Embalados pelo "beat" eletrônico e letras com rimas ácidas, diversos jovens da periferia dos grandes centros urbanos absorveram um gênero musical estrangeiro para retratar a miséria e a violência que se alastravam em várias cidades do país. Atualmente, essa manifestação se diversificou e protagoniza a realização de diversos projetos sociais que divulgam cultura e educação (SOUZA, s/d).

108 Capítulo 7

7.8 Cultura e sociedade

Segundo Hoebel e Frost (1981:28), a sociedade e a cultura "não são uma coisa só. A sociedade humana é constituída de pessoas; a cultura é constituída de comportamento de pessoas. Podemos dizer que a pessoa pertence à sociedade, mas seria errôneo afirmar que a pessoa pertence a uma cultura; o indivíduo manifesta a cultura".

Para Fichter (1973, p. 166), a sociedade consiste em uma "estrutura formada pelos grupos principais, ligados entre si, considerados como uma unidade e todos participando de uma cultura comum" (ver Capítulo 15).

As culturas atendem aos problemas da vida do indivíduo ou do grupo, e as sociedades necessitam da cultura para sobreviverem. Ambas estão intimamente relacionadas: não há sociedade sem cultura assim como não há cultura sem sociedade (homens).

7.9 Cultura global e imperialismo cultural

Para concluir este capítulo cabe destacar algumas questões do intercâmbio cultural no mundo globalizado de hoje. Um dos principais aspectos da globalização é que uma cultura mundial relativamente uniforme está tomando forma hoje no mundo. A cultura global pode implicar que todo o mundo fale a mesma língua, compartilhe os mesmos valores e normas etc. A cultura global pode também estar associada ao **imperialismo cultural**, ao intercâmbio cultural desigual no sistema global pelo qual as culturas materiais e não materiais ocidentais desempenham um papel dominante, por exemplo, sobre as culturas indígenas do Terceiro Mundo.

A cultura global é estimulada pelo(a):

- propagação global do capitalismo;
- consumismo e a cultura de consumidor;
- crescimento da mídia, particularmente, meios de massa eletrônicos tais como BBC, CNN, Globo etc. Os meios de comunicação promovem seu sistema de valores como algo superior e preferível àqueles de outras culturas não ocidentais (DODA, 2005).

8
Instituições sociais

8.1 Conceito

Quando o ser humano nasce começa a aprender regras e procedimentos que deverão ser seguidos na vida em sociedade. À medida que a pessoa amadurece percebe que em todos os grupos que participa existem certas regras importantes, certos padrões que a sociedade considera fundamentais. As regras instituídas no passado podem sofrer mudanças devido à dinâmica da própria sociedade. Denominam-se Instituições Sociais, o conjunto de regras e procedimentos padronizados socialmente, reconhecidos, aceitos e sancionados pela sociedade. As instituições sociais servem principalmente como meio de gerenciar as demandas sociais, ou seja, elas se desenvolvem para trabalhar com as necessidades da sociedade. As instituições sociais servem também de instrumento de regulação e controle das atividades humanas (CERVA, 2006).

Berger & Berger (2004) têm uma posição muito interessante, vinculando a instituição à linguagem. Uma instituição é um padrão de controle, ou seja, uma programação da conduta individual imposta pela sociedade. No sentido usual, o termo designa uma organização que abranja pessoas, como um hospital, uma prisão ou, no ponto que aqui nos interessa, uma universidade.

É por isso que desejamos ocupar um momento da atenção do leitor para, num capítulo pouco extenso, demonstrar que a linguagem é uma instituição.

Diremos mesmo que muito provavelmente a linguagem é a instituição fundamental da sociedade, além de ser a primeira instituição inserida na biografia do indivíduo. É uma instituição fundamental porque qualquer outra instituição, sejam quais forem suas características e finalidades, funda-se nos padrões de controle subjacente da linguagem. Sejam quais forem as outras características do Estado, da economia e do sistema educacional, dependem de um arcabouço linguístico de classificações, conceitos e imperativos dirigidos à conduta individual; em outras palavras, dependem de um universo de significados construídos por meio da linguagem e que só por meio dela podem permanecer atuantes (BERGER & BERGER, 2004). Por outro lado, a linguagem é a primeira instituição com que se defronta o indivíduo.

8.2 Características de uma instituição

Para Berger & Berger (2004) as características fundamentais de uma instituição são as seguintes:

8.2.1 Exterioridade

As instituições são experimentadas como algo dotado de realidade exterior; em outras palavras, a instituição é alguma coisa situada fora do indivíduo, alguma coisa que de certa maneira (de uma maneira bastante árdua, diríamos) difere da realidade formada pelos pensamentos, sentimentos e fantasias do indivíduo.

8.2.2 Objetividade

As instituições são experimentadas como possuidoras de objetividade. Essa frase apenas repete, de forma um tanto diferente, a proposição anterior. Alguma coisa é objetivamente real quando todos (ou quase todos) admitem que, de fato, ela existe, e que existe de uma maneira determinada. Este último aspecto é muito importante.

8.2.3 Coercitividade

As instituições são dotadas de força coercitiva. Em certa medida, essa qualidade está implícita nas duas que já enumeramos: o poder essencial que a instituição exerce sobre o indivíduo consiste justamente no fato de que ela tem existência objetiva e não pode ser afastada por ele. No entanto, se acontecer que ele não note o fato, esqueça-o ou, o que é pior, queira modificar o estado de coisas existentes, é nessa oportunidade que muito provavelmente a força coercitiva da instituição se apresenta de forma bastante rude.

8.2.4 Autonomia moral

As instituições têm uma autoridade moral. Não se mantêm apenas por meio da coercitividade. Invocam um direito à legitimidade; em outras palavras, reservam-se o direito de não só ferirem o indivíduo que as viola, mas ainda o de repreendê-lo no terreno da moral. É claro que o grau de autoridade moral atribuído às instituições varia de caso a caso. Geralmente, essa variação se exprime pela gravidade do castigo infligido ao indivíduo desrespeitoso. Por exemplo, o Estado, no caso extremo, poderá matá-lo. Em geral, o castigo é acompanhado de um sentimento de honradez ofendida.

8.2.5 Historicidade

As instituições têm a qualidade da historicidade. Não são apenas fatos, mas fatos históricos; têm uma história. Em praticamente todos os casos experimentados pelo indivíduo, a instituição existia antes que ele nascesse e continuará a existir depois de sua morte. As ideias corporificadas na instituição foram acumuladas durante um longo período de tempo, por meio de inúmeros indivíduos cujos nomes e rostos pertencem irremediavelmente ao passado.

Todas as instituições devem ter função e estrutura. *Função* é a meta ou o propósito do grupo, cujo objetivo seria regular suas necessidades. A *estrutura* é composta de *pessoal* (elementos humanos); *equipamentos* (aparelhamento material ou imaterial); *organização* (disposição do pessoal e do equipamento, observando-se uma hierarquia-autoridade e subordinação); *comportamento* (normas que regulam a conduta e a atitude dos indivíduos). Por exemplo, empresa industrial. Possui *função*, produção de bens; e *estrutura*, que se subdivide em *pessoal* – direção, funcionários e operários, *equipamento* – imóvel, máquinas e equipamentos (materiais), e marca e reputação (imateriais), *organização* – democrática ou autocrática, centralizada ou descentralizada, *comportamento* – normas para a constituição e funcionamento, direitos e deveres regulados por leis vigentes e estatutos.

8.3 Principais instituições sociais

F. S. Chapin apresenta, no Quadro 8.1, a estrutura das principais instituições sociais (*Apud* OGBURN e NIMKOFF, 1971, p. 480).

112　Capítulo 8

Quadro 8.1 Estrutura das principais instituições sociais

PARTES DA ESTRUTURA	FAMÍLIA	IGREJA	ESTADO	EMPRESA	ESCOLA
Modelo de atitudes e comportamentos	Afeto Amor Lealdade Respeito	Reverência Lealdade Temor Devoção	Subordinação Cooperação Temor Obediência	Trabalho Economia Cooperação Lealdade	Ensino Aprendizagem Cooperação Respeito
Traços culturais simbólicos (símbolos)	Aliança Brasão Escudo de armas Bens móveis	Cruz Imagens Relicários Altar	Bandeira Selo Emblema Hino	Marca comercial Patente Emblema	Emblema Símbolo da profissão Beca Borla, capelo
Traços culturais utilitários (bens imóveis)	Lar Habitação Propriedades	Igreja Catedral Templo	Edifícios públicos Obras públicas	Loja Armazém Fábrica Oficina	Edifícios das faculdades *Campi*
Códigos orais ou escritos	Certidão de casamento Testamento Genealogia	Credo Doutrina Bíblia Hinos	Constituição Tratados Leis Estatutos	Contratos Licença Franquias Estatutos	Lei Orgânica do Ensino Regimentos Currículos

8.3.1　Família e parentesco

Em todas as sociedades humanas encontra-se uma forma qualquer de família. Sua posição, dentro do sistema mais amplo de parentesco, pode oscilar muito, desde um lugar central e dominante (sociedade ocidental) até uma situação de reduzida importância (povos ágrafos), que dão maior destaque ao grupo de parentesco, mais amplo do que a unidade representada pelo marido, mulher e filhos.

A família, em geral, é considerada o fundamento básico e universal das sociedades, por se encontrar em todos os agrupamentos humanos, embora variem as estruturas e o funcionamento.

Se, originariamente, a família foi um fenômeno biológico de conservação e produção, transformou-se depois em fenômeno social. Sofreu considerável evolução até regulamentar suas bases conjugais conforme as leis contratuais, normas religiosas e morais.

Toda sociedade humana tem regras que abrangem as relações sexuais e a procriação de filhos, situando a criança em determinado grupo de descendência. Todavia, essas regras não são as mesmas em toda parte.

De modo geral, é o casamento que estabelece os fundamentos legais da família, mas pode haver famílias sem casamento.

Instituições sociais 113

A família, segundo Murdock (1949), é "um grupo social caracterizado pela residência comum, com cooperação econômica e reprodução". Para Lucy Mair (1970, p. 96), ela consiste em "um grupo doméstico no qual os pais e filhos vivem juntos". Beals e Hoijer (1969, p. 475) definem família como "um grupo social cujos membros estão unidos por laços de parentesco", ou ainda, "um grupo de parentes afins e seus descendentes que vivem juntos" (GUIA PRÁTICO DE ANTROPOLOGIA, 1971, p. 98).

Para Macionis (2012), a família é uma instituição social existente em todas as sociedades que une as pessoas em grupos cooperativos para cuidar uns dos outros, incluindo qualquer criança.

Os conceitos demonstram certa coesão entre os autores, no que se refere à família. Ela pode ser: elementar, extensa, composta, conjugada-fraterna e fantasma.

A *família elementar* (nuclear, natal-conjugal, simples, imediata, primária) é uma unidade formada por um homem, sua esposa e seus filhos, que vivem juntos em uma união reconhecida pelos outros membros de sua sociedade. Quando os pais não são casados, sua relação recebe o nome de concubinato. A família constitui a base da estrutura social, onde se originam as relações primárias de parentesco. Todavia, a família elementar é bastante efêmera. À medida que os filhos crescem e deixam o lar, o grupo familiar diminui; eventualmente, pode desaparecer com a morte dos pais.

A família nuclear encontra-se, em quase toda parte, como tipo dominante ou como componente de famílias extensas e compostas. Do ponto de vista ocidental, com sua insistência sobre a monogamia, as unidades polígamas podem parecer estranhas ou imorais, mas o fato é que florescem amplamente.

Para Hoebel e Frost (1981, p. 205), a "família natal-conjugal é limitada, tanto no número dos membros como na sua duração". Ela se restringe a um casal e aos filhos, que pode gerar ou adotar, e abrange não mais do que duas gerações. Por exemplo, esquimós.

A *família extensa* (grande, múltipla) é uma unidade composta de duas ou mais famílias nucleares, ligadas por laços consanguíneos; série de familiares próximos pela linha masculina ou feminina, geralmente não por ambas, e ainda duas ou mais gerações.

Uma família extensa é, primeiramente, uma estrutura consanguínea, no sentido de que certo número de parentes consanguíneos estão ligados entre si por deveres e direitos mútuos, reconhecidos. Pode abranger, além da nuclear, avós, tios, sobrinhos, afilhados etc. Por exemplo, Nayar, Kalinga.

A *família composta* (complexa, conjunta) é uma unidade formada por três ou mais cônjuges e seus filhos. Pode existir em sociedades monogâmicas, quando um segundo casamento dá origem às "relações de adoção" do tipo madrasta, padrasto, enteados, com a presença de apenas dois cônjuges simultaneamente.

Numa sociedade matrilocal (unilinear), a família complexa compõe-se do *Ego* (eu) f (feminino), seus pais, irmãs casadas e solteiras, irmãos solteiros, os filhos do Ego, assim como os de suas irmãs casadas e respectivos maridos.

A família composta refere-se a um núcleo de famílias separadas, mas ligadas pela sua relação com um pai comum. São encontradas em: a) *sociedades poligâmicas*, ou seja, duas ou três famílias conjugadas, tendo como centro um homem ou uma mulher e seus

114 **Capítulo 8**

cônjuges (Bagandas, da África; Tanala, de Madagáscar); b) *sociedades monogâmicas*, isto é, por meio de relações de adoção (madrasta, padrasto, enteados).

A *família conjugada-fraterna* refere-se a uma unidade composta de dois ou mais irmãos, suas respectivas esposas e filhos. O laço de união é consanguíneo.

A *família fantasma* consiste em uma unidade familiar formada por uma mulher casada e seus filhos e o fantasma. O marido não desempenha papel de pai, é apenas o genitor (pai biológico). A função de *pater* (pai social) cabe ao irmão mais velho da mulher (o fantasma). Exemplo: Nuer, da África.

Entre 192 sociedades estudadas por Murdock, 47 têm apenas a família nuclear, 53 têm famílias polígamas, porém não extensas, e 92 possuem uma forma qualquer de família extensa. Esses dados, todavia, devem ser cautelosamente interpretados, pois a aprovação da poligamia, por uma sociedade, e o prestígio granjeado por aqueles que se acham em condições de ter mais de uma esposa não significam, realmente, que a maioria dos casamentos seja, na realidade, poligâmica. Em muitos casos, apenas um número relativamente pequeno de homens pode ter mais de uma esposa e, nas sociedades polígamas, a maior parte dos casamentos é, de fato, monogâmica.

Quanto à *autoridade*, a família pode ser:

a. **patriarcal**: se a figura central é o pai, que possui autoridade de chefe sobre a mulher e os filhos (senhores de engenho, no Nordeste brasileiro);

b. **matriarcal**: em que a figura central é a mãe, havendo, portanto, predominância da autoridade feminina.

c. **paternal ou igualitária**: onde a autoridade pode ser mais equilibrada entre os cônjuges, dependendo das situações, ações ou questões particulares (sociedade americana).

A forma de família baseada na *Comunidade de nome* compreende os descendentes de um mesmo ancestral, herdando dele o nome. São muitas as sociedades em que se herdam os nomes. Estes, porém, na maior parte delas, deixam de corresponder a laços reais de família, após duas ou mais gerações (famílias hebraicas).

8.3.2 União e casamento

Nas sociedades, em geral, há duas formas de relações entre os sexos: união e casamento.

A **união** consiste no ajuntamento de indivíduos de sexos opostos sob a influência do impulso sexual. Os cônjuges são chamados de "amigados", "amasiados" etc. A união pode ser *temporária, frouxa* (com divórcio fácil) ou *indissolúvel* (sem divórcio, com ou sem desquite).

O **concubinato** é um tipo de união. Consiste na união livremente consentida, estável e de fato, entre um homem e uma mulher, mas não sancionada pelo casamento. Pode ser legal ou não. A concubina converte-se na companheira sexual de um homem, socialmente reconhecida por costume ou lei e, comumente, é levada ao lar dele, em lugar ou juntamente com a mulher legítima. O *status* da concubina varia muito nas diferentes culturas; geralmente, ela tem o direito de ser mantida e seus filhos considerados legítimos, mas não tem direito a herança, e nem sempre os filhos recebem o nome do pai. No Japão, o concubinato é uma união legal. Há concubinato na China e na América Latina.

Com base no Código Civil Brasileiro, podemos conceituar o **casamento** como instituto civil pelo meio do qual, atendida às solenidades legais (habilitação, celebração e registro), estabelece entre duas pessoas a comunhão plena de vida em família, com base na igualdade de direitos e deveres, vinculando os cônjuges mutuamente como consortes e companheiros entre si, responsáveis pelos encargos da família.

O casamento torna o casal membro de uma família elementar diferente daquela em que nasceu. Assim, em cada sociedade, um adulto normal pertence a duas famílias nucleares: a de Orientação (onde nasceu) e a de Procriação (que constituiu). Na primeira, ele é filho e irmão; na segunda, marido e pai.

O matrimônio cria relações sociais e direitos recíprocos entre os cônjuges e entre cada um deles e os parentes do outro. Estabelece, também, direitos e *status* dos filhos.

Na maioria das sociedades, o casamento não é uma simples união entre cônjuges, mas, basicamente, a aliança entre grupos. A expectativa é de que ele seja uma relação permanente, sendo o divórcio ou segundas núpcias considerados exceção.

As sociedades, de modo geral, estabelecem certas regras para o casamento, permitindo algumas, proibindo ou restringindo outras.

A escolha do cônjuge pode ser *livre*, por meio do namoro, ou *controlada* pelos pais ou outros parentes, o que é mais comum na família consanguínea do que na conjugal. No que se refere à idade, existe o casamento *prematuro*, realizado entre crianças, como na Índia pré--colonial, e o *tardio* (após a puberdade).

A participação dos filhos na herança apresenta limitações em muitas sociedades, através dos seguintes sistemas:

a. **Primogenitura**, em que só herda o filho mais velho; comum no passado, na Inglaterra e França.

b. **Ultimogenitura**, herdando o filho mais moço, como ocorre entre os habitantes das ilhas Marquesas, ou entre os Kachin Hills, da Birmânia.

c. **Limitações de sexo**, em que só as crianças do sexo masculino ou as do sexo feminino podem herdar.

d. **Participação igual**, quando a herança é dividida entre os filhos de ambos os sexos.

Apesar do desejo dos parentes de manter o vínculo do casamento, muitas vezes, entre sociedades tribais ou ágrafas, esse vínculo é frágil, ocorrendo o divórcio ou dissolução.

Os fatores mais comuns apontados para a separação do casal são: adultério, esterilidade, incapacidade sexual, repugnância, negligência com a família, maus-tratos, abandono, doenças, desinteresse e preguiça.

Como não há sanções religiosas nem governamentais para o casamento nas sociedades tribais ou ágrafas, a sua dissolução se efetua com muita facilidade. Em geral, o cônjuge deve devolver o que recebeu ou se estipula outra forma de pagamento.

116 Capítulo 8

Resumindo, as principais variações possíveis da organização da família e do sistema de parentesco podem ser assim representadas, enquadrando-se, praticamente, nessa relação:

8.3.3 Instituições religiosas

8.3.3.1 Conceito

Nascidas em torno de crenças. Sua função é muito diversificada de acordo com as culturas. Em geral, satisfaz a necessidade do ser humano de permanecer ligado a seres transcendentes que o rodeiam, intervêm em sua vida e dão um sentido à sua permanência no mundo. É, portanto, um sistema de normas sociais e papéis organizados em torno da necessidade de responder às últimas questões que se relacionam com o propósito da vida e da morte, sofrimento e ocorrência de atos fortuitos. A instituição religiosa responde a essas questões definindo o sobrenatural, isto é, o que é sagrado e qual é a relação adequada entre o sagrado e o secular. Inclui costumes, rituais, proibições, regras de conduta, formas de organização e papéis principalmente referidos ao sobrenatural e ao sagrado, seja dentro ou fora de organizações religiosas

8.3.3.2 Teorias sobre a origem da religião

a. **Teoria do medo (sobrenatural):** teoria antiga, mais recentemente defendida por Müller e Giddings, sustenta que o medo das forças naturais levou o homem a crer em divindades, forças misteriosas, sobrenaturais, com o poder de dirigir a natureza. A gênese das crenças religiosas seria o medo do sobrenatural.

b. **Teoria aminatista (mana):** os povos "primitivos" acreditavam na existência de um poder impessoal, uma espécie de fluido denominado *mana* pelos melanésios e polinésios, conforme descrição de Dodrington, capaz de penetrar nos objetos vegetais, animais e pessoas, conferindo-lhes capacidades e propriedades superiores, Marrett considerava a existência do *mana* fundamental na formação da crença religiosa.

c. **Teoria animista (alma):** Spencer e Tylor explicaram a origem das religiões por intermédio da crença do homem "primitivo" na existência de um outro "eu", com propriedades espirituais, que seria a alma, dotada de poderes superiores ao homem. Essa crença era baseada na experiência de formas imateriais, surgidas em sonhos, ou na diferença entre um homem vivo e seu cadáver. A morte ocorre quando a alma deixa o corpo e volta ao seu lugar de origem, onde residem todos os espíritos dos antepassados. Esses espíritos desencarnados podiam entrar no corpo dos vivos, aumentando-lhes a força e a vitalidade, ou provocando doenças e males.

Acreditavam que, além dos homens, os animais, os vegetais e as coisas inanimadas também possuíam uma alma. Para Tylor, o animismo "abrange os grandes dogmas que constituem juntos uma doutrina coerente: primeiro, corresponde às almas das criaturas individuais, capazes de uma existência continuada após a morte ou destruição do corpo; segundo, refere-se a outros espíritos, até chegar a divindades poderosas" (*Apud* HERSKOVITS, 1963, v. II, p. 40).

Instituições sociais **117**

d. **Teoria do totemismo (totem):** segundo Frazer e Goldenweiser, os complexos totêmicos variam muito em relação à sua composição concreta. De modo geral, podem ser considerados como uma crença na descendência comum dos grupos de um antepassado animal ou vegetal, dando origem a uma atitude de reverência para com todos os representantes dessa fauna ou flora específica. O totemismo despertou uma controvérsia em relação a seu significado, designado por alguns autores como fenômeno social e, por outros, como fenômeno religioso. Durkheim observou que o conceito de totemismo e as cerimônias a ele ligadas são as formas elementares da religião, e com isso deu origem a uma teoria sociológica da religião.

e. **Teoria sociológica (magia):** iniciada por Smith e amplamente desenvolvida por Durkheim, essa teoria rejeita o argumento de que a religião se iniciou a partir da crença em seres espirituais ou deuses; considera que surgiram primeiro os ritos ou cerimônias, principalmente a dança e o canto, que intensificam as emoções, levando-as ao êxtase. Essas emoções, difundidas entre todos os participantes, fazem-nos acreditar estarem possuídos de poderes excepcionais. Essas experiências levaram o homem "primitivo" a crer na existência de um poder sobrenatural, o *mana*, simbolizado pelo totem. Outros autores também procuraram uma explicação sociológica para a origem e desenvolvimento da religião, como Jane Harrison, Chappie e Coon, Wallis e, até certo ponto, Weber.

f. **Teoria do elemento aleatório (sorte):** Sumner e Keller desenvolveram essa teoria. Consideravam que as tribos "primitivas" acreditavam ser os poderes sobrenaturais intimamente ligados ao elemento sorte, devendo o homem atuar no sentido de obter a atenção favorável desses poderes para evitar a má sorte e propiciar a boa sina. Dessa maneira, a religião surge como resposta a uma necessidade defendida: ajustamento ao meio sobrenatural. O elemento sorte foi denominado pelos dois autores como elemento aleatório, sem o qual a religião poderia não ter surgido, ou ter-se transformado em algo inteiramente diferente.

8.3.3.3 O sagrado e o profano

Segundo Durkheim, o contraste entre o sagrado e o profano é o traço que distingue o pensamento religioso. Seres, lugares, objetos e forças sobrenaturais são sagrados, em face do significado que têm para o crente; as coisas sobrenaturais, consideradas más, são ímpias. Proscrições e tabus cercam o sagrado, e a violação das regras é considerada profanação. Todo lugar, ser, coisa ou ato que não é sagrado ou ímpio é profano, secular. Profano é tudo aquilo considerado útil, prático ou familiar, que pertence ao mundo cotidiano, sem possuir o significado emocional característico do sagrado.

8.3.3.4 Crença e ritual

A crença religiosa é o aspecto cognitivo da religião que procura explicar a natureza e a origem das coisas sagradas. A crença se baseia em atitudes habituais, na fé, e as noções dela derivadas, mesmo quando coincidem com a ciência, não se fundamentam nas observações

118   Capítulo 8

e no tipo de evidência próprios desta última. O ritual é o lado ativo da religião. Ela apresenta as seguintes formas: manipulação de objetos sagrados tangíveis, ação instrumental carregada de conteúdo simbólico; tipos de conduta como o uso de roupas especiais, recitação de fórmulas específicas, cantos, danças, lamentações, reverências etc. O ritual tem por finalidade despertar uma disposição de espírito favorável em relação ao sagrado, e reforçar a fé dos participantes. É particularmente eficiente quando coletivo, pois aumenta a emotividade, tornando mais intensa a impressão subjetiva.

Muitas vezes o ritual comemora ocasiões importantes referentes à vida do indivíduo ou do grupo: nascimento, puberdade, casamento, morte, a semeadura e a colheita, a chegada das chuvas, o início de uma campanha militar ou a vitória alcançada. Dos sete sacramentos da igreja católica, cinco correspondem aos ritos de passagem, marcando sobrenaturalmente a mudança do indivíduo de um *status* para outro: batismo, confirmação, matrimônio, ordenação e extrema-unção.

8.3.3.5 Mito

O grego *mut heo* é uma tentativa de explicação de acontecimentos naturais ou sobrenaturais que fogem ao entendimento humano em seus diferentes estágios. Por isso adquire forma lendária, poética (mitologia grega) ou fabulosa. Não se deve confundir mito com dogma de fé, que, para alguns, significa uma verdade revelada, nem sempre ao alcance do entendimento humano. O mito sobrevive ainda hoje nas crendices e superstições, horóscopos, heróis lendários criados pela televisão, história em quadrinhos, cinema etc.

8.3.3.6 Religião e magia

Na prática, a religião e a magia se encontram muitas vezes entrelaçadas. A distinção entre elas aparece nas seguintes esferas:

a.   **Natureza dos fins visados:** as finalidades da religião são transcendentais, como a salvação, ou de caráter geral, como vida longa; as metas da magia são imediatas e específicas, e geralmente pessoais, como boa colheita, sucesso nos negócios ou no amor, morte de um inimigo.

b.   **Tipos de atitudes envolvidas:** a religião e a magia incorporam o ritual, mas variam as atitudes em relação a essas práticas: a religião acentua a atitude subjetiva dos participantes, despertando sentimentos de temor respeitoso, reverência em relação ao que é santo; na magia, a atitude é mais casual e prosaica. Espera-se que as forças da natureza obedeçam às forças do mágico.

c.   **Tipo de ação sobrenatural:** através da religião procura-se a atuação do mundo sobrenatural, habitado por seres sensíveis aos desejos e sofrimentos humanos; na magia, a ação sobrenatural muitas vezes nada mais é que uma força ou princípio imaginário, atribuído a certos objetos.

d.   **Tipo de conduta:** a magia, ao contrário da religião, pode ser empregada para satisfazer objetivos tais como vingança, aquisição ilegal de bens, assassínio etc., que não são sancionados pelo grupo. É a chamada magia negra.

Podemos definir a magia como crenças práticas relacionadas com a obtenção de efeitos, ou a intervenção, no curso dos acontecimentos, por meio da manipulação de forças ou agentes sobrenaturais.

8.3.3.7 Formas de religião

Hinduísmo. É uma corrente originária do sistema religioso védico-bramânico. *Brama* é o centro, a origem de toda a criação, o início e o fim de tudo. Ele, *Vishnu* e *Shiva* constituem os três maiores deuses do hinduísmo. O dogma básico é a transmigração; toda alma existiu desde a eternidade, não constitui criação de um deus; vive através de uma longa série de renascimentos ou reencarnações. *Carma* é a doutrina segundo a qual cada ato da alma tem efeitos permanentes sobre seu destino: a alma reencarnará, como animal ou como homem, dependendo de seu comportamento anterior. *Samsara* representa o esquema para a reencarnação, estabelecendo o ciclo de mortes e renascimentos sucessivos. A alma purificada integra-se finalmente na própria natureza de *Brama*, perdendo sua personalidade para sempre. O *dharma*, código de deveres, significa o cumprimento de rituais religiosos e é o fundamento do sistema de castas.

Budismo. O budismo, assim como o jainismo (fundado por Mahavira), surgiu numa época de contestação e luta social, diferenciando-se do bramanismo. Fundador do budismo, o príncipe Sidharta Gautma, após passar por uma experiência mística, a iluminação, foi chamado de Buda (o Iluminado).

Confucionismo. Fundado pelo pensador Confúcio, absorveu o pensamento chinês antigo, baseado na crença do universo visto como um todo. As forças celestes, a terra e o homem formam um todo harmônico, determinado por duas forças cósmicas correspondentes e opostas: *Yin* (princípio feminino, negativo) e *Yang* (princípio masculino, positivo). A ideia de Deus aparece principalmente como um princípio cósmico imaterial, *Tien*, como um deus antropomórfico denominado *Shangti*, pai do universo, ou como *Tao* (caminho), que assumiu sentido místico no *taoísmo*. Para permitir a perfeita correlação entre o homem e o universo, Confúcio criou uma série de práticas morais e regras de conduta social. Por meio de máximas e leis, propunha normas gerais para a manutenção de uma ordem social baseada nas leis cósmicas.

Judaísmo. Sua origem remonta, segundo a Bíblia, a Abraão e seus descendentes. Jeová, considerado o Deus único, criador do Céu e da Terra, forma uma aliança com o povo eleito, em virtude da qual a existência humana é compreendida em termos de um relacionamento permanente entre o grupo e Deus; há uma esperança de salvação da humanidade após a vinda do Messias.

Cristianismo. A base da teologia cristã é a crença em um Deus único, que subsiste em três pessoas (Pai, Filho e Espírito Santo), na Encarnação do Filho, que em Cristo assumiu também a natureza humana; morreu, ressuscitou, voltou para junto do Pai e retornará no fim dos tempos. A salvação da humanidade foi alcançada pelo sacrifício de Cristo que é "revivido" pela celebração da Igreja.

O cristianismo revogou os aspectos mais conservadores do pensamento judaico, valorizando dessa forma o homem e instaurando uma religião universalista. Socialmente representou, nas origens, uma verdadeira revolução ao promover a mulher, o pobre e o escravo, daí inclusive sua rápida propagação entre as camadas sociais inferiores. Com o progresso de um clero profissional, o fim da unidade romana, a institucionalização da Igreja e a transformação desta em grande proprietária agrária, a sociedade cristã perdeu seu caráter progressista e estratificou-se por séculos. Assim, as várias heresias medievais, que culminaram no século XVI com a Reforma Protestante, representaram uma reação dos elementos marginalizados àquela organização social rígida.

Islamismo. Juntamente com o judaísmo e o cristianismo, o islamismo forma as três grandes religiões monoteístas. Aceita, como ponto de partida, as duas primeiras, pois considera as revelações anteriores, contidas no Torá e no Novo Testamento, como autênticas. A principal profissão de fé do maometismo é a existência de um Deus supratemporal chamado Alá, do qual Maomé é o profeta; aceita também os profetas anteriores, entre os quais inclui Cristo. O livro sagrado denomina-se Corão e contém preceitos religiosos, concepção de vida e normas de comportamento. A essência da fé maometana baseia-se na unidade de Deus, na missão dos profetas e dos livros revelados, na existência dos anjos, no juízo final e na ressurreição dos mortos. Meca é a cidade sagrada, à qual, se possível, cada crente deve fazer peregrinação, ao menos uma vez na vida.

O islamismo representou a integração dos nômades na sociedade de então. Mantendo-se, porém, presa a elementos do passado, como é característico das sociedades "primitivas", essa religião conservou aspectos formais da realidade social anterior. Ainda que tendo dado às mulheres e aos escravos condições jurídicas melhores, a sociedade continuou patriarcal, a poligamia (limitada até quatro mulheres) foi permitida, a escravidão mantida. É interessante notar que, junto com o hinduísmo, ela talvez seja a religião que ainda hoje conserva mais intactos seus princípios de vida.

8.3.4 Instituições políticas

8.3.4.1 O Estado

O Estado, objeto de estudo da Ciência Política e também da Sociologia Política, constitui um mecanismo de controle social existente na sociedade humana. É uma organização que exerce autoridade sobre seu povo, por meio de um governo supremo, dentro de um território delimitado, com direito exclusivo para a regulamentação da força.

O conceito de Estado implica a inclusão do elemento governo, que mantém a ordem e estabelece as normas relativas às relações entre os cidadãos.

Nem todo governo é sinônimo de Estado, porque existem governos sem Estado, como ocorre entre alguns povos ágrafos: bosquímanos da África, ilhéus de Trobriand, entre outros.

O Estado constitui uma parte essencial, mas não a totalidade da estrutura social, com funções externas e importantes, embora limitadas, pois só pode supervisionar os aspectos exteriores da vida social.

A diferença entre Estado e Governo pode ser observada na monarquia constitucional, tal como a Inglaterra, onde a rainha é chefe de Estado, e o primeiro-ministro chefe do Governo. Nos Estados Unidos e no Brasil o presidente exerce as duas funções.

A característica de soberania do Estado é o monopólio da regulamentação da força dentro de suas fronteiras. Só o Estado possui autoridade – poder legítimo – para regulamentar o uso da força: manipulação física, aprisionamento ou execução dos indivíduos.

Em geral, os governos afirmam ser legítimos ou pretendem alcançar ou manter a legitimidade. Max Weber distingue três bases para declaração da legitimidade:

a. **Racional-legal (burocrática):** regras generalizadas, autoridade impessoal decorrente de um cargo particular, sem vinculação com pessoas. Os homens aceitam o exercício do poder como legítimo porque a formulação das ordens ou da política obedece a regras aceitas por todos.

b. **Autoridade tradicional:** ordem social que sempre existiu como força obrigatória, autoridade pessoal, obrigações e direitos dos legisladores não claramente especificados, *status* pessoal ligado ao oficial. Exemplo: direito divino dos reis, poder de um chefe tribal. A autoridade racional-legal e a tradicional são características de ordens sociais estabelecidas.

c. **Carismática:** a autoridade pessoal, exercida por um líder carismático. Geralmente, quando reivindica o uso do poder, pode encontrar-se em conflito com as bases de legitimidade da sociedade em questão, sendo um revolucionário; assim, seu campo de ação é a conversão e o uso da força. Ele possui senso de missão sagrada e reivindica autoridade moral, conformidade e obediência de seus seguidores.

O Estado inclui o governo e os governados, abrangendo todas as pessoas dentro de um território definido, como membros de um governo soberano, cidadãos ou súditos, cujas ações são controladas por ele.

122 **Capítulo 8**

8.3.4.2 Povo, nação e Estado

Povo. Refere-se a um agrupamento humano com cultura semelhante (língua, religião, tradições) e antepassados comuns; supõe certa homogeneidade e desenvolvimento de laços espirituais entre si. Por exemplo, os judeus, antes do estabelecimento do Estado de Israel; os ciganos, os drusos, os bascos, entre outros.

    Nação. É um povo fixado em determinada área geográfica. Para alguns autores, seria um povo com certa organização. Para que haja uma nação é necessário haver um ou mais povos, um território e a consciência comum. O povo, vivendo normalmente num território – nação –, deseja formar o seu próprio Estado. Se já o possui, mantém-no como o laço social mais importante, que expressa seus sentimentos de união e de participação de um destino comum. A nação é, portanto, formada de um ou vários povos mais um território. Quando outros elementos aparecem – identidade de língua, religião, etnia –, reforçam a unidade nacional. Entretanto, muitas nações existem sem esses elementos acessórios, como a Suíça, a Bélgica, a Tchecoslováquia, o Canadá.

    Governo. Exerce controle imperativo no âmbito de um território definido onde reivindica, com êxito, o monopólio da força.

    Estado. É uma nação politicamente organizada. É constituído, portanto, pelo povo, território e governo. Engloba todas as pessoas dentro de um território delimitado – governo e governados.

    A Nação é a realidade antes do Estado; ela prepara o advento da ordem estatal. Portanto, Estado é a Nação politicamente organizada.

8.3.4.3 Origem e evolução do Estado

Alguns autores afirmam que o Estado, antes de atingir a forma definitiva de um governo organizado sobre um território, desenvolveu-se a partir de uma organização muito rudimentar. Queiroz Lima coloca em relevo os traços característicos dominantes da organização estatal em cada um dos grandes estágios da civilização:

- **O estado oriental:** teocrático e politeísta, destacando-se, pelo seu feitio mais humano e mais racional, o Estado de Israel (o Estado de Israel constituía uma exceção entre os estados antigos do Oriente).

- **O estado grego:** que se caracteriza por uma nítida separação entre a religião e a política. O estado grego antigo, geralmente apontado como fonte da democracia, nunca chegou a ser um estado democrático na acepção do direito público moderno.

- **O estado romano:** expressão máxima da concentração política econômica. O estado romano tinha a sua origem, efetivamente, na ampliação da família. A família era constituída pelo "pater", seus parentes agnados, os parentes destes, os escravos ("servus") e mais os estranhos que se associavam ao grupo ("famulus"). A autoridade do "pater" sobre a família era absoluta.

- **O estado feudal:** consequente da invasão dos bárbaros, que foi a expressão máxima da descentralização política, administrativa e econômica.

Instituições sociais 123

- **O estado medieval:** a partir do século XI, foi uma nova expressão da centralização do poder, com a preeminência do papado sobre o governo temporal.

- **O estado moderno:** que reagiu contra a descentralização feudal da Idade Média e contra o controle da Igreja Romana, revestindo a forma do absolutismo monárquico. São características fundamentais do estado medieval: forma monárquica de governo; supremacia do direito natural; confusão entre os direitos público e privado; descentralização feudal; e submissão do Estado ao poder espiritual representado pela Igreja Romana.

- **O estado liberal:** implantado pela revolução francesa e baseado no princípio da soberania nacional.

- **O estado social:** a partir do Estado Moderno.

Esquematicamente, os tipos de sistema político apresentam a seguinte classificação, proposta por Bottomore (1965a, p. 131):

a. Sociedades "primitivas":
   - sem estrutura política distinta e permanente (aborígines australianos);
   - com estrutura política distinta e permanente, mas fortemente influenciada pelo parentesco e pela religião (Shilluk do Sudão);
b. Cidades-Estados (na Antiguidade: Atenas e Esparta; Idade Média: Gênova e Pisa).
c. Impérios baseados em cidades-Estados (Império Carolíngio).
d. Estados feudais (França e Inglaterra medievais).
e. Estados asiáticos, com burocracia centralizada (China Imperial).
f. Nações-Estados:
   - modernos Estados democráticos (Estados Unidos da América);
   - modernos Estados totalitários (URSS);
g. Impérios baseados em nações-Estados (Grã-Bretanha).

8.3.4.4 Formas de governo

A rigor, há duas formas de governo: monarquia e república. Mas as modalidades de organização do poder político variam de acordo com os sistemas culturais em que se encontram:

a. **Monarquia:** poder supremo investido numa só pessoa. O rei ou o soberano herda o poder e o mantém até a morte. Exemplos: Inglaterra, Holanda, Suécia, Bélgica, Japão.

b. **Oligarquia:** poder supremo investido nas mãos de um grupo pequeno. Exemplo: o triunvirato militar na Grécia, entre os anos 1967 e 1973. Quando exercido por pequena classe nobre é chamado *aristocracia*. Exemplo: cidades italianas na Idade Média.

c. **Gerontocracia:** governo dos idosos. Exemplo: Ilhéus de Andamã; tribos Masai, no Quênia.

124 Capítulo 8

d. **Democracia:** governo supremo investido no povo e exercido por ele direta ou indiretamente: governo do povo pelo povo, que manifesta sua vontade através do voto. Exemplos: Suíça, Áustria, Finlândia.

e. **República:** pode assumir duas formas: *presidencialismo*, quando o chefe do governo é o presidente e lhe cabe o direito de escolha de seus ministros. Exemplos: Estados Unidos da América, Chile, Brasil. *Parlamentarismo*, no qual a composição do gabinete ministerial fica a cargo do Parlamento. Exemplos: França, Canadá, Israel. A Inglaterra é um exemplo de monarquia parlamentarista.

f. **Teocracia:** governo por direção sobrenatural, por meio de sacerdotes ou outros agentes sagrados. Exemplos: Tibet, antigo Egito.

g. **Ditadura:** poder concentrado na mão de uma única pessoa, o ditador. Exemplos: Cuba, Haiti (na época de "Baby" Doc), Uganda (quando governava Idi Amin Dada).

Todas essas formas de governo são encontradas entre os diversos povos existentes ainda hoje, sejam "primitivos" ou "civilizados". Não são mutuamente exclusivos: por exemplo, a maioria das repúblicas é democrática, e a monarquia pode ser parlamentar.

8.3.4.5 Os modelos sociopolíticos

Os mais destacados são: o Estado de regime autocrático (Absolutismo), o Estado liberal, fundamentado no contrato social (Liberalismo), o Estado totalitário (Fascismo e Nazismo) e o Estado baseado na dialética (Socialismo e Comunismo).

Absolutismo. Consiste em uma forma de governo apresentando concentração total do poder, exercido por um só ou por um grupo de indivíduos. Sua característica principal é a completa ausência de limitações ao exercício do poder. Surge na Europa ocidental, no século XVI, quando o antagonismo entre o poder real e os interesses da nobreza é vencido com a subordinação da última. Atinge seu apogeu entre os séculos XVII e XVIII, principalmente com Luís XIV, a quem se deve a célebre afirmação "o Estado sou eu". Procurando encontrar fundamentos ideológicos que legitimassem seu poder absoluto, os monarcas desse período faziam derivar diretamente de Deus sua autoridade, tanto sobre as coisas quanto sobre os homens, incluídos em seus domínios.

Além da origem divina, há um conteúdo racional na ideologia do absolutismo: Robert Filmer e Thomas Hobbes justificam sua práxis. O primeiro considerava a submissão à autoridade patriarcal do rei como essência do dever político do cidadão, sustentando que o Estado era família, e o rei, a figura do pai. Por sua vez, Hobbes considera que o homem não é sociável por sua própria natureza, mas é a razão que o leva a formar a sociedade, que deverá ter forças para manter a "paz" entre os homens combativos, que possuem os mesmos apetites e as mesmas aspirações ao poder.

O poder absoluto do rei deriva da outorga de todos os seus súditos, e o poder civil e religioso devem estar contidos em uma só mão, a do soberano.

O absolutismo moderno não se distingue, em sua essência, dos anteriores; a principal modificação é que apresenta aspectos burocráticos, fazendo com que os governantes, em cujas mãos encontra-se a concentração do poder, a dividam com os funcionários que controlam, ao mesmo tempo, o sistema econômico e as forças responsáveis pela continuidade do próprio poder.

Liberalismo. A doutrina política do liberalismo foi sistematizada por John Locke, principalmente em seus livros *Tratados sobre o governo civil*, publicados na Inglaterra no final do século XVII. Seus maiores defensores foram Montesquieu e Voltaire, o primeiro, pela célebre obra *O espírito das leis*.

Para Locke, os direitos naturais pressupõem que os indivíduos, atingindo determinado estágio de evolução social, convencionam instituir um governo ao qual cedem determinados poderes de forma alguma absolutos: o poder conferido ao governo é, na realidade, o de executar a lei natural. Evidentemente que a totalidade dos direitos não expressamente outorgados ao governo permanecem reservados aos próprios indivíduos.

Propugna a separação entre sociedade e Estado, pois a primeira é natural, existente antes do Estado, o qual tem por finalidade organizar-se, mediante contrato, para proteger os direitos naturais dos cidadãos. Os poderes essenciais transferidos ao Estado se convertem em:

a. o poder legislativo, que regulamenta como as formas do Estado têm de ser empregadas para a conservação da sociedade e de seus membros; e

b. o poder executivo, que assegura o cumprimento das leis no âmbito do país e as relações com o exterior [...] (LOCKE apud POVIÑA, 1976, v. I, p. 642).

Montesquieu apresenta uma visão histórica e assim rejeita os direitos naturais enunciados por Locke, afirmando a preponderância das leis positivas. Para ele, as condições concretas da vida social estabelecem que, se a origem da vida social é uma necessidade natural, por outro lado, há leis sociais obrigatórias de conteúdo psicológico que regulamentam as interações entre homem-sociedade-Estado. Portanto, sua definição das leis indica que são "as relações necessárias que derivam da natureza das coisas" (apud POVIÑA, 1976, v. II, p. 776).

Segundo Voltaire, a salvação do indivíduo encontra-se na sociedade: sendo o ser humano, por natureza, essencialmente sociável, possui a tendência espontânea de viver em grupos; outra característica específica da natureza humana é a racionalidade, que lhe faculta o direito de reger os destinos de sua sociedade. Como Locke, Voltaire encara o governo como um mal necessário, estando limitado apenas a fazer com que se observem os direitos naturais.

Fascismo. Como fenômeno político de influência mundial, surge na Europa no início da década de 1920 e desaparece em 1945, após a derrota dos países do Eixo, na Segunda Guerra Mundial. Primeiro como movimento e mais tarde como regime político, o fascismo foi eminentemente totalitário. Para Mussolini, seu introdutor na Itália, tinha por finalidade constituir um sistema no qual o Estado se caracterizaria como encarnação concreta da nação, com poder supremo. Segundo ele, o lema deveria ser "tudo para o Estado, nada contra o Estado e ninguém fora do Estado".

Duas são suas principais características:

126   Capítulo 8

a. tendência à popularização, procurando a mobilização política das massas; embora de caráter totalitário e elitista, repousando nos setores da classe média urbana e rural, procurou mobilizar tanto a classe operária quanto os intelectuais;

b. promessa da "construção de um homem novo num mundo novo". O homem, dotado da capacidade de exercer controle sobre seu ambiente, tanto natural quanto social, por intermédio do exercício da vontade e da força, deveria procurar não a satisfação de seus interesses pessoais, mas a da comunidade mais ampla, pela qual deveria estar disposto a morrer e que se consubstanciava na nação, no Estado, no partido.

A ambivalência do fascismo revela-se na tentativa do estabelecimento de uma sociedade rigidamente estratificada que, ao mesmo tempo, seja destituída de antagonismos e baseada na solidariedade entre os diversos estratos. Em outras palavras, uma sociedade de classes sem a luta de classes; opunha-se, da mesma forma, aos elementos "improdutivos" da sociedade (os inúteis, os incapazes e os "inferiores") e aos "exploradores" (proprietários dos grandes complexos financeiros, industriais e comerciais, considerados "parasitas").

Absorvendo grande parte dos pensadores alemães que foram utilizados para justificar a ideologia nazista, componente do fenômeno mundial do fascismo, este tentou elevar Vilfredo Pareto à condição de teórico do movimento, principalmente devido a seus conceitos sobre a formação e circulação de elites.

Socialismo. A Revolução Industrial da metade do século XVIII aprofundou o conflito social existente entre a burguesia, proprietária do capital e dos meios de produção, e o proletariado, cuja fonte de renda é o aluguel de sua força de trabalho. O socialismo é, ao mesmo tempo, uma teoria socioeconômica e uma prática política, tendo por finalidade abolir esse conflito. A Revolução Francesa, com a derrubada da aristocracia, conferiu à burguesia o poder político, já que detinha grande parte do poder econômico. Inicialmente na França e depois em outros países, aparece a liberdade, porém não se manifesta a igualdade entre os cidadãos. A proposta das diferentes teorias socialistas é a abolição dessa situação por intermédio da transferência da propriedade dos meios de produção para a comunidade, ocorrendo a extinção do trabalho assalariado; a modificação econômica da sociedade se configuraria pela planificação (economia dirigida) e não poderia ser obtida sem que ocorressem radicais modificações políticas. Nem todas as formas de socialismo consideram básico o uso da força revolucionária para alcançar essas finalidades.

Comunismo. O conceito de comunismo primitivo surge na metade do século XIX, por influência da obra de Engels: *A origem da família, da propriedade privada e do Estado*. Fundamentalmente, uma concepção socioeconômica, o comunismo primitivo é descrito como uma forma de produção em que havia a propriedade comum dos meios de produção (terra, instrumentos de trabalho, habitações), ao lado da propriedade privada dos utensílios domésticos, roupas e armas. A produção era realizada coletivamente, apesar de a distribuição permitir certas desigualdades, segundo o caráter cultural de cada sociedade. Relações de produção no sistema comunal primitivo resultavam do baixo nível de desenvolvimento das forças produtivas, dos instrumentos de trabalho e do fato de a divisão do trabalho ser baseada no sexo e na idade. Impunha-se o trabalho coletivo como necessário tanto para a subsistência quanto para a guerra.

Com a separação entre socialismo e comunismo, o primeiro termo é utilizado para designar uma etapa de transição para o comunismo (correntes marxistas-leninistas) ou como forma de redistribuição da renda (grupo social-democrata).

8.3.5 Instituições econômicas

Entre os povos "primitivos", as instituições econômicas encontram-se intimamente correlacionadas com as outras instituições. As atividades econômicas apresentam-se rodeadas de tabus, governadas por "poderes sobrenaturais", orientadas por normas e valores e ligadas aos conceitos de *status* e prestígio.

A satisfação das necessidades primárias ou biológicas – alimentação, vestuário, moradia, bem como o emprego das ferramentas, influem na vida familiar, no tipo e dimensões da comunidade. A família, originariamente uma unidade econômica, variou no tempo e no espaço, e essa variação é determinada, em grande parte, pelo tipo de atividade econômica: a família nuclear, que impera na sociedade ocidental, industrial e urbana, é típica também das culturas caçadoras, ao passo que a família extensa é mais comum nas sociedades agrícolas. O desenvolvimento do comércio e, depois, das atividades industriais, realizadas em fábricas, influenciou o aumento das povoações e da urbanização.

Após a Revolução Industrial, a família perde parte de suas funções econômicas, que se transferem para uma variedade de organizações especificamente econômicas, não mais controladas pelos costumes, mas submetidas a uma legislação própria e cada vez mais sob controle governamental. A interferência do Estado na economia é uma característica das sociedades modernas.

8.3.5.1 Propriedade

Em qualquer sociedade, a instituição da propriedade delimita os direitos referentes a coisas valiosas e escassas. Consiste nos "direitos e deveres de uma pessoa ou de um grupo (o proprietário) que se ergue contra todas as demais pessoas ou grupos no que concerne a certos bens escassos" (DAVIS, 1961, v. II, p. 185).

Por conseguinte, o direito de propriedade refere-se tanto a coisas concretas, objetos palpáveis (terra, casa, construções, móveis, ferramentas, carros e outros meios de transporte, joias etc.) quanto a coisas impalpáveis (nome, marcas registradas, símbolos e produtos intelectuais e artísticos: livros, composições musicais, processos técnicos etc.), e apresenta três tipos distintos: o *direito de uso* (um estabelecimento comercial, um terreno, uma pintura, uma joia); o *direito de controle* (de decidir se uma loja venderá este ou aquele produto, se num terreno serão plantadas flores ou hortaliças) e o *direito de disposição* (se um quadro ou joia poderá ser destruído, vendido ou doado).

Para Davis (1961, v. II, p. 187-189), os direitos de propriedade apresentam as seguintes características:

    a. **natureza transferível,** em que os direitos podem ser trocados ou cedidos. Mesmo nos casos em que a propriedade é inalienável, ou seja, não pode ser vendida,

128   Capítulo 8

existe a possibilidade de transferência, pois, em última instância, é transferida de geração a geração;

b. **o direito de propriedade sobre um determinado objeto** não implica, obrigatoriamente, a sua utilização e fruição pelo proprietário: o usufruto do objeto pode ser negociado por uma determinada compensação, econômica ou não;

c. **a propriedade**, especificando direitos socialmente aceitos e protegidos sobre determinadas coisas, implica o poder sobre outras pessoas, que também desejam estas coisas, escassas e valiosas. A medida que outras pessoas são afetadas pelo modo como se usa a propriedade, estão sujeitas ao poder dos que a controlam;

d. **natureza geralmente não humana:** significa não que o objeto não possui direitos próprios, constituindo-se, portanto, em receptáculos passivos dos direitos e obrigações exercidos pelos proprietários. A escravatura, nas sociedades em que existiu, representou uma tentativa de enquadrar seres humanos na categoria de objetos de direitos de propriedade, raramente bem-sucedida.

Em virtude do fato de as instituições de propriedade envolverem direitos e obrigações que dizem respeito ao tipo de proprietário, à natureza dos direitos exercidos, da mesma forma que à natureza das coisas possuídas, podemos dizer que elas definem: "os *direitos* que têm os homens sobre seus cabedais, as *pessoas* ou grupos que possuem direitos, privilégios e poderes sobre objetos de valor e as *coisas* às quais se estendem os direitos de propriedade" (CHINOY, 1971, p. 414).

8.3.5.2 Estruturas socioeconômicas

De acordo com a posse dos meios de produção e a característica do mercado, há dois tipos de estruturas socioeconômicas principais:

Capitalismo. Sistema em que os meios de produção são de propriedade privada de uma pessoa (ou grupo de pessoas) que investe o capital; o proprietário dos meios de produção (capitalista) contrata o trabalho de terceiros que, portanto, vendem sua força de trabalho para a produção de bens. Estes, depois de vendidos, permitem ao capitalista não apenas a recuperação do capital investido, mas também a obtenção de excedente – o lucro. Tanto a compra dos meios e fatores de produção quanto a venda dos produtos, resultantes da atividade empresarial, realizam-se no mercado de oferta e procura de bens e serviços, existente na sociedade capitalista.

A concepção de uma sociedade em que o sistema capitalista abarca a totalidade das atividades econômicas do país é teórica: ao lado desse tipo de atividade geralmente encontram-se artesãos, pequenos comerciantes e agricultores que, ou exercem uma atividade econômica, ou produzem, sem se utilizar do trabalho de terceiros, fazendo, ao contrário, uso exclusivo de seu próprio trabalho. Dessa forma, nos países considerados capitalistas, o meio de produção capitalista é predominante, mas, de forma alguma, o único. Principalmente nos países subdesenvolvidos, coexistem formas pré-capitalistas de exploração econômica, ao lado do sistema capitalista de produção. Para alguns autores, a presença do intermediário financeiro, rompendo a economia do período feudal, em que as trocas eram diretas, dá origem à economia monetária de trocas, ou sistema comercial, base inicial do capitalismo. Este se manifestaria, portanto, no momento em que se distanciam, no tempo e no espaço, os atos de produção e de venda, exigindo a participação do intermediário: ele compra as mercadorias ao produtor e as vende, com lucro, ao consumidor final.

O mercado capitalista foi considerado passível de concorrência perfeita pelos economistas do século XIX, que apontavam as seguintes condições:

a. atomicidade do mercado, ou seja, nenhum dos participantes (empresas) possui poder suficiente para que sua influência possa ser exercida alterando a quantidade da produção e o preço dos produtos;

b. homogeneidade do produto, significando que todas as empresas colocam no mercado produtos com características idênticas;

c. livre acesso, isto é, inexistência de empecilho ao ingresso de concorrentes no mercado, podendo qualquer industrial obter, facilmente, os fatores de produção necessários;

d. clareza do mercado, querendo dizer que seus integrantes dispõem do conhecimento completo de todos os fatores significativos do mercado;

e. perfeita mobilidade dos fatores de produção, afirmando, outrossim, que estes são acessíveis a qualquer participante da indústria.

O ideal da concorrência perfeita, se alguma vez se concretizou, está longe dos modelos atuais. O mercado dos países capitalistas, tanto os desenvolvidos quanto os dependentes, apresenta-se de tipo oligopólico, com a formação de cartéis ou mesmo monopólico, de trustes e, em raros casos, monopsônico.

Forma-se o oligopólio quando algumas empresas dominam o mercado, impondo seu preço e levantando barreiras à penetração de novas indústrias; o cartel consiste em um acordo entre as empresas oligopolistas, estabelecendo tanto a produção de cada empresa quanto o preço das mercadorias. O monopólio apresenta-se como uma situação oposta à concorrência perfeita, de outra forma, referindo-se a apenas um vendedor ou consórcio de vendedores (truste), cuja fixação de preços dependerá da procura, que geralmente é imperfeita, mas que visa assegurar a maior margem de lucro.

Contrariamente a essas características, no regime de monopsônio tem-se um único mercado comprador ou ele é tão extenso que absorve, em termos de volume e valor, a maior parte da produção e, assim, dispõe de meios para atuar sobre o preço dos produtos.

Em síntese, a realidade do modelo capitalista demonstra que o mercado de oferta e procura não se estabiliza por si só, mas forças estranhas a ele interferem na fixação do preço dos produtos. Nem sequer pode-se afirmar que a maioria das sociedades capitalistas apresentam o "uso de dinheiro sem preços fixos", isto é, sendo determinados pela livre competição entre vendedores e compradores, pois, além dos fatores citados, muitas vezes o Estado interfere nesse "jogo". Por exemplo, a política de tabelamento de certos produtos exercida pelo CIP (Comissão Interministerial de Preços).

Socialismo. Sistema em que os meios de produção são de propriedade coletiva, isto é, pertencentes e geridos pelo Estado. Este é que representa a coletividade e, assim, o capital das empresas não é de propriedade privada.

130   Capítulo 8

É preciso frisar que a introdução do socialismo não pressupõe a abolição total da propriedade privada, mas diz respeito apenas aos meios de produção (base de capital) que passam ao domínio público; a propriedade individual dos bens de consumo e de uso, inclusive, em alguns casos, as moradias, permanecem como propriedade individual ou grupal (particular ou privada).

Não havendo capital particular que aufere lucro, em função do que é acionada e impulsionada toda a economia de mercado, no sistema socialista o estímulo que deve dinamizar a economia consiste no ideal de progresso, no desejo coletivo das populações de alcançarem níveis mais elevados de bem-estar, tanto econômico quanto social.

Não é o administrador da empresa socialista que decide sobre o objeto, o volume e os preços da produção, pois estes constituem metas estabelecidas no planejamento governamental.

"A mais significativa de todas as tendências do comunismo (sistema socialista de Cuba [é] a planificação deliberada de toda produção, distribuição e troca do país, não para aumentar os lucros de uns poucos, mas para aumentar o consumo de toda a comunidade (...). Uma vez abandonada a propriedade privada, com sua finalidade de obter lucro na produção para a concorrência do mercado, é dada uma orientação específica à produção de cada estabelecimento [...]. É essa necessidade que torna indispensável, num Estado coletivista, um plano geral" (WEBB & WEBB apud HUBERMAN, 1974, p. 290).

Em outras palavras, um país de estrutura socioeconômica socialista deve funcionar nos moldes de uma grande empresa capitalista. Como nesse tipo de país o comércio é "administrado", isto é, os preços das mercadorias são fixados pela autoridade política, faz-se necessário que o próprio Estado tenha conhecimento das necessidades, recursos, tamanho da força de trabalho e prioridades no setor da produção, para planificá-lo no âmbito do território nacional. Ao governo socialista cabe a tarefa de fazer com que as diferentes partes das atividades econômicas se unam harmoniosamente e se encaixem de forma que o todo possa funcionar o mais perfeitamente possível. Os riscos que corre o Estado são os mesmos da empresa capitalista: enquanto esta pode ter algumas indicações sobre sua futura atuação em planejamentos setoriais, o Estado deve atentar para a planificação global da economia.

8.3.6 Empresas

A empresa pode ser conceituada como um complexo de atividades econômicas, desenvolvidas sob o controle de uma entidade jurídica (pessoa ou pessoas físicas, sociedade mercantil ou cooperativa, instituição privada sem fins lucrativos e organização pública). Diferencia-se de estabelecimento cujo conceito envolve uma unidade econômica que se dedica, sob o controle de uma entidade jurídica (pessoa ou pessoas físicas ou pessoa jurídica) de forma preponderante e única, a uma classe de atividade econômica em determinada localização física. Exceções encontram-se no setor de construção, transporte e comunicação principalmente; estas não são consideradas estabelecimentos, mas têm suas unidades identificadas segundo a classe de atividades. Em outras palavras, a diferença principal entre empresa e estabelecimento é que a primeira abrange um complexo de atividades econômicas desempenhadas sob a supervisão de uma entidade jurídica, ao passo que a segunda restringe-se a uma unidade de produção homogênea que apresenta localização física definida.

Em 1968, o Conselho Econômico e Social das Nações Unidas acolheu a qualificação denominada "Classificação Industrial Internacional Uniforme de todas as atividades econômicas" (CIIU), que arrola as empresas em:

a. de agricultura, caça, silvicultura e pesca;
b. de exploração de recursos minerais;
c. indústria manufatureira;
d. de eletricidade, gás e água;
e. de construção;
f. de comércio;
g. de transporte, armazenagem e comunicações;
h. financeiras, de seguro, imobiliária e de serviços;
i. de serviços comunais, social e pessoais;
j. outras atividades não especificadas.

Segundo a propriedade, as empresas podem ser: *privadas*, singulares (um só dono); grupais (de tipo limitada – Ltda. – até sete donos); associadas (vários donos – S.A.) e *coletivas* (públicas). Estas últimas podem apresentar as seguintes modalidades:

a. subordinadas diretamente à administração central;
b. organizadas sob forma de autarquia, que se constitui em entidade de personalidade jurídica, o que lhe permite autonomia administrativa e financeira;
c. estabelecendo uma sociedade anônima, onde o Estado é o único acionista.

Uma empresa pode constituir-se em matriz de um conglomerado, de um grupo de empresas associadas que recebem a denominação *holding* ou sede de um grupo que engloba filiais, sucursais e subsidiárias. Nos países capitalistas desenvolvidos, as grandes empresas possuem duplo objetivo: atender ao mercado interno assim como ao internacional. Quando teve início a atuação das grandes empresas em mais de um país, sua política de conquista de mercado consistia na aquisição de matéria-prima no exterior, onde vendiam o produto já acabado, todavia o processo de transformação ocorria no país-sede; atualmente, há uma considerável preferência na instalação das empresas subsidiárias nos países onde adquirem a matéria-prima e, pela utilização de sua própria tecnologia e de mão de obra local, vendem aí os produtos industrializados. Portanto, de exportadores de mercadorias elas transformaram-se em exportadores de serviços e investidores de capital. Como o grande número de empresas espalhadas por diversos países continuam subordinadas à *holding*, cuja sede se encontra no país de origem, recebem a denominação multinacionais. A imensa soma de capital necessária para a movimentação das multinacionais não as tem limitado, pois o seu volume de produção as leva a superar o produto nacional bruto da grande maioria dos países. Seu crescimento, de aproximadamente 10% ao ano, superior, portanto, ao da grande maioria dos países, conduz a uma estimativa de que as trezentas maiores multinacionais terão a seu cargo mais da metade da produção do total de mercadorias e serviços do mundo. Sua penetração, a partir dos acordos assinados em Moscou, em 1972, por Nixon e Brejnev, nos países socialistas, principalmente na URSS, é bastante significativa.

132　Capítulo 8

8.3.7 A educação

8.3.7.1 Conceito

Todo o grupo, para sua sobrevivência, necessita que as novas gerações tomem ciência do acervo de conhecimentos, normas, valores, ideias, ideologias, procedimentos, *folkways* e *mores*, tradições, enfim, sua herança cultural. Há duas formas de realizar esse objetivo: deixar a cargo de grupos, tais como família e parentesco, amigos, vizinhança, comunidade, a necessária transmissão para a criança desse acervo ou formar organizações específicas voltadas a essa tarefa. As sociedades pré-letradas utilizam somente a primeira forma, ao passo que as civilizações (*civitas* – sociedades com cidades) juntam à primeira a transmissão em organismos especializados, tendência que se acentuou a partir da Revolução Industrial.

Temos assim duas formas de transmissão que podemos chamar de *informal* e de *formal*. Até que ponto a primeira difere da "socialização" e em que medida ambas podem ser consideradas "educação"?

Partindo do conceito de socialização da Guy Rocher e do conceito de educação de Émile Durkheim, tentaremos diferenciar ambas.

Para Rocher (1971, v. II, p. 12), socialização "é o processo pelo qual, ao longo da vida, a pessoa humana aprende e interioriza os elementos socioculturais de seu meio, integrando-os na estrutura de sua personalidade sob a influência da experiência de agentes sociais significativos, e adaptando-se assim ao ambiente social em que deve viver". Segundo Durkheim (1967, p. 41), a educação "é ação exercida, pelas gerações adultas, sobre as gerações que não se encontram ainda preparadas para a vida social; tem por objeto suscitar e desenvolver, na criança, certo número de estados físicos, intelectuais e morais, reclamados pela sociedade política, em seu conjunto, e pelo meio especial a que a criança, particularmente, se destine".

8.3.7.2 Histórico da educação

Retornando às sociedades ágrafas, verificamos que essas apresentam apenas a educação *informal*, um misto, de transmissão dos valores e habilidades requeridas para a vida em uma sociedade pequena e homogênea. A própria convivência diária é uma mistura de socialização e adestramento.

São as civilizações antigas aquelas que apresentam o que primeiro se caracteriza como educação específica: sendo sociedades com funções diferenciadas, a soma de conhecimentos específicos torna necessária a preparação de seus membros para executar as diferentes atividades. Entretanto, essa tarefa cabia principalmente aos pais, pois nessas sociedades a maioria das "profissões" era herdada. A característica singular dessas sociedades letradas é que a arte de ler e escrever não era ligada estritamente à educação – ficava a cargo de escribas, especificamente preparados para tais funções, geralmente a serviço das classes altas; e as atividades "nobres" estavam ligadas, frequentemente, a práticas religiosas.

Esta última característica se acentua durante o período feudal da Europa Ocidental: os mosteiros eram também "templos do saber" e as escolas por eles fundadas e administradas visavam prioritariamente à preparação de noviços.

Quando surgem as grandes universidades, ao lado das "ciências", principalmente filosofia e conhecimentos humanísticos, o aspecto religioso permanece em lugar prioritário. Certa diversificação surge com a Reforma Protestante e o Renascimento, concomitante com o desenvolvimento de poderosos Estados nacionais, o que leva à secularização das universidades, com ênfase na matemática, ciência natural e medicina.

É a Revolução Industrial que força a democratização do ensino. Se antes as escolas eram típicas da classe alta, a necessidade de conhecimentos para a invenção, aperfeiçoamento e manejo de máquinas cada vez mais complexas leva a educação a tornar-se "um conjunto complexo de instituições de amplo significado social", cada vez mais extensível a outras classes da sociedade (KOENIG, 1970, p. 184).

8.3.7.3 Educação como processo social

É Fernando de Azevedo, em sua obra *Sociologia educacional*, quem demonstra ser a educação um processo social geral no qual torna-se necessário distinguir os fatos pedagógicos dos sistemas propriamente ditos, vistos como fatos institucionalizados. Para ele, "a educação é, portanto, um processo social de que não é possível ter uma compreensão bastante nítida se não procuramos observá-lo na multiplicidade e diversidade dessas forças e instituições que concorrem ao desenvolvimento da sociedade. Só por abstração é que podemos isolá-lo do sistema de relações e instituições sociais e, ainda quando a educação adquire uma forma mais definida ou uma estrutura (escola, sistemas escolares), não é possível compreender o sistema pedagógico, senão colocando-o em seu lugar, no conjunto do sistema social em que se organizou e a que serve, como uma das instituições destinadas a assegurar a sua unidade, o seu equilíbrio e o seu desenvolvimento" (apud DELORENZO NETO, 1974, p. 125).

Brookover acentua essa característica do processo educacional, afirmando que "precisamos considerar o sistema educacional como um aspecto da sociedade global, à luz dos processos gerais de mudança cultural. As escolas não funcionam como algo à parte, que podem modelar a sociedade. Não são agências extrassocietárias: encontram-se inseridas no sistema social e não acima e sobre ele" (In: PEREIRA e FORACCHI, 1973, p. 81-82).

Outro aspecto a destacar é que o efeito da educação, visto como um todo, é o de aumentar a rapidez com que as várias mudanças, tanto tecnológicas quanto materiais, se expandem na sociedade. Ora, este fator é considerado de forma ambivalente pelos componentes da sociedade: se realmente há o desejo de que a escola estimule a mudança no campo material e tecnológico, espera-se, ao mesmo tempo, que mantenha inalterados os padrões de relações, as normas e os valores de uma sociedade dada. Em outras palavras, espera-se "que o sistema educacional impeça qualquer mudança nos sentimentos e crenças relativas às relações humanas e que, ao mesmo tempo, ensine a ciência e a tecnologia – as quais, quase certamente, tornarão obsoletas algumas formas de relações humanas" (Brookover, In: PEREIRA e FORACCHI, 1973, p. 84-85).

É inevitável que todos os indivíduos, satisfeitos com o *status quo* de uma sociedade dada, em que vivem, esperam que a instituição escola transmita inalteradas, à nova geração, as normas de sua sociedade. Para essas pessoas, qualquer modificação que os professores tentem introduzir, compreendendo a educação como "prática da liberdade", segundo as palavras de Paulo Freire, é vista com desconfiança. Esperam, assim, que a escola contribua para

134   **Capítulo 8**

manter inalterada a sociedade, apesar dos seus inúmeros problemas. Dessa forma, fixa-se uma função conservadora para a escola, reservando-se sua função inovadora para alguns aspectos do conhecimento. Tal constatação é válida também para sociedades em períodos de revolução: não é a escola que a inicia, mas é ela que tem a responsabilidade de consolidá-la, transmitindo a seus alunos os novos valores (veja-se o exemplo da Revolução Cultural da China).

8.3.7.4 A sociedade do conhecimento

A sociedade de hoje parece dominada pelas "indústrias do conhecimento", que não produzem bens e serviços e sim ideias e informações. Na década de 1920, os homens da linha de montagem e os operadores de máquinas semiqualificados constituíam o centro da mão de obra, inclusive nos países desenvolvidos. "Hoje, o centro é o empregado com conhecimento, o homem ou mulher que aplica ao trabalho produtivo ideias, conceitos e informações, e não habilidade manual ou força muscular. Nossa única ocupação enorme é o ensino, ou seja, o fornecimento sistemático de conhecimentos e o treinamento sistemático em sua aplicação". Essas são as palavras de Peter F. Drucker, em sua obra *Uma era de descontinuidade* (1970, p. 297).

Se nas organizações empresariais está-se tornando obsoleto o aprendizado prático, significa que, advindo da experiência, deverá ser substituído pelo conhecimento, isto é, a organização sistemática das informações e conceitos, como a escola deve-se ajustar a essa nova exigência? Qualquer pessoa que alguma vez tenha adquirido habilidade baseada no conhecimento "aprendeu a aprender". Isso significa que, com maior rapidez, pode adquirir novas e diferentes habilidades. O aprendizado prático limitava-se a preparar o indivíduo para uma habilidade específica, ensinando-lhe a utilização de um conjunto específico de instrumentos para alcançar determinado objetivo; ora, a fundamentação do conhecimento fornece a necessária capacidade às pessoas para, inclusive, desaprender e reaprender. Este é o papel para o qual a escola é chamada hoje. Como corresponder a esta necessidade? Os instrumentos mais comuns da educação, "saliva, giz e quadro negro", levaram praticamente dois mil anos para substituir "saliva", "o dedo e a poeira", "ou instrumento pontudo e argila", "a pena de aves e o papiro" etc. Os meios audiovisuais e os computadores apareceram apenas nos últimos trinta anos.

Eis o grande desafio que a escola do futuro terá de enfrentar. É por essa razão também que a educação deve tornar-se cada vez mais uma questão pública, em todos os países, ocupando a prioridade como fundamento "de uma economia e de uma sociedade moderna e produtiva" (DRUCKER, 1970, p. 353).

8.3.8 A medicina

A saúde é intrínseca do desenvolvimento socioeconômico, uma medida de progresso e um resultado. Um dos maiores desafios enfrentados pelos sistemas de saúde em todo o mundo diz respeito ao fato de que a saúde da população e o patrimônio da saúde são produzidos em grande parte fora do setor. Assegurar que a saúde seja um objetivo comum em todas as áreas da política pública – em setores como a educação, a agricultura, o transporte e o ambiente, bem como as políticas econômicas e sociais – é essencial para melhorar a saúde da população e, consequentemente, o bem-estar social (UNRISD, 2012).

A instituição da medicina é responsável pela definição e tratamento de doenças físicas e mentais entre os membros de uma sociedade. O objetivo dos estabelecimentoss médicos de uma sociedade é promover a saúde, o bem-estar total do seu povo. A natureza da saúde e da medicina em uma sociedade dada está culturalmente determinada.

As definições da doença variam muito de sociedade para sociedade. Elas atribuem valores diferentes às condições que as pessoas experimentam no mundo todo, e como tal, tratam essas condições de forma diferente. Além disso, as sociedades têm opiniões muito divergentes sobre a natureza e a origem da doença física e mental (SPARK NOTES, 2017).

Doença física – a medicina não deve apenas definir a doença, mas também descobrir como curá-la. A aceitação de uma cura depende de como essa sociedade vê a doença. No Ocidente, acredita-se que as doenças surgem principalmente de fontes físicas, e os médicos usam curas biomédicas ou cirúrgicas para tratá-las. Outras culturas consideram doenças punição para certas ações ou maldições que recaem sobre indivíduos. Assim são mais comuns métodos de cura da condição, como encantamentos ou remédios populares.

Doença mental – os sintomas e origens de uma doença mental pode ser tão variados como aqueles de uma doença física. No Ocidente, ouvir vozes ou alucinações são geralmente vistas como sintomas de uma doença mental, tal como a esquizofrenia. Em outras sociedades, esses sintomas podem indicar uma experiência religiosa, e o indivíduo aflito pode não ser considerado doente mental. Em vez disso, ele ou ela poderia ser visto como esclarecido ou especial de uma forma positiva.

Medicina científica ou tratamento médico – é uma aproximação bastante nova com relação ao tratamento da saúde. Antes do século XIX, qualquer pessoa com certa experiência podia ser chamado para tratar uma pessoa doente: herbalists, farmacêuticos, parteiras, mesmo barbeiros (na idade média, os barbeiros tornaram-se hábeis em sangria). Hoje, a maioria das pessoas procuram o tratamento de médicos treinados, certificados que se especializam em tratar determinadas doenças e sintomas específicos. Essa prática médica moderna e científica tem sido muito eficaz para salvar a vida das pessoas. As mulheres e as crianças em particular se beneficiaram com esse avanço, e as taxas de morte materna no parto e na mortalidade infantil caíram desde a virada do século XX. Ainda assim, a abordagem científica tem suas desvantagens. Os praticantes tendem a se concentrar em apenas uma parte do paciente de cada vez e não tentam ver o "panorama total" da saúde do paciente ou fazer perguntas sobre a dieta do paciente, hábitos, ou bem-estar emocional, que podem influenciar o tratamento.

Atualmente, vivencia-se uma sociedade 'medicalizada', que levou séculos para ser constituída, e pressupõe a doença como algo passível de correção. Em vez de resignação, encontra-se a decisão de compreendê-la e atuar sobre ela. Nesse sentido, nas sociedades ocidentais, desenvolveu-se a medicina científica, calcada na ação dos médicos, o que tornou o tema saúde um valor fundamental, gerando, por consequência, estatutos legais que passaram a assegurar os direitos ao acesso a tratamentos (ADAM & HERZLICH, 2001). A cultura resultante disso é a necessidade da medicina e o fortalecimento da relação hierárquica com o médico: as prescrições devem ser cumpridas sem questionamentos, por um lado. Por outro,

136 Capítulo 8

há a institucionalização da medicina: mesmo sem a condição de doentes necessita-se realizar exames médicos, casos da medicina escolar e do trabalho, entre outros

A saúde vai se tornando cada vez mais importante para o desenvolvimento econômico: os poderes públicos passam a combater agravos sociais e sanitários como o alcoolismo, a sífilis e a tuberculose; leis são estatuídas sobre a vida nas cidades, as condições de saneamento e a saúde das crianças. Dessa aliança entre políticos e higienistas resultam leis que antecipam o que se chama atualmente de proteção social, a concepção do Estado moderno – o Estado de Bem-Estar Social. Até meados do século XX, a seguridade social é instituída em vários países.

Concluindo este capítulo sobre instituições, cabe lembrar a sugestão de Berger & Berger (2004) que sempre que o leitor se defrontar com alguma afirmativa sobre instituições, sobre o que são e como funcionam, sobre como mudam, poderá seguir a norma prática de indagar em primeiro lugar: qual a impressão que se colhe dessa afirmativa se ela for aplicada à linguagem?

9
Socialização, controle social e problemas sociais

9.1 Socialização

Em resumo, os processos de socialização podem ser compreendidos como um compêndio de interações entre seres humanos, das quais estes participam ativamente e assim tornam-se membros de determinada sociedade e cultura. Por meio de tais processos, os indivíduos internalizam uma série de valores, formas de agir e maneiras de pensar e ao mesmo tempo

Capítulo 9

desenvolvem seu *self* individual em uma relação de interdependência e ao mesmo tempo de conflito com os valores socioculturais que lhes são oferecidos (HILLMANN, 1994 apud GRIGOROWITSCHS, 2008).

Segundo Lenhard (1974, p. 23-27), socializar significa:

a. "por um lado, **adquirir personalidade** pessoal e, por outro lado, **tornar-se membro da sociedade** e portador da sua cultura, colaborando para a sua perpetuação". Assim, o socializar-se envolve dois aspectos: o individual e o cultural;

b. "a socialização envolve a aprendizagem de técnicas, a aquisição de conhecimentos, a aceitação de padrões de comportamento social e a interiorização de valores". Desse modo, esse processo nunca se completa de forma definitiva, a não ser com a morte; no curso normal da vida, à medida que a criança passa pelos vários estágios, da adolescência à velhice, deve ajustar-se continuamente a novas condições de vida e de atividades;

c. "a socialização se faz por **participação** e por **comunicação**". Por participação entende-se as atividades sociais exercidas, por meio das quais o indivíduo adquire e acumula traços culturais, por vários processos, incluindo a imitação; por comunicação entende-se a simbólica, através da qual toma-se conhecimento do acervo de experiências de outras pessoas, que podem ser aplicáveis a situações presentes ou futuras;

d. "quem se socializa incorpora valores e padrões sociais, válidos para todos os membros da sociedade (**universais**) e outros, que se aplicam somente ao exercício de certos papéis sociais (**especiais**)". Por exemplo, a criança aprende valores comportamentais de seu sexo, da mesma forma que a língua de seus pais; o jovem adquire padrões morais vigentes na sociedade global, assim como os que são específicos de sua religião e classe social; o adulto incorpora as habilidades necessárias para a vida econômica e as peculiares a seu ofício;

e. "além da socialização **concomitante** no próprio exercício de um papel, há outra, **antecipatória**, que consiste no preparo para um papel futuro". Geralmente, as duas se diferenciam: os papéis familiares são incorporados enquanto se atua num sistema de parentesco, e os das profissões aprende-se antes de receber licença para desempenhá-las (torneiro mecânico, eletricista);

f. "vista na perspectiva da sociedade, há uma socialização **espontânea**, que opera sem que ninguém pense nela, e a **educação**", que atualmente é planejada, inclusive, a longo prazo. Assim, ambas se diferenciam.

Por sua vez, educação refere-se:

a. "à ação exercida por **pessoas maduras** sobre **imaturas**". O primeiro aspecto a destacar é que, no conceito de educação, ao contrário de socialização, exclui-se a ação de crianças sobre crianças (sistema de parentesco, grupo de brinquedos, grupo de vizinhança) e de adultos sobre adultos (grupos de trabalho, naturais de um país sobre imigrantes, clubes, sindicatos, partidos políticos etc.);

b. à ação **intencional** que tem por **objeto** suscitar e desenvolver certo número de estados físicos, intelectuais e morais. A educação assim compreendida é sempre intencional, pois visa um objetivo predeterminado e o "educador", mesmo atuando de forma "impensada", volta-se para a consecução de suas metas;

c. implícita na ação de desenvolver certos números de estados, encontra-se a intenção "genérica de contribuir, nos moldes preparados pela sociedade, para o amadurecimento do educando". Evidentemente, isso não se pode processar se não se tiver determinado **método**, tendo em vista as finalidades específicas da educação;

d. o último aspecto apontado da educação consiste em "ser **una** e **múltipla**, encarada como atividade global, em termos da sociedade como um todo", e do meio especial a que se destine a criança. Evidentemente, a unicidade educacional de uma sociedade moderna está contida em seus programas de âmbito nacional, ao passo que a diferenciação surge no conteúdo programático das disciplinas que formam o **curriculum** das diferentes escolas, profissionalizantes ou não.

Socialização primária. A socialização primária consiste na primeira espécie de socialização que o indivíduo experimenta, e por ser a primeira, traz consigo grande importância. Essa etapa da vida do indivíduo, é o primeiro procedimento de incorporação de valores que possibilitam a inserção do indivíduo em sociedade. De acordo com Luiz Alves de Fraga (2013), a primeira parte desse processo é dada já nos primeiros anos de vida, nos quais se integram as regras básicas de convívio necessárias à vida social. Nessa fase, o principal agente de socialização, isto é, o meio por intermédio das regras a integrar é a família.

José Luiz de Paula (2015) citado por Silva, Almeida, Lourenço e Silva (2015):

> A **socialização primária** não envolve apenas aprendizado cognitivo (inerente ao raciocínio): implica também alto grau de emoções. Daí surge a identificação da criança com seus "outros significativos": ela absorve seus papéis e atitudes, interiorizando-os. Toda criança recebe um mundo social "filtrado" pelos seus familiares (os "outros significativos"). Essa "filtragem" tem a ver com a localização social e com as biografias de cada um dos adultos encarregados de sua socialização primária.

A **socialização secundária** ocorre na idade adulta. Geralmente, nessa etapa, o indivíduo já se encontra com sua personalidade relativamente formada, o que caracteriza certa estabilidade de comportamento. Isso faz com que a ação dos agentes seja mais superficial, mas abalos estruturais podem ocorrer, gerando crises pessoais mais ou menos intensas. Nesse momento, surgem outros grupos que se tornam agentes socializadores, por exemplo, o grupo do trabalho (SAVOIA, 1989).

A **socialização terciária** ocorre na velhice. Pela própria fase de vida, o indivíduo pode sofrer crises pessoais, haja vista que o mundo social do idoso muitas vezes se torna restrito (deixa de pertencer a alguns grupos sociais) e monótono. Nessa fase, o indivíduo pode sofrer uma dessocialização, em decorrência das alterações que ocorrem, em relação a critérios e valores. E, concomitantemente, o indivíduo, nesta fase, começa um novo processo de aprendizagem social para as possíveis adaptações a nova fase da vida, o que implica uma ressocialização.

140   Capítulo 9

9.2 Agentes de socialização

São grupos sociais, instituições e indivíduos que proporcionam as situações estruturadas em que a socialização ocorre. Os agentes mais importantes são: família, escola, pares, local de trabalho e meios de comunicação.

A **família** é o agente de socialização mais significativo em todas as sociedades e o que tem provavelmente a influência mais duradoura no indivíduo. (Ver Capítulo 8.)

A **escola** ajuda as crianças a tornarem-se menos dependentes da família, proporcionando uma ponte para outros grupos sociais. De fundamental importância é o chamado "currículo oculto", valores ou comportamentos que os estudantes aprendem indiretamente em consequência da estrutura do sistema educativo e dos métodos de ensino (pontualidade, asseio, disciplina, aplicação etc.) (ver Capítulo 8).

Os **pares** – grupos de pares são grupos de pessoas que têm quase a mesma idade e características sociais semelhantes. Os pares podem ser amigos da escola ou do bairro, membros de uma equipe desportiva, ou colegas de quarto numa residência. A participação num grupo de pares proporciona aos jovens uma forma de exercitar a independência

Os **meios de comunicação de massa** – jornais e revistas; rádio e televisão; cinema; internet (redes sociais). Atingem um público numeroso. Não fornecem apenas informação, veiculam valores, oferecem modelos de papéis e expõem estilos de vida, influenciam atitudes e opiniões.

9.3 Controle social

9.3.1 Conceito

Segundo Hollingshead (In: PIERSON, 1970b, p. 391) a ideia de "controle social" aparece em primeiro lugar nas obras de Comte, *Curso de filosofia positiva* (1830-1842) e *Política positiva* (1851-1854), surgindo depois nos escritos de Lester Ward, *Sociologia dinâmica* (1883). Os primeiros autores que utilizaram a expressão "controle social" foram Small e Vincent, em seu livro *Uma introdução ao estudo da sociedade*, publicado em 1894. A primeira obra a tratar especificamente desse assunto apareceu em 1901, escrita por Edward Alsworth Ross: *Controle social.*

Na concepção de Ross, o ser humano herda quatro instintos: "simpatia, sociabilidade, senso de justiça e ressentimento ao mau trato". Estes instintos permitem o desenvolvimento de relações sociais harmoniosas entre os componentes de grupos e comunidades pequenas e homogêneas. À medida que a sociedade se torna mais complexa, as relações sociais tendem a tornar-se impessoais e contratuais. Nesse período de transição, com o enfraquecimento dos instintos sociais do homem, o grupo tem de lançar mão de determinados mecanismos sociais a fim de controlar as relações entre seus membros. Esses mecanismos constituem o controle social, que visa regular o comportamento dos indivíduos e propiciar à sociedade ordem e segurança. Assim, quando as "sociedades artificiais civilizadas" se distanciam das "comunidades naturais", os controles instintivos do homem são substituídos pelos recursos artificiais: a lei, a opinião pública, a crença, a religião, a sugestão social (tradição, convenções), a influência de certas personalidades mercantes, a ilusão e a avaliação social. Ross salienta, portanto, os meios que a sociedade emprega para obter um comportamento ordenado.

Charles Cooley analisou o conceito de controle social sob um enfoque diferente: "relação recíproca entre o indivíduo e a sociedade". Em sua obra *Natureza humana e ordem social* (1902), considera o controle como um fator implícito na sociedade e, portanto, transmitido ao indivíduo pela socialização: na sociedade, os diferentes indivíduos possuem, para definir suas atividades, significados comuns; dessa maneira, o comportamento de cada pessoa é controlado, principalmente, pelo desenvolvimento da consciência, como resultado da associação. Pela socialização, o indivíduo torna-se membro da sociedade, é por ela controlado, passando a ser, por sua vez, um agente ativo do processo.

Para Busato apud Kozan (2016), o conceito de controle social abrange os variados recursos de que uma sociedade pode valer-se a fim de alcançar a submissão do comportamento dos seus membros às regras e princípios, bem como as respostas quando verificada a transgressão a tais regras e princípios.

9.3.2 Conformidade e desvio

Ao conceituar socialização, encaramos tal processo como a aprendizagem e a interiorização dos elementos socioculturais, normas e valores do grupo social que se integram na estrutura da personalidade do indivíduo (pessoa social). É com base nesse contexto, "pessoas orientadas para normas sociais interiorizadas como parte de sua personalidade", que Johnson (1960, p. 637) compreende os termos "conformidade" e "desvio".

Conformidade seria a ação orientada para uma norma (ou normas) especial, compreendida dentro dos limites de comportamento por ela permitido ou delimitado. Dessa maneira, dois fatores são importantes na conceituação de conformidade: os limites de comportamento permitido e determinadas normas que, consciente ou inconscientemente, são parte da motivação da pessoa. O conhecimento das normas não precisa ser explícito, o que seria difícil: por exemplo, em relação aos modernos sistemas legais, cujo conhecimento aprofundado é da alçada de especialistas; pode ser a aceitação implícita das mesmas, em seus aspectos gerais.

Por sua vez, o comportamento em desvio é conceituado não apenas como um comportamento que infringe uma norma por acaso, mas também como um comportamento que infringe determinada norma para a qual a pessoa está orientada naquele momento; o comportamento em desvio consiste, pois, em infração motivada.

Nas relações sociais, um dos elementos importantes é a expectativa do comportamento dos outros componentes do grupo, isto é, a possibilidade de prever suas reações que, por sua vez, influenciarão nossas futuras ações. Tal possibilidade é essencial para a cooperação e a atuação grupal. A previsão, portanto, depende de um sistema de normas para o qual se supõe que os componentes do grupo estejam orientados. Quando o padrão é rompido, através do comportamento desviado, a ruptura provoca sentimentos negativos, dando origem a um processo de sanções cuja função é punir a infração, impedir futuros desvios e/ou alterar as condições que originam o comportamento desviado. Esse processo constitui o controle social.

142 Capítulo 9

O **desvio** é um comportamento disfuncional em relação ao grupo onde ocorre. Tal conceito é desprovido de conotações valorativas: as normas dos diferentes grupos constitutivos de uma sociedade mais ampla podem encontrar-se em oposição. Por exemplo, o comportamento considerado funcional, harmônico, em conformidade com as normas, num grupo de criminosos, quando analisado em relação às normas de outro subgrupo ou da sociedade maior, será considerado desviado ou disfuncional.

Essas considerações indicam que nem todo desvio é nocivo para os componentes do grupo. O membro da quadrilha de criminosos que deseja o abandono do crime comete um desvio em relação às normas de seu grupo; da mesma maneira age o intelectual inovador que combate preconceitos sociais superados e prejudiciais.

9.3.2.1 Causas da conformidade

Johnson considera que as principais causas da conformidade são as seguintes:

a. **socialização**: processo que propicia a interiorização das normas sociais, que se integram na estrutura da personalidade;

b. **isolamento**: processo pelo qual a pessoa se adapta às diversas normas e valores em conflito, e a diferentes momentos e lugares, de tal maneira que a ação apropriada para uma determinada ocasião permaneça restrita a ela;

c. **hierarquia**: além do fator tempo e lugar, as normas e valores integrantes de um sistema sociocultural encontram-se classificados por ordem de precedência. Essa hierarquia permite uma escolha mais adequada, em ocasiões em que mais de uma norma pode ser aplicada no mesmo momento e no mesmo lugar;

d. **controle social**: quando conhecido, o controle social pode funcionar por meio da antecipação, pois a pessoa socializada pode prever as consequências que advirão de seu comportamento desviado se ferir as expectativas dos demais;

e. **ideologia**: a ideologia pode reforçar a conformidade de seus membros, quando dá um apoio "intelectual" às normas por meio de uma visão do papel e do lugar do grupo na sociedade (quando as ideologias contestam a validez desse papel, podem dar origem a desvios, no sentido revolucionário);

f. **interesses adquiridos**: as normas sociais definem não só as obrigações, como também os direitos. Dessa maneira, as possíveis sanções ou motivos idealistas e também os interesses adquiridos contribuem para a conformidade dos membros às normas sociais, que protegem certas vantagens desfrutadas por seus membros, e as transformam em vantagens legitimadas, originando a convicção no apoio dado às normas. A expressão "interesses adquiridos" é, também, desprovida de conotações valorativas, quando empregada nesse contexto.

9.3.2.2 Causas dos desvios

É ainda Johnson quem indica os seguintes fatores que facilitam o desvio:

a. **socialização falha ou carente**: o termo "falha" é avaliatório e seu emprego representa o ponto de vista dos que aceitam as normas em questão;

Socialização, controle social e problemas sociais   143

b. **sanções fracas**: se as sanções positivas e negativas, referentes à conformidade e ao desvio, são fracas, perdem muito de seu poder de orientação ou de determinação do comportamento;

c. **cumprimento medíocre**: se as sanções são adequadamente fortes, mas sua aplicação não é frequente, sendo poucas as pessoas encarregadas de sua execução, a validade da norma enfraquece;

d. **facilidade de racionalização**: a racionalização é o processo pelo qual a pessoa que interiorizou as normas sociais justifica seu comportamento em desvio, reconciliando-o com sua autoimagem de pessoa digna de confiança, seguidora das normas sociais;

e. **alcance indefinido da norma**: muitas vezes, o alcance ou os limites de uma norma não são claramente definidos: dessa maneira, o comportamento que alguns consideram desviado pode ser defendido pela pessoa como, na realidade, mais legítimo do que o esperado. Teríamos como exemplo o comportamento dos radicais ou fanáticos;

f. **sigilo das infrações**: o não descobrimento do comportamento em desvio, e, em consequência, o não emprego imediato do controle social tendem a fortalecer a atitude criada por esse desvio;

g. **execução injusta ou corrupta da lei**: quando as pessoas encarregadas da manutenção e aplicação da lei não o fazem de maneira justa e equitativa, ou quando são, até certo ponto, coniventes com o comportamento desviado de determinados elementos, tal atitude contribui para solapar o respeito pela lei, por parte da população;

h. **legitimação subcultural do desvio**: pela aprovação do comportamento, desviado ou não conformado, por seus companheiros, o indivíduo é encorajado no desvio das normas da sociedade maior, como, por exemplo, numa quadrilha de ladrões; o que se considera comportamento desviado na sociedade maior é conformidade para o grupo particular. O mesmo acontece num grupo de contestação, fortemente politizado;

i. **sentimentos de lealdade com os grupos em desvio**. A solidariedade e a cooperação existentes no interior do grupo exercem pressão sobre o indivíduo, a fim de que mantenha sua lealdade, mesmo que não mais aprove ou não mais deseje persistir no comportamento desviado.

Ogburn e Nimkoff (1971, p. 210 s.) também salientam o fator integrador da conformidade com as normas sociais: a não conformidade ou o comportamento desviado ameaça a integração do grupo, que reage. Os "processos e os meios pelos quais o grupo limita os desvios com relação às normas sociais" constituem o controle social. Em outras palavras, o sistema de controle social de uma sociedade seria o padrão de pressões que ela exerce para manter a ordem e as normas estabelecidas.

O grupo, ao mesmo tempo que modela o comportamento de seus membros por meio das normas, também o restringe e o disciplina por meio da pressão exercida em função das normas predominantes. Seria falso afirmar que as normas são imutáveis: algumas, como a proibição do assassinato e, em menor grau, do roubo, essencial para a vida organizada do

144   Capítulo 9

grupo, são mais duradouras (variando, é claro, de sociedade para sociedade), ao passo que outras, como as que se referem à moda ou à etiqueta, mudam mais facilmente.

9.3.3 Aspectos relacionados com a conformidade e com o desvio

Os dois autores já mencionados indicam alguns aspectos relacionados com a conformidade e com o desvio:

a. **A meta da pressão social é uma conformidade manifesta**: na conformidade existem dois aspectos que podem ou não ser concomitantes: o cumprimento e a convicção. Em virtude de a socialização propiciar a interiorização das normas, a maior parte dos componentes de um grupo está convicta da sua validade e retidão. Em geral, o cumprimento das normas sem a convicção de sua validade ocorre com recém-admitidos que almejam, acima de tudo, sua aceitação no grupo. Para serem aceitos, cumprem as normas do grupo, sem convicção de sua validade, por não estarem familiarizados com o sistema de ideias e valores imperantes; também podem cumpri-las apesar de serem conflitantes com as normas da sociedade maior, aceitas como válidas. Os diferentes grupos variam em relação à exigência ou não da convicção aliada ao cumprimento.

b. **O grupo reprime as variações extremas**: certa variação no que se refere ao cumprimento das normas ocorre em todos os grupos. Desde que o comportamento desviado corresponda a uma ligeira modificação das normas sociais, terá maior probabilidade de ser ignorado ou será passível de sanções ligeiras. Quanto maior for o desvio das normas aceitas, mais grave será considerada a falta e mais severa será a sanção por parte do grupo. A hierarquia das faltas é determinada pela cultura do grupo.

c. **Os limites da tolerância variam**: os grupos não são inflexíveis em relação à conformidade e ao comportamento desviado; em determinadas circunstâncias, certo grau de desvio é aceito. Os limites dessa tolerância dependem de certos fatores: o tipo de comportamento, a natureza da situação social e o *status* do infrator.

d. **Em épocas de crise ocorrem mudanças na tolerância**: dependendo do tipo de crise que a sociedade atravessa, os limites de tolerância do comportamento desviado podem-se reduzir ou ampliar, ou diminuir em determinados campos e aumentar em outros.

e. **Tolera-se mais o desvio das normas em uma comunidade grande e heterogênea do que em uma pequena e homogênea**: os dois fatores, tamanho e complexidade do grupo, estão correlacionados. À medida que uma comunidade cresce, o indivíduo tende a ser anônimo e, portanto, mais livre; da mesma forma, quanto mais complexa ou heterogênea for a comunidade, maior será sua probabilidade de possuir vários conjuntos de normas contraditórias, e, por isso, a oposição a determinados comportamentos diminui. Por sua vez, uma comunidade pequena permite o escrutínio constante dos atos de cada um, e a pressão, visando à conformidade com as normas, é mais forte. Quanto maior for a coesão do grupo,

Socialização, controle social e problemas sociais   145

maior a probabilidade de serem repelidos os que se desviam das normas. As comunidades pequenas e homogêneas possuem maior coesão do que as grandes e heterogêneas. Dessa maneira, podemos concluir que o controle social nas modernas sociedades industriais e urbanas é menos eficaz do que nas comunidades pequenas e agrícolas.

f. **A família, a vizinhança e a Igreja são órgãos de controle social com menos poder do que no passado, ao passo que as empresas e o Estado tendem a adquirir mais força:** no passado, quando a família era uma unidade econômica, poucos negócios se realizavam fora de seu âmbito; o Estado não tinha muita força nas comunidades locais. Dessa maneira, a família, o grupo local e a Igreja, cujas atuações apareciam em todas as etapas da atividade social, exerciam a maior parte do controle social. Com a transferência da produção econômica da família para as empresas (de maior ou menor vulto), com o crescimento das comunidades, com o fortalecimento do Estado e a tendência para a secularização das sociedades, modificou-se o panorama da distribuição das funções de controle social entre as instituições, fortalecendo-se a empresa e o Estado.

g. **Os membros do grupo, considerados mais importantes (valiosos), têm mais liberdade**: há maior probabilidade de um membro importante ou apreciado do grupo se desviar das normas, sendo seu comportamento aceito ou tolerado, do que um membro menos importante, que terá receio de prejudicar seu próprio *status*.

h. **Exige-se maior conformidade de alguns grupos do que de outros**: o rigor com que a sociedade exige a conformidade com as normas sociais varia em função do grupo. Tanto nas sociedades do passado como nas de nossos dias, existem certas categorias profissionais – sacerdotes, médicos, professores etc. – das quais se espera uma conformidade maior do que de outras categorias ou grupos.

i. **A tolerância é afetada pela importância da questão**: assim como a natureza da situação social e o *status* do indivíduo, o tipo específico de comportamento também influi sobre a maior ou menor tolerância relativa ao desvio. Em toda sociedade, determinadas normas, como as que dizem respeito ao tabu do incesto, exigem uma conformidade estrita, não tolerando o grupo o menor desvio: nem sequer é possível colocar em discussão a validade e importância dessa norma. Em outras questões (desde que não contidas nos *mores*), o grupo é mais tolerante com comportamentos desviados.

j. **A conformidade com os *mores* é imprescindível**: a sociedade não admite nenhum comportamento contrário aos *mores*: reage com mais força em caso de desvio de comportamento que desafie as proibições contidas, ou que não cumpra a ação por eles determinada.

k. **Os *mores* podem fazer com que qualquer atitude seja considerada certa**: o infanticídio, em Esparta, o gerontocídio, entre os esquimós, e a escravidão, em muitas sociedades, eram costumes aceitos e considerados corretos. Em nossa sociedade, aceitam-se como corretos (legitimados pelos *mores*) a execução de criminosos (pena de morte) e o dever de matar soldados inimigos na guerra, apesar de se condenarem, em geral, os assassinatos.

146   Capítulo 9

l. **Em nossa cultura, os pecados de omissão geralmente são considerados menos repreensíveis do que os de ação:** a ação, a atitude deliberada de desrespeito às normas sociais, como passar cheque sem fundo, caracterizando o desejo de enganar ou fraudar outrem, é considerada mais grave (independentemente das sanções oficiais, legais, que tal atitude acarreta) do que a pessoa deixar de pagar suas contas por falta de fundos suficientes.

9.4 Códigos e sanções

A maioria dos autores considera que os códigos representam modelos culturais que exercem determinado "constrangimento" sobre a ação de indivíduos e grupos; são normas de conduta, cujo poder de persuasão ou de dissuasão repousa, em parte, nas sanções, positivas ou negativas, de aprovação ou de desaprovação, que as acompanham. Esses códigos variam de sociedade para sociedade e, dentro da mesma sociedade, de grupo para grupo, de acordo com sua constituição ou finalidade. Dessa forma, em qualquer grupo ou coletividade, a conformidade aos modelos acarreta (ou pode acarretar) a concessão de recompensas, e o desvio ou não submissão provoca, como reação, a imposição de determinadas penas.

MacIver e Page (1972, p. 145) apresentam, no Quadro 9.1, um esquema referente aos diversos grupos ou tipos de relações sociais, que contêm os códigos em que se baseiam para orientar o comportamento de seus membros e as sanções específicas de que lançam mão.

Os dois autores indicam, ainda, no Quadro 9.1, as especificações das sanções negativas (penas) por intermédio das quais o grupo reage contra os elementos que atuam em contradição com as normas estabelecidas pelos diferentes códigos. Estes regem as relações e o comportamento dos membros ou dos grupos menores, incluídos nas associações em grande escala ou em grupos secundários. Não fazem esses autores menção às sanções positivas empregadas para encorajar e premiar o comportamento aprovado, talvez pela razão de que as sanções negativas estejam mais bem definidas na sociedade e nos diversos grupos do que as sanções positivas. Entretanto, estas possuem também função importante: reforçam a socialização, a interiorização das normas e valores sociais, por meio do sentimento de prazer propiciado aos que atuam de maneira socialmente aprovada. O psicólogo B. F. Skinner salientou o papel das sanções positivas, da aprovação dos membros do grupo, às quais chamou de "reforço positivo" para a ação; opunha-se às formas de punição ou repressão (sanções negativas), por considerá-las menos eficientes e desnecessárias.

A sociedade tem diferentes recursos para demonstrar sua satisfação em relação a determinadas ações de seus membros ou grupos: o elogio, público ou particular, o prestígio conferido, as recompensas simbólicas, tais como condecorações, diplomas, honorários, títulos etc., ou a concessão de benefícios concretos. A aprovação, além de formas convencionais, também pode aparecer de maneira espontânea, através do apoio, do encorajamento, do aplauso.

O conjunto de sanções, positivas e negativas, existentes numa comunidade constitui motivação para que o indivíduo regule seu comportamento, efetivando-o pelo desejo que tem de obter a aprovação e/ou evitar a reprovação de seus semelhantes, de receber recompensas que a sociedade oferece e evitar os castigos que ela pode aplicar. Constitui força poderosa de regulamentação da atuação, permitindo ao indivíduo discernir os modos parti-

Socialização, controle social e problemas sociais   147

culares de comportamento, que são aprovados e desaprovados pelos demais, levando-o, por antecipação ou em retrospecção, a analisar seu próprio comportamento, de acordo com os padrões grupais.

Quadro 9.1   Diversos grupos ou tipos de relações pessoais: códigos em que se baseiam e sanções específicas

GRUPOS (BASE SOCIAL)	CÓDIGOS	SANÇÕES ESPECÍFICAS
I. Associações **constituídas em grande escala**		
O Estado	a) Código penal b) Código civil	Constrangimento físico através de: a) multa, prisão, morte; b) indenização de prejuízos ou restituição.
A Igreja	Código religioso	Excomunhão, penitência, perda de prerrogativas, temor à cólera da divindade.
As Organizações Profissionais	Códigos profissionais	Expulsão (perda da condição de membro), perda do direito de exercer a profissão (com a ajuda do código legal).
II. Associações **constituídas em pequena escala**		
A Família	Código familiar	Castigo dado pelos pais, exclusão da herança (deserdação), perda da preferência.
O Clube	Normas e Regulamentos	Perda da condição de membro, de privilégios.
O bando, a gangue ou a quadrilha	Código dos marginais	Morte e outras formas de violência.
III. **A comunidade**	O costume, a moda, as convenções, a etiqueta	Ostracismo social, perda da reputação, o ridículo.
IV. **As relações sociais em geral**	O código moral (individualizado)	O sentimento de culpabilidade ou degradação.

Fonte: R. M. MacIver e Charles H. Page. *Sociologia*, p. 145.

148   Capítulo 9

9.4.1 Tipos de sanções

As sanções negativas podem ser de vários tipos, conforme veremos a seguir:

Constrangimento físico. Implica a violência ou ameaça de violência física. Entre todos os grupos, é ao Estado que cabe o emprego legal das sanções físicas, por meio do sistema jurídico e das organizações que têm por função vigiar o cumprimento das leis (exército, polícia, tribunais, penitenciárias). O emprego da força tem por finalidade a proteção da sociedade, manutenção do governo e do *status quo*, castigo dos criminosos, dos agitadores políticos, desejo de correção ou de reabilitação de elementos ou grupos em desvio. São diversas as sanções físicas empregadas pelo Estado: prisão, residência vigiada, tortura (ilegal), trabalhos forçados e até mesmo execução (pena de morte), cassação de direitos ou privilégios legais, decretos de extradição, banimento ou exílio. Na relação entre Estados, lança-se mão da ameaça de guerra para determinar, fixar e manter os direitos de cada grupo político e para defendê-lo contra seus inimigos. Além do Estado, outros grupos (gangues, sociedades secretas etc.) empregam a sanção física extrema, através do assassinato punitivo de seus membros, do assassinato político, da vendeta, do duelo. Em menor escala, o constrangimento físico pode ser empregado pela família (a palmada, o corretivo físico, a proibição de sair de casa), pela escola (retenção depois do horário de aulas, suspensão, expulsão da escola), por amigos (a cotovelada, o beliscão, o pontapé, para indicar que se está cometendo uma gafe, ou para chamar a atenção para regulamentos e proibições), pela Igreja (jejuns, vigília, autoflagelação). O soco ou a bofetada são reações comuns a ofensas.

Sanção econômica. Significa o prejuízo econômico ou a perda de privilégios que resultem em perdas econômicas. O sistema jurídico é o meio legal através do qual se aplica a maioria das sanções econômicas: multas, indenização de prejuízos causados a outrem, restituição em casos de apropriação indébita etc. Apoiam-se no sistema jurídico: o Estado (em caso de sonegação do imposto de renda, mau uso ou apropriação indébita de fundos públicos, determinadas contravenções etc.), as organizações empresariais (para fazer cumprir seus regulamentos, impondo diversas penalidades econômicas e despedindo o empregado por "motivo justo", isto é, sem indenização), e outras organizações formais como clubes, sindicatos etc. Uma sanção que é aplicada por algumas associações profissionais, como a dos médicos e advogados, consiste na perda do direito de exercer a profissão, trazendo, entre outros, prejuízos econômicos; os clubes e organizações esportivas aplicam multas e suspendem os jogadores faltosos. A família também pode exercer sanções econômicas legais, deserdando determinados membros. Além das sanções legais, existem outras, como as empregadas por organizações empresariais contra outras do mesmo tipo: mudança de fornecedor, suspensão do pedido de serviços ou mercadorias, retirada da publicidade etc.; pelos consumidores em relação a determinadas empresas, através do boicote de seus produtos; pela escola, suspendendo a bolsa de estudos; pela família, retirando a mesada dos filhos ou a ajuda econômica concedida a parentes.

Sanção religiosa. É em geral "suprassocial", já que, além de abranger as relações de indivíduos e grupos com a Igreja, diz respeito a um poder mais elevado. Envolve as relações do homem com a divindade, deuses e espíritos, e refere-se ao destino depois da morte. A eficácia das sanções religiosas baseia-se na crença em ideias religiosas e, também, na aceitação do poder e autoridade dos chefes religiosos. Determinados atos são considerados agradáveis aos deuses, estabelecendo com eles relações desejáveis, e outras, desagradáveis, destruindo ou estremecendo essas relações. Acredita-se que através de procedimentos prescritos ou reconhecidos, como o sacrifício, o arrependimento, a confissão, os rituais de purificação e a mortificação, podem-se remover ou, ao menos, neutralizar as condições não satisfatórias (impureza, pecado), e apaziguar a cólera dos deuses. As sanções tomam diversas formas: penitências, excomunhão, perda dos méritos, ameaça da condenação eterna e da não ressurreição, da reencarnação da alma em uma forma de vida inferior. As sanções mágicas são outra forma de sanção sobrenatural, diferindo da religiosa: geralmente não apelam aos espíritos, mas consistem em manipulação ritual de forças secretas, sobrenaturais.

Sanções especificamente sociais. São as mais diversas e numerosas. O grupo de amigos, a família, a pequena comunidade empregam, principalmente, as sanções sociais. Estas variam em conformidade com a gravidade da falta. Para os casos piores, o grupo lança mão de sanções como a rejeição, o afastamento e a expulsão do grupo: a pessoa cujo comportamento se reprova pode encontrar-se isolada, vendo seus amigos dela se afastarem, e, às vezes, até sua família; quanto menor a comunidade, mais agudamente esse isolamento é sentido. Quando tal sanção é aplicada pela própria família, torna-se mais efetiva e, se ocorrer numa comunidade pequena, unida, dominada por relações estreitas entre seus membros, essa censura ou rejeição pode prejudicar a posição do indivíduo. O falatório, o disse me disse, a fofoca, o mexerico, a bisbilhotice são sanções poderosas e temidas, tanto mais eficazes quanto menor a comunidade; seu poder baseia-se principalmente nas possíveis deformações e amplificações da realidade. Por sua vez, a excentricidade, as ações consideradas ridículas dão origem a um outro tipo de sanção: a troca, a zombaria e o riso. A reprovação da conduta pode manifestar-se ainda por meio do silêncio, do olhar de censura, da careta e de outras expressões fisionômicas. Na sociedade urbana, o anonimato, a mobilidade e os variados grupos existentes diminuem a eficácia de todos esses tipos de sanções informais, criando a necessidade de outros meios de controle social mais formais.

9.5 Classificação dos controles

Para Fichter, o controle apresenta três classificações gerais:

a. **controle positivo e negativo**: o controle positivo é empregado para orientar o comportamento do indivíduo, levando-o a proceder de acordo com as normas e valores imperantes na sociedade: a conformidade é induzida por meio de mecanismos como a instrução, a sugestão, a persuasão, o exemplo, os prêmios e as recompensas; o controle negativo atua de outra maneira, levando os indivíduos a se afastarem de determinadas formas de comportamento consideradas antissociais: baseia-se em mecanismos como a proibição, os tabus, as repreensões e as punições;

b. **controle formal e informal**: os controles formais são assim designados em virtude de serem elaborados com a "intenção expressa de produzir a conformidade social", sendo obrigatórios a todos os indivíduos que participam do grupo, pequeno ou grande, onde são introduzidos. São formais: as leis, os decretos e atos promulgados pelo Estado; as resoluções e as portarias (ainda no âmbito do poder político); os estatutos e regulamentos de um sindicato, empresa, clube ou universidade; os preceitos da Igreja. Os controles informais são atitudes espontâneas que visam aprovar ou desaprovar determinados comportamentos, conforme sejam ou não compatíveis com as normas e valores da sociedade. São desse tipo a fofoca, o ridículo, o riso, a vaia, o aplauso, o apoio e o sorriso de aprovação;

c. **controle institucional e grupal:** nas diferentes sociedades e na mesma sociedade, em diferentes épocas, ocorre a predominância de uma ou outra instituição, de forma que o controle específico por elas exercido varia de importância. Os padrões institucionalizados orientam e controlam grupos existentes numa sociedade, e sob este aspecto "os padrões compartilhados de comportamento e a estreita conformidade às normas" evidenciam-se mais no grupo primário do que no secundário. O controle grupal é exercido pelos diferentes grupos sobre os seus componentes, variando o rigor e o grau com que atuam:

  – nos grupos familiar e educativo o controle que se exerce é mais rigoroso e a conformidade constitui o objetivo deliberado do grupo, pois, sem ela, tornar-se-ia difícil a sua manutenção e a consecução de seus objetivos. O controle é predominantemente informal, pois as relações entre seus membros são íntimas;

  – os grupos econômico e político apresentam-se a seguir, no que diz respeito ao rigor do controle. São formais e a conformidade decorre das exigências específicas das atividades econômicas ou dos direitos e deveres do cidadão, determinados pelos estatutos cívicos e públicos. As possibilidades de aplicação das sanções ocorrem mais frequentemente nos grupos econômicos do que nos políticos. Na sociedade industrial e urbana o controle exercido pela empresa e pelo estado sobre a atividade do indivíduo apresenta uma importância maior do que nas sociedades não industriais e rurais;

  – os grupos recreativos e religiosos apresentam maior opção e liberdade de movimentos, sendo, portanto, menor o grau de controle imposto. Sua organização é mais frouxa do que nos anteriores e a conformidade repousa principalmente na cooperação voluntária de seus membros. As exceções, neste item, dizem respeito a determinadas seitas religiosas que, da mesma maneira que algumas sociedades secretas, existem uma estrita conformidade até em aspectos do comportamento aparentemente não essenciais.

9.5.1 Tipos de controle

Em relação à sua natureza, o controle social pode ser *interno* e *externo*. O controle **interno** emana da própria personalidade do indivíduo; por meio da socialização, ele interioriza as normas e valores de seu grupo e, convencido de sua validade, orienta sua ação de acordo com eles. Assim, o controle interno é o autocontrole exercido pela vontade consciente do indivíduo, baseado nos princípios, crenças e ideais dominantes em seu grupo e por ele aceitos. Pode funcionar de maneira positiva pela antecipação feita pelo indivíduo em relação ao prazer e à vantagem advindos da aprovação do grupo; em sentido negativo, por meio da antecipação das sanções punitivas em face do comportamento contrário às normas.

O controle **externo** origina-se fora do indivíduo. Em relação à forma divide-se em:

a. **natural, espontâneo e informal**: exercido principalmente pelos grupos primários. Baseia-se nas relações pessoais e íntimas que ligam os componentes do grupo. É característico das sociedades homogêneas do passado, das pequenas comunidades rurais, da vizinhança, do grupo de amigos, do grupo de brinquedos e da família;

b. **artificial, organizado e formal**: é exercido, principalmente, pelos grupos secundários, onde as relações são formais e impessoais. À medida que a sociedade se torna mais complexa, aumentando o número de seus componentes e tornando-se heterogênea, o controle informal, baseado no conhecimento e na opinião do grupo, não é mais suficiente para manter a conformidade. Há necessidade de lançar mão do sistema formal de instituições, de leis, de regulamentos e códigos, de tribunais, da polícia e do exército para evitar o desvio e forçar ou estimular a obediência às normas.

Em relação ao tipo específico de controle, podemos ter: o educativo, o intelectual (instrução), o religioso, o jurídico, o ético e o econômico.

Exemplos:

a. controle social externo, natural, espontâneo, informal, educativo, doméstico: a mãe que chama a atenção do filho sobre regras de etiqueta;

b. controle social externo, natural, espontâneo, informal, intelectual, comunitário: um amigo corrigindo o outro – não diga "mais bom", diga "melhor";

c. controle social externo, artificial, organizado, formal, religioso, eclesiástico: a excomunhão (Igreja Católica Apostólica Romana);

d. controle social externo, artificial, organizado, formal, jurídico, estatal: prisão por roubo;

e. controle social externo, artificial, organizado, formal, econômico, internacional: o boicote econômico a Cuba por países da América Latina.

9.5.2 Agências de controle social

Segundo o sociólogo norte-americano G. Smith Russel, apud Costa (2015, p. 42), "nove décimos de tudo o que você faz, diz, pensa, sente, desde que se levanta de manhã cedo até que vai para a cama dormir, você diz, faz, pensa, sente não como expressão própria, independente, mas em conformidade inconsciente e sem crítica com regras, regulamentos, hábitos grupais, padrões, códigos, estilos e sensações que existiam muito antes que você nascesse".

Tal como foi acima referenciado a socialização é o ato de transmitir ao indivíduo, de levá-lo a assimilar e introjetar os padrões culturais da sociedade. É também um processo social abrangente, pois afeta direta ou indiretamente todos os indivíduos que vivem em uma

Capítulo 9

determinada comunidade ou sociedade. O maior instrumento de socialização é o **controle social**, que pode assumir diversas formas. O olhar de reprovação dos pais quando a criança toma sopa fazendo barulho, as chacotas dos adolescentes se um deles aparece vestido de terno e gravata são exemplos de controle social.

De acordo com a agência que exerce o controle, este pode ser: doméstico (família), comunitário (grupos de amizade, clubes, empresas, vizinhança etc.), escolar (escola), eclesiástico (Igreja), estatal (país, estado, município, departamento, província etc.), internacional (OEA – Organização dos Estados Americanos; MCE – Mercado Comum Europeu; Otan – Organização do Tratado do Atlântico Norte; ONU – Organização das Nações Unidas etc.) (ver seção 9.2).

10
Estratificação social

10.1 Conceito e tipos

Os indivíduos e grupos de uma sociedade diferenciam-se entre si em decorrência de vários fatores, formando uma hierarquia de posições, estratos ou camadas mais ou menos dura-

154 Capítulo 10

douros. Esse fato, observado em todas as sociedades, significa que nelas indivíduos e grupos não possuem a mesma posição e os mesmos privilégios, mas, sob esse aspecto, diferem entre si. Portanto, inexistem sociedades igualitárias puras. A essa diferenciação de indivíduos e grupos em camadas hierarquicamente sobrepostas é que denominamos estratificação.

A estratificação social indica a existência de diferenças, de desigualdades entre pessoas de uma determinada sociedade. Ela indica a existência de grupos de pessoas que ocupam posições diferentes. Assim, a estratificação social é a separação da sociedade em grupos de indivíduos que apresentam características parecidas, por exemplo: negros, brancos, católicos, protestantes, homem, mulher, pobres, ricos etc.

Para Sorokin, as formas concretas de estratificação podem ser reduzidas a três tipos fundamentais:

a. estratificação econômica: a desigualdade da situação econômica ou financeira dos indivíduos dá origem a uma divisão em ricos e pobres, significando a existência da estratificação econômica.

b. estratificação política: da mesma forma que há a desigualdade econômica entre os indivíduos, há a diversidade política em uma mesma sociedade, decorrente da distribuição não uniforme de poder, de autoridade (dirigentes e dirigidos), de prestígio, de honrarias e de títulos.

c. estratificação profissional: se as diferentes ocupações dos indivíduos na sociedade se apresentam hierarquizadas no que diz respeito à valorização social, ao grau de prestígio, significa que a sociedade possui estratificação profissional.

Por exemplo, em nossa sociedade valorizamos muito mais a profissão de advogado do que a profissão de pedreiro.

Nesse sentido, existem três tipos clássicos de estratificações sociais (castas, estamentos e classes), ligados a duas estruturas de poder (econômico e político); ainda que elementos culturais também sejam importantes estruturadores da sociedade e, consequentemente, classificadores "[...] não se pode compreender o processo de estratificação social enquanto não se examina a maneira pela qual se organizam as estruturas de apropriação (econômica) e dominação (política)" (IANNI, 1973, p. 11 apud BODART, 2016).

Para Ianni, a principal diferença entre os tipos clássicos de estratificação está na abertura ou rigidez das estruturas sociais para a possibilidade de os indivíduos migrarem de um estrato para outro. "Na medida em que as estruturas de apropriação e dominação são mais ou menos abertas (ou rígidas) as condições e possibilidades de classificação e mobilidade social serão mais ou menos abertas (ou rígidas)" (op. cit., p. 11).

De acordo com Bodart (2016), para compreender estratificações no interior de cada sociedade é importante considerar as formas de "cristalização" da divisão social do trabalho no âmbito de toda estrutura social e em seus diversos setores produtivos, de organização política, religiosa e intelectual. Em síntese, "a divisão social do trabalho é um processo condicionado pelo modo de produção (asiático, escravocrata, feudal e capitalista) [...] Isto é, as contradições estruturais inerentes às relações e hierarquias de castas (e subcastas), estamentos e classes sociais exprimem a maneira pela qual se distribui o produto (econômico) e o poder (político), no conjunto da sociedade, bem como em seus seguimentos" (op. cit., p. 13-14).

Nesse sentido, o que caracterizaria as classes sociais seria as estruturas sociais próprias do Capitalismo que se apresentam abertas, possibilitando aos indivíduos a migração entre as classes ao longo de sua vida (podendo tanto acender, quanto descender no estrato social).

10.2 Teorias de estratificação social: teoria funcionalista, teoria marxista, teoria weberiana

10.2.1 Enfoque de Marx

Segundo Sémbler (2006), a partir da ótica marxista a delimitação e diferenciação dos grupos sociais (classes) está diretamente ligada à forma como o processo de trabalho é organizado em um determinado momento histórico (divisão social do trabalho), ou em termos mais amplos com a articulação de um modo de produção e sua consequente estruturação das relações sociais. Em outras palavras, a análise de Marx considera que o processo de trabalho – entendido como a transformação material do meio ambiente através de uma ação (social) com um propósito particular – é organizado em torno dos seguintes componentes ou fatores:

a. atividade criativa de valor e apropriado de acordo com um propósito;

b. um objeto em que o primeiro atua e se materializa;

c. os meios de trabalho utilizados para o cumprimento do processo.

O primeiro fator, então, pode ser identificado como trabalho produtivo, enquanto o objeto e os meios de trabalho correspondem aos chamados meios de produção. Portanto, os grupos sociais diferem e organizam hierarquicamente a partir da propriedade (burguesia) ou não propriedade (proletariado) dos meios de produção. Assim, é possível identificar e definir os grupos sociais pelo modo de inserção na estrutura produtiva, caracterizando esses modos a partir das relações de propriedade sobre os meios de produção que possibilitam o controle do processo de trabalho e a apropriação de seus produtos (SÉMBLER, 2006).

Essa situação implica um processo de exploração entre os grupos envolvidos no processo com identidades e interesses opostos que determina relações estruturadas pelo conflito social.

10.2.2 Enfoque de Weber

Refutando esta posição, Max Weber fez uma distinção entre as três dimensões da sociedade: a ordem econômica, representada pela classe, a ordem social, pelo *status* ou "estado" e a ordem política, pelo partido. Cada uma das três dimensões possui uma estratificação própria: o interesse econômico é fator que cria uma classe, podendo-se até considerar que as classes estão estratificadas segundo suas relações com a produção e a aquisição de bens; a estratificação econômica é, portanto, representada pelos rendimentos, bens e serviços que o indivíduo possui ou de que dispõe. Os grupos de *status* estratificam-se em função do princípio de consumo de bens, representados por estilos de vida específicos; a estratificação social é, portanto, evidenciada pelo prestígio e honra desfrutados. A dimensão política manifesta-se pelo poder; a estratificação política é, assim, observada por meio da distribuição do poder entre grupos e partidos políticos, entre indivíduos no interior dos grupos e partidos, assim como entre os indivíduos na esfera da ação política.

Para Markline (2012), Weber, insistia que nenhuma característica única definia a posição de uma pessoa no sistema de estratificação. Por isso ele identificou três componentes que definiam a estratificação: classe, *status* e poder.

Em Weber, as classes constituem uma forma de estratificação social, na qual a diferença é feita a partir do agrupamento dos indivíduos que apresentam características similares.

Mas, segundo Weber, para a existência de classes tem de existir duas situações o patrimônio (tem a ver se indivíduo é proprietário ou não) e a possibilidade (que tem a ver com a qualificação ou não qualificação). Nesse caso, se o indivíduo tiver patrimônio pode não ter instruções, mas tem dinheiro. E se ele tiver qualificações pode alcançar o patrimônio.

Weber também utilizou a expressão grupo de *status*, para referir às pessoas que tem o mesmo prestígio e o mesmo estilo de vida. Um indivíduo ganha *status* quando pertence a um grupo desejável, como a profissão de médico.

Mas o *status* é muito deferente da classe econômica. Um mendigo será visto como um membro de um grupo de *status* inferior e o professor terá um grupo de *status* muito mais elevado.

O terceiro componente da estratificação é a dimensão política. Poder é a habilidade de uma pessoa exercer sua vontade sobre as outras. Para definir partidos tem de haver, indivíduos, angariação e poder.

10.2.3 Enfoque funcionalista

Para o enfoque funcionalista a estratificação social pode ser considerada como o ordenamento (ranking) diferencial de indivíduos que compõem um determinado sistema social e a posição de superioridade ou inferioridade que eles mantêm em aspectos socialmente importantes. Nesse contexto, segundo Parsons (ver Capítulo 3), a avaliação moral deve ser considerada como o critério central que rege a estratificação, de modo que corresponde a um sistema de posições (escala) ordenado de acordo com o valor (prestígio ou desaprovação,) atribuído à posição e da ação dos indivíduos com relação aos aspectos considerados socialmente significativos (SÉMBLER, 2006).

Nesse sentido, os indivíduos são colocados em uma escala de estratificação de acordo com determinados padrões valorativos socialmente compartilhados e, que, portanto, têm a capacidade de orientar normativamente a motivação individual e os propósitos do ator. É por isso que a partir da abordagem funcionalista, a estratificação social se destaca como um mecanismo essencial para a estabilidade e integração das sociedades, na medida em que permite que as relações sociais sejam ordenadas em referência as valorizações compartilhadas ancoradas nas motivações e que, por sua vez, se expressam normativamente nas instituições.

Kingsley Davis e Wilbert Moore (1945), historicamente, os representantes mais importantes do enfoque funcionalista, acreditavam que a estratificação além de universal representava a distribuição desigual de direitos e obrigações em uma sociedade, conferindo prestígios diferentes para as diversas posições sociais, no entanto, ficou a dúvida de quais seriam as bases para esse prestígio, sendo essa uma questão objetiva ou subjetiva.

Para esses autores e outros funcionalistas as desigualdades podem ser relacionadas com as críticas necessidades funcionais ou condições na sociedade.

A famosa "hipótese de Davis e Moore" argumenta que, se um *status* em uma sociedade tem uma função importante e difícil de ser ocupado em razão exigências de qualificação, receberá maiores recursos dinheiro, poder e influência e prestígio (op. cit., 1945).

Tomando por base os critérios apenas objetivos, Davis e Moore verificaram dois fatores que determinam a colocação dentro de uma hierarquia: sua importância para a sociedade, ou seja, sua função, e o treinamento ou talento necessário para exercê-la dentro dessa sociedade. As funções seriam a religião, o governo, a riqueza, a propriedade e o trabalho e o conhecimento técnico. De forma geral, se tomam como índices para o estabelecimento de sistema de estratificação o montante de rendimentos, a origem deles, a riqueza, a educação, o prestígio da ocupação, a área residencial, a raça ou etnia e outros critérios secundários. No entanto, utilizar apenas um desses critérios para nortear um sistema de estratificação não expressaria a realidade, para tanto surgem os sistemas multiestratificados, podendo, dessa forma, a estratificação estabelecida ser considerada um traço estrutural da sociedade; porém, se as combinações dessas hierarquias forem subjetivas, as estratificações originadas não terão valor para análise da estrutura social.

10.3 Estratificação de classes, grupos, etnias, raça e gênero

10.3.1 Classes

Para Ianni (1973), apud Bodart (2016), a maneira pela qual se estratifica uma sociedade depende da maneira pela qual os homens se reproduzem socialmente. E a maneira pela qual os homens se reproduzem socialmente está diretamente ligada ao modo pelo qual eles organizam a produção econômica e o poder político.

Nesse sentido, os três tipos clássicos de estratificações sociais (castas, estamentos e classes) estão ligados a essas duas estruturas de poder (econômico e político); ainda que elementos culturais também sejam importantes estruturadores da sociedade e, consequentemente, classificadores. Dessa forma, não pode escapar ao cientista social uma interpretação desses dois elementos. Em suas palavras, "[...] não se pode compreender o processo de estratificação social enquanto não se examina a maneira pela qual se organizam as estruturas de apropriação (econômica) e dominação (política)" (IANNI, 1973, p. 11).

Em geral, classe social é um termo usado para dar a ideia de que existem distâncias sociais significavas na sociedade. Isso quer dizer que indivíduos e grupos são diferentes entre si e ocupam lugares diferentes na sociedade. Entretanto, sociologicamente, não se pode falar em classes sociais sem pontuar a existência de relações desiguais entre elas. Na prática, isso quer dizer que há sempre uma relação de dominação entre uma classe e outra. A diferença na possibilidade de acesso ao poder político, ao poder econômico, aos bens culturais, a

158   **Capítulo 10**

educação e, outros prestígios valorizados em nossa sociedade, marcam a diferença entre as classes sociais.

Nesse sentido, o que caracterizaria as classes sociais seria as estruturas sociais próprias do Capitalismo que se apresentam abertas, possibilitando aos indivíduos a migração entre as classes ao longo de sua vida (podendo acender, quando descender no estrato social).

10.3.1.1 Conceito de Karl Marx

O primeiro autor a empregar continuamente o termo "classes sociais" foi Marx que, ao longo de suas obras, se utilizou do conceito sem, todavia, defini-lo com precisão. Ao contrário, muitas vezes o conceito "classes sociais" foi por ele empregado em contextos teóricos divergentes ou francamente opostos. Muitos autores que analisaram a obra de Marx tentaram conciliar as divergências, intentando apresentar um conceito unificado. O próprio Marx, sentindo a necessidade de precisar o termo, iniciou um capítulo (o quinquagésimo segundo do terceiro livro de sua obra, *O capital*) com o título "As Classes", que, todavia, permaneceu inacabado. Nesse capítulo, Marx faz algumas afirmações e formula perguntas às quais não chegou a responder (1975a, v. III, p. 817). "Os proprietários da simples força de trabalho, os proprietários do capital e os proprietários de terras, cujas respectivas fontes de ingressos são o salário, o rendimento e a renda do solo, isto é, os operários assalariados, os capitalistas e os latifundiários, formam as três grandes classes da sociedade moderna, baseada no regime capitalista de produção [...]. O problema que imediatamente se coloca é este: o que é uma classe? A resposta a esta pergunta se deduz da que dermos a esta outra: o que é que converte os operários assalariados, os capitalistas e os latifundiários em fatores das três grandes classes sociais? É, à primeira vista, a identidade de suas rendas e fontes de renda. Trata-se de três grandes grupos sociais cujos componentes, os indivíduos que os formam, vivem respectivamente de um salário, do rendimento ou da renda do solo, isto é, da *exploração de sua força de trabalho, de seu capital ou de sua propriedade territorial.*" (O grifo é nosso, pois, nos poucos parágrafos restantes do capítulo, Marx indica que a classe não deve ser identificada com a fonte de renda na divisão do trabalho, pois isso daria origem a uma pluralidade incontável de "classe".)

Engels, depois da morte de Marx, não retomou a questão da conceituação de classe social, deixada sem resposta no manuscrito de *O capital*. A definição que foi popularizada pelos manuais e enciclopédias marxistas é a de Lenin (apud OSSOWSKI, 1964, p. 89-90):

> As classes são grandes grupos de pessoas que diferem umas das outras pelo lugar ocupado por elas num sistema historicamente determinado de produção social, por sua relação (na maioria dos casos fixada e formulada em lei) com os meios de produção, por seu papel na organização social do trabalho e, por consequência, pelas dimensões e métodos de adquirir a parcela da riqueza social de que disponham. As classes são grupos de pessoas onde uma se pode apropriar do trabalho de outra, devido aos lugares diferentes que ocupam num sistema definido de economia social.

Giddens (1975, p. 28) apresenta uma análise dos princípios do modelo de Marx, dizendo que, de acordo com a teoria desse autor, "a sociedade de classes é o produto de uma sequência determinada de mudanças históricas". As primitivas sociedades tribais apresentavam uma incipiente divisão do trabalho, sendo a propriedade comum aos membros da comunidade (comunismo primitivo). A ampliação da divisão do trabalho e o aumento do nível de riqueza (consequência da primeira) são acompanhados pela expansão da propriedade privada. O processo envolve "a criação de um produto excedente, apropriado pela minoria de não produtores que, consequentemente, se colocam numa relação de exploração frente à maioria dos produtores".

Para Marx, em cada tipo de sociedade de classes existem duas classes fundamentais. O eixo desse sistema dicotômico é constituído pelas relações de propriedade: uma minoria de elementos "não produtores" que detém o controle dos meios de produção pode utilizar tal posição de controle com a finalidade de extrair da maioria "produtora" o produto excedente que é a fonte de sua existência. Dessa maneira, classe é definida segundo a relação de agrupamentos individuais com os meios de produção. A definição, ainda, relaciona-se com a divisão do trabalho, em virtude de ser esta extensivamente necessária para criar produtos excedentes (condição indispensável para a existência das classes).

A dominação econômica, segundo Marx, está correlacionada com a dominação política, no sentido de que o controle dos meios de produção dá origem (ou conduz) ao controle político. Portanto, a divisão dicotômica de classes refere-se tanto à divisão de propriedade quanto à divisão de poder: por meio de verificação das "linhas de exploração econômica" de uma sociedade, é possível compreender as relações de superordenação e subordinação ali existentes. Assim, da mesma maneira que expressam uma relação entre "exploradores e explorados", as classes expressam também a relação entre "opressores e oprimidos". A classe dominante procura alicerçar sua posição por intermédio de uma ideologia, cuja finalidade é "racionalizar" sua dominação política e econômica e "explicar" à classe subordinada as razões pelas quais ela deve aceitar tal situação.

Por outro lado, a classe intermediária, que Marx geralmente denomina "pequena burguesia", sem especificar se consiste em residentes urbanos ou rurais, é determinada pela aplicação simultânea de dois critérios, e cada um, por sua vez, forma a base de uma divisão dicotômica de classes sociais, desde que tomado separadamente. Um é a propriedade dos meios de produção, critério que, num esquema dicotômico, divide a sociedade em classes proprietárias e não proprietárias; o outro é o do trabalho, que divide a sociedade, também num esquema dicotômico, em classes trabalhadoras e classes ociosas. Essa utilização dos dois critérios de divisão dicotômica dá origem a uma tricotômica, na qual a classe intermediária consiste naqueles indivíduos que pertencem a ambas as categorias sobrepostas, isto é, os que possuem seus próprios meios de produção, e eles mesmos os utilizam.

Entretanto, o marxismo aplica também outra versão dessa divisão tricotômica: nela, o primeiro critério de divisão (a propriedade dos meios de produção) continua o mesmo, mas o segundo não é mais o trabalho, mas o fato de não se empregar mão de obra assalariada. Dessa maneira, a definição de classe intermediária é mais rigorosa, não incluindo todos os trabalhadores que têm a posse de seus próprios meios de produção, mas apenas os que trabalham por sua própria conta, sem a utilização de trabalho assalariado. Exemplo: um fazendeiro próspero, que emprega um ou dois assalariados, ou mesmo aqueles que possui meeiros, acha-se incluído na classe de capitalistas (rurais). A diferença fundamental em relação à primeira versão é que, naquela, a pequena burguesia inclui duas camadas: os que trabalham em suas próprias oficinas (ou terras) e empregam assalariados, e os que não os empregam.

A combinação dessas duas versões origina classes intermediárias funcionalmente diferenciadas, segundo o diagrama de Ossowski (1964), apresentado na Figura 10.1.

Nesse esquema tricotômico existe também uma graduação econômica: a classe capitalista é detentora de meios de produção em larga escala, ou pelo menos suficiente para o emprego de mão de obra assalariada; a pequena burguesia consiste nos possuidores dos meios de produção em escala modesta; finalmente, o proletariado é a classe que não possui meio algum de produção. Por outro lado, o esquema é funcional e nele não é apenas (ou não é) o grau de riqueza o determinante dos limites entre as classes, mas os papéis sociais, isto é, sua relação quanto aos meios de produção, de trabalho e quanto ao assalariamento da mão de obra.

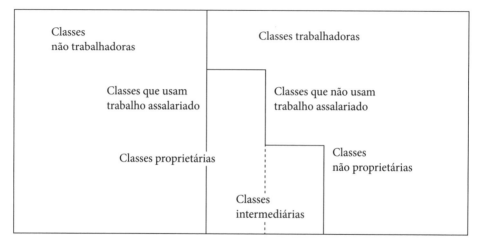

Figura 10.1 Classes intermediárias funcionalmente diferenciadas segundo o Diagrama de Ossowski (1964).

Stanislaw Ossowski chama ainda a atenção para o fato de que "uma observância rigorosa dos critérios econômicos funcionais na distinção das três classes – capitalistas, pequena burguesia e proletariado – conduz, no entanto, a conflitos com os critérios sociológicos". Exemplo: um engenheiro, economista, administrador de empresas, médico ou psicólogo, que fossem assalariados em um estabelecimento capitalista (empresa, hospital particular etc.), teriam de ser incluídos entre os proletários. Por outro lado, ao ligar o conceito de proletariado com a concepção de uma dicotomia fundamental, Marx considerava o proletário como "um homem desprotegido dos extremos de exploração, por ser desprovido de qualquer capacitação especial que impedisse sua substituição por qualquer outro trabalhador com força física igual". Além disso, ainda na concepção marxista, "a classe se une pelos interesses comuns de seus membros em grandes conflitos sociais"; ora, como explicar nesse esquema baseado em "relações quanto aos meios de produção", que o salário do engenheiro, por exemplo, empregado pelo capitalista, inclui uma porção da "mais-valia" produzida pelos trabalhadores e arrecadada pelo capitalista?

Dessa forma, para tornar a divisão da sociedade em classes mais operacionais, o esquema marxista seria entendido como uma sobreposição de um ponto de vista dicotômico e um esquema de graduação. Assim, a classe intermediária seria determinada pelos "limites das duas classes básicas e antagônicas", permanecendo separadas das demais em decorrência do fato de que as duas classes básicas se encontram opostas (divididas), uma contra a outra, não por um único critério, mas por vários, a que correspondem agrupamentos de classes de extensões variadas. Portanto, a classe intermediária é formada por agrupamento de pessoas ligadas às duas básicas (a cada uma delas), mas em aspectos diferentes; tal ligação existe em dois sentidos: lógico – características que fundamentam a definição das duas classes básicas – e sociológico.

Resta ainda conciliar as posições de Marx ao longo de suas obras. Em primeiro lugar, a concepção dicotômica é fundamental. Ela pode ser entendida como um esquema que pretende caracterizar a sociedade capitalista no que diz respeito a sua forma dominante e própria de relações de produção – já que nos países considerados capitalistas o meio de produção capitalista é predominante, mas, de forma alguma, o único; principalmente nos países subdesenvolvidos, coexistem formas pré-capitalistas de exploração econômica, ao lado do sistema capitalista de produção –, enquanto o esquema multidivisional reflete a estrutura social real.

Em segundo lugar, analisemos a concepção tricotômica. Em Comunicação da comunidade central à liga comunista encontramos "a pequena burguesia, que inclui os pequenos capitalistas, cujos interesses colidam com os dos industriais"; em *A guerra civil na França*, lemos: "a classe média liberal alemã, com seus professores, capitalistas, vereadores e autores"; finalmente, em *O capital*, assinalamos: "os proprietários da simples força de trabalho, os proprietários do capital e os proprietários de terras, cujas respectivas fontes de ingressos são o salário, o rendimento e a renda do solo, isto é, os operários assalariados, os capitalistas e os latifundiários, formam as três grandes classes da sociedade moderna, baseada no regime capitalista de produção". São dois esquemas tricotômicos diferentes de estrutura social, mas a ambos pode-se aplicar a definição de classe como "um grupo determinado pela sua relação com os meios de produção". No primeiro caso – capitalistas, pequena burguesia (ou classe média), proletariado – as diversas classes apresentam, correspondentemente, relações diversas aos meios de produção; no segundo – latifundiários, donos de capital e aqueles que nada possuem a não ser sua própria capacidade de trabalhar – as classes são determinadas pela relação aos diversos meios de produção, sendo a capacidade de trabalhar encarada como uma categoria dos mesmos.

Finalmente, o esquema dicotômico pode ser conciliado com a concepção tricotômica, desde que se trate a classe média como um agrupamento de indivíduos resultante da "sobreposição de extensões das classes, ou como determinada pelos limites das duas classes opostas" (OSSOWSKI, 1964, p. 94-102).

10.3.1.2 Conceito de Max Weber

Max Weber (1974, v. I, p. 242-6; v. II, p. 683), ao expor sua concepção de classe (que diverge da de Marx, principalmente no que concerne à concepção da ideologia e seu papel no estabelecimento das classes), faz uma distinção entre "situação de classe" e "classe". A situação de

162   Capítulo 10

classe consiste na possibilidade típica de exercer um monopólio (positivo ou negativo) em relação à distribuição dos bens, posições e destino geral dos componentes.

"Assim como Marx, Weber percebia as classes como categorias econômicas (Weber, 1946 [1922], p. 180-95). Entretanto, ele não achava que um critério único – posse ou falta de propriedade – determinasse a posição de classe. A posição de classe, escreveu, é determinada pela 'situação de mercado' da pessoa, o que inclui a posse de bens, o nível de educação e o grau de habilidade técnica. Nessa perspectiva, Weber definiu quatro classes principais: grandes proprietários; pequenos proprietários; empregados sem propriedade, mas altamente educados e bem pagos; e trabalhadores manuais não proprietários. Dessa forma, empregados de colarinho branco e profissionais especializados surgem como uma grande classe no esquema de Weber. Ele não apenas ampliou a ideia de classe de Marx como também reconheceu que dois outros tipos de grupos, que não a classe, têm relação com a maneira como a sociedade é estratificada: grupos de *status* e partidos." (BRYM, R. et al., 2008, p. 192.)

"Na teoria de Weber, o *status* refere-se às diferenças existentes entre os grupos sociais quanto à honra e ao prestígio social conferido pelos demais. Nas sociedades tradicionais, o *status* era, em geral, determinado com base no conhecimento direto de uma pessoa, adquirido por múltiplas interações em diferentes contextos ao longo de um período de anos. No entanto, com o aumento da complexidade das sociedades, criou-se a impossibilidade de o *status* ser sempre concedido dessa forma e, em vez disso, de acordo com Weber, o *status* passou a ser expresso por meio dos estilos de vida das pessoas. Sinais e símbolos de *status* – como a moradia, o vestir, o modo de falar e a ação – ajudam a moldar a posição social do indivíduo aos olhos dos outros. As pessoas que compartilham do mesmo *status* formam uma comunidade na qual existe uma noção de identidade conjunta" (GIDDENS, 2006, p. 237).

De acordo com Weber, com relação à situação de classe, poder-se-á falar de classe quando:

a. for comum a certo número de pessoas "um componente causal específico" de oportunidades de vida;

b. à medida que tal componente for exclusivamente representado por interesses econômicos (posse de bens e oportunidades de rendimento);

c. a representação se der em condições determinadas pelo mercado (mercado de produtos ou de trabalho). Portanto, a classe seria todo grupo de pessoas que se encontram na mesma situação de classe.

Weber estabelece três gêneros de divisão de classe, segundo as propriedades (posses), o modo de aquisição e o conjunto da situação social específica dos membros de uma classe:

a. classe proprietária é aquela em que a situação de classe é determinada, de modo primário, pelas diferenças relacionadas com a propriedade (posses);

b. classe lucrativa é aquela em que a situação de classe é determinada, de modo primário, pelas possibilidades de valorização, no mercado, de bens e serviços;

c. classe social é aquela que se fundamenta no conjunto de situações de classes, entre as quais ocorre, de maneira fácil e de modo típico, um intercâmbio do ponto de vista das pessoas e da sucessão das gerações (os diversos tipos de qualificações, de preparo técnico e de instrução representam "situação de classe").

A "unidade de classe" é um elemento relativo, já que as passagens de uma "situação de classe" para a outra são numerosas e mais ou menos fáceis. Portanto, para Weber, o conceito de classes engloba as que se distinguem pelo tipo de propriedade (posses), as que se caracterizam pelo modo de aquisição e as que se diferenciam pela situação geral (social, política, cultural etc.) de seus componentes. Em cada um desses gêneros se dá uma divisão, de acordo com o monopólio positivo ou negativo, isto é, a detenção de privilégios de fato ou a exclusão deles:

a. uma **classe proprietária**, positivamente privilegiada, detém: o monopólio da compra de mercadorias de consumo de custo elevado; o monopólio das vendas; o monopólio da possibilidade de formação do patrimônio (constituir reservas e fazer fortuna); o monopólio das possibilidades de formação de capital (pela poupança, empréstimo ou produção); privilégios de educação (quando de elevado custo);

   – as classes proprietárias, positivamente privilegiadas, constituem-se tipicamente de capitalistas, pessoas que vivem de rendimentos provindos de trabalhos de escravos, de terras, de minas, de instalações (proprietários dos locais e meios de produção), de barcos, de valores e da condição de credor;

   – as classes proprietárias, negativamente privilegiadas, são tipicamente formadas por escravos e servos (objetos de propriedade), camponeses dependentes, devedores e "pobres". Entre as duas encontram-se as "classes médias", formadas por pequenos proprietários rurais, artesãos e funcionários;

b. uma **classe lucrativa**, positivamente privilegiada, detém: o monopólio da direção da produção, o monopólio que garante as possibilidades da distribuição (visando aos fins lucrativos de seus próprios membros) e o monopólio das oportunidades lucrativas (que influem na política econômica das associações de vários tipos):

   – as classes lucrativas, positivamente privilegiadas, constituem-se tipicamente de empresários: comerciantes, armadores, industriais, empresários agrícolas, banqueiros e financistas, profissionais liberais em determinadas circunstâncias, advogados, médicos, artistas e trabalhadores (com o monopólio de determinadas especialidades);

   – as classes lucrativas, negativamente privilegiadas, são tipicamente formadas de trabalhadores: qualificados, semiqualificados e não qualificados. Encontram-se aqui, também, as "classes médias": camponeses e artesãos independentes além de funcionários (públicos ou privados), determinados profissionais liberais e determinados tipos de trabalhadores (especializados);

c. constituem **classes sociais**: o proletariado; a pequena burguesia; a *intelligentsia* (destituída de propriedades), técnicos, funcionários e burocratas; os proprietários e os privilegiados pela educação.

10.3.1.3 Conceito de Poulantzas

Nicos Poulantzas, em sua obra *As classes sociais no capitalismo de hoje* (1975, p. 13), descreve as características das classes sociais, segundo a teoria marxista. Elas têm os seguintes aspectos:

164   Capítulo 10

a. "as classes sociais são conjuntos de agentes sociais determinados principalmente, mas não exclusivamente, por seu lugar no processo de produção, isto é, na esfera econômica." O econômico (infraestrutura) assume papel determinante em um modo de produção e numa formação social; mas a superestrutura (o político e o ideológico) desempenha igualmente importante papel;

b. "as classes sociais significam, em um e mesmo movimento, contradições e luta das classes": as classes sociais não existem *a priori*, como tais, para entrar em seguida na luta de classes, pois tal concepção implicaria (ou deixaria supor) a existência de classes sem luta de classes. Isso significa que as classes sociais abrangem as práticas de classe, ou seja, a luta de classes, e somente podem ser concebidas em sua oposição. Destarte, a afirmação de Stálin de que "o traço que hoje distingue a sociedade soviética de qualquer sociedade capitalista é que não mais contém classes antagônicas e hostis; as classes exploradoras foram eliminadas, enquanto os trabalhadores, camponeses e intelectuais que formam a sociedade soviética vivem e trabalham em colaboração amistosa" (apud Ossowski, 1964, p. 138), reconhecendo a existência de duas classes (trabalhadores e camponeses kolchoz) e uma "camada" (*intelligentsia*), que insiste em não chamar de "classe", mas de *stratum*; não antagônicas, constitui, do ponto de vista de Marx e até mesmo de Lênin, uma *contradictio in adecto*;

c. "a determinação das classes, abrangendo práticas – luta – das classes e estendendo-se às relações políticas e ideológicas, designa os lugares objetivos ocupados pelos agentes na divisão social do trabalho: lugares que são independentes da vontade desses agentes." Em outras palavras, define-se uma classe social pelo seu lugar no conjunto das práticas sociais ou conjunto da divisão social do trabalho, que abrange as relações políticas e as relações ideológicas;

d. "esta determinação estrutural das classes, que só existe então como luta de classes, deve, entretanto, ser distinguida da posição de classe na conjuntura: conjuntura que constitui o lugar onde se concentra a individualidade histórica sempre singular de uma formação social; enfim, a situação concreta da luta das classes". Não se pode reduzir a "determinação das classes" à "posição das classes", pois isso assume relevante importância quando se constata uma distância entre elas (determinação estrutural das classes e suas posições na conjuntura). Poulantzas apresenta na Figura 10.2 um esquema que traduz essa característica (POULANTZAS, 1975, p. 15).

Uma classe social, ou uma fração, ou camada de classe, pode não ter uma posição de classe correspondente a seus interesses, eles próprios circunscritos pela sua determinação de classe como horizonte de sua luta. Exemplo: muitas vezes a "aristocracia operária" tem, nas conjunturas, "posições de classe burguesa"; ao contrário, técnicos pertencentes à pequena burguesia podem ter, em conjunturas concretas, posições proletárias de classe (ou que se aproximem de). Isso não significa que se tornem, uns e outros, partes da outra classe: sua determinação estrutural de classe não é redutível a sua posição de classe.

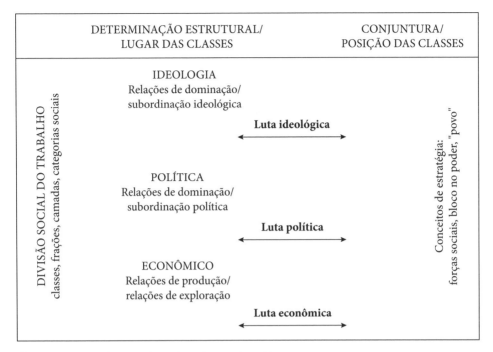

Figura 10.2 Práticas – luta das classes (1975).

É possível observar que as relações ideológicas e políticas, isto é, os lugares de dominação-subordinação política e ideológica já se referem a uma determinação estrutural de classe. Não se trata, pois, de uma "estrutura" econômica que designa, por si só de um lado, os lugares e, de outro, uma luta de classes que abarcará o domínio político e ideológico: ao contrário, a determinação estrutural de classe diz respeito à luta econômica, política e ideológica de classe, e todas essas lutas se expressam pelas posições de classe na conjuntura. Portanto, nada tem que ver com o esquema (hegeliano) da classe em si (situação econômica de classe, isto é, determinação objetiva da classe somente pelo processo de produção) e da classe para si (dotada de "consciência de classe" própria e de uma organização política autônoma, como sinônimo de luta de classes). Isso significa:

- "que todo lugar objetivo de classe no processo de produção traduz-se necessariamente por efeitos, no que concerne a esta classe, sobre o conjunto de sua determinação estrutural, isto é, igualmente por um lugar específico dessa classe nas relações políticas e ideológicas da divisão social do trabalho". Exemplo: afirmar que existe uma classe operária nas relações econômicas implica necessariamente que esta classe possui um lugar específico nas relações políticas e ideológicas, mesmo nos casos em que esta classe, em determinados países e em certos períodos históricos, não apresente uma consciência de classe própria ou uma organização política autônoma;

- "o que se entende por 'consciência de classe' própria e por organização política autônoma, isto é, do lado da classe operária, é uma ideologia proletária revolucionária e um partido autônomo de luta de classe, que tem como campo de aplicação aquele das posições de classe e da conjuntura, constituindo-se as condições de intervenção das classes em forças sociais".

Para Poulantzas o aspecto principal de uma análise das classes sociais é bem aquele de seus lugares na luta de classes: não o dos agentes que as compõem. Posto que as classes não são grupos empíricos de indivíduos (grupos sociais) "compostos" pela mera adição dessas pessoas, as relações deles, entre si, não são relações interindividuais: o pertencimento de classe dos diversos indivíduos depende dos lugares de classe que ocupam, sendo distinto da origem de classe – origem social desses indivíduos.

10.3.1.4 Conceito de Giddens

Anthony Giddens (1938-), sociólogo britânico considerado por muitos como o mais importante filósofo *social* inglês contemporâneo. Do ponto de vista acadêmico, o seu interesse centra-se em reformular a teoria social e reexaminar a compreensão do desenvolvimento e da modernidade. Foi um dos primeiros autores a trabalhar o conceito de globalização.

Para Giddens (2008) é no capitalismo que o mercado surge como o mecanismo básico das desigualdades. Já que a sociedade é composta por indivíduos e grupos sociais distintos e com oportunidades distintas, o acesso a riqueza, ao lazer, ao estudo dentre outros, depende da posição que ocupa no esquema de estratificação da sociedade. Faz observações importantes sobre a teoria de Marx e também de Weber (ver a sua obra *Sociologia*).

De acordo com o autor, as classes seriam "um grupo grande de pessoas que partilham recursos econômicos comuns, que influenciam fortemente o seu estilo de vida, onde a riqueza e a ocupação profissional constituem as principais bases das diferenças entre as classes".

As classes diferem das formas anteriores de estratificação de várias maneiras:

- Ao contrário dos outros tipos de estratificação, as classes não são estabelecidas por disposições legais ou religiosas; a posição de classe não assenta numa posição herdada, determinada pela lei ou pelo costume. Os sistemas de classes são tipicamente mais fluidos do que outros tipos de estratificação e as fronteiras entre as classes nunca são precisas. Não existem restrições formais ao casamento entre pessoas de classes diferentes.

- A posição de classe de um indivíduo é, pelo menos em parte, *alcançada* e não simplesmente *dada* **à nascença, como é comum em outros tipos de sistemas de estratificação. A mobilidade social** – movimento de ascensão e descida na estrutura de classes – **é muito mais comum do que** em outros tipos de estratificação. (No sistema de castas, a mobilidade individual de uma casta para outra não é possível.)

- As classes dependem de diferenças *econômicas* entre grupos de indivíduos – desigualdades na posse e no controle de recursos materiais. Em outros tipos, os fatores não econômicos – como a influência da religião no sistema de castas indiano – são geralmente mais importantes.

Nesses tipos de sistema de estratificação, as desigualdades são primordialmente expressas em relações pessoais de dever ou de obrigação – entre servo e senhor, escravo e dono, ou indivíduos de casta inferior e superior. O sistema de classes, pelo contrário, opera principalmente por meio de conexões em larga escala de tipo impessoal. Uma das maiores bases das diferenças entre classes, por exemplo, reside nas desigualdades em termos de remuneração e de condições de trabalho; elas afetam todas as pessoas em categorias profissionais específicas, em resultado de circunstâncias econômicas prevalecentes na economia global.

No essencial, seria difícil questionar a ideia de que a estratificação no seio das classes, bem como entre as classes, acaba por depender não só de diferenças em termos de ocupações, mas também de diferenças ao nível do consumo e dos estilos de vida. Basta atentar nas tendências apresentadas globalmente na sociedade. Nas sociedades industrializadas, por exemplo, a rápida expansão da economia de serviços e da indústria do entretenimento e do lazer reflete uma ênfase crescente no consumo. As sociedades modernas tornaram-se sociedades de consumo, viradas para a aquisição de bens materiais.

Contudo, embora mantendo essas mudanças em mente, é impossível ignorar o papel crucial desempenhado pelos fatores econômicos na reprodução das desigualdades sociais. Para a maior parte dos autores, os indivíduos que suportam privações extremas em termos sociais e materiais não estão a fazê-lo como parte de uma escolha de estilo de vida. Pelo contrário, as suas circunstâncias de vida são constrangidas por fatores relacionados com a estrutura ocupacional e econômica (CROMPTON, 1998).

10.3.1.5 Subclasse

O termo "subclasse" é usado muitas vezes para descrever o segmento da população localizado no fundo da estrutura de classes. Os membros da subclasse têm níveis de vida significativamente mais baixos do que a maioria das pessoas na sociedade. É um grupo caracterizado por múltiplas desvantagens. Muitos são desempregados de longa duração, ou transitam de emprego em emprego. Alguns são sem abrigo, ou não têm um lugar permanente onde viver. Os membros da subclasse podem permanecer dependentes, por longos períodos de tempo, dos benefícios da segurança social. A subclasse é frequentemente descrita como "marginalizada" ou "excluída" da forma de vida mantida pela maioria da população.

A subclasse é frequentemente associada aos grupos étnicos minoritários menos privilegiados. Por exemplo, os imigrantes no século XXI.

Assim, "[...] as diversas configurações histórico-estruturais mencionadas correspondem a distintas modalidades de organização das condições de reprodução social [...]" (IANNI, 1973, p. 13).

Porém, as divisões de classe são tão fortes nas sociedades modernas, que não existem dúvidas de que se sobrepõem substancialmente às desigualdades de gênero. A posição material da maioria das mulheres tende a refletir a dos seus pais ou maridos; por isso, pode-se argumentar que devemos explicar as desigualdades de gênero principalmente em termos de classe.

168 **Capítulo 10**

10.3.1.6 Classe alta, média e ("trabalhadora") baixa

As rápidas transformações econômicas que ocorrem nas sociedades industriais tornaram a medição das classes ainda mais problemática, e conduziram algumas pessoas a questionar a utilidade do conceito de classe.

10.3.1.6.1 Classe alta

Podemos concluir que precisamos simultaneamente dos conceitos de *classe alta* e de *classe de serviços*. A classe alta consiste numa pequena minoria de indivíduos que têm riqueza e poder, e que são capazes de transmitir os seus privilégios aos seus filhos. A classe alta pode ser rudemente identificada como o 1% dos possuidores de riqueza. Abaixo dessa classe existe a classe de serviços, constituída, como afirma Goldthorpe, por técnicos, gestores e administradores de topo. Estes constituem cerca de 5% da população. Aqueles a quem Goldthorpe chama de "classe intermediária" são, porventura, mais simplesmente apelidados de *classe média*. Olhemos mais detalhadamente para essa classe.

10.3.1.6.2 Classe média

O termo *classe média* cobre um largo espectro de pessoas que trabalham em ocupações muito diferentes, desde empregados na indústria de serviços a professores e profissionais da medicina. Alguns autores preferem falar de "classes médias" para chamar a atenção para a diversidade de ocupações, situações de *status* e de classe, e de oportunidades de vida que caracterizam os seus membros.

Os membros da classe média, por mérito das suas qualificações técnicas ou títulos acadêmicos, ocupam posições que lhes fornecem maiores vantagens materiais e culturais do que as usufruídas pelos trabalhadores manuais. Ao contrário da classe trabalhadora, os membros da classe média podem vender a sua capacidade de trabalho intelectual e física para ganhar a vida. Embora essa distinção seja útil para formar uma divisão grosseira entre as classes trabalhadora e média, a natureza dinâmica da estrutura ocupacional e a possibilidade de mobilidade ascendente e descendente torna difícil definir as fronteiras da classe média com grande precisão.

A classe média não é internamente coesa e é pouco provável que se torne assim, dada a diversidade dos seus membros e os seus diferentes interesses.

10.3.1.6.3 Classe trabalhadora, operária, "obreira" (baixa)

De acordo com Bizerra e Souza (s.d.), no âmbito da organização política do operariado, a dinâmica histórica do capitalismo acaba por estabelecer as bases concretas para que, no século XIX, a sociedade capitalista fosse palco de processos revolucionários que demonstraram o acirramento da luta de classes. As condições precárias de trabalho e de reprodução social em que se encontrava subordinado o trabalhador contribuíram para que se despertasse a consciência de classe, para o sentido de pertencimento/de identidade de classe, mantida por uma "cultura de trabalho", sindical e organizacional que defendia seus interesses (CGT, CUT, PC...). Finalmente, a herança das posições era forte. O destino dos filhos dos trabalhadores estrava determinado pelo horizonte da classe. A partir dos anos 1970, a classe operária (trabalhadora) sofreu profundas transformações:

- o lugar dos trabalhadores no processo de produção mudou;
- a especificidade do trabalho do trabalhador está desmoronando. Não pode mais identificar-se com o trabalho manual repetitivo porque a automatização e as novas formas da organização do trabalho substituem as tarefas manuais de manutenção e de controle;
- os trabalhadores tornaram-se "operadores" e a logística compensa a fabricação;
- finalmente, não é mais o trabalho coletivo que é relevante, mas o desempenho individual.

A divisão da classe operária por sexo, por idade, por nacionalidade questiona a unidade do movimento dos trabalhadores e sua capacidade de reagir politicamente. É cada vez mais difícil mobilizar e organizar uma força de trabalho tão diversificada e instável.

Nas últimas décadas tem aumentado consideravelmente a capacidade dos trabalhadores de adquirir bens moveis e imóveis. O aumento do padrão de vida permitiu que os trabalhadores se integrassem na sociedade de consumo de massa e reduzissem as lacunas de renda que os separavam dos funcionários.

Além disso, a hereditariedade das posições é abalada. A diminuição do número de empregos dos trabalhadores e o aumento da matrícula escolar obrigam os filhos dos trabalhadores a encontrarem emprego fora do seu ambiente social.

No entanto, como afirma André Gorz fazendo referência a Antunes (2006) não cabe dizer "adeus ao proletariado". O "declínio" da classe operária deve ser relativizado. O grupo dos trabalhadores continua a ser um grupo numericamente importante.

Finalmente, a crise reforçou essa exclusão. O sociólogo Louis Chauvel apud Das Neves (2007) mostra que o tempo necessário para os trabalhadores alcançarem o nível de executivos aumentou acentuadamente na década de 1990. O horizonte das classes populares escureceu. A precariedade de uma parte da classe operária e de trabalhadores de baixa qualificação, ligadas ao aumento do desemprego, reforça essa posição social particular.

Em geral, desde o surgimento da crise do modelo social capitalista, que pode ser situado a partir de fins da década de 1960, um dos debates essenciais no mundo acadêmico e político diz respeito ao fim do mundo do trabalho, da tese do fim da luta de classes ou da insuficiência analítica do conceito de classe para analisar a moderna sociedade capitalista, multifacetada, com tantas diferenças para além da questão de classe, como gênero, etnia, sexualidade. De maneira geral, observa Louis Chauvel (2000), o essencial das teorias que menosprezam a noção de classe para analisar a sociedade capitalista moderna fundamenta-se mais ou menos sobre o argumento de Robert Nisbet. Segundo suas observações empíricas, a diminuição das desigualdades econômicas e de acesso à educação, às referências culturais e ao consumo; o aumento da mobilidade social; uma menor estruturação das classes em grupos definidos implica uma consciência de classe débil. Essa transformação em curso nas sociedades capitalistas centrais daria fim à categoria **classe** e a seu poder analítico (DAS NEVES, 2007).

10.3.2 Castas

Para Ianni (1973), apud Bodart (2016), no caso das castas, as estruturas econômicas e políticas se apresentam em decorrência das condições religiosas, raciais, hereditárias e ocupacionais, e essas categorias parecem predominar no pensamento coletivo e influenciar fortemente as ações das pessoas. Como tais categorias são tradicionais e pouco mutáveis, os indivíduos acabam não tendo condições de migrar de estrato social (de casta).

Entre todas as sociedades do presente ou do passado, foi na Índia que o sistema de castas alcançou seu mais pleno desenvolvimento. Apesar de a Constituição, promulgada a 26 de novembro de 1949, ter estabelecido a igualdade de todos os cidadãos, proibindo expressamente sua discriminação por fatores inerentes ao sistema de castas, é o Estado indiano que apresenta, até hoje, a maior aproximação das características do "tipo ideal" de desigualdade herdada.

10.3.2.1 Kingsley Davis e as castas indianas

Kingsley Davis (1961, v. II, p. 107) apresenta as seguintes tendências, pertencentes às castas indianas:

a. participação hereditária na casta: a criança, desde o nascimento, pertence ao mesmo nível dos pais;

b. participação atribuída por toda a vida: com exceção de casos de degradação (rebaixamento), uma pessoa não pode modificar sua casta; seus esforços pessoais, sua demonstração de capacidade em nada influirá em sua participação em determinada casta, aquela em que nasceu;

c. casamento endogâmico: a escolha do cônjuge deve ser feita exclusivamente no seio da casta;

d. o contato com outras castas é limitado: por meio de restrições no que se refere ao convívio, relações pessoais e associação, e ao consumo de alimentos preparados por outros;

e. identificação do indivíduo com a casta: pelo nome, comum a todos os membros da mesma casta, pela submissão aos costumes peculiares a ela e pela obediência às leis que a regem;

f. a profissão ou a ocupação caracterizam a casta: além disso, ou ao lado desse fator, apresenta uma unidade, baseada também numa origem tribal ou racial comum, adesão a uma seita religiosa ou qualquer outra peculiaridade comum;

g. cada casta possui um grau de prestígio próprio, estabelecido em relação às outras castas.

O primeiro ponto a ser destacado, num exame mais profundo do sistema indiano de castas, é exatamente o âmbito do emprego do termo *casta*. Segundo a teoria indiana, no princípio das coisas foram instituídas quatro castas, eternas, que se originaram de diferentes partes da divindade: brâmanes, sacerdotes e eruditos, provenientes da boca; xátrias, dirigentes e guerreiros, procedentes dos braços; vaicias, mercadores, oriundos das coxas; sudras,

Estratificação social 171

camponeses, trabalhadores e servos, provenientes dos pés. Além deles existiam os párias ou intocáveis, os "sem casta", expulsos de suas castas, ou degradados, por transgressões dos códigos referentes ao comportamento, condição que é transmitida a seus descendentes. Do ponto de vista religioso, as três primeiras castas são as dos indivíduos "duas vezes nascidos", conceito ligado ao dogma do carma, e transmigração das almas. Essas grandes divisões podem ser encontradas em qualquer parte da Índia; mas diferenciações ocasionadas por fatores diversos, principalmente ligados à ocupação e ao cumprimento de deveres religiosos, deram origem a divisões múltiplas em grupos-castas, que adquiriram características próprias, formando subcastas perfeitamente limitadas. Algumas dessas subcastas têm caráter "nacional" e outras são simplesmente divisões estritamente regionais. Os levantamentos censitários e as atividades de especialistas permitiram verificar que cada "região linguística" apresenta cerca de 200 grupos-castas que, por sua vez, se subdividem em aproximadamente 3.000 unidades menores. Entretanto, para efeito de análise, sem levar em consideração as divisões menos importantes ou as especificamente regionais, as "subcastas apresentam todas as tendências descritas para a casta", empregando-se, por esse motivo, tal designação para todos os casos.

Muitos autores, por sua vez, entendem que a diferenciação em castas deriva do contato de "raças" diferentes, tendo sido estabelecida por conquista. A palavra "casta" é de origem portuguesa e a palavra indiana correspondente é varna, que significa cor. E, apesar das exceções regionais, há certa correspondência entre as castas e o aspecto referente a cor, sendo as castas superiores mais claras do que as inferiores.

Os dois primeiros itens, isto é, os que se referem à inclusão hereditária na casta, inclusão que se mantém por toda vida, podem levar à conclusão de que inexiste mobilidade social no sistema de castas. O sistema, mesmo em períodos de maior rigidez, apresentou certo deslocamento de uma casta para outra; essa mobilidade, entretanto, era geralmente grupal e não individual. A mobilidade dos grupos poderia ser determinada, por exemplo, pela migração (coletiva), a aceitação de determinadas crenças, a alteração de sua situação econômica e o poder.

A terceira característica, endogamia, era tão importante que grande número dos párias desceu a esta condição em virtude de terem contraído matrimônio fora de sua casta. Quando o casamento entre indivíduos de castas diferentes não os degradava de modo completo, a nivelação se fazia pela casta mais baixa, o mesmo ocorrendo com os filhos, que em caso algum poderiam pertencer às três castas superiores. Esse fator, assim como outros, variou no tempo.

A limitação do contato com outras castas, quarta característica, baseia-se principalmente em regras referentes à alimentação e na precedência ritual. Em relação à alimentação, as regras básicas que orientam as relações entre as castas dizem respeito a: o que pode ser comido, em companhia de quem, das mãos de quem é possível receber alimentos e água (e que tipo de alimento). Em relação à primeira questão, somente as castas mais baixas podem ingerir álcool, carne de porco e de vaca (sagrada); o vegetarianismo é evidência de *status* elevado. O segundo item diz respeito não somente em que ordem as pessoas devem sentar-se em banquetes, mas também quem pode comer na mesma sala, na mesma casa, e quem pode ou não pode sequer olhar para a comida. O terceiro ponto apresenta, em primeiro lugar, uma classificação, por ordem de importância: alimento kachka (cozido em água), alimento *pakka* (cozido em manteiga) e água. Em segundo lugar, aparece o fator "quem aceita o que

172   Capítulo 10

de quem": o alimento *kachka* é aceito apenas das mãos de elementos da mesma casta ou de casta superior (por essa razão, os brâmanes, geralmente, não aceitam esse tipo de alimento de mais ninguém); o alimento *pakka* pode ser aceito das mãos de pessoas de castas próximas; a aceitação da água abrange um círculo mais amplo, mas não inclui os "intocáveis". A precedência ritual está intimamente ligada à noção de "impureza" e "impuro". Em todas as esferas do convívio social, essa noção funciona como elemento de separação: dá origem a uma rígida estratificação de moradias, principalmente nas aldeias e comunidades rurais; no setor de bens e serviços é estabelecido quem pode fabricar produtos, servir ou atender a quem, e os que prestam serviços às castas superiores não o poderão fazer às inferiores.

O quinto item, a identificação do indivíduo com a casta, dá-se em diversos planos. Por exemplo, o primeiro, exterior, diz respeito ao modo de trajar (quantidade, tipo, cor e qualidade das peças de roupa), os costumes (casamento, atividades econômicas) e aspectos da moralidade, cultura e religião, quantidade, tipo, cor e qualidade das peças de roupa; determinados símbolos, como a "faixa sagrada", tipos de enfeites (quem usa o que e onde usa), entre outros. O segundo refere-se aos costumes, assim relacionados: casamento – o sacrifício das viúvas, seu celibato ou permissão de novo casamento, admissão ou não do concubinato e do divórcio, reclusão das mulheres; atividades econômicas – é altamente valorizada a "pureza" da ocupação, a propriedade da terra, a isenção do trabalho manual; aspectos da moralidade, cultura e religião – muitas castas possuem divindades especiais e há variações no que se refere às práticas religiosas e concepções morais, sendo consideradas importantes a permissão do estudo e o conhecimento da literatura sagrada, limitada a certas castas. Toda casta possui um nome específico, que identifica seus componentes; no processo de diferenciação, ocorrido entre membros de uma casta, deve haver a adoção de um nome particular para o novo grupo. O terceiro plano diz respeito às leis que regem a atividade dos componentes da casta. Cada uma possui leis específicas e, além do conselho de castas, dispõe, em geral, de tribunais próprios.

Dessa maneira, a casta possui o seu próprio "governo" e os membros obedecem às suas leis específicas, isto é, afastam-se da comunidade, como um todo, no que diz respeito a seus costumes peculiares, criando-se um abismo cultural entre as castas: seus padrões morais variam de acordo com a diversidade na administração das leis.

A sexta característica indica que a casta tem aspectos distintos em relação à profissão ou à ocupação, já mencionados quando enfocamos a mobilidade entre as castas.

O último item salienta o grau de prestígio específico de cada casta. A primeira diferenciação de prestígio na sociedade indiana, a mais rígida, é a distinção entre as castas dos "nascidos duas vezes" ou "puros", e os "nascidos uma vez só" ou "impuros". Apesar de variações regionais, referentes à classificação das castas como "puras" e "impuras", esse fator é geral, estando presente em toda parte. A segunda grande distinção baseia-se nas normas de procedência, tendo como ponto de referência a casta brâmane. Essa casta é, indubitavelmente, a casta superior em toda a Índia, apesar de se apresentarem pequenas variações regionais e locais, no que diz respeito a sua situação. Far-se-á a classificação de acordo com duas questões:

a. referente à alimentação: de quem o brâmane pode aceitar alimentos *kashka*, *pakka* e água; de quem pode aceitar alimento *pakka* e água; de quem pode aceitar somente água; de quem pode aceitar, apenas em determinadas circunstâncias, água; de quem nunca pode aceitar sequer água; quem contamina um poço ou reservatório de água apenas por se ter servido dela etc.;

b. referente à prestação de serviços: impossibilidade para certas castas de serem servidas pelos brâmanes; de serem atendidas por barbeiros, alfaiates etc., que servem às castas superiores; limitação de contato devido a uma possível poluição; proibição do uso de serviços públicos (barcas, ferrovias, escolas etc.); impossibilidade de entrar nos templos hindus (DAVIS, 1961, v. II, p. 109).

Essas colocações nos levam a considerar, com as devidas reservas, que nas seguintes sociedades e períodos históricos existiram castas: no Antigo Egito, no Japão medieval, na Alemanha nazista, com a divisão entre arianos e não arianos, na União Sul-Africana, desde sua independência até recentemente, com a separação entre brancos, negros e mulatos (apartheid). Alguns autores consideram, ainda, a sociedade norte-americana, principalmente nos estados do Sul, aparecendo, ao lado do sistema de classes, o de castas: brancos e negros.

10.3.3 Estamentos

Em se tratando das sociedades estamentais, é indispensável a compreensão do modo pelo qual as categorias tradição, linhagem, vassalagem, honra e cavalheirismo estão presentes no pensamento e na ação das pessoas, pois é a partir delas que se organiza a sociedade em estratos sociais. Os estamentos são característicos de sociedade feudais

10.3.3.1 Conceito de Hans Freyer

Hans Freyer (In: IANNI, 1973, p. 168) considera a sociedade estamental "como uma fase determinada na história das formas sociais de dominação; como um elemento na série das estruturas sociais fundamentais". À medida que uma forma de dominação se afirma, tornando-se um sistema duradouro, distribui, segundo um esquema fixo, parcelas desiguais de direitos e deveres (atividades). Em consequência, os grupos parciais heterogêneos de que se compõe a sociedade desenvolvem-se num sistema definido de privilégios e atividades sociais. Esses grupos ou estamentos formam um todo orgânico que será tanto mais forte quanto mais coordenadas estiverem as partes, e a continuidade do sistema basear-se-á na execução tradicional dos deveres específicos de cada estamento. "Essa estruturação da sociedade, segundo privilégios específicos e atividades atribuídas, se realiza naturalmente 'de cima para baixo'; isto é, é estabelecida por aqueles que detêm a dominação." Constitui, portanto, um processo que se inicia no ápice e estende-se até a base da sociedade.

Para manter essa dominação, os estamentos devem delimitar-se e opor resistência à penetração de elementos externos, o que se consegue pela endogamia e monopólio de determinadas atividades sociais. Geralmente, os estamentos dominantes reservam para si o serviço sacerdotal, o de guerreiro, os cargos públicos e a propriedade da terra, opondo-se a atividades como o trabalho manual e o comércio. Com base nas atividades reservadas aos diversos estamentos, desenvolve-se "uma especial forma de vida, um conceito especial da honra e alguns costumes também especiais", e origina-se determinado tipo de homem. Os

174 **Capítulo 10**

estamentos, portanto, no desempenho de suas funções características, estabelecem um conceito de honra e atitude social específica.

Apesar de o hermetismo consistir em característica importante, os estamentos, para que permaneçam como sistema, necessitam receber em seu seio, periodicamente, "a riqueza e o talento" de grupos inferiores. A dinâmica histórica do sistema de estamentos determina a ocorrência de processos sociais de deslocamento e ascensão, consistindo a sabedoria da aristocracia (camada dominante) em receber apenas os elementos que possam ser integrados em sua forma de vida peculiar. Dessa maneira, a mobilidade entre os estamentos, longe de abalar a sua estrutura, a reforça.

Por outro lado, toda estrutura que se baseia no princípio da dominação, da distribuição desigual de direitos e privilégios traz em si o germe da revolta e da contestação. Entretanto, a luta dos estamentos inferiores contra os superiores é uma disputa por mais privilégios, para ampliar, de forma concreta, seus direitos, e não uma luta contra o sistema.

10.3.3.2 Conceito de Sorokin

Sorokin (1968, v. I, p. 404-408) conceitua estamentos como um grupo que, em relação aos estamentos que lhe são superiores, é mais ou menos organizado, e, no que diz respeito aos estamentos inferiores, constitui uma coletividade semiorganizada ou inorganizada. É parcialmente hereditário, sendo, porém, mais aberto do que a casta. É solidário à medida que seus componentes estão ligados:

a. por laços de direitos e deveres;
b. por privilégios e isenções de impostos (ou a obrigatoriedade de pagamento destes), geralmente determinados pelo Estado;
c. por ocupações e funções econômicas semelhantes (não tão monopolizadas quanto no sistema de castas).

Apenas alguns membros se encontram ligados por vínculos de língua e "raça" comuns, e os laços de parentesco unem somente uma minoria insignificante. Cada estamento forma, na hierarquia dos estamentos, uma camada claramente definida, geralmente estabelecida pelo Estado, tornando-se legal.

Os estamentos diferem das castas sob vários aspectos:

a. não são tão fechadas quanto as castas. Os escravos não são apenas filhos de pais escravos, podem adquirir essa condição por diversos outros motivos: por conquista, isto é, por se tornarem prisioneiros; por terem cometido um crime ou por não poderem saldar suas dívidas; por sua venda voluntária ou por seus pais os terem vendido como escravos; por terem sido raptados por traficantes de escravos. Da mesma forma, uma pessoa pode ingressar na nobreza não apenas por ser filho de pais nobres, mas por ter recebido do rei um título de nobreza, em recompensa de serviços prestados, ou pela realização de feitos considerados valiosos no campo militar, religioso, artístico, científico, econômico, político, jurídico etc. Pode também comprar o título de nobreza ou adquiri-lo casando-se com pessoa nobre e, ainda, tornar-se nobre por conquista ou por meio da força, depondo o governo e a nobreza e tomando-lhes o lugar. Todas essas possibilidades diferenciam o estamento da casta, onde a condição de um indivíduo é obtida somente pelo nascimento;

b. as pessoas, num sistema de estamentos, também podem abandonar ou perder a posição que ocupam. Um servo ou um escravo pode deixar esta condição pela compra da liberdade; alforria concedida pelo senhor; recompensa por certos atos meritórios; decreto do Estado, abolindo a servidão ou a escravidão etc. Por sua vez, um nobre pode perder tal *status* ao adotar certa ocupação; casar com pessoa não livre; vender seu título; ser derrotado na guerra; ser prejudicado por uma revolução que substitua toda nobreza antiga por nova etc. Num sistema de castas, a maioria dessas situações não muda o *status* do indivíduo;

c. contrariamente ao que ocorre entre as populações estratificadas num sistema de castas, no sistema de estamentos, alguns estratos constituem grupos abertos. Tal ocorria com o clero que, não se autoperpetuando, não podendo transmitir sua posição a seus filhos em virtude do celibato clerical, recrutava seus elementos entre todos os estratos da sociedade, inclusive entre os servos. Da mesma maneira, a burguesia recebia qualquer pessoa livre que, estabelecendo-se nas cidades, aí enriquecia;

d. nos estamentos, a endogamia e a consanguinidade são muito menores do que nas castas. Em certos casos, inclusive, proibia-se o casamento endogâmico e prescrevia-se a união com membros de outros grupos. De maneira geral, o casamento de um nobre com pessoas de outros grupos livres, não era proibido; até mesmo a união com elementos dos estamentos "servis" nem sempre era punida, ou não o era com a mesma intensidade com que se punia, nas castas, a união de um brâmane com uma pessoa das castas inferiores;

e. em consequência da característica anterior, os estamentos são muito mais heterogêneos (mistos) do que as castas, do ponto de vista racial. Tal situação engloba todos os estamentos, inclusive com algumas exceções, as próprias famílias reinantes;

f. ascensão e queda das dinastias e famílias reinantes significa que, na maioria das sociedades, os estamentos superiores são heterogêneos; muitas vezes, os grupos familiares, de parentesco e raciais foram substituídos por grupos originários dos escalões inferiores. Assim, se as castas se perpetuam pela identidade de "sangue" ou de linhagem racial, os estamentos compõem-se de linhagens raciais diferentes;

g. os estamentos inferiores, especialmente de servos ou escravos, constituem, em geral, grupos semiorganizados com pouca interação entre seus membros. Raramente conseguiram criar uma organização, por constituírem, na maior parte das vezes, meros agregados, contrastando, portanto, com as castas (grupos plenamente organizados ou, quando muito, semiorganizados);

h. os estamentos, principalmente os inferiores, não constituem grupos territoriais, pois não se encontram confinados a territórios delimitados e contínuos, mas, ao contrário, disseminados por todo o país;

176 **Capítulo 10**

    i. em virtude da diversidade dos meios de recrutamento, os elementos dos estamentos inferiores (principalmente escravos e servos) nem sempre pertenciam ao mesmo grupo cultural e linguístico; assim, sob este aspecto, diferem entre si e dos estamentos superiores da mesma sociedade;

    j. o regime de castas, na Índia, baseava-se principalmente em aspectos religiosos ou consuetudinários, sendo reduzida a influência do Estado; os estamentos, ao contrário, têm *status* jurídico e o Estado desempenha um papel relevante na geração, cristalização, legalização e imposição do lugar de cada estamento.

Sorokin (1968) considera o estamento "quantitativa e qualitativamente uma casta diluída", pois, se muitas características da casta não aparecem no estamento, outras – caráter fechado, uniões endogâmicas e consanguíneas, transmissão hereditária do *status* – estão presentes, embora com menos rigidez.

Em se tratando das sociedades estamentais, é indispensável a compreensão do modo pelo qual as categorias tradição, linhagem, vassalagem, honra e cavalheirismo estão presentes no pensamento e na ação das pessoas, pois é a partir delas que se organiza a sociedade em estratos social. Os estamentos são característicos de sociedade feudais ocidentais.

Os estamentos existiram durante séculos e têm sido encontrados em quase todas as populações humanas. Na sociedade ocidental, o feudalismo representou uma sociedade de estamentos, embora os sistemas feudais da Europa não tenham começado e terminado no mesmo período.

A sociedade medieval apresentava três estamentos: nobreza, clero e campesinato. Esses grupos não eram homogêneos: a nobreza englobava os grandes e pequenos proprietários de terra; o clero compreendia o alto e o baixo clero; o campesinato abrangia os camponeses livres, os servos da gleba, os servos domésticos e os escravos.

Com o surgimento das cidades (burgos) e seu desenvolvimento, apareceram os burgueses: habitantes das cidades que aos poucos vão obtendo autonomia em relação ao senhor feudal e se convertem em grupo diferenciado, dando origem a um novo estamento, denominado "terceiro estado" na França e "comuns" na Inglaterra.

A nobreza abrangia a classe guerreira e dirigente, com um poder baseado na posse da terra, ligada entre si por laços de vassalagem e fidelidade: os feudos consistiam em terras divisíveis, entregues para exploração, e quem as recebia devia fidelidade ao dono. Toda nobreza se entrelaçava com a posse de alguns feudos e a exploração de outros, sendo em alguns casos o suserano e, em outros, o vassalo; essa situação dava origem a constantes disputas que impediam a total organização desse estamento. Entretanto, o grupo diferenciava-se dos outros estamentos pela posse de um *status* legal de superioridade, direitos e privilégios, jurisdição específica e particular forma de vida.

O clero constituía um grupo bem organizado, apesar de não se autoperpetuar: necessitava, para sua manutenção, recrutar elementos de outros estamentos. Nesse processo mantinha, até certo ponto, o *status* original de seus membros. As pessoas originárias da nobreza e burguesia mais influente pertenciam ao clero maior; os demais, geralmente, só podiam ingressar no clero menor. Apesar dessa origem heterogênea de seus componentes, o clero constituía um grupo unido, rico, instruído e, por essa razão, poderoso.

Estratificação social **177**

O campesinato, ou povo comum, representava o menos organizado dos estamentos. Preso à terra, ao feudo, devendo obediência ao senhor, o camponês tinha sua vida administrada e sua liberdade de deslocamento reduzida. O advento das cidades propiciou a esse grupo a obtenção de maior liberdade, alterando sua posição.

A burguesia desenvolveu-se como estamento a partir do surgimento das cidades e o fortalecimento do comércio. As atividades comerciais forçaram a especialização de diversos tipos de artesãos e o aumento do número de mercadores. Esses elementos reivindicavam, cada vez mais, liberdade e independência dos senhores feudais, como passo necessário para o crescimento do comércio. "Em face às restrições feudais que os asfixiavam [...] uniram-se em associações chamadas 'corporações' ou 'ligas', a fim de conquistar, para suas cidades, a liberdade necessária à expansão contínua" (HUBERMAN, 1974, p. 37).

10.4 Classes sociais no Brasil

Trujillo Ferrari, em seu livro *Fundamentos de Sociologia* (1983, p. 420-424), faz uma magistral descrição das classes sociais no Brasil de hoje, que procuraremos sintetizar.

Até a década de 1950, o Brasil apresentava três classes sociais, claramente delimitadas: alta, média e baixa. A primeira, até certo ponto definida "racialmente", era fechada, com forte tendência endogâmica, opondo efetiva barreira à penetração de indivíduos de sucesso da classe média. Era composta dos grandes proprietários de terra, indústrias, comércio e altas finanças, elevados funcionários do governo, altas patentes militares, dignatários eclesiásticos, certos profissionais liberais de sucesso e reduzido número de intelectuais. Hoje, divide-se em classe alta tradicional e a "nova classe alta". A segunda, pouco diferenciada, era composta de funcionários públicos de nível médio, pessoal de direção das empresas de vários tipos, os empregados de "colarinho branco", professores, varejistas, certos profissionais liberais e intelectuais. Como a maior parte dessa classe dependia prioritariamente de seus salários, recebeu forte impacto das condições econômicas vigentes nos últimos anos, criando certa instabilidade e dividindo-se em três níveis: classe média-alta, média-média e média-baixa. A terceira e última, classe baixa, correspondia a 50% da população, tendo tido crescimento significativo nos últimos tempos, representando hoje 60% do total. Heterogênea em sua composição "racial", era formada por funcionários públicos subalternos, artesãos, pequenos varejistas, operários, "chacareiros", trabalhadores sem-terra e grupos pobres urbanos e rurais. Atualmente comporta duas camadas: classe baixa-alta ou "trabalhadores" e classe baixa-baixa ou "pobres".

Da mesma forma que a delimitação era nítida, o papel de cada classe era claro: a classe alta, dominante, impunha a configuração da sociedade, aliada com a burguesia internacional; a classe média, dependente da anterior, tanto econômica quanto financeira, política e ideologicamente, desempenhava, "por delegação e associação já históricas com esta última, funções estratégicas e fundamentais da classe dirigente do sistema de dominação como um todo" (MEDEIROS apud TRUJILLO FERRARI, 1983, p. 421-422). Na classe baixa, o impacto dos excessivos custos da transferência tecnológica, dos gastos inoperantes, dos empreendimentos faraônicos, dos escândalos administrativos, somados à inadequada distribuição da

178 Capítulo 10

renda nacional, dos serviços e das instituições sociais, assim como da criação de empregos, levou a grande empobrecimento.

Atualmente, a classe alta tradicional, descendente em grande parte de famílias tradicionais da nobreza do império, é constituída por pessoas cuja renda ultrapassa grandemente 50 salários mínimos: proprietários de grandes latifúndios; banqueiros, usineiros e donos de grandes fábricas; grandes comerciantes importadores-exportadores; altos funcionários do governo, militares de altas patentes e profissionais liberais com tradição familiar. Convivem com a burguesia internacional, passam parte de seu tempo no exterior (lazer), encontrando-se em evidência nas colunas sociais, inclusive internacionais.

A nova classe rica é constituída em parte dos descendentes de imigrantes bem-sucedidos, tendo renda mensal superior a 25 salários mínimos: segundo escalão político-administrativo, da Igreja e das Forças Armadas; componentes da indústria, comércio, atividades imobiliárias e agropecuárias; profissionais liberais de sucesso e alguns intelectuais de destaque, assim como a hierarquia das universidades. Formam a chamada "burguesia estatal", aliada da internacional; sua escolaridade é superior e, constituindo uma força dinâmica, aspiram ao poder político e econômico do país. Geralmente preparam os filhos em escolas de prestígio no exterior para serem os "príncipes herdeiros" de suas empresas.

Constituem a classe média alta elementos cuja renda oscila entre 15 e 25 salários mínimos: profissionais liberais de prestígio, como médicos, advogados, propagandistas, estatísticos, professores universitários, intérpretes e tradutores, economistas, contabilistas; oficiais das Forças Armadas; corretores imobiliários e de títulos e valores; administradores de grandes empresas; donos de empresas médias, comerciantes, administradores de serviço público, agentes fiscais; fazendeiros, pecuaristas, avicultores, criadores; técnicos de esportes. Mobilizam-se para atingir a classe alta e encontram-se nesse estrato por motivos estruturais. Ideologicamente dividem-se em uma maioria "conservadora" e pequenos grupos intelectuais "revolucionários"; consideram a educação universitária de que são portadores como "canal de ascensão social"; vivem em casas próprias e procuram imitar os padrões da classe alta. Para Jaguaribe (apud TRUJILLO FERRARI, 1983, p. 422), são como um "pêndulo do sistema político brasileiro [...] e têm o privilégio histórico de poder administrar a própria incorporação das grandes massas, em condições toleráveis a ela".

Encontra-se na classe média uma camada que percebe entre 10 e 15 salários mínimos, sendo sua escolaridade entre superior completo e ensino médio completo. São eles: profissionais liberais, como professores de ensino médio e professores universitários sem especialização; assistentes sociais, bibliotecários, fisioterapeutas; desenhistas, maquinistas altamente qualificados, aeromoças; escultores, pintores e elementos do cinema, teatro, rádio e televisão; jogadores de futebol; comerciantes, varejistas, hoteleiros; proprietários de pequenas empresas; bancários graduados; oficiais militares; funcionários médios da burocracia pública. Vivem geralmente em apartamentos próprios, em áreas residenciais próximas das atividades que exercem. Seu poder aquisitivo e seu nível de vida têm sofrido restrições nos últimos tempos: se antes aspiravam pertencer à classe média-alta, hoje aproximam-se da camada inferior seguinte.

A classe média baixa, em parte oriunda da ascensão direta das camadas mais baixas, é a que se identifica em maior grau com o "proletariado" e, hoje, parte de seus elementos sofreu rebaixamento (vindos da classe média-média) em consequência da inflação e do achatamento salarial; seus proventos oscilam entre 5 e 10 salários mínimos. Do ponto de vista da escolaridade, apresenta uma parcela com ensino fundamental incompleto, a maior parte completo e outra parcela com ensino médio. Grande parte de seus componentes consiste em mão de obra altamente qualificada das empresas e de assalariados: alfaiates, carpinteiros, encadernadores, estampadores, ferradores, ferreiros, foguistas de trem, fundidores de metais, funileiros, laminadores, mecânicos, modeladores e formistas de metal, motoristas, radiotécnicos, relojoeiros, soldadores, telefonistas, vidraceiros e assemelhados; de atividades não manuais de rotina, como supervisores e funcionários públicos de baixo escalão e funções semelhantes. Sua preocupação principal é a obtenção de casa própria, em conjuntos residenciais de bairros não muito elegantes e as atividades de lazer.

Os componentes da classe baixa alta, trabalhadores ou proletários, dependem, para sua sobrevivência, do aluguel da sua força de trabalho, de seu esforço físico, percebendo entre dois e cinco salários mínimos. Dividem-se em parcelas quase iguais de educação fundamental (os 4 primeiros anos) e incompleta; raros chegaram ao ensino médio. Na área urbana, as atividades preponderantes são funções manuais semiqualificadas e na área rural, tratoristas e pequenos sitiantes. Sua aspiração primordial, na região urbana, é obter moradia própria através das "vilas" da COHAB (Companhia Habitacional).

Finalmente, os elementos da classe baixa baixa ou pobre obtêm até o máximo de dois salários mínimos. Sujeitos a subemprego e desemprego, vivem em casas alugadas nos bairros periféricos e nas favelas. São, em sua maior parte, analfabetos, por falta de escolarização ou por evasão nos primeiros anos. São as ocupações manuais não qualificadas e "biscateiros" na área urbana, os trabalhadores volantes, lenhadores, pescadores, seringueiros e outros na região.

Deve-se levar em consideração um aspecto importante sobre a estratificação: o estudo sobre a mobilidade. A mobilidade social no campo da estratificação é uma mobilidade vertical, e o objeto maior dos estudos é a mobilidade ascendente e têm uma tendência psicológica, no sentido motivacional, das atitudes, da consciência das classes, entre outras questões. Foram identificados dois tipos de mobilidades: a oferta de *status* vazio e a troca de colocações. Pelo teor psicológico, como dito acima, e pelo desprezo das condições sociais e econômicas, esses estudos contribuem pouco para o estudo das estruturas sociais.

Na verdade, pretende-se dizer que a crescente mobilidade social da sociedade industrial é a causa dos antagonismos de classe, deixando de ter valor a teoria marxista.

A mobilidade social não deve ser desprezada quando o propósito é mostrar que todos os membros da sociedade têm as mesmas oportunidades de ascender na escala social e quando é estudada relacionada com as estruturas do poder e a conduta política e com as mudanças nas estruturas sociais, apenas não substitui os estudos das estruturas de classes, não podendo ser tomada, isoladamente, como um índice de determinadas mudanças da estrutura de classes.

11
Mobilidade social

11.1 Conceito

De acordo com Oliveira (2010), a mobilidade social designa o movimento dos indivíduos ou das unidades familiares no interior do sistema de categorias socioprofissionais ou do sistema de classes sociais. A mobilidade social é condição indispensável à estrutura social no capitalismo, pois é justamente a partir da possibilidade de os indivíduos ou grupos de indivíduos se

182 Capítulo 11

ascenderem nas categorias socioprofissionais que está a legitimidade dos princípios afirmados na revolução burguesa: liberdade, igualdade e fraternidade. A mobilidade social pode ser entendida como um movimento dentro da estrutura social, podendo apresentar-se de duas maneiras: como movimentos interclasse e entre classes.

Segundo Nico (2015) a temática das desigualdades sociais – bloco temático que se tem aproximado da mobilidade social – beneficia já de um conjunto de indicadores reconhecidos e usados pelos produtores de estatísticas.

O amadurecimento desses indicadores deve ser mais um incentivo para a complementaridade explicativa entre esses dois fenômenos – a mobilidade social e as desigualdades sociais – do que um pretexto para o reforço da hegemonia das pesquisas quantitativas em temáticas intrinsecamente sociológicas.

Alguns exemplos dessa complementaridade explicativa estão presentes nos exercícios realizados por Hout (2003) sobre "O paradoxo da desigualdade – mobilidade", precisamente, "a falta de correlação entre mobilidade social e igualdade" (apud NICO, 2015), reforçando, dessa forma, como esses dois processos, não obstante as evidentes e crescentes afinidades teóricas, não devem ser trabalhados, analisados ou interpretados como proxy um do outro.

11.2 Tipos de mobilidade social

A sociologia aponta dois tipos de mobilidade social, uma **mobilidade social horizontal** e **mobilidade social vertical**.

11.2.1 Mobilidade social horizontal

É **aquela** em que um indivíduo ou grupo social tem uma alteração no seu nível social sem migrar para outra classe social. Exemplos de mobilidade social horizontal: um trabalhador que foi promovido, do estudante que arrumou o seu primeiro emprego, da pessoa que passou no concurso e passará a receber um salário maior, do empresário que abriu uma nova filial para a sua empresa etc. Em todos esses exemplos vemos pessoas melhorando suas condições de vida, o prestígio e o *status* social por assim dizer, sem significar uma mudança de classe social (SIGNIFICADOS).

11.2.2 Mobilidade social vertical

Na **mobilidade social vertical** o indivíduo não só tem melhoras na sua condição de vida, prestígio e *status* social, como também o aumento da sua renda é tal que este passa a integrar outra classe social. Da mesma forma que o inverso acontece, a pessoa sofre um declínio e pode vir a integrar uma classe social inferior àquela que antes ocupava. É o caso do indivíduo que abre um mercadinho na periferia, seu negócio prospera e se transforma em um mercado e ele passa a ter um padrão de vida de classe média; do rapaz que se forma na faculdade e passar a ganhar um salário quatro vezes maior do que ganhava; ou do rico empresário que num momento de crise faz más escolhas e leva o seu empreendimento a falência, descendendo assim socialmente etc. (SIGNIFICADOS).

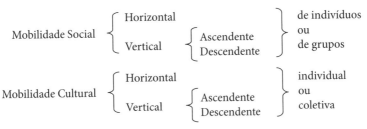

Figura 11.1 Tipos de mobilidade.

11.3 Características da mobilidade social

11.3.1 A mobilidade social horizontal

a. **Grupos territoriais:** a sociedade de nossos dias é caracterizada por um constante fluxo de indivíduos entre um grupo territorial (ou comunidade) e outro, especificamente sob o aspecto de migração rural-urbana: uma elevada percentagem de pessoas que vivem em grandes cidades não nasceu ali, mas em outra parte na zona rural ou em cidades menores. Toda localidade tem um grau de mobilidade territorial, que tende a crescer com o aumento da industrialização e a urbanização; é maior na população urbana, entre as profissões não agrícolas, homens e adultos, do que entre a população rural, profissões agrícolas, mulheres e idosos. Calamidades, como terremotos, inundações, secas, epidemias e fome, e convulsões sociais, como revoluções e guerras, tendem a aumentar a mobilidade e podem desarraigar comunidades inteiras; deslocações desse tipo encontramos no Nordeste do Brasil, ocasionadas pelas secas; na cidade de Tubarão (Estado de Santa Catarina), destruída por enchente; migrações verificadas durante a Revolução Russa e a Segunda Guerra Mundial.

b. **Família e parentesco:** em todas as sociedades, por meio do casamento, do divórcio ou desquite e da adoção, os indivíduos passam de um grupo familiar de parentesco para outro. Nas sociedades ocidentais industrializadas, o índice de casamento tende a ser mais elevado em ocupações agrícolas e rurais do que nas não agrícolas e urbanas; eleva-se em períodos de prosperidade e declina em fases de depressão: as guerras e determinadas revoluções alteram o índice de casamentos, que se amplia, decrescendo quando os fenômenos se prolongam, tornando a se elevar nos primeiros anos de normalidade, até voltar ao nível anterior; as taxas de separação, desquite ou divórcio são maiores entre as populações urbanas, em casais sem filhos, ateus e ricos, do que entre populações rurais, casais que têm filhos, devotos (com exceção das religiões que permitem o divórcio) e pobres. Geralmente em época de guerra, o índice tende a cair, prolongando-se até o fim do conflito, para, em seguida, atingir um nível excessivamente alto, durante dois ou três anos, voltando depois ao normal: algumas revoluções apresentam um padrão diferente, como ocorreu na Revolução Russa: o índice de divórcio tornou-se

184 Capítulo 11

extraordinariamente alto, provocando o "colapso" da instituição família, até ultrapassar o período de mudanças radicais, voltando a família e o casamento a se reafirmarem, havendo então diminuição da taxa de divórcio.

c. **Grupos ocupacionais:** a mobilidade inter e intraocupacional é um processo universal e contínuo, com nível baixo nas sociedades de castas e estamentos e muito mais alto nas sociedades de classes. Entre as populações industrializadas e urbanizadas, a taxa de mobilidade ocupacional varia de acordo com o grau de especialização e habilitação: é elevada entre as profissões não especializadas e mal remuneradas, e baixa entre as profissões com alto grau de habilitação e bem remuneradas. A taxa de mobilidade ocupacional aumenta nos períodos de prosperidade, principalmente entre a classe operária, e decresce em época de depressão. Guerras e revoluções tecnológicas aumentam extraordinariamente esta mobilidade, criando deslocamentos coletivos, levando à desorganização na estrutura ocupacional da população.

d. **Grupos religiosos:** em todos os tipos de sociedade há pessoas que transferem sua lealdade de uma religião para a outra ou abandonam suas crenças, num processo moderado, mas contínuo. Em consequência desse tipo de deslocamento, o número de fiéis das diferentes religiões apresenta flutuações. Nas religiões mais dogmáticas, o índice de mudança é menos frequente; tende também a ser mais baixo entre populações agrícolas, indivíduos não intelectuais e mulheres, do que entre as populações urbanas e industriais, pessoas intelectuais e homens. Nos países em que há liberdade religiosa, a mobilidade ocorre principalmente entre as diferentes religiões; todavia, nos países em que não há essa liberdade, o maior deslocamento se verifica no sentido do abandono das crenças religiosas. Além dessa circulação normal, nos períodos de revolução ou reforma religiosa ocorrem deslocamentos coletivos de grande envergadura. Pode-se ilustrar esse tipo de deslocamento com a origem e o crescimento do Cristianismo, a Reforma Protestante e a ascensão e disseminação do Islamismo.

e. **Partidos políticos:** a mobilidade entre os diversos partidos políticos é contínua. O sentimento de lealdade, por ser superficial e instável, permite aos eleitores deslocarem-se constantemente de um partido para o outro. Nos países de regime ditatorial, com um único partido, essa mobilidade continua a existir, expressa pela abstenção, voto em branco ou nulo, vida relativamente efêmera do partido, cisões e "expurgos", e transformação interna do próprio partido.

f. **Estados:** todos os Estados possuem disposições legais que regulam a concessão da cidadania e a imigração. Apesar de alguns Estados criarem dificuldades em relação à mudança de cidadania, há um constante fluir de indivíduos de um Estado para o outro; esse fluxo varia de acordo com a política de "porta aberta" ou "porta fechada" das diferentes sociedades. Países recentes, com baixa densidade populacional, geralmente incentivam a imigração, concedendo cidadania; ocorre o contrário em países de alta densidade populacional e com elevado nível de vida, cuja riqueza atrai os elementos das classes menos favorecidas ou trabalhadores não especializados. Guerras, revoluções, lutas políticas e religiosas ocasionam a destruição de Estados, o surgimento de novos e/ou a transferência, em grande escala, de populações, que acabam adotando a cidadania dos países onde se refugiam.

Esses diferentes tipos de deslocamentos geralmente correspondem à mobilidade social horizontal, podendo, porém, tornar-se verticais, ascendentes ou descendentes, à medida que, na mudança de comunidade, o indivíduo ou grupo tenha elevada ou rebaixada a sua posição social; se através do casamento o indivíduo ingressar numa família de posição social superior ou inferior à sua, ou se o fato da separação entre cônjuges levar ao desprestígio; quando a mudança de grupo ocupacional trouxer alteração profunda de *status*. O abandono da religião pode elevar ou rebaixar a posição social de um indivíduo, conforme a maior ou menor predominância do sentimento religioso dentro de uma sociedade.

11.3.2 A mobilidade vertical

a. Todo grupo organizado e, portanto, estratificado possui certa mobilidade vertical, que pode ser mais forte ou mais fraca, dependendo das características do grupo. São as castas que opõem maiores dificuldades à mobilidade vertical. Apesar de a mobilidade vertical ser fraca nas sociedades de castas, ela existe, não tanto como passagem de uma casta para outra, mas, principalmente, como mobilidade entre subcastas. Os estamentos são mais permeáveis do que as castas, havendo mobilidade até nos estratos inferiores (escravos e servos) e superiores (nobreza). As classes sociais apresentam uma mobilidade vertical mais forte do que os estamentos ou castas.

b. Não há, nem existiu, grupo organizado em que a mobilidade social vertical tenha sido totalmente livre, ou em que a transição de um estrato para outro não tenha encontrado algum obstáculo. Todo grupo organizado possui um mecanismo, às vezes complexo, destinado ao peneiramento de seus membros, por meio do qual alguns ocupam posições superiores e outros permanecem nas categorias inferiores. Tal mecanismo é necessário para o funcionamento do grupo, para que ele alcance seus objetivos: se a mobilidade vertical fosse completamente livre, teríamos, por exemplo, numa universidade, uma maioria de professores titulares e poucos seriam assistentes ou alunos.

c. Nos diferentes grupos, varia o nível da mobilidade vertical. Sob esse aspecto, a casta, com elevada percentagem de *status* atribuído (herdado), onde a transmissão hereditária do *status* econômico e ocupacional quase atinge cem por cento, é a que apresenta a mais baixa mobilidade vertical. Segue-se o estamento e, por fim, a classe, com significativa percentagem de *status* adquirido.

d. O índice de mobilidade vertical, além de variar de grupo para grupo, varia também no tempo, isto é, na história do mesmo grupo, de período para período.

e. Na história dos grupos sociais (de vida longa) não há uma tendência definida quer para o aumento quer para o decréscimo da intensidade (e volume) da mobilidade vertical: o que se observa é uma flutuação em relação à maior ou menor intensidade.

f. Em todos os grupos sociais, a mobilidade vertical "normal" ocorre gradualmente de um estrato para o outro: processa-se de maneira ordenada, sendo controlada por um mecanismo destinado a testar, selecionar e distribuir os indivíduos, de acordo com os critérios imperantes no grupo. Em todos os setores, político, econômico, ocupacional, religioso, militar, científico e outros, a maioria das pessoas (não, porém, a totalidade) ascende e descende de maneira gradual, degrau por degrau, sem saltar as posições intermediárias.

g. Nas populações ocidentais, principalmente, os grupos e estratos diferentes apresentam-se ligados e entrelaçados pelo intercâmbio (mobilidade vertical e horizontal) dos membros e seus descendentes e, em consequência, as linhas de separação entre os grupos e estratos não são nítidas.

11.4 Fontes de mobilidade

Em geral, existem muitas fontes de expectativas sobre as perspectivas de mobilidade social, dos quais três são particularmente:

a) expectativas objetivas: as pessoas calculam as probabilidades de mobilidade com base no fluxo na estrutura ocupacional ou na distribuição de renda (ALESINA & LA FERRARA, 2005);

b) expectativas subjetivas: os indivíduos fazem seus próprios cálculos sobre as probabilidades de mobilidade com base em situações particulares, por exemplo, suas expectativas de promoção no local de trabalho (RAINER & SEIDLER, 2008);

c) meritocracia: os indivíduos esperam diferentes chances de mobilidade social, dependendo de como veem a estrutura social (se acreditam que a riqueza é o resultado da capacidade e do trabalho) (CASTILLO, 2008).

No entanto, segundo esse autor nenhuma das expectativas anteriores de mobilidade social leva em conta como a pessoa se vê na escala de renda. Algumas das abordagens assumem que os indivíduos sabem onde se encontram (como as probabilidades objetivas de mobilidade por renda). Outras não consideram esta questão (como as crenças sobre meritocracia, que independem da posição do indivíduo na escala de renda). Runciman (1966) conclui que a ordem social é possível apesar da grande desigualdade social, porque as pessoas subestimam o grau de desigualdade social. Essa tendência de subestimar a desigualdade social tem sido demonstrada em vários estudos empíricos.

11.5 Fatores de mobilidade

De acordo com Candian (2010), a quantidade de mobilidade existente em uma sociedade é consequência de dois efeitos. O primeiro deles é o que refere às mudanças estruturais – disparidades entre distribuições de classe de origem e de destino e que são observadas pelas taxas absolutas de mobilidade. A taxa refere-se aos percentuais dos fluxos de entrada e saída na tabela de mobilidade que é consequência do fato de que sempre há diferença entre as distribuições de origem e de destino. Assim, as taxas absolutas de mobilidade descrevem a formação e as variações das classes consideradas (RIBEIRO & SCALON, 2001, p. 56) e permitem examinar as trajetórias que compõem as transformações da estrutura. O segundo efeito tem a ver com o do grau de associação entre classe de origem e classe de destino (desigualdade de oportunidades), que pode ser mensurado pelas taxas relativas de mobilidade. Estas são representadas pelas razões de chances obtidas pelos modelos lineares e que descrevem o grau de associação entre as classes de origem e de destino, ou seja, permitem identificar o grau de fluidez social da estrutura de classes. As razões de chance são uma medida das desigualdades de oportunidades de um determinado sistema de estratificação, uma vez que indicam quais as chances de indivíduos das classes mais baixas têm de ascender às classes mais altas do sistema; quando as chances são mal distribuídas, pode-se dizer que a classe de destino está fortemente associada à classe de origem (RIBEIRO & SCALON, op. cit., p. 58).

11.6 Mobilidade social no Brasil

Consideramos a mobilidade social como uma das medidas da dinâmica e desenvolvimento social de um país. Uma sociedade estagnada sob esse aspecto apenas reproduz sua estrutura social ao longo do tempo, pouco oferecendo em termos de progresso social. O tipo de mobilidade que pode ser considerado como medida de desenvolvimento é o vertical, ou seja, a passagem de indivíduos ou grupos de um nível social a outro.

Em dada sociedade, as medidas da mobilidade vertical partem do relacionamento do presente com o passado, "procurando identificar de que modo os indivíduos se distribuem nos vários níveis da estrutura social através do tempo, qual o peso da herança social, dos recursos individuais e das oportunidades econômico-sociais proporcionadas pela sociedade naquele período de tempo. Além disso, o estudo da mobilidade procura examinar os impactos dos movimentos individuais e grupais sobre a própria estrutura social, dedicando especial atenção à questão da diminuição e expansão das diversas camadas sociais" (PASTORE, 1979, p. 3-4).

Quando tomada ao longo do tempo, a medida de mobilidade social pode ser intergeracional ou intrageracional e ambas dependem fundamentalmente das mudanças ocupacionais, que podem ser de três tipos:

a. entre profissões de níveis diferentes;
b. entre cargos de níveis distintos, dentro da mesma profissão;
c. entre profissões e cargos. Os fatores gerativos desses tipos de mobilidade englobam:
   - **intrínsecos**, ou seja, satisfação ou insatisfação relativas à nova ocupação;
   - **de conveniência**, isto é, o conforto e a segurança envolvidos com a nova ocupação;
   - **financeiras**, ligadas à remuneração e às vantagens presentes e futuras;
   - **sociais**, relacionadas com o ambiente social (colegas, hierarquia, organização política, sindicatos);
   - **de carreira**, respeitantes às possibilidades de promoção.

188   Capítulo 11

Evidentemente, esses fatores são pesados no momento da proposição da mudança, assim como suas repercussões no futuro, inclusive sobre posições a serem desempenhadas pelos filhos.

No que diz respeito ao mercado de trabalho, dois tipos específicos de mobilidade são oferecidos por ele:

a. **estrutural**, decorrente de vagas que se abrem quer pela criação de novos empregos quer pela saída de indivíduos que ocupam essas posições (por doença, aposentadoria, morte). Quando o número de vagas é grande, a mobilidade dele decorrente não está estritamente ligada às características dos indivíduos;

b. **circular**, em que ocorre a predominância dos aspectos pessoais, pois as vagas são escassas e, em muitos casos, a subida de um indivíduo implica a descida de outro, ou sua saída. A medida da mobilidade desse tipo é dada pela seguinte fórmula: mobilidade circular = mobilidade total – mobilidade estrutural. A mobilidade total é o reflexo do grau de flexibilidade de dada estrutura social: quanto mais flexível, mais indivíduos, quer entre gerações, quer na mesma geração, ocupam *status* diferentes do de origem (é evidente que em sociedades rígidas a estrutura se reproduz através dos tempos, e os indivíduos tendem a permanecer nos mesmos *status*).

Em relação às mobilidades estrutural e circular, elas se diferenciam segundo sua posição na pirâmide social e o grau de desenvolvimento da sociedade. No primeiro caso, na base da pirâmide predomina a mobilidade estrutural e a circular tem mais evidência no topo; no segundo, nos estágios iniciais do desenvolvimento há mais mobilidade estrutural, o contrário se verificando nos estágios mais avançados. Dessa forma, observando-se o índice de cada tipo de mobilidade, chega-se a um padrão de desenvolvimento de uma sociedade.

Tomando como base o ano de 1973 (PASTORE, 1979, p. 40-41), verifica-se que, numa comparação entre os Estados Unidos e o Brasil, o índice geral de mobilidade foi semelhante, aproximadamente 60%, mas enquanto nos EUA a mobilidade estrutural respondia com 33% e a circular com 67%, no Brasil, ao contrário, a estrutural apresentava 57% e a circular 43%.

É ainda Pastore (1979, p. 117 e 141) que apresenta quadros sobre o percentual e o tipo de mobilidade, tanto inter como intrageracional.

Analisando-se os Quadros 11.1 e 11.2, podemos concluir que a mobilidade circular intrageracional quase alcança os índices da intergeracional, e se não o faz por completo é devido ao fato de a entrada no mercado de trabalho ainda ocorrer em idades bem baixas, o que limita a possibilidade de rápida ascensão, por carência de escolaridade, principalmente. Verificando o segundo quadro, nota-se que a mobilidade circular praticamente dobra quando se passa do grupo dos mais idosos (51-64) para os mais jovens (20-30): para estes vem crescendo a mobilidade fundamentada na troca e na competição (capacidade individual). Isso conduz a uma conclusão geral para a mobilidade social no Brasil: o padrão de desenvolvimento tende a gerar maior percentagem de mobilidade circular, mas, a menos que as oportunidades de educação se expandam e a entrada no mercado de trabalho possa dar-se mais tarde (o que equivaleria a dizer melhor redistribuição da renda), não podemos esperar para logo uma inversão percentual das mobilidades estrutural e circular.

Quadro 11.1 Tipos de mobilidade social intergeracional por faixa etária (%)

TIPOS DE MOBILIDADE	FAIXAS ETÁRIAS				
	Total	(51-64)	(41-50)	(31-40)	(20-30)
Mobilidade total	58,5	52,4	58,8	61,0	59,3
Mobilidade estrutural	32,9	29,3	34,0	35,1	31,0
Mobilidade circular	25,6	23,1	24,8	25,9	28,3
Mobilidade ascendente	47,1	41,7	48,0	50,1	46,4
Imobilidade	41,6	47,5	41,2	39,0	40,7
Mobilidade descendente	11,3	10,8	10,8	10,9	12,9
Proporção de ascendentes	80,6	79,4	81,7	82,1	78,2
Proporção de descendentes	19,4	20,6	18,3	17,9	21,8
Mobilidade sem troca	76,0	74,1	77,6	78,2	72,0
Mobilidade com troca	24,0	25,9	22,4	21,8	28,0
Índice de mobilidade (Y)	63,6	63,5	63,6	64,1	64,6

Fonte: Pastore, 1979, p. 117.

Quadro 11.2 Tipos de mobilidade social intrageracional por faixa etária (%)

TIPOS DE MOBILIDADE	FAIXAS ETÁRIAS				
	Total	(51-64)	(41-50)	(31-40)	(20-30)
Mobilidade total	58,1	53,4	59,5	60,9	56,4
Mobilidade estrutural	37,8	43,3	38,6	41,0	36,2
Mobilidade circular	10,3	10,1	20,9	19,9	20,2
Mobilidade ascendente	54,2	49,5	55,9	57,3	52,2
Imobilidade	41,9	46,6	40,4	39,0	43,1
Mobilidade descendente	3,9	3,9	3,7	3,7	4,7
Proporção de ascendentes	93,4	92,7	93,8	93,8	92,5
Proporção de descendentes	6,6	7,3	6,2	6,2	7,5
Mobilidade sem troca	93,0	92,1	93,4	93,4	91,2
Mobilidade com troca	7,0	7,9	6,6	6,6	8,8
Índice de mobilidade (Y)	54,7	59,1	56,9	54,8	50,3

Fonte: Pastore, 1979, p. 141.

No Brasil, pesquisas indicam que houve um aumento no grau de fluidez social da estrutura de classes, demonstrada pelo aumento da mobilidade descendente que indica maior competição pelas posições; apontam também que a variação relativa no tamanho das classes torna cada vez maior o recrutamento das elites nas classes mais baixas e que a mobilidade é maior a curta distância (entre as categorias ocupacionais adjacentes). Mas, embora a fluidez social esteja aumentando, ela ainda é menor que em diversos países com as mesmas características de industrialização recente (RIBEIRO et al., 2001).

Em estudo recente, Ribeiro (2003) trata da associação entre a classe de origem e a cor da pele sobre as chances de mobilidade social ascendente no Brasil. Utilizando modelos log-lineares e logit multinomial conditional (que permite incluir mais variáveis – no caso, raça, classe de origem e escolaridade – para a análise das chances relativas de mobilidade), as principais conclusões encontradas pelo autor foram que: primeiramente, a desigualdade racial nas chances de mobilidade existe apenas entre os indivíduos de origem nas classes mais altas. Homens brancos, pretos e pardos com origem nas classes mais baixas têm chances semelhantes de mobilidade social. Por outro lado, indivíduos de diferentes cores ou raças com origens nas classes mais altas têm chances de imobilidade e de mobilidade descendentes distintas: para os brancos a chance de imobilidade no topo da hierarquia, ou seja, entre as posições sociais mais valorizadas, é maior, enquanto para negros e pardos, a chance de mobilidade descendente é maior.

Em segundo lugar, com relação à aquisição de educação formal, que é um dos principais fatores de mobilidade social, as análises de Ribeiro apontaram para a existência de desigualdade em termos de raça ou cor e de classe de origem nas chances de completar as transições educacionais consideradas, no entanto, essas chances são diferentes: a desigualdade em relação à classe é sempre maior que a de raça, especialmente nas primeiras transições. Nas últimas transições, que se referem à entrada e permanência no ensino superior, a desigualdade de raça é semelhante à desigualdade de classe. E por fim, combinando escolaridade alcançada, raça e classe conjuntamente nos seus efeitos sobre a chance de mobilidade ascendente, os resultados corroboram os anteriores: com a mesma alta escolaridade (mais de 12 anos), brancos têm maiores chances de mobilidade ascendente que não brancos.

11.7 Circulação de elites

11.7.1 Conceito de Vilfredo Pareto

A noção de elite, em Sociologia, foi difundida por meio da obra de Vilfredo Pareto. Sua definição de elite, *lato sensu*, engloba todos os indivíduos que, mercê de qualidades e dons naturais ou por meio de seu trabalho e atuação, se destacam dos demais, obtendo um sucesso superior à maioria dos outros e possuindo mais poder, riqueza e prestígio. Esta definição revela certo tipo de "caráter moral", próprio da elite, e é, antes de tudo, qualitativa. Para Pareto, há dois estratos em qualquer população: I – um estrato inferior, a *não elite*, e II – um estrato superior, a *elite*, dividida em duas:

a.   uma **elite governante**, formada pelos indivíduos que, de maneira direta ou indireta, atuam de forma considerável no governo;

b. uma elite **não governante**, englobando todos os demais componentes das camadas mais ricas ou influentes. Dessa maneira, na definição de Pareto, a elite forma uma classe social.

11.7.2 Conceito de Gaetano Mosca

Gaetano Mosca, sociólogo italiano, aprofundou a noção de elite, considerando-a como uma minoria organizada dotada de poderosos meios econômicos que detém o poder numa sociedade, desempenhando as funções políticas e usufruindo as vantagens advindas desse poder; essa minoria impõe-se à maioria, em virtude de ser organizada, porque "os membros de uma minoria dominante sempre possuem um atributo, real ou aparente, que é altamente valorizado e de muita influência na sociedade em que vivem" (apud BOTTOMORE, 1965b, p. 10). Mosca também considera, como Pareto, que a elite forma uma classe social; ela não é totalmente homogênea, possuindo um núcleo dirigente, dotado de mais poder que os demais.

11.7.3 Conceito de Wright Mills

O sociólogo norte-americano Wright Mills, em sua obra *A elite do poder*, dissocia a noção de elite da de classe social: as diversas elites, econômicas, políticas e militares, associam-se para formar uma *unidade de poder* que domina a sociedade, sendo definida em termos de posição institucional. O autor indica que as posições institucionais, ocupadas durante toda a vida pelos indivíduos, "determinam suas oportunidades de obter e conservar valores escolhidos"; por sua vez, o "tipo psicológico" em que esses indivíduos se transformam em grande parte é determinado "pelos valores que assim experimentam e pelos papéis institucionais que desempenham" (1968, p. 25, nota 7). A unidade da elite não se baseia apenas na unidade das instituições, na semelhança psicológica e intercâmbio social de seus membros, mas na união para a realização de seus interesses.

Referindo-se especificamente à circulação das elites, Pareto indica duas formas: circulação de indivíduos entre os dois estratos – elite e não elite (o que ocorre mais frequentemente) – e substituição de uma elite por outra. Pretende explicar os fatores que ocasionam essas duas formas de circulação por meio de mudanças ocorridas nas características psicológicas dos componentes, tanto da elite quanto dos estratos inferiores.

À medida que determinados membros da elite perdem as características psicológicas próprias desse estrato, eles vão sendo substituídos por elementos oriundos dos estratos inferiores, portadores dessas características. Por sua vez, uma diminuição da circulação de indivíduos ocasiona o acúmulo de elementos "decadentes" no estrato superior, e um acúmulo de pessoas de qualidades superiores nos estratos inferiores. Nessa situação, o equilíbrio social torna-se instável e uma conquista ou revolução faz ascender ao poder uma nova elite, estabelecendo um novo equilíbrio.

Mosca difere de Pareto no que se refere à explicação das razões que determinam a circulação das elites. Em primeiro lugar, não empresta fundamental importância às características psicológicas, apesar de referir-se, algumas vezes, às qualidades intelectuais e morais da elite; considera que essas características frequentemente são produtos de circunstâncias sociais. Em segundo lugar, analisa a circulação das elites sociologicamente (e não somente do ponto

192 **Capítulo 11**

de vista psicológico), ao considerar que o surgimento de novos elementos na elite, vindos de estratos inferiores ou o aparecimento de nova elite, dá-se, em parte, pela emergência de forças sociais representativas de novos interesses, no seio da sociedade. Quando a aptidão para o comando e para o exercício do controle político aparece entre outras pessoas, que não os dirigentes legais, ou quando se forma uma minoria dirigente entre os elementos dos estratos inferiores, antagônica em relação à elite possuidora do governo legal, origina-se uma força elementar que removerá determinados elementos da elite, substituindo-os por outros ou, pela revolução, substituindo uma elite por outra.

11.7.4 Conceito de Guy Rocher

Uma conceituação mais recente sobre elite é dada por Guy Rocher. Ele propõe "elites no poder" e "elites de influência", e apresenta a seguinte definição: "a elite compreende as pessoas e os grupos que, graças ao poder que detêm ou à influência que exercem, contribuem para a ação histórica de uma coletividade, seja pelas decisões tomadas, seja pelas ideias, sentimentos ou emoções que exprimem ou simbolizam (1971, v. V, p. 19). Referindo-se à elite, o autor indica que, na realidade, existe uma pluralidade de elites interligadas, que podem ser classificadas de diversas formas, e escolhe, como critério, o fundamento em que assenta a autoridade da elite ou a sua influência. Emprega a distinção de Max Weber dos três tipos de autoridade – tradicional, racional-legal e carismática, à qual acrescenta a elite de propriedade, a ideológica e a simbólica.

11.8 Tipos de elite

11.8.1 Elites tradicionais

Possuem autoridade ou influência decorrente de ideias, crenças ou estruturas sociais, baseadas no passado e reforçadas pela tradição. São tradicionais as elites aristocráticas, cuja nobreza tem tanto mais prestígio quanto mais antiga for sua linhagem; são também geralmente tradicionais as elites religiosas, cuja autoridade ou influência decorre do respeito a certas verdades reveladas aos homens, no passado. O chefe de uma tribo, à medida que é considerado descendente direto de um deus mitológico ou de um antepassado importante, possui autoridade tradicional.

11.8.2 Elites tecnocráticas

Detêm autoridade racional, legal ou burocrática. Sua escolha, nomeação ou eleição baseia-se em competência, determinada por meio de provas, concursos, experiência ou resultados escolares. Ocupam sua posição de acordo com leis ou normas, conhecidas e aceitas, e possuem importância determinada segundo critérios reconhecidos. São os altos funcionários, ocupando postos de chefia nas organizações de caráter burocrático: governo, empresa etc.

11.8.3 Elites carismáticas

Para Max Weber, os líderes carismáticos são portadores de dons específicos (do corpo ou do espírito) considerados sobrenaturais, não acessíveis a todos, e cujo exercício corresponde às necessidades do grupo. Encontramos muito mais comumente o carisma ligado a uma pessoa do que ao grupo; entretanto, o poder de um líder carismático pode, até certo ponto, ser estendido à sua equipe. Como exemplo de elites carismáticas, Rocher cita as castas superiores da Índia, de origem religiosa.

11.8.4 Elites de propriedades

Sua autoridade ou poder decorre da posse de capitais ou de bens, em virtude dos quais podem exercer pressões sobre as elites tecnocráticas ou tradicionais. Pertencem a esse tipo os grandes proprietários de terras, industriais, banqueiros etc., capazes de influenciar a vida econômica, política e social de uma comunidade.

11.8.5 Elites ideológicas

São formadas pelas pessoas que concebem uma ideologia, que a difundem ou representam. Constituem a elite do poder, se a ideologia que representam é a oficial; por outro lado, quando se opõem à elite do poder, formam as elites de influência, ou "contraelites" (elites de oposição, de contestação). Entre todos os tipos de elites, as ideológicas e as carismáticas são geralmente as mais dinâmicas e inovadoras.

11.8.6 Elites simbólicas

Quase todas as elites possuem um caráter simbólico à medida que representam uma causa, valores, ideias, modos de viver, qualidades ou virtudes. Entretanto, existem indivíduos ou grupos cuja função é, mais do que tudo, simbólica. Poder-se-iam citar certos elementos da nobreza, mulheres de políticos famosos, pessoas da alta-roda, artistas e desportistas famosos.

12
Mudança social

12.1 Conceito

Em continuação apresentaremos as ideias de Anthony Giddens, atualmente um dos melhores analistas do tema em questão.

Para Giddens (2006), no espaço de apenas dois ou três séculos – um período curtíssimo no contexto da história humana – a vida social dos homens afastou-se radicalmente do tipo de ordem social em que as pessoas viveram durante milhares de anos. Como é que os sociólogos explicam o processo de mudança que transformou o modo de vida humano? É difícil definir mudança social, pois, em determinado sentido, tudo muda constantemente.

196   Capítulo 12

Identificar mudanças implica mostrar a extensão das alterações na *estrutura subjacente* de um objeto ou situação durante um certo período de tempo. No que diz respeito às sociedades humanas, para decidir até que ponto e de que modo um sistema se encontra num processo de mudança, nós temos de mostrar em que grau se dá qualquer tipo de modificação nas *instituições básicas* durante um período específico de tempo. "Qualquer explicação da mudança implica igualmente apontar o que permanece estável, como uma base de comparação que permite medir as alterações. A maioria das instituições das sociedades modernas muda claramente de forma muito mais rápida do que as instituições do mundo tradicional (instituições religiosas)" (GIDDENS, 2008, p. 44).

12.2 Fatores que influenciam na mudança social

De acordo com Giddens (2008), podemos identificar três fatores principais que têm influenciado a mudança social: o meio ambiente, a organização política e os fatores culturais.

12.2.1 O meio ambiente

O ambiente físico exerce muitas vezes uma influência no desenvolvimento da organização social humana. Tal influência pode ser mais bem constatada nas condições ambientais mais extremas, em que as pessoas têm de organizar o seu modo de vida de acordo com as condições meteorológicas. Os habitantes das regiões polares desenvolvem necessariamente hábitos e práticas diferentes dos daqueles que habitam em regiões subtropicais.

A maioria das civilizações mundiais mais antigas teve origem em áreas que continham terras valiosas do ponto de vista agrícola - como deltas de rios, por exemplo. Meios de comunicação terrestre de acesso fácil e rotas marítimas disponíveis são igualmente importantes: as sociedades separadas de outras por cadeias montanhosas, selvas impenetráveis ou desertos permanecem com frequência relativamente imutáveis durante longos períodos.

Não obstante, a influência direta do meio ambiente sobre as mudanças sociais não é muito significativa. As pessoas muitas vezes arranjam maneira de desenvolver uma considerável riqueza produtiva em áreas relativamente inóspitas. Isto passa-se, por exemplo, no Alasca, onde os habitantes, apesar da dura natureza da região, conseguiram explorar petróleo e recursos minerais.

12.2.2 Organização política

Um segundo fator que influencia a mudança social é o tipo de organização política. Nas sociedades primitivas essa influência é mínima, dado que não existe uma autoridade política com capacidade para mobilizar a comunidade. No entanto, em todos os outros tipos de sociedade a existência de agências políticas próprias – chefes, senhores, reis e governos – afeta fortemente o rumo que determinada sociedade toma.

O poder militar desempenhou um papel fundamental no estabelecimento da maioria dos estados tradicionais, tendo influenciado de igual forma a sua sobrevivência ou expansão subsequentes. Mas, às vezes, um governante pode escolher canalizar recursos

Mudança social 197

para questões militares, ainda que isso empobreça a maioria dos habitantes restantes – como aconteceu na Coreia do Norte no tempo do Kim II Sung e do seu filho, Kim Jong II (GIDDENS, 2008).

12.2.3 Fatores culturais

A terceira influência principal em termos de mudança social reside nos fatores culturais, em que se incluem os efeitos da religião, dos sistemas de comunicação e da liderança. Algumas crenças e práticas religiosas constituíram um obstáculo à mudança, enfatizando sobretudo a necessidade de submissão a rituais e valores tradicionais. No entanto, como Marx Weber salientou, as convicções religiosas desempenham frequentemente um papel de mobilização no sentido da mudança social.

Uma influência cultural particularmente importante que afeta o caráter e o ritmo da mudança é a natureza dos sistemas de comunicação. A invenção da escrita, por exemplo, permitiu o armazenamento de registos, tornando possível um maior controle sobre os recursos materiais e o desenvolvimento de organizações em larga escala. Além disso, a escrita alterou a percepção que os indivíduos têm acerca da relação entre o passado, o presente e o futuro. As sociedades que dominam a escrita mantêm um registo de acontecimentos passados e sabem situar-se na história. Entender a história pode permitir desenvolver uma noção da evolução geral ou da linha de desenvolvimento seguida por determinada sociedade, pelo que as pessoas podem então procurar promovê-la ainda mais de uma forma intencional.

A *liderança* faz parte do conjunto geral de fatores culturais. Alguns líderes individuais têm tido uma enorme influência na história mundial.

12.2.4 Mudança social na atualidade

Em termos gerais Giddens identifica os mesmos fatores colocados no ponto anterior, integrando o meio ambiente ao âmbito da importância dos fatores econômicos.

12.2.4.1 Influências econômicas

A indústria moderna é fundamentalmente diferente da dos sistemas de produção anteriores, na medida em que implica a expansão contínua da produção e uma acumulação crescente da riqueza. Nos sistemas tradicionais, os níveis de produção eram relativamente estáticos, dado se limitarem à satisfação das necessidades habituais e costumeiras. O capitalismo promove a inovação constante dos meios tecnológicos de produção, um processo em que é tida em conta de modo crescente a ciência. A taxa de inovação tecnológica promovida pela indústria moderna é muito superior à de qualquer outro tipo anterior de ordem econômica.

O impacto da ciência e da tecnologia no modo como vivemos pode, em grande medida, ser determinado por fatores econômicos, mas não se limita à esfera econômica. A ciência e a tecnologia tanto influenciam como são influenciadas por fatores políticos e culturais. O desenvolvimento científico e tecnológico, por exemplo, ajudou a criar as formas de comunicação modernas, como o rádio, a televisão, os celulares e a internet. Os recursos eletrônicos

198   Capítulo 12

de comunicação acabaram por influenciar o modo como consideramos e concebemos o mundo à nossa volta.

12.2.4.2 Influências políticas

O segundo grande tipo de influências na mudança no período moderno consiste em fatores políticos. Nas civilizações tradicionais, a mudança política estava confinada às elites. Acontecia, por exemplo, uma família aristocrata substituir outra no poder, enquanto a vida da maioria da população continuava relativamente na mesma. O mesmo não se aplica aos sistemas políticos modernos, onde as ações dos líderes políticos e dos dirigentes governamentais nunca deixam de afetar a vida da grande maioria da população. Tanto no plano interno como no externo, a decisão política promove e orienta a mudança social muito mais do que acontecia antigamente.

A guerra e o poder militar têm tido igualmente uma enorme importância. A partir do século XVII, o poderio militar das nações ocidentais permitiu-lhes exercer influência em todos os cantos do mundo – o que se revelou essencial à expansão global dos modos de vida ocidentais. No século XX, as consequências de duas guerras mundiais foram profundas: a devastação de muitos países conduziu a processos de reconstrução que se traduziram em importantes mudanças institucionais, como no caso da Alemanha e do Japão depois da Segunda Grande Guerra. Mesmo os países que saíram vitoriosos – como a Grã-Bretanha – sofreram grandes mudanças internas como resultado do impacto da guerra sobre a economia.

12.2.4.3 Influências culturais

Entre os fatores culturais que afetam os processos de mudança social nos tempos modernos, o desenvolvimento da ciência e a secularização do pensamento contribuíram para o caráter *crítico* e *inovador* da perspectiva moderna. Atualmente, o modo de vida das pessoas requer cada vez mais uma base "racional".

Para além do *modo* como pensamos, também o *conteúdo* das ideias mudou. Ideais como superarmos a nós próprios, liberdade, igualdade ou participação democrática são, em grande parte, criações produzidas nos últimos dois ou três séculos. Tais ideais serviram para mobilizar processos de mudança política e social, incluindo revoluções. Essas ideias sugerem a revisão constante dos modos de vida no sentido do melhoramento dos humanos.

Descobertas científicas. Alteram a mentalidade, abrem novas perspectivas, modificam atitudes básicas e transformam a sociedade pela aplicação dos conhecimentos científicos a todos os campos da vida social. Por exemplo, a descoberta da penicilina e dos antibióticos, em geral, trouxe alterações no equilíbrio populacional do mundo, ocasionando a sua explosão com múltiplas consequências em todos os setores da organização social; a tese de Copérnico, do heliocentrismo planetário, modificou completamente as noções que até então eram universalmente aceitas sobre a importância da Terra no universo material.

Invenções técnicas. Muitos sociólogos consideram que as mudanças tecnológicas são os fatores básicos da mudança social. Isso é verdadeiro no sentido de que é difícil descobrir uma mudança tecnológica, de certa envergadura e significação, que não tivesse produzido *alguma* mudança social; entretanto, nem *todas* as mudanças sociais se originam de transformações tecnológicas.

Entre as inovações da técnica, que grandemente pesaram na evolução social, conta-se a invenção dos instrumentos metálicos, permitindo a agricultura em grande escala e o aparecimento de numerosas populações sedentárias. Já nos referimos à importância dos moinhos de água, para a substituição dos escravos pelos servos, e à instalação do regime medieval na Europa.

Sem a invenção da máquina a vapor, com seu mecanismo de aproveitamento da pressão para o movimento rotativo, não teria sido possível nem a Revolução Industrial, nem a decorrente assim chamada "sociedade de consumo" e nem, provavelmente, os movimentos de grande repercussão, visando à socialização das indústrias.

O telégrafo, o telefone, o rádio e a televisão vieram facilitar as comunicações entre os homens dos mais distantes lugares. Com essa "Revolução da Comunicação", a humanidade tende a se conhecer melhor. O mundo, aliás, vai praticamente "se tornando menor" com as facilidades de transporte, invenção e aperfeiçoamento do automóvel, foguetes propulsores de aviões e mísseis diversos, trens expressos etc. Essas e muitas outras conquistas da técnica não podem deixar de provocar grandes e contínuas mudanças nas relações entre os homens.

Desenvolvimento de aspectos intelectuais. Englobamos aqui, como fatores que originam ou propiciam a mudança social, as transformações ocorridas nas ideias e valores, o desenvolvimento da filosofia, a difusão de religiões e ideologias.

Constituiria pleonasmo declarar que o aparecimento de novas ideias e de novos critérios de valor intelectual e moral pode ocasionar profundas alterações sociais.

Ideias que venham a corresponder aos anseios difundidos ou que apontem soluções desejadas para os problemas sociais têm sempre bastante repercussão. Assim, a diretriz da "não violência", propagada, em lugares e circunstâncias bem diferentes, por Gandhi e Luther King, impressionou milhões de pessoas.

A propaganda feminista, a partir do século passado, redundou em participação muito maior das mulheres em profissões liberais, no ensino superior, em cargos administrativos públicos ou empresariais e também na política.

Ninguém ignora o quanto concorreu para a abolição do trabalho escravo, nos Estados Unidos, o livro cujo título em português é *A cabana do Pai Tomás*. E que dizer do papel de Castro Alves na campanha antiescravagista brasileira? Seria necessário lembrar a contribuição de Voltaire, Rousseau, Montesquieu e outros na Revolução Francesa? E de Máximo Gorki, Dostoiévsky, Tolstói e outros na Revolução Russa?

Quanto aos líderes religiosos, são patentes e de todos conhecidos as mudanças que provocaram na mentalidade de populações e nas revoluções sociais. Max Weber, em boa hora, indicou as conexões existentes entre os surtos do protestantismo e do capitalismo, em meados da Idade Moderna. Acredita-se que a posição de Calvino ante o comércio e sua noção a respeito dos que são bem-sucedidos na vida muitos concorreram para a prosperidade de indivíduos e populações na Escócia, Inglaterra e nos Estados Unidos.

200   Capítulo 12

12.2.5 Agentes de mudança social

Existem diversos agentes de mudança (governo, professor, mídia etc.). Concordando com Caputo et al. (s/d) a influência de que os indivíduos estão revestidos e que lhes é reconhecida pela generalidade da população, quer essa influência provenha de situações institucionais ou carismáticas, pode ser decisiva na aceitação de novas situações por parte da população em geral.

É neste contexto que o autor faz menção a dois agentes de mudança social:

1. **As elites**, pois são pessoas ou grupos que, graças ao poder que detêm ou à influência que exercem, contribuem para a ação histórica da coletividade seja pelas decisões tomadas, seja pelas ideias, sentimentos ou emoções que experimentam ou simbolizam.

2. **Os movimentos sociais**, estes são organizações de alguma forma estruturadas com vista à defesa e promoção de certos objetivos e agindo, por vezes, como grupos de pressão junto dos órgãos de poder. A massa humana que mobilizam e pela força reivindicativa de que dispõem, constituem-se como importantes elementos a ter em conta nas sociedades atuais, desempenhando um papel relevante no processo de mudança social e no dia a dia de uma sociedade.

Os movimentos sociais não surgem "do nada", antes resultam de condições sociais facilitadoras para as quais muito contribui o descontentamento dos cidadãos, relativamente à ordem social ou a alguns aspectos dessa ordem.

12.2.6 Modernidade, modernização e pós-modernidade

12.2.6.1 Conceitos

12.2.6.1.1 Modernização

Para Cancian (2007), nas ciências sociais, modernização é um conceito extremamente complexo e abrangente, porque engloba um enorme conjunto de transformações que se processam na estrutura econômica, social e política de uma nação.

O conceito de modernização é basicamente ocidental e eurocêntrico, pois serviu para identificar e designar transformações ocorridas nos sistemas políticos, econômicos e sociais de países europeus ocidentais, a partir das primeiras revoluções burguesas da história, tais como, a Revolução Francesa e a Revolução Industrial.

De acordo com esse autor, existem dois tipos de modernização: **política** e **econômica**.

12.2.6.1.2 Modernização política

A modernização política integra três fatores: igualdade, capacidade e diferenciação. O processo de modernização política se completa quando esses três fatores estão presentes.

A *igualdade* que está vinculada à expansão do direito de voto e à participação política.

A *capacidade* que se refere ao aumento progressivo do potencial do governo de estabelecer autoridade sobre os órgãos administrativos que desempenham funções públicas, além da aptidão de atender e controlar as demandas e exigências sociais.

A *diferenciação* que envolve maior especificidade funcional (ou seja, divisão de tarefas administrativas a partir do surgimento de órgãos burocráticos específicos) e maior integração entre todas as instituições administrativas que fazem parte do sistema político.

12.2.6.1.3 Modernização econômica

Um sistema econômico ingressa no processo de modernização à medida que se torna mais racional e eficiente. Desse modo, o desenvolvimento e crescimento econômico é o índice que recebe atenção para determinar o grau de modernização de determinado sistema produtivo (CANCIAN, 2007).

A modernização econômica provoca mudanças profundas na sociedade. Passa-se de uma condição na qual predomina a economia de subsistência centrada na agricultura (produção para consumo próprio, geralmente de gêneros alimentícios) para o predomínio da economia de larga escala (que atende o consumo de massa), centrada na indústria.

De acordo com (DOS SANTOS, 2003), os teóricos da modernização percebem a modernidade apenas em sua forma externa, menosprezando seu conteúdo ético-filosófico. A modernização como forma externa do projeto moderno é vista como símbolo de desenvolvimento econômico. Com a vitória do neoliberalismo de mercados mundiais sobre os socialismos reais, o sujeito é visto apenas como consumidor passivo da sociedade de massas e não um cidadão que luta pelos seus direitos humanos.

12.2.6.1.4 Modernidade

Segundo Giddens, "a modernidade refere-se a estilo, costume de vida ou organização social que emergiram na Europa a partir do Século XVII e que ulteriormente se tornou mais ou menos mundiais em sua influência" (1991, p. 11).

Zygmunt Bauman, um dos principais intérpretes da sociedade contemporânea, reafirma o posicionamento de Giddens: "[…] chamo de 'modernidade' um período histórico que começou na Europa Ocidental no século XVII, com uma série de transformações socioestruturais e intelectuais profundas, e atingiu sua maturidade primeiramente como projeto cultural, com o avanço do Iluminismo e depois como uma forma de vida socialmente consumida, com o desenvolvimento da sociedade industrial capitalista e, mais tarde, também a comunista" (BAUMAN, 1999, p. 299-300).

A modernidade anunciou o fim do sagrado que marcava a pré-modernidade, a sacralidade da crença na salvação e o espírito de pertinência e coesão da comunidade. Na modernidade, esse embasamento existencial do pensamento e da conduta individual e coletiva dá lugar a um *zeigeist* de "desencantamento" e de "gaiola de ferro", tão eloquentemente expresso por Max Weber como metáfora para a modernidade (WEBER, 1993). Para Habermas (2002) seis conceitos centrais estão na base do que veio a ser conhecido como "modernidade": a epistemologia racional crítica, a "universalidade", o ideal iluminista de progresso, a diferenciação estrutural, a integração funcional e o determinismo. "A partir desses princípios,

202 **Capítulo 12**

segue-se uma plêiade de instituições acessórias, de formas de interação social, um tipo de conhecimento e um sistema epistemológico dominante para estudar o mundo material e social, experienciando-o e nele vivendo" (SHINN 2008, p. 46).

Em geral, a modernidade tornou-se, na atualidade, um campo interfacetário, que extrapola o âmbito do direito e das ciências sociais, entrando com sua influência nas artes, na literatura, na ecologia, na economia, na filosofia etc. O fenômeno denominado modernidade, interagindo numa dialética societária global, por sua vez, vêm gerando um verdadeiro processo paradoxal em constante ebulição. Dos Santos (2003) identifica três tipos de críticas à modernidade:

O primeiro tipo é uma crítica de teor progressista, sendo seus defensores os críticos da modernidade. Críticos da modernidade são todos aqueles autores que acreditam direta ou indiretamente que **o projeto moderno não se esgotou completamente**. Cabendo uma reformulação crítica desse projeto em novas bases sócio-filosófico-culturais. Acreditam que é possível construir sujeitos coletivos, que lutem por uma sociedade cidadã e democrática, onde haja atores sociais, que possuam sua autonomia e liberdade enquanto sujeitos da própria história de seus direitos humanos.

Eles não endeusam a ciência, antes a problematizam, renegando o otimismo em suas respectivas filosofias de modernização. Eles aceitam a existência de uma crise da modernidade que, no seu bojo, está paradoxalmente ocorrendo o surgimento de uma nova cultura e que, dialeticamente, transforma-se em algo novo a partir de certo "ponto de ebulição" crítica.

Alguns dos mais importantes representantes dessa posição: Ernst Mandel, Perry Anderson, Eric Hobsbawm, Marshall Berman, Antony Giddens, Edgar Morin, Jürgen Habermas, Enrique Dussel.

O segundo tipo de crítica é o da **razão moderna**, que possui uma aparência progressista, que esconde atitude conservadora. Seus arautos são os teóricos da modernização. Eles são apologéticos da ciência geradora de novas tecnologias, promotora do progresso e desenvolvimento socioeconômico. Acreditam que a crise da cultura moderna pode ser superada por intermédio de medidas de política social e educativa, pois não têm a preocupação de isolá-la em seu contexto histórico geral. Alguns dos seus representantes: Alvin Toffler e Francis Fukuyama,

O terceiro tipo de crítica, vê na modernidade um **teor essencialmente conservador**, "camuflada por uma vestimenta", de vanguardismo cultural progressista. Os teóricos niilistas da **pós-modernidade** são compreendidos, como aqueles que por meio de seus discursos e teorias, buscam expor a completa falência da modernidade. Para eles, estamos vivendo num período pós-moderno, onde predomina o ceticismo total em relação às instituições sociais e o pessimismo em relação ao futuro da sociedade. Para alguns deles, o sujeito (enquanto ator social) inexiste, pois está submetido ao poder disciplinar das instituições sociais, logo os direitos humanos acabam se tornando uma forma estatal de controle psicossocial sobre a sociedade civil.

Seus representantes são os teóricos "niilistas" da pós-modernidade: Jean François Lyotard, Jean Baudrillard, Michel Foucault, J. Derrida, entre outros (SANTOS, 2002).

12.2.6.1.5 Pós-modernidade

Jair Ferreira dos Santos, no seu livro da Coleção Primeiros Passos: *O que é pós-moderno?*, considera que o conceito "pós-moderno é o nome aplicado às mudanças ocorridas nas ciências, nas artes e nas sociedades avançadas desde 1950, quando, por convenção, se encerra o modernismo (1900-1950)" (2005, p. 43).

Para o autor, a essência da pós-modernidade se caracteriza por nossa preferência à imagem ao objeto; à cópia, ao original; o simulacro, ao real, porque esse espetáculo sobre o real tomou lugar de um "real" em dimensão mais intensa e mais atraente que a própria realidade, onde matéria e espírito se esfumam em imagens, em dígitos num fluxo acelerado.

Em geral, o pós-moderno se contrasta com o moderno. Entende-se por moderno o período histórico que começou no Iluminismo e se desenvolveu até a metade do século XX aproximadamente. A modernidade é caracterizada pela crença na ciência, além da razão e do progresso como guias da humanidade. Esses princípios deixaram de ser referências intelectuais, sociais e artísticas, a partir do momento que a realidade mostrou um resultado decepcionante: os valores da modernidade. O ideal da modernidade havia fracassado e assim se inicia uma nova era: a pós-modernidade (CONCEITOS, 2014).

Perry Anderson (1999) apresenta o pós-modernismo como um fenômeno social, relacionado com um novo estágio na história do capitalismo, que teria dimensões socioeconômicas, políticas, históricas e estéticas. O livro segue uma perspectiva histórica de apresentação. Perry Anderson mostra que Rubén Dario, poeta nicaraguense, foi quem cunhou o termo pós-modernismo em 1890. Esse uso estaria ligado à tentativa de marcar a emancipação do modernismo em termos estéticos.

Com Lyotard (2009), o pós-modernismo caracteriza uma sociedade que se estabelece com base em rede de comunicações linguísticas marcadas por inter-relações contraditórias. Do mesmo modo, haveria no pós-modernismo o fim das **metanarrativas** e uma hierarquia do econômico sobre o político.

De maneira resumida, as características dessa etapa da humanidade são as seguintes: há um desencanto social em relação à religião, à política e à ciência. A ideia da verdade e do progresso passou a ser questionada. Propensão a se deixar dominar pela imaginação das mídias eletrônicas. A comunicação e o consumo são fatores essenciais para entender nossa civilização. As ideias tradicionais deixam de ser referências válidas e tendem a desmistificação de um todo. Pluralidade cultural. Polarização social devido aos distanciamentos acrescidos pelos rendimentos. Falências das metanarrativas emancipadoras como aquelas propostas pela Revolução Francesa: liberdade, igualdade e fraternidade. O que importa é o imediato, o aqui e o agora presente. Há um grande interesse pelo alternativo em qualquer uma das manifestações. O individual substitui os projetos coletivos, onde se aprecia o culto ao corpo e aos livros de autoajuda (LYOTARD, 2009).

Como corrente ideológica e tendência da civilização, a pós-modernidade apresenta, contudo, algumas conquistas: o aumento e o avanço do papel da classe dita média; o estabelecimento de direitos e das liberdades democráticas no Ocidente e alguns aspectos positivos da globalização, como ter tornado permeáveis as fronteiras, permitindo trocas culturais que, de algum modo, ampliaram a visão de mundo de muitos, o que permitiu que se passasse a conhecer e respeitar diversas realidades culturais e sociais, além de trocas comerciais e econômicas. Por outro lado, o projeto dito pós-moderno, quando se apresenta enquanto tal, apresenta traços negativos e criticáveis como a banalização/massificação, o consumismo, a ausência de referências positivas válidas e, fundamentalmente, a sensação de que o mundo

204 Capítulo 12

está fragmentado e de que não há projetos capazes de orientar os sujeitos e a humanidade em seu conjunto (TRONQUOY, 2016).

Cavalcante (2016) apresenta uma crítica bastante incisiva. Mudam-se valores: é o novo, o fugidio, o efêmero, o fugaz, o individualismo, que valem. A publicidade manipula desejos, promove a sedução, cria novas imagens e signos, eventos como espetáculos, valorizando o que a mídia dá ao transitório da vida. As telecomunicações possibilitam imagens vistas em todas as partes do planeta, facilitando a mercadificação de coisas e gostos. A informatização, o computador, o caixa-rápido 24 horas, a telemática, os smartphones, as secretarias eletrônicas são compulsivamente disseminadas. As lutas mudam: agora não é contra o patrão, mas contra a falta deles. Os pobres só dizem presente nos acontecimentos de massa, lugar de deslocamento das energias de revolta.

Em suma, para Sergio Paulo Rouanet citado por Juremir Machado da Silva (apud SIQUEIRA, 2014) não há pós-modernidade, porque o modo de produção não teria se transformado, pois continuamos no sistema capitalista, mas nenhum pensador da pós-modernidade jamais imaginou que a pós-modernidade fosse uma superação do capitalismo, a pós-modernidade é o próprio capitalismo [...] [é] a expressão última do capitalismo. Não necessariamente do neoliberalismo [...], mas é o discurso da época em que as pretensões utópicas de superação do capitalismo desapareceram.

13
Movimentos sociais

13.1 Conceito

Vários sociólogos têm conceituado movimentos sociais.

"Um movimento social existe quando um grupo de indivíduos está envolvido num esforço organizado, seja para mudar, seja para manter alguns elementos da sociedade mais ampla" (COHEN, 1980, p. 167).

206 Capítulo 13

"Movimento social é uma coletividade agindo com certa continuidade, a fim de promover ou resistir à mudança na sociedade ou no grupo de que é parte" (TURNER & KILLIAN apud HORTON & HUNT, 1980, p. 403).

"Movimento social é ação ou agitação concentrada, com algum grau de continuidade, de um grupo que, plena ou vagamente organizado, está unido por aspirações mais ou menos concretas, segue um plano traçado e se orienta para uma mudança das formas ou instituições da sociedade existente (ou um contra-ataque em defesa dessas instituições)" (NEUMANN, In: FAIRCHILD, 1966, p. 193).

"Agrupamento de grande dimensão de pessoas que se juntam para procurar desencadear ou bloquear processos de mudança social. Os movimentos sociais existem normalmente em relações de conflito com organizações a cujos objetivos e perspectivas geralmente se opõem. Contudo, acontece por vezes que os movimentos que alcançam o poder, uma vez institucionalizados, se transformam em organizações" (GIDDENS, 2008, p. 697).

"Os movimentos sociais podem ser considerados como empreendimentos coletivos para estabelecer nova ordem de vida. Eles têm início, de um lado, numa condição de inquietação e derivam seu poder de motivação na insatisfação diante da forma corrente de vida e, de outro lado, dos desejos e esperanças de um novo esquema ou sistema de viver" (LEE, 1962, p. 245).

"O surgimento e a generalização progressiva de movimentos sociais e urbanos, isto é, de sistemas de práticas sociais contraditórias que subvertem a ordem estabelecida a partir das contradições específicas da problemática urbana" (CASTELLS, 1980, p. 3).

"A ação conflitante de agentes das classes sociais, lutando pelo controle do sistema de ação histórica" (TOURAINE, In: FORACCHI e MARTINS, 1977, p. 335).

As quatro primeiras definições deixam claro que os movimentos sociais surgem de um grupo ou coletividade que é parte da sociedade global, e têm duplo aspecto: o de transformação ou de manutenção da ordem estabelecida. Salientam, ainda, com exceção da primeira, a maior ou menor organização desses grupos ou coletividades e a existência de "certo" grau de continuidade. A terceira definição aponta também que as aspirações podem ser mais ou menos concretas. A quarta definição restringe o conceito a movimentos coletivos de transformação e indica como condição para seu surgimento o aparecimento, de um lado a insatisfação, e, de outro, a aspiração a um novo esquema ou sistema de vida. O quinto conceito demonstra que a maioria dos movimentos sociais são urbanos e também se apresentam como restritos ao desejo de mudança, indicando seu aparecimento derivado das contradições específicas do modo de vida urbano. Finalmente, o último os vincula a classes sociais e aponta sua ação histórica.

Dessa forma, sintetizando as colocações dos vários autores, podemos considerar os movimentos sociais como tendo origem em uma parcela da sociedade global, com característica de maior ou menor organização, certo grau de continuidade e derivando da insatisfação e/ou das contradições existentes na ordem estabelecida, de caráter predominantemente urbano, vinculados a determinado contexto histórico e sendo ou de transformação ou de manutenção do *status quo*.

Atualmente, Alberto Melucci é referido como um dos autores que mais contribuíram para o estudo da ação coletiva contemporânea. O seu conceito, comportando a conjugação de três princípios, aproxima-se do elaborado por Touraine: "um movimento é a mobilização de um ator coletivo (i) definido por uma solidariedade específica, (ii) envolvido num conflito com um adversário pela apropriação e o controle dos recursos valorizados por ambos (iii) e cuja ação implica uma ruptura com os limites de compatibilidade do sistema em que a ação tem lugar" (NUNES, 2014).

A solidariedade evocada por Melucci só pode ser atingida pela constituição de uma identidade coletiva coesa que exige negociações constantes entre os seus membros.

Para Nunes (2014), atualmente a definição do conceito parece não se constituir como uma discussão central nos debates sobre os movimentos sociais. Ainda que autores como McDonald (2006) afirmem que para se compreender os conflitos na globalização é necessário substituir o termo *movimento social* por *experiência no movimento*, a sua concepção de movimento social define-se mais pela exclusão daquilo que não é do que pela afirmação daquilo que o compõe. Também para autores como Pleyers (2010) ou Jasper (1998), a definição de "movimento social" não se constituiu como um elemento central das suas análises, que se debruçam sobretudo nos aspectos e nas características que se têm vindo a acentuar nos protestos e mobilizações contemporâneos. A tendência de algumas linhas de pensamento é a de examinar as dinâmicas internas de funcionamento e a organização dos grupos de protesto e/ou procurar explicar as "micro fundamentações da ação social e política" (JASPER, 2012), apropriando-se muitas vezes de contributos já existentes, não muito explorados, e não tanto a de propor novos conceitos para abordar as realidades atuais das formas de protesto. Essas têm sido qualificadas cada vez mais como redes fluidas, horizontais e descentralizadas onde a defesa da subjetividade identitária é muito importante para o envolvimento dos indivíduos.

> São essas particularidades que, hipoteticamente, poderão tornar menos necessária e difícil desse estabelecer a unidade empírica a que nos habituamos ser essencial na definição de movimento social. Estará assim a noção de movimento social a atravessar um processo de transformação ou de erosão? (NUNES, 2014, p. 145).

13.2 Teorias dos movimentos sociais

De acordo com Macionis (2012) existem diversas teorias que procuram explicar o desenvolvimento dos movimentos sociais.

13.2.1 Teoria de privação relativa (Stouffer, Suchman, DeVinney, Star e Williams, 1949)

A teoria de privação relativa defende que os movimentos sociais surgem entre pessoas com algum sentimento de privação. Indivíduos que sentem que lhes falta dinheiro, condições de trabalho, direitos cidadãos etc., podem se organizar em movimentos sociais para procurar uma situação mais justa (MACIONIS, 2012).

De acordo com Mendonça e Fucks (2015), o conceito clássico de privação relativa envolve o reconhecimento de carências em relação a outros e a expectativa de que haja

208 Capítulo 13

possibilidades para o alcance do objeto ou condição desejados (RUNCIMAN, 1966). A teoria da privação relativa valeu-se, das descobertas da teoria dos grupos de referência, que postula que o indivíduo é socialmente construído de acordo com os grupos que toma por referência, tanto aqueles dos quais faz parte quanto aqueles aos quais não pertence (MERTON, 1970). Em desenvolvimentos posteriores, o componente relativo passa a referir-se também à comparação que o indivíduo faz entre suas expectativas de ganho ou patamar social em que deseja estar e as respectivas capacidades reais de realização, ou seja, à comparação entre seus desejos e sua situação atual (SANTOS, 2006; GURR, 1971).

Toma importância, a partir de então, a percepção das possibilidades de realização daquilo que se almeja, o chamado horizonte do possível (SANTOS, 2006). A privação relativa foi utilizada por Santos (2006) para entender um quadro de aparente contradição entre os altos níveis de privação, pelos quais passa considerável parcela da população brasileira, e os relativamente baixos níveis de protestos políticos no Brasil. O autor defende que um quadro de inércia social vivido pelo Brasil, caracterizado, de maneira geral, pela perpetuação da concentração de renda e de pessoas, respectivamente, nos extremos superior e inferior, faz com que a magnitude do horizonte do possível seja reduzida: "pode haver inveja paralisante, mas nenhum miserável imagina chegar sequer próximo ao topo" (SANTOS, 2006, p. 174).

13.2.2 Teoria da sociedade de massas

A teoria da sociedade de massas aparece em 1959, defendida por William Kornhauser, que argumentava que pessoas socialmente isoladas procuram os movimentos sociais para obter um sentimento de pertencimento e importância. Assim, os movimentos sociais surgem em sociedades impessoais ou de massas. Os indivíduos ou grupos com vínculos sociais frágeis se incorporarão aos movimentos sociais.

13.2.3 A teoria sobre os comportamentos coletivos (Smelser)

Neil Smelser (1930-2017) foi um dos mais influentes teóricos funcionalistas dos movimentos sociais nos EUA.

A teoria de Smelser sobre os comportamentos coletivos não convencionais tenta demonstrar como eles diferem dos comportamentos rotineiros. Seriam quatro os componentes básicos das ações sociais na teoria de Smelser: 1) as metas gerais e os valores – que fornecem o mais amplo guia ao comportamento social orientado; 2) as regras – que regem a consecução dos propósitos e estão baseadas em normas; 3) a mobilização da energia individual – para atingir os fins estabelecidos pela estrutura normativa; 4) as facilidades de que dispõem os agentes para o conhecimento do ambiente. A dinâmica do social se dá pelo encontro desses quatro componentes

13.2.4 Teoria da mobilização de recursos – TMR (Olson, Zald e McCarthy)

A variável mais importante da MR, como o próprio nome indica, é a dos recursos humanos, financeiros e de infraestrutura. Os movimentos surgiriam quando os recursos se tornassem viáveis.

Posteriormente, essa asserção foi alterada: os movimentos surgem quando se estruturam oportunidades políticas para ações coletivas, assim como quando se dispõe de facilidades e líderes. Os movimentos também estruturam o seu cotidiano segundo a quantidade de recursos que possuem, sendo os principais: os econômicos, os humanos e os de comunicação.

Nenhum movimento tem sucesso sem recursos, dinheiro, trabalho individual, infraestrutura etc. Para sobreviver deve atrair recursos, mobilizar pessoas, procurar alianças.

13.2.5 Teoria da mobilização política – TMP (Tarrow e Tilly)

Para Maria da Gloria Gohn (1997), proeminente socióloga brasileira, a teoria da Mobilização Política reintroduziu a psicologia social como instrumento para a compreensão dos comportamentos coletivos dos grupos sociais. Três elementos foram trabalhados: a reconceituação da figura do ator; as microrrelações sociais face a face e a busca de especificação para os elementos gerados dentro de uma cultura sociopolítica, com determinados significados. Os descontentamentos, os valores e as ideologias foram resgatados por intermédio de um olhar que busca entender a identidade coletiva dos grupos e a interação com sua cultura.

13.2.6 Teoria dos novos movimentos sociais (NMS)

Johntson, Laraña e Gusfield (1994) apud Gohn (1997) apresentam oito interessantes características básicas dos NMS, pois elas refletem uma certa fusão dos argumentos europeus e americanos. Ou seja, são argumentos que expressam a teoria que apresentamos no capítulo anterior, no que diz respeito aos elementos absorvidos da teoria dos NMS pelos americanos para compor a teoria da MP. São eles:

- Não há clara definição do papel estrutural dos participantes. Há uma tendência para a base social dos NMS transcender a estrutura de classes.
- As características ideológicas dos NMS apresentam nítido contraste com os movimentos da classe trabalhadora e com a concepção marxista de ideologia, como elemento unificador e totalizador da ação. Os NMS exigem uma pluralidade de ideias e valores e têm tendências e orientações pragmáticas e para a busca de reformas institucionais que ampliem o sistema de participação de seus membros no processo de tomada de decisões.
- Os NMS envolvem a emergência de novas dimensões da identidade.
- A relação entre o individual e o coletivo é obscurecida.
- Os NMS envolvem aspectos pessoais e íntimos da vida humana.
- Há o uso de táticas radicais de mobilização de ruptura e resistência que diferem fundamentalmente das utilizadas pela classe trabalhadora, como a não violência, a desobediência civil etc.
- A organização e a proliferação dos NMS então relacionadas com a crise de credibilidade dos canais convencionais de participação nas democracias ocidentais.
- Os NMS organizam-se de forma difusa, segmentada e descentralizada, ao contrário dos partidos de massa tradicionais, centralizados e burocratizados.

210 Capítulo 13

13.2.7 Paradigma europeu dos movimentos sociais transformadores da sociedade

Na atualidade Touraine, Castells e Giddens defendem um enfoque construtivista dos movimentos sociais.

Segundo Molinares Guerrero (2009) para Touraine, os movimentos sociais de hoje são os principais propulsores da democracia, portanto na perspectiva do construtivismo, geram os maiores e melhores espaços em uma sociedade cuja tendência é a equidade. "Em vez da criação de uma sociedade política justa ou da abolição de todas as formas de dominação e exploração, o principal objetivo da democracia deve ser permitir que indivíduos, grupos e coletividades sejam sujeitos livres, produtores de sua história, que podem reunir em sua ação o universalismo da razão e as peculiaridades da identidade pessoal e coletiva" (TOURAINE, 1995, p. 263). Nesse sentido, são claramente definidos cada um dos três princípios constitutivos dos movimentos sociais:

Identidade – quem luta: refere-se àqueles que se definem como participantes de um movimento.

Oposição – contra quem luta: determina quem é o principal adversário contra quem o movimento luta.

Totalidade – por que luta: refere-se à visão do mundo ou objetivo a cumprir.

O adversário é qualquer elemento que tente impedir a palavra da pessoa que tenta criar a sua própria história (TOURAINE, 1995, apud MOLINARES GUERRERO, 2009).

Para Castells, bem como para Touraine e Giddens, a existência de movimentos sociais como atores sociais relativamente autônomos, e possíveis de construir por si a história e a sociedade de hoje é uma realidade que, transborda o processo de globalização, onde o inimigo ou o contraditório não é apenas um, mas muitos e em muitos lugares (MOLINARES GUERRERO, 2009).

De acordo com Gohn (1997), todo movimento social tem uma ideologia. Entretanto, algumas ideologias constroem, ao longo da história, uma utopia, ou seja, um ideal, uma meta, um propósito que mobiliza as pessoas para a luta; incorporam crenças que negam o constituído e repõem um novo paradigma para a ação e para o pensamento. O anarquismo, o marxismo, o cristianismo etc. foram ideologias com forças motoras próprias. Elas foram, e ainda são, capazes de sensibilizar milhares de pessoas. Geraram movimentos sociais específicos; alimentaram, enquanto paradigma de referência, vários movimentos sociais concretos. Por suas ideias, filosofias e propostas, aquelas ideologias criaram raízes na sociedade, em certos momentos estiveram em voga, ganharam fluxos e refluxos, mas têm certa perenidade. Em suma, criaram movimentos sociais que apareceram e desapareceram segundo as conjunturas históricas.

13.3 Classificação dos movimentos sociais

Os movimentos sociais apresentam-se sob várias formas, e o conteúdo específico do que se pretende permite diferenciá-los.

Movimentos sociais 211

13.3.1 Migratórios

Independentemente do fato de esse movimento ser composto por grupos organizados, por famílias ou por indivíduos, sua característica principal é o acentuado descontentamento com a situação na sociedade de origem, o que determina a tomada de decisão de se transferir para outro local. Diferencia-se das constantes movimentações de pessoas ou grupos entre países por seu volume e concentração em um breve período de tempo. Os fatores objetivos consistem sempre na organização da sociedade de origem e os subjetivos, no desejo e esperança de que tais condições não apareçam ou sejam minimizadas no país de destino. Por exemplo, as imigrações políticas e religiosas, da Inglaterra e França, com destino aos Estados Unidos e Canadá; a peste da batata, na Irlanda, no século XIX, levando amplo movimento imigratório para os EUA; a imigração de judeus do mundo todo para a formação do Estado de Israel; o deslocamento dos alemães orientais para a República Federativa Alemã.

13.3.2 Progressistas

Atuam em um segmento da sociedade, tentando exercer influência nas instituições e organizações; também chamados de liberais, pois desejam a introdução de mudanças positivas. Por exemplo, movimentos sindicais, que passaram por várias fases: sindicalismo de ofício (caracterizado por forte exclusivismo profissional – trabalhadores profissionalmente qualificados); sindicalismo de indústria (distinguido por pertencer a um setor da produção, enquadrando trabalhadores não qualificados, semiqualificados e qualificados); sindicalismo de oposição (reação e situações criadas aos operários pelo meio de produção fabril); sindicalismo de minorias militantes (quando apenas uma parcela era sindicalizada); sindicalismo de massas (onde as ações fundamentadas no local de trabalho passaram para o aspecto econômico geral, derivado de uma economia capitalista) e, finalmente, sindicalismo de controle (formação dos grandes partidos políticos de massa, na Europa Ocidental) (RODRIGUES, 1974, p. 16-17); Comunidades Eclesiais de Base (CEBs).

13.3.3 Conservacionistas ou de resistência

Tentativa de preservação da sociedade de mudanças. Opõem-se tanto a transformações propostas quanto as já realizadas, quando então propugnam a volta à situação anterior. Por exemplo, nos Estados Unidos, a organização para impedir a aprovação da Emenda de Igualdade de Direitos, manifestações contra a legalização do aborto, contra o divórcio, vários tipos de movimentos ecológicos.

13.3.4 Regressivos

Também denominados reacionários, consistem numa tentativa de retornar às condições imperantes em um momento anterior. Geralmente nascem do descontentamento com a direção e as tendências de determinada mudança. Por exemplo, tradição, família e propriedade, que propõe o retorno aos denominados "antigos e puros princípios da família cristã"

212   Capítulo 13

(TRUJILLO FERRARI, 1983, p. 514), Ku Klux Klan, nos Estados Unidos, cujo objetivo principal é negar as liberdades e os direitos civis conquistados pelos negros, desejando fazê--los retornar à situação anterior.

13.3.5 Expressivos

Não se propõem a realizar modificações na realidade exterior que se apresenta conflitante, desagradável e confinante; ao contrário, seus componentes modificam sua própria percepção e suas reações à realidade por meio de alguma espécie de atividade. Por exemplo, movimentos messiânicos os mais diversos, como o de Antônio Conselheiro, na Bahia; de Jim Jones, na Guiana; o do "reverendo" Moon; e o do Hare Krishna. Também se englobam aqui os movimentos milenaristas (os atuais movimentos, semelhantes aos da heresia do século XIII, que supunham um reinado terrestre da divindade, com duração de um milênio).

13.3.6 Utópicos

Considerados movimentos separatistas ou de fuga, consistem na tentativa de criar um contexto social ideal para um grupo de seguidores geralmente pouco numeroso. Historicamente, derivam da sociedade descrita por Thomas More em sua *Utopia*. Entretanto, escritores anteriores e posteriores a More já apresentavam sociedades perfeitas: *A república*, de Platão; *A cidade de Deus*, de Santo Agostinho; *A cidade do sol*, de Campanella; *Walden II*, de Skinner. Por exemplo, os falanstérios de Fourier; as comunidades propostas por Owen; os movimentos *hippies*.

13.3.7 Reformistas

Apresentam-se como uma tentativa de introduzir melhoramentos em alguns aspectos da sociedade, sem transformar sua estrutura social básica. Esses movimentos encontram dificuldades para se firmarem em sociedades autoritárias, pois estas, por sua própria natureza, reprimem violentamente as críticas; donde seu maior campo de ação ocorre nas sociedades democráticas, o que limita em parte suas reivindicações. Por exemplo, abolição da escravatura, movimento de Direitos Civis nos Estados Unidos, movimento feminista, procurando elevar o *status* da mulher e dar-lhe condições de igualdade na sociedade atual. Seu apogeu ocorreu quando da luta pelo sufrágio da mulher, ressurgindo com as escritoras Simone de Beauvoir, Betty Friedan e Kate Millet. No Brasil, surge na década de 1920 a Federação Brasileira pelo Progresso Feminino, sob a liderança de Berta Lutz, que combate a "dupla jornada de trabalho". O feminismo atual ainda enfatiza o "duplo encargo" de cuidar da produção de mercadorias (na empresa) e da reprodução da força de trabalho (no domicílio). Daí a assalariada com encargos de família sentir-se duplamente explorada: pelo patrão e pelo marido" (SINGER, In: SINGER e BRANT, 1980, p. 113). Os diferentes movimentos homossexuais também lutam pela igualdade e proteção legal de seus membros.

13.3.8 Revolucionários

Procuram alterar a totalidade do sistema social existente, substituindo-o por outro completamente diferente. Propõem, portanto, dentro da sociedade, mudanças mais rápidas e drásticas. O meio social mais favorável ao desenvolvimento dos movimentos sociais revolucionários é o dos governos autoritários, que bloqueiam os desejos de reforma, concentrando o descontentamento social; em países onde o governo é democrático e não repressivo, os movimentos reformistas florescem e se constituem nos piores inimigos dos revolucionários, já que podem drenar o descontentamento que se constitui na base para o recrutamento dos grupos revolucionários. Por exemplo, na década de 1960, movimento da Nova Esquerda, especificamente "Estudantes para uma Sociedade Democrática" (ESD), na Nicarágua, os somozistas-sandinistas-contra-sandinistas, na Irlanda, o IRA.

13.4 Estratégias e táticas

Apesar de os diferentes movimentos não serem iguais em seus objetivos e finalidades, geralmente apresentam o mesmo conjunto de estágios, que podem ser assim descritos:

13.4.1 Agitação (inquietação ou intranquilidade)

Opera em duas situações. Na primeira, mais difícil, a população encontra-se resignada diante de uma situação de graves distorções e injustiças. Do conformismo nasce a apatia e é esse sentimento que deve ser revertido, fazendo-a questionar seus próprios modos de vida; em tal situação deve-se criar inquietação e intranquilidade quando ainda nada disso existe. Na segunda, o povo já se encontra descontente, inquieto e alertado em relação à situação, porém é ainda demasiado tímido para agir ou talvez não saiba em que direção atuar. Nesse caso, em vez de implantar a semente da inquietação, faz-se necessário intensificá-la, libertar e dirigir as tensões que já se encontram presentes. Em qualquer um dos dois casos, o importante é que o povo se afaste de sua maneira usual de pensar para que esteja preparado para aceitar novos impulsos e desejos. Esse estágio, geralmente, é bastante prolongado.

13.4.2 Excitação (excitamento ou desenvolvimento do *esprit de corps*)

O estágio anterior caracteriza-se por ser generalizado, vago e destituído de metas. Há necessidade de fazer com que o foco de intranquilidade se dirija para certas condições, que é o mesmo que dizer identificar os fatores causadores. É neste momento que se torna relevante o papel dos líderes ou de agitadores: estes têm como função organizar os sentimentos da população ou do grupo, a favor do movimento. O primeiro passo é fazer com que entrem em contato indivíduos portadores dos mesmos problemas; o segundo, mostrar que essa situação pode ser resolvida pela ação coletiva; o terceiro, fazer surgir a identificação ou desejo de atuar num empreendimento comum: é o que se denomina *esprit de corps* ou solidariedade. O estágio de excitação é caracteristicamente breve, pois conduz rapidamente à ação ou, ao contrário, com uma liderança incompetente, desajeitada ou com apelos fracos, leva à perda de interesse e à desmobilização do grupo.

13.4.3 Formalização (desenvolvimento da moral e da ideologia ou planejamento)

Alguns movimentos sociais podem atuar e inclusive alcançar seus objetivos, por exemplo, migratórios, sem uma organização formal, porém, a maioria dos outros sente a necessidade

214   Capítulo 13

de organizar-se, desenvolver uma moral e ideologias próprias e traçar planos de ação. A palavra *moral* tem, aqui, significado de "algo" que confere "persistência e determinação ao movimento". A prova pela qual deve passar o movimento é que a solidariedade pode ser mantida contra a ação organizada de outros grupos e inclusive durante uma situação de adversidade. Por outro lado, sem ideologia, o movimento caminharia incertamente, por meio de tentativas e dificilmente poderia defender-se contra uma oposição. A ideologia fornece ao movimento:

1. direção;
2. justificação;
3. instrumento de ataque;
4. instrumento de defesa;
5. inspiração e esperança (LEE, 1962, p. 258).

Durante esse estágio surge uma organização formal com degraus e hierarquia: sua função é converter uma massa excitada em grupo disciplinado, transformando uma causa fraca em empreendimento viável. Caso o movimento sobreviva às discordâncias ideológicas e à rivalidade de seus organizadores, rapidamente passa à fase seguinte.

13.4.4 Institucionalização

Caracteriza os movimentos que obtiveram sucesso em atrair numerosos seguidores e conquistar, em maior ou menor grau, o apoio por parte do público. Durante essa fase, as figuras carismáticas do início do movimento são substituídas por uma liderança profissional e se estabelece um quadro burocrático eficiente. Muitas vezes, na procura da centralização, esses movimentos adquirem uma sede própria. Se no estado anterior o perigo para a continuidade do movimento se encontra na subdivisão interna, na fase de institucionalização, geralmente o Estado atua para desestabilizar e/ou desmobilizar o movimento, criando, por exemplo, "os colegiados, que, por meio da automatização das demandas, tornam cada vez mais difícil uma ação unitária" (BOSCHI, 1983, p. 177), ou realizando o atendimento de parte das necessidades imediatas. O estágio de institucionalização pode durar indefinidamente, quando vence com sucesso as táticas da sociedade global, incluindo as tentativas de cooptação dos dirigentes e do clientelismo, sedução exercida pelos partidos políticos regulares.

13.5 Fatores propensores individuais

13.5.1 Mobilidade

As pessoas que se deslocam habitualmente de uma região geográfica para outra geralmente perdem suas raízes, não se inserindo nos grupos locais, muitas vezes em decorrência do "choque cultural" (como ocorre com os nordestinos da área rural que se fixam na região urbana de São Paulo). A mobilidade geográfica dos indivíduos propicia o enfraquecimento do controle da comunidade sobre suas ações. O sentimento de "não pertencer a lugar algum" gera o descontentamento e a não assimilação dos principais valores do local de fixação. O grau de insatisfação do migrante brasileiro foi levantado em numerosos estudos, que correlacionam duas variáveis: a migração por etapas e a não inserção na cultura das grandes cidades. Por outro lado, quando as circunstâncias no local de origem se alteraram e, em decorrência, a mobilidade é praticamente imposta às pessoas, elas se tornam mais suscetíveis a procurar seu sentido de vida nos movimentos sociais. Por exemplo, movimentos carismáticos ou messiânicos surgidos no Nordeste do Brasil, como o do padre Cícero e o de Antônio Conselheiro, em parte decorrente da obrigação de migrar, causada pelas secas periódicas da região.

13.5.2 Marginalidade

O conceito de marginalidade passou por várias acepções: em 1928, Park definiu "o homem marginal"; em 1937, Stonequist fala em "personalidade marginal"; em 1940, Cubert refere-se ao "papel periférico"; em 1966, Lewis escreve sobre a "cultura da pobreza" como cultura marginal, mais tarde, retomado pela organização Desal, em 1969; em 1968, Rosemblut explicita a "marginalidade política" e os estudos da Cepal definem a "marginalidade ecológica". De todas essas conceituações, a mais completa é a de Quijano (1966), que considera a marginalidade como falta de integração. Para ele, "marginalidade é um modo não básico de pertencer e de participar na estrutura geral da sociedade. Marginalidade é um problema inerente à estrutura de qualquer sociedade e varia em cada momento histórico. Do ponto de vista da integração da sociedade, pode-se considerar a existência de três grupos de elementos institucionais: os que correspondem à estrutura básica da sociedade, porque definem seu caráter fundamental; os que correspondem às estruturas secundárias da sociedade que, sem definir a sua natureza básica, são importantes, pois contribuem para dar forma concreta à estrutura básica; os que correspondem a estrutura básica; os que correspondem a estruturas cuja existência não deriva das tendências que movem a estrutura básica da sociedade, mas que indicam suas limitações em cada momento histórico e, assim, as incongruências da integração da sociedade [marginalidade]" (apud PEREIRA, 1978, p. 37 e s.).

Dessa forma, não sendo integradas nem adaptadas nos grupos sociais preponderantes, as pessoas marginais sentem-se inseguras e anseiam por aceitação; quando esta lhes é negada, ficam ressentidas e frustradas. Em alguns casos, tais indivíduos são levados àquilo que se condicionou chamar "superconformidade", como é o caso dos cidadãos recém-naturalizados e dos recém-convertidos a uma fé religiosa. Porém, na maioria dos casos, a marginalidade é um fator incentivador para a participação em movimentos sociais.

13.5.3 Isolamento e alienação

Ocorre, geralmente, com grupos cuja atividade os afasta do convívio da sociedade mais ampla. Este é o caso dos marinheiros, estivadores, mineiros, trabalhadores volantes, garimpeiros etc. Como exemplo, podemos citar: os recentes movimentos dos "boias-frias" dos canaviais da VI região paulista e os garimpeiros de Serra Pelada. Esses elementos são especialmente suscetíveis à participação em movimentos sociais, principalmente dos mais violentos: seus vínculos com a ordem estabelecida são muito fracos e assim encontram-se sempre dispostos a derrubá-la.

216　Capítulo 13

13.5.4　Mudança de *status* social

Se a mobilidade ascendente torna uma pessoa até certo ponto insegura em sua posição nos novos grupos, a perda ou a ameaça de perda de *status* atual é mais desconcertante ainda, predispondo as pessoas a participar de movimentos que, em seu entender, podem impedir a sua derrocada. Um exemplo ilustrativo encontra-se na história recente dos Estados Unidos: a maior resistência às manifestações lideradas por Martin Luther King encontrava-se entre os elementos das classes trabalhadoras que tinham podido fugir de bairros mistos para se estabelecerem em casas de bairros "impermeáveis" aos residentes negros – seu receio era de que a igualdade reivindicada rebaixasse seu *status* habitacional. No Brasil, a perda do poder aquisitivo da classe trabalhadora levou, em algumas grandes cidades, seus componentes à necessidade de morarem em favelas, e isso fez recrudescer as lutas pela melhoria desses locais de moradia.

13.5.5　Ausência de laços familiares

Pessoas que não precisam preocupar-se com a manutenção dos membros de uma família ou cujos laços familiares se enfraquecem, como ocorre com os adolescentes, na busca de afirmação pessoal, estão mais propensas, por serem até certo ponto imaturas e instáveis, a preencher o vazio de suas vidas e a sanar seus conflitos emocionais por meio de movimentos sociais. Como exemplo, podemos citar às eclosões de movimentos religiosos orientais entre os jovens no Brasil. No passado, o movimento dos *hippies* era um exemplo típico (o movimento *punk* ainda não se estruturou suficientemente para ser representativo).

13.5.6　Desajustamento pessoal

Necessitamos de uma distinção: os desajustados "permanentes" são aqueles que se apresentam com alterações patológicas de personalidade ou, então, isolados dos demais, em virtude de seu talento (tanto limitado, escritores de pouco sucesso; quanto amplo, grandes personalidades que comandaram movimentos sociais). Mais numerosos do que estes são os desajustados "temporários": os desempregados diplomados, os novos imigrantes, os veteranos desmobilizados (muito comum após a guerra do Vietnã) formam um dos contingentes que engrossam as fileiras dos movimentos sociais; entretanto, tão logo a sociedade os reintegre, geralmente têm diminuído o seu interesse em continuar nos movimentos.

13.6　Situações sociais propiciadoras

Os movimentos sociais geralmente aparecem quando as próprias condições imperantes em uma sociedade favorecem sua emergência e disseminação. Os principais fatores são:

a. **correntes culturais:** consistem em pequenas modificações em traços e padrões culturais, cujo lento acúmulo acaba por alterar a organização e, por vezes, a estrutura de uma sociedade. Para que se possa identificar uma corrente cultural é necessário que seja evidente a sua característica de continuidade, apesar de os fatores causais serem múltiplos. Um dos exemplos mais nítidos é a lenta emancipação da mulher na sociedade, que propiciou o surgimento de movimentos para acelerá-la. Outro exemplo seria a difusão dos conceitos de igualdade que originariam vários movimentos de cunho racional ou étnico: se os Estados Unidos foram pioneiros nos movimentos para o direito dos negros, no Brasil também tais grupos tomaram impulso nos últimos anos;

b. **desorganização social ou anomia:** toda sociedade em mudança apresenta certo grau de desorganização que, quando acentuada, conduz à anomia, estado de ausência de normas. Para Maclver (apud MERTON, 1970, p. 256), a anomia "é um **estado de espírito** no qual o senso de coesão social, mola principal da moral, está quebrado ou fatalmente enfraquecido". A desorganização social, assim como a anomia, trazendo confusão e incerteza aos membros da sociedade, pois já não encontram mais nas tradições um guia para o seu comportamento, e verificam que suas relações sociais estão deterioradas, conduz ao florescimento dos movimentos sociais. Estes crescem em número e adeptos à medida que:

"1. a percepção de que os líderes das comunidades são indiferentes às necessidades dos indivíduos;

2. a percepção de que pouco pode ser realizado numa sociedade, que seja considerada como basicamente imprevisível e onde falte ordem;

3. a percepção de que as metas da vida se afastam em vez de se realizarem;

4. um senso de futilidade; e

5. a convicção de que não se pode contar com associados pessoais para apoio social e psicológico" (MERTON,1970, p. 239).

Exemplo: movimentos sociais que precipitaram a queda da dinastia Pahlevi, no Irã;

c. **descontentamento social:** esse estado pode ser conceituado como a disseminação, na sociedade, de uma insatisfação comum, decorrente, de modo geral, de três fatores:

 – **privação relativa** – pode ser considerada como o descompasso entre o que as pessoas possuem e o que imaginam que deveriam ter. Por exemplo, é o que acontece com os migrantes da área rural em relação aos bens industrializados, tentadoramente apresentados nas televisões das cidades;

 – **percepção da injustiça** – em qualquer nível social, alguns grupos podem sentir-se vítimas de injustiça social, já que o critério não é objetivo, mas um juízo de valor subjetivo. O fato de ser injusto nada significa: somente quando percebido como tal é que alimenta a incidência dos movimentos sociais. Por exemplo, a situação de privação de infraestrutura dos bairros da periferia da cidade de São Paulo, que originou a formação da Sociedade de Amigos do Bairro (SAB), na década de 1950;

 – **incoerência de *status*** – situação em que as diferentes posições ocupadas por uma pessoa não são coincidentes.

13.7 Precondições estruturais

Stockdale (apud HORTON e HUNT, 1980, p. 406) indica cinco pré-condições para que surja uma ação coletiva:

218   Capítulo 13

a. **descontentamento social**: sentimento de inadequação ou de injustiça decorrente da estrutura social vigente;

b. **bloqueio estrutural**: barreiras levantadas pela estrutura social impedindo pessoas e grupos de eliminar a fonte que origina seu descontentamento;

c. **contato**: possibilidade de encontro e interação por parte dos elementos descontentes, submetidos à mesma situação social;

d. **eficácia**: consubstanciada na expectativa do grupo de que uma particular ação proposta aliviará os motivos de descontentamento e trará alterações desejadas na organização da sociedade;

e. **ideologia**: conjunto de ideias e crenças que têm por finalidade justificar a ação proposta.

As pessoas que se encontram ajustadas às condições concretas de estrutura de dada sociedade, em geral, dificilmente estão propensas a tomar parte em movimentos sociais. Entretanto, existem certos fatores de índole pessoal que atuam como propensores para a filiação ou suscetibilidade à filiação em tais movimentos.

13.8 Movimentos sociais e tecnologias de informação e comunciação (TICs)

De acordo com Valderrama (2008), as TICs não são apenas uma espécie de plataforma tecno-simbólica, são um meio essencial de comunicação e organização em todas as áreas da vida social. Nessa medida, os movimentos sociais e os agentes políticos as utilizam como uma ferramenta para atuar, informar, recrutar, organizar, dominar e contradominar (CASTELLS, 2000). Também é certo que as TICs não desempenham apenas um papel instrumental, a relação das TICs e os movimentos sociais está configurada pelo que as tecnologias permitem fazer, a maneira de apropriá-las e usá-las e o discurso ou prática discursiva, ou seja, o sentido político dos movimentos.

Em geral, a utilização e apropriação das TICs e a configuração das redes por movimentos sociais contribuíram, juntamente com outros fatores, para o surgimento de uma esfera pública qualitativamente diferente. Hoje não há mais uma esfera pública ou unificada, nem ligada à mídia estatal. Cabe enfatizar que a nova condição da comunicação global, e especialmente a presença das TICs, gerou uma esfera pública mais global e autônoma, na qual a informação política é reconfigurada e existe uma certa soberania na medida em que não cumpre diretamente com as regulamentações estatais.

Nesse mesmo sentido, pode-se destacar a existência de uma série de condições tecno-simbólicas que facilitam o surgimento de esferas públicas mais flexíveis e livres de referentes territoriais ou nacionais, promovendo a circulação de informação política entre as partes mais afastadas do planeta. No entanto, um dos aspectos mais importantes é o surgimento de uma série de interstícios do público-comunicativo a partir do qual não só podem-se expressar novas formas de fazer política, mas constituir práticas políticas com alto potencial contra-hegemônico. Esses interstícios são espaços tais como os "blogs" (weblogs em inglês), as listas de discussão, os fóruns temáticos na internet etc., nos quais a liderança tende a

Movimentos sociais 219

desvanecer-se entre os participantes. Cada um, na medida da sua participação (debatendo, enviando para seus contatos e-mails etc.), torna-se um pequeno líder que constrói seu próprio nodo.

Assim, o que temos aqui é a presença de uma esfera pública absolutamente nova, que coexiste em conflito com outras mais tradicionais, concebida principalmente em e pelos meios de comunicação privados.

Atualmente, os movimentos sociais estão processando a apropriação desses recursos, em particular a internet, o que implica não só ser usuários, mas também aprofundar a compreensão de suas lógicas, a fim de tirar pleno partido. Mas também está se perfilando o papel fundamental que esses movimentos têm a desempenhar na defesa de interesses populares, procurando orientar o desenvolvimento e implementação das TICs. Isso implica não apenas influenciar os respectivos órgãos de tomada de decisão, mas até mesmo reconceituá-los. O discurso dominante consiste em tomar as cartas na disputa de sentidos (da tecnologia e das TICs) (LEÓN, BURCH & TAMAYO, 2001).

13.9 Movimentos feministas

Para Moura e Leal (2016) conforme a dinâmica das sociedades, muitos temas encerram-se no processo histórico, mas muitos outros se perenizam ao longo da história com adaptações aos cenários atuais. O feminismo é um desses exemplos, surgido no século XIX sob inspirações iluministas, o movimento persiste no século XXI com outros desafios.

A partir dos anos 1960 os movimentos sociais deixam de ser representantes de classes para representarem interesses de indivíduos que se juntaram em coletivos com identidades culturais semelhantes. Gohn (1997) considera que é a partir desse período que os movimentos sociais passam a usar a mídia para sensibilizar a opinião pública para suas bandeiras.

Eles usam a mídia e as atividades de protestos para mobilizar a opinião pública a seu favor, como forma de pressão sobre os órgãos e políticas estatais. Por meio de ações diretas, buscam promover mudanças nos valores dominantes e alterar situações de discriminação, principalmente dentro de instituições da própria sociedade civil (GOHN, 1997, p. 125).

A mudança do eixo econômico para patamar mais cultural fez com que os novos movimentos sejam mais descentralizados, menos hierárquicos, mais abertos, embora as lideranças continuem a ter importante papel nesses movimentos.

Com o movimento feminista observam-se grandes mudanças ao longo da história e no presente a reafirmação de sua importância diante de novas demandas. O movimento já reivindicou desde práticas cotidianas como o vestir calças ou biquínis aos direitos políticos como o de votar em eleições. Na atualidade vive um processo bem aberto com relação à participação de seus integrantes, que muitas vezes não estão organizados institucionalmente, mas que defendem a igualdade de direitos entre homens e mulheres em plataformas distintas daquelas da década de 1960, do século XX. As mídias sociais são um desses espaços mais frequentemente utilizados (MOURA & LEAL, 2016).

O próprio termo – feminismo passa atualmente por um processo de ressignificação, porque, assim como outros movimentos, está relacionado com a dinâmica social e com o processo cultural, do qual os veículos de comunicação são integrantes. Os conceitos mais

220 **Capítulo 13**

perenes apresentam o feminismo como um movimento social, filosófico e político que defende, antes de tudo, o direito de igualdade entre homens e mulheres na sociedade.

Segundo Gamba (2008), em meados da década de 1980, com o reconhecimento da variedade e heterogeneidade do movimento, surge uma crise e grandes discussões em seu seio. Alguns falam sobre uma nova época. A falta de paradigmas alternativos na sociedade global após a queda do muro de Berlim afetou o feminismo, observando uma significativa desmobilização das mulheres, especialmente no hemisfério norte.

De acordo com Gamba (2008), a produção teórica mais importante tem ocorrido nas últimas duas décadas, sem ser acompanhada por um movimento social próspero como aconteceu durante o início da segunda onda (1960-1980). O feminismo conseguiu colocar a questão da emancipação das mulheres na agenda pública desde meados dos anos 1970, para começar anos mais tarde a perder força como um movimento social. No entanto, há uma institucionalização importante do movimento com a proliferação de ONGs, a participação de feministas em governos e organizações internacionais, e a criação de áreas específicas no estado. Do seu espaço nas universidades, o feminismo aumentou a pesquisa, aprofundando suas reflexões com maior rigor acadêmico.

Em continuação apresenta-se um breve histórico do feminismo com base no trabalho de Laia San José (2017), historiadora espanhola. Para a autora, embora não seja possível falar sobre o feminismo como tal até quase o século XIX, a verdade é que muitas mulheres estavam cientes de sua situação de inferioridade, sua desigualdade e sua opressão ao longo da história e levantaram sua voz de maneiras diferentes.

13.9.1 Feminismo pré-moderno

Na Antiguidade havia mulheres como Aspásia de Mileto, que defendeu a educação das mulheres ou Hipátia de Alexandria, matemática morta por monges que temiam o perigo de uma mulher erudita.

13.9.2 Idade Média

Durante a Idade Média podem-se destacar duas mulheres: a primeira, **Guillermine da Boêmia**, que no século XIII fundou uma igreja apenas para as mulheres e acabou denunciada pela inquisição. A segunda, a filósofa e poetisa **Christine de Pisano**, considerada a primeira escritora profissional da história. Pisano iniciou um importante movimento, afirmando que a capacidade das mulheres não era uma questão de natureza, mas uma questão social. O processo gerou debates, encontros e escritos por vários séculos.

13.9.3 Idade Moderna

Na França e Inglaterra, entre o século XVIII e início do século XIX começou a surgir a ideia de que as mulheres não eram reconhecidas como mereciam. A inferioridade das mulheres não era uma questão natural, mas era o produto de acesso pobre e limitado à educação. **Olympe de Gouges** publicou, em 1791, a Declaração dos Direitos das Mulheres e a Cidadania. Reivindicou a independência das mulheres na frente dos homens, a aplicação das mesmas normas legais, liberdade de expressão e igualdade em direitos econômicos. Por suas ideias, em 1793 foi guilhotinada.

Em 19 e 20 de julho de 1848, Lucretia Mott e Elizabeth Cady Stanton organizaram a Convenção de Seneca Falls, em Nova York. Mais de 200 homens e mulheres de movimentos sociais e diversas organizações participaram da reunião. Como resultado, publicou-se a Declaração de Sentimentos de Seneca Falls, um documento inspirado na Declaração da Independência dos Estados Unidos, um texto considerado fundador do movimento feminista. Reivindicaram a independência da mulher com respeito ao pai primeiramente e o marido mais tarde, bem como o direito ao trabalho (que deu a prioridade acima da votação). A declaração foi resumida em doze pontos ou princípios que exigiram mudanças nos costumes e na moral do tempo e na realização da plena cidadania das mulheres. Se os estadunidenses se consideravam oprimidos pela monarquia inglesa e se libertaram, as mulheres de Seneca Falls consideravam-se oprimidas pelo Estado e pelos homens, e decidiram libertar-se.

Importante também é a figura de **Sojourner Truth** lembrada pelas suas palavras *Ain't I a Woman?*, em 1851. Nascida como escrava, ao ser liberta se torna a primeira mulher negra a ganhar um julgamento contra um homem branco.

No início do século XX, os movimentos avançaram na corrida para a votação feminina. As mulheres inglesas têm o voto em 1918, para aquelas com mais de 30 anos de idade. Os homens podiam votar aos 25, mas as mulheres entre os 25 e os 30 eram consideradas demasiado "frívolas" para votar. Em 1925, obtiveram os direitos sobre seus filhos (até então totalmente nas mãos do marido) e, em 1928, a votação em igualdade de condições com os homens.

Uma vez que a igualdade na votação foi alcançada (a partir da segunda década do século XX), bem como outros avanços de caráter político, as mulheres, ainda oprimidas em muitos outros aspectos, tiveram de reformular as características e objetivos dessa luta.

O período da Segunda Guerra Mundial, até meados da década de 1960, foi um interregno no qual ressurgiram os valores tradicionais da domesticação, o que **Betty Friedan** chamou de "a mística da feminilidade". Os anos 1950 criaram um protótipo de feminilidade que foi propagado na televisão, no cinema e na mídia de massa. As mulheres não podiam pedir mais, porque tinham tudo: aparelhos de ponta, casas com jardins em bairros residenciais, carros modernos, revistas que se preocupavam com elas e ensinavam-lhes como cuidar das crianças de uma forma científica e como levar a economia doméstica de forma praticamente profissional. Eram as rainhas de suas casas.

Na década de 1960, os movimentos antissistema, pacifistas e antirracistas surgiram a partir da insatisfação das guerras (Vietnã, por exemplo), eventos como Maio de 68 (na França) e os protestos afro-americanos. Novas correntes feministas aparecem lutando não pela igualdade política e questões jurídicas (voto, direito à propriedade, gestão de salários, acesso a universidades e empregos), mas pela igualdade social e cultural. O **movimento das mulheres** ou **libertação das mulheres** durou até os anos 1980 e 1990.

Essa nova fase concentrou os seus esforços no fim da desigualdade não oficial (discriminação pelo sexo no trabalho e na família) e na consolidação dos direitos sexuais (planejamento familiar, reprodução, aborto). Exigiram-se direitos civis de reprodução e igualdade política.

222   Capítulo 13

A partir da década de 1980 adquirem especial importância as diversidades femininas (não existe um tipo único de mulher, nem de feminilidade). Podem se expressar os grupos LGBT, o multiculturalismo e a solidariedade feminina.

Simone de Beauvoir com sua obra *O segundo sexo*, publicada em 1949, é considerada uma das principais representantes do feminismo das décadas de 1950 e 1960. A máxima do seu pensamento, era "mulher não é feita, nasce" em referência a que tudo o que era considerado natural nas mulheres era apenas uma construção social e artificial. Considerava que tinha sido construído um disfarce em torno da identidade feminina. A segunda autora **Betty Friedan** e seu trabalho *A mística da feminilidade*, publicada em 1963, que analisa as causas do que foi chamado de "o problema sem nome". Friedan discutia o retorno para a domesticidade e feminilidade dos anos 1950, já mencionados anteriormente, e abordou as causas da insatisfação e desconforto das mulheres que deveriam ser felizes, porque eram o modelo perfeito e cumpriam todas as possíveis aspirações.

Esse foi o momento que apareceram os conceitos de gênero – separados do sexo, ou seja, separados de aspectos puramente biológicos – e da consciência sexual, pois o feminismo radical considerava a sexualidade como uma construção política. Mulher e homem são duas classes antagônicas e a imposição normativa da heterossexualidade é realizada para dividir em classes sexuais. Nessa época começam as demandas dos grupos LGBT.

Atualmente, o discurso dos movimentos feministas se baseia no fato de que não há um único modelo de mulher, mas que há uma multiplicidade de modelos, que são determinados por questões sociais, nacionais, étnicas, de classe, de orientação sexual ou de religião. O que existe é um movimento com uma grande variedade de abordagens. Pode-se afirmar que é um feminismo que reúne várias correntes feministas.

Fazendo um resumo do movimento feminista, podemos dividir o feminismo em três momentos históricos distintos (CRISTOVÃO, 2016): o primeiro começou entre os séculos XVIII e XIX, pelos direitos democráticos. Ou seja, a luta pelo direito à voto, educação, trabalho e inclusive o divórcio. No segundo momento, que aconteceu no fim da década de 1960, foi pela liberação sexual. Foi durante esse período que se criaram os anticoncepcionais para mulheres. E o terceiro, que começou no final dos anos 1970, que luta por igualdade no trabalho.

Atualmente a luta das mulheres de todo mundo ainda continua. Infelizmente nenhum dos movimentos citados conseguiu seu objetivo, e mulheres de muitos lugares do mundo ainda não podem votar, estudar e trabalhar.

Os movimentos feministas são movimentos políticos, que têm como principal objetivo, alcançar a igualdade entre os gêneros, garantindo a participação ativa de mulheres na realidade da sociedade onde vivem. São também movimentos intelectuais, que por meio de teorias e pesquisas, buscam provar que não existem diferenças entre a capacidade de homens e mulheres.

13.9.4 O movimento feminino no Brasil

Para Gohn (1997) nas últimas décadas, o maior contingente de participação feminina foi nos movimentos populares, como demandatárias de reivindicações populares por melhorias, serviços e equipamentos coletivos, e não como demandatárias de direitos de igualdade entre os sexos. Foram elas que lutaram por creches, transportes, saúde etc. Elas participaram, e participam, dos mutirões para a construção da casa própria, como mão de obra e como gerenciadoras dos processos. E a participação das mulheres nos movimentos populares, tanto urbanos como rurais, é um tema ainda pouco estudado. Certos aspectos da cultura popular, que estabelece "lugares e contribuições" para homens e mulheres, sempre estiveram presentes no interior dos movimentos populares. Fazer comida e cuidar das crianças eram "atribuições" das mulheres nos canteiros de mutirões. Entre as lideranças, o número de homens é proporcionalmente maior que o de mulheres, e essa relação se inverte quando olhamos sua participação no conjunto do movimento.

13.10 Movimentos sociais no Brasil

De acordo com Medeiros (2015) Os movimentos sociais no Brasil passaram a intensificar-se a partir da década de 1970, com fortes movimentos de oposição ao regime militar que então se encontrava em vigência, mantendo uma luta social e uma forte resistência, como afirma Ilse Scherer-Warren: "o movimento social mais significativo pós-golpe militar de 1964 foi o de resistência à ditadura e ao autoritarismo estatal" (2008, p. 9). A população brasileira se manteve forte para com a ditadura que havia no país e, dentro desse contexto ditatorial, foi prevalecida a força e a organização dos movimentos estudantis e da classe operária em seus sindicatos (CARVALHO, 2008), comunidades eclesiais de base (CEBs) e pastorais, que ganhou força com a participação dos demais setores da sociedade que sofriam as consequências dessa forma de governo.

O período da ditadura militar no Brasil provocou um tempo propício para a efervescência dos movimentos sociais uma vez que, dentro das universidades, as inserções e consolidação dos cursos de Ciências Sociais, com a reforma pedagógica dos cursos, propiciaram um pensamento mais crítico frente à interpretação de nossa realidade.

A resposta do governo militar foi sempre dura no sentido de reprimir tais manifestações, com violência, tortura, e alcançou seu auge com o famoso AI-5 (Ato Institucional número 5), que vigorou de 1968 a 1979.

Nesse período, cada movimento social foi forjando sua identidade, suas formas de atuação, pautas de reivindicações, valores, seus discursos que o caracterizavam e o diferenciavam de outros. "Foram grupos que construíram uma nova forma de fazer política e politizaram novos temas ainda não discutidos e pensados como constituintes do campo político. Nesse processo ampliam o sentido de política e o espaço de se fazer política" (EVANGELISTA, 2004, p. 35 apud MEDEIROS, 2015). Nesse período, a sociedade civil organizada, por meio dos movimentos sociais e populares, buscou espaço para influenciar nas decisões políticas e na construção da Constituinte de 1988. É uma participação efetiva de cidadãos e cidadãs, na busca por direitos e por políticas que os afetem diretamente.

Os novos movimentos sociais que emergiram durante os anos 1990 até os atuais são como os de décadas anteriores também frutos de demandas sociais como o Movimento de Mulheres (com suas lutas contra uma sociedade patriarcal e o autoritarismo do Estado), o Movimento LGBT, o Movimento Negro (ALBERTI; PEREIRA, 2006), o Movimento Indígena, entre outros.

224 **Capítulo 13**

Guimarães (2009) citado por Medeiros (op. cit.) identifica pelo menos cinco tradições e movimentos que contribuíram com o que ele chama de "ciclo democrático de autoformação do povo brasileiro". São eles: comunitarismo cristão, nacional-desenvolvimentismo, socialismo democrático, liberalismo republicano e cultura popular. Ressalta também a criação da CNBB – Conferência Nacional dos Bispos do Brasil, em 1952, liderada por Dom Helder Câmara e o desenvolvimento de uma "ala esquerda do catolicismo brasileiro".

No século XXI observamos o surgimento de uma "rede de movimentos sociais", com o objetivo claro de fortalecer o papel da sociedade na esfera pública e defesa radical dos valores democráticos, com total autonomia dos movimentos sociais em relação ao poder público e de certo modo até mesmo dos partidos políticos, o que não significa dizer que não seja uma forma organizada de articulação política.

À guisa de conclusão podemos afirmar, como nos propõe Scherer-Warren (2008, p. 19) em suas diferentes análises sobre os movimentos sociais, que:

> "No cenário brasileiro do novo milênio, há a emergência de um movimento cidadão crítico, que não atua de forma isolada, mas em redes nacionais e globalizadas e que se caracteriza por estar desenvolvendo um ideário político que visa a transposição de várias fronteiras restritivas dos movimentos sociais mais tradicionais de nossa história".

13.10.1 Mapeamento do cenário dos movimentos sociais no Brasil – 1972-1997

Em continuação, apresenta-se uma relação de movimentos sociais importantes para o desenvolvimento do Brasil:

13.10.1.1 Primeiro ciclo – Lutas pela redemocratização do país e acesso a serviços públicos: 1972-1984

1 – Movimentos nacionais

1.1 – Movimento pela anistia: 1977-1978

1.2 – Movimento feminista: 1975-1982

1.3 – Mobilização nacional contra o regime militar envolvendo partidos políticos, sindicatos, movimentos populares etc.: 1978-1984.

1.4 – "Diretas Já". Movimento nacional de reivindicação de eleição direta para presidente da República: 1984

2 – Movimentos sociais populares urbanos

2.1 – Movimentos dos professores das escolas públicas de 1º e 2º graus: 1978-1982

2.2 – Movimento de Associações de moradores: 1972-1982

2.3 – Comunidades Eclesiais de Base da Igreja Católica (CEBs): 1972-1980

3 – Movimentos populares rurais

3.1 – Comissão Pastoral da Terra (CPT): 1974 (data de criação)

3.2 – Sem-terra: 1979 (data de criação)

Movimentos sociais 225

4 – Movimentos sindicais

4.1 – Confederação Geral dos Trabalhadores (CGT): 1982

4.2 – Central Única dos Trabalhadores (CUT): 1983

4.3 – Confederação Geral de Trabalhadores da Agricultura (CONTAG): 1964

5 – Movimento estudantil

5.1 – União Nacional dos Estudantes (UNE): 1939 (data de criação)

5.2 – União Nacional dos Estudantes Secundaristas (UBES): 1948

13.10.1.2 Segundo ciclo – Institucionalização dos movimentos: 1985-1989

1 – Nacional

1.1 – Movimento para a redução do número de anos do mandato do presidente e retorno das eleições diretas: 1985

1.2 – Movimento nacional pró-constituinte: 1985-1989

2 – Movimentos sobre temas específicos

2.1 – Raça: movimento negro

2.2 – Étnico: movimento dos índios

2.3 – Movimento das mulheres

2.4 – Movimento dos homossexuais: gays e lésbicas

3 – Movimentos populares urbanos de âmbito nacional

3.1 – Movimento pela moradia

4 – Movimentos rurais

4.1 – Sem-terra

4.2 – União Democrática Ruralista. Proprietários de terras (UDR): 1987

5 – Movimentos sindicais

5.1 – União de Sindicatos Independentes (USIS)

13.10.1.3 Terceiro ciclo – Emergência de novos atores e desmobilização dos movimentos populares urbanos. Crescimento dos movimentos populares rurais: 1990-1997

1 – Movimentos nacionais

1.1 – "Ética na política" – Movimento nacional contra a corrupção (responsável pela articulação que depôs o ex-presidente Collor de Mello): 1992

1.2 – "Caras-pintadas". Movimento estudantil: 1992

1.3 – Caravana da cidadania. Movimento político do PT: 1993-1994

2 – Movimentos internacionais

2.1 – Ecológico – Greenpeace: 1992-1997

2.2 – Anistia Internacional – Direitos humanos: 1976-1997

2.3 – Rede internacional de ONGs de cooperação internacional

226   Capítulo 13

2.4 – Movimento de defesa da Amazônia – floresta e população (índios e seringuei-ros, catadores de castanha e quebradeiras de coco)

3 – Movimentos populares nacionais

3.1 – Central Movimentos Populares: 1993 (data de criação)

3.2 – Movimento nacional de luta pela habitação

3.3 – Sem-terra (movimento popular rural mais estruturado no Brasil nos anos 1990)

4 – Movimentos étnicos, raça, sexo e idade

4.1 – Movimento dos índios – demarcação de terras

4.2 – Movimento dos aposentados do INSS

4.3 – Movimento nacional de meninos e meninas de rua

4.4 – Movimentos culturais de jovens (organizados principalmente ao redor de es-tilos musicais)

5 – Movimentos sindicais

5.1 – Força Sindical: 1990

5.2 – Confederação Nacional dos Trabalhadores na Agricultura (CONTAG)

Gohn (2011) no seu artigo "Movimentos sociais na contemporaneidade" apresenta uma análise da atualidade dos movimentos sociais brasileiros:

1. Há um novo cenário neste milênio: novos tipos de movimentos, novas deman-das, novas identidades, novos repertórios. Proliferam movimentos multi e plu-riclassistas. Surgiram movimentos que ultrapassam fronteiras da nação, são transnacionais, como o movimento alterglobalização ou *movimento* da justiça global. Mas também emergiram com força movimentos com demandas secula-res como a terra, para produzir (MST) ou para viver seu modo de vida (indíge-nas). Movimentos identitários, reivindicatórios de direitos culturais que lutam pelas diferenças: étnicas, culturais, religiosas, de nacionalidades etc. Movimentos comunitários de base, amalgamados por ideias e ideologias, foram enfraqueci-dos pelas novas formas de se fazer política, especialmente pelas novas estratégias dos governos, em todos os níveis da administração. Novos movimentos comuni-taristas surgiram – alguns recriando formas tradicionais de relações de autoaju-da; outros organizados de cima para baixo, em função de programas e projetos sociais estimulados por políticas sociais.

2. Criaram-se várias novidades no campo da organização popular, tais como a atu-ação em redes e maior consciência da questão ambiental ao demandar projetos que possam vir a ter viabilidade econômica sem destruir o meio ambiente.

3. A nova conjuntura econômica e política tem papel social fundamental para ex-plicar o cenário associativista atual. As políticas neoliberais desorganizaram os antigos movimentos e propiciaram arranjos para o surgimento de novos atores, organizados em ONGs, associações e organizações do terceiro setor.

4. As reformas neoliberais deslocaram as tensões para o plano cotidiano, gerando violência, diminuição de oportunidades no mundo do trabalho formal, formas precárias de emprego, constrangimento dos direitos dos indivíduos, cobrança sobre seus deveres em nome de um ativismo formal etc.

5. O Estado promoveu reformas e descentralizou operações de atendimento na área social; foram criados canais de mediações e inúmeros novos programas sociais; institucionalizaram-se formas de atendimento às demandas. De um lado, observa-se que esse fato foi uma vitória, porque demandas anteriores foram reconhecidas como direito, inscrevendo-as em práticas da gestão pública. De outro, a forma como têm sido implementadas as novas políticas, ancoradas no pragmatismo tecnocrático, tem resultado na maioria dos projetos sociais implementados passando a ter caráter fiscalizatório, ou sendo partícipes de redes clientelistas, e não de controle social de fato.

13.10.1.4 Alguns movimentos atuais

1. Movimentos pela moradia: redes de movimentos sociais populares dos Sem--teto (moradores de ruas e participantes de ocupações de prédios abandonados), apoiados por pastorais da Igreja Católica e outras;

2. Movimentos e ações de grupos de camadas médias contra a violência urbana e demandas pela paz (no trânsito, nas ruas, escolas, ações contra as pessoas e seu patrimônio etc.);

3. Mobilização e organização popular em torno de estruturas institucionais de participação na gestão política-administrativa da cidade: a) Orçamento Participativo e Conselhos Gestores (saúde, educação, assistência social, criança e adolescente, idoso); b) conselhos da condição feminina, populações afrodescendentes, Sistema Único de Saúde (SUS);

4. Movimentos de demandas na área do direito: a) humanos: situação nos presídios, presos políticos, situações de guerra etc.; b) culturais: preservação e defesa das culturas locais, patrimônio e cultura das etnias dos povos.

5. Movimentos contra as políticas neoliberais: a) mobilizações contra as reformas estatais que retiram direitos dos trabalhadores dos setores privado e público; b) atos contrarreformas das políticas sociais etc.

No caso da educação escolar no Brasil, nas últimas duas décadas, os principais eixos das demandas pela educação, são:

- Lutas pelo acesso (ensino básico).
- Demanda de vagas em diferentes níveis do ensino.
- O Programa Universidade para Todos (Prouni) no ensino particular/confessional.
- Reestruturação e Expansão das Universidades Federais (Reuni).

"Há muitos desafios a serem enfrentados. Como meta geral, é preciso alterar a cultura política de nossa sociedade (civil e política), ainda fortemente marcada pelo clientelismo,

228 Capítulo 13

fisiologismo e por diversas formas de corrupção; reestruturar a cultura administrativa de nossos órgãos públicos, ainda estruturados sobre os pilares da burocracia e do corporativismo; contribuir para o fortalecimento de uma cultura cidadã que respeite os direitos e os deveres dos indivíduos e das coletividades, pois a cidadania predominante se restringe ao voto e ainda é marcada pelas heranças coloniais da subserviência e do conformismo" (GOHN, 2011, p. 356).

14
Degradação e problemas sociais

14.1 Degradação social

Degradação é um termo com origem no latim *degradatĭo*. O conceito está associado ao verbo degradar, que significa tirar de uma pessoa os seus títulos, as distinções e prerrogativas ou minimizar as faculdades ou propriedades de um sujeito ou de algo.

A degradação social implica a perda parcial ou total do *status* social, a exclusão dos direitos a que todo indivíduo tem na sociedade, em seus diferentes setores como família, educação, economia, política social etc., em seus aspectos ambientais, culturais, religiosos, de trabalho, de saúde e outros, levando as pessoas, quase sempre, à marginalidade e/ou marginalização.

230 Capítulo 14

14.1.1 Degradação em instituições

14.1.1.1 Família

Família é uma instituição social básica, formada por um grupo de parentesco bilateral. Ela constitui a estrutura da sociedade. Nas sociedades conhecidas, quase todos os indivíduos vivem enredados em uma trama de direitos e obrigações familiares, chamadas relações inerentes ao papel. É no processo de socialização que a pessoa se torna conhecedora dessas relações.

Funções – são várias as funções da família. Na maioria dos casos, ela desenvolve funções educativas (informal) visto que transmite considerável parte da cultura social à nova geração. As funções reprodutivas tornam-se secundárias se comparadas com as funções econômicas e sociais.

Todavia, cada vez mais, é comum nas famílias a desintegração social, ou seja, o colapso da unidade de organização. É o fracionamento do grupo em unidades distintas, como consequência de uma ruptura da organização ou perda de todo sentimento de interesse comum.

Quadro 14.1 Total de partos, em percentual (Brasil, de 1993 a 1997)

ANO	TOTAIS DE PARTOS NO SUS (TODOS OS TIPOS)	% DE PARTOS DE ADOLESCENTES (TODOS OS TIPOS)			
		10-14 anos	15-19 anos	20-24 anos	Outras idades
1993	2.856.255	0,93%	21,41%	32,19%	44,75%
1994	2.852.834	0,93%	22,27%	32,85%	43,95%
1995	2.821.211	1,00%	23,44%	32,47%	43,09%
1996	2.743.141	1,16%	24,63%	32,33%	41,88%
1997	2.718.265	1,23%	25,27%	73,50%	

Fonte: DATASUS/FNS/MS.

Várias são as formas de desintegração social ou degradação das famílias:

a. delinquência de menores: são filhos que saem dos lares para viverem nas ruas, dormindo nas calçadas ou nas portas de estabelecimentos comerciais, nos bancos das praças, comendo o que encontram ou roubando para sobreviver;

b. são as adolescentes, principalmente das classes mais pobres, que, em busca de dinheiro ou de uma ilusória vida melhor, se entregam à prostituição, quando não são agências que promovem esse comportamento;

c. são as meninas de até oito anos de idade que engravidam precocemente, violentadas, muitas vezes, pelo próprio pai que, não raro, estupra todas as suas filhas, não respeitando crianças de até um ano de idade ou menos, por considerá-las propriedade sua. Partos de jovens adolescentes entre 10 e 19 anos passaram de 22,3% dos casos do SUS, entre 1993, para 26,5% em 1997;

d. ocorre outra situação: os jovens que estão constituindo família, precocemente, não preparados para arcar com a responsabilidade educacional de seus filhos, preocupam-se mais com sua individualidade, em sua busca de felicidade e ilusões, considerando superados os ensinamentos tradicionais relativos à vivência familiar.

14.1.1.2 Fatores de desagregação

São vários os fatores que levam à desagregação social. Entre eles, podem ser citados:

a. **separação do casal:** por desajustes conjugais e familiares, em face das mudanças de relações entre homem e mulher. Essas mudanças podem ocorrer por motivos econômicos, liberação de hábitos e costumes e da sexualidade, possibilidade de dissolução do casamento, que passa a ter caráter temporário. Esses desajustes, que enfraquecem os laços de coesão do grupo familiar, não raro são causados tanto por tensões internas quanto externas e também por maus tratos físicos;

b. **abandono dos filhos:** quando um dos pais sai de casa, por troca de parceiro ou por qualquer outro motivo, faltando com as tarefas básicas de proteção e cuidado para com os membros da família e com a socialização primária das crianças. Mal alimentados, afetivamente inseguros, sujeitos a agressões na família, formam-se jovens inadaptados ou até revoltados;

c. **ausência dos pais:** mães de famílias obrigadas a obter emprego, afastam-se da casa e dos cuidados com os filhos. Muitas meninas de famílias empobrecidas assumem muito cedo o cuidado dos irmãos menores para que os pais possam trabalhar, ocasionando, em geral, prejuízos em sua formação;

d. **sexualidade precoce:** meninas de famílias empobrecidas, que logo atingem a puberdade, muitas vezes se empregam como domésticas. Despreparadas para a nova situação de vida, sem apoio da família que as recebe, carentes afetivamente, são desrespeitadas sexualmente. Se acontece gravidez, entram no dilema: assumir o filho, doá-lo ou abortá-lo. A prostituição de menores em tais circunstâncias atinge índices altíssimos;

e. **desemprego:** ou má qualidade dos que estão sendo criados. A falta de recursos para o sustento do grupo leva ao empobrecimento acelerado da família;

f. **empobrecimento da população:** a política do Estado, por não oferecer condições mínimas de sustentação das famílias – renda, emprego, segurança, serviços públicos de qualidade – as leva à falência;

g. **violência familiar:** dos pais ou padrastos, especialmente contra crianças. A família, em vez de ser refúgio seguro, passa a ser lugar que coloca em risco a segurança física e emocional de seus membros. As manifestações de agressividade e

232   Capítulo 14

violência levam as crianças a saírem de casa e passarem, muitas vezes, a consumir drogas;

h. **delinquência juvenil:** de crianças e adolescentes, resultantes do uso de drogas e/ou bebidas, vendidas por toda parte, por causa de inadaptações familiares e de desajustamentos conjugais. Provenientes, portanto, de uma problemática socioeconômica, as crianças tornam-se menores marginalizados, empobrecidos, abandonados, oprimidos, carentes e/ou infratores;

i. **falta de moradia:** a precariedade e o tamanho das habitações, em relação ao número de pessoas, propiciam a ampliação de favelas e cortiços ou outros lugares promíscuos;

j. **falta de saúde e de saneamento básico:** provenientes de atendimento precário nos Postos de Saúde, com filas enormes e remédios caros; favorecem a alta taxa de mortalidade infantil e de natimortalidade, incidência de doenças e até aumento da delinquência juvenil;

k. **falta de transportes:** deficitários e relativamente caros para uma população empobrecida, corroendo ainda mais o salário mínimo.

14.1.1.3 Educação

14.1.1.3.1 Conceito

Processo de desenvolvimento da capacidade física, intelectual e moral da criança e do ser humano em geral, visando a sua melhor integração.

O sistema educacional deve ser considerado como um aspecto da sociedade global, à luz dos processos gerais de mudança cultural. Portanto cabe à escola estimular mudanças no campo material e tecnológico, devendo, porém, manter inalterados os padrões de relações, normas e valores de dada sociedade. Espera-se "que o sistema educacional impeça mudanças nos sentimentos e crenças relativas à relações humanas e, ao mesmo tempo, ensine a ciência e a tecnologia" (BROOKOVER, In: PEREIRA e FORACCHI, 1974, p. 84-85).

A Escola deve ser chamada para propiciar aprendizado do conhecimento – organização sistemática das informações e conceitos – da aquisição de novas e diferentes habilidades, favorecendo o trabalho produtivo, com a aplicação desses conceitos, informações e ideias. Seria a educação formal.

14.1.1.3.2 Aspectos negativos

Todavia, não é o que realmente ocorre, hoje, na sociedade, em face das circunstâncias econômicas em que vivem as famílias.

As crianças deixam de adquirir novas e diferentes habilidades e atividades por saírem da Escola antes do tempo. Em geral, abandonam seus estudos "empurrados precocemente pela pobreza crescente em direção ao mercado de trabalho, e muitas vezes para a vida nas ruas" (YAZBEK, M. C., 1993, p. 116), abaixando mais ainda o nível de vida de suas famílias.

O grau de instrução da população brasileira é mínimo. Segundo dados do Tribunal Superior Eleitoral, aproximadamente 50 milhões dos 144 milhões de eleitores brasileiros têm escolaridade abaixo do Ensino Fundamental completo. Desse total, cerca de 7,3 milhões são analfabetos.

Quadro 14.2 O nível de instrução escolar do eleitor brasileiro

GRAU DE INSTRUÇÃO	MASCULINO (M)	FEMININO (F)	NÃO INFORMADO	TOTAL (T)	%T/TT
Analfabeto	3.453.934	3.843.074	7.978	7.304.986	5,06
Ensino fundamental completo	5.057.562	5.178.791	5.894	10.242.247	7,1
Ensino fundamental incompleto	21.418.224	20.694.034	16.169	42.128.427	29,21
Ensino médio completo	11.028.929	14.837.008	5.481	25.871.418	17,94
Ensino médio incompleto	13.323.007	14.174.764	2.675	27.500.446	19,07
Lê e escreve	8.251.098	8.046.978	61.035	16.359.111	11,34
Não informado	46.405	51.338	3.229	100.972	0,07
Superior completo	3.606.943	5.392.213	1.566	9.000.722	6,24
Superior incompleto	2.545.515	3.136.526	877	5.682.918	3,94
Total (TT)	**68.731.617**	**75.354.726**	**104.904**	**144.191.247**	**100**

Fonte: Tribunal Superior Eleitoral – TSE (2015).

Hoje, muitas famílias estão deixando a educação formal e a informal por conta da escola. Nem a educação de base é dada, pois os pais saem muito cedo de casa e só voltam à noite, não tendo tempo para orientar seus filhos.

O sistema educacional atual (implantado a partir de 1998), com a abertura do ensino para todos, da forma como foi elaborado, não está preparado para receber a clientela. Seu objetivo seria o de acabar com a escola elitista e abrir campo para todas as crianças.

Mas, dadas as situações sociais e econômicas atuais, não há verdadeiramente condições de esse sistema ser aplicado como foi proposto. Tudo isso é reforçado pelo velho conceito de

234 **Capítulo 14**

família tradicional: pai, mãe e filhos vivendo juntos. Sendo os pais separados, muitas vezes cabe à mãe ou a avó criar e educar as crianças. Isso gera, no filho abandonado ou adotivo, o descontentamento e/ou a revolta. A família tradicional não mais condiz com a realidade atual, com a nova estrutura familiar. Em consequência, a educação perece.

Os pais dizem que não estão mais aguentando o comportamento de seus filhos. Já não querem assumir a responsabilidade dos ensinamentos; preferem que a escola cuide da educação total: informal e formal. Desse modo, muitos diretores estão preocupados com essa situação, ou seja, a de assumir todo o processo educacional, porque não têm meios para efetuar esse trabalho.

14.1.1.4 Economia

14.1.1.4.1 Noções

Setor da cultura que visa à produção, à distribuição e ao consumo de utilidades, objetivando a própria sobrevivência. É o estudo dos meios empregados pelo homem para organizar os recursos naturais, os progressos culturais em seu próprio trabalho, a fim de sustentar e promover o bem-estar natural.

A sobrevivência e a perpetuação das sociedades dependem de suas atividades econômicas, que abrangem importante setor da organização social. Esta influencia o desenvolvimento das atividades econômicas.

Os padrões sociais estão intimamente associados aos padrões culturais, de modo que uma alteração nestes repercute nos outros e vice-versa.

A economia consiste na estrutura efetiva dos recursos, gastos e distribuição em qualquer grupo ou em determinadas situações.

Pressupõe-se que as pessoas possam trabalhar, conseguir salários justos, a fim de ter condições de comprar bens de consumo e obter serviços diretamente no mercado. Segundo pesquisa oficial (1998) feita pelo IBGE, o índice da taxa de desemprego saltou de 7,25% da população apta para o trabalho, em janeiro, para 8,81% em março. Em abril, o resultado foi um pouco melhor: 7,94%.

"As condições de vida perdem qualidade e a sobrevivência da população de classe baixa perde cada vez mais a qualidade" (YAZBEK, 1993, p. 16).

14.1.1.5 Fatores alternativos

São vários os fatores alternativos:

a. o processo de globalização, que provoca mudança na economia, criando uma interdependência na busca de complementaridade;

b. a concorrência no mercado interno e externo, que exige produtividade com qualidade, portanto, mão de obra especializada;

c. o avanço tecnológico que está imprimindo nova diretriz na recente produção de bens e serviços, necessários à sobrevivência, alternando, portanto, as relações de trabalho;

Degradação e problemas sociais 235

d. a terceirização que surge como nova forma de trabalho, para garantir a subsistência;

e. a falta de preparo do trabalhador para enfrentar essas novas modalidades de trabalho, o que provoca desajustes econômicos familiares;

f. as precárias condições econômicas da família, que levam, precocemente, as crianças ao mercado de trabalho, em prejuízo de sua vivência infantil e vida escolar.

Para Antônio Carlos Gomes da Costa (1995, p. 4), as dinâmicas econômicas e tecnológicas contribuem, incisivamente, para um maior grau de exclusão social.

14.1.1.6 Política

O termo *política* tem sua origem na expressão grega *polis* – cidade – e pode ser definido em sua essência como a arte de governar a cidade.

Pessoas e/ou grupos executam ações políticas. Em suas inter-relações, acabam criando regras, fixando princípios e normas dentro de uma sociedade, o que explica as próprias diferenças existentes a esse respeito, nas diversas sociedades.

A articulação de ações ligadas a produção e ao uso de bens e serviços, em geral, é exercida por lideranças governamentais, o que envolve a inserção em seu conceito de aspecto de exercício e poder.

14.1.1.7 Política social

Política social é um conjunto de ações que objetivam atender à distribuição de bens e serviços necessários ao bem-estar da população em geral, de forma organizada, sistemática e equilibrada.

Esse conceito apresenta em sua competência a intenção de justiça, igualdade e equidade social. Contudo, na realidade brasileira, as políticas sociais sempre foram pensadas numa dimensão de corrigir os efeitos negativos das desigualdades entre indivíduos, decorrentes de distintas formas de participação na divisão social do trabalho.

Esse enfoque traduz uma forma de análise que caracteriza historicamente a construção das políticas sociais no Brasil, país considerado capitalista, cujos conflitos originam fatores degradantes nessa trajetória.

14.1.1.8 Fatores degradantes

Com base no princípio de que o ser humano é um todo, as políticas sociais deveriam ser pensadas dentro de um quadro de totalidade. Contudo, há inúmeros fatores que podem ser considerados degradantes para a consecução de um fim maior.

Destacam-se alguns fatores:

a. o componente de dualidade contraditória que as Políticas Sociais encerram apresenta, de um lado, a intencionalidade de efetuar equilíbrio na redistribuição da renda, numa perspectiva de amparar a todos igualmente; de outro lado, ao

236 **Capítulo 14**

estimular a redução de gastos na produção, cria os angustiantes problemas sociais que decorrem da situação de exclusão e desemprego;

b. a acelerada introdução de mudanças no contexto da produtividade que o processo de globalização exige, para competir em qualidade e quantidade no mercado internacional.

c. as inovações econômicas e tecnológicas, em gritante rapidez, queimam etapas que o processo de transformação requer, tanto na produção de bens e serviços, quanto na adequação que os momentos de transição exigem;

d. a ausência de compromisso e de infraestrutura, que garantiriam a melhoria de condições de vida da população-alvo;

e. o aumento das desigualdades locais, regionais e nacionais diante das citadas inovações econômicas e tecnológicas;

f. a ausência de oportunidade para mais conhecimentos culturais, educacionais e tecnológicos, com eixos básicos para a abrangência qualificada das Políticas Sociais.

14.2 Problemas sociais

14.2.1 Conceito de problemas sociais

Um problema social existe quando um número significativo de pessoas acredita que uma determinada condição é, de fato, um problema. Assim, por exemplo, nessa perspectiva, a poluição não se tornou um problema social até que os ativistas ambientais e os noticiários atraíram a atenção do público para as condições que realmente existiam há algum tempo (KERBO & COLEMAN apud BRYANT & PECK, 2007).

Para Suárez (1989), com o nome de problemas sociais podem ser identificadas uma série de situações das mais diversas, entre outras, pobreza, desemprego, violência familiar, drogas, crime, relocação forçada, analfabetismo, exploração laboral, alienação, abandono de menores, tortura, déficit habitacional, desnutrição infantil etc.

Para Horton e Leslie (1995), um problema social é uma condição que afeta um número significativo de pessoas de uma forma considerada inconveniente e que se acredita ser corrigido pela ação social coletiva.

De acordo com Da Silva (1967) a essência do problema social está na própria insatisfação experimentada por esse ou aquele aspecto da realidade social, considerado inconveniente e superável.

Os elementos de problemas sociais podem ser objetivos se relacionados com as condições sociais, que engloba a experiência de vida, a mídia e a educação. Difere de elemento subjetivo que é relacionado com a crença de condições sociais prejudiciais à sociedade ou parte dela. A existência de condições sociais como crime, vício em drogas, pobreza, racismo e violência, não as torna problemas sociais, porém parte da sociedade acredita que reduz a qualidade de vida. Ao combinar os elementos objetivos e subjetivos surge a definição: **problema social** é uma condição social considerada alarmante por alguns segmentos da sociedade e, portanto, deve ser mudada, para não prejudicar a sociedade como um todo (INSIGHTCARE, 2016).

14.2.2 Como se determinam os problemas sociais

De acordo com Bryant e Peck (2007) quatro são os fatores que determinam a atração pública dos problemas sociais:

1. A pressão dos movimentos sociais.
2. A percepção do público de seus problemas. Este fator é fortemente influenciado pelos meios de comunicação de massa.
3. A crise social que tem um impacto decisivo sobre o público de vez em quando, bem como as contradições em curso do capitalismo industrial.
4. Os cientistas na sua busca e produção do conhecimento.

14.2.3 Características dos problemas sociais

Fundamentado nos autores mencionados, é possível determinar as seguintes características dos problemas sociais:

1. É uma condição que afeta um número significativo de pessoas. Essa dimensão é o que caracteriza um problema social e o distingue de problemas individuais e problemas de grupo. A questão da condição leva a perguntar que atores sofrem a situação, quem as denuncia e quem têm algum interesse que a condição não seja alterada.
2. De formas consideradas indesejáveis. Essa condição deve ser considerada prejudicial "para um número considerável de pessoas" (objetiva) e por uma pessoa (subjetiva).
3. A crença de que é possível solucionar o problema por meio de ação coletiva. Discutem-se as propostas alternativas de solução que devem incorporar as visões, as crenças e os interesses dos vários atores envolvidos.

Qualquer situação de discriminação racial, religiosa ou sexual é considerada um problema social, sempre que nessa a sociedade exista uma visão generalizada da necessidade que todas as pessoas tenham igualdade de oportunidades, independentemente da raça, religião ou sexo.

A dinâmica dos problemas sociais pode mostrar transformações positivas de condições indesejáveis ou deterioração que aprofunda o problema. O que em um momento não era considerado problema social, pode ser mais tarde. Por exemplo, a igualdade de oportunidades para homens e mulheres.

14.2.4 Questão social

Uma questão social é caracterizada pela atenção que a população dá ao problema. Por exemplo, por meio da mídia; gerando preocupação pública e controvérsias. Para um problema tornar-se uma questão social, há uma sequência que poderia ser caracterizada da seguinte maneira: na primeira instância, existe uma redefinição da situação. As dificuldades percebi-

238 **Capítulo 14**

das isoladamente são redefinidas como problemas compartilhados, provocados pela ação ou falta de ação de grupos sociais. Em um segundo momento, o descontentamento concentra--se em alguns aspectos importantes do problema e em alguns pontos da solução. Em um terceiro momento, que atraísse a atenção pública, geralmente pela mídia, mostrando a importância ou a dramaticidade do problema. Em quarto lugar, formam-se os lobbies para superar a indiferença e a oposição. Em muitos casos, esses grupos tornam-se movimentos sociais. Quando a terceira fase está em vias de avançar para a quarta, pode-se afirmar que um problema social se tornou uma questão socialmente problematizada para a qual iniciar-se-á o debate relacionado com o tipo de política social a ser formulada e os programas e projetos para a superação, controle, ou minimização dos efeitos negativos que devem ser controlados (SUÁREZ, 1989).

14.2.5 Tipos de problemas sociais

14.2.5.1 Carência

Problemas sociais de carência são situações de insuficiência na satisfação de necessidades que colocam em perigo a vida do ser humano, a curto ou médio prazo, ou que produzam uma condição orgânica de deterioramento que afete as possibilidades de um desempenho autônomo. Por exemplo, as necessidades de alimentação, vivenda, vestuário, atendimento médico etc.

14.2.5.2 Vulnerabilidade

Problemas de vulnerabilidade são situações de risco potencial aos quais podem-se expor pessoas que desempenham funções específicas, que, por mudanças no ciclo vital, ou por mudanças tecnológicas na natureza do processo de trabalho, ou por mudanças nos ciclos da natureza, possam mudar suas condições de vida, ficando mais vulneráveis.

14.2.5.3 Participação social

Faz referência à maneira e intensidade de uma participação considerada indesejável, tal como a exclusão, a integração forçada, a pseudoparticipação ou a marginalização social. Por exemplo, os problemas de discriminação social: sexual, étnica, religiosa, ocupacional etc. Os problemas de isolamento, no caso dos anciões que veem debilitar-se suas relações sociais, dos ex-presidiários ou de qualquer outro grupo socialmente estigmatizado. Dentre os problemas de participação forçada pode-se mencionar aqueles vinculados a sistemas organizacionais de trabalho de coleta agrícola.

14.2.5.4 Problemas sociais vinculados à identidade

Este grupo de problemas sociais está relacionado com temas como o desarraigo de grupos migrantes, ao impacto dos grandes empreendimentos sobre os grupos populacionais e as conseguintes relocalizações desses grupos.

14.2.5.5 Qualidade de vida

Como características da qualidade de vida podem-se mencionar as seguintes:

1. A possibilidade de escolher alternativas que incluam: a) um componente de atividades gratificantes nos planos da vida laboral e extralaboral; b) ambientes e condições de trabalho e vida familiar ajustadas a opções valorativas; c) a capacidade de poder influir nos aspectos mais significativos das situações vividas pelas diversas pessoas.
2. Outra dimensão relacionada com a anterior é a possibilidade de não apenas afirmar a individualidade, mas expressar essa personalidade.
3. Criatividade, que supõe uma abertura à mudança e a um comportamento espontâneo e expressivo, menos determinado por normas de conduta.

14.2.5.6 Problemas de desvio social

Diversas formas de transgressão dos códigos normativos vigentes em uma determinada sociedade. Por exemplo, delinquência, criminalidade, violência, incesto, corrupção etc., frente aos quais surge a necessidade de implementar alguma ação coletiva.

14.2.6 Problemas sociais no Brasil

Embora o Brasil tenha avançado na área social nos últimos anos, ainda persistem muitos problemas que afetam a vida dos brasileiros. Abaixo listaremos uma relação dos principais problemas brasileiros na atualidade (SUAPESQUISA.COM, 2018).

14.2.6.1 Desemprego

Embora a geração de empregos tenha aumentado nos últimos anos, graças ao crescimento da economia, ainda existem milhões de brasileiros desempregados. A economia tem crescido, mas não o suficiente para gerar os empregos necessários no Brasil. A falta de uma boa formação educacional e qualificação profissional de qualidade também atrapalham a vida dos desempregados. Muitos têm optado pelo emprego informal (sem carteira registrada), fator que não é positivo, pois esses trabalhadores ficam sem a garantia dos direitos trabalhistas.

14.2.6.2 Violência e criminalidade

A violência está crescendo a cada dia, principalmente nas grandes cidades brasileiras. Os crimes estão cada vez mais presentes no cotidiano das pessoas. Nos jornais, rádios e TVs presenciamos cenas de assaltos, crimes e agressões físicas. A falta de um rigor maior no cumprimento das leis, aliada às injustiças sociais pode, em parte, explicar a intensificação desses problemas em nosso país.

14.2.6.3 Poluição

Este problema ambiental tem afetado diretamente a saúde das pessoas em nosso país. Os rios estão sendo poluídos por lixo doméstico e industrial, trazendo doenças e afetando os ecossistemas.

O ar, principalmente nas grandes cidades, está recendo toneladas de gases poluentes, derivados da queima de combustíveis fósseis (derivados do petróleo – gasolina e diesel principalmente). Esse tipo de poluição afeta diretamente a saúde das pessoas, provocando doenças respiratórias. Pessoas idosas e crianças são as principais vítimas.

14.2.6.4 Saúde

Nos dias de hoje, pessoas que possuem uma condição financeira melhor estão procurando os planos de saúde e o sistema privado, pois a saúde pública encontra-se em estado de crise aguda. Hospitais superlotados, falta de medicamentos, greves de funcionários, aparelhos quebrados, filas para atendimento, prédios malconservados são os principais problemas encontrados em hospitais e postos de saúde da rede pública. A população mais afetada é aquela que depende desse atendimento médico, ou seja, as pessoas mais pobres.

14.2.6.5 Educação

Os dados sobre o desempenho dos alunos, principalmente da rede pública de ensino, são alarmantes. A educação pública encontra vários problemas e dificuldades: prédios malconservados, falta de professores, poucos recursos didáticos, baixos salários, greves, violência dentro das escolas, entre outros. Esse quadro é resultado do baixo índice de investimentos públicos nesse setor. A consequência é a formação deficiente dos alunos brasileiros.

14.2.6.6 Desigualdade social

O Brasil é um país de grande contraste social. A distribuição de renda é desigual, uma pequena parcela da sociedade é muito rica, enquanto grande parte da população vive na pobreza e miséria. Embora a distribuição de renda tenha melhorado nos últimos anos, em função dos programas sociais, ainda vivemos num país muito injusto.

14.2.6.7 Habitação

O déficit habitacional é grande no Brasil. Existem milhões de famílias que não possuem condições habitacionais adequadas. Nas grandes e médias cidades é muito comum a presença de favelas e cortiços. Encontramos também pessoas morando nas ruas, embaixo de viadutos e pontes. Nesses locais, as pessoas possuem uma condição de vida inadequada, passando por muitas dificuldades.

14.2.7 Soluções

Para Fisberg (2012), O livro *Out of poverty*, ou algo como *Saindo da pobreza*, do americano Paul Polak (2008) é um dos melhores e mais motivadores livros quando o assunto é a tentativa de encontrar soluções para "erradicar a pobreza". O mais interessante na postura de Polak, é a proposição não de soluções, mas de caminhos e raciocínios lógicos para a solução dessas incoerências sociais pelas quais a maioria da população mundial ainda sofre diariamente. No primeiro capítulo do livro menciona doze passos que contribuiriam a solucionar problemas sociais. Cabe ao leitor meditar cada um deles:

1. Vá onde a "ação" está.
2. Converse com as pessoas que enfrentam um problema específico e ouça o que elas têm a dizer.
3. Aprenda tudo o que você puder em relação ao contexto específico do problema.
4. Pense grande e aja grande.
5. Pense como uma criança.
6. Enxergue e faça o óbvio.
7. Se alguém já tiver inventado, você não precisa inventar tudo novamente.
8. Tenha certeza que sua abordagem tem impactos positivos mensuráveis e que podem ser ampliados e ganhar escala. Tenha certeza de que pode atingir um milhão de pessoas e fazer a vida delas, de forma mensurável.
9. Desenhe/crie/invente para custos específicos e preços adequados a seus públicos-alvo.
10. Siga planos práticos de três anos.
11. Continue aprendendo com seus consumidores/beneficiários.
12. Mantenha-se positivo/motivado: não se distraia com o que outras pessoas pensam.

14.2.8 Desvio social

14.2.8.1 Conceito

A noção de desvio aparece com a Sociologia americana no fim dos anos 1950, como algo mais extensivo que as noções de delinquência ou de criminalidade. O desvio e o crime deixam de ser considerados sinônimos. Pois existem condutas que não são necessariamente criminosas, e são, igualmente desviantes. Todavia, muitas das vezes, os dois conceitos desvio e crime sobrepõem-se. O desvio não é só um comportamento em que o indivíduo infringe uma norma por acaso, mas trata-se de uma infração motivada e contextualizada. Sendo assim, o

242   Capítulo 14

desvio é um conjunto de comportamentos que não são conformes as normas e valores partilhados na sociedade, e, por isso, podem ser sancionados por ela (TEIXEIRA et al., 2007).

O conceito de desvio refere-se à ausência ou à falta de conformidade devido às normas ou obrigações sociais. Contudo, só podemos estabelecer que um comportamento é desviante relativamente a uma dada sociedade, à sociedade em que esse comportamento emerge. Isso porque cada sociedade define os comportamentos socialmente aceitáveis e, portanto, define automaticamente ou comportamentos desviantes (ÁVILA, 2007).

Nesse sentido, o desvio deve ser, não só, encarado como um atentado à ordem social vigente, mas também, deve ser perspectivado como uma incapacidade dos grupos e das sociedades no que se refere à sua função socializadora e de controle dos seus membros.

Para o autor o desvio pode traduzir-se num fenômeno de conformidade, isto é, de conformidade em relação a um grupo que não assume como seu o padrão normativo da sociedade ou do grupo em que está integrado. Essa relação entre desvio e conformidade tem a ver com o fato de que o desvio não significa necessariamente uma recusa ou incapacidade de participar numa vida social.

Os fenômenos de desvio são fenômenos universais, ainda que variem na forma e no conteúdo, de sociedade para sociedade. No entanto, todas as sociedades, mesmo as designadas como primitivas verificam fenômenos desse tipo, tanto de desvio como, obviamente, de controle social.

É fundamental considerar os processos de industrialização das sociedades. Esses processos produziram diversas transformações que podem ser agrupadas em três tipos:

O **primeiro** diz respeito à crescente transformação e perda de influência dos grupos sociais primários na socialização dos indivíduos, nomeadamente da família e vizinhos. A **segunda** transformação refere-se a difusão de uma racionalidade instrumental que se reflete no aumento da produtividade das sociedades, produtividade esta que abandonou o seu caráter tradicional, e passou a funcionar segundo a lógica do lucro, da acumulação de riqueza e do investimento. A **terceira transformação** tem relação com a adoção de novos valores, normas e ideologias. No centro do cenário ideológico que acompanhou o desenvolvimento das sociedades modernas, encontramos conceitos como o da diversidade e fragmentação.

A modernidade trouxe também uma maior tolerância e colocou a tônica nos valores de liberdade e criatividade individual.

14.2.8.2 Teorias do desvio social

Partindo do pressuposto que essas teorias foram "desacreditadas", surgem quatro teorias: as teorias funcionalistas, as teorias interacionistas, as teorias de conflito e as teorias de controle social (TEIXEIRA et al., 2007).

14.2.8.3 Teorias funcionalistas

Durkheim revela-se o mentor mais importante. Perspectiva o crime e o desvio como resultado de ausência de regulação moral e determinadas tensões estruturais, na sociedade (ver conceito de anomia, citado no Capítulo 2). Também, Merton, com base nesse conceito de anomia, tenta explicar o desvio, como um conflito entre as normas e os valores da sociedade.

14.2.8.4 Teorias interacionistas

Para os interacionistas o desvio é um "fenômeno socialmente construído" (GIDDENS, 2008, p. 211). Esses autores rejeitam a ideia de que existem tipos de conduta inerentemente "desviantes". Pelo contrário, os interacionistas interrogam-se sobre o modo como os comportamentos são inicialmente definidos como desviantes, e porque é que determinados grupos e não outros são rotulados como "desviantes".

Não está claro que a rotulagem realmente incremente a conduta desviante. O comportamento delinquente tende a aumentar depois de uma condenação penal, mas isso será resultado da própria rotulagem? Podem participar outros fatores, tais como interação com outros delinquentes, aprender outras formas de cometer delitos etc.

14.2.8.5 Teoria do conflito

Os autores defensores dessa teoria entram em ruptura com as teorias anteriores baseando-se na ideologia de Marx. Tais autores acreditam que os comportamentos desviantes são opções dos indivíduos em resposta a situações de desigualdade existentes na sociedade. Daí acreditarem que o desvio é uma consequência da diferente distribuição de poder na sociedade, onde existe a tentativa de manutenção desse mesmo poder por parte da classe dominante subjugando as classes restantes. Criando assim, conflito entre classes podendo levar ao desvio.

14.2.8.6 Teoria do controle social

Nesta teoria o crime é resultante dos conflitos que existem entre os impulsos que vão conduzir ao crime, ao desvio, as normas e as leis da sociedade que contrariam esses comportamentos.

Seu foco não está em perceber o que levará o indivíduo a determinado comportamento desviante, assumindo que todos os atores sociais poderão ter um comportamento desviante dado a oportunidade para tal, já que ele age de forma racional.

Travis Hirschi apud Giddens (2008), na sua obra *Causes of delinquency* (1969), propõe a existência de quatro tipos de ligações entre os atores e a sociedade com as suas leis e normas: o apego, o compromisso, a participação e a crença. Quanto mais fortes forem essas ligações, mais forte será o controle social e a conformidade dos indivíduos perante as normas e leis impostas pela sociedade. Mas se, ao contrário, elas ligações forem fracas ou não existentes, podem levar ao crime e ao desvio.

Apesar das suas deficiências, a teoria da rotulagem é porventura a abordagem mais amplamente usada na compreensão do crime e do comportamento desviante. Essa teoria chama a atenção para a forma como algumas atividades passam a ser concebidas como criminosas e puníveis por lei, para as relações de poder envolvidas na formação de tais concepções, bem como para as circunstâncias em que certos indivíduos transgridem as leis (GIDDENS, 2008).

244   Capítulo 14

14.2.9 Criminologia

Para o autor, a publicação de *The new criminology* por Taylor, Walton e Young, em 1973, marcou uma importante ruptura com as teorias do desvio anteriores. Esses autores basearam-se em elementos do pensamento marxista para defender que o desvio é uma opção deliberada e frequentemente de natureza política. Rejeitaram a ideia de que o desvio é "determinado" por fatores como a biologia, a personalidade, a anomia, a desorganização social ou os rótulos. Pelo contrário, argumentaram esses autores, que os indivíduos optam ativamente por enveredar por um comportamento desviante, em resposta às desigualdades do sistema capitalista. Sendo assim, os membros de grupos de contracultura vistos como desviantes – como os ativistas do *Black Power* (Poder Negro) ou de movimentos de liberação *gay* – envolviam-se em atos claramente políticos que punham em causa a ordem social. Os teóricos da nova criminologia enquadravam a sua análise do crime e do desvio tendo em conta a estrutura da sociedade e a preservação do poder pela classe dominante.

Stuart Hall e outros autores ligados ao Centro de Estudos Culturais Contemporâneos de Birmingham conduziram um importante estudo sobre um fenômeno que atraiu muita atenção durante a década de 1970 na Grã-Bretanha: o crime dos assaltos de rua com intimidação física. Vários dos mais importantes assaltos foram amplamente divulgados e esse fato alimentou uma enorme preocupação em torno de uma possível explosão do crime de rua. Os assaltantes eram, na sua maioria, retratados como negros, fato que contribuiu para a visão dos imigrantes como responsáveis primários pelo desmoronamento da sociedade. Em *Policing the crisis* (1978), Hall e os seus colegas assinalaram que o pânico moral em torno dos assaltos havia sido encorajado tanto pelo estado como pelos meios de comunicação, como forma de afastar a atenção do desemprego crescente, do declínio dos salários, e de outras falhas estruturais profundas no seio da sociedade (GIDDENS, 2008).

Ao mesmo tempo, outros criminologistas examinaram a formação e o uso das leis na sociedade, defendendo que as leis são ferramentas usadas pelos mais poderosos para poderem manter as suas posições privilegiadas. Esses autores rejeitaram a ideia de as leis serem "neutras" e aplicadas imparcialmente a toda a população. Pelo contrário, os autores argumentam que quanto mais aumentarem as desigualdades entre a classe dominante e a classe trabalhadora, mais importante se torna a lei para os poderosos poderem manter a ordem social que pretendem conservar. Pode apreciar-se essa dinâmica nos procedimentos do sistema judicial penal, que se tem tornado cada vez mais opressivo para os "réus" da classe trabalhadora; ou na legislação fiscal que favorece desproporcionalmente os mais abastados. Contudo, essa desigualdade em termos de poder não está confinada à criação das leis. Os poderosos também quebram as leis, segundo os estudiosos, mas raramente são apanhados. Em geral, esses crimes são muito mais significativos do que os crimes e a delinquência quotidiana, que atraem a maior parte da atenção. Contudo, com medo das implicações decorrentes de perseguir esses criminosos de "colarinho branco" a força policial concentra os seus esforços nos membros menos poderosos da sociedade, como as prostitutas, os toxicodependentes ou os ladrões de pouco significativos (PEARCE, 1976; CHAMBLISS, 1978 apud GIDDENS, 2008).

Esses estudos, bem como outros associados à nova criminologia, são importantes na ampliação do debate sobre o crime e o desvio por incluírem questões relacionadas com a justiça social, o poder e a política. O crime ocorre em todos os níveis da sociedade, e tem de ser compreendido no contexto das desigualdades e dos interesses contrapostos que existem entre os grupos sociais.

A forma como o crime é entendido afeta diretamente as políticas desenvolvidas para combatê-lo. Por exemplo, se o crime é visto como um produto de privação ou de desorganização social, as políticas podem ser dirigidas para a redução da pobreza ou para o fortalecimento dos serviços sociais. Pelo contrário, se a criminalidade for entendida como algo voluntário, ou livremente escolhido pelos indivíduos, a forma de combatê-la tomará uma forma diferente.

14.2.10 Abuso do álcool e alcoolismo

14.2.10.1 Conceito

Em primeiro lugar, o que é o álcool? O álcool é uma **droga**. É classificado como um depressor, ou seja, desacelera as funções vitais, resultando em fala ininteligível, movimentos oscilantes, percepções alteradas e uma incapacidade para reagir rapidamente. A forma como o álcool afeta a mente é por meio da redução da capacidade que a pessoa tem para raciocinar e distorce seu discernimento (FUNDAÇÃO MUNDO SEM DROGAS, 2018). Embora seja classificado como depressor, o que determina o tipo de efeito causado é a quantidade de álcool que se consome. A maioria das pessoas bebe por causa do efeito *estimulante*, como no caso de uma cerveja ou de um copo de vinho, que são bebidos "para descontrair". Mas se uma pessoa ingere mais do que o corpo pode aguentar, então experimentará o efeito depressor do álcool. Ela começará a se sentir "estúpida" ou perderá coordenação e o controle.

No Brasil, o álcool é a primeira droga usada, a droga de entrada na carreira daqueles que desenvolvem dependências. Entre os anos de 2001 e 2004, houve uma evolução de 48,3% para 54,3% de jovens consumidores de bebidas alcoólicas entre 12 e 17 anos. A taxa de dependência nessa população aumentou de 5,2 para 7,0%, e as meninas bebem de forma semelhante aos meninos. O beber do jovem brasileiro é tipicamente em "binges", ou seja, após passar a semana sem ingerir álcool, às sextas e/ou aos sábados, 18% bebem de forma pesada, que significa mais que 5 doses na mesma situação. Na população geral, 48% se declaram abstêmios de álcool. Já os que consomem têm consumo *per capita* elevado, o que coloca o bebedor brasileiro como um dos que mais consomem no mundo. Esses patamares de consumo geram 3% de beber nocivo e 9% de dependentes. Ou seja, o consumo de álcool é o responsável por adoecer 12% da população, colocando o álcool como causa de uma das doenças mais frequentes do país. Embora praticamente a metade da população brasileira não beba, estima-se que 9% da população já sejam dependentes de álcool. O álcool é capaz de gerar uma das doenças de maior prevalência e impacto no indivíduo e no coletivo (ASSOCIAÇÃO BRASILEIRA DE PSIQUIATRIA, 2012).

Um levantamento de 2013 do Ministério da Saúde do Brasil revelou que, entre as pessoas envolvidas em acidentes de trânsito, 22,3% dos condutores, 21,4% dos pedestres e 17,7% dos passageiros apresentavam sinais de embriaguez ou confirmaram consumo de álcool. Em 2012, o abuso de bebidas alcoólicas e o excesso de velocidade foram responsáveis por 120 de 183 acidentes de trânsito fatais registrados em Curitiba, 65% do total, segundo o Comitê de Análise dos Acidentes de Trânsito (FUNDAÇÃO MUNDO SEM DROGAS, 2018).

246   Capítulo 14

14.2.10.2 Como se define o uso, o abuso e a dependência do álcool?

Quando se fala dos problemas relacionados com o álcool, é importante distinguir os termos uso, abuso e dependência. A palavra uso refere-se a qualquer ingestão de álcool. A Organização Mundial de Saúde (OMS) usa o termo baixo risco de uso de álcool, para se referir à ingestão de álcool dentro dos parâmetros médicos e legais, que geralmente não resulta em problemas relacionados com a bebida.

O abuso de álcool é um termo geral para qualquer nível de risco, desde a ingestão aumentada até a dependência do álcool. O abuso de álcool pode produzir danos físicos ou mentais à saúde, mesmo na ausência de dependência.

Já a dependência do álcool é uma síndrome que consiste em sintomas relacionados com o funcionamento mental, comportamental e psicológico (BIBLIOMED, 2008). O diagnóstico da dependência do álcool dever ser feito apenas se três ou mais das seguintes situações foram experimentadas ou exibidas durante um período de 12 meses:

- Forte desejo ou compulsão para beber.
- Dificuldades em controlar a ingestão de álcool, em relação ao seu início, término ou quantidade.
- Alteração psicológica quando o uso de álcool é cessado ou reduzido, ou utilizar-se do álcool para aliviar ou evitar sintomas de alterações psicológicas.
- Evidência de tolerância, como doses cada vez maiores, para atingir os mesmos efeitos causados pelas doses menores anteriores.
- Perda progressiva de interesse por atividades antes realizadas ou por outras fontes de prazer, devido ao uso do álcool.
- Uso contínuo mesmo com claras evidências das consequências danosas.

A dependência do álcool afeta uma pequena, mas significativa, proporção da população adulta em muitos países (cerca de 3 a 5%), mas o abuso e uso arriscado do álcool, geralmente afetam grande parte da população (15 a 40%).

14.2.10.3 Quais os níveis de risco do consumo de álcool?

É importante a compreensão do padrão de uso do álcool que produz riscos. Algumas pessoas podem ingerir a quantidade de álcool recomendada, mas em ocasiões particulares bebem em excesso. Tal ingestão pode alcançar o ponto de intoxicação de forma aguda e levar ao risco de lesões, violência e perda do controle, afetando outros e a si mesmo. Outras pessoas podem beber excessivamente de forma regular e, tendo estabelecido uma tolerância aumentada para o álcool, podem não apresentar um grande aumento nos níveis de álcool no sangue. Porém, o consumo excessivo crônico, apresenta riscos a longo prazo, como lesões no fígado, certos cânceres e distúrbios mentais.

A Organização Mundial de Saúde elaborou um questionário contendo 10 questões para estratificar o risco do consumo de álcool, o Alcohol Use Disorders Identification Test (AUDIT). Esse teste identifica quatro zonas de risco. A zona I se aplica à maioria das pessoas

Degradação e problemas sociais 247

e indica um consumo de álcool de baixo risco ou então pessoas que não ingerem álcool. A zona de risco II, engloba uma proporção significativa das pessoas, e consiste no uso de álcool em excesso, que corresponde a mais de 20 g de álcool puro por dia, o que equivale aproximadamente a uma garrafa de cerveja ou duas taças de vinho. As pessoas que excedem esses níveis aumentam as chances de problemas de saúde relacionados com o álcool, como acidentes, lesões, aumento da pressão arterial, doença do fígado, câncer e doença do coração, bem como violência, problemas legais e sociais, baixo rendimento no trabalho devido a episódios de intoxicação aguda.

A zona de risco III, geralmente indica o uso prejudicial, mas pode também incluir pessoas já em dependência; essas pessoas já experimentaram os problemas relacionados com o excesso de álcool relatados acima. A zona IV é o nível mais alto de risco, e se refere a pessoas dependentes do álcool e que necessitam de atenção especial em centros especializados para a sua recuperação.

14.2.10.4 Quais os efeitos da ingestão excessiva de álcool?

O abuso do álcool pode trazer inúmeros efeitos em todo o corpo, incluindo alteração do comportamento e várias doenças graves como:

- agressividade, irritação, violência, depressão e nervosismo;
- dependência ao álcool;
- perda de memória;
- envelhecimento precoce;
- câncer de boca e garganta;
- resfriados frequentes, risco aumentado de pneumonia e outras infecções;
- fraqueza do músculo cardíaco, insuficiência cardíaca, anemia;
- câncer de mama;
- doença do fígado, deficiência de vitaminas, sangramentos intestinais, inflamação do estômago e pâncreas, úlceras, vômitos, diarreia e desnutrição;
- tremor nas mãos, nervos dolorosos;
- impotência sexual nos homens;
- risco de bebês com baixo peso ou com malformação, em mulheres grávidas que consomem álcool.

Existem situações que podem levá-lo a ingerir grandes quantidades de álcool, como aquelas em que outras pessoas estão bebendo e esperam que você também beba (festas, saídas após o trabalho etc.); sentir-se entediado ou deprimido, especialmente nos finais de semana; após uma briga de família; sentir-se sozinho em casa. É importante identificar as situações que o levam a ingerir grandes quantidades de álcool e tomar algumas medidas para evitá-las, como encontrar outras atividades (por exemplo, exercícios físicos), limitar o número das saídas após o trabalho para beber com os amigos, e procurar sempre ingerir a quantidade recomendada.

248 **Capítulo 14**

14.2.10.5 Fatores de risco

Um ambiente familiar desestruturado, com conflitos de relacionamento, agressividade, com uso de álcool pelos pais ou pessoas que convivem nesse ambiente com ele, aumenta o risco de seu envolvimento com o álcool (REQUIÃO, s.d.):

- Dificuldades de aceitação do "eu", é parte indissolúvel da fase de desenvolvimento em que o jovem se encontra. As modificações físicas decorrentes das alterações hormonais criam insatisfações e a não aceitação de seu próprio corpo.

- Os relacionamentos conflitivos com os familiares, que não entendem o seu comportamento, as constantes reprovações dos pais, determinam revoltas e culpas modificando a imagem que tem de si mesmo, fazendo-o sentir-se desrespeitado, desconsiderado, com reflexos em sua autoimagem e autoestima.

- As exigências frequentes, o consumismo, encontra resistência dos pais que, negando seus pedidos, desencadeiam reações incontroláveis, mostrando as dificuldades em lidar com as frustrações.

- A falta de habilidades de circulação nos meios sociais, mesmo de jovens de sua idade, pode, por características de sua personalidade (timidez), dificultar suas relações sociais.

- Próprio da fase da vida, a busca e a necessidade de "emoções fortes" podem facilitar o acesso ao uso ou abuso do álcool ou outras drogas. Essa fase torna essa criança ou jovem impulsiva, desafiadora de perigos e sem medos.

- A convivência nos grupos, que nessa etapa da vida é necessário para a consolidação de sua personalidade, pode representar risco intenso de envolvimento com drogas se elas são aceitas e usadas pelos seus grupos.

- A atividade cada vez mais intensa dos pais no trabalho, cada vez mais exigente, dificulta grandemente o estabelecimento de diálogos com os filhos.

- A sociedade moderna cria condições de acesso fácil e disponibilidade da droga de forma intensiva e praticamente sem controle das autoridades. Mesmo o álcool, proibido para menores, é facilmente adquirido. A tolerância do ambiente ao uso de drogas, uma cultura permissiva de uso de droga, coloca o jovem como presa fácil para o envolvimento danoso com qualquer tipo de droga.

14.2.10.6 Encarando o problema

O aprendizado que tivemos até agora estabelece uma base sólida de conhecimentos a respeito das drogas. Sua compreensão e, principalmente, a superação dos preconceitos em relação a um possível usuário ou até mesmo um dependente nos deixa muito mais à vontade e tranquilos quando estamos à frente do problema. Tanto a família quanto a escola se superpõem e somam suas responsabilidades na educação e formação dos jovens, tendo as mesmas possibilidades de intervenção e ação nesse processo preventivo às drogas e outros comportamentos nocivos. Na teoria tudo parece fácil, os fatos têm lógica, a emoção é controlada, a visão de sucesso se reforça a cada novo aprendizado, mas, quando nos defrontamos com a realidade num evento na escola ou na comunidade em que temos que entrar em ação,

Degradação e problemas sociais **249**

podemos sucumbir. Uma série de considerações será feita em seguida, como normas básicas que podem ser seguidas, na eventualidade de uma abordagem. Quase sempre o medo, as fantasias de agressões, a insegurança de como se deve agir determinam grande ansiedade, porém quanto mais conhecimento dessas regras, menos difícil será sua ação. Assim, para abordar um jovem que esteja apresentando evidências de comportamento induzido por alguma substância, aja de forma natural, não querelante, não demonstre sua frustração ou decepção com o que está se passando. Tome atitude imediata e franca perante qualquer ocorrência, evitando qualquer tipo de abordagem em meio a estranhos. Adote uma postura ética. Procure um local isolado, sala da direção, da orientadora, para poder conversar e nunca na sala de aula, mesmo que esteja vazia. Não poderá haver interrupções durante este contato. Mantenha a calma sempre, seja franco, assertivo e fale com objetividade. Esse é um momento de tensão em que a postura do jovem que está sendo abordado é a de que ele está correndo risco de punição imediata. Garantir-lhe que a conversa é sigilosa, que não será comentada com ninguém além dos responsáveis pela condução posterior do caso.

E para não esquecer jamais: alcoolismo é uma doença de evolução crônica, progressiva, incurável e fatal, mas que pode ser **detida**.

14.2.11 Consumo de drogas

O consumo de drogas é tão antigo quanto a humanidade, por isso sempre existiram drogas associadas com a cultura em todos os contextos históricos e sociais. É um problema complexo, de múltiplas causas históricas e sociais que envolve todas as dimensões do desenvolvimento humano na ordem do social, cultural, econômico etc. No qual intervém diversos fatores individuais, familiares, e da sociedade. Sem deixar de lado a importância das drogas em si, o seu poder aditivo e disponibilidade.

Para Erich Goode (2006), os farmacologistas consideram substâncias psicoativas aquelas que têm um impacto no pensamento, sentimento, humor e percepção do indivíduo. As pessoas sempre ingeriram substâncias psicoativas. Em geral, os organismos superiores são neurologicamente programados para obter prazer da ação de certas substâncias químicas. As drogas psicoativas, algumas muito poderosas, ativam centros de prazer do cérebro, potenciando o consumo continuo de drogas. As pessoas tomam drogas para experimentar os efeitos que vêm com suas propriedades de ativar a mente.

De acordo com o autor, o fator neurológico/farmacológico se preocupa como e por que começou o consumo de drogas, mas não aborda as questões mais sociologicamente mais relevantes: as diferenças no comportamento no uso de drogas nas sociedades, categorias sociais e indivíduos, bem como as diferenças no uso de tipos de drogas.

Um aspecto fundamental, vinculado ao consumo, é a disponibilidade ou fornecimento de uma determinada droga. "**Sem a predisposição, o uso de drogas não acontecerá; sem a disponibilidade, não pode acontecer**" (GOODE, 2007, p. 415).

14.2.11.1 Fatores de risco do uso de drogas

Schenker e Minayo (2005) apresentam alguns fatores de risco ressaltados por diversos autores:

1. Um aspecto importante a ser considerado constitui a **atitude positiva da família** com relação ao uso de drogas, reforçando a iniciação dos jovens (KANDEL et al., 1978). Hoje se sabe que as relações familiares constituem um dos fatores mais relevantes a ser considerado, mas de forma combinada com outros. Por exemplo, Schor (1996) aponta que não há uma relação linear entre o abuso de álcool dos pais e de seus filhos. Sugere que os padrões de comportamento dos pais e as interações familiares, e não só o fato de eles beberem, são em boa parte responsáveis pelas atitudes dos filhos.

2. O envolvimento grupal tem sido visto como um dos maiores prenúncios do uso de substâncias (KANDEL et al., 1978; BOTVIN, 1986; BROOK et al., 1990; HAWKINS et al., 1992 e outros). No entanto, essa relação interpares também precisa ser qualificada. Ela se configura como fator de risco quando os amigos considerados modelo de comportamento (JESSOR et al., 1995; HOFFMANN & CERBONE, 2002; SWADI, 1999) demonstram tolerância, aprovação (KODJO & KLEIN, 2002) ou consomem drogas (BEMAN, 1995). Os adolescentes que querem começar ou aumentar o uso de drogas procuram colegas com valores e hábitos semelhantes.

3. O **papel da escola** pode ser tanto agente de proteção como propiciador de um ambiente que exacerba as condições para o uso de drogas. Ninguém desconhece que essa instituição é hoje alvo do assédio de traficantes e repassadores de substâncias proibidas, prevendo-se o aliciamento por pares. Pois a escola é o espaço privilegiado dos encontros e interações entre jovens. No entanto, mesmo no âmbito educacional, existem fatores específicos que predispõem os adolescentes ao uso de drogas, como a falta de motivação para os estudos, o absenteísmo e o mau desempenho escolar (KANDEL et al., 1978); a insuficiência no aproveitamento e a falta de compromisso com o sentido da educação; a intensa vontade de ser independente, combinada com o pouco interesse de investir na realização pessoal.

4. A disponibilidade e a presença de drogas na comunidade de convivência têm sido vistas como facilitadoras do uso de drogas por adolescentes, uma vez que o excesso de oferta naturaliza o acesso (JESSOR, 1991; PATTON, 1995; WALLACE JR., 1999). Quando a facilidade da oferta se junta à desorganização social e aos outros elementos predisponentes no âmbito familiar e institucional, produz-se uma sintonia de fatores.

14.2.11.2 Fatores de proteção

Proteger é uma noção que faz parte do contexto das relações primárias e do universo semântico das políticas sociais. Significa, sobretudo, oferecer condições de crescimento e de desenvolvimento, de amparo e de fortalecimento da pessoa em formação. No caso brasileiro, a doutrina da proteção integral se encontra no Estatuto Brasileiro da Criança e do Adolescente (ECA).

Para Zweig et al. apud Schenker e Minayo (2005), podem-se identificar seis domínios da vida como fatores de proteção ao uso de drogas: **individual** – atitudes e predisposições; a **família** – relações familiares e atitudes parentais; **escola** – clima seguro ou inseguro; **amigos** – envolvimento ou não com drogas; **sociedade** – tendências econômicas, falta de emprego; **comunidade** – organização ou desorganização.

Olhando os aspectos da **individualidade**, é preciso ressaltar que os adolescentes não são um recipiente passivo ou objeto controlado por influências familiares ou sociais e nem por determinações externas. São participantes ativos do processo de formação de vínculos e de transmissão de normas.

O âmbito familiar tem um efeito potencialmente forte e durável para o ajustamento infantil. O vínculo e a interação familiar saudável servem de base para o desenvolvimento pleno das potencialidades das crianças e dos adolescentes.

Os adolescentes são consumidores ávidos da mídia escrita e audiovisual. As mensagens recebidas desses meios geralmente influenciam sua tomada de decisão a respeito de vários assuntos em sua vida. Entretanto, a reflexão crítica deles entre pares e com pais e educadores moderam o risco potencial da exposição e potencializam a comunicação e o amadurecimento em relação aos vários problemas, inclusive sobre o uso de substâncias ilícitas.

15
Globalização

15.1 Origem

A origem dos termos sociedade global e globalização é anterior à globalização neoliberal. Data de finais dos anos 1960 e deve ser creditada a MacLuhan e a Brzezinski, autores norte-americanos de dois livros famosos na época: *Guerra e paz na aldeia global*, de Marshall MacLuhan e *A revolução tecnotrônica*, de Zbigniew Brzezinski. MacLuhan anunciou a emer-

254   **Capítulo 15**

gência da "aldeia global", com base numa extrapolação da intervenção militar americana no Vietnã quando a derrota dos EUA foi transmitida ao vivo pelas redes de TV transformando--se na primeira "realidade virtual global", assistida por milhões de telespectadores do mundo. Por sua vez, Brzezinski colocou em circulação as expressões cidade global e sociedade global para designar a nova reconfiguração do planeta, operada pelas redes tecnotrônicas termo introduzido por ele para designar a conjugação do computador, da TV e da rede de telecomunicação (CASTRO, 2009).

Segundo Theotônio dos Santos (1993, p. 39), o fim da Guerra Fria provocou um impacto nos setores industrializados, gerando um estímulo para novos avanços, com o objetivo de se promover uma nova humanidade.

Esse impulso levou grande número de intelectuais, cientistas, artistas e pensadores, de diferentes partes do mundo, a organizar, no Egito, uma Conferência Internacional sobre a Criatividade e a Dinâmica Global. Nesse evento discutiram-se as perspectivas de uma globalização para a economia, a comunicação e a cultura.

Rattner (1995, p. 68) afirma que a globalização "iniciou-se no pós-guerra, com a expansão acelerada e ininterrupta da internacionalização da economia, configurada pelo crescimento do comércio e dos investimentos externos", com as taxas bem mais altas do que o aumento da produção mundial (Produto Mundial Bruto). Essa tendência teria sido intensificada com a entrada em cena de instituições internacionais.

Para Gorender (1995, p. 94), a Globalização e a Revolução Tecnológica "surgiram cerca de 30 anos após o término da Segunda Guerra Mundial, quando a economia capitalista atingia elevadas taxas".

De acordo com o relatório da Comissión Económica para América Latina y el Caribe (CEPAL) (2002) "Globalización y Desarrollo", os historiadores modernos reconhecem diversas fases da globalização nos últimos 130 anos. A primeira fase de 1870 a 1913, foi caracterizada por uma grande mobilidade do capital e da mão de obra, e um *boom* no comércio baseado na redução dos custos de transporte. Essa fase da globalização foi interrompida pela Primeira Guerra Mundial, que deu origem a um período caracterizado pela incapacidade de retomar as tendências anteriores na década de 1920 e a retração franca da globalização nos anos 1930.

Após a Segunda Guerra Mundial, iniciou-se uma nova etapa de integração global, na qual se distinguem duas fases absolutamente diferentes, o ponto de ruptura ocorrido no início da década de 1970, em consequência da desintegração do regime de regulação macroeconômica estabelecido em 1944 em Bretton Woods (conferências que estabeleceram regras para relações comerciais e financeiras entre os países mais industrializados do mundo).

Aceitando esse ponto de ruptura, pode-se falar de uma segunda fase da globalização, que inclui 1945 a 1973, caracterizada por um esforço no desenvolvimento de instituições internacionais de cooperação financeira e comercial, e pela expansão do comércio de produtos manufaturados entre países desenvolvidos. Também pela existência de uma grande variedade de modelos de organização econômica e uma mobilidade de capital e de mão de obra reduzida.

Nas últimas décadas do século XX, consolida-se uma terceira fase da globalização, cujas principais características são a gradual generalização do livre comércio, a presença crescente de empresas transnacionais que funcionam como sistemas da produção integrados, da expansão e da mobilidade do capital, e uma importante tendência para a homogeneização dos modelos de desenvolvimento, observando a manutenção das restrições ao movimento do trabalho. As raízes desse processo são reforçadas pelas sucessivas revoluções tecnológicas e, em particular, a redução dos custos de transporte, informação e comunicação (CEPAL, 2002).

15.2 Conceitos

Segundo Umberto G. Cordani (1995, p. 68), a globalização deve ser "encarada como fenômeno que basicamente afeta a economia, embora considere também aspectos sociais e culturais".

Enrique Rattner (1995, p. 68) afirma que o processo de globalização "transcende os fenômenos meramente econômicos" e deve ser entendido "também, em suas dimensões políticas, ecológicas e culturais".

Hobsbawm (2000, p. 75) apresenta a seguinte visão da globalização:

> [...] a globalização implica um acesso mais amplo, mas não equivalente para todos, mesmo na sua etapa, teoricamente mais avançada. Do mesmo modo, os recursos naturais são distribuídos de forma desigual. Por tudo isso, acho que o problema da globalização está em sua aspiração a garantir um acesso tendencialmente igualitário aos produtos e serviços em um mundo naturalmente marcado pela desigualdade e pela diversidade. Há uma tensão entre esses dois conceitos básicos. Tentamos encontrar um denominador comum acessível a todas as pessoas do mundo, a fim de que possam obter as coisas que naturalmente não são acessíveis a todos. O denominador comum é o dinheiro, isto é, outro conceito abstrato.

O conceito de globalização implica primeiro e acima de tudo um alongamento das atividades sociais, políticas e econômicas por meio de fronteiras, de tal modo que acontecimentos, decisões e atividades numa região do mundo podem ter significado para indivíduos e atividades em regiões distintas do globo (HELD, 1999).

Por globalização entendemos o fato de vivermos cada vez mais num "único mundo", pois os indivíduos, os grupos e as nações tornaram-se mais *interdependentes* (GIDDENS, 2008, p. 52).

"A globalização pode ser definida como a intensificação das relações sociais em escala mundial que ligam localidades distantes de tal maneira que os acontecimentos de cada lugar são modelados por eventos que ocorrem a muitas milhas de distância e vice-versa" (GIDDENS, 1991, p. 60). Assim, a transformação local é tanto uma parte da globalização quanto a extensão lateral das conexões sociais por meio do tempo e do espaço.

15.3 Dimensões

Pode-se, então, dizer que a globalização equivale a um conjunto de transformações na ordem econômica, política, social, tecnológica, social, cultural, religiosa e educativa, que ocorre no mundo, nos últimos anos.

256   **Capítulo 15**

As alterações se fazem sentir em face da intensa e rápida integração dos mercados, explorados pelas grandes corporações internacionais. Todo esse processo torna-a mais fácil e efetiva graças à velocidade na evolução das tecnologias da informação – computadores e microeletrônica – e das telecomunicações, e interfere poderosamente nas pesquisas e avanços nas áreas de biotecnologia e engenharia genética.

Possibilita mudanças significativas no modo de produção das mercadorias e nos mercados financeiros e de ações neste mundo tão mais integrado e tão mais próximo.

Para Jocob Gorender (1995, p. 93), a globalização e a tecnologia são "processos objetivos e conjugados" que caracterizam o atual período de evolução do sistema capitalista. A rápida evolução e a popularização das tecnologias da informação agilizaram o comércio e as transformações financeiras entre os diversos países. Essas transformações têm afetado não só sociedades, grupos e pessoas, como também classes sociais e países, tendendo para uma sociedade global, caracterizada por uma nova configuração político-econômica.

Com a globalização, surgem vários blocos econômicos, associações de países, em geral, de uma mesma região geográfica, que estabelecem relações comerciais privilegiadas entre si e atuam de forma conjunta no mercado internacional. A redução ou eliminação parcial, progressiva ou total das alíquotas de importação, tendo em vista a criação de zonas livres de comércio, é um dos aspectos mais importantes da globalização.

No plano mundial, as relações comerciais são reguladas pela Organização Mundial do Comércio (OMC), que substitui o Acordo Geral de Tarifas e Comércio (GATT), criado em 1947.

Para Giddens (2008) fala-se frequentemente em globalização como se se tratasse apenas de um fenômeno econômico. Muitas vezes, a análise centra-se no papel das transnacionais, cujas operações ultrapassam as fronteiras dos países, influenciando os processos globais de produção e distribuição do trabalho. Outros apontam para a integração eletrônica dos mercados financeiros e para o enorme volume de transação de capitais a um nível global. Outros ainda se preocupam do âmbito do comércio mundial, que em relação ao que se passava antigamente envolve hoje em dia uma gama muito maior de bens e serviços.

Para esse autor, embora constituam parte integrante do fenômeno, é errado pensar que as forças econômicas, por si só, fazem a globalização – que na realidade é resultado de uma conjugação de fatores econômicos, políticos, sociais e culturais. O seu progresso é devido sobretudo ao desenvolvimento das tecnologias de informação e comunicação, que vieram intensificar a velocidade e o âmbito das interações entre os povos do mundo inteiro. Tome-se, como exemplo, o campeonato do mundo de futebol na Rússia, em 2018. Graças às redes mundiais de difusão televisiva, alguns jogos foram vistos por cerca de 3 milhões de pessoas em todo o mundo.

15.4 Características da globalização

A globalização, com o seu poder de transformação, tem **características** marcantes, segundo Manuel Castells (2002):

Globalização 257

- As novas tecnologias da informação estão integrando o mundo em redes globais de instrumentalidade. A comunicação, por meio do computador, gera um vasto desdobramento de comunidades virtuais.

- Introduziu-se uma nova forma de relação entre economia, Estado e sociedade em um sistema de geometria variável, em função da capacidade de certas atividades funcionarem em tempo real.

- No mundo de fluxos globais de riqueza, de poder e de imagens, a busca da identidade coletiva ou individual, atribuída ou construída, transforma-se na fonte fundamental de significado social.

- As tendências social e política são a construção da ação social e da política, em torno das identidades primárias, assim estão atribuídas ou enraizadas na história e na geografia ou são de recente construção na busca do significado e espiritualidade. As primeiras etapas históricas das sociedades informatizadas parecem caracterizar-se pela preeminência da identidade como princípio organizativo.

- A identidade está se transformando na principal e, às vezes, única fonte de significado em um período histórico caracterizado por uma ampla desestruturação das organizações, deslegitimação das instituições, desaparecimento dos principais movimentos sociais e expressões culturais efêmeras.

- O Estado exerce papel importante na relação entre tecnologia e sociedade, uma vez que detém, desencadeia ou dirige a inovação tecnológica.

- A capacidade ou falta de capacidade das sociedades para dominar a tecnologia e, em particular, as que são estrategicamente decisivas em cada período histórico, define em boa parte seu destino.

- O mundo é verdadeiramente multicultural e interdependente que somente podemos compreender e mudar a partir de uma perspectiva plural que articule identidade cultural, interconexão global e política multidimensional.

- A economia informatizada/global se organiza em torno de centros de comando e controle, capazes de coordenar, inovar e administrar as atividades entrecruzadas das redes empresariais.

- O advento da fabricação de alta tecnologia baseada na microeletrônica e na fabricação assistida por computador, que marcou o surgimento de uma nova lógica de localização industrial, onde as empresas eletrônicas, produtoras de máquinas de nova tecnologia da informação foram as primeiras a praticar estratégia de localização, surgindo um novo processo de produção baseado na informação, ou seja, o novo espaço industrial se organiza em torno de fluxos de informação.

- Regiões e redes constituem polos interdependentes dentro do novo mosaico espacial de inovação global.

- A interação da nova tecnologia da informação e os processos atuais de mudança social teve um impacto substancial sobre as cidades e o espaço onde observamos que a vida cotidiana em ambiente eletrônico provocou um aumento espetacular do trabalho a distância nas áreas metropolitanas dos EUA, do trabalho autônomo e alternativo, uma piora no transporte urbano, o crescimento do comércio *on-line* e a utilização do computador na medicina.

- A nova economia global e a sociedade informacional emergente apresentam uma nova forma espacial que se desenvolve em uma variedade de contextos sociais e geográficos: as megacidades que articulam a economia global, conectam as redes informatizadas e concentram o poder mundial.

- A sociedade atual está construída em torno de fluxos: fluxos de capital, fluxos de informação, fluxos de tecnologia, fluxos de interação organizacional, fluxos de imagens, sons e símbolos. Os fluxos não são somente um elemento da organização social, mas são a expressão dos processos que dominam nossa vida econômica, política e simbólica.

15.5 Teorias de globalização

Octávio Ianni (2002) apresenta uma síntese das principais teorias de globalização.

15.5.1 Teoria "economia-mundo"

O desenvolvimento da humanidade é o resultado de um conjunto de sistemas econômicos mundiais. Caracteriza-se pelo caráter transnacional do capital. Representantes: Ferdnand Braudel e Immanuel Wallerstein.

15.5.2 Teoria da "internacionalização do capital"

A globalização é consequência da internacionalização do capital que resultaram da Segunda Guerra Mundial. Terminando esse conflito a tarefa era dinamizar o processo econômico da Europa e do Pacífico, ante o surgimento dos "tigres asiáticos". Representante: Christian Palloix.

15.5.3 A teoria sistêmica das relações internacionais

Fundamenta-se nas análises sistêmicas e organizacionais da sociedade mundial e começam a reconhecer os sistemas nacionais, os regionais e o sistema mundial que vem predominando sobre os demais sistemas desde o final da Segunda Guerra Mundial e dinamizando desde o término da Guerra Fria em 1989. "Essa teoria privilegia a funcionalidade sincrônica, a articulação eficaz e produtiva das partes sincronizadas e hierarquizadas do todo sistêmico cibernético". Para conferir consistência à teoria, destaca as agências: Organização das Nações Unidas (ONU), Fundo Monetário Internacional (FMI), Banco Mundial (BIRD), entre outros (IANNI, 2002, p. 60-61). Representante: Niklas Luhmann.

15.5.4 A "ocidentalização do mundo"

Fundamenta-se no desenvolvimento, evolução e progresso que tem como eixo a tese da ocidentalização ao assumir os valores e padrões e as instituições predominantes na Europa Ocidental e Estados Unidos. O autor destaca que a teoria da modernização está presente nos estudos, práticas e ideais tendo como propósito a modernização segundo modelo do ocidente. "[...] Modernizar pode ser secularizar, individualizar, urbanizar, industrializar, mercantilizar, racionalizar" (IANNI, 2002, p. 75-91). Representantes: David Mcclelland e John Galbraith.

15.5.5 A teoria da "aldeia global"

Caracteriza-se pelo movimento que provoca a modernização, e o mundo aparece como uma aldeia global. Essa noção expressa a globalidade das ideias, valores socioculturais e imaginários. Pode ser entendida como "cultura de massa, mercado de bens culturais, universo de signos e símbolos, linguagens e significados" que circulam no mundo (IANNI, 2002, p. 93-112). Representante: Marshall McLuhan.

15.5.6 Teoria da "racionalização do mundo"

Baseia-se na racionalidade capitalista, segundo o padrão da Europa e Estados Unidos. Em todos os processos e estruturas próprias do sistema capitalista que adotam formas racionais na organização das atividades sociais, na política, na economia, nas normas jurídicas, religiosas, educacionais e em diversas esferas da vida social (IANNI, 2002, p. 113-207). Representante: Max Weber.

15.5.7 A dialética da globalização

O capitalismo está globalizado e organiza a estrutura do mundo. A teoria enfatiza as contradições no processo de globalização, como a expansão do capital contra a sua forte centralização, ou a importância da tecnologia para racionalizar a produção, enquanto incapaz de melhorar as condições dos operários. Representantes: Karl Marx, Paul Baran e Octávio Ianni.

15.5.8 Teoria modernidade-mundo

Explica o surgimento da globalização como fruto da mundialização de economia, avanço tecnológico e internacionalização da vida. A globalização também é produto do avanço da civilização mundial, com a formação de diversas estruturas de poder econômico e político. Representantes: Marshall Berman, Jean Francois Lyotard e Anthony Giddens.

15.5.9 Fatores que contribuem para a globalização

A explosão a que se assistiu na comunicação a nível global foi possível graças a importantes avanços na tecnologia e nas infraestruturas das telecomunicações mundiais. Após a Segunda Guerra Mundial deu-se uma profunda transformação no âmbito e intensidade do fluxo de telecomunicações. O sistema tradicional de comunicação telefônica foi substituído por sistemas digitais. A banalização do recurso via satélites de comunicação, fenômeno que teve início na década de 1960, foi extremamente importante para a expansão das comunicações internacionais. Hoje em dia, está em funcionamento uma rede que compreende mais de 200 satélites, facilitando a transferência de informação pelo mundo inteiro.

260   Capítulo 15

A internet afirmou-se como a ferramenta de comunicação de maior crescimento da história, em 1998, havia cerca de 140 milhões de internautas no mundo inteiro. Em 2001, eram mais de 700 milhões. Segundo a União Internacional das Telecomunicações, órgão vinculado à Organização das Nações Unidas (ONU), em 2015, o número de internautas no mundo era de 3,2 bilhões, quase a metade da população mundial.

De acordo com Giddens (2008), a economia global reflete no seu *modus faciendi* as mudanças que ocorreram na era da informação. Muitos aspectos da economia processam-se hoje em dia por meio de redes internacionais, não se limitando às fronteiras de um país. Para se tornarem competitivas nas condições que a globalização impõe, as empresas tiveram de se reestruturar, no sentido de uma maior flexibilização e de uma menor hierarquização.

15.5.10 Tipos de globalização

Boaventura de Sousa Santos (1940-) renomado sociólogo português, importante crítico da globalização hegemônica/neoliberal que aumentou a distância entre ricos e pobres em virtude do aumento desproporcional da esfera do mercado. Seus trabalhos têm contribuído para a consolidação de uma outra globalização que vem emergindo: a globalização contra-hegemônica. Ao abordar o tema globalização, relata que estamos frente a um fenômeno multifacetado, de dimensões econômicas, sociais, políticas, culturais, religiosas e jurídicas, relacionadas entre si de modo completo; pois, a globalização é um vasto e intenso campo de conflitos entre grupos sociais, estados e interesses hegemônicos por um lado, e grupos sociais, estados e interesses subalternos por outro.

Santos enumera alguns tipos de globalização, como:

A globalização econômica e o neoliberalismo – onde as economias nacionais devem abrir-se ao mercado mundial e os preços domésticos devem adequar-se forçosamente aos preços internacionais. A globalização econômica é sustentada pelo consenso econômico neoliberal, cujas três principais inovações institucionais são: as restrições drásticas à regulação estatal da economia; os novos direitos de propriedade internacional para investimentos estrangeiros, invenções e criações suscetíveis a entrar na regulação da propriedade intelectual; a subordinação dos estados nacionais às agências multilaterais, tais como o Banco Mundial do Comércio, o Fundo Monetário Internacional e a Organização Mundial do comércio.

A globalização social e as desigualdades – onde o sistema mundial tem sido sempre estruturado como um sistema de classes, onde hoje está emergindo uma classe capitalista transnacional. Seu campo de reprodução social é o globo, o qual sobrepassa facilmente as organizações nacionais de trabalhadores, criando sociedades economicamente desiguais. No campo da globalização social, o consenso liberal diz que o crescimento e a estabilidade econômica se fundamentam na redução dos custos salariais.

A globalização política e o estado-nação – o estado-nação parece haver perdido seu centralismo tradicional como unidade privilegiada de iniciativa econômica, social e política. A intensificação de interações que transcendem as fronteiras e as práticas transnacionais afetam a capacidade do estado-nação para conduzir ou controlar o fluxo de pessoas, de bens, de capitais ou de ideias, tal como fez no passado.

Santos afirma que outro tema importante nas análises das dimensões políticas da globalização é o papel crescente das formas de governo supraestatal.

Há ainda a globalização cultural, que adquiriu uma especial importância com o chamado giro cultural da década de 1980, fazendo com que todas as culturas pudessem interligar-se umas com as outras, de certa forma, perdendo-se parte da identidade regional de cada país.

O autor ainda coloca no texto duas formas de globalização, sendo a primeira conhecida como *"localismo globalizado"*. Este se define como o processo pelo qual um determinado fenômeno local é globalizado com êxito. A segunda forma de globalização se chama *"globalismo localizado"*. Se traduz no impacto específico nas condições locais, produzido pelas práticas transnacionais que se desprendem dos localismos globalizados.

Finalmente, Santos conclui, mostrando-nos os graus de intensidade da globalização, primeiramente conceituando-a como o conjunto de relações sociais que se traduzem na intensificação das interações transnacionais globais. Partindo daí, o autor propõe dois níveis da mundialização: *"globalização de alta intensidade"*, que é aplicada aos processos rápidos, intensos e relativamente monocasual de globalização. Tende a dominar naquelas situações em que os intercâmbios aparecem muito desiguais e as diferenças de poder são grandes. E *"globalização de baixa intensidade"*, que tende a dominar naquelas situações onde os intercâmbios são menos desiguais, quando as diferenças de poder entre países, interesses ou práticas situadas detrás de conceitos alternativos de globalização são pequenos (SANTOS, 2001).

Como visto nos textos estudados, cada autor tem seu ponto de vista sobre o tema globalização, porém, ambos sempre convergem para um ponto comum, conceituando-a de formas bem semelhantes.

15.5.11 Efeitos da globalização

15.5.11.1 Campo da economia

No plano econômico, as mudanças são significativas no modo de produção das mercadorias, auxiliadas pelas facilidades na comunicação em geral. Grande parte dos produtos não tem só uma nacionalidade definida. A palavra de ordem é interdependência, é abrir-se ao mercado externo, à concorrência. E, para assegurar o mercado interno e a competição no internacional, é preciso elevar o nível de produtividade e da qualidade, a fim de assegurar o mercado interno e competir com o externo. Para isso, se faz necessário estabilizar as economias nacionais.

A solução seria o controle do déficit público e da inflação, cujas medidas são chamadas de ajuste estrutural, ao tempo em que se moderniza a tecnologia e a organização, para fazer frente à concorrência. Entretanto, a curto prazo, esse processo tem sido a concentração de renda por alguns e a elevação dos índices de desemprego, embora a economia esteja, no geral, em fase de crescimento.

Para Monserrat (1995, p. 78), "trata-se de transformação qualitativa e contraditória". De um lado, desenvolvendo riscos de consequências imprevisíveis e, de outro, propiciando o surgimento de novas formas de relações, ainda não completamente definidas.

262   Capítulo 15

A crescente concorrência internacional tem levado as empresas a diminuir custos e reduzir os ganhos, objetivando conseguir preços melhores e qualidade mais alta para seus produtos.

Essa reestruturação leva à diminuição de vários postos de trabalho, o chamado desemprego estrutural, cujo fator de desemprego é a automação dos diferentes setores, em substituição à mão de obra humana. Entretanto, milhares de novos empregos podem levar à criação de outros pontos de trabalho, principalmente na área da informática. A previsão, porém, é de que esse novo mercado de trabalho dificilmente absorverá os desempregados, uma vez que eles exigem crescente grau de qualificação, ou seja, mão de obra tecnicamente qualificada, eliminando-se nas indústrias os cargos sem qualidade profissional.

O melhor indicador da mudança de poder, com o aumento da riqueza sob controle de grupos privados, encontra-se na *Globalização*.

15.5.11.2 Campo político

Segundo Gomes Costa (1995), do ponto de vista político, "o mundo está vivendo um período de transição entre um século que já terminou, e outro que ainda não iniciou".

As comunicações modernas apresentam "características políticas no sentido da influência de nações para nações, ou grupos de nações, gerando influências transnacionais" (Pimenta, 1997, p. 57).

O poder tecnológico e de processamento de informações abrange ações dos Estados e sociedades; não só atravessa fronteiras, como também exerce influência de um país para o outro.

A globalização "põe em discussão muitos conceitos das ciências políticas", afirma Cordani (1995, p. 69). Ela cita como exemplo a noção de soberania e hegemonia, associadas aos Estados-nação, com os centros do poder. Essas novas formas "desafiam e reduzem os espaços dos Estados-nação, invalidando ou sendo forçados a reformular muitos de seus projetos nacionais".

As nações procuram proteção por meio dos blocos geopolíticos, sendo parte de sua autodeterminação ou fazendo acordos por meio da proteção de organizações internacionais (ONU, FMI, GATT etc.), e aceitando as normas estipuladas por elas.

Os blocos ampliam a interdependência das economias dos países-membros. Os mais importantes são: O Acordo de Livre Comércio da América do Norte (Nafta), a União Europeia (UE), o Mercado Comum do Sul (Mercosul), a Cooperação Econômica da Ásia e do Pacífico (Apec) e, em menor grau, o Pacto Andino, a Comunidade do Caribe e Mercado Comum (Caricom), a Associação das Nações do Sudeste Asiático (Asean), a Comunidade dos Estados Independentes (CEI) e a Comunidade da África Meridional para o Desenvolvimento (SADC).

As organizações particulares, de interesse público, oferecem uma esfera de organização e de interesse diferentes do Estado e do mercado. É o chamado Terceiro Setor, cuja influência ético-política tornou-se mais forte sob os destinos da sociedade.

Quadro 15.1 Principais blocos econômicos

BLOCOS	INTEGRANTES	PIB TOTAL (MILHÕES DE US$)	POPULAÇÃO TOTAL (MILHÕES DE HAB.)	PIB *PER CAPITA* (EM US$)	DATA DE CRIAÇÃO
Asean	7 países	541.075	429,00	1.261,25	1967
Apec	17 países e 1 território	14.119.450	2.217,00	6.368,72	1989
Caricom	12 países e 3 territórios	16.135*	5,82	2.772,34	1973
Mercosul	4 países	859.874	207,70	4.139,98	1991
Nafta	3 países	7.568,082	391,10	19.356,76	1988
Pacto Andino	5 países	197.662	101,50	1.947,41	1969
União Europeia	15 países	7.324.381	372,40	19.668,05	1957
SADC	11 países	145.950	137,20	1.063,78	1979
CEI	12 países	550.989	285,00	1.933,29	1991

* Excluídas as ilhas Virgens Britânicas e as ilhas Turks e Caicos.

Fontes: Banco Mundial, Fundo das Nações Unidas para a População.

O projeto político vigente, que privilegia o livre comércio, reduzindo tarifas alfandegárias, levando os Estados a retratações das funções de produção e planejamento, por meio das privatizações, seria a única solução viável. Todavia, a pobreza não está diminuindo, mesmo em países mais ricos; ao contrário, aumentam as desigualdades entre ricos e pobres.

No campo internacional, uma nova ética e nova política estão sendo propostas. As grandes Conferências Internacionais, promovidas pelas Nações Unidas, evidenciam transformações no campo dos conceitos ético-políticos. O que se espera, portanto, é que elas possam equilibrar as consequências trazidas pelas transformações econômico-tecnológicas, propiciando ampliação de níveis sociais sem exclusão dos mais fracos.

Segundo Garender (1995, p. 96), "a mudança de curso da política econômica não trouxe a reversão da queda das taxas de crescimento da produção e da produtividade". Ao contrário, acentuou-se a queda das taxas, em face do desvio de proporção considerável do capital líquido para operações financeiras especulativas, de âmbito mundial. Em consequência, a

264   **Capítulo 15**

recuperação dos níveis de lucratividade do capital foi obtida num contexto de dificuldades muito maiores, aguçando a concorrência interempresas e entre países industrializados.

Mesmo após as mudanças liberais recentes, o Estado, como fiador dos direitos do capital e imbuído da legitimação política da organização social, conserva sua força.

15.5.11.3 Campo da tecnologia

A evolução rápida e a popularização das tecnologias da informação são fundamentais na agilização do comércio e das transações financeiras entre os diversos países.

A entrada na era pós-industrial decorre da mudança no modelo da produção de bens e serviços. Essa mudança se baseia nas grandes transformações tecnológicas e organizacionais nesse final de século (COSTA, 1995).

Um novo mundo do trabalho está surgindo. As várias tecnologias, como a informática, a robótica, a engenharia mecânica e a telecomunicação, estão mudando rapidamente os processos de produção de bens e serviços, sob dois aspectos: quantitativo e qualitativo. Por um lado, o número de trabalhadores é cada vez menor; por outro, a qualificação exige, constantemente, renovação. Portanto, ocorrem mudanças tanto no campo das tecnologias quanto no das organizações. Por exemplo: a telefonia internacional, a internet, o maior uso dos satélites de comunicação, a reengenharia e a Gestão de Qualidade Total (GOT). Tudo isso permite uma integração mundial sem precedente.

15.5.11.4 Campos social e cultural

As transformações no Campo Social parecem não favorecer os trabalhadores, isto é, não foram capazes de desconcentrar e redistribuir a renda. Os desequilíbrios regionais persistem, assim como as diferenças entre os meios urbanos e rurais.

O desemprego estrutural resulta da modernização da produção – novas tecnologias e novas formas de organização do trabalho. Uma das causas do desemprego, portanto, é a automação dos diferentes setores, em substituição à mão de obra humana, que não está preparada para absorver mudanças tão acentuadas e tão rápidas.

No Campo Cultural, o que marca são as crises dos grandes relatos, cosmovisões etc. É o chamado pós-moderno.

O padrão cultural, entretanto, fortalece a pessoa e ressalta o relativismo ético, ampliando o religioso de forma difusa.

15.5.11.5 Campos religioso e educacional

No plano religioso, ocorrem mudanças e desdobramentos em face das novas propostas dos vários Concílios: Vaticano II, Medellin, Puebla e São Domingo. Tais mudanças alteram o perfil da Igreja do Brasil e da América Latina. Entretanto, o seu dinamismo e a vitalidade contribuíram para que o processo e a vivência ecumênica se aprofundassem, desdobrando, proliferando e surgindo novas modalidades religiosas, como a católica, as evangélicas, as pentecostais e até as orientais.

No campo educacional, as novas tecnologias da comunicação estão trazendo e vão trazer profundas mudanças nas sociedades. A facilidade de comunicação quebra barreiras culturais, tornando "o mundo mais perto". Já se pode estudar mediante a educação à distância. Ter contato com milhares de pessoas no mundo todo, renovar conhecimentos, permitindo intercambiar processos culturais e educativos, é um fator positivo da globalização. Todavia, sobre as repercussões, consequências, eficácia, nas áreas econômicas e sociais, só o futuro poderá dizer.

15.5.12 Tendências atuais

A globalização tornou-se, nos últimos anos, um assunto discutido calorosamente. A maioria das pessoas não põe em causa que importantes transformações estão ocorrendo à nossa volta, mas a sua experiência como "globalização" é contestada.

David Held e os seus colaboradores (1999) analisaram essa controvérsia, dividindo as opiniões em três escolas de pensamento: *céticos*, *hiperglobalizadores* e *trasformacionalistas*. O quadro seguinte resume essas três tendências do debate em torno da globalização (apud GIDDENS, 2008, p. 60):

15.5.13 O futuro da globalização

Para Giddens (2008), algumas influências farão avançar o processo e a globalização:

1. Uma das mais importantes foi o colapso do comunismo de estilo soviético que teve lugar na Europa de Leste em 1989. Com a queda dos regimes comunistas, os países que constituíam o bloco soviético – Rússia, Ucrânia, Polônia, Hungria, República Checa, Estados Bálticos, países do Cáucaso e Ásia Central, e muitos outros – estão agora mais próximos do sistema econômico e político de estilo ocidental. Deixaram de estar isolados da comunidade mundial, integrando-se cada vez mais nela. As economias comunistas de planeamento centralizado e o controle cultural da autoridade política comunista acabaram por não conseguir sobreviver numa era de comunicação global e numa economia mundial integrada eletronicamente.

2. Um segundo fator importante para a intensificação da globalização é o aumento dos mecanismos internacionais e regionais de governo. As Nações Unidas e a União Europeia são os dois principais exemplos de organizações internacionais que agregaram os Estados-nação em fóruns políticos comuns.

3. Finalmente, as organizações intergovernamentais (OIGs) e as organizações não governamentais internacionais (ONGs) estão fazendo a globalização avançar. As ações de milhares de organizações menos conhecidas também unem entre si comunidades e países.

Quadro 15.2 Conceituando a globalização: três tendências

	HIPERGLOBALIZADORES	CÉTICOS	TRANSFORMACIONALISTAS
O que há de novo?	Uma era global	Blocos de comércio, formas de geogovernança mais fracas do que em períodos históricos anteriores	Níveis historicamente sem precedentes de interligação global
Características dominantes	Capitalismo global, governação global, sociedade civil global	Mundo menos interdependente do que por volta de 1890	Globalização "espessa" (intensa e extensivamente)
Poder dos governos nacionais	Em declínio ou erosão	Reforçado ou aumentado	Reconstituído e reestruturado
Forças motrizes de globalização	Capitalismo e tecnologia	Governos e mercados	Combinação de forças da modernidade
Padrão de estratificação	Erosão das antigas hierarquias	Marginalização crescente dos países pobres do Sul	Nova configuração da ordem mundial
Interesse dominante	McDonald's, Madonna etc.	Interesse nacional	Transformação da comunidade política
Conceitualização da globalização	Como um reordenamento do enquadramento da ação humana	Como internacionalização e regionalização	Como o reordenamento das relações inter-regionais e como ação à distância
Trajetória histórica	Civilização global	Blocos regionais e confronto de civilizações	Indeterminada: integração e fragmentação global
Argumento principal	O fim do Estado-nação	A internacionalização depende da concordância e do apoio ao governo	A globalização está transformando o poder dos governos e a política mundial

Fonte: Adaptado de Held, D. et al. Global transformations, Polity, 1999, p. 10.

15.5.14 Riscos da globalização

De acordo com Domingos, Lemos e Canavilhas (2009) são muitos os riscos que as mudanças que estão ocorrendo implicam, resultantes do confronto com um futuro onde o grau de incerteza é maior. Por isso, os desafios a enfrentar são inúmeros, como: a escassez/esgotamento ou inacessibilidade dos recursos (água potável, serviços de saúde, alimentos, emprego, habitação digna etc.); a eminência de catástrofes humanas e ambientais (acidentes nucleares, diminuição da biodiversidade etc.); a intensificação do comércio internacional e a transnacionalização das economias; os impactos da introdução de novas tecnologias; a "precarização" do emprego/desemprego de longa duração; o enfraquecimento do "Estado--Providência" ou "Estado Social"; o aumento das assimetrias sociais; a mudança nos modos de comportamento e nos estilos de vida devido à expansão de um modelo de civilização dominante; a "americanização" cultural e econômica, baseada na ação conjunta de empresas gigantescas de comunicação ligadas ao cinema e à televisão e de transnacionais que difundem uma cultura de massas e promovem produtos que são referências de consumo; o aprofundamento da integração europeia (política, monetária, econômica, cultural etc.); a intensificação e internacionalização dos conflitos regionais; a afirmação de nacionalismos e de fundamentalismos.

No discurso que proferiu na Assembleia Geral, em setembro de 2003, o Secretário--Geral das Nações Unidas, Kofi Annan, avisou os Estados-membros de que a Organização chegara a uma encruzilhada. Podia mostrar-se à altura do desafio e enfrentar com êxito as novas ameaças ou correr o risco de ser cada vez mais marginalizada, devido ao agravamento das divergências entre os Estados e à tomada de ações unilaterais por parte destes. Foi isso que o levou a criar o Grupo de Alto Nível sobre Ameaças, Desafios e Mudança, para suscitar novas ideias sobre os tipos de políticas e de instituições de que uma ONU eficaz precisaria no século XXI.

No seu relatório, o Grupo propõe uma visão nova e ambiciosa da segurança coletiva no século XXI. Vivemos num mundo de ameaças novas e em mutação, que não se poderiam prever, quando a ONU foi fundada, em 1945. É o caso do terrorismo nuclear, do desmoronamento dos Estados sob os efeitos conjugados da pobreza, da doença e da guerra civil, as quais constituem uma mistura explosiva.

Hoje em dia, uma ameaça a um de nós constitui uma ameaça a todos. A globalização significa que um ataque importante que se produza em qualquer lugar do mundo industrializado tem consequências devastadoras para o bem-estar de milhões de habitantes do mundo em desenvolvimento. Qualquer dos 700 milhões de passageiros das companhias aéreas internacionais pode ser o portador involuntário de uma doença infecciosa mortal. E a erosão da capacidade do Estado, em todas as partes do planeta, o enfraquece perante ameaças transnacionais como o terrorismo e o crime organizado. Todos os Estados precisam da cooperação internacional, para garantir a sua segurança.

Hoje e nas próximas décadas, o mundo deve preocupar-se com seis tipos de ameaças, a saber:

268 Capítulo 15

- a guerra entre Estados;
- a violência no interior dos Estados (guerras civis, violações maciças dos direitos humanos, genocídio etc.);
- a pobreza, as doenças infecciosas e a degradação do ambiente;
- as armas nucleares, radiológicas, químicas e biológicas;
- o terrorismo;
- o crime transnacional organizado.

15.5.15 Brasil e a globalização

15.5.15.1 Aspectos positivos e negativos

A maior influência da Globalização no Brasil demarcou também a adoção de um modelo econômico que visava à mínima intervenção do Estado na economia, chamado de **Neoliberalismo**. Com isso, intensificou-se o processo de privatizações das empresas estatais e a intensa abertura para o capital externo (PENA, 2018).

O Brasil também deixou de ser denominado como país de terceiro mundo, uma vez que essa divisão deixou de ser adotada. Passou-se a dividir o mundo em países do Norte (desenvolvidos) e países do Sul (subdesenvolvidos). O que não mudou foi a dependência econômica e a condição de subdesenvolvimento em que o país se encontrava.

Com a abertura de capitais, houve maior inserção das indústrias e companhias multinacionais no Brasil. Elas se instalaram aqui para ampliar o seu mercado consumidor e, também, para buscar mão de obra barata e maior acesso às matérias-primas.

A abertura da economia e a Globalização são processos sem volta, que atingem os brasileiros no geral, dia a dia nas mais variadas formas e temos que aprender a conviver com isso, porque existem mudanças positivas para o nosso dia a dia e mudanças que estão tornando a vida de muita gente muito difícil. Um dos efeitos é o desemprego que vem batendo um recorde atrás do outro (MENEZES, 2017).

15.5.15.1.1 Aspectos positivos da globalização

Em geral, os estudiosos do assunto enfatizam fatores econômicos tanto nos aspectos positivos, quanto nos aspectos negativos da globalização. No entanto, como já visto, a globalização afeta o conjunto de elementos que constituem uma sociedade.

15.5.15.1.1.1 Aspectos econômicos

Numa economia globalizada as empresas podem diminuir os custos de produção de seus produtos, pois buscam em várias partes do mundo as melhores condições de produção. Algumas empresas chegam a fabricar um produto em várias etapas, em vários países. Uma empresa de computadores pode, por exemplo, fabricar componentes eletrônicos no Japão, teclados e mouse na China, as partes plásticas na Índia e oferecer assistência técnica através do Brasil. Com esse sistema de produção globalizado, o preço final do produto fica mais barato para o consumidor final, pois os custos de produção puderam ser reduzidos em cada etapa (SUAPESQUISA.COM, 2018).

Maior abertura do mercado, maior concorrência e melhores preços (LEONAM JUNIOR, 2018). A internacionalização de um mercado consegue levar uma empresa a se desenvolver, pois ela é obrigada a investir na modernização de suas instalações de um modo em geral, para poder concorrer e conquistar novos mercados, para consolidar sua posição no mercado nacional.

O aumento da produtividade consequentemente aumenta a oferta, que por sua vez, diminui o preço, aumenta o acesso a população que antes não poderia comprar o produto (HANESAKA, 2017).

As consequências econômicas positivas para o Brasil globalizado são muitas. Entre elas podemos citar:

- maior investimento estrangeiro, estimulado principalmente pela estabilidade econômica alcançada e compromisso do Banco Central em mantê-la;
- estreitamento da relação com demais países, possibilitado por meio da maior importância dada à diplomacia e também ao avanço dos meios de comunicação;
- aumento da corrente comercial entre o Brasil e os demais países, principalmente EUA, China e Europa (GUIMARÃES, 2009).

15.5.15.1.1.2 Desenvolvimento da comunicação

O avanço realizado nos sistemas de comunicação e transporte, responsável pelo avanço e consolidação da globalização atual, propiciou uma integração que aconteceu de tal forma que tornou comum a expressão "**aldeia global**". O termo "aldeia" faz referência a algo pequeno, onde todas as coisas estão próximas umas das outras, o que remete à ideia de que a integração mundial no meio técnico-informacional tornou o planeta metaforicamente menor (BRASIL ESCOLA, 2018).

15.5.15.1.1.3 Avanços tecnológicos

Uma das mais importantes consequências da globalização foi o avanço e a expansão da tecnologia. Hoje em dia é praticamente indispensável a presença da tecnologia na vida do homem. Nos tempos atuais, os denominados sistemas digitais têm ganhado cada vez mais espaço entre as inovações tecnológicas (TVs digitais, tablets, smartphones). Grande parte dos instrumentos tecnológicos de hoje envolve sistemas digitais, principalmente no caso dos computadores. No caso da medicina são as tecnologias digitais que têm possibilitado o significativo avanço na cura de doenças. No caso da educação, sem essa tecnologia não existiria a EAD (Educação a Distância).

15.5.15.1.1.4 Aspectos culturais

- Com a globalização ocorreu um aumento do intercâmbio cultural entre pessoas de diversos países do mundo. Impulsionado pela internet, esse intercâmbio é importante para ampliar a visão de mundo das pessoas, que passam a conhecer e respeitar mais outras realidades culturais e sociais.
- Com a globalização aumentou o interesse pela cultura, economia e política de outros países. Além de se sentirem integrantes de um país, muitas pessoas sentem que são cidadãs do mundo, desenvolvendo um grande interesse pelos diversos aspectos da vida de outras nações. Com os sistemas de informações atuais, principalmente internet, esse aspecto ganhou um grande avanço nos últimos anos.
- A globalização trouxe mudanças de alguns hábitos, por meio de programas de televisão de outros países, instalação de *fast-foods*, acesso à rede mundial de computadores (internet), entre outros fatores. No entanto, aspectos locais continuam fortemente presentes na população, diferenciando as culturas.

15.5.15.1.2 Aspectos negativos da globalização

15.5.15.1.2.1 Aumento do desemprego

A necessidade de modernização e de aumento da competitividade das empresas produziu um efeito muito negativo, que foi o desemprego. Para reduzir custos e poder baixar os preços, as empresas tiveram de aprender a produzir mais com menos gente. Isso acarretou uma maior produção de emprego, porém com condições de trabalho mais precárias. O desemprego e o trabalho informal são alguns dos problemas mais graves na atualidade brasileira.

Fazendo um balanço mais detalhado dos resultados da política de abertura adotada pelos países menos desenvolvidos e endividados, revela-se os efeitos negativos dessa liberalização, que deixa suas sequelas sobre forma de cortes impiedosos de postos de trabalho, queda dos níveis salariais bem abaixo de mercado, perda da capacidade do Estado de levantar recursos via tributos e impostos (para atender as necessidades de demanda cada vez mais urgentes, não somente das massas, mas também das classes média e alta, angustiadas e desanimadas pelo desemprego), custo e baixa qualidade da educação, falta de segurança, queda total no ramo de saúde e desgaste geral da qualidade de vida das pessoas. Nos estudos dos economistas, eles chamaram essa tendência de desemprego estrutural (MENEZES, 2017).

15.5.15.1.2.2 A desvalorização da cultura nacional

Em linhas gerais, o que se pôde observar com a globalização do Brasil foi a construção de uma contradição: de um lado, o aumento de emprego e a produção e venda de maior número de aparelhos tecnológicos; do outro, o aumento da precariedade do trabalho e da concentração de renda, sobretudo nos anos 1990 e início dos anos 2000.

15.5.15.1.2.3 Degradação do meio ambiente

A globalização econômica transformada em uma busca desenfreada de lucros do capital teve consequências dramáticas na composição da atmosfera, no esgotamento dos recursos naturais, na poluição das águas, nos desastres ecológicos. Além disso, somam-se os eventos climáticos, que, na opinião da maioria dos cientistas, podem ganhar contornos dramáticos em um futuro próximo, com a intensificação do efeito estufa e o avanço do aquecimento global.

15.5.15.1.2.4 Desigualdade social

O neoliberalismo favoreceu enriquecimento de algumas pessoas e o empobrecimento de outras. O Brasil possui uma das maiores cargas tributárias do mundo, com 1% das famílias mais ricas consumindo 15% da renda nacional. A disparidade econômica se reflete na expectativa de vida, mortalidade infantil, analfabetismo etc. Os 10% mais ricos ganham 28 vezes a renda dos 40% mais pobres. Segundo o BIRD, o IBGE, a ONU e o IPEA o principal problema é a falta de educação.

15.5.15.1.2.5 Privatização econômica, da saúde e da educação

Esse processo tem ocorrido em todas as partes do planeta, pois é uma consequência natural da globalização, processo típico de nossos tempos. As **privatizações no Brasil** intensificaram-se a partir dos anos 1990, com destaque para o Governo FHC, e se caracterizaram pela acelerada desnacionalização da economia. Foram privatizadas mais de 100 empresas. As privatizações no Brasil têm relação direta com o Consenso de Washington. As recomendações desse consenso foram amplamente difundidas no Brasil, das quais as privatizações são destaque (ver seção 15.5.16).

Para os médicos Vicente Amato Neto e Jacyr Pasternak (1999, p. 69), "a **privatização da saúde** aconteceu de forma progressiva com a implantação de fundações privadas de

272 Capítulo 15

direito público, que não são fiscalizadas satisfatoriamente, praticam atos mirabolantes, enriquecendo alguns funcionários e com pouca eficiência no atendimento público".

No caso da educação, a privatização do ensino público no Brasil tem crescido com velocidade impressionante nos últimos anos, com as instituições privadas investindo pesadamente, e sem a devida regulamentação. Atualmente, 30% do orçamento do Ministério de Educação está destinado ao setor privado. Em um relatório recente (2017) "Um ajuste justo – propostas para aumentar eficiência e equidade do gasto público no Brasil", o Banco Mundial defende que o governo ofereça ensino gratuito e público apenas aos estudantes que estão entre os 40% mais pobres do país. No caso dos estudantes de renda média e alta o pagamento do curso seria realizado depois de formados, como um Fies. Ou seja, haveria a completa entrega do sistema de educação do ensino superior ao mercado, financeirizando e entregando a educação aos bancos (LUGARINI, 2017).

15.5.15.2 Os desafios do Brasil

Admitindo-se a reversão da globalização, com seus efeitos e impactos positivos e negativos sobre comunidades e nações, simultaneamente integradores e desestruturadores, permanece a tarefa formidável de como conduzir e orientar esse processo sem cometer faltas graves e confundir as consequências da acumulação centralizadora de capital, como a crise social, desemprego, erosão e aniquilação de culturas e valores tradicionais, com as oportunidades efetivas de integração, aproximação e cooperação em nível mundial, proporcionadas pela globalização. A busca de opções e alternativas, dentro do contexto e dos rumos da globalização, enfrenta o dilema de como superar a contradição fundamental inerente ao sistema social que acirra constantemente o espírito competitivo, enquanto as condições subjetivas exigem, cada vez mais, a cooperação em todos os níveis para a emancipação de todos os povos (MENEZES, 2017).

15.5.16 Boaventura dos Santos e a globalização

O texto a seguir se baseia em um trabalho de Gloria Escarião (2006), professora da Universidade Federal da Paraíba.

Para Santos, a reestruturação econômica tanto na Europa como na América Latina, realizada no âmbito do contexto de uma nova divisão internacional do trabalho, a partir da crise do Estado agravada nos anos 1970, veio acompanhada de políticas neoliberais introduzidas nos países que ofereciam mão de obra barata ao mercado competitivo globalizado, a exemplo do Brasil e outros países da América Latina.

Desde as últimas décadas do século XX, a divisão geoeconômica do mundo separa o Norte rico, industrializado, e o Sul pobre, pouco desenvolvido, ou subdesenvolvido ou ainda em processos embrionários de desenvolvimento. Essa divisão classifica o mundo em duas imensas regiões ou mundos com níveis de desenvolvimento deferentes chamados também de países ricos e pobres, economias avançadas e atrasadas, países de primeiro mundo e de terceiro mundo, quando os países do leste europeu e mais a ex-União Soviética eram considerados de segundo mundo.

Nesse contexto geopolítico, instala-se uma nova ordem mundial baseada no fenômeno de uma globalização centrada no avanço da ciência e da tecnologia. Nesse contexto, os donos do capital especulativo exigem a implementação de um sistema educacional com escolas, universidades, instituições de ensino em todos os níveis adaptadas e integradas aos interesses do capital e da expansão do mercado consumidor e de uma minoria com poder de consumo para crescer e ampliar o seu poder político-econômico e cultural em todo o mundo.

Esses traços da economia são dominados pelo sistema financeiro, pelo investimento global, aliados aos processos de produção flexíveis e pela revolução tecnológica da informação e da comunicação.

A desregulação das economias nacionais e a emergência de três grandes capitalismos transnacionais são destacados: o americano – Estados Unidos e Canadá, México e América Latina; o japonês – tigres asiáticos e demais países da Ásia; o europeu – formado pela União Europeia e Leste Europeu e Norte da África (SANTOS, 2002, p. 19).

As transformações decorrentes da desregulação das economias lideradas por esses grandes capitalismos transnacionais atravessam todo o sistema mundial, com intensidade diferenciada, a depender da posição dos países no sistema mundial.

Para mencionar apenas dois exemplos: 1) a intervenção econômica e política dos países ricos como os Estados Unidos em suas relações com a América Latina e o Caribe, por meio de empréstimos e pela imposição e interferência nas políticas econômicas e sociais dos países no continente Latino-Americano; 2) a proteção e a política de subsídios destinados à indústria americana (maquinário, aço, metalurgia, agricultura, aeronáutica, produtos farmacêuticos etc.) continuam sem muitas mudanças como forma de preservar o poder político--econômico e cultural no continente (CHOMSKY, 1999, p. 7-45). Essas grandes corporações assumem o centro de dominação política, sociocultural e econômica e comandam o mundo mais do que os países tradicionalmente dominadores como os países que fazem parte do G8. O comando é exercido, principalmente, pela imposição dos acordos intervencionistas de ajustes estruturais junto aos países pobres ou em desenvolvimento como o Brasil.

Essas políticas econômicas comprovam o quanto a globalização econômica é sustentada pelo consenso econômico liberal e pelas três principais inovações institucionais que dão sustentação a esta globalização: as restrições drásticas à regulação estatal da economia; novos direitos de propriedade internacional para investidores estrangeiros, investidores e criadores de inovações e a subordinação dos Estados Nacionais às agências financiadoras já citadas como o FMI, o Banco Mundial e a Organização Mundial do Comércio.

São inegáveis as imposições dessas agências financeiras no campo das políticas implementadas pelos governos em todo o mundo, em nome do desenvolvimento social e econômico e, principalmente, em nome da reconstrução dos países após conflitos e catástrofes naturais ou provocadas.

Os países periféricos e semiperiféricos são os mais vulneráveis às imposições do "receituário neoliberal", em razão das suas dívidas externas que limitam e impõem renegociações por meio de ajustamentos estruturais sempre realizados com base na lógica financeira que privilegia os interesses das empresas e os investidores internacionais com repercussões negativas na vida das pessoas, pois limitam os investimentos na área social e aumentam a exclusão social de grande parcela da população.

274 Capítulo 15

O receituário neoliberal é bem representado pelo "Consenso de Washington", como é assim denominado o documento conclusivo da reunião realizada em novembro de 1989, na cidade de Washington, onde se reuniram funcionários do governo norte-americano e representantes dos organismos financeiros internacionais: Fundo Monetário Internacional (FMI), Banco Mundial e Banco Internacional (BIRD), com o objetivo de procederem a uma avaliação das reformas econômicas empreendidas nos países latino-americanos. A reunião foi convocada pelo "Institute for International Economics" cuja temática foi "Latin American Adjustment: How Much Has Happened?".

Embora sem caráter deliberativo, a reunião propiciou a oportunidade para esses órgãos coordenarem ações na América Latina com o objetivo de promover as reformas já iniciadas na região, em nome de uma cooperação financeira externa e bilateral ou multilateral efetivação dessas políticas.

A partir do governo Reagan nos Estados Unidos, a mensagem do "Consenso de Washington" foi transmitida vigorosamente e, no Brasil, acabaria provocando um processo de cooptação, expresso em agosto de 1990, no documento "Livre para Crescer – Proposta para o Brasil Moderno", no qual a Federação das Indústrias de São Paulo (FIESP) sugere a adoção de uma agenda de reformas que consolidasse as propostas encaminhadas pelo "Consenso de Washington" (BATISTA, 1995 apud ESCARIÃO, 2006).

Os países chamados periféricos, como o Brasil, por meio de sucessivos governos comprometidos com o receituário neoliberal, buscam a estabilização econômica realizando uma política monetária que adota, de maneira drástica, o controle salarial do setor público, o ajuste da previdência social, entre outras medidas que visaram diminuir o tamanho do Estado para aumentar a sua competitividade no mercado internacional.

Em síntese, para atingir esse objetivo, foi incentivada a competitividade das pequenas empresas realizando a desoneração fiscal, flexibilizando o mercado de trabalho por meio da diminuição dos encargos sociais e da diminuição dos salários, com repercussões dramáticas para a área social ao acentuar a má distribuição de renda aliada a uma política equivocada da saúde pública, da educação e de todas as políticas sociais, uma vez que o social não foi priorizado e continuou piorando com o atendimento insuficiente para toda a população que segue, entre avanços e recuos, uma luta política, socioeconômica e cultural para crescer economicamente, distribuir a renda e avançar na área social (ESCARIÃO, 2006).

16
Gênero e sexualidade

16.1 Conceitos

Gênero é um termo que se refere a distinções sociais ou culturais associadas ao ser masculino ou feminino. **Identidade de gênero** é a medida em que se identifica como masculino ou feminino (DIAMOND, 2002).

Para as ciências sociais e humanas, o conceito de **gênero** se refere à construção social do sexo anatômico. Foi incorporado para distinguir a dimensão biológica da dimensão

Capítulo 16

social, baseando-se no raciocínio de que há machos e fêmeas na espécie humana, no entanto, a maneira de ser homem e de ser mulher é realizada pela cultura. Assim, gênero significa que homens e mulheres são produtos da realidade social e não decorrência da anatomia de seus corpos. Por exemplo, o fato de as mulheres, em razão da reprodução, serem tidas como mais próximas da natureza, tem sido apropriado por diferentes culturas como símbolo de sua fragilidade ou de sujeição à ordem natural, que as destinaria sempre à maternidade (CLAM, 2009).

Sexo (HOUAISS, 2009) "é a conformação física, orgânica, celular, particular que permite distinguir o homem e a mulher atribuindo-lhe um papel específico na reprodução". Assim, basicamente, sexo refere-se às diferenças anatômicas, biológicas, físicas e corporais que separam o sexo feminino do masculino.

Para Giddens, nos últimos anos, as teorias da socialização e do papel do gênero têm sido alvo de críticas por parte de um número cada vez maior de sociólogos. Em vez de considerarem o sexo como um fato determinado biologicamente e o gênero como um fato aprendido culturalmente, afirmam que se deveria considerar *tanto* o sexo *como* o gênero enquanto produtos construídos socialmente.

De acordo com Scott (apud SAFFIOTI, 1992, p. 198), existem quatro elementos que constituem o gênero: os símbolos culturais imbricados de representações que são inseridos aos agentes sociais; os conceitos normativos que explicitam as interpretações dos significados dos símbolos; as organizações e as instituições sociais; e a identidade subjetiva.

16.2 Identidade de gênero

Identidade de gênero consiste no **modo como o indivíduo se identifica com o seu gênero**. Em suma, representa como a pessoa se reconhece: homem, mulher, ambos ou nenhum dos gêneros.

O que determina a identidade de gênero é a maneira como a pessoa se sente e se percebe, assim como a forma que deseja ser reconhecida pelas outras pessoas.

A identidade de gênero pode ser medida em diferentes graus de masculinidade ou feminilidade, e eles podem mudar ao decorrer da vida, de acordo com alguns psicólogos (SIGNIFICADOS, 2018).

Para informar o público sobre os desafios enfrentados por pessoas trans, a campanha Livres & Iguais da ONU publicou recentemente uma cartilha que explica com clareza o que significa identidade de gênero e o que é ser transgênero. O documento apresenta orientações para que governos, meios de comunicação e o próprio público leitor do material possam garantir os direitos dessa população e combater o preconceito.

A identidade de gênero se refere à experiência de uma pessoa com o seu próprio gênero. Indivíduos trans possuem uma identidade de gênero que é diferente do sexo que lhes foi designado no momento de seu nascimento. A identidade de gênero é diferente de orientação sexual – pessoas trans podem ter qualquer orientação sexual, incluindo heterossexual, homossexual, bissexual e assexual (ONU-BR, 2017).

Os sociólogos estão particularmente interessados na identidade de gênero e como determina os papéis sociais de gênero. Parece ser que a identidade de gênero se forma cedo na vida (aos 4 anos) e o mais provável é que seja irreversível. Embora as causas exatas da identidade de gênero permaneçam desconhecidas, as variáveis biológicas, psíquicas e sociais claramente influenciam no processo. A genética, os hormônios pré-natais e pós-natais, diferenças no cérebro, nos órgãos reprodutivos, e a socialização interagem para moldar uma identidade de gênero (ZGOURIDES & ZGOURIDES, 2000).

16.2.1 Influências biológicas na identidade de gênero

Os autores mencionados identificam duas influências biológicas na identidade de gênero: a **diferenciação sexual**, que inclui os processos fisiológicos pelos quais o sexo feminino se torna feminino e o masculino se torna macho, começam no pré-natal. As diferenças produzidas pelos processos fisiológicos, interagem posteriormente com as influências da socialização pós-parto (após o nascimento) para estabelecer uma forte identidade de gênero. Os **genes**, a genética é o estudo científico da hereditariedade. Geneticistas estudam genes, as unidades básicas da hereditariedade que determinam as características herdadas.

Os genes são compostos de ácido desoxirribonucleico (ADN). Três padrões primários de transmissão genética são: dominantes (característica expressa que é visivelmente aparente), recessivo (traço não expresso que não é visivelmente aparente) e herança relacionada com o sexo (traço realizado em um dos cromossomos sexuais, geralmente X).

Para a ciência biológica, o que determina o sexo de uma pessoa é o tamanho das suas células reprodutivas (pequenas: espermatozoides, logo, macho; grandes: óvulos, logo, fêmea), e só. Biologicamente, isso não define o comportamento masculino ou feminino das pessoas: o que faz isso é a cultura, a qual define alguém como masculino ou feminino, e isso muda de acordo com a cultura de que falamos (JESUS, 2012).

16.2.2 Influências psicológicas e sociais na identidade do gênero

Em última instância, a identidade de gênero depende da composição dos cromossomos e da aparência física, mas isso não significa que faltam as influências psicossociais. A socialização (ver Capítulo 9) ou o processo pelo qual uma criança aprende as normas e papéis que a sociedade criou para o seu gênero, desempenha um papel significativo no estabelecimento da identidade de feminilidade ou masculinidade. Se uma criança aprende que é mulher e é criada como mulher, a criança acredita que é mulher. Se falam que ele é um homem e é criado como um homem, a criança acredita que ele é do sexo masculino.

Desde que nascem, a maioria dos pais tratam seus filhos de acordo com o gênero da criança determinado pelos seus órgãos genitais. Ainda, os pais tratam as meninas mais delicadamente.

Assim, as crianças desenvolvem rapidamente uma compreensão clara de que eles são femininos ou masculinos, e começam a adotar comportamentos "adequados" ao seu gênero. De acordo com especialistas, normalmente isso ocorre nos primeiros dois anos.

278   **Capítulo 16**

Em suma, a biologia "define o palco", mas as interações das crianças com o ambiente social determinam a natureza da identidade de gênero (ZGOURIDES & ZGOURIDES, 2000).

Algumas pessoas são incapazes de integrar os aspectos biológicos, psicológicos e sociais de seu gênero. Sofrem disforia de gênero, ou seja, quando a identidade sexual que a pessoa afirma ter é incompatível com seu corpo. Disforia é um sentimento de insatisfação, ansiedade e inquietação.

Outras pessoas acreditam que nasceram no corpo de gênero errado, que seu senso interno de gênero é inconsistente com sua biologia sexual externa. Essa condição é denominada transexualismo. Segundo a OMS, o transexualismo é "um desejo de viver e ser aceito enquanto pessoa do sexo oposto. Esse desejo se acompanha, em geral, de um sentimento de mal-estar ou de inadaptação por referência a seu próprio sexo anatômico e do desejo de submeter-se a uma intervenção cirúrgica ou a um tratamento hormonal a fim de tornar seu corpo tão conforme quanto possível ao sexo desejado" (MARINHO; BRASIL, 2018).

Não se deve confundir transexuais com travestis, aqueles que gostam de usar a roupa do outro sexo.

16.3 Papéis de gênero

Papel é aqui entendido no sentido que se usa no teatro, ou seja, uma representação de um personagem. Tudo aquilo que é associado ao sexo biológico fêmea ou macho em determinada cultura é considerado **papel de gênero** (GROSSI, 1994, p. 6).

Para Macía, Mensalvas e Torralba (2008), os papéis sociais determinam as ações sociais e compreendem as expectativas e as normas que uma sociedade estabelece sobre o agir e sentir de uma pessoa em função de ser uma mulher ou um homem, prefigurando, assim, uma posição na estrutura social e representando funções que lhes são atribuídas e que são assumidas por mulheres e homens.

Os papéis femininos são aqueles relacionados com todas as tarefas associadas à reprodução, criação, cuidado, sustento emocional... principalmente inseridos no campo doméstico.

Os papéis masculinos estão associados às tarefas que têm a ver com a produtividade, a manutenção e o sustento econômico, principalmente desenvolvidos no campo público.

Esses elementos, que sustentam cada uma das identidades, exteriorizam-se em conjuntos de comportamentos, funções e papéis sociais, denominados papéis femininos ou masculinos, e são transmitidos pelas crenças sobre o que devem ser e fazer as mulheres e homens, chamados **estereótipos**.

Os papéis sociais estão diretamente associados às áreas de relacionamento e estas determinam tempos e espaços diferentes.

O quadro a seguir identifica alguns papéis sociais determinados pela sociedade para o sexo feminino e masculino.

Quadro 16.1 Papéis sociais determinados pela sociedade para o sexo feminino e masculino

	FEMININO	MASCULINO
Estereótipos	Debilidade Dependência Sensibilidade Emoções, Intuição	Força Independência Objetividade Decisão, Razão
Papéis/divisão sexual do trabalho	Associados à reprodução	Associados à produção
Tempos	Tempo circular. Não tem princípio nem fim conhecido Não tem horário, mas é sistemático Não tem valor social Não tem valor de uso Não está integrado às estatísticas oficiais	Tempo com princípio e fim conhecido Tem horário Tem valor social Tem valor de uso, valor econômico Produz bens e serviços
Espaços	Doméstico – invisível Cerrado – espaço de isolamento Escassa existência de relações sociais	Público – visível Aberto Espaço relações Espaço poder social

Fonte: Macía, O.; Mensalvas, J. e Torralba, R (2008). (Tradução de Roberto Richardson.)

Em geral, os papéis de gênero são culturais e pessoais. Determinam como os homens e mulheres devem pensar, falar, vestir e interagir em sociedade. A aprendizagem desempenha um papel importante nesse processo de moldar os papéis de gênero. Essas pautas de comportamento de gênero são estruturas cognitivas profundamente enraizadas na sociedade e os agentes de socialização são os responsáveis da transmissão desses valores de geração em geração.

16.4 Estereótipos

Etimologicamente, o termo estereótipo vem do grego *stereo* (rígido) e *tipo* (traço), e refere-se a "tornar fixo, inalterável" (FERREIRA, 2000). Conceitua-se: "estereótipo como um processo de formação de impressão, que constitui um conjunto de avaliações afetivas, morais e instrumentais, elaboradas a respeito de uma pessoa. Possui a capacidade de orientar o percebedor em suas relações com o meio social" (BELO et al., 2005, p. 8 apud MESQUITA FILHO, EUFRÁSIO e BATISTA, 2011, p. 555).

Tradicionalmente, o **papel social estereotipado feminino** é casar e ter filhos. A mulher também deve colocar o bem-estar de sua família antes do seu próprio. Ser carinhosa, compassiva, simpática etc.; e encontrar tempo para ser sexy e se sentir bonita. O **papel estereotipado social masculino** é ser o fornecedor financeiro. Também deve ser assertivo, competitivo, independente, corajoso e dedicado ao seu trabalho. Homens são, desde a infância, incentivados a desenvolver atitudes competitivas, agressivas e demonstrar poder pela força física, que é usada como recurso para manter as mulheres "em seu lugar" de inferioridade e submissão (VILHENA, 2009, apud MESQUITA FILHO, EUFRÁSIO e BATISTA, 2011, p. 556).

Para Santos (2017), parece que o feminino não está muito bem cotado, não?

a. características que geralmente são atribuídas ao masculino são muito mais valorizadas, desejadas e aceitas que as do feminino;

b. características atribuídas ao feminino que são mais valorizadas geralmente existem em benefício ou em função dos homens (cuidado, beleza, sensualidade);

c. características atribuídas ao "feminino" são como a via "negativa" (ou no máximo complementar) do masculino;

d. características atribuídas ao universo masculino são vistas socialmente como mais importantes e poderosas, estando acima das atribuídas ao feminino.

Para a autora *é o problema do gênero*: ele cria uma relação hierárquica entre homens e mulheres. Onde homens são mais valorizados, admirados, importantes e submetem mulheres que são consideradas inferiores. Esse machismo pode matar.

Uma forma de enfrentar os papéis de gênero estereotipados é a androginia, a combinação de atributos femininos e masculinos no mesmo indivíduo.

Andrógino do grego *andros* (homem) e *gyne* (mulher) é um adjetivo que se refere ao **que apresenta simultaneamente características do sexo masculino e feminino**. É o mesmo que "hermafrodita", que é o animal ou vegetal que reúne em si os caracteres dos dois sexos.

Andrógino é uma qualificação dada ao indivíduo que possui aparência e comportamentos duvidosos entre o masculino e o feminino, é um indivíduo que não se enquadra nem no papel de homem nem de mulher. Um andrógino é muitas vezes identificado como pansexual (atração por todos os sexos) ou assexual (indiferença à prática sexual) (SIGNIFICADOS, 2018).

*De acordo com a **psicologia*** o indivíduo andrógino é aquele que tem uma disfunção de gênero, responsável por uma condição psíquica na qual o indivíduo não faz parte nem do sexo masculino nem do feminino, e sim é um indivíduo de sexo híbrido, mentalmente falando.

16.5 Estratificação social e gênero

Ao longo da história e ao redor do planeta, as mulheres têm desempenhado um papel de submissão ante os homens. De modo geral, os homens tiveram, e continuam a ter, mais poder físico e social e *status* do que as mulheres, especialmente na arena pública. Por exemplo, os homens tendem a ser mais agressivos e violentos do que mulheres, então eles lutam guerras. Da mesma forma, os meninos são muitas vezes obrigados a atingir a prova de masculinidade por meio de esforço árduo.

Por trás de grande parte das desigualdades observadas na educação, no local de trabalho e na política existe o sexismo, ou preconceito e discriminação por causa do gênero. Premissa fundamental do sexismo é a superioridade dos homens sobre as mulheres.

Assim, quando as posições ocupadas por homens e mulheres implicam diferentes quantidades de renda, poder, prestígio e outros recursos de valor, um sistema de estratificação de gênero pode ser considerado existente. Desde que os homens abandonaram a caça e a colheita, a estratificação de gênero existe em todas as sociedades conhecidas. E esse sistema tem favorecido homens, que têm a maior probabilidade em ocupar posições e desempenhar papéis que trazem mais poder, riqueza material e prestígio.

Para Bourdieu, o gênero manifesta uma estrutura de dominação simbólica, em que reflete a superioridade masculina, principalmente, nas sociedades patriarcais (BOURDIEU, 1999 apud CARVALHO, 2013). Por esse viés, o gênero é um meio de estratificação social, sendo um fator crucial na estruturação dos tipos de oportunidades e de chances de vida enfrentadas pelos indivíduos e por grupos, influenciando fortemente os papéis que eles desempenham. Apesar de a diferença entre os papéis de homens e de mulheres variarem de cultura para cultura, em todas as sociedades os homens exercem maior "poder" sobre as mulheres (SAFFIOTI, 1992 apud CARVALHO, 2013).

De acordo com Giddens (2008), R.W. Connell apresenta três aspectos da sociedade que interagem para formar a sua ordem de gênero, padrões de relações de poder entre masculinidades e feminilidades difundidas pela sociedade. Segundo Connell, trabalho, poder e cathexis (relações pessoais/sexuais) são partes distintas da sociedade, mas que se correlacionam, funcionando em conjunto e alterando-se em função umas das outras. Esses três domínios representam os principais campos onde as relações de gênero são constituídas e delimitadas. O trabalho consiste na divisão sexual do trabalho em casa (no referente às responsabilidades domésticas e à educação das crianças) e no mercado de trabalho (em que surgem a segregação profissional e a desigualdade de salários). O poder funciona pelas relações sociais, como a autoridade, a violência e a ideologia nas instituições, no Estado, na vida militar e doméstica. A cathexis diz respeito à dinâmica nas relações íntimas, emocionais e pessoais, incluindo o casamento, a sexualidade e a educação das crianças.

As relações de gênero, tal como são articuladas nessas três áreas da sociedade, encontram-se estruturadas a nível social numa ordem de gênero específica. Connell utiliza o termo regime de gênero para se referir ao desempenho das relações de gênero em cenários menores, como numa instituição específica (GIDDENS, 2008, p. 121).

Quanto à **estratificação de gênero**, é evidente que a maioria das sociedades progrediu ao abolir as formas mais flagrantes de desigualdade de gênero. Contudo, o homem ainda domina a sociedade de diversas formas.

A discriminação contra mulheres é ilegal no Brasil, nos Estados Unidos e em muitos outros países. No entanto, mesmo em tais países, o papel social da mulher não é igual ao do homem. O **movimento feminista** luta pelos direitos das mulheres e das minorias. Tal movimento é uma força sociopolítica bastante poderosa. O **feminismo** afirma que devem ser dadas às mulheres as mesmas oportunidades – econômicas, políticas e sociais – que são dadas aos homens. As feministas lutaram muito para desafiar e mudar os estereótipos de gênero. Mas há ainda um longo caminho para que tais desigualdades sejam eliminadas de fato.

282 **Capítulo 16**

Sabemos que ao longo da história, os homens exerceram mais poder – físico, social e político – do que as mulheres. Os homens tendem a ser mais agressivos e violentos que as mulheres. Não é surpreendente, portanto, o fato de os homens, e não as mulheres, terem iniciado tantas guerras. Desde a infância, membros do sexo masculino procuram provar sua masculinidade por meio de grandes esforços físicos. Muitos homens têm sede de poder e isso os leva a buscar poder político. Consequentemente, a maioria das figuras públicas são homens. Os homens criam a maioria das leis que regulamentam a sociedade. As feministas afirmam que tais leis, tendo sido criadas por homens, subjugam as mulheres. Exemplificando: foi apenas no século XX que as mulheres norte-americanas adquiriram o direito de possuir propriedade, testemunhar em um tribunal ou ser uma jurada. Uma sociedade dominada por homens é denominada **patriarcal**.

O **machismo** é o maior culpado por muitas das dificuldades que as mulheres enfrentam no âmbito da educação, do trabalho e da política. O fundamento do machismo é a ideia de que o homem é superior à mulher. O machismo sempre foi prejudicial às mulheres: em certos países e em certas épocas, de forma extrema. Até hoje, há países em que as mulheres sofrem discriminação: não recebem o mesmo tratamento do que os homens, mesmo em termos de alimentação, saúde e educação.

As diferenças entre homens e mulheres têm sido disputadas inúmeras vezes ao longo dos anos, levando à crença de que, de alguma forma, um gênero é melhor do que o outro. As diferenças entre os sexos tal como definidas pela sociedade são conhecidas como **estratificação de gênero**. Essa estratificação pode ser definida como a maneira em que elementos sociais, como o poder e a riqueza, são distribuídos, muitas vezes de forma desigual entre os sexos.

De acordo com Johnston (2017) as seguintes instituições reforçam a estratificação de gênero:

16.5.1 Emprego

Embora as mulheres tenham sido integradas à força de trabalho há um número significativo de anos, elas ainda são tradicionalmente posicionadas em empregos com salários mais baixos, que muitas vezes são chamados, em inglês, de posições "pink-collar" (colarinho rosa). Essas posições são simplesmente os empregos que se diz ajustarem-se melhor às mulheres, embora também os homens façam esse trabalho, como empregos de secretários e outros trabalhadores de escritório. Esses trabalhos geralmente pagam menos do que outras categorias de empregos.

16.5.2 Renda

As mulheres ganham, em média, cerca de 71% a menos que os homens. Esta diferença de renda é devida, em grande parte, aos diferentes postos de trabalho ocupados por homens e mulheres.

16.5.3 Educação

Em gerações passadas, as mulheres eram desencorajadas a receber educação superior porque tradicionalmente ficavam em casa para criar suas famílias. Recentemente, mais mulheres têm recebido diplomas e tornou-se comum para a mulher ser responsável pela metade de todas as graduações concluídas. No entanto, ainda existe uma significativa desigualdade entre homens e mulheres.

16.5.4 Família

A estratificação de gênero pode ser facilmente vista durante todo o desenvolvimento dos lugares das mulheres na família. Ao nascer, ambas as pessoas, do sexo feminino e masculino, são geralmente empurradas a papéis tradicionais de gênero, criando a ideia de que existem grandes diferenças entre os sexos, desde o nascimento. Os filhos geralmente são incentivados a serem independentes e ativos, enquanto as filhas são encorajadas em suas emoções e passividade. Apesar do número crescente de mulheres que receberam educação superior e mantêm trabalhos mais prestigiados no mercado de trabalho, espera-se ainda muitas vezes que as mulheres administrem uma casa e eduquem os filhos.

Segundo o portal "Educabras" (2018): a **religião** também contribui para a estratificação de gênero. Muitas interpretações dos textos sagrados das principais religiões afirmam que as mulheres devem ser subservientes aos homens. Muitas famílias religiosas insistem que deve haver distinção entre o papel do homem e o da mulher na sociedade: ele deve trabalhar fora de casa e ela, cuidar do lar e da família.

Em geral, **os meios de comunicação** reforçam as desigualdades e os estereótipos de gênero. Na maioria dos programas de televisão para crianças, os personagens principais são do sexo masculino. Os personagens da Disney servem como exemplo: o Mickey, o Pateta, o Pato Donald e os seus sobrinhos são todos do sexo masculino. A única personagem que pertence ao sexo feminino é a Minnie. Os papéis principais de programas de televisão para adultos também são dados a homens. Já os comerciais geralmente empregam mulheres, principalmente quando se trata de um produto que diz respeito ao lar. Nos comerciais que promovem produtos para o lar, como os de limpeza, frequentemente aparecem mulheres e raramente homens. Em programas de televisão, são geralmente os homens que fazem o papel do líder ou de um personagem muito inteligente.

As revistas masculinas e femininas também reforçam os estereótipos de gênero. A maioria das revistas para o público feminino estão repletas de fotos em que as mulheres são magras e lindas. A maioria das revistas femininas trata de assuntos como regimes e dietas, maquiagem e conselhos amorosos. Já as revistas para homens abordam assuntos como esportes, automóveis, conselhos profissionais, mas também publicam fotos de mulheres magras e lindas e, em alguns casos, seminuas ou nuas (EDUCABRAS, 2018).

Perante a significativa participação e luta de movimentos de gênero pela igualdade de tratamento entre homens e mulheres e de acesso prático a direitos e oportunidades não só na esfera extradoméstica e pública como na doméstica e privada, urge, em termos teórico--práticos e tendo em vista a emancipação das mulheres enquanto cidadãs e trabalhadoras, uma fecunda inter-relação entre as correntes favoráveis à igualdade de gênero que marcará o prelúdio e o contributo teórico prático para uma das maiores mudanças sociais e políticas no futuro próximo (SILVA, 2008).

17
Meios contemporâneos de comunicação de massas

17.1 Conceito

Na segunda metade do século XIX, houve a implantação da sociedade de massa, na qual a Revolução Industrial concentrou enormes quantidades de pessoas em cidades ou regiões antes nada conhecidas, forçando a população a abandonar os seus hábitos tradicionais e reduzindo-as a condições de vida uniformizada. Tal situação foi o primeiro sinal de uma massificação, pois embora cada membro da nova sociedade fosse um ser racional e livre ao contato com diferentes culturas e costumes, não tardou em submeter-se a influências alheias, assumindo comportamentos condicionados pelos interesses coletivos. Para ambientar a todos sobre a nova conjuntura cultural, surgiram jornais impressos e, no seu rastro, também as revistas, o rádio, a televisão e a internet (PORTCOM, 2018).

Os meios de comunicação de massa são aqueles enviados por um emissor e recebidos de forma idêntica por vários grupos de receptores, tendo assim um grande público. O mundo os conhece e os reconhece como televisão, rádio, jornal, entre outros (GOYA, 2012).

A comunicação de massas é o modo particular de comunicação moderna, que permite ao emissor de comunicação abordar muitos destinatários. O cinema, a imprensa, a publicidade, o rádio, a televisão realizam comunicação em massa: são mídias de massas (BURGELIN, 2004 apud REYES, 2015, p. 12).

17.2 Características dos meios de comunicação de massas

Noelle-Neumann (1973) apud Wolfe (1987, p. 162) destaca três características dos meios de comunicação: acumulação, consonância e onipresença.

O conceito de **acumulação** refere-se ao fato de que a capacidade da mídia para criar e sustentar a relevância de um tema é o resultado geral (obtido após um certo tempo) de como funciona a cobertura informativa no sistema de comunicações de massas. Não se trata de efeitos pontuais, mas consequências relacionadas com a repetitividade da produção de comunicações de massa.

A **consonância** vincula-se ao fato de que nos processos de produção da informação os traços comuns e as semelhanças tendem a ser mais significativos e numerosos do que as diferenças o que conduz a mensagens substancialmente mais semelhantes do que dessemelhantes.

O conceito de **onipresença** diz respeito não só à difusão quantitativa dos meios de comunicação de massas, mas também ao fato de que o saber público – o conjunto de conhecimentos, opiniões, atitudes – difundido pela comunicação de massa. Tem uma qualidade particular: é sabido publicamente que ele é publicamente conhecido.

Alan Lima (2011) apresenta um exemplo que ajuda a clarificar essas características: os meios de comunicação e o caso do assassinato da garota Isabella Nardoni: a **acumulação** é a capacidade que os meios de comunicação têm para manter a relevância de um tema, ou seja, no exemplo do caso Nardoni, as emissoras de TV mostravam flashes e notícias sobre o andamento das investigações a toda hora. Quando o caso foi "ficando para trás", pelo menos três vezes ao dia.

Já a **consonância** acontece quando o mesmo assunto está em vários meios de comunicação. Lembro-me bem da época do crime, quando todas as emissoras de TV, os sites de notícias na internet e até as operadoras de telefonia móvel enviavam torpedos para comunicar algo sobre.

Meios contemporâneos de comunicação de massas 287

Para finalizar, a **onipresença** acontece quando uma informação passa a ser difundida para todo público e em todo lugar. O caso de Isabella Nardoni passou a ser conhecido publicamente no Brasil e no exterior

17.3 Funções dos meios de comunicação de massas

As funções apresentadas no Quadro 17.1 foram descritas por Laswell (1948), McQuail e Windahl (1993), enquadradas no conhecido tripé de informar, educar e entreter que, desde o século XX, foi atribuído à mídia de massa. No entanto, com o transcurso dos anos e a maior influência dessa mídia, apareceram outras funções relacionadas com características do poder simbólico. Assim, os meios de comunicação de massas foram identificados como o quarto poder na esfera política fazendo frente ao Legislativo, Executivo e Judiciário em termos de influência (REYES, 2015).

Quadro 17.1 Funções dos meios de comunicação de massas

Informação	O papel jornalístico da mídia é transmitir informações.
Correlação	Essa função visa explicar, interpretar e comentar o significado de eventos e informações, apoiar a autoridade e normas estabelecidas, criar consenso e coordenar atividades isoladas.
Entretenimento	Essa função refere-se ao tempo livre. Manifesta-se por meio de filmes, música, passatempos, quadrinhos, entre outros. Sua utilidade refere-se à redução da tensão social.
Servir ao setor econômico	Em sociedades capitalistas, os meios são empresas e seu serviço mais importante é a publicidade. A mídia reúne vendedores e compradores, criando espaços que atraem o público para a comercialização dos produtos.
Transmissão da cultura	A educação passa a ser uma função inevitável, mesmo que não constitua o objetivo deliberado dos meios de comunicação. Os indivíduos assimilam a informação e aprendem com ela, o que aumenta seu conhecimento, modifica seus valores e experiências.

Fonte: J. Ortega Reyes (2015, p. 18). Tradução e adaptação: Roberto Jarry Ricjardson.

17.4 Tipos de meios de comunicação

17.4.1 Mídia impressa

É um meio de comunicação que abrange particularmente materiais impressos em gráficas, sejam eles publicitários ou jornalísticos.

Capítulo 17

O meio impresso pode ser divulgado em veículos de comunicação como jornais, revistas, informativos, ou em peças avulsas como *flyers*, *folders*, mala-direta e *outdoors*. O *outdoor* por sua vez se enquadra também na categoria de mídia exterior.

Em seus variados formatos, sejam livros, revistas, jornais, cartazes, entre outros, as **mídias impressas** continuam a ter função importante no processo de ensino-aprendizagem, seja como única mídia utilizada ou como apoio a outras mídias.

Entre as vantagens da mídia impressa pode-se destacar que: não necessita de equipamento específico para ser utilizada e é de fácil transporte; é uma mídia popular; é adaptável ao ritmo do leitor, permitindo releitura e leitura seletiva; não possui um horário específico de distribuição; tem custo unitário baixo quando comparada a outras mídias; é integrável a qualquer outro meio.

No que diz respeito às desvantagens da mídia impressa, pode-se citar: a interatividade é mais difícil de ser conseguida; a informação é apresentada sequencialmente não sendo possível acessá-la globalmente; a impressão colorida encarece os custos; é mais difícil alcançar a motivação e manter a atenção do usuário.

17.4.2 Mídia eletrônica

Qualquer mecanismo, instalação, equipamento ou sistema que permita produzir, armazenar ou transmitir documentos, dados e informações, incluindo qualquer rede de comunicação aberta ou restrita, como a internet, telefonia fixa e móvel ou outros (MONTANER, 2018).

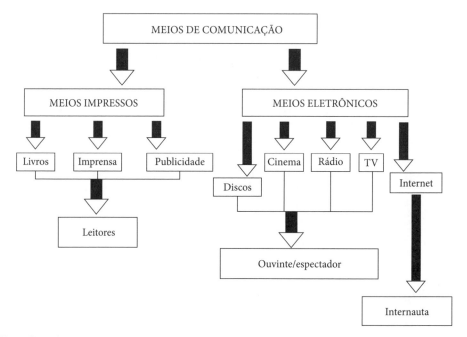

Fonte: Cuarto Nocturno, 2009.

Figura 17.1 Tipos de meios de comunicação de massas.

Cabe destacar a diferença entre os termos "eletrônico" e "digital". Um documento eletrônico é acessível e interpretável por meio de um equipamento eletrônico (aparelho de videocassete, filmadora, computador), podendo ser registrado e codificado de forma analógica ou em dígitos binários. Já um documento digital é um documento eletrônico caracterizado pela codificação em dígitos binários e acessado por meio de sistema computacional. Assim, todo documento digital é eletrônico, mas nem todo documento eletrônico é digital. Exemplos: 1) documento eletrônico: filme em VHS, música em fita cassete; 2) documento digital: texto em PDF, planilha de cálculo em Microsoft Excel, áudio em MP3, filme em AVI (HEDLUND, 2011).

17.4.3 Jornais

Os jornais, na sua forma moderna, têm a sua origem nos panfletos e nas folhas de informação impressas e difundidas desde o século XVIII. Os jornais só se tornaram diários, com muitos milhares ou milhões de leitores, a partir dos fins do século XIX. O jornal representou um desenvolvimento extremamente importante na história moderna dos meios de comunicação, pois continha vários tipos de informação em um formato limitado e facilmente reproduzível. Eles continham num exemplar único informação sobre assuntos correntes, entretenimento e publicidade. A invenção de papel de impressão barato foi um elemento chave para a difusão em massa dos jornais, a partir dos finais do século XIX (GIDDENS, 2008).

Dois grandes exemplos de jornais de prestígio, na virada do século, eram o New York Times e o The Times, de Londres. Muitos dos jornais mais influentes em outros países os tomaram como modelo. Os jornais mais vendidos tornaram-se uma força política e ainda o são atualmente.

17.4.4 Rádio

Transmitindo apenas sons, o rádio foi um dos primeiros meios de comunicação em larga escala da modernidade. Ele se popularizou, principalmente após a Primeira Guerra Mundial e é muito utilizado até hoje devido ao baixo custo de aquisição do equipamento e por sua grande aceitação popular. Suas características normalmente têm sido uma fonte de entretenimento e diversão que o ouvinte tem a qualquer momento. O uso de música e sonoplastia reforça o efeito da palavra, dando maior impacto aos textos publicitários; não absorve a atenção total, o que permite ao ouvinte executar outras tarefas enquanto ouve o rádio (QUISENGUELE, 2017).

17.4.5 Televisão

Durante meio século ou mais, os jornais foram a principal via para fazer chegar a informação, rápida e compreensivamente, ao público em geral. A sua influência enfraqueceu com o aparecimento do rádio, do cinema e – algo muito mais importante – da televisão (GIDDENS, 2008).

As comunicações eletrônicas poderão realmente contribuir para diminuir ainda mais a circulação dos jornais. A informação noticiosa está agora disponível *on-line* quase

290 Capítulo 17

instantaneamente e permanece em constante atualização ao longo do dia. Pode-se acessar gratuitamente muitos jornais *on-line*.

A seguir à ascensão da internet, a influência crescente da televisão é provavelmente o fator mais importante no desenvolvimento dos meios de comunicação, nos últimos quarenta anos. Se se mantiverem as tendências atuais de ver televisão, cada criança nascida hoje, quando chegar à idade dos dezoito anos, terá passado mais tempo assistindo televisão do que em qualquer outra atividade, com exceção de dormir. Hoje praticamente todos os lares possuem um aparelho de televisão.

O poder das grandes cadeias diminuiu desde o advento da televisão por satélite e por cabo. Nesse tipo de transmissão, o telespectador que contrata o serviço, tem ao seu dispor um amplo leque de canais e programas. Assim, as pessoas podem estabelecer cada vez mais a sua própria programação, em vez de dependerem da programação das estações.

A transmissão via satélite ou por cabo está alterando a natureza da televisão em quase toda a parte do mundo. A partir do momento em que elas começaram a avançar sobre os domínios dos canais ortodoxos de televisão, tornou-se ainda mais difícil para os governos continuar a controlar o seu conteúdo, como fizeram no passado.

Segundo Robert Hodge e David Tripp (1986) as atitudes das crianças em frente à televisão não se limitam apenas ao mero registro dos conteúdos dos programas, mas envolvem interpretação e leitura daquilo que observam. Esses autores sugerem que grande parte da pesquisa não tem levado em conta a complexidade dos processos mentais das crianças. Ver televisão, por mais insignificante que seja o programa, não é em si uma atividade de baixo nível intelectual; as crianças "leem" o que observam.

A Pesquisa Brasileira de Mídia 2015 (BRASIL, 2014 apud GRIJÓ, 2016) aponta que os brasileiros assistem à televisão, em média, 4h31min por dia, de 2ª a 6ª-feira, e 4h14min nos finais de semana, e a maior parte o faz todos os dias da semana (73%). No que diz respeito à motivação das pessoas para consumir o conteúdo televisivo, o estudo indica que as pessoas assistem à televisão, principalmente, para se informar (79%); como diversão e entretenimento (67%); para passar o tempo livre (32%); por causa de um programa específico (19%) e como uma companhia (11%).

17.4.6 Telenovelas

Cabe destacar a importância das telenovelas, particularmente, no Brasil. A partir dos anos 1980 e 1990, as telenovelas começaram a abordar as temáticas sociais, políticas e a liberação dos costumes. Elas foram ganhando cada vez mais uma função social, educativa e informativa, fundamental para as mudanças necessárias ao país, e para a conscientização a respeito de temas como cidadania, a situação política e econômica de regiões distantes. A novela apresenta ainda uma identidade híbrida, onde as pessoas transitam entre as diferentes culturas, com referente universal que retrata e determina comportamento, seja escrita em 'narrativa ficcional', ou seja, baseada na ficção. Divididas em tramas e subtramas, história principal que se relaciona com histórias menores, podendo conter 30 conflitos paralelos apresentados em tramas de 200 a 250 capítulos, com média de 55 minutos por capítulo (REBOUÇAS, 2009).

De acordo com a autora, o brasileiro tornou a telenovela um hábito, pois se acostumou a assistir durante a semana, tramas e subtramas que se intercalam e são transmitidas em capítulos em horários fixos. O que gerou esse fenômeno de audiência, como afirma Dias Gomes, foi o "abrasileiramento" da telenovela, uma tipicidade televisual nacional (CASTRO, 2002 p. 68 apud REBOUÇAS, 2009). A telenovela aborda modelos de comportamentos e posicionamentos, filosofias e ideologias, e a penetração de seus conteúdos na vida dos telespectadores é dada devido à popularidade do gênero. O monopólio desse mercado noveleiro é que preocupa. A sociedade se torna fortemente influenciada por apenas um veículo. O objetivo principal da novela, não deveria ser apenas de entreter, mas de cultivar ou proliferar a cultura brasileira. Mas não é isso o que acontece. A sociedade é iludida pelo ócio transmitido nas tramas de ficção. O mundo de fantasias, muitas vezes, é almejado pelo telespectador.

Em geral, a produção televisiva é pautada pela lógica de mercado. Dessa forma, é inviável uma grande rede de TV que não produza telenovelas, que seria então a filha rica da Televisão Mundial. O intuito é divulgar produtos ou serviços por meio dos personagens. Com essa técnica, há o custeio das produções, ou seja, o produto ficcional é mais que uma obra, um gênero artístico de entretenimento e lúdico, ele é o meio para dar vida ao veículo e a teleficção com repercussões nos hábitos de consumo do telespectador (REBOUÇAS, 2009).

Generalizando, as ideias de Grijó (2011), as mensagens transmitidas pela produção televisiva, particularmente, das telenovelas da década de 2000 não pode ser vista sem ressalvas, pois estão inseridas numa lógica de mercado, num jogo de interesses recíprocos por parte de emissoras de televisão, mercado publicitário etc. Poderíamos conjecturar, pois, que o subalterno tornou-se, nos últimos anos na produção das telenovelas brasileiras, uma moda cultural rentável, o que se reflete também nos seriados e nos programas de auditórios.

17.5 Teorias das mídias de comunicação

A identificação das teorias das mídias de comunicação varia de autor para autor. Em continuação apresenta-se a categorização de Anthony Giddens (2008).

17.5.1 Harold Innis e Marshall McLuhan

Dois dos primeiros e influentes teóricos da comunicação social foram os autores canadenses Harold Innis e Marshall McLuhan. Innis (1950;51) sustentava que diferentes meios de comunicação social influenciam, fortemente, formas contrastantes de organização da sociedade. O autor indica como exemplo as pedras com hieróglifos – escrita gravada – que foram encontradas em algumas civilizações antigas. De fato, as inscrições feitas na pedra permanecem por muito tempo, mas não são fáceis de transportar. São, por isso, um meio muito pobre para estabelecer o contato com lugares distantes. Assim, as sociedades que dependem dessa forma de comunicação não podem se desenvolver muito.

McLuhan (1996) desenvolveu algumas das ideias de Innis e aplicou-as, em especial, aos meios de comunicação social das sociedades industrializadas modernas.

Segundo McLuhan, "o meio é a mensagem". Isto é, a natureza dos meios de comunicação social, que se podem encontrar numa determinada sociedade, influencia muito mais a estrutura dessa sociedade do que o conteúdo ou a mensagem em si, veiculados pela mídia. Por exemplo, a televisão **é um meio de comunicação muito diferente de um livro**

292 Capítulo 17

impresso. É eletrônico, visual e composto por imagens sucessivas. Uma sociedade em que a televisão tem um papel preponderante vive um dia a dia diferente de uma sociedade que apenas dispõe do impresso. Assim, os noticiários televisivos transmitem uma informação global, de uma forma instantânea, a milhões de pessoas. Os meios de comunicação social eletrônicos, pensava McLuhan, estão criando uma **aldeia global** – as pessoas, por todo o mundo, assistem à divulgação das principais notícias e assim participam, simultaneamente, dos mesmos acontecimentos. Por exemplo, milhões de pessoas, em países diferentes, seguiram o desenrolar da intriga sobre o presidente americano Bill Clinton e a antiga estagiária da Casa Branca Monica Lewinsky. Após um ano cheio de revelações, acusações e de impiedosa cobertura da mídia, o escândalo finalmente acalmou devido ao fracasso do pedido de impugnação do mandato de Clinton. Por todo o mundo, os telespectadores tinham participado do mais dramático e poderoso episódio político e midiático da modernidade tardia.

17.5.2 Jürgen Habermas: a esfera pública

O filósofo e sociólogo alemão Jürgen Habermas está ligado à Escola de Frankfurt de pensamento social. A Escola de Frankfurt era constituída por um grupo de autores que se inspiravam em Marx, mas que, no entanto, acreditavam que os pontos de vista de Marx precisavam ser radicalmente revistos para serem aplicados na atualidade. Entre outras coisas, acreditavam que Marx não tinha dado atenção suficiente à influência da cultura na sociedade capitalista moderna.

A Escola de Frankfurt fez um estudo importante do que designavam "indústria da cultura", que para eles abrangia as indústrias de entretenimento dos filmes, a televisão, a música popular, a rádio, os jornais e as revistas. Sustentavam que a proliferação da indústria da cultura, com os seus produtos estandardizados e pouco exigentes, minava a capacidade dos indivíduos no que diz respeito ao pensamento independente e crítico. A arte desaparece, dominada pela comercialização – por exemplo, o CD Os Maiores Sucessos de Mozart.

Habermas analisou alguns desses temas, mas os desenvolveu de um modo diferente. Ele analisa o desenvolvimento dos meios de comunicação social desde o princípio do século XVIII até ao presente, traçando o percurso que denomina como esfera pública desde o seu aparecimento até o seu declínio subsequente (HABERMAS, 2014). A esfera pública é um espaço de debate público onde se podem discutir questões de interesse geral e uma área na qual se podem formar opiniões.

A esfera pública, segundo Habermas, desenvolveu-se, primeiro, nos salões e cafés de Londres, Paris e outras cidades europeias. As pessoas costumavam encontrar-se nesses salões para discutir questões do momento, usando, como meio para esse debate, folhas de notícias e os jornais que estavam começando a surgir. O debate político tornou-se um assunto de grande importância. Embora, apenas, uma pequena parte da população estivesse envolvida. Habermas afirma que os salões foram vitais para o início do desenvolvimento da democracia. Foram eles que introduziram a ideia de ser possível a resolução de problemas políticos por meio da discussão pública. A esfera pública – pelo menos em princípio – envolve indivíduos que se encontram de igual para igual num fórum de debate público.

Contudo, Habermas conclui que o que se esperava desse desenvolvimento inicial da esfera pública não se realizou totalmente. O debate democrático é abafado, nas sociedades

Meios contemporâneos de comunicação de massas   293

modernas, pelo desenvolvimento da indústria da cultura. O desenvolvimento dos meios de comunicação social de massas e o entretenimento de massas transforma a esfera pública, em grande parte, um logro. A política é encenada no parlamento e nos meios de comunicação social, ao mesmo tempo que os interesses comerciais triunfam sobre os interesses do público. A opinião pública não se forma por meio de uma discussão aberta e racional, mas sim pela manipulação e pelo controle – como acontece na publicidade.

17.5.3 Baudrillard: o mundo da hiper-realidade

O autor francês pós-modernista Jean Baudrillard, cujo trabalho foi fortemente influenciado pelas ideias de Innis e McLuhan, é um dos mais influentes teóricos atuais dos meios de comunicação social. Baudrillard considera que o impacto dos modernos meios de comunicação de massa é muito diferente e, muito mais profundo, do que o de qualquer outra tecnologia. O advento da mídia de massa, em particular dos meios eletrônicos como a televisão, transformou a própria natureza das nossas vidas. A televisão não "representa" só o mundo, mas, de uma forma gradual, define o que é, realmente, o mundo em que vivemos.

Baudrillard (2005) propõe como exemplo, o julgamento de O. J. Simpson, um caso judicial muito comentado, que se desenrolou entre 1994-95, em Los Angeles. Simpson era um consagrado jogador de futebol americano, mas, mais tarde, tornou-se conhecido mundialmente por ter aparecido em vários filmes populares, incluindo a trilogia *Naked Gun* (Corra que a polícia vem aí). Foi acusado de ter assassinado a mulher, Nicole, e, depois de um julgamento muito prolongado, foi liberado. O julgamento foi transmitido pela televisão para o mundo inteiro.

O julgamento não decorreu, apenas, na própria sala do tribunal. Tratou-se de um acontecimento que uniu milhões de telespectadores e comentaristas dos meios de comunicação social. Esse julgamento é ilustrativo daquilo a que Baudrillard chama hiper-realidade. Já não existe uma "realidade" (os acontecimentos dentro da sala do tribunal) que a televisão nos permite ver. A "realidade" é, de fato, uma profusão de imagens nas telas de televisão do mundo inteiro, que definiu o julgamento como um acontecimento global.

Mesmo à beira do início das hostilidades no Golfo em 1991, Baudrillard escreveu um artigo de jornal intitulado *A Guerra do Golfo não pode acontecer*. Quando a guerra foi declarada e se travou o sangrento conflito, parecia que, obviamente, Baudrillard se tinha enganado. Nada disso. No fim da guerra, Baudrillard escreveu um segundo artigo: *A Guerra do Golfo não aconteceu*. O que ele queria dizer com isso? Ele pretendia demostrar que essa guerra não era como as outras guerras que aconteceram na história. Que se tratava de uma guerra da era da informação, um espetáculo televisivo, que permitia a George Bush e Saddam Hussein, exatamente como a quaisquer outros espectadores por todo o mundo, assistirem à cobertura da CNN para saber o que, realmente, estava acontecendo.

Baudrillard sustenta que, numa era em que os meios de comunicação social estão por todo lado, criou-se, na verdade, uma nova realidade – a hiper-realidade – composta pela mistura do comportamento das pessoas com as imagens da *mídia*. O mundo da hiper-realidade é construído por simuladores de imagens que só ganham o seu significado a partir de outras imagens e que, assim, não se fundamentam, de forma alguma, numa realidade externa. Nenhum líder político da atualidade poderá ganhar uma eleição se não aparecer

294   Capítulo 17

constantemente na televisão: a imagem televisiva do líder é a pessoa que a maioria dos espectadores conhecem.

17.5.4 John Thompson: as mídias e a sociedade moderna

Inspirando-se em parte nos escritos de Habermas, John Thompson analisou a relação entre os meios de comunicação social e o desenvolvimento das sociedades industriais (THOMPSON, 1990). Desde os primeiros tempos da impressão até a comunicação eletrônica, afirma Thompson, os meios de comunicação social desempenharam um papel central no desenvolvimento das instituições modernas. Na opinião de Thompson, os mais importantes fundadores da sociologia, incluindo Marx, Weber e Durkheim, prestaram pouca atenção ao papel dos meios de comunicação social como agentes capazes de moldar inclusive o início do desenvolvimento da sociedade moderna. A teoria de Thompson sobre os meios de comunicação depende da distinção entre três tipos de interação. A **interação face a face**, semelhante com a situação de pessoas conversando em uma festa, é rica em pistas de que os indivíduos se servem para dar sentido ao que os outros dizem. A **interação mediada** envolve a utilização de um meio de comunicação social tecnológico – papel, conexões elétricas, impulsos eletrônicos. Uma característica da interação mediada reside no fato de se estender tanto no tempo como no espaço – ultrapassa, em larga medida, os contextos da interação face a face comum. A interação mediada se processa, de uma forma direta, entre os indivíduos – por exemplo, duas pessoas falando ao telefone, mas não existe a mesma variedade de pistas como quando as pessoas estão frente a frente.

Um terceiro tipo de interação é a **quase interação mediada**. Ela refere-se ao tipo de relações sociais criadas pelos meios de comunicação social de massas. Uma interação que se estende pelo tempo e espaço, mas não une os indivíduos de uma forma direta: daí o termo "quase interação". Os dois primeiros tipos são "dialógicos": os indivíduos se comunicam de forma direta. A quase interação mediada é "monológica": um programa de televisão, por exemplo, é uma forma de comunicação num sentido só. As pessoas que assistem ao programa podem discuti-lo e talvez até façam comentários, dirigindo-se ao aparelho de televisão – mas, claro, este não lhes responde.

17.6 As novas tecnologias da comunicação

Um dos aspectos fundamentais das *mídias* diz respeito à própria infraestrutura pela qual a informação é comunicada e transmitida. Alguns avanços tecnológicos importantes durante a segunda metade do século XX têm transformado completamente a face das telecomunicações – a comunicação da informação, sons ou imagens à distância através de um meio tecnológico.

As novas tecnologias da comunicação, por exemplo, estão por trás de alterações profundas ao nível dos sistemas monetários do mundo e dos mercados de ações. O dinheiro já não é ouro ou notas no bolso. Cada vez mais, o dinheiro tem se tornado eletrônico, guardado nos computadores dos bancos do mundo. O valor do dinheiro que se possa ter no bolso é determinado pelas atividades dos que negociam nos mercados monetários eletronicamente

Meios contemporâneos de comunicação de massas 295

associados. Esses mercados só foram criados nos últimos dez ou quinze anos: são um produto da união entre os computadores e a tecnologia das comunicações por satélite. "A tecnologia, conforme já foi dito, está, de maneira rápida, transformando a bolsa num mercado global único, aberto 24 horas por dia" (GIBBONS, 1990, p. 111 apud GIDDENS, 2008, p. 470).

Quatro tendências tecnológicas têm contribuído para esses desenvolvimentos:

- o aperfeiçoamento constante das capacidades dos computadores, juntamente com a diminuição dos preços;
- a digitalização da informação, que torna possível a integração das tecnologias dos computadores e das telecomunicações;
- o desenvolvimento das comunicações por satélite;
- as fibras ópticas que permitem que mensagens muito diferentes sejam enviadas por um único e pequeno cabo.

A sensacional explosão das comunicações nos últimos anos não dá sinais de abrandamento.

No seu livro *Ser Digital* (1995), o fundador do laboratório das *mídias* no Instituto de Tecnologia de Massachusetts (MIT), Nicholas Negroponte, analisa a importância profunda da informação digital nas tecnologias das comunicações mais utilizadas. Qualquer tipo de informação, incluindo imagens, imagens em movimento e sons, pode ser traduzida em "bits". Um bit ou é um 1 ou um 0. Por exemplo, a representação digital de 1,2,3,4,5, é 1,10,11,100,101 etc. A digitalização e a velocidade estão na origem do desenvolvimento das multimídias: o que costumavam ser diferentes *mídias* utilizando tecnologias diferentes (como as que implicam imagens e sons) podem agora ser *combinadas* num único meio (CD--ROM, computador etc.). A velocidade dos computadores duplica a cada ano e meio e a tecnologia atingiu, atualmente, uma fase em que um videocassete pode ser traduzido numa imagem na tela de um computador pessoal, e vice-versa. A digitalização também possibilita o desenvolvimento dos meios de comunicação interativos, permitindo aos indivíduos participar ativamente, ou estruturar o que veem ou ouvem.

Um resultado desses avanços tecnológicos, e uma manifestação primária de globalização, é o crescimento exponencial do número de chamadas telefônicas internacionais. Enquanto em 1982, o número de minutos por chamada elevava-se a mais de 12 bilhões, em 1996 esse número tinha aumentado para mais de 67 bilhões de minutos por chamada. Desse incrível volume de chamadas internacionais, 50% tinham origem em apenas cinco países: Estados Unidos, Alemanha, França, Reino Unido e Suíça! O tráfego telefônico internacional está desigualmente distribuído: enquanto o uso médio *per capita* mundial de chamadas internacionais é de 7,8 minutos, entre os países desenvolvidos (membros da Organização para a Cooperação e Desenvolvimento Econômico – OCDE) a média é de 36,6 minutos. Na África Subsaariana, a média é de 1 minuto por pessoa (HELD et al. 1999).

A estratificação do uso telefônico internacional reflete uma maior discrepância entre a introdução de novas tecnologias em sociedades mais e menos desenvolvidas (ver Quadro 15.1). Em 1995, existiam, em média, nos países desenvolvidos 546 linhas telefônicas por 1000 pessoas, enquanto em economias de baixo rendimento a média mal excedia 25 linhas telefônicas por 1000 pessoas. Porém, existem também indicadores de que tais discrepâncias

Capítulo 17

poderão ser atenuadas algum dia, por meio das capacidades das novas tecnologias. Tal como mostra a Figura 15.2, algumas nações menos desenvolvidas têm investido fortemente em infraestruturas de telecomunicações de ponta, antecipando-se aos países desenvolvidos na concepção de redes telefônicas totalmente digitais. Os avanços tecnológicos podem acentuar a estratificação e a desigualdade, mas também constituem a promessa de reduzir tais desigualdades, possibilitando a comunicação em zonas pobres e isoladas.

Assim, como veremos, é provável que o uso da internet contribua para a maior parte do crescimento no tráfego telefônico internacional no futuro. O acesso à internet e o número crescente de internautas em todo o mundo incitou, na última década, a que os avanços tecnológicos tornassem a atividade *on-line* mais acessível e disponível.

Segundo Giddens (2008), no início dos anos 1990, muitos peritos da indústria computacional concebiam o fim do reinado do computador pessoal. Tornava-se cada vez mais evidente para eles que o futuro não estava no computador individual, mas em um sistema global de computadores interligados – a internet. Apesar de muitos usuários de PCs **não terem percebido** naquela altura, que o PC estava prestes a se tornar um terminal de acesso a fatos que ocorrem em outro lugar, os acontecimentos se dão numa rede que se estende por todo o planeta. Uma rede que não pertence a um indivíduo ou a uma companhia.

18
A sociedade da informação e as TICs

18.1 Origens

A ampla disponibilização e utilização de computadores, internet, celulares, câmeras digitais, e-mails, mensagens instantâneas, banda larga, redes sociais digitais e uma infinidade de novidades (dispositivos, aplicativos etc.) provocam a necessidade de uma reflexão intensa sobre que atitudes são pertinentes e viáveis para um melhor aproveitamento de tantos expedien-

Capítulo 18

tes (LIMA, 2011). Analisando essa nova configuração sociocultural, podemos questionar sobre as relações diretas e indiretas estabelecidas entre esses novos recursos e a sociedade, em especial numa perspectiva da "Cibercultura", compreendida como uma organização ou reconfiguração do espaço e/ou da sociedade permeada pelos aparatos tecnológicos. De acordo com Lemos e Cunha (2003, p. 23) citados por Lima e Vasconcelos (2013): o termo está recheado de sentidos, mas podemos compreender a cibercultura como a forma sociocultural que emerge da relação simbiótica entre a sociedade, a cultura e as novas tecnologias de base microeletrônica, que surgiram com a convergência das telecomunicações como a informática na década de 1970. Foi esse novo espaço de comunicação que abriu a oportunidade para o amplo desenvolvimento das TICs, como um conjunto de tecnologias e instrumentos usados para compartilhar, distribuir e reunir informação, bem como para a comunicação individual e/ou em grupo, especialmente com o uso de computadores. Entendendo essa relação, observamos uma rápida distribuição de informações devido a ampla rede de computadores interconectados.

À medida que a informática se expande também se observa o crescimento da preferência das pessoas de se qualificarem nas novas tecnologias para atingir seus objetivos e, isso tem gerado uma grande competitividade principalmente no mercado de trabalho.

De acordo com Moran, (1997), a distância que existe na atualidade, não é principalmente a geográfica, mas econômica (ricos e pobres), cultural (acesso efetivo pela educação continuada), ideológica (diferentes formas de pensar e sentir) e tecnológica (acesso e domínio ou não das tecnologias de comunicação), sendo uma das expressões claras de democratização digital, que se manifesta na possibilidade de acesso à internet e em dominar o instrumental teórico para explorar todas as suas potencialidades.

Para Hargreaves (1998, p. 71), em um mundo pós-industrial e pós-moderno as organizações que triunfarão serão aquelas que tiverem valores como *"flexibilidade, adaptabilidade, criatividade, sentido de oportunidade, colaboração, aperfeiçoamento contínuo, orientação positiva para a resolução de problemas e empenho na maximização da sua capacidade de aprender sobre os seus ambientes, bem como de si próprias"* e após uma reflexão global podemos afirmar que as TICs possuem um enorme potencial na preparação dos seus usuários para atingir esses objetivos, quer para a sua vida profissional ou pessoal, partilhando da ideia de Patrocínio (2008) que afirma:

> [...] o cidadão da sociedade atual é um cidadão que, ao lidar com a contemporaneidade, tem que estar um pouco além de si próprio e do seu espaço nacional. Ser cidadão apenas porque se é português, francês, russo, americano, indiano, chinês, etíope ou de qualquer outra nacionalidade não tem/não pode ter mais o significado do meramente territorializado (PATROCÍNIO, 2008, p. 6).

Um dos pioneiros no conceito de sociedade da informação foi Fritz Machlup que, em 1933, começou a estudar o fenômeno das patentes nas pesquisas. O desenvolvimento do seu trabalho culminou no importante estudo "The production and distribution of knowledge in the United States", em 1962.

O problema da tecnologia e seu papel na sociedade contemporânea tem sido discutido na literatura científica usando uma série de rótulos e conceitos. As ideias de um conhecimento

A sociedade da informação e as TICs   299

ou informação econômica de uma sociedade pós-industrial e uma sociedade pós-moderna contribuíram para uma revolução da informação, a expansão do capitalismo na informação.

Após a década de 1960, durante a revolução tecnológica que se inicia no fim da Segunda Guerra Mundial, configura-se a Sociedade da Informação, que modifica, em um curto período, diversos aspectos da vida cotidiana. Werthein (2000, p. 71) salienta que "a expressão 'sociedade da informação' passou a ser utilizada, nos últimos anos desse século, como substituta para o conceito complexo de 'sociedade pós-industrial' e como forma de transmitir o conteúdo específico do 'novo paradigma técnico-econômico". O conceito visa expressar as transformações técnicas, organizacionais e administrativas, cujo ponto principal não são mais os insumos baratos de energia, como na sociedade industrial, mas sim a informação – em consequência dos avanços tecnológicos na microeletrônica e telecomunicações. Essas tecnologias mudaram a quantidade, a qualidade e a velocidade das informações nos dias atuais (PEREIRA & SILVA, 2010).

Esse novo modelo de organização das sociedades representa também um desenvolvimento social e econômico onde a informação, tem desempenhado um papel fundamental na produção de riqueza e na contribuição para o bem-estar e qualidade de vida dos cidadãos inclusive nos entretenimentos.

A adaptação do homem a um novo paradigma de sociedade tem provocado grandes mudanças sociais, visto que é uma sociedade que vive da informação, e tem como base as novas tecnologias que poderão ser muito discriminatórias, entre países ou internamente, entre empresas e pessoas. Há algum tempo, o saber ler e interpretar textos, bem como efetuar cálculos matemáticos era obrigatório para se viver em harmonia e bem-estar na sociedade, esse novo cenário mudou com o advento da tecnologia, as necessidades de qualificações profissionais e acadêmicas se tornaram mais exigentes (MORAIS DE SOUZA, 2015).

O mundo vive o digital onde qualquer informação pode ser gerada, armazenada, recuperada, processada e transmitida, onde toda essa tecnologia, Facebook, Twitter, sites de lazer e entretenimento (saúde, beleza, culinária, moda, decoração, artesanato, YouTube etc.), impacta e penetra nas atividades humanas.

18.2 Conceito

Existem múltiplas definições de TICs. Em termos gerais, podemos dizer que as novas tecnologias de informação e comunicação são aquelas que giram em torno de três meios básicos: informática, microeletrônica e telecomunicações; giram não só isoladamente, mas o que é mais importante, o fazem interativamente e interligados, o que permite alcançar novas realidades comunicativas (ALMENARA, 1998).

Segundo Pierre Levy (2010) renomado filósofo francês, TIC significa Tecnologia da Informação e Comunicação, que utiliza as telecomunicações, aborda a inclusão digital visando à troca de informações e conhecimento entre várias pessoas.

Uma definição mais específica é a do Programa das Nações Unidas para o Desenvolvimento (PNUD, 2002), no relatório "Sobre o Desenvolvimento Humano na Venezuela", Duarte (2008, p. 156). As TICs são concebidas como o universo dos conjuntos, representados pelas tecnologias tradicionais de comunicação (TC) – o rádio, televisão e telefonia convencional

300 Capítulo 18

– e pelas tecnologias da informação (TI) caracterizadas pela digitalização das tecnologias de registros de conteúdo (informática, comunicação, telemática e interfaces).

Tal definição é muito significativa, porque não só inclui tecnologias modernas, mas também meios de comunicação social convencionais: o rádio, a televisão e o sistema telefônico. Dessa perspectiva, mais ampla e inclusiva, é mais viável considerar contextos rurais, uma vez que em muitos deles ainda prevalecem os meios tradicionais de comunicação, e lentamente estão incorporando as TICs mais recentes, especialmente a internet (DUARTE, 2008).

18.3 Fatores que influenciam nas TICs

Castells (2000) apud Pereira e Silva (2010), na obra *Sociedade em rede*, apresenta a revolução da Tecnologia da Informação, bem como a sequência desse processo, elucidando a força econômica e social da nova era da informação. A atual revolução tecnológica não é caracterizada pela centralidade de conhecimentos e informação, mas, sobretudo pela aplicação desses conhecimentos em uma dinâmica constante entre a inovação e seu uso. O autor destaca os principais fatores de transformação tecnológica no que se refere à geração, processamento e transmissão da informação, culminando na formação de um novo paradigma sociotécnico. São eles:

a. Macromudanças da microengenharia: eletrônica e informação

Creditam-se ao período da Segunda Guerra Mundial e ao período seguinte as principais descobertas tecnológicas no campo da eletrônica, como o primeiro computador programável e o transistor, fonte da microeletrônica, o verdadeiro cerne da revolução da tecnologia da informação no século XX.

b. Criação da internet

A junção de estratégia militar, cooperação científica, inovação tecnológica e contracultura nas três últimas décadas do século XX, desencadeou a criação e o desenvolvimento da internet. Na década de 1980, a Arpanet encerra suas atividades e cede lugar à Internet. A partir daí a internet parte para sua difusão internacional, sem fronteiras nem rumos. Assim, conforme a rede se expandia e ganhava mais adeptos, outras tecnologias relacionadas com a internet foram criadas. Por volta de 1990, os "não iniciados" ainda tinham dificuldade para usar a internet e a capacidade de transmissão ainda era muito limitada. Nessa época, foi criado um novo aplicativo, a teia mundial (World Wide Web – WWW3), a ideia do hipertexto (Hypertext Markup Language – HTML) e a divisão de locais em sites.

c. Tecnologias de rede e difusão da computação

No fim da década de 1990, o poder de comunicação da internet, aliado ao progresso em telecomunicações e computação, desencadeou uma grande mudança tecnológica. Nesse novo sistema, a força da computação é distribuída numa rede montada ao redor de servidores da web que usam os mesmos protocolos da internet. O aumento da capacidade de transmissão com a tecnologia de comunicação em banda larga alavancou a possibilidade de uso da internet e das tecnologias de comunicação semelhantes a ela, já que se tornou possível transmitir, além de dados, voz, e isso revolucionou as telecomunicações e sua respectiva indústria.

d. O divisor tecnológico dos anos 1970

O sistema tecnológico disponível atualmente teve suas origens na década de 1970, período em que surgiu uma série de inventos e descobertas. O microprocessador, por exemplo, principal dispositivo de difusão da microeletrônica, foi inventado em 1971 e difundido em meados dessa década. O microcomputador, por sua vez, apareceu em 1975 e em 1977 foi introduzido o primeiro produto comercial da Apple, o Apple II. Dessa forma, é possível concluir que a revolução da Tecnologia da Informação nasceu na década de 1970, sobretudo se incluirmos nesse mesmo período o surgimento e a difusão paralela da engenharia genética.

e. Tecnologias da vida

Apesar das grandes descobertas anteriores, foi na década de 1970 que invenções como a combinação genética e a recombinação do DNA – base tecnológica da engenharia genética – permitiram a aplicação de conhecimentos cumulativos. Houve, portanto, uma corrida para a abertura de empresas comerciais com a finalidade de explorar esse segmento mediante a instalação de laboratórios de pesquisa e pesados investimentos em pesquisa e desenvolvimento (P&D). No entanto, as pesquisas enfrentaram uma série de dificuldades como problemas técnicos e obstáculos legais, em decorrência das questões éticas e de segurança, retardando, dessa forma, a revolução biotecnológica na década de 1980. Mais adiante, no fim da década de 1980 e nos anos 1990, a biotecnologia foi revitalizada, a partir de uma nova geração de cientistas ousados e empreendedores que, com um enfoque decisivo em engenharia genética, revolucionaram a tecnologia da vida.

f. O contexto social e a dinâmica da transformação tecnológica

A ascensão de um novo paradigma tecnológico na década de 1970 pode ser conferida à dinâmica autônoma da descoberta e difusão tecnológica, inclusive aos efeitos sinérgicos entre as principais tecnologias gestadas nesse período. Desde os impulsos tecnológicos dos anos 1960, promovidos pelo setor militar, a tecnologia de origem norte-americana foi preparada para o grande avanço que viria posteriormente. A primeira revolução em Tecnologia da Informação iniciou-se nos Estados Unidos durante os anos 1970, no chamado Vale do Silício (polo tecnológico localizado no estado da Califórnia), com base no progresso alcançado nas duas décadas anteriores e sob a influência de vários fatores institucionais, econômicos e culturais (PEREIRA & SILVA, 2010).

A disponibilidade de novas tecnologias foi imprescindível para o processo de reestruturação socioeconômica dos anos 1980 e, posteriormente, a utilização dessas tecnologias condicionou, em grande parte, seus usos e trajetórias na década seguinte. Toda essa trajetória culminou no surgimento da sociedade em rede, que só pode ser compreendida a partir da interação entre duas tendências relativamente autônomas: o desenvolvimento de novas Tecnologias de Informação e a tentativa da antiga sociedade de reaparelhar-se com o uso do poder da tecnologia para servir à tecnologia do poder.

302   Capítulo 18

18.4 Características das TICs

Almenara (1998) apud Ortí faz um levantamento das características mais representativas das TICs apontadas por diversos autores:

1. **Interconexão:** refere-se à criação de novas possibilidades tecnológicas a partir da conexão entre duas tecnologias. Por exemplo, a telemática é a interconexão entre informática e tecnologias de comunicação, incentivando assim novos recursos, como e-mail, IRC etc.

2. **Instantaneidade:** pode ser entendida como a sua divulgação e a sua imediata possibilidade de acesso tão logo a ocorrência de um fato torna-se disseminado pela rede. Um exemplo desse fenômeno é o aplicativo WhatsApp Messenger, que permite a troca instantânea de mensagens por intermédio de celulares.

3. **Digitalização:** faz referência à transformação da informação analógica em códigos numéricos, que favorece a transmissão de vários tipos de informação pelo mesmo canal, tais como redes digitais de serviços integrados. Essas redes permitem a transmissão de videoconferências ou programas rádio e televisão na mesma rede.

4. **Diversidade:** outra característica é a diversidade dessas tecnologias que permitem executar várias funções. Um disco óptico transmite informações por meio de imagens e textos e a videoconferência pode dar espaço para a interação entre os usuários.

5. **União de cultura, ciência e tecnologia:** as TICs são a união das crenças, costumes e todos os hábitos que a sociedade adotou como rotineiros. Por um lado, falar de cultura é fazê-lo a partir da rotina diária da sociedade, dos benefícios que a tecnologia traz para toda a comunidade. Por outro lado, incorpora a ciência, pois também deve dar respostas ao ser humano do que está acontecendo no mundo. É a curiosidade de aprender que leva o homem a conduzir investigações científicas para responder às suas inquietações, produzindo o conhecimento científico. É por isso que é uma **atividade criativa** que requer elementos que não existiam em outros momentos de uma sociedade.

6. **Uma tecnologia mobilizadora:** as TICs proporcionam a possibilidade de o usuário movimentar-se em diferentes contextos e realidades, interagindo com o mundo e lidando com situações diversas. Por exemplo, graças à videoaula ou videoconferência um aluno de medicina ou um médico pode participar de uma operação que está sendo realizada em outro país.

7. **Interdisciplinaridade:** as TICs são enriquecidas pela colaboração das diversas ciências: exatas, sociais, biológicas etc. Por meio do uso de suas teorias, métodos e técnicas. Por exemplo, no caso da pedagogia: a psicologia da aprendizagem, mostrando especial atenção ao estímulo-resposta; a antropologia social e cultural; a filosofia etc.

8. **Imaterialidade:** a digitalização nos permite ter informações intangíveis, para armazenar grandes quantidades em pequenas mídias ou informações de acesso localizados em dispositivos distantes. O espaço ocupado é imaterial. Consequentemente, é

A sociedade da informação e as TICs 303

mais fácil ser movido de um lugar a outro, porque não é necessário movê-lo fisicamente para todo lugar. Por exemplo: Os serviços de armazenamento na "nuvem".

9. **Impacto multissetorial:** nos setores culturais, econômicos, educacionais, industriais etc. o impacto não é apenas refletido em um indivíduo, grupo, setor ou país, mas se estende a todas as sociedades do planeta. Os próprios conceitos de "a sociedade da informação" e a "globalização" tentam fazer referência a esse processo. Assim, os efeitos serão estendidos a todos os habitantes, grupos e instituições, produzindo mudanças importantes, cuja complexidade está presente no debate social de hoje (BECK, 1998 apud ORTÍ).

18.5 Funções educativas das TICs

Pela importância dessas funções apresenta-se uma excelente síntese, das TICs a serem aplicadas na educação, indicando funções e instrumentos, preparada pelo professor Pere Marquès Graells, da Universidade Autónoma de Barcelona (UAB, 2000).

Quadro 18.1 Funções educativas das novas tecnologias

FUNÇÕES	INSTRUMENTOS
– **Meios de expressão e criação multimídia:** para escrever, desenhar, apresentações multimídia, desenvolvimento de *e-books* e páginas da web etc.	– Processadores de textos, editores de imagem e vídeo, editores de som, programas de apresentações, editores de páginas *web*. – Linguagens de produção para criar materiais didáticos interativos. – Câmera, vídeo (*scanner* ou *webcam*).
– **Canal de comunicação**, que facilita a comunicação interpessoal, o intercâmbio de ideias e materiais e o trabalho colaborativo.	– Correio eletrônico, chat, videoconferências, listas de discussão, foros etc.
– **Instrumento para processamento da informação**: criar bases de dados, preparar informes, realizar cálculos etc.	– Folhas de cálculo, gestores de bases de dados etc. – Linguagens de programação. – Programas para o tratamento digital da imagem e som.
– **Fonte aberta de informação e recursos**: lúdicos, formativos, profissionais. No caso da internet existem "buscadores" especializados para nos ajudar a localizar a informação que procuramos.	– CD-ROM, DVD, páginas *web* de interesse educativo na internet etc. – Imprensa, rádio, televisão.

▶

FUNÇÕES	INSTRUMENTOS
– Instrumento para a gestão administrativa e tutorial.	– Programas específicos para a gestão de centros e seguimento de tutoriais. – *Site* do centro educativo com formulários para facilitar a realização de trâmites *on-line*.
– Ferramenta para orientação, diagnóstico e reabilitação de alunos.	– Programas específicos de orientação, diagnóstico e reabilitação. – *Webs* específicas de informação para orientação escolar e profissional.
– Meio didático e avaliação: informa, exercita habilidades, faz perguntas, guia a aprendizagem, motiva, avalia etc.	– Materiais didáticos multimídia (suporte disco na internet). – Simulações. – Programas educativos de rádio, vídeo e televisão. Materiais didáticos na imprensa.
– Instrumento para avaliação que proporciona: correção rápida e imediata, redução de tempos e custos, possibilidade de seguir o "rasto" do aluno, uso em qualquer computador (caso esteja *on-line*).	– Programas e páginas *web* interativas para avaliar conhecimentos e habilidades (intranet).
– Suporte de novos cenários.	– Entornos virtuais de ensino.
– Meio lúdico e para o desenvolvimento cognitivo.	– Videojogos – imprensa, rádio, televisão.

Fonte: Graells (2012).

18.6 Classificação e tipos de TICs

De acordo com Graells (2015) o conceito de TIC inclui todo tipo de meios de comunicação: os meios de comunicação de massas (*mass media*) e os meios de comunicação interpessoais tradicionais com suporte tecnológico, tais como o telefone, fax etc.

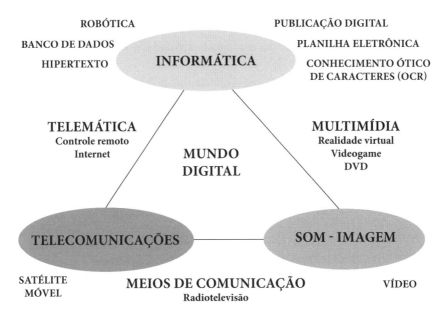

Fonte: Graells, 2015.

Figura 18.1 Exemplos de TICs.

Alguns exemplos de TICs:

- Computadores pessoais (PCs).
- Câmeras de vídeo e foto para computador ou *webcams*.
- Gravação doméstica de CDs e DVDs.
- Suportes para guardar e portar dados como discos rígidos, cartões de memória, *pendrives*, entre outros.
- Celulares.
- TV por assinatura, a cabo, por antena parabólica, TV digital.
- Correio eletrônico (e-mail) e as listas de discussão (*mailing lists*).
- Internet, sítios *web*.
- *Streaming* (fluxo de mídia), *podcasting*, Wikipédia, entre outros.
- Tecnologias digitais de captação e tratamento de imagens e sons (Vimeo, YouTube etc.).
- Captura eletrônica ou digitalização de imagens por meio de *scanners*.
- Fotografia, cinema, vídeo e som digital (TV e rádio digital).
- Tecnologias de acesso remoto: Wi-Fi, Bluetooth, RFID.

18.7 Impacto das TIC nas relações sociais

Negroponte (1995) já previa as grandes mudanças na sociedade com a CMC (Comunicação Mediada por Computador) "a era da pós-informação vai remover as barreiras da geografia. A vida digital exigirá cada vez menos que você esteja num determinado lugar em determinada hora".

Segundo Primo (1997), com a internet as pessoas se relacionam com certa intimidade. Então, "as comunidades virtuais seriam baseadas em proximidade intelectual e emocional em vez de mera proximidade física". Os participantes de chats se reconhecem como parte de um grupo e são responsáveis pela manutenção de suas relações. Dessa forma, pode-se inferir que essa percepção é, muitas vezes, maior nesses grupos do que em situações de comunidades baseadas geograficamente, como um bairro ou condomínio. Baseadas na proximidade física, muitas dessas comunidades frequentemente carecem de qualquer aproximação emocional (PRIMO, 1997 apud PORTELA, 2011). Surge um problema com a autenticidade das relações. Isto é, como um laço social pode surgir num meio impessoal como a internet? Essa discussão foi aberta pela revista *Wired*. Para alguns, a relação existe e pode ser forte como na vida real. Outros se preocupam com a sua autenticidade.

Para Álvaro Vasquez, espanhol, especialista em redes sociais (PORTAL DA EDUCAÇÃO), "a tecnologia veio como uma autopista para as relações sociais. A facilidade de encontrar velhos e novos amigos e pessoas com interesses parecidos por meio de uma poderosa inteligência de relacionamento de perfis, é a chave do grande *boom* no relacionamento social *on-line* e até mesmo *off-line*".

Castells (2000 p. 17), afirma que, "a revolução da tecnologia da informação e a reestruturação do capitalismo introduziram uma nova forma de sociedade, a sociedade em rede. Essa sociedade é caracterizada pela globalização das atividades econômicas decisivas do ponto de vista estratégico, por sua forma de organização em redes; pela flexibilidade e instabilidade do emprego e pela individualização da mão de obra. Por uma cultura de virtualidade real construída a partir de um sistema de mídia onipresente, interligado e altamente diversificado".

Essas tecnologias moldam a sociedade e exercem influências profundas na vida cotidiana das pessoas "a velocidade em que nós atualizamos, como somos bombardeados de informação e com a velocidade de propagação de assuntos que antes eram quase irrelevantes" (VASQUES, s.d.).

18.8 Limites associados às TICs na sociedade da informação

De acordo com Graells (2000) as TIC não significam necessariamente o progresso; oferece oportunidades, mas também implicam novos problemas:

- Grandes desigualdades: muitos não têm acesso às TIC (50% da população mundial nunca usou o telefone). Existe uma nova lacuna tecnológica que gera a exclusão social.

A sociedade da informação e as TICs   307

- Dependência tecnológica: crença de que as tecnologias resolvem todos os nossos problemas.
- O sentimento de que a tecnologia controla a nossa vida é uma fonte de frustração (quando não funciona corretamente).
- Necessidade de alfabetização digital para se integrar na nova sociedade.
- Problemas decorrentes do livre acesso à informação no ciberespaço (informações inadequadas para crianças).
- O problema do excesso de informação na rede, que muitas vezes é simplesmente "lixo" que polui o ambiente dificultando a utilização.
- Problemas de acesso à privacidade: acessos não autorizados à informação.
- Facilita o monopólio de grandes empresas que operam globalmente. Algumas, maiores que alguns países.
- Problemas éticos relacionados com a informação que é divulgada (internet, *mass media...*) que requerem uma ética global.
- A possibilidade de anonimato quando atuando no ciberespaço, que permite a impunidade do transgressor das normas.
- A vulnerabilidade dos sistemas informáticos, problemas de segurança: transações econômicas.

Em geral, existe um "abismo digital" crescente que separa países e pessoas "ricas" e "pobres", aqueles que têm um bom acesso às TIC e aqueles que não têm acesso. Tal fato ocorre no interior dos países entre núcleos urbanos e rurais, classes sociais mais altas e mais baixas... O "abismo digital" implica que os marginalizados perdem uma boa oportunidade para o seu desenvolvimento e para o seu progresso em diversas áreas, se alimentando de outras lacunas existentes, aumentando as diferenças.

18.9   Desafios das TICs

Na opinião de Graells, não há dúvida de que a sociedade da informação implica novos desafios para as pessoas, entre as quais podem-se enfatizar:

- Mudança contínua, a rápida expiração da informação e a necessidade de formação permanente para adaptar-se às exigências da vida profissional e reestruturar o conhecimento pessoal.
- A vastidão das informações disponíveis e a necessidade de organizar um sistema pessoal de fontes informativas e ter técnicas e critérios de busca e seleção.
- A necessidade de verificar a veracidade e o prazo da informação.
- Gerência da presença no ciberespaço.
- Os novos códigos comunicativos, que temos de aprender a interpretar para emitir mensagens nos novos meios de comunicação.

- A tensão entre o longo e o curto prazo em um momento em que prevalece o efêmero e soluções rápidas são procuradas, apesar de muitos dos problemas requererem estratégias de longo prazo.
- A tensão entre tradição e modernidade: adaptação à mudança sem nos negarmos e perdermos da nossa autonomia.
- Tornar-se cidadãos do mundo (e desenvolver uma função social) sem perder as nossas raízes (tensão entre o mundo e o local).
- Problemas de sustentabilidade no nível do planeta.
- Tensão entre o espiritual e o material, porque o mundo precisa de ideais e valores.
- Assegurar que os novos meios contribuam para a divulgação da cultura e do bem-estar em todos os povos da terra.
- Pensar sobre os empregos que serão necessários e preparar as pessoas para eles, contribuindo assim para evitar o desemprego e a exclusão social.

É um imperativo trabalhar a favor da "inclusão eletrônica", entendido como o acesso às tecnologias e a adaptação às necessidades dos grupos mais vulneráveis. Para isso, é necessário escolher em cada caso a tecnologia mais adequada às necessidades locais, fornecer uma tecnologia economicamente acessível aos usuários, promover a sua utilização preservando a identidade sociocultural e promovendo a integração dos grupos com risco de exclusão.

19
Sociologia da internet e redes sociais

19.1 Origens da internet

Para Turner (2002) apud Morais (2016), a origem da internet ocorreu no ano de 1957. Quando a União Soviética lançou seu primeiro satélite na órbita da Terra. Em resposta o Departamento de Defesa dos Estados Unidos formou a Agência de Projetos e Pesquisas Avançada (ARPA) do Departamento de Defesa dos Estados Unidos, com objetivo de pesquisar e desenvolver ideias e tecnologia avançada, com programas direcionados aos satélites e ao espaço.

310   **Capítulo 19**

Em 1968, o apoio financeiro do governo norte-americano promovido por meio da ARPA impulsiona a implantação do Sistema de Informação em Rede. Os primeiros protocolos construídos foram o Telnet – ligação interativa de um terminal com um computador remoto – o FTP – (File Transfer Protocol) – transferência de arquivos entre dois computadores. A primeira rede de computadores foi construída entre a Universidade da Califórnia, em Los Angeles, a SRI (Stanford Research Institute), Universidade de Utah e Universidade da Califórnia, em Santa Bárbara. No dia 1º de dezembro de 1969, nasce a Arpanet.

Surgiram então os primórdios da internet, diretamente vinculado ao trabalho de peritos militares norte-americanos que desenvolveram a Arpanet (Rede de Agência de Investigação de Projetos Avançados dos Estados Unidos), durante a disputa do poder mundial com a URSS.

Em 1969, chegou o primeiro microprocessador na Universidade da Califórnia, em Los Angeles, tendo sido instalado e usado por Leonardo Kleinrock em seu laboratório, em dois anos a Arpanet era totalmente operacional. A base da comunicação era a mensagem de e-mail e nem todas as informações tratavam de assuntos de defesa.

Ray Tomlinson Dearo (1941-2016) engenheiro americano criou o formato dos e-mails que é usado até hoje. Em 1971, inventou o modelo de inserir o "@" separando os nomes no endereço. Assim, ficou mais fácil trocar mensagens em redes diferentes. "@", em inglês, é lido como "at" (que significa "em"), cria-se o sentido de que a pessoa, que está mandando aquela mensagem, "está em algum lugar". Por exemplo: no Gmail, no Yahoo, no Outlook etc. (DEARO, 2016).

Em julho de 1977, Vintor Cerf e Robert Kahn efetuaram uma apresentação do protocolo de comunicação TCP/IP, Transmission Control Protocol (TCP) – Protocolo de Controle de Transmissão e o Internet Protocol (IP) – Protocolo de Internet, utilizando três redes: Arpanet – RPNET – Statnet. Considera-se que foi nessa demonstração que nasceu a internet.

No ano de 1980, a Arpanet foi dividida em duas redes. A Milnet (servia as necessidades militares), e a Arpanet que segurava a investigação. O Departamento de Defesa coordenava, controlava e financiava o desenvolvimento em ambas as redes.

As expressões "International Network" (rede internacional) e "Interconnected Networks" (conexão de redes) apadrinharam a futura denominação "internet". A net com cerca de dois mil usuários em 1975, permitia um acesso livre aos professores e pesquisadores usuários dessa tecnologia. As universidades compreendiam a rede como uma possibilidade de difusão e de compartilhamento de informação.

Em 1990, o Departamento de Defesa dos EUA desestruturou a Arpanet, sendo substituída pela rede NSF, rebatizada NSFNET que se tornou conhecida em todo o mundo, com a denominação internet. Para ampliação do uso da internet, foi definida a criação da www – *world wide web* (rede de alcance mundial) criada pelo laboratório do Cern (Organisation Européenne pour la Recherche Nucléaire) por intermédio dos cientistas: Robert Caillaiu e Tim Berners-Lee, do HTML (HyperText Markup Language) e dos browsers. O primeiro browser usado foi o LYNX, que permitia somente a transferência de textos.

A história da internet envolve quatro aspectos distintos (MORAIS, 2016):

- A evolução tecnológica, que começou com as primeiras pesquisas sobre trocas de pacotes e a Arpanet e suas tecnologias e onde a pesquisa atual continua a expandir os horizontes da infraestrutura em várias dimensões como escala, desempenho e funcionalidade do mais alto nível.

- Os aspectos operacionais e gerenciais de uma infraestrutura operacional complexa e global.

- O aspecto social que resultou numa larga comunidade de internautas trabalhando juntos para criar e evoluir com a tecnologia.

- O aspecto de comercialização que resulta numa transição extremamente efetiva da pesquisa numa infraestrutura de informação disponível e utilizável.

O sociólogo espanhol e estudioso da rede, Manuel Castells (2003) relata, conforme visto anteriormente, que a internet foi originalmente criada para fins militares, visando à obtenção de um meio de comunicação que pudesse sobreviver até mesmo a um ataque nuclear, proporcionando troca rápida de informações, em tempo real, em um período de tensão e de instabilidade política. Atualmente, a "internet é o tecido de nossas vidas. Se a tecnologia da informação é hoje o que a eletricidade foi na Era Industrial; em nossa época, a internet pode ser equiparada tanto a uma rede elétrica quanto ao motor elétrico, em razão da sua capacidade de distribuir a força da informação por todo o domínio da atividade humana" (2003, p. 7).

Para esse autor, no final do século XX, três processos independentes se uniram, inaugurando uma nova estrutura social predominantemente baseada em redes: as exigências da economia por flexibilidade administrativa e por globalização do capital, da produção e do comércio; as demandas da sociedade, em que os valores da liberdade individual e da comunicação aberta tornaram-se supremos; e os avanços extraordinários na computação e nas telecomunicações possibilitados pela revolução microeletrônica. Sob essas condições, a internet, uma tecnologia obscura sem muita aplicação além dos mundos isolados dos cientistas computacionais, dos hackers e das comunidades contraculturais, tornou-se a alavanca na transição para uma nova forma de sociedade – a sociedade de rede –, e com ela para uma nova economia (2003, p. 8).

19.2 Conceito

Considerado um dos pensadores mais representativos do debate acerca da revolução digital, o filósofo francês Pierre Lévy (1996) se mostra contra as teorias do virtual como oposição ao real e surge com o argumento de que a virtualidade, com suas infinitas e crescentes possibilidades de interação, tem apenas a adicionar a todas as instâncias da vida.

Assim, de acordo com o autor, a internet é o conjunto de meios físicos (linhas digitais de alta capacidade, computadores, roteadores etc.) e de programas (protocolo TCP/IP) usados para o transporte das informações, enquanto a *web* (www) é apenas um dos diversos serviços disponíveis pela internet. No entanto, as duas palavras não têm o mesmo significado. Fazendo uma comparação simplificada, a internet seria o equivalente à rede telefônica, com seus cabos, sistemas de discagem e encaminhamento de chamadas, enquanto a *web* seria similar ao uso do telefone para comunicações de voz (LEVY, 2000).

Diante do exposto e de conformidade com Castells (2003), podemos afirmar que a internet se revela como um instrumento sociotécnico, já que veio sendo construída à

312   Capítulo 19

proporção que a sociedade necessitava de interação com ela e o seu desenvolvimento e a sua difusão foram realizados por empresários. Dessa forma, a partir dos anos 1990, o mundo dos negócios percebeu o potencial econômico da 'nova tecnologia', o que fez com que ela florescesse com a velocidade de um raio. A associabilidade na internet foi vista pelo mercado como uma poderosa fonte de divulgação e de comercialização de produtos, dentre os quais, os próprios computadores. Porém, para a veiculação da propaganda e para as transações financeiras foram criados outros programas, a fim de atenderem a essas necessidades.

Portanto, a internet não é apenas uma tecnologia, mas é uma produção cultural. Que existe como uma poderosa tecnologia inserida na prática social. Com efeitos importantes, por um lado, sobre a inovação e, portanto, a criação de riqueza e do nível econômico; e por outro lado, sobre o desenvolvimento de novas formas culturais, tanto no sentido lato, ou seja, formas de ser mentalmente da sociedade, como no sentido mais estrito, a criação cultural e artística (CASTELLS, 2002).

Em suma, internet é uma palavra de origem inglesa, vem de *inter*, "entre", mais *net* redução da palavra "network" (dispositivos ligados entre si). Faz referência a uma rede de computadores dispersos por todo o planeta que trocam dados e mensagens utilizando um protocolo comum, unindo usuários particulares, entidades de pesquisa, órgãos culturais, institutos militares, bibliotecas e empresas de toda envergadura, com uma significativa capacidade de transformação socioeconômica e cultural.

19.3 Funções da internet

Delgado (2016) faz uma síntese da opinião de diversos autores e distingue as seguintes funções da internet.

19.3.1 Comunicação

A internet é um meio que oferece várias ferramentas que permitem a troca de informações (mensagens de texto, áudio, vídeo, imagens e/ou arquivos) entre duas ou mais pessoas que estejam em qualquer parte do mundo.

Entre as principais ferramentas de comunicação oferecidas pela internet estão:

- **E-mail** (correio eletrônico), ferramenta pela qual podemos nos comunicar com pessoas que estão em qualquer lugar do planeta através de um computador. Tem muitas vantagens, por exemplo, é um mecanismo que não requer a intervenção do transmissor e do **receptor** ao mesmo tempo; um usuário o envia quando considerar pertinente e o outro usuário o lê quando quiser, também não se limita a enviar apenas texto e é muito mais rápido do que enviar uma carta por meio do sistema postal.

- **Videoconferência**, na sua forma mais básica, é a transmissão entre dois computadores separados fisicamente, a certa distância, com uma câmera e dispositivos de som, em cada computador.

Sociologia da internet e redes sociais 313

- **Chat**, a comunicação é feita em tempo real por meio de dois ou mais usuários onde eles podem compartilhar qualquer tipo de informação em questão de segundos.

19.3.2 Informação

Uma das principais funções da internet, e a mais conhecida, é a busca de informações. A internet é usada como uma ferramenta para pesquisar e oferecer informações de todos os tipos: pode ser uma grande biblioteca universal, um meio para compartilhar todo tipo de informações, localizar endereços etc. Mas cuidado, não é bom acreditar em tudo que aparece na internet, qualquer pessoa pode incluir informações sobre qualquer assunto, independentemente da sua veracidade.

Existem várias ferramentas para pesquisar informações na internet:

- motores de busca: por exemplo, Google, Yahoo, Bing etc.;
- motores de busca específicos: são os motores de busca que executam sua função somente em determinados tópicos. É o caso dos guias ou páginas amarelas, ou os motores de busca de restaurantes, teatros, notícias etc.;
- portais: são *sites* com uma infinidade de serviços (e-mail, notícias, grupos de discussão, ruas etc).

19.3.3 Comércio

O comércio eletrônico (e-commerce) é o conjunto de transações comerciais e financeiras realizadas por meio de processamento e transformação de informações, incluindo texto, som e imagem. Nessas negociações as partes envolvidas interagem eletronicamente e não como tradicionalmente o fazem, por meio de trocas físicas ou tratamento físico direto. Entre as vantagens mais importantes está a possibilidade de selecionar os melhores provedores sem se preocupar com a localização geográfica, podendo vender ou comprar globalmente um produto ou um serviço.

19.3.4 Entretenimento

O Entretenimento na internet tem crescido de uma forma surpreendente tornando-se a fonte de entretenimento favorita para milhões de pessoas ao redor do mundo. Há uma enorme quantidade de recursos oferecidos pela internet para recreação dos usuários:

- **Entretenimento musical:** existe uma enorme variedade de *sites* que fornecem música *on-line* gratuita e venda de downloads de arquivos de música.
- **Vídeos:** vídeos curtos ou filmes completos são a segunda forma mais comum de entretenimento na *web*. Há muitos *sites* que permitem que os usuários transfiram todos os tipos de filmes a baixo custo ou de modo gratuito. Esses *sites* estão essencialmente orientados a usuários com redes de navegação relativamente rápidas, capazes de permitir o download de qualquer arquivo de filme disponível.

Essa é uma das maiores fontes de entretenimento para milhões de pessoas ao redor do mundo.

- **Jogos *on/off-line* (precisam ou não estar conectados)**: os jogos de computador são outra fonte importante de entretenimento na internet. Há muitos *sites* dedicados a fornecer plataformas para que os usuários possam entrar em qualquer tipo de jogos, incluindo jogos de estratégia, desafios mentais etc.

Para se divertir não existem apenas jogos. Muitos se divertem lendo. Várias empresas de e-commerce disponibilizam para leitura até dois capítulos dos livros que vendem em seus *sites*. Existem também os e-books ou livros virtuais, criados para o público que prefere ler na tela do computador. Sem contar nos jornais que já tem a edição *on-line* como um prolongamento de sua edição normal.

19.3.5 Aprendizagem

A incorporação das TICs no campo educacional permitiu incorporar e desenvolver novos modelos de educação a distância para fins de desenvolvimento profissional e de formação permanente. A utilização combinada de métodos pedagógicos e materiais de autoaprendizagem com o uso de diferentes tecnologias possibilita processos educacionais e de comunicação que implicam uma importante interação entre os agentes envolvidos no processo de ensino-aprendizagem.

A internet oferece uma variedade de elementos de apoio ao trabalho de professores e alunos entre os quais podemos mencionar: www, correio eletrônico, listas de interesse, publicações eletrônicas, fóruns de discussão, entre outros.

19.4 Características da internet

De acordo com Raaz (2010), em continuação, apresentam-se algumas características que definem a internet.

- **Universal**. A internet abrange o mundo todo. De qualquer país é possível ver as informações geradas em outros países, enviar e-mails, transferir arquivos, comprar etc.
- **Econômica**. Quanto custaria ir a diversas bibliotecas e revisar vários livros, ou visitar várias lojas para encontrar um produto?
- **Livre**. Hoje, qualquer um pode colocar informação na internet sem censura prévia. Isso permite expressar livremente opiniões e decidir o que se aproveitar da internet. As pessoas se sentem mais livres e têm mais capacidade de reagir aos poderes estabelecidos. No entanto, facilita o uso negativo da rede. Por exemplo, a criação e dispersão de vírus de computador, comportamentos antissociais etc.
- **Anônima**. Na internet, esconder a identidade, tanto para ler e quanto para escrever, é bastante simples. Esse recurso está diretamente relacionado com o item anterior, e o anonimato pode facilitar o uso gratuito da rede com tudo o que isso implica. Entendido de forma positiva o anonimato facilita a intimidade e a expressão de opiniões. Embora também facilite ações criminosas.
- **Autorreguladora**. Quem decide como funciona a internet? Algo que tem tanto poder como a internet e que lida com tanto dinheiro não tem um proprietário pessoal. Não há pessoa ou país dono da internet. Nesse sentido, pode-se afirmar que a internet possui autorregulação ou autogestão.

Brandão et al. (2009) fazem referência a quatro importantes características da internet que unidas fazem parte de um meio de comunicação diferente dos demais:

- **Velocidade**. A internet permite que determinadas tarefas possam ser realizadas em um tempo infinitamente menor do que na vida real. Um exemplo é a possibilidade de publicações de notícias de forma quase simultânea aos acontecimentos (o que não acontece, por exemplo, com um jornal impresso, pois ele é editado apenas uma vez ao dia, enquanto os jornais *on-line* podem ser atualizados a todo momento) e até mesmo a possibilidade de acessar com maior facilidade e velocidade o material antigo produzido pelo jornal.
- **Hipertextualidade**. As navegabilidades pelas páginas da internet ocorrem por meio dos *hiperlinks*, que permitem que se possa ir de uma página a outra. Por exemplo, na leitura de livros também ocorre a hipertextualidade (textualidade que funciona por associação, e não mais por sequências fixas) com as citações de outros livros, mas ela é bem mais lenta e complexa, pois é preciso recorrer aos outros livros. Na internet, o hipertexto é apresentado de forma bem mais simples, por meio dos *links*. A maioria das páginas da internet remete seus visitantes a outras páginas, por intermédio dos *links*. O Google utiliza desses hiperlinks para ampliar sua gama de resultados nas pesquisas.

316   Capítulo 19

- **Multimídia.** Como o próprio nome já diz, é possível unir texto, imagem, som e vídeo, causando uma conversão única de meios. Um exemplo de interações de mídia é o *fotolog.net,* há também a questão da troca de arquivos de áudio, como é o caso dos *podcasts,* mp3 etc., antes exclusividades do aparelho de som.

- **Interatividade.** A internet possibilita interatividade em tempo real, as pessoas podem entrar em contato de forma (quase) instantânea. Além disso, é possível interagir com os *sites* de diversas formas, como a possibilidade de se fazer comentários em blogs (ou até mesmo a troca de mensagens instantâneas, o que também poderia ser um exemplo da questão da velocidade). As mídias tradicionais sempre tiveram algum tipo de interação, como nas seções de cartas de jornais e TVs e nos telefonemas para programas de rádio. Mas, é no webjornalismo que a interação atinge seu ponto máximo, já que o leitor pode escolher vários caminhos para ler notícias, comentar e ver seus comentários publicados e à disposição de outros leitores, entre outras opções.

- **Personalização.** A personalização de conteúdo, também denominada individualização, é a adaptação de um produto aos desejos ou preferências do usuário do *site*. O Google, ferramenta de busca na internet, permite ao leitor determinar que notícias ele quer que apareçam no *site*, a quantidade listada na página principal e até a cor do *site*.

19.5   A internet ameaçada e os desafios

Em comemoração ao 28° aniversário dessa data, Sir Tim Berners-Lee, diretor da World Wide Web Foundation, reconhecido como o pai da internet, publicou uma carta aberta para abordar os três problemas que ele considera uma ameaça ao verdadeiro potencial da *web* como uma plataforma equitativa, capaz de beneficiar toda a humanidade (BERNERS-LEE, 2017).

Pela importância das colocações de Sir Berners-Lee, em continuação apresentam-se as suas preocupações:

1. **Perdemos o controle sobre nossos dados pessoais**. O modelo vigente de negócios em muitos *websites* contempla oferecer conteúdo gratuito em troca de dados pessoais. Muitos de nós concordamos, e não fazemos questão que algumas informações sejam coletadas em troca de serviços gratuitos. No entanto, não percebemos a armadilha por trás disso. Quando nossos dados são armazenados em espaços particulares, longe do nosso alcance, perdemos o controle sobre o uso deles. Além disso, muitas vezes não temos meios de contactar as empresas sobre os dados que não queremos compartilhar – especialmente com terceiros.

   A coleta de dados por empresas apresenta outros impactos. Em colaboração – ou coerção – com empresas, os governos passam a observar todos os nossos movimentos *on-line*, e aprovam leis que violam nossos direitos à privacidade. Mesmo nos países em que acreditamos que os governos trabalham em prol de seus cidadãos, vigiar a todos o tempo todo está indo longe demais. Está se criando um efeito inibidor da liberdade de expressão que impede que a *web* seja usada como um espaço para lidar com assuntos relevantes, como questões de saúde, sexualidade ou religião.

2. **É muito fácil difundir desinformação na *web*.** Atualmente, boa parte das pessoas acessa notícias e informações na *web* por meio de alguns *sites* de mídias sociais e ferramentas de busca. Esses *sites* ganham dinheiro a cada clique que damos nos links que eles nos mostram. Mais ainda: eles escolhem o que irão nos mostrar com base em algoritmos que aprendem com os nossos dados pessoais. O resultado é que esses *sites* nos mostram conteúdos que acreditam que nós vamos querer "clicar". Isso resulta na rápida disseminação da desinformação ou "notícias falsas" (*fake news*), atraindo com títulos surpreendentes, chocantes, criados para apelar aos nossos preconceitos. Assim, pessoas com más intenções podem utilizar o sistema para disseminar desinformação que tenham ganhos financeiros ou políticos.

3. **Propaganda política *on-line* precisa de transparência.** A propaganda política *on-line* se tornou uma indústria muito sofisticada. O fato é que a maioria das pessoas acessa informação em algumas poucas plataformas, e a crescente sofisticação dos algoritmos que atuam sobre as bases de dados pessoais significa que campanhas políticas estão criando anúncios individuais, que se dirigem diretamente aos usuários. Uma fonte sugere que nas eleições de 2016 nos Estados Unidos, mais de 50 mil variações de anúncios foram lançadas diariamente no Facebook, uma situação quase impossível de se monitorar. Suspeita-se que alguns anúncios políticos estão sendo usados de maneira antiética para conduzir eleitores para *sites* de notícias falsas ou para manter pessoas longe das pesquisas eleitorais. Isso é democrático?

Esses são problemas complexos, e as soluções não serão simples. Precisamos trabalhar junto com empresas da *web* para estabelecer um equilíbrio que coloque o controle dos dados individuais de volta às mãos das pessoas, incluindo o desenvolvimento de novas tecnologias como "pods de dados" (para aumentar a segurança dos dados pessoais), se for necessário, e explorar modelos alternativos de receita, como assinaturas e micropagamentos. Precisamos lutar contra o uso abusivo de dados por governos através de leis de vigilância. Se necessário, inclusive em tribunais. Precisamos nos opor às desinformações, incentivando portais como Google e Facebook a continuarem se esforçando para combater o problema, ao mesmo tempo evitando a criação de centrais que decidam o que seria "verdade" ou não. Precisamos de mais transparência nos algoritmos para entendermos como têm sido feitas as decisões importantes que afetam nossas vidas, e talvez estabelecer um conjunto de princípios comuns a se seguir. Precisamos, com urgência, fechar o "ponto cego da internet" na regulamentação das campanhas políticas.

Eu posso ter inventado a *web*, mas são todos vocês que ajudaram a torná-la o que é hoje. Todos os blogs, posts, tweets, fotos, vídeos, aplicativos, páginas *web* etc. representam contribuições de milhões de pessoas pelo mundo que, como você, constroem nossa comunidade *on-line*. Todo tipo de gente ajudou nesse processo: políticos que trabalham para manter a *web* aberta, organizações como a W3C,

318 **Capítulo 19**

que amplia a potência, acessibilidade e segurança da tecnologia, e os manifestantes nas ruas.

Para construir a *web* que temos hoje, todos nós fomos necessários, e agora mais uma vez seremos necessários para construir a *web* que queremos para todos. A Web Foundation está na linha de frente da luta para proteger e fazer avançar a *web* para todos. Acreditamos que isso é essencial para reverter as inequidades crescentes e empoderar os cidadãos.

Em 12 de março de 2018, no 29º aniversário da internet, Sir Berners-Lee fez mais um desabafo em uma nova carta aberta: "acho que, ano após ano, a *web* vem sofrendo de várias maneiras. E algo que sempre me fascinou, hoje me causa mais preocupações e frustrações do que entusiasmo".

4. **Devemos fechar a divisão digital (ampliar o acesso à internet).** A *web* nasceu com intuito de ser inclusiva e acessível a todos. Infelizmente, o retrato atual não reflete a sua origem, hoje, é um reflexo da desigualdade mundial. A divisão entre as pessoas que têm acesso à internet e aquelas que não têm está aprofundando desigualdades existentes, desigualdades que significam uma séria ameaça global. Não surpreendentemente, é mais provável que alguém esteja *off-line* se for do gênero feminino, pobre, viver em uma área rural, ou em um país de baixa renda, ou em uma combinação desses fatores. Estar *off-line* hoje significa estar excluído de oportunidades de aprender e obter renda, de acessar serviços valiosos, e de participar do debate público (BERNERS-LEE, 2018).

   Em contraponto, levando em consideração a situação atual da *web*, estar conectado também pode caracterizar o acesso desenfreado de informações falsas, o rastreamento de dados pessoais sem consentimento e, sem saber o que isso pode causar, estar sendo influenciado politicamente, vigiado pelo governo e manipulado por grandes corporações. Pode parecer conspiração, pode parecer filme, mas não é. Esse é o futuro triste que vivemos. Provavelmente, a *web* é uma das maiores invenções da humanidade, porém, pouco a pouco, ela está perdendo sua essência, que caracteriza sua maior virtude.

5. **Fazer que a internet trabalhe para as pessoas.** A *web* com a qual muitos se conectavam anos atrás não é a que novos usuários encontram hoje. O que um dia foi uma rica seleção de *blogs* e *websites* foi comprimido sob o poderoso peso de algumas poucas plataformas dominantes (Google, Facebook e Twitter). Essa concentração de poder cria um novo grupo de supervisores, permitindo que um punhado de plataformas controle as opiniões que são vistas e compartilhadas. São muitos os exemplos de contas falsas no Facebook e no Twitter, que atiçam tensões sociais, estrangeiros intervindo em eleições e criminosos roubando dados pessoais.

   Berners-Lee termina o seu apelo afirmando que os problemas da *web* são grandes e complexos. "Mas, hoje eu quero desafiar todos nós para termos maiores ambições com relação à *web*. Quero que a *web* reflita nossas esperanças e realize nossos sonhos, em vez de ampliar nossos medos e aprofundar nossas divisões. Pode soar utópico, pode soar impossível de alcançar após os contratempos dos últimos dois anos, mas vamos trabalhar juntos para tornar possível um futuro com uma plataforma equitativa, capaz de beneficiar toda a humanidade. Na Web Foundation, estamos prontos para desempenhar o nosso papel nessa missão e construir a *web* que todos nós queremos. Vamos trabalhar juntos para torná-lo possível." – Sir Tim Berners-Lee.

19.6 Redes sociais

Castells (ver Capítulo18), como já foi dito, é considerado o principal sociólogo nos estudos sobre a sociedade de informação e a sociedade em rede. Formou a nossa compreensão sobre as TICs, a internet e, particularmente, sobre as características, efeitos e desafios de sociedade em rede.

Para Castells (2005, p. 17), "o nosso mundo está em processo de transformação estrutural há duas décadas. É um processo multidimensional, mas está associado à emergência de um novo paradigma tecnológico, baseado nas tecnologias de comunicação e informação, que começaram a tomar forma nos anos 1960 e que se difundiram de forma desigual por todo o mundo. Nós sabemos que a tecnologia não determina a sociedade: ela é a sociedade. A sociedade é que dá forma à tecnologia de acordo com as necessidades, valores e interesses das pessoas que utilizam as tecnologias... Frequentemente, a sociedade emergente tem sido caracterizada como sociedade de informação ou sociedade do conhecimento. Eu não concordo com essa terminologia. Não porque conhecimento e informação não sejam centrais na nossa sociedade; mas porque eles sempre o foram, em todas as sociedades historicamente conhecidas. O que é novo é o fato de serem de base microeletrônica, por meio de redes tecnológicas que fornecem novas capacidades a uma velha forma de organização social: as redes".

Continua o autor, afirmando que "as redes de comunicação digital são a coluna vertebral da sociedade em rede, tal como as redes de potência (ou redes energéticas) eram as infraestruturas sobre as quais a sociedade industrial foi construída" (p. 18).

Nos primeiros anos do século XXI, a sociedade em rede não é a sociedade emergente da Era da Informação, ela já configura o núcleo das nossas sociedades. De fato, temos um já considerável corpo de conhecimentos recolhidos na última década, por investigadores acadêmicos, em todo o mundo, sobre as dimensões fundamentais da sociedade em rede, incluindo estudos que demonstram a existência de fatores comuns do seu núcleo que atravessam culturas, assim como diferenças culturais e institucionais da sociedade em rede, em vários contextos (p. 19).

19.6.1 Conceito

De acordo com Castells (2000; p. 693), "o século XXI não tinha que estabelecer uma nova sociedade. Mas o fez. Assim, mais do que nunca a sociedade precisa de Sociologia, no entanto, não de qualquer tipo de Sociologia, precisa-se de uma que estude *cientificamente* os processos de constituição, organização e mudança que, juntos e em sua interação, constituem a estrutura social de uma nova sociedade, que provisoriamente chamo a *sociedade em rede*".

320   **Capítulo 19**

A sociedade em rede, em termos simples, é uma estrutura social baseada em redes operadas por tecnologias de comunicação e informação, fundamentadas na microeletrônica e em redes digitais de computadores que geram, processam e distribuem informação a partir de conhecimento acumulado nos nós dessas redes. A rede é a estrutura formal (vide MONGE, CONTRACTOR & CONTRACTOR, 2003). É um sistema de nodos interligados. E os nodos são, em linguagem formal, os pontos onde a curva se intersecta a si própria. As redes são estruturas abertas que evoluem acrescentando ou removendo nodos de acordo com as mudanças necessárias dos programas que conseguem atingir os objetivos de *performance* para a rede. Esses programas são decididos socialmente fora da rede; mas, a partir do momento em que são inscritos na lógica da rede, a rede vai seguir eficientemente essas instruções, acrescentando, apagando e reconfigurando, até que um novo programa substitua ou modifique os códigos que comandam esse sistema operativo.

19.6.2 Características

Para Castells (2000), as principais dimensões da mudança social dessa nova sociedade são as seguintes:

1. É um novo **paradigma tecnológico**, baseado na implantação de novas tecnologias da informação e incluindo a engenharia genética como a tecnologia da informação da matéria viva. Seguindo Claude Fischer (1992), tecnologia, como cultura material, isto é, como um processo socialmente incorporado, não como um fator exógeno que influi na sociedade. As novas tecnologias de informação permitem a formação de novas formas de organização e interação social baseadas em redes de informação.

2. A **globalização** é compreendida como a capacidade tecnológica, organizacional e institucional dos componentes centrais de um determinado sistema (por exemplo, a economia) para trabalhar como uma unidade em tempo real ou escolhido em escala planetária. Isso é historicamente novo, em contraste com as formas anteriores de internacionalização avançada, que não podiam se beneficiar de tecnologias de informação e comunicação capazes de lidar com o tamanho atual, a complexidade e a velocidade do sistema global, como foi documentado por David Held et al. (1999).

3. A inclusão das manifestações culturais dominantes em um **hipertexto interativo eletrônico** passa a ser o marco de referência para o processamento simbólico que surge de todas as fontes e mensagens. A internet (mais de 3 bilhões de pessoas conectadas) vincula indivíduos e grupos entre si e ao hipertexto de multimídia compartilhada. Esse hipertexto constitui a espinha dorsal de uma nova cultura, a cultura da virtualidade real, na qual a virtualidade se torna um componente fundamental do ambiente simbólico e, portanto, da experiência como seres comunicantes.

4. Como uma consequência das redes globais da economia, da comunicação, do conhecimento e da informação, o **Estado-nação perde importância**. Sua existência como aparelho de poder é profundamente transformada. Ou são

desconsiderados ou são reorganizados em redes de soberania compartilhada formada por governos nacionais, instituições supranacionais (como a União Europeia, OTAN ou NAFTA), governos regionais, governos locais e ONGs, todos interagindo em um processo negociado de tomada de decisões. Como resultado, a questão da representação política também é redefinida, uma vez que a democracia foi constituída com um caráter nacional. Em outro eixo de mudança estrutural, há uma crise fundamental do patriarcado, provocada pelos movimentos das mulheres e aumentada pelos movimentos sociais gays e lésbicos, desafiando a heterossexualidade como alicerce da família. Assim, é difícil imaginar, pelo menos nas sociedades industrializadas, a persistência das famílias patriarcais como norma. Essa crise leva a redefinir a sexualidade, a socialização e, finalmente, a formação de personalidade. Porque a crise do estado e da família, em um mundo dominado por mercados e redes, está criando um vazio institucional, há (e cada vez mais haverá) afirmações coletivas da identidade primária em torno dos temas-chave da religião, nação, etnia, localidade, que tenderá a romper sociedades baseadas em instituições negociadas, em favor de comunidades baseadas no valor.

5. O **progresso do conhecimento científico**, e o uso da ciência para corrigir seu próprio desenvolvimento unilateral, estão redefinindo a relação entre cultura e natureza que caracterizou a era industrial. Uma profunda consciência ecológica está permeando a mente humana e influenciando a forma como vivemos, produzimos, consumimos e percebemos a nós mesmos.

Uma característica central da sociedade em rede é a transformação da área da comunicação, incluindo a mídia. A comunicação constitui o espaço público, ou seja, o espaço cognitivo em que as mentes das pessoas recebem informação e formam os seus pontos de vista por meio do processamento de sinais da sociedade no seu conjunto. Em outras palavras, enquanto a comunicação interpessoal é uma relação privada, formada pelos atores da interação, os sistemas de comunicação midiáticos criam os relacionamentos entre instituições e organizações da sociedade e as pessoas no seu conjunto, não enquanto indivíduos, mas como receptores coletivos de informação, mesmo quando a informação final é processada por cada indivíduo de acordo com as suas próprias características pessoais. É por isso que a estrutura e a dinâmica da comunicação social é essencial na formação da consciência e da opinião e a base do processo de decisão política.

Nesse sentido, o novo sistema de comunicação é definido por três grandes tendências:

- A comunicação é, em grande medida, organizada em torno dos negócios de mídia globais e locais simultaneamente, e que incluem a televisão, o rádio, a imprensa escrita, a produção audiovisual, a publicação editorial, a indústria discográfica e a distribuição e as empresas comerciais *on-line*. Esses conglomerados estão ligados às empresas de mídia em todo o mundo, sob diferentes formas de parceria, enquanto se envolvem, ao mesmo tempo, em ferozes competições. A comunicação é simultaneamente global e local, genérica e especializada, dependente de mercados e de produtos.

322 **Capítulo 19**

- O sistema de comunicação está cada vez mais digitalizado e gradualmente mais interativo. A concentração do negócio, não significa que exista um processo comunicativo unificado e unidirecional. As sociedades têm se movimentado de um sistema de mídia de massas para um sistema multimídia especializado e fragmentado, em que as audiências são cada vez mais segmentadas. Como o sistema é diversificado e flexível, é cada vez mais inclusivo de todas as mensagens enviadas na sociedade. Em outras palavras, a maleabilidade tecnológica das novas mídias permite uma maior integração de todas as fontes de comunicação no mesmo hipertexto. Logo, a comunicação digital tornou-se menos organizada centralmente, mas absorve na sua lógica uma parte crescente da comunicação social.

- Com a difusão da sociedade em rede e com a expansão das redes de novas tecnologias de comunicação, dá-se uma explosão de redes horizontais de comunicação, bastante independentes do negócio das mídias e dos governos, o que permite a emergência daquilo que chamei comunicação de massa autocomandada. É comunicação de massas porque é difundida em toda a internet, podendo potencialmente chegar a todo o planeta. É autocomandada porque geralmente é iniciada por indivíduos ou grupos, por eles próprios, sem a mediação do sistema de mídia. A comunicação entre computadores criou um novo sistema de redes de comunicação global e horizontal que, pela primeira vez na história, permite que as pessoas se comuniquem umas com as outras sem utilizar os canais criados pelas instituições da sociedade para a comunicação socializante. A explosão de *blogs*, *vblogs* (videoblogs), *podding*, *streaming* e outras formas de interatividade. Assim, a sociedade em rede constitui comunicação socializante além do sistema de mídia de massa, que caracterizava a sociedade industrial (CASTELLS, 2005, p. 23-24).

19.6.3 Tipos de redes sociais

Sabe qual foi a primeira rede social do mundo? Chamava-se **Classmates** e foi criada em 1995 nos EUA para ligar colegas de escola. Na época era paga; hoje, é impensável. Apesar de não ser gratuito teve imenso sucesso e ainda hoje existe (DIGITAL DISCOVERY, 2017).

Outra novidade é a primeira rede social dedicada aos animais de estimação, criada pelo designer e programador português Afonso Barbosa, a Pet2Mate, sendo a primeira comunidade mundial que liga animais de estimação, donos, veterinários, lojas e amantes de animais.

Em geral, as redes sociais permitem estar ligados a pessoas com os mesmos interesses e pontos em comum. Encontramos *redes sociais* em que essa ligação vai do mais geral até o mais específico.

O quadro mostra que existem diversas maneiras de se conectar com pessoas ou organizações, mas é essencial fazê-lo com cautela. Cabe lembrar que nem todos os que aparecem nos *sites* de mídia social são o que afirmam ser. Deve-se ter cuidado, particularmente, em defesa das informações pessoais, qualquer seja a rede utilizada.

Quadro 19.1 Tipos mais comuns de redes sociais

TIPOS DE REDE	EXEMPLOS	UTILIZAÇÃO	PROBLEMAS
Comunicação	Facebook, WhatsApp, LinkedIn, Twitter	Contato com amigos e membros da família	Vazamento e falsidade de informações
Intercâmbio de conteúdo multimídia	YouTube, Instagram, Snapchat	Compartilhar vídeos e fotografias	Conteúdo prejudicial ou perigoso
Foros debate	Reddit, Quora	Compartilhar notícias, informação, opiniões	–
Organização de conteúdo	Pinterest	Compartilhar conteúdo e multimídia	–
Avaliação de consumidores	Yelp, TripAdvisor, Decolar, Booking	Compartilhar informações sobre produtos e serviços	–
De compra	Mercado Livre, E-Bay, Gearbest, Alibaba	Comprar produtos	Qualidade e troca de produtos
Interesses específicos	Last.FM, Goodreads, Oppa, Etna	Música, Livros, Decoração	–
Acadêmicos	Academia.edu; Connotea	Compartilhar artigos e pesquisas	–

Fonte: Baseado em White, M. (2018) e Foreman, C. (2017).

19.6.3.1 As 15 redes sociais mais usadas no mundo

Na Figura 19.1 apresenta-se o *ranking* completo das redes sociais mais usadas no mundo e, ao lado, seu número de usuários (em milhões):

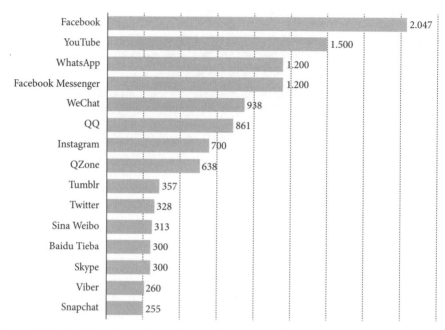

Figura 19.1 *Ranking* das redes mais usadas no mundo.

19.6.4 Usos e abusos nas redes sociais

A sociedade em rede é uma sociedade hipersocial, não uma sociedade de isolamento. As pessoas, na sua maioria, não disfarçam a sua identidade na internet, exceto alguns adolescentes que procuram experiências de vida. As pessoas integraram as tecnologias nas suas vidas, ligando a realidade virtual com a virtualidade real, vivendo em várias formas tecnológicas de comunicação, articulando-as conforme as suas necessidades. Uma característica central da sociedade em rede é a transformação da área da comunicação, incluindo a mídia (CASTELLS, 2005).

As redes sociais fazem parte da vida das pessoas, ocupam um expressivo tempo das atividades diárias, são fonte de entretenimento, de comunicação, de mídia, de marketing, de comércio etc.

Para Comschool (2018), as redes sociais possibilitam muitas atividades positivas e facilitam a vida de pessoas e instituições, elas criaram espaços para novos tipos de negócios, novos empregos, novas formas de comunicação.

Uma das grandes vantagens é a comunicação instantânea. Compartilhamento de informações, notícias e eventos, os acontecimentos do mundo podem ser acompanhados e divulgados em tempo real.

As redes, entre outras coisas, permitem encontrar pessoas e grupos que tenham os mesmos interesses, fazer amizades, procurar ou encontrar trabalhos. Além disso, as redes são canais de entretenimento, leitura, postagem de fotos, música etc.

Mas tem um lado extremamente prejudicial: o seu uso por pessoas ou empresas com o intuito de prejudicar ou usar abusivamente dados pessoais. Por exemplo:

- *Hackers* invadindo a privacidade das pessoas e divulgando a intimidade delas, o qual pode ter consequências graves na vida de quem tem a intimidade exposta.
- *Bullying*, visando expor e desmoralizar as pessoas. Várias vezes assistimos notícias que informam o suicídio de pessoas em consequência de *ciberbullying*.

O recente caso envolvendo o Facebook e a consultoria Cambridge Analytica, em que os dados de diversos usuários da rede social teriam sido usados para fins indevidos, mostra o perigo da vigilância *on-line* e a necessidade de uma nova abordagem para as redes sociais.

De forma resumida: a Cambridge Analytica é acusada de reunir informações pessoais de dezenas de milhões de usuários para passar essas informações para terceiros, nesse caso, as campanhas de Trump, nos EUA e UK Leave EU, no Reino Unido. Essa informação foi aparentemente usada em uma tentativa de ajustar alguns votos em determinados lugares chaves. A história ainda está evoluindo, com informações surgindo (e advogados envolvidos), mas esse é um bom resumo dos eventos até o momento.

O caso levanta questões importantes. Veja algumas a seguir:

- É realmente apropriado que terceiros possam coletar dados a partir de redes sociais como o Facebook, e usar essas informações para descobrir seu padrão de voto, ideologia política ou sexualidade?
- Quem controla para quem esses dados são vendidos?
- O que acontece com um usuário LGBT do Facebook quando informações sobre a sua sexualidade são vendidas para um governo reacionário que persegue pessoas LGBT? (EVANS, 2018).

Além desses abusos, o uso em excesso das redes sociais também pode ser prejudicial para a saúde mental do usuário. Cabe destacar que os brasileiros são campeões mundiais em tempo gasto nas redes sociais. Ficamos em média 650 horas mensais conectados, e o mês que tem 30 dias, tem 720 horas (CATALDI, 2016). Porém, o efeito dessa prática diária sobre a saúde mental está sendo tema de várias investigações científicas.

Possíveis patologias ou doenças tecnológicas:

- Depressão produzida por Facebook.
- Dependência da internet.
- Dependência de jogos *on-line*.
- A vibração fantasma (o celular está chamando ou vibrando, não sendo real).
- Nomofobia (angústia pela incapacidade de comunicação por meio de aparelhos celulares ou computadores).
- Cibercondria (hipocondria digital).
- Efeito Google (não tentar lembrar de um assunto, procurar no Google).
- Lesões por Esforços Repetitivos (LER/DORT) – tendinite.

326 Capítulo 19

19.6.5 Desafios

Fica claro que o mau uso da internet está distorcendo o seu verdadeiro propósito. Por isso, é necessário reeducar o usuário quanto ao uso de forma favorável e benéfico. Por exemplo, o professor deve desenvolver habilidades relacionadas com a utilização das redes sociais, particularmente, para detectar e responder a situações de maus-tratos ou abandono de crianças ou adolescentes.

Os governos devem organizar campanhas educativas em escolas, universidades e na mídia, explicando os riscos das redes sociais. Além disso, é fundamental a criação de "marcos das redes sociais".

De acordo com Berners-Lee (2017) para a internet verdadeiramente beneficiar e empoderar a todos, certos fundamentos devem ser reconhecidos e protegidos. Eles incluem o direito de acesso à rede a preços acessíveis para todos, o direito de se expressar *on-line* livremente, o direito de se comunicar com segurança e privacidade, e a necessidade de assegurar que todo o conteúdo é tratado da mesma forma, sem priorização, bloqueio ou censura. O Brasil tornou-se o primeiro país a dar um passo importante para colocar em prática uma "Carta de Direitos" para a internet – **o Marco Civil da Internet**.

No Brasil, destaca-se o acidentado, embora vitorioso, percurso do Marco Civil da Internet (MCI) que, em virtude de causar impactos diretos nos interesses empresariais e enfrentar uma série de temas que ainda estavam em aberto – como a proteção aos registros, aos dados pessoais e às comunicações privadas; a neutralidade da rede, a responsabilidade civil dos provedores de conexão e de aplicações de internet, a guarda de dados e registros e a requisição judicial de registros – passou por um longo processo de debate legislativo, terminando com a sua aprovação em 23 de abril de 2014, tornando-se a Lei nº 12.965 (TEFFÉ & MORAES, 2017).

20
Temas macrossociais

imir76 | iStockphoto

A velocidade das mudanças que estamos presenciando no início do século XXI destaca a importância da ação presente na construção da sociedade e do seu futuro.

Nesse processo de profundas transformações geopolíticas, científicas, técnicas, culturais e ideológicas, exige-se que as ciências sociais, particularmente a Sociologia, reconsiderem suas responsabilidades e estatutos teórico-metodológicos. O fracasso do pensamento único, o surgimento da complexidade e o chamado "fim das ideologias", produziram um hibridismo teórico e uma proliferação de abordagens que levam a questionar as fronteiras e a própria definição das ciências sociais. A interdependência global, as crises socioeconômicas e culturais e um futuro incerto, precisam da análise e soluções oferecidas por uma Sociologia científica que abandone o academicismo e se comprometa com o ser e não no ter, com a sustentabilidade, a responsabilidade social, e tantos outros temas de importância global. Com base nessas colocações, propõe-se a análise de quatro temas essenciais para uma Sociologia mais comprometida com a maioria da população brasileira: saúde mental, meio ambiente, pobreza e envelhecimento.

20.1 Sociologia da saúde mental

Os recentes avanços da genética, as neurociências e a farmacologia confirmam a importância crescente das ciências naturais na compreensão do corpo e do comportamento e, particularmente, na explicação e tratamento de doenças mentais e físicas. Lamentavelmente, estão deixando de lado a importância dos processos sociais e qualquer contribuição da sociologia para a compreensão da saúde e transtornos mentais. Isso pode ser explicado por três motivos: os grandes avanços da biologia (decodificação do genoma humano), o poder social do médico e os avanços da farmacologia. Mas, cabe destacar que essa situação não é monolítica (BUSFIELD, 2000).

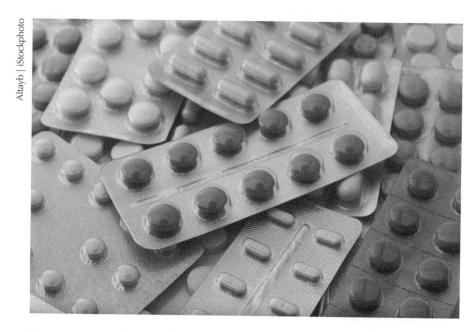

Para este autor, Robert Plomin, psicólogo norte-americano, Michael Rutter, psiquiatra inglês, são renomados geneticistas que insistem na importância dos processos sociais para a compreensão da saúde e transtornos mentais. Em primeiro lugar, os processos sociais configuram os próprios conceitos de saúde e transtornos mentais, definindo os limites do que constitui transtorno mental e as categorias utilizadas para distinguir um de outro.

Em segundo lugar, os processos sociais desempenham um papel importante na etiologia de distúrbios mentais – qualquer transtorno mental é sempre um produto da genética e do meio ambiente – (RUTTER & PLOMIN, 1997). E terceiro, os processos sociais desempenham um papel vital na saúde mental. Portanto, é fundamental reavaliar a contribuição da Sociologia para a compreensão da saúde e transtornos mentais, e identificar formas de reafirmar essa relevância. É necessário repensar a sociologia da saúde mental.

De acordo com Jane Mcleod (AGÊNCIA BULA, s.d.) socióloga norte-americana, importante especialista na área, a sociologia da saúde mental estuda os fatores estressores sociais que, muitas vezes, podem ser o gatilho ou a estrutura para que um transtorno mental se instaure. Entre eles, estão os vários papéis sociais desempenhados pelos indivíduos hoje e períodos de transição na vida, como a procura por um novo emprego. A sociologia contribui de forma importante para o estudo da saúde mental porque ela destaca os fatores sociais e as condições que influenciam como a doença e saúde são definidas, a distribuição da saúde mental na população e a probabilidade de as pessoas receberem tratamento. Os sociólogos estudam como e por que as definições de doença mental mudaram com o tempo, quais subgrupos da população estão em maior risco de desenvolver problemas de saúde, quem procura o tratamento e qual a qualidade do tratamento que recebem.

O que são fatores estressores? Em geral, são demandas da sociedade que excedem a possibilidade individual de atendê-las ou situações crônicas estruturais que afetam os valores pessoais e o senso de identidade. Situações de discriminação, frustrações profissionais ou transições, como procurar um novo emprego. Também há estudos que citam uma nova natureza para os fatores estressores. Hoje, por exemplo, com a profusão de tecnologias e redes, papéis sociais que antes eram desempenhados em um determinado espaço de tempo, se fundem e as pessoas se veem obrigadas a desempenhar vários papéis ao mesmo tempo. Esse é outro fator estressor bem importante atualmente (SAÚDE BRASILEIROS, 2015).

Em geral, o sistema de saúde e as pessoas podem se beneficiar da perspectiva sociológica, pois na maioria dos casos quem tem problemas de saúde mental não procura por tratamento formal – e a sociologia busca respostas que podem ajudar a desvendar o porquê. Estudamos como o sistema de saúde é definido, organizado e se, de fato, ele ajuda.

20.1.1 Origens e evolução

Pode-se considerar que o trabalho sociológico na saúde mental tem sua origem nos estudos de Émile Durkheim e, em particular, ao seu trabalho sobre o normal e o patológico (1964 [1895]). Para ele, as regras e as normas que definem o que é patológico reforçam as normas e valores da sociedade – o normal e o patológico são parte desses valores. Assim, as sociedades devem definir o que é patológico para sustentar e fortalecer o normal (BUSFIELD, 2000).

Essas colocações, fundamentadas no funcionalismo de Durkheim, tem três corolários. Primeiro, as regras que definem o normal e o patológico variam de acordo com os valores do grupo social e, nesse sentido, o transtorno mental é social e cultural. O segundo, é necessário e sempre deve existir um elemento de controle social na aplicação das normas, incluindo as regras sobre o que é normal e o que é patológico. E terceiro, as normas são necessárias para a coesão e o bom funcionamento da sociedade.

330   **Capítulo 20**

Para Busfield (op. cit.) a análise de Durkheim é muito importante para a compreensão dos conceitos de saúde mental e transtorno mental. São conceitos que ajudam a definir o que são conduta e ação aceitáveis em uma determinada sociedade. As suas ideias influenciaram diversos cientistas sociais, por exemplo, Talcott Parsons (1951), e seu argumento de que toda doença pode ser vista como uma forma de desvio, uma vez que há sempre elementos motivacionais que intervêm no seu desenvolvimento. Uma ênfase semelhante na visão de transtorno mental como desvio é encontrada na análise que Thomas Scheff (1999) faz da doença mental em termos do que ele chama de "desvio residual".

Os estudos de comportamento são uma área sociológica muito influenciada direta ou indiretamente pelas ideias de Durkheim sobre o normal e o patológico. Nesse sentido, cabe destacar as análises referentes à assimilação dos transtornos mentais à análise da conduta, em contraste com as abordagens biomédicas dominantes na psiquiatria, que tendem a assimilar os transtornos mentais à análise do corpo e processos corporais.

As ideias marxistas, e aquelas derivadas da economia política, também têm sido significativas, enfatizando os interesses das diferentes classes, em particular o valor que tem para a classe capitalista a regulamentação das diferentes formas de transtorno mental.

As ideias de Foucault, tanto sobre a inseparabilidade do poder e o conhecimento, quanto à governabilidade – arte de governar (1995), também tiveram um impacto considerável na compreensão do desenvolvimento da prática profissional e dos serviços de saúde mental.

Recentemente, renomados sociólogos (GIDDENS 1991, BECK 1998) têm analisado a noção de risco, sugerindo que é uma característica distintiva das sociedades atuais. Essas ideias têm consequências óbvias no campo da saúde mental, onde a avaliação de risco é agora um aspecto importante do trabalho de saúde mental.

A contribuição sociológica para a compreensão dos motivos que levam às pessoas a ficarem perturbadas, tem sido quase exclusivamente no campo epidemiológico preocupando-se da distribuição populacional das doenças como ponto de partida para identificar origem, motivos ou causas. Recentemente, o interesse tem-se estendido a outras áreas, tais como, gênero e diferenças étnicas.

As formas como a sociedade responde aos transtornos mentais, indubitavelmente é campo da sociologia e das ciências sociais. A Biomedicina aponta alguma ligação simples entre a compreensão dos médicos e o tratamento dos transtornos mentais, entre a teoria e a prática. De acordo com essa opinião, ciência e avanços científicos ditam a prática. Os sociólogos procuram uma compreensão mais profunda e mais completa das práticas científica e profissional, mostrando como a própria ciência é configurada pela prática profissional (LATOUR, 1987) e como o trabalho sociológico da profissionalização relaciona tanto a compreensão dos conceitos de saúde mental e da doença com todas as áreas da prática psiquiátrica: os tratamentos utilizados e o contexto organizacional do trabalho psiquiátrico. A prática é, por sua vez, moldada por uma variedade de forças sociais, políticas e econômicas.

20.1.2 Desafios

Concluindo, fica muito claro a importância do trabalho sociológico na saúde mental, tanto na definição do conceito, quanto nos limites e categorias de transtornos sociais. Na compreensão adequada dos fatores que dão origem ao transtorno mental; na compreensão do caráter da prática da saúde mental e dos profissionais que caracterizam essa prática junto com as ideias que o sustentam. A pesquisa sociológica tem uma importante contribuição a dar na área de saúde mental, particularmente, na relação entre o social e o biológico, no campo das emoções, na análise de risco etc.

De acordo com Wheaton (2001), na sociedade atual, os sociólogos enfrentam uma série de desafios que determinarão o papel a desempenhar na explicação dos processos de saúde mental. Os mais importantes: (1) aprender a avaliar as provas com maior objetividade, e (2) procurar ideias quando a evidência é complexa ou difusa. A avaliação das evidências enfrenta importantes barreiras para a sua interpretação e uso apropriado e, em consequência, no avanço das descobertas científicas. Por que acontece? Há uma tensão fundamental entre a nossa experiência e a evidência. Acreditamos que a nossa própria experiência é de alguma forma o árbitro definitivo da verdade das reivindicações empíricas. O problema, é que nós simplesmente pensamos que sabemos mais e, ainda, não fugimos da regra da razão sobre as provas. Este é um problema fundamental que dificulta muitas áreas da sociologia. Se encontrarmos descobertas incomuns, tendemos a desmerecer ou rejeitá-las. Se acharmos o que queremos, paramos de investigar. Ambas as situações surgem do mesmo problema: supor que nós sabemos mais.

A sociologia da saúde mental tem sido uma importante fonte de ideias que orientam novas perspectivas teóricas e esclarecem questões de fundo, tanto dentro como fora da sociologia. Mas, às vezes, deixamos de lado (ou ignoramos) conceitos ou teorias porque os conceitos que utilizamos são difíceis de medir. Excluir uma parte essencial (e relacionada) da explicação não significa manter uma abordagem mais conservadora. Resulta em um trabalho tendencioso que em vez de contribuir para a compreensão do tema, prejudica a sociologia como um todo.

Os sociólogos têm um papel importante a desempenhar no esforço de explicar as causas e consequências dos problemas de saúde mental. Como área de investigação, os sociólogos precisam de uma postura mais agressiva sobre a importância do seu trabalho. Precisam sair dos ambientes universitários, e fazer dos trabalhos algo difícil de desconsiderar, questionando diretamente seus pressupostos ou conclusões. O futuro deve ser abordado considerando que o mundo em outras áreas da Sociologia ou em disciplinas relacionadas, no governo e no discurso público, precisam muito da teoria e da prática dessa área para melhor compreensão, prevenção e solução dos transtornos mentais.

20.2 Sociologia ambiental

20.2.1 Origens e evolução

Desde o início da revolução industrial no século XVIII tem havido um processo de degradação ecológica que se caracteriza pela dimensão planetária e sua complexidade, aumentando essa deterioração ambiental nos últimos 40 anos, estando esses momentos presentes em uma fase de "explosão" dominante em agendas políticas e preocupações sociais.

332   **Capítulo 20**

Durante anos, os países mais ricos do mundo acreditavam que poderiam ser cada vez mais ricos. "A sociedade de consumo" era um ideal possível para todos, segundo o qual mais e mais pessoas poderiam consumir mais e mais coisas.

Nos últimos anos, no entanto, tem sido visto que a produção de tal riqueza prejudica muito o equilíbrio ecológico global.

O desenvolvimento econômico dos países mais ricos tem um custo cada vez maior para eles e para nós. Esse desenvolvimento aumenta o consumo de matérias-primas e de recursos não renováveis, como o petróleo. Também requer a criação de fontes de energia que, como a natureza nuclear, prejudicam o homem. Resíduos industriais, detergentes e resíduos de origem doméstica que não são biodegradáveis, a poluição atmosférica e a aquática dos rios e dos mares; substâncias químicas de alta toxicidade, como pesticidas, são colocadas na cadeia alimentar do homem.

As consequências do "progresso" são, em muitos casos, uma degradação alarmante das condições ambientais. O impacto negativo do homem no meio ambiente, é por vezes irreversível (WORDPRESS.COM, 2010).

Segundo Marcellesi (2013), eurodeputado francês, nosso sistema socioeconômico herdado da Revolução Industrial é como um aparato digestivo em grande escala com problemas estruturais de sobrepeso. Ele ingere recursos naturais sobre as reservas do frigorífico Terra, os transforma em "bens e serviços" que (além de ser mal distribuídos) não são bons para a saúde de suas células vermelhas do sangue, e produz muitos resíduos não assimilados pelo seu ambiente. Além disso, este corpo tem outra doença: não sabe como parar de crescer, e para alimentar esse crescimento infinito, calculado pelo crescimento do produto interno bruto (PIB), ele precisa absorver muitas proteínas abundantes e baratas (energia) e queimá-las sem restrição para a atmosfera (75% das emissões de CO_2 desde a época pré-industrial são resultado da queima de combustíveis fósseis). No entanto, é possível curar o paciente. Primeiro, deve-se fazer um diagnóstico correto com base na compreensão de que: 1) qualquer economia é inseparável da realidade física que a detém; 2) uma a revolução industrial, pode ser reinventada à luz dos limites ecológicos do planeta. A **transição ecológica da economia**.

De acordo com Fleury, Almeida e Premebida (2014) intimamente relacionada com a proeminência da questão do meio ambiente, a **sociologia ambiental** começa a delinear seus contornos no início da década de 1970. Hannigan (1997) considera como marco o movimento *Earth Day 1970*, que, à época, foi interpretado como o "dia primeiro" do ambientalismo. A partir desse evento, os sociólogos se depararam com a circunstância de *não ter nenhum corpo teórico ou investigação para os guiar no sentido de uma interpretação particularizada da relação entre a sociedade e a natureza* (HANNIGAN, 1997, p. 15 apud FLEURY, BARBOSA e SANT'ANA JÚNIOR, 2017). Isso se deveu ao fato de os sociológicos clássicos pioneiros Karl Marx, Max Weber e Émile Durkheim terem deixado um legado fortemente antropocêntrico, incorporado constitutivamente à sociologia moderna.

Nessa mesma linha de interpretação, Mattedi (2003) apud Fleury, Barbosa e Sant'Ana Júnior (2017), ao analisarem as contribuições dos três autores clássicos, consideram que a preocupação dos sociólogos com a relação sociedade-natureza se reduzia ao modo como as sociedades tradicionais haviam sido limitadas pelo natural, em contraposição às sociedades modernas, que, nessas interpretações, teriam conseguido superar alguns dos limites naturais.

Frederick Buttel (1948-2005), sociólogo estadunidense, um dos principais expoentes da sociologia ambiental, afirma que ela poderia ser considerada uma crítica aos fundadores da sociologia pela falta de atenção destes às bases materiais biofísicas da existência humana (HUMPHREY & BUTTEL, 1982 apud BUTTEL, 1992). Constituída, a partir do objetivo de resgatar a materialidade das análises sociológicas, está na raiz da sociologia ambiental a constatação de que sociedade e natureza devem ser analisadas de forma interligada. Assim, o autor, define como objeto de estudo da sociologia ambiental os valores culturais e crenças que motivam as pessoas a *usarem o meio ambiente* num *sentido particular*, e suas eventuais implicações para o consenso e o conflito social.

Segundo Leila da Costa Ferreira (2004), destacada socióloga ambientalista brasileira, foi nesse contexto, embora de forma diferenciada, principalmente a partir dos anos de 1960, que grupos de sociólogos começaram a dar importância à problemática ambiental e perceber sua relevância e abrangência, passando a ocupar a agenda dos governos, organismos internacionais, movimentos sociais e setores empresariais em todo o mundo.

Para Buttel (1996 apud FERREIRA, 2004) a trajetória da sociologia ambiental poderia ser sintetizada em três momentos distintos: o momento de formação, a partir da combinação e contribuição de outras sociologias específicas; a fase de constituição de um núcleo teórico próprio e de perfil mais consensual; e um momento de diversificação e maior incorporação no campo teórico da sociologia em geral.

Com relação ao período de formação, o autor comenta que a sociologia rural foi pioneira na contribuição para a área. Em certa medida, a sociologia ambiental dentro das disciplinas já existentes, tentou cobrir a lacuna teórica da tradição clássica frente às questões ambientais.

A fase seguinte, de constituição de um núcleo teórico, unificou-se em torno da produção de alguns sociólogos ambientais como Catton, Dunlap, Buttel, Hannigan, entre outros. Eles criticaram fortemente a insustentabilidade das sociedades modernas, por se apoiarem em um modelo de desenvolvimento predatório que dilapidou os recursos naturais muito mais rapidamente que sua capacidade de regeneração.

O terceiro momento na trajetória intelectual da sociologia ambiental, mais nítido na virada da década de 1980, caracterizou-se por uma maior diversidade teórica e por certa incorporação da teoria sociológica clássica. Destacaram-se, em primeiro lugar, as influências advindas da sociologia contemporânea, no sentido de uma guinada cultural que reduz a ênfase nas explicações materialistas e estruturalistas em favor de perspectivas culturais, subjetivas e com forte influência da sociologia do cotidiano.

Portanto, percebe-se que, se em sua origem a sociologia ambiental teve como objetivo romper com a primazia do social – entendido como exclusivamente humano – na análise sociológica, em seus desdobramentos esse objetivo não foi alcançado para além de um princípio geral. Assim como nas demais vertentes da sociologia que se propuseram a analisar temáticas ambientais, o foco manteve-se nas dinâmicas de construção e formulação – social – da questão ambiental (FLEURY, ALMEIDA, & PREMEBIDA, 2014). Contudo, as propostas mais ousadas no sentido de se romper com a primazia do social nas análises vieram de outro campo de estudos, os Estudos de Ciência, Tecnologia e Sociedade (ECTS). Estes, apesar de não partirem de problemáticas consideradas ambientais, ao analisarem o processo de produção do conhecimento científico e da elaboração e implantação de tecnologias se

334 Capítulo 20

depararam, necessariamente, com a *interface social-natural*. Na fala de Jasanoff (2006), citado por Fleury, Almeida e Premebida (2014):

Configurando interações conflitivas e prolongadas entre pessoas, ideias, instituições e objetos materiais, o reconhecimento e a consideração de fenômenos como mudanças climáticas, armas biológicas, clonagem de mamíferos, alimentos geneticamente modificados, novas tecnologias reprodutivas, perda de biodiversidade, técnicas de miniaturização e crescimento da internet desafiam muitas das mais básicas categorias do pensamento social – como estrutura e agência, natureza e cultura, ciência e política, estado e sociedade. Os discursos dominantes da economia, da sociologia e da ciência política carecem de vocabulários que deem sentido aos processos desajeitados e irregulares pelos quais a produção da ciência e tecnologia se torna enredada por normas sociais e hierárquicas (JASANOFF, 2006, p. 2).

Proeminentes sociólogos contemporâneos, Anthony Giddens, Jürgen Habermas e Ulrick Beck (1944-2015), têm reagido à destruição do meio ambiente, tentando impedir o avanço e estudando os efeitos sociais, políticos e econômicos da degradação ambiental.

20.2.2 Sociologia ambiental no Brasil

No Brasil, as tentativas de institucionalização do campo de conhecimento que trata das relações entre sociedade e natureza/ambiente iniciaram-se em meados da década de 1980 e as primeiras iniciativas aconteceram na região Sudeste, com ênfase especial para a Universidade Estadual de Campinas e a Universidade de São Paulo, no estado de São Paulo, e a Universidade Federal de Santa Catarina (FERREIRA, 2004).

O ambientalismo se expande no Brasil, principalmente nos anos 1980, estimulados pela divulgação do Relatório Brundtland, pela escolha do Brasil para ser a sede da segunda conferência da ONU sobre Meio Ambiente (Rio 92), pela crise da "Década Perdida" que levou muitos grupos a questionarem o modelo de desenvolvimento predatório estimulado pelo Governo Militar (1964-1985), o aumento significativo na área de queimada na Amazônia e o assassinato de Chico Mendes, grande líder do movimento socioambiental dos seringueiros, esses dois últimos, episódios de grande repercussão no âmbito internacional, transformando o governo brasileiro em "vilão ambiental", servindo também para aumentar o poder e influência dos grupos de pressão que tratavam sobre as questões ambientais (BACCHIEGGA, 2012).

Para Fleury, Almeida e Premebida (2014), atualmente, no campo da Sociologia Ambiental, identificam-se três grandes grupos de autores e abordagens que configuram a pesquisa de conflitos ambientais no Brasil: a) aqueles que dialogam com a sociologia ambiental internacional, considerada de modo amplo, orientando suas pesquisas a partir dos debates sobre arenas públicas, sociedade de risco, modernização ecológica, sustentabilidade e sociologia rural e interdisciplinaridade (FUKS, 2001; FERREIRA, 1996; ALMEIDA, 1997; GUIVANT, 1998; BRANDENBURG, 2005, entre outros); b) autores que se apropriam do arcabouço teórico-metodológico da sociologia crítica, influenciados pelas pesquisas de Pierre Bourdieu, e discutem conflitos ambientais a partir de relações simbólicas e de poder/dominação (LOPES, 2004; ACSELRAD, 2004; ZHOURI; LASCHEFSKI, 2010, entre outros); e c) autores identificados com a antropologia, que discutem conflitos ambientais a partir de análises sobre povos tradicionais e grandes projetos de desenvolvimento (RIBEIRO, 1991;

Temas macrossociais 335

ALMEIDA, 1996; MAGALHÃES, 2007; CARNEIRO DA CUNHA, 2009). Assim, ainda que se possa considerar que este seja um campo em formação (ALONSO; COSTA, 2000; ZHOURI; LASCHEFSKI, 2010), a relevância do tema conflitos ambientais no cenário nacional pode ser atestada pela presença de grupos de trabalho voltados para a sua discussão nos principais encontros brasileiros de ciências sociais, como nos encontros anuais da Associação Nacional de Pesquisa e Pós-Graduação em Ciências Sociais (ANPOCS), nos congressos da Sociedade Brasileira de Sociologia (SBS), nos encontros bianuais da Associação Nacional de Pesquisa e Pós-Graduação em Ambiente e Sociedade (ANPPAS), nas reuniões da Associação Brasileira de Antropologia (ABA), entre outros. Alguns balanços sobre a produção em conflitos ambientais vêm sendo publicados (ACSELRAD, 2004; CARNEIRO, 2009; ZHOURI; LASCHEFSKI, 2010), e dentre as pesquisas mais emblemáticas desse campo cabe destacar, em particular, algumas abordagens.

Pode-se concluir, pois, que a formulação do ambiente como questão sociológica se trata, não apenas da incorporação de um objeto a uma disciplina estabilizada, mas de um processo contínuo de reflexão e reelaboração das cartografias disciplinares, nos quais os próprios termos da análise são colocados em jogo e reformulados de forma a abarcar a complexidade das questões em pauta (FLEURY, ALMEIDA & PREMEBIDA, 2014).

Assim, a Sociologia Ambiental brasileira, embora tenha iniciado seus trabalhos com a discussão ambiental, já presente em muitos outros países, deve buscar se fortalecer academicamente pela valorização de sua teoria, da sua inserção em muitas universidades por meio de disciplinas específicas e cursos de pós-graduação que produzam mais conhecimento sobre o tema e, principalmente, pela formação de espaços de discussão e trocas de experiência entre pesquisadores, revelando-se uma esfera de estudo multifacetada, buscando inovar e (re)fazer paradigmas, buscando um espaço para (re)pensarmos a construção de uma nova "imaginação sociológica ambiental" brasileira (BACCHIEGGA, 2012).

20.3 Sociologia da pobreza

Para a sociologia, pobreza é uma das questões mais difíceis de se abordar. É um fenômeno complexo que marca a vida de muitas pessoas, afetando-as "na sua carne, na sua alma e na sua humanidade". É difícil criar uma definição suficientemente abrangente para explicá-la. Ser pobre não representa apenas uma ausência de recursos materiais, ou um conjunto de privações, de necessidades não satisfeitas daqueles que sobrevivem com menos do que a grande maioria da população; "no olhar do pobre que, cotidianamente cruza o nosso caminho, encontramos uma inquietante ausência de expressão" (BATISTA, 2000: 88, apud FREITAS, 2010).

A pobreza constitui, nos nossos dias, um fenômeno de grande dimensão e continua a provocar sentimentos de repulsa e desprezo na maioria da população. Em muitos casos, os indivíduos encaram a realidade da pobreza julgando-a segundo os seus padrões individuais, que têm por base questões morais da sociedade ou conhecimentos do senso comum. Desse modo, a pobreza é encarada, em muitos casos, como um juízo de valor, vista de forma depreciativa e levando os indivíduos que se encontram nessa situação a serem vítimas de exclusão social (FREITAS, 2010).

336 **Capítulo 20**

Por que é importante estudar a pobreza desde a Sociologia? Porque é uma manifestação multifatorial que envolve aspectos sociais, econômicos, políticos, culturais etc. Assim, existe uma variedade de conceitos, interpretações ou soluções para o problema. Por exemplo, para uma pobreza econômica, o problema se reduz a falta de recursos, enquanto para uma pobreza psicológica, o problema está relacionado com a satisfação de necessidades. Para uns, a pobreza é fenômeno recente, para outros é milenar. No entanto, entre os homens: terá existido uma sociedade em que os indivíduos pudessem usufruir igualmente as oportunidades que surgem na vida social? As respostas, na maioria das vezes, são negativas. A humanidade é, desde os primórdios, conflituosa. As diferenças entre os membros de uma coletividade sempre foram, de certa forma, acentuadas pelos grupos sociais. Mas, **por que existe pobreza no mundo?** As respostas normalmente variam, indo desde exploração e ganância até escravidão, colonialismo e outras formas de comportamento imoral. A pobreza é vista como um fenômeno que deve ser explicado apenas por meio de análises complicadas, doutrinas conspiratórias, fórmulas mágicas e feitiçarias. Essa visão acerca da pobreza é, na verdade, parte do problema, impedindo que a questão seja abordada corretamente (WILLIAMS, 2012).

Na realidade, a pobreza forma parte da história da humanidade. As causas da pobreza são simples. Surgiu no mundo no momento em que as divisões do que se conquistava eram feitas de forma desigual, e quando o poder passou do modo familiar para o domínio de um imperador, como no Egito, quando as terras pertenciam ao faraó e todos tinham que dar parte de suas colheitas para ele, ou como na Grécia Antiga, com o fim dos genos (pequeno grupo parental, propriedade comum, chefiada por um homem mais velho), o que levou à divisão de terras entre os descendentes diretos dos chefes dos antigos genos, surgindo aí a divisão de classes. De onde se conclui que a "posse" da terra é que gera as diferenças sociais; porém, atualmente, poderíamos citar outros fatores como a grande população existente no planeta (XAVIER, 2017).

O fundamental é entender por que realmente existe alguma riqueza no mundo. Isto é, como uma pequena porção da população humana (em sua maioria no Ocidente), por apenas um curto período da história humana (principalmente nos séculos XIX, XX e XXI), conseguiu escapar do mesmo destino de seus predecessores?

20.3.1 Definição

A pobreza é uma das razões pelas quais há pensadores da importância de Karl Marx ou de Auguste Comte, considerados fundadores da Sociologia, que fizeram importantes contribuições teóricas e metodológicas para essa ciência.

De acordo com Abreu (2012, p. 97) a pobreza é uma categoria que abrange muito mais pessoas do que aquelas que usualmente são classificadas como pobres, atendendo unicamente à sua localização numa estrutura social de distribuição de rendimento. "À incapacidade de sustentar as suas necessidades básicas devido ao baixo rendimento, aumentam, nesta perspectiva, a falta de condições para viver uma vida mais longa, o não acesso às facilidades de educação e de saúde, a dificuldade em escapar a uma situação de sub ou má nutrição crônica, o não acesso a água potável, a energia elétrica, a condições de habitabilidade dignas e meio ambiente saudável, o não acesso à cultura e ao lazer, os quais resultam em desvantagens quase instransponíveis para competir no mercado de trabalho, e que, por sua vez, estão na base da reprodução do círculo vicioso da pobreza: sem trabalho nem rendimento, não existem condições objetivas nem subjetivas para acesso à educação e à saúde, mães sub ou malnutridas e pouco escolarizadas ou analfabetas colocam no mundo mais crianças com desvantagens a partir do nascimento, que irão confrontar-se com os mesmos problemas, muitas vezes agravados, que os seus progenitores enfrentam e que não terão condições de as alterar em seu favor".

Como foi colocado por Labbens (1969) citado por Perista e Baptista (2010): "Um homem pobre não é um homem rico com menos dinheiro; ele é outro homem. As diferenças entre um e outro não se relacionam apenas com o rendimento, também dizem respeito à educação, relações sociais, em suma, a todos os domínios da vida social: ser rico e ser pobre são dois estilos de vida."

A pobreza não é um mero evento econômico, embora possa ser o seu lado mais visível. Para início de conversa, um fenômeno passa a ser sociológico quando um importante segmento de uma população ou sociedade sofre os efeitos da falta de recursos ou acesso a eles (materiais, econômicos, culturais etc.). Quando existe esse tipo de fenômeno, não há dúvida de que estamos confrontados com um problema estrutural causado pelas características da organização social. Não existe democracia onde há desigualdade socioeconômica (CARMUGO SOCIOLÓGICO, 2011).

Para Carmugo Sociológico (2011), aspectos importantes da pobreza e pouco estudados são os seguintes:

Em **primeiro lugar**: a pobreza é um fenômeno político. Em uma democracia como a latino-americana é indubitável a relação de pobreza-votos. Quem se beneficia da pobreza? Como a ignorância e a necessidade se relacionam com o poder político e econômico? Pode-se chamar de democracia um estado de classistas? Muitos outros fenômenos se relacionam com a pobreza, tais como a violência, o crime ou o machismo, e que poderiam ser erradicados se a pobreza fosse resolvida (isto é, se existisse vontade política).

Em **segundo lugar**: a pobreza é cultural e psicológica. Gerações de pessoas que não podem sair da pobreza tanto pelas condições econômicas (estrutural) quanto ideológicas e religiosas (superestrutural) ou desistem de lutar pela falta de oportunidades. Um exemplo de cultura da pobreza reside no ambiente religioso: abnegação como um valor e modelo a seguir. Uma pesquisa Gallup feita em 2009, mostra que quanto maior for o estado de pobreza e baixo crescimento econômico de um país, "maior será a busca por subterfúgios sobrenaturais" (ver Seção 10.3.2.1 Kingsley Davis e as castas indianas).

Como definir um conceito tão complexo? Em continuação se incluem algumas das definições mais utilizadas na atualidade:

Amartya Sen (1933-) filósofo e economista indiano, Prêmio Nobel de Economia de 1998, um dos mais importantes estudiosos do desenvolvimento socioeconômico, afirma que a "capacidade de uma pessoa consiste nas combinações alternativas de funcionamentos cuja realização é factível para ela", pode entender-se pobreza como a impossibilidade de uma pessoa, ou grupo de pessoas, transformar a suas capacidades em oportunidades para viverem a vida de acordo com seus objetivos e vontades, ou ainda, a incapacidade de alcançar o bem-estar devido à falta de meios econômicos e à impossibilidade de converter rendimentos e

338 Capítulo 20

recursos escassos em capacidade de funcionar (SEN, 1992, p. 110 apud ABREU, 2012, p. 94; SEN, 2000).

20.3.1.1 Definição filosófica

Do ponto de vista filosófico, o conceito de pobreza pode ser pensado à luz da ideia de **justiça** – existe pobreza quando consideramos uma determinada situação social absolutamente inaceitável e injusta. Por isso, o conceito também pode ser abordado pelo viés da **ética** e da **política**, no sentido de a pobreza implicar considerações morais, fruto do convívio social (MELLO, 2018).

Para John D. Jones, filósofo e teólogo inglês, se entendemos pobreza como uma possibilidade de existência humana, que inclui: (a) fatores mundiais que ameaçam empobrecer-nos e (b) uma forma de existir em que podemos cair ou a que vamos continuar a ser submetidos... a pobreza cotidiana é uma possibilidade de vida dada a condição da existência humana no mundo (JONES, 1990, citado por WOLFF, LAMB & ZUR-SZPIRO, 2015).

20.3.1.2 Definição econômica

O pai da economia moderna, Adam Smith definiu a pobreza como "a incapacidade de comprar necessidades exigidas por hábitos e natureza". Nessa definição, o aspecto social/psicológico do *status* da pobreza recebe implicitamente o mesmo peso que os bens materiais, condição puramente econômica-natureza (SMITH, 1776, apud DAVIS & SANCHEZ-MARTINEZ, 2014, p. 7).

Atualmente, a Joseph Rowntree Foundation (JRF) define pobreza como a situação em que "os recursos de uma pessoa (essencialmente, os recursos materiais) não são suficientes para atender às mínimas necessidades (incluindo participação social)" (JRF, 2015). Essa definição se baseia em definições históricas, mas também incorpora elementos de definições mais amplas de pobreza, reconhecendo a importância da vida social do indivíduo.

20.3.1.3 Definições de organizações internacionais

Para o Banco Mundial, um método comum usado para medir a pobreza se baseia em níveis de renda ou de consumo. Uma pessoa é considerada pobre se o seu nível de consumo ou de rendimento ficar abaixo de algum nível mínimo necessário para satisfazer as necessidades básicas. Esse nível mínimo é geralmente chamado de "linha de pobreza" (RAVALLION & CHEN, 2008, apud DAVIS & SANCHEZ-MARTINEZ, 2014, p. 11).

Uma definição de pobreza que tenta abranger tantos países desenvolvidos ou em desenvolvimento foi elaborada na declaração de Copenhague das Nações Unidas em 1995. Nessa reunião foi acordado que a pobreza inclui: falta de rendimentos e recursos produtivos para garantir meios de subsistência sustentáveis; fome e desnutrição; doença; falta de ou acesso limitado à educação e outros serviços básicos; maior morbidade e mortalidade por doença; sem teto ou habitação inadequada; discriminação social e exclusão. Também falta de participação na tomada de decisões e na vida civil, social e cultural (DAVIS, 2014, p. 13).

De acordo com Perista e Baptista (2010), um norte-americano pobre pode ser uma pessoa que dirige um carro velho com os pneus desgastados, quando um camponês latino--americano pobre, anda descalço e não tem os meios de satisfazer a sua necessidade básica: alimentação. No entanto, em suas respectivas sociedades, ambos são pobres, porque eles pertencem ao mais baixo degrau de distribuição de renda. Assim, a definição de pobreza exige uma análise prévia da situação socioeconômica geral de cada área ou região, e dos padrões culturais que expressam o estilo de vida dominante. De acordo com o exposto, podemos adotar como um conceito de pobreza o que alude à insatisfação de um conjunto de necessidades consideradas essenciais por um grupo social específico e que reflete o estilo de vida dessa sociedade.

Em resumo, há uma tendência para uma expansão das dimensões incluídas no conceito de pobreza. Hoje em dia, considera-se que os indivíduos que sofrem por causa da pobreza não podem ser estudados isolados do seu ambiente socioeconômico. Além disso, na atualidade, acredita-se que a base de discussão do conceito é um conjunto de fatores sujeitos a alterações, tanto ao longo do tempo (devido ao avanço das sociedades), quanto entre países.

20.3.2 Origens

A palavra pobre vem do latim *paupe*, que vem de pau = "pequeno" e pário = "dou à luz" e, originalmente, referia-se a terrenos agrícolas ou gado que não produziam o desejado.

De acordo com os cálculos de Bradford de Long (1998), economista da Universidade de Berkeley, a renda *per capita* em todo o mundo entre a Revolução Neolítica e o ano 1 variava entre 96 e 109 dólares por ano, o que significa cerca de 0,29 dólar por dia. Isso representa 23% da linha de pobreza atual. Em outras palavras, a renda média dos seres humanos na virada do calendário gregoriano era a quarta parte do que hoje se considera nível de renda miserável ou de extrema pobreza (KOECHLIN, 2013).

Angus Madisson (2007), economista britânico, calculou em 23 anos a expectativa de vida no ano 1, aumentando para 26 anos em 1800. De acordo com os cálculos de Bourguignon e Morrison (2002), a pobreza global no início do século XIX foi de 94,4% da população. Segundo, Evan Hillebrand (2009) no início de 1800 a pobreza mundial representava 85,2% da população. Em outras palavras, depois de mais de 200.000 anos de evolução como *sapiens sapiens* (isto é, que sabe o que sabe), a renda permaneceu quase constante até 1800 e, consequentemente, quase o total da população mundial vivia em um estado de pobreza absoluta. Apenas a partir da Revolução Industrial e do aumento da produtividade cresce a renda *per capita* e melhora a expectativa de vida (KOECHLIN, 2013, p. 106).

Essa é a história do ser humano: uma situação de pobreza e necessidade permanentes, em que os pequenos saltos tecnológicos e institucionais implicavam grandes saltos na qualidade de vida e na capacidade de sobreviver ao contexto (entre outros, predadores, fenômenos climáticos e doenças).

Então, quais são as origens da pobreza? Como afirmava David Ricardo no final do século XVII, a pobreza não tem origem ou causas determinantes: é o estado natural do homem. É o estado atual de ianomâmis e milhões de pessoas que vivem em condições de vida pré--industriais na América Latina, África e Ásia. O que sim tem causas é a **riqueza** (KOECHLIN, 2013). Portanto, não é a origem da pobreza que precisa de explicação, dado que a espécie

340 **Capítulo 20**

humana toda começou na pobreza. O que exige explicação são as situações que criaram e alimentaram padrões de vida mais elevados.

Imensas disparidades de riqueza, e de capacidade para criá-la, foram comuns durante milénios. Mas apesar das desigualdades econômicas terem persistido em toda a história registrada do gênero humano, o *padrão* particular dessas desigualdades mudou drasticamente nos últimos séculos (SOWELL, 2017).

20.3.3 Tipos de pobreza

Em geral, os sociólogos reconhecem dois tipos de pobreza: **pobreza relativa** e **pobreza absoluta**.

Para Crespo e Gurovitz (2002) o enfoque **absoluto** na conceituação da pobreza se observa quando da fixação de padrões para o nível mínimo ou suficiente de necessidades, conhecido como linha ou limite da pobreza, determinando a porcentagem da população que se encontra abaixo desse nível. Esse padrão de vida mínimo, apresentado sob diferentes aspectos, sejam nutricionais, de moradia ou de vestuário, é normalmente avaliado segundo preços relevantes, calculando a renda necessária para custeá-los. Para o estabelecimento dos limites de pobreza utilizam-se diferentes enfoques, quer sejam o biológico, o das necessidades básicas ou o dos salários mínimos. O enfoque biológico define a linha de pobreza a partir dos requisitos nutricionais mínimos da dieta alimentar, definindo o valor aproximado para a renda a ser gasta no atendimento desses requisitos. Por básicas entendem-se necessidades como alimentação, moradia, vestuário e serviços essenciais: água potável, saneamento, transporte público, serviços médicos e escolas. Já o enfoque dos salários mínimos lida com a ideia de que exista um salário mínimo oficial que deve ser uma boa aproximação do montante em dinheiro necessário para o nível de vida mínimo.

O problema com o conceito de pobreza absoluta é que não há nenhuma definição universal, e as definições de necessidade são culturalmente variáveis: por exemplo, dificilmente, um sertanejo brasileiro se considera que vive na pobreza absoluta, mas muitas pessoas podem considerar que sofrem essa condição.

A pobreza **relativa** tem relação direta com a desigualdade na distribuição de renda. É explicitada segundo o padrão de vida vigente na sociedade que define como pobres as pessoas situadas na camada inferior da distribuição de renda, quando comparadas àquelas mais bem posicionadas. O conceito de pobreza relativa é descrito como aquela situação em que o indivíduo, quando comparado a outros, tem menos de algum atributo desejado, seja renda, sejam condições favoráveis de emprego ou poder (CRESPO & GUROVITZ, 2002).

O uso da pobreza relativa é útil, pois permite estimar o aumento ou a diminuição dos níveis de pobreza e a comparação de situações entre diferentes grupos. Além disso, permite destacar a injustiça na sociedade e os grupos que experimentam a discriminação e a marginalização – mulheres, algumas minorias étnicas, os jovens e os idosos são mais susceptíveis de estar em pobreza relativa do que outros grupos.

No entanto, esses conceitos apresentam uma abordagem macroeconômica da pobreza, captando apenas uma parte do problema de pobreza. Como já foi colocado, Amartya Sen (1992) acrescenta à pobreza relativa uma visão multidimensional, o conceito de capacidades.

Isso deu origem aos índices de pobreza multidimensional, utilizados por diversas organizações internacionais e países, como o Brasil.

20.3.4 Teorias

Kerbo (1996), citado por Islam (2005) identifica 4 tipos diferentes de teorias da pobreza.

20.3.4.1 Teoria da pobreza do Darwinismo Social – Herbert Spencer (1820-1903)

A primeira teoria que surgiu na Sociologia, tentava explicar a pobreza em termos do comportamento e atitudes dos próprios pobres. Os pobres eram pobres porque eram preguiçosos, desperdiçavam dinheiro em jogos, bebida, luxos supérfluos e tinham uma vida familiar conturbada.

O darwinismo social nunca constituiu uma filosofia articulada. Foi utilizado em uma variedade de maneiras muitas vezes contraditórias por escritores e pensadores do final do século XIX e início do século XX.

20.3.4.2 Cultura da pobreza

A teoria da cultura da pobreza foi desenvolvida em 1959 por Oscar Lewis, antropólogo norte-americano. Lewis desenvolveu sua teoria baseado na sua experiência no México. A cultura da pobreza é uma síndrome específica de determinadas situações. Precisa de um contexto baseado em economia monetária, uma alta taxa de desemprego e subemprego, baixos salários e indivíduos com poucas habilidades. Na ausência de apoio do Estado e de uma família estável, a população de baixa renda tende a desenvolver a cultura da pobreza contra a ideologia de acumulação da classe média. Os pobres percebem que têm uma posição marginal dentro de uma sociedade capitalista altamente estratificada e individualista, que não lhes oferece nenhuma perspectiva de mobilidade ascendente. Assim, desenvolvem suas próprias instituições e agências, incorporam um conjunto comum de valores, normas e comportamentos, diferente da cultura dominante. Em suma, os pobres têm um modo de vida – uma subcultura específica. Lewis encontrou 70 traços característicos dessa subcultura.

20.3.4.3 Teoria situacional da pobreza – Della Fave (1974), Cohen e Felson (1979) Felson e Boba (2010)

A teoria situacional da pobreza sustenta que os pobres se comportam de forma diferente porque não têm os recursos e oportunidades para adotar os estilos de vida da classe média. Os jovens têm poucas oportunidades de ir à faculdade e abandonam a escola. As mulheres preferem a família matriarcal porque lhes permite ter maior autoridade sobre seus filhos.

A teoria situacional dá importância às condições estruturais que dão origem à pobreza, mas também se preocupa com as reações individuais da situação objetiva de pobreza. Difere da teoria da cultura da pobreza em um sentido fundamental: não assume a preexistência de uma subcultura que dá coerência e solidez ao comportamento dos pobres. A teoria

342   Capítulo 20

situacional sustenta que os indivíduos seguem racionalmente um padrão de comportamento, que é adequado para a situação objetiva de suas vidas. A partir dessa perspectiva pode-se afirmar que os pobres não seguem os valores da classe média, porque eles sabem que não podem alcançá-la.

20.3.4.4 Teorias estruturais da pobreza

As teorias estruturais da pobreza sustentam que a pobreza é causada pela estrutura socioeconômica de uma sociedade. É essa estrutura que produz a desigualdade e, consequentemente, a pobreza. Por exemplo, a estrutura do capitalismo global dá origem à desigualdade e à pobreza mundial. O marxismo nas suas diversas interpretações permanece uma perspectiva teórica fundamental para compreender a pobreza. A teoria da dependência, que surgiu na América Latina, tinha como foco principal o estudo da pobreza no terceiro mundo. O mesmo acontece com a teoria da marginalização de novo na América Latina, com uma rica tradição no estudo da privação humana e da marginalidade.

O conceito de exclusão social elaborado em 1974 pelo político francês René Lenoir transformou-se em uma noção fundamental para compreender a desigualdade social no mundo capitalista. Cabe destacar que Georg Simmel (1858-1918), um sociólogo alemão, delineou uma perspectiva sociológica sobre a exclusão social e a inclusão, no início de 1908, que pode ser mais completa que alguns discursos atuais sobre a exclusão social.

Thomas Piketty (1971-), renomado economista francês, especialista em desigualdade social, publicou, em 2010, *Capital in the 21st Century* (O capital no século XXI), no qual ataca duramente o capitalismo e um aspecto inerente ao seu funcionamento: a crescente desigualdade que, mais cedo ou mais tarde, será "intolerável". Segundo o autor, os registros históricos demonstram que o capitalismo tende a criar um círculo vicioso de desigualdade, pois, no longo prazo, a taxa de retorno sobre os ativos é maior que o ritmo do crescimento econômico, o que se traduz numa concentração cada vez maior da riqueza.

A sociologia da pobreza, centrando-se no mecanismo institucional da desigualdade, fornece uma análise mais aprofundada dos aspectos materiais e discursivos da pobreza, da forma como os pobres são incorporados a uma categoria social e da forma como essa categoria é estigmatizada.

Nos últimos anos, os estudos e políticas públicas começam a aceitar que a pobreza é uma construção social, começam a ouvir a voz dos pobres. No entanto, precisamos ter um conhecimento melhor do destino histórico dos seres humanos que sofrem a privação relativa e como vivem e lutam contra o seu destino socialmente construído. Isso exige o desenvolvimento de uma perspectiva sociológica adequada sobre a pobreza.

20.3.5 A pobreza no Brasil

A pobreza, mesmo não sendo um fenômeno recente no Brasil, mostrou ser mais robusta após as crises econômicas que afetaram o país a partir dos anos de 1980 quando, além das deficiências estruturais do modelo de desenvolvimento econômico, os problemas sociais se tornaram obstáculos reais para a conformação de uma sociedade brasileira mais justa, igualitária e democrática. Até as décadas finais do século XX o Brasil era caracterizado como um país com elevadas taxas de pobreza e com altos índices de desigualdades sociais. A Tabela 20.1 mostra que na década de 1990 aproximadamente 45% da população era classificada como pobre. No entanto, a partir do início do século XXI esse cenário começou a mudar significativamente, estudos do Banco Mundial revelaram que o Brasil liderou a erradicação da pobreza extrema na América Latina na primeira década deste século (MATTEI, 2016).

Tabela 20.1 Evolução percentual da redução da pobreza: Brasil e América Latina

PAÍS/REGIÃO	% DE POBRES	REDUÇÃO EM PONTOS %
	1990/2002 – 2002/2007	1990/2007 – 2002/2007
Brasil	44,9/38,2 – 34,1/29,0	15,9 – 9,2
América Latina	48,3/44,0 – 39,8/34,1	14,2 – 9,9

Fonte: Cepal (2007) e IPEA (2008) apud Mattei (2016).

De acordo com o autor, a reestruturação produtiva, a abertura comercial indiscriminada, as privatizações e a ordem econômica e política neoliberal dos anos de 1990 produziram efeitos negativos sobre a luta contra a pobreza, uma vez que ao longo de todo período do governo FHC (1995-2002) a taxa de pobreza praticamente não baixou do patamar de 35%. A partir do início do governo Lula (2003), essa taxa entrou em um processo de declínio permanentemente acentuado, como é possível constatar no Gráfico 20.1.

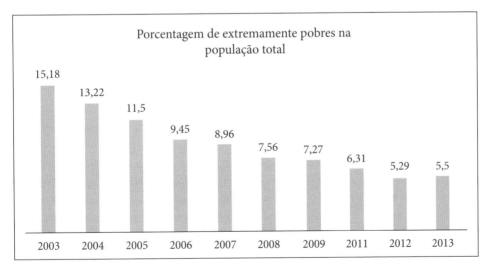

Fonte: BRASILDEBATE, 2014.

Gráfico 20.1 Porcentagem de pobres no Brasil 2003-2013.

O que explica esses resultados é a combinação e soma de diversas ações governamentais, com destaque para a adoção de políticas macroeconômicas que estimulam o crescimento econômico e as diversas políticas sociais implantadas no período, em especial os programas de transferência de renda, como os programas Bolsa Família e Brasil Sem Miséria (MATTEI, 2016).

No entanto, com a atual crise econômica, (desde 2015) o cenário mudou. Dados do Banco Mundial indicam que o Brasil teria um aumento de 3,6 milhões de pobres até o fim de 2017. Igualmente, o perfil do pobre no país se transformou. Agora, são brasileiros com menos de 40 anos, chefes de família e que há dois anos estavam empregados. Possuem pelo menos o ensino médio e 90% vive na cidade (BEZERRA, 2017).

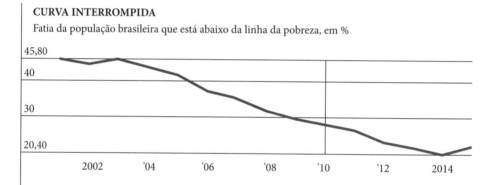

Gráfico 20.2 Fatia da população brasileira que está abaixo da linha da pobreza.

Por outro lado, uma nova métrica passou a ser usada em março de 2018 pelo Banco Mundial para delimitar a quantidade de pessoas que vivem abaixo da linha da pobreza. O que eleva de 8,9 milhões para 45,5 milhões o número de brasileiros considerados pobres, ou seja, 1/5 da população. A instituição decidiu complementar a linha de pobreza tradicional, que traça o corte em consumo diário inferior a US$ 1,90, com outras duas delimitações mais ajustadas às realidades de cada país (FOLHA DE SÃO PAULO, 2018).

A pobreza do Brasil revela importantes disparidades regionais devido aos anos de concentração da política e das indústrias no sul do país. Os estados do norte e nordeste têm os maiores índices de pobreza, e Maranhão, Piauí e Alagoas são aqueles que possuem a maior proporção de pobres. No Brasil, 8% da população ou um pouco mais de 16 milhões são considerados extremamente pobres. Mais da metade dos extremamente pobres vive no Nordeste e das 50 cidades mais pobres do Brasil, 26 estão no Maranhão.

O mapa mostra os estados que possuem a maior proporção de pobres. Os números são a porcentagem de pobres em relação à população do estado.

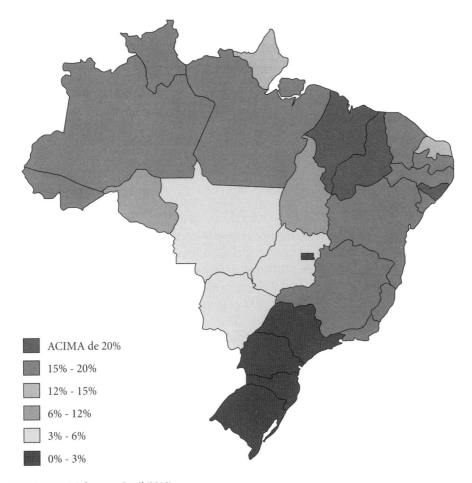

Fonte: Bezerra, J. Pobreza no Brasil (2018).

Figura 20.1 Distribuição da pobreza no Brasil.

Zanzini (2017), faz uma dura crítica com relação à pobreza no Brasil. Para o autor, o "País não oferece condições mínimas de dignidade a seus cidadãos e propicia a existência de verdadeiros bolsões de pobreza na maioria de suas cidades, incluindo os grandes centros, como São Paulo. É possível observar, diariamente, andando a pé, de automóvel, condução pública e até de bicicleta, nas muitas praças, jardins, ilhas de avenidas e ruas, bueiros, respiros de metrô, calçadas, embaixo de viadutos, marquises, um número gigantesco, diríamos,

346   Capítulo 20

de pequenos barracos, colados um ao lado do outro, e, no seu interior, embaixo de cobertu-
ras de lonas plásticas pretas, caixas de papelão, madeiramentos e restos de tábuas de construção, pessoas na mais extrema pobreza" (ZANZINI, 2017).

Concluindo e como já foi colocado, a pobreza é um fenômeno complexo e multidimensional que não pode ser entendido apenas como um problema de insuficiência de renda,
nem seu combate ficar restrito às transferências monetárias, tais como os programas Brasil
sem Miséria e Bolsa Família. As políticas de combate à pobreza não podem estar dissociadas
de um projeto nacional que busque a construção de uma rede de proteção social por meio da
universalização das políticas distributivas, como forma de promover um desenvolvimento
mais igualitário (MATTEI, 2016).

20.4   Sociologia do envelhecimento

Pela importância dos posicionamentos da OMS com relação à velhice e saúde do idoso, esta
parte do trabalho estará baseada, fundamentalmente, nas observações do Relatório Mundial
de Envelhecimento e Saúde de 2015.

Uma ação de saúde pública abrangente relacionada com o envelhecimento da população é uma necessidade urgente. O Relatório Mundial de Envelhecimento e Saúde delineia
um quadro de ação para promover o envelhecimento saudável, construído em torno do novo
conceito de capacidade funcional. Isso exigirá uma transformação dos sistemas de saúde,
longe dos modelos curativos baseados em doença para a prestação de cuidados integrais e
centrados em pessoas maiores. Exigirá o desenvolvimento de sistemas abrangentes de cuidados de longo prazo. Também exigirá uma resposta coordenada de diversos setores e nos
vários níveis de governo. Essas ações provavelmente constituem um investimento sólido no
futuro da sociedade. Um futuro que proporcione às pessoas maiores a liberdade de viver de
uma forma que as gerações anteriores sequer imaginaram (OMS).

Segundo dados da OMS, a projeção do aumento em números de pessoas idosas é impressionante. Entre os anos 2000 e 2050, a proporção mundial de pessoas com mais de 65
anos de idade deverá ser mais do que o dobro dos atuais 6,9% para 16,4%. A proporção dos
mais idosos (80 anos e mais) aumentará de 1,9 a 4,2%. Em 2050, a população de pessoas
com mais de 100 anos será 16 vezes maior do que em 1998 (2,2 milhões em comparação com
135.000) com a proporção homem – mulher de 1:4 (WHO, 1999).

Hoje em dia, a maioria dos homens e mulheres mais velhos vivem em países em desenvolvimento. À medida que a transição demográfica avança nas regiões mais pobres do
mundo, uma proporção ainda maior desses homens e mulheres viverá nesses países e regiões
com uma diminuição dos recursos disponíveis para responder às suas necessidades básicas.
Portanto, sem desmerecer a importância da atenção a idosos dos países mais ricos, uma
abordagem global significativa, deve ser impulsionada pelas perspectivas e necessidades dos
idosos das regiões mais pobres. Para muitos idosos dessas regiões, a velhice será acompanhada de doenças crônicas e incapacidades, resultado de vidas na pobreza, com escasso ou
nenhum acesso à saúde e outros direitos. Muitas pessoas são funcionalmente "velhas" já nos
seus quarenta ou cinquenta anos, **questionando entre outros aspectos, a relevância das**

definições cronológicas de velhice. Em países mais pobres a saúde é questão de subsistência (WHO, 1999).

Como mostra a evidência, a perda das habilidades comumente associada ao envelhecimento, na verdade está apenas vagamente relacionada com a idade cronológica das pessoas. Não existe um idoso "típico". A diversidade das capacidades e necessidades de saúde dos adultos maiores não é aleatória, e sim advinda de eventos que ocorrem ao longo de todo o curso da vida e frequentemente são modificáveis, ressaltando a importância do enfoque de ciclo de vida para se entender o processo de envelhecimento. Embora a maior parte dos adultos maiores apresente múltiplos problemas de saúde com o passar do tempo, a idade avançada não implica dependência. Além disso, ao contrário do que se pensa, o envelhecimento tem muito menos influência nos gastos com atenção à saúde do que outros fatores, inclusive os altos custos das novas tecnologias médicas (OMS, 2015, p. 3).

Na medida em que ficamos mais velhos, começamos a viver um **processo de envelhecimento**, uma série progressiva e inevitável de mudanças em nossos corpos, um declínio nas habilidades físicas e mentais. Uma redução da resistência à doença, diminuição dos poderes de recuperação e um maior risco de desenvolver doenças agudas e/ou crônicas. O processo de envelhecimento pode acontecer lenta ou rapidamente, dependerá da situação de cada um. Mas se move apenas em uma direção: infelizmente, envelhecer significa que a saúde vai desaparecer lentamente.

A seguir, é apresentada a definição de idoso segundo a ONU.

> Para a Organização das Nações Unidas (ONU, 1982), o ser idoso difere entre países desenvolvidos e países em desenvolvimento. Nos primeiros, são consideradas idosas as pessoas com 65 anos ou mais, enquanto nos países em desenvolvimento, como é o caso do Brasil, são idosos aqueles com 60 anos ou mais. Essa definição foi estabelecida pela ONU, em 1982, por meio da Resolução 39/125, durante a Primeira Assembleia Mundial das Nações Unidas sobre o Envelhecimento da População (MEIRELES et al. 2007, p. 71).

Cabe insistir que a idade cronológica é o melhor indicador para analisar o processo de envelhecimento e as mudanças que o acompanham.

20.4.1 Definição de envelhecimento

A Organização Mundial de Saúde (OMS), ao renomear o Programa de Saúde do Idoso como Envelhecimento e Saúde, em 1995, deslocou a abordagem da velhice circunscrita a um momento específico da vida de indivíduos ou da população, para um processo contínuo de desenvolvimento ao longo da vida. Daí o emprego de curso de vida em lugar da compartimentalização por faixas etárias (OPAS-OMS, 2005, p. 54 apud TÓTORA, 2017, p. 240). Assim, a saúde daqueles que já estão mais velhos só pode ser integralmente entendida se os eventos da vida que passaram forem considerados e a melhor maneira de assegurar uma boa saúde para o futuro dos grupos de pessoas mais velhas é prevenindo doenças e promovendo a saúde durante a vida.

348 **Capítulo 20**

O Ano Internacional dos Idosos (1999) foi um marco na evolução do trabalho da OMS sobre o Envelhecimento e a Saúde. Nesse ano, o tema do Dia Mundial da Saúde foi "o envelhecimento ativo faz a diferença" e o "Movimento Global pelo Envelhecimento Ativo" foi lançado pelo o diretor-geral da OMS, Dr. Gro Harlem Brundtland. Nessa ocasião, o Dr Brundtland afirmou: *preservar a saúde e a qualidade de vida fará muito pela construção de vidas realizadas, a uma comunidade de gerações que convivem harmoniosamente e a uma economia dinâmica. A OMS é encarregada de promover o Envelhecimento Ativo como um componente indispensável de todos os programas de desenvolvimento* (OMS, 2005, p. 55).

Para a OMS (2005) as mudanças que acompanham o envelhecimento são diversas. No nível biológico, o envelhecimento é associado ao acúmulo de uma grande variedade de danos moleculares e celulares. Com o tempo, esse dano leva a uma perda gradual nas reservas fisiológicas, um aumento do risco de contrair diversas doenças e um declínio geral na capacidade intrínseca do indivíduo. Mas, essas mudanças têm pouca relação com a idade biológica da pessoa.

No entanto, as condições de saúde não dizem nada sobre o impacto que elas podem ter na vida de pessoas maiores. Por exemplo, apesar de ter uma deficiência auditiva significativa, uma pessoa pode manter altos níveis de funcionamento por meio de um aparelho auditivo.

20.4.1.1 Aspectos psicológicos do envelhecimento

Todas as mudanças que ocorrem na vida dos idosos os tornam muito sensíveis e há muitos casos em que os idosos experimentam sentimentos de solidão, depressão e isolamento. A causa desses sentimentos não é apenas a frágil condição psicológica dos idosos, mas também o tratamento recebido da sociedade (KOURKOUTA, 2015).

De acordo com o autor, a velhice é um período em que a pessoa é retirada das atividades diárias, tais como o local de trabalho, resultando em diferentes problemas psicossociais: demência, agitação, ansiedade, solidão e exclusão social. Esses problemas conduzem à depressão psicológica do idoso com seus efeitos na sua saúde. É de extrema importância estudar os problemas psicossociais ligados ao envelhecimento, caracterizado por sentimentos de solidão, medo, depressão, isolamento de si mesmos e sentimentos negativos. Cabe lembrar que o envelhecimento está relacionado com a consciência humana. A aceitação desse processo por parte do idoso contribui para o desenvolvimento de um sentimento de tranquilidade e autossatisfação.

É importante aceitar a prevalência de uma quantidade de características negativas atribuídas aos idosos. No entanto, existem mudanças mentais positivas: o pensamento retrospectivo permite que as pessoas idosas lembrem até mesmo os eventos mais distantes, permitindo-lhes ter uma grande experiência prática que podem usar e compartilhar.

20.4.1.2 Aspectos biológicos

O desempenho de muitos órgãos tais como coração, rins, cérebro ou pulmões mostram um declínio gradual. Parte desse declínio se deve a uma perda de células desses órgãos, com a consequente redução de suas capacidades. Além disso, as células que permanecem no idoso não tem as mesmas condições da época da juventude. Determinadas enzimas celulares

Temas macrossociais 349

podem ser menos ativas, e assim pode se requerer mais tempo para o processamento das reações químicas. Em última análise, a célula pode morrer.

Em geral, o processo de envelhecimento fisiológico inclui três grupos de mudanças. O primeiro grupo engloba mudanças nos mecanismos de homeostase celular, por exemplo, temperatura corporal e sangue. O segundo grupo está relacionado com uma diminuição da massa dos órgãos. O terceiro e, possivelmente, o mais importante grupo de mudanças, faz referência ao declínio e perda da reserva funcional dos sistemas do corpo. A perda dessas reservas funcionais pode prejudicar perigosamente a capacidade do idoso para lidar com desafios externos, por exemplo, uma cirurgia ou trauma. Manter a função fisiológica (saúde) em uma população envelhecida é de primordial importância não só para o bem-estar do idoso, mas também de uma perspectiva social, ajudando a reduzir a carga de serviços médicos e sistemas (AVENSBLOG, 2016).

O envelhecimento está fortemente determinado pela genética, e influenciado por uma série de fatores ambientais, como dieta, exercício, exposição a microrganismos e radiação ionizante comum em hospitais e consultórios odontológicos. Isso explica por que duas pessoas da mesma idade podem diferir em termos de aparência física e estado fisiológico. Além disso, pesquisas recentes demonstram que experiências distantes como a personalidade da infância e a educação, bem como fatores comportamentais, também contribuem para a longevidade.

20.4.1.3 Aspectos culturais

Para Schneider e Irigaray (2008) a existência de múltiplas palavras para nomear a velhice (terceira idade, melhor idade, idoso, velho) revela o quanto o processo de envelhecimento é complexo, negado, evitado ou mesmo temido. Mostra claramente a existência de preconceitos, tanto por parte da pessoa idosa quanto da sociedade. As pessoas idosas e a sociedade em geral precisam se reeducar quanto à superação de ideias preconceituosas, pois se tornar velho é aceitar a velhice e ser orgulhoso dos muitos anos que conferem experiência, sabedoria e liberdade.

As associações negativas relacionadas com a velhice atravessaram os séculos e, ainda hoje, mesmo com tantos recursos para prevenir doenças e retardá-las, é temida por muitas pessoas e vista como uma etapa detestável. A célebre frase de uma famosa artista brasileira idosa, "o envelhecimento é a prova de que o inferno existe" demonstra o quanto a velhice é uma experiência individual que pode ser vivenciada de forma positiva ou negativa, em consonância com a história de vida da pessoa e da representação de velhice que está enraizada na sociedade em que vive. Assim, pode-se inferir que não importa a quantidade de anos que o indivíduo tenha, mas sim, o que ele fez com os anos vividos, e como a sociedade trata alguém com aquela idade (SCHNEIDER & IRIGARAY, 2008, p. 586-587).

Pacheco (2005), citado pelos autores, toma como exemplo o fenômeno dos aparelhos celulares para analisar a situação atual da velhice: "em poucos anos, eles se modificaram centenas de vezes. Desenhos modernos, bonitos e funcionais são criados para que as pessoas pareçam antenadas, jovens e bem-sucedidas. O medo da transformação que surge com a velhice assemelha-se um pouco ao fenômeno dos celulares. Tem-se medo de envelhecer como se tem receio de ser ridicularizado ao usar o aparelho antigo de dez anos, como os 'tijolões' dos 'tiozinhos'. O ser humano envelhecido nos é apresentado, pela ideologia dominante, como o aparelho ultrapassado. Fala, mas ninguém quer!" (p. 65).

Essa complexidade nos estados de saúde e funcional apresentada por pessoas idosas levanta questões fundamentais sobre o que queremos dizer com saúde em idade mais avançada, como a medimos e como podemos promovê-la. São necessários novos conceitos, definidos não apenas pela presença ou ausência de doença, mas em termos do impacto que essas condições estão tendo sobre o funcionamento e o bem-estar de uma pessoa maior. Avaliações abrangentes desses estados de saúde são preditores significativamente melhores de sobrevida e outros resultados além da presença de doenças individuais ou mesmo o grau de comorbidades (OMS, 2015).

20.4.2 Envelhecimento no Brasil

Assim como em alguns países, na realidade brasileira também houve um significativo crescimento demográfico da população idosa (ver Gráfico 20.3). Diante disso, podemos presenciar igualmente questões como solidão, tratamentos desumanos e miséria na velhice. O processo de envelhecimento no Brasil ocorre em um contexto marcado principalmente por uma alta incidência de pobreza e desigualdade social. Pode-se partir do princípio de que a pobreza, numa sociedade desigual como a brasileira, ocasionará, consequentemente, a reprodução da pobreza na velhice, sobretudo quando se consideram alguns aspectos, muitas vezes, característicos dessa faixa etária, ou seja, a morbidade (SILVA, 2009).

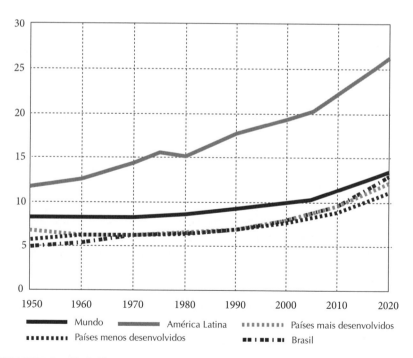

Fonte: ONU, 2006. Extraído de Silva (2009).

Gráfico 20.3 Proporção de idosos (população com mais de 60 anos, em % da população total).

Segundo o Censo 2000, a população de 60 anos de idade ou mais, no Brasil, era de 14.536.029 de pessoas, contra 10.722.705 em 1991. O peso relativo da população idosa no início da década representava 7,3%, enquanto, em 2000, essa proporção atingia 8,6%. Nesse período, por conseguinte, o número de idosos aumentou em quase 4 milhões de pessoas, fruto do crescimento vegetativo e do aumento gradual da esperança média de vida. Trata-se, certamente, de um conjunto bastante elevado de pessoas, com tendência de crescimento nos próximos anos.

Lamentavelmente, o idoso ainda é forte alvo de preconceitos numa sociedade marcada pelo consumo. Para melhor apreender de que forma se caracterizam as condições da velhice no Brasil, cabe destacar as colocações de Dirceu Magalhães (1989, p. 18) citado por Silva (2009) que:

> A sociedade contemporânea oferece pouca oportunidade ao idoso para exercitar e ativar a lembrança, instrumento e conteúdo fundamental de seu diálogo com as demais gerações. Indispensável também à formulação de seu pensamento. O que foi produzido no passado não tem interesse hoje e possivelmente será destruído amanhã. O ciclo permanente de produção e de consumo exige incessantemente a destruição e o desaparecimento do que foi produzido no passado e a criação permanente de novas formas de produção e consumo.

Em carta aberta à população brasileira, o Dr. João Bastos Freire Neto, ex-presidente da Sociedade Brasileira de Geriatria e Gerontologia (SBGG) apresenta um retrato da saúde pública no Brasil, no qual mostra que apesar dos indiscutíveis avanços apresentados nas **últimas décadas**, particularmente, com a aprovação do Estatuto do Idoso (2003), o Brasil não está preparado para atender as demandas dessa população. A realidade é que os direitos e necessidades dos idosos ainda não são plenamente atendidos, existem deficiências e falta integração em todos os níveis de atenção à saúde: primária (atendimento deficiente nas unidades de saúde da atenção básica), secundária (carência de centros de referências com atendimento por especialistas) e terciária (atendimento hospitalar com abordagem ao idoso centrada na doença), ou seja, não há, na prática, uma rede de atenção à saúde do idoso (FREIRE NETO, 2014).

Muitos avanços já foram conquistados, mas o país ainda tem muito a fazer para garantir os direitos desse segmento da população que, a despeito de qualquer desprezo, se move pelos campos e cidades, faz uso de equipamentos públicos, quer se divertir, tem sonhos, projetos e o direito, nem sempre garantido, de abraçar o tempo como a um amigo, sem medo do que virá.

Abrigos. Cerca de 1% da população de pessoas idosas no Brasil vive em abrigos públicos, privados e/ou sem fins lucrativos. Essas instituições frequentemente apresentam, entre outros problemas, más condições sanitárias e violência contra a pessoa idosa. Nesse sentido, o terceiro setor, as instituições de longa permanência, os asilos são em alguns casos a alternativa buscada pela família. Mas, a maioria dessas instituições, na verdade, reproduzem a precarização da vida do trabalhador, constituem um fardo para a família que tem poucas condições e precisa vender mais a sua força de trabalho para sobreviver. Assim, a família acaba sendo responsabilizada pelo abandono de seu parente idoso. Dentro dessa lógica,

352 **Capítulo 20**

apagam-se as contradições geradas pelo sistema capitalista e é transferida para os indivíduos a responsabilidade pelos atos e/ou omissões.

Enfrentamento da violência. Os maus-tratos contra a pessoa idosa são os problemas mais graves enfrentados por esse segmento da população. Estima-se que 80% desse tipo de violência se dá dentro de casa, no âmbito familiar.

Transporte público. Nas grandes cidades, um dos problemas mais sérios enfrentados pelos idosos é o péssimo atendimento dispensado pelos motoristas de ônibus. É comum a queixa de pessoas idosas em relação ao tratamento que recebem ao utilizar o transporte público nas nossas cidades. Motoristas impacientes com a dificuldade de mobilidade, a ocupação indiscriminada dos assentos reservados à pessoa idosa, acidentes causados pela falta de atenção e cuidado.

Um dos problemas do idoso no Brasil é a falta de cuidados e atenção. Algumas famílias se desfazem dos deles, abandonando-os em lares para idosos. Não tendo a família por perto, esses idosos caem em depressão. Além disso, a desvalorização do papel do idoso na sociedade também causa danos psicológicos. Outro grave problema encontrado é o difícil acesso aos planos de saúde, já que nessa fase da vida se fica mais suscetível a doenças e frequência a hospitais. Com o alto risco de doenças graves e mortes, os planos de saúde cobram mensalidades altíssimas, que na maioria dos casos o idoso ou sua família não podem pagar.

Por outro lado, as relações de trabalho envolvendo idosos constituem um relevante problema que precisa ser amplamente discutido e equacionado, a fim de se diminuir a discriminação, a vulnerabilidade e a exclusão social às quais tais indivíduos estão expostos, bem como facilitar sua reinserção e permanência no mercado de trabalho. Os mais velhos acabam sendo vistos como indivíduos que oneram a sociedade e não retribuem benefícios econômicos diretamente. Para a cultura do senso comum o idoso aposentado sugere aquela pessoa que se despede da vida, conforme aponta Mercadante (1999, p. 75 apud AGUIARO, 2016):

> Na nossa sociedade, ser velho significa, na maioria das vezes, estar excluído de vários lugares sociais. Um desses lugares, densamente valorizado, é aquele relativo ao sistema produtivo, o mundo do trabalho. Estar alijado do sistema produtivo quase que inteiramente define o ser velho. O alijamento do mundo produtivo – extremamente valorizado na nossa cultura – espalha-se, criando barreiras impeditivas de participação do velho nas outras tantas e diversas dimensões da vida social.

20.4.2.1 Desafios do envelhecimento

De acordo com Miranda, Mendes e Silva (2016) é importante a realização de mais estudos para análise da evolução das condições socioeconômicas e da assistência à saúde, o momento de transição demográfica vivenciado e o novo perfil do idoso e suas demandas para o país.

Enfrentar o desafio do envelhecimento é urgente. O país já tem um importante percentual de idosos, que será crescente nos próximos anos, demandando serviços públicos especializados que será reflexo do planejamento e das prioridades atuais das políticas públicas sociais.

O país precisa, não somente reorganizar os níveis de cuidado para atender às necessidades, mas, também, inovar e tomar por base experiências de outros países que já vivenciaram o processo de envelhecimento.

Com o envelhecimento da população e a menor relação entre população ativa e dependente, sem uma estrutura familiar capaz de dar suporte aos idosos e carente de estruturas de apoio para essa população, a sociedade deve estar consciente do preço que terá de pagar e do custo crescente da assistência à população idosa. O Estado deve estar preparado para o provimento de políticas específicas, para o financiamento de estruturas de apoio, bem como para o monitoramento das suas atividades. Garantindo, assim, uma atenção integral, reconhecendo suas características e especificidades e consagrando sua qualidade de vida. Este é o desafio para a sociedade e para o Estado nas próximas décadas.

Para concluir, nos quatro temas tratados neste capítulo, o Brasil tem mostrado avanços importantes, mas continua sendo um país extremamente desigual, determinante principal de pobreza. Cotidianamente, se assiste a desastres ecológicos causados por desrespeito ao meio ambiente. Tanto idosos, quanto pessoas com problemas mentais são discriminados.

O combate à pobreza é sinônimo do resgate da cidadania das camadas desfavorecidas da sociedade, dando-lhes condições de viver a sua vida sem as privações que a economia de mercado lhes tem trazido historicamente.

A integração dos idosos e a humanização do tratamento aos doentes mentais mostra o respeito de uma sociedade para com seus membros e o compromisso com os direitos humanos. A preservação do meio ambiente, desafio principal, é um dos mais importantes pilares do desenvolvimento sustentável.

Em face dessa realidade, a Sociologia e as demais ciências sociais podem contribuir para uma apreensão crítica da vida social e econômica da atualidade e o desvendamento de singularidades e contradições que marcam um país, cindido por uma precarização social e pela mercadorização das diversas esferas da vida humana.

Glossário

AÇÃO SOCIAL. De forma ampla, pode ser conceituada como um esforço organizado, visando alterar as instituições estabelecidas. De forma particular, é conceituada pelos autores que utilizam a abordagem da ação na análise sociológica da sociedade, os principais representantes são Max Weber e Talcott Parsons. Para Weber, a ação social seria a conduta humana, pública ou não, a que o agente atribui significado subjetivo; portanto, é uma espécie de conduta que envolve significado para o próprio agente. Por sua vez, Parsons tem como ponto de partida a natureza da própria ação; toda ação é dirigida para a consecução de objetivos. Um indivíduo (ator), esforçando-se para atingir determinado objetivo, tem de possuir algumas ideias e informações sobre os "objetos" que são relevantes para a sua consecução, além de ter alguns sentimentos a respeito deles, no que concerne a suas necessidades; e, finalmente, tem de fazer escolhas. Outro aspecto é a necessidade de possuir certos padrões de avaliação e seleção. Todos esses elementos ou aspectos de motivação e avaliação podem tornar-se sociais por intermédio do processo de interação (veja Interação). Assim, a ação social é vista por Parsons como comportamento que envolve orientação de valor e conduta padronizada por normas culturais ou códigos sociais (veja Códigos).

ACOMODAÇÃO. É um processo social com o objetivo de diminuir o conflito entre indivíduos ou grupos, reduzindo o conflito ou mesmo encontrando um novo *modus vivendi* (veja *Modus vivendi*). É um ajustamento formal e externo, aparecendo apenas nos aspectos externos do comportamento, sendo pequena ou nula a mudança interna, relativa a valores, atividades e significados.

ACULTURAÇÃO. Processo pelo qual duas ou mais culturas diferentes, entrando em contato contínuo, originam mudanças importantes em uma delas ou em ambas.

ADAPTAÇÃO. De maneira ampla, significa o ajustamento biológico do ser humano ao ambiente físico em que vive. Pode também ser aplicada à vida em sociedade, que ocasiona o surgimento de certo denominador comum entre os componentes de uma sociedade particular, certo grau de adesão e conformidade às normas estabelecidas, que varia com a margem de liberdade e de autonomia que o meio social permite ao indivíduo.

AGREGADOS. Constituem uma reunião de pessoas frouxamente aglomeradas que, apesar da proximidade física, têm um mínimo de comunicação e de relações sociais. Apresentam as seguintes características: anonimato, não organização, limitado contato social, insignificante modificação no comportamento dos componentes, são territoriais e temporários. Os principais agregados são: *manifestações públicas* (agregados de pessoas reunidas deliberadamente com determinado objetivo); *agregados residenciais* (apesar de seus componentes estarem próximos, mantêm-se relativamente estranhos; não há, entre eles, contato e interação e também não possuem organização); *agregados funcionais* (constituem uma zona territorial onde os indivíduos têm funções específicas); *multidões* (agregados pacíficos ou tumultuosos de pessoas ocupando determinado espaço físico).

356 Glossário

AGRUPAMENTOS SOCIAIS. Englobam os grupos (veja Grupos) e os "quase grupos": agregados (incluindo as multidões), público e massa (veja Agregados, Multidão, Público e Massa).

ALDEIA GLOBAL. Caracteriza-se pelo movimento que provoca a modernização, e o mundo aparece como uma aldeia global. Essa noção expressa a globalidade das ideias, valores socioculturais e imaginários.

ALIENAÇÃO. Processo que deriva de uma ligação essencial à ação, a sua consciência e à situação dos indivíduos, pelo qual se oculta ou se falsifica essa ligação de modo que o processo e seus produtos apareçam como indiferentes, independentes ou superiores aos homens, que são na verdade, seus criadores. No momento em que a uma pessoa o mundo parece constituído de elementos – independentes entre si e não relacionados – indiferentes a sua consciência, diz-se que esse indivíduo se encontra em estado de alienação. Condições de trabalho em que as coisas produzidas são separadas do interesse e do alcance de quem as produziu são consideradas alienantes. Em sentido amplo afirma-se que é alienado o indivíduo que não tem visão – política, econômica, social – da sociedade e do papel que nela desempenha.

ANIMISMO. Consiste na crença de que todas as coisas, animadas ou inanimadas, estão dotadas de almas pessoais que nelas residem, é a crença em seres espirituais, isto é, almas, espíritos e espectros.

ANOMIA. Ausência de normas. Aplica-se tanto a sociedade quanto a pessoas. Significa estado de desorganização social ou pessoal ocasionado pela ausência ou aparente ausência de normas.

ANTINOMIA. Situação em que as normas de um grupo ou sociedade são contraditórias ou opostas entre si.

ANTROPOMORFISMO. É um tipo de pensamento religioso, ou crença, que estende atributos humanos, tanto físicos como psíquicos, à divindade.

ÁREAS CULTURAIS. Áreas geográficas onde há semelhança, em relação aos traços, complexos e padrões culturais de grupos humanos (veja Traços, Complexos culturais e Padrões culturais).

ASSIMILAÇÃO. Processo social em virtude do qual indivíduos e grupos diferentes aceitam e adquirem padrões comportamentais, tradição, sentimentos e atitudes da outra parte. É ajustamento interno e indício da integração sociocultural, ocorrendo principalmente nas populações que reúnem grupos diferentes. Em vez de apenas diminuir, pode terminar com o conflito (veja Conflito).

ASSOCIAÇÕES. São organizações sociais cuja característica é ser mais especializada e menos universal do que as instituições (veja Instituições); em consequência, apresentam, em geral, determinadas adaptações às classes sociais, grupos profissionais, categorias biológicas (veja Categorias), grupos de interesses etc.

ATITUDE. Processo da consciência individual que determina a real ou possível atividade do indivíduo no mundo social. Para alguns autores é ainda a tendência de agir de maneira coerente com referência a certo objeto (Thomas).

AUTORIDADE. É dotado de autoridade o indivíduo que exerce um poder legítimo (veja Poder e Legitimidade).

Glossário 357

BUROCRACIA. Organização com cargos hierarquizados, delimitados por normas, com área específica de competência e de autoridade, dotados tanto de poder de coerção quando da sua limitação, onde a obediência é devida ao cargo e não à pessoa que o ocupa. As relações devem ser formais e impessoais, sem apropriação do cargo que, para ser preenchido, exige competência específica; todos os atos administrativos e decisões têm de ser formulados por escrito.

CAPITALISMO. Sistema em que os meios de produção são de propriedade privada de uma pessoa (ou grupo de pessoas) que investe o capital; o proprietário dos meios de produção (capitalista) contrata o trabalho de terceiros que, portanto, vendem a sua força de trabalho para a produção de bens. Estes, depois de vendidos, permitem ao capitalista, não apenas a recuperação do capital investido, mas também a obtenção de um excedente – o lucro. Tanto a compra dos meios e fatores de produção quanto a venda dos produtos, resultantes da atividade empresarial, realizam-se no mercado de oferta e procura de bens e serviços, existente na sociedade capitalista.

CASTA. Um sistema de castas compõe-se de um número muito grande de grupos hereditários, geralmente locais, rigidamente endogâmicos, dispostos numa hierarquia de inferioridade e superioridade. Geralmente correspondem a diferenciações profissionais, são impermeáveis a movimentos de mobilidade social (veja Mobilidade social), são reconhecidos por lei e possuem quase sempre um fundo religioso.

CATEGORIAS. Pluralidade de pessoas que são consideradas como uma unidade social pelo fato de serem efetivamente semelhantes em um ou mais aspectos (Fichter). Não há necessidade de proximidade ou contato mútuo para que as pessoas pertençam a uma categoria social.

CHAT. A comunicação em tempo real é feita por meio de dois ou mais usuários usando teclado, onde você pode compartilhar qualquer tipo de informação em questão de segundos.

CIDADE. É um aglomerado permanente, relativamente grande e denso, de indivíduos socialmente heterogêneos (Wirth).

CIÊNCIA. É todo um conjunto de atitudes e de atividades racionais, dirigidas ao conhecimento sistemático, com objeto limitado, capaz de ser submetido à verificação (Trujillo).

CIVILIZAÇÃO. Grau de cultura bastante avançado no qual se desenvolvem bem as Artes e as Ciências, assim como a vida política (Winick). Características essenciais da civilização: as hierarquias sociais internas, a especialização, as cidades e as grandes populações, o crescimento das matemáticas e a escrita (Childe).

CLÃ. Grupo de parentes baseado numa regra de descendência, geralmente medida tanto pela linha masculina quanto pela linha feminina (parentesco através de um dos pais) e numa regra de residência (mesma localidade). Os membros do clã traçam sua linha de ascendência a partir de um antepassado original, que pode existir somente no passado mitológico: um animal, um ser humano, um espírito ou uma característica da paisagem.

CLASSE SOCIAL. É um agrupamento legalmente aberto, mas na realidade semifechado; solidário; antagônico em relação a outras classes sociais; em parte organizado, mas principalmente semiorganizado; em parte consciente da sua unidade e existência, e em parte não. Característico da sociedade ocidental a partir do século XVIII, é multivinculado, unido por dois liames univinculados: o ocupacional e o econômico (ambos tomados no sentido mais lato) e por um

358 Glossário

vínculo de estratificação social no sentido da totalidade dos seus direitos e deveres essenciais, em contraste com os direitos e deveres basicamente diferentes das outras classes sociais (Sorokin).

CÓDIGOS. Representam modelos culturais que exercem determinado "constrangimento" sobre a ação de indivíduos e grupos. São normas de conduta, cujo poder de persuasão ou de dissuasão repousa, em parte, nas sanções (veja Sanções), positivas ou negativas, de aprovação ou desaprovação, que as acompanham.

COMPETIÇÃO. Forma mais elementar e universal de interação, consistindo em luta incessante por coisas concretas, por *status* ou prestígio. É contínua e, geralmente, inconsciente e impessoal.

COMPLEXOS CULTURAIS. Conjunto de traços ou grupo de traços associados formando um todo integral (veja Traços culturais).

COMPORTAMENTO COLETIVO. É um comportamento que caracteriza os componentes dos agregados, especificamente das multidões, e que não se constitui na simples soma dos comportamentos individuais, mas que se configura como um comportamento determinado ou influenciado pela presença física de muitas pessoas, com certo grau de interação entre elas (veja Interação). Apresenta, geralmente (quando a multidão se torna ativa), as seguintes fases: *controle exercido pela presença de outrem* (modificando os comportamentos individuais); *reação circular* (influência de cada indivíduo sobre o comportamento do outro e vice-versa); *milling* (movimento de indivíduos, uns ao redor dos outros, ao acaso e sem meta); *excitação coletiva* (o comportamento excitado fixa poderosamente a atenção dos integrantes sob sua influência. Os indivíduos tornam-se emocionalmente excitáveis; a decisão pessoal dos indivíduos é mais rapidamente quebrada); *contágio social* (disseminação rápida, impensada e irracional de um estado de espírito, um impulso ou uma forma de conduta que se atrai e se transmite aos que originariamente se constituíam em meros espectadores e assistentes).

COMUNICAÇÃO. Processo pelo qual ideias e sentimentos se transmitem de indivíduo para indivíduo, tornando possível a interação social (veja Interação). É fundamental para o homem, enquanto ser social e para a cultura. Pode se dar através de meios não vocais, sons inarticulados, palavras (linguagem falada ou escrita) e símbolos.

COMUNIDADE. É essencialmente ligada ao solo, em virtude de seus componentes viverem de maneira permanente em determinada área, além da consciência de pertencerem, ao mesmo tempo, ao grupo e ao lugar, e que funcionam em conjunto, no que tange aos principais assuntos de suas vidas. Têm consciência das necessidades dos indivíduos, tanto dentro como fora de seu grupo imediato e, por essa razão, apresentam tendência para cooperar estreitamente.

COMUNISMO. Como o socialismo (veja Socialismo), o comunismo é mais uma doutrina econômica do que política. Consiste em uma filosofia social ou sistema de organização social baseado no princípio da propriedade pública, coletiva, dos meios materiais de produção e de serviço econômico. Encontra-se unido a doutrinas que se preocupam em formular os procedimentos mediante os quais pode ser estabelecido e conservado. Sob esse aspecto, difere do socialismo, por preconizar a impossibilidade da reforma e de sua instauração em uma sociedade pela aplicação de medidas fragmentárias e de caráter lento. Outro ponto de discordância apresenta-se no que se refere à renda: se ambos os sistemas consideram válidas as rendas advindas do trabalho (não aquelas, porém, que derivam da propriedade), o socialismo admite que a renda seja medida pela

Glossário 359

capacidade pessoal ou pelo rendimento social manifestado pela competência dentro do sistema coletivo, ao passo que o comunismo aspira suprimir até mesmo esse último tipo de competência: o lema comunista é "dê a cada um segundo sua capacidade e a cada um segundo suas necessidades". Nenhum dos países atuais, simplificadamente denominados comunistas, atingiram esse estágio: encontram-se na fase de "ditadura do proletariado" ou "democracia popular".

CONDUTA. Consiste no comportamento humano *autoconsciente*, isto é, comportamento controlado pelas expectativas (veja Expectativa de comportamento) de outras pessoas.

CONFLITO. Luta consciente e pessoal, entre indivíduos ou grupos, em que cada um dos contendores almeja uma solução, que exclui a desejada pelo adversário.

CONFORMIDADE. Seria a ação orientada para uma norma (ou normas) especial, compreendida dentro dos limites de comportamento por ela permitidos ou delimitados. Dessa maneira, dois fatores são importantes no conceito de conformidade: os limites de comportamento permitidos e determinadas normas que, consciente ou inconscientemente, são parte da motivação da pessoa.

CONSCIÊNCIA DE CLASSE. Consiste no fato de dar-se conta ou perceber as diferenças que existem entre a própria situação de classe e a de outro indivíduo ou indivíduos. Essas atitudes podem consistir num sentimento de inferioridade ou superioridade, respectivamente, se os outros pertencerem a classes sociais (veja Classe social) superiores ou inferiores. Podem dar lugar a um sentimento de oposição ou de hostilidade, à medida que se percebem as diferenças de interesses, em sociedades que possuem luta de classes ou, simplesmente, um sentimento de afastamento ou reserva, devido à diferença de usos sociais, costumes e ideologias das diferentes classes.

CONSCIÊNCIA COLETIVA. Soma de crenças e sentimentos comuns à média dos membros da comunidade, formando um sistema autônomo, isto é, uma realidade distinta que persiste no tempo e une as gerações (Durkheim).

CONSENSO SOCIAL. Conformidade de pensamentos, sentimentos e ações que caracterizam os componentes de determinado grupo ou sociedade (Willians).

CONTATO. É a fase inicial da interestimulação, sendo as modificações resultantes denominadas interação (veja Interação). É um aspecto primário e fundamental do processo social (veja Processo social), porque do contato dependerão todos os outros processos ou relações sociais. Divide-se em: *contatos diretos* (aqueles que ocorrem por meio da percepção física, portanto, realizados face a face); *contatos indiretos* (realizados por meio de intermediários – com os quais se terá um contato direto – ou meios técnicos de comunicação); *contatos voluntários* (derivados da vontade própria dos participantes, de maneira espontânea, sem coação); *contatos involuntários* (derivam de imposição de uma das partes sobre a outra); *contatos primários* (pessoais, íntimos e espontâneos, em que os indivíduos tendem a compartilhar de suas experiências particulares. Envolvem elemento emocional, permitindo certa fusão de individualidades que dão origem ao "nós"); *contatos secundários* (são contatos formais, impessoais, racionais e calculados. Geralmente superficiais, envolvendo apenas uma faceta da personalidade), *contatos do "nosso grupo"* (fundamentados no fenômeno do etnocentrismo (veja Etnocentrismo) com a supervalorização da cultura e dos costumes. Há uma tendência para a identificação com os membros do grupo, mantendo relações baseadas em simpatia, sentimento de lealdade, amizade e até mesmo altruísmo); *contatos do "grupo alheio"* (contato com pessoas estranhas, cuja cultura e costumes são menosprezados. Considerados

360 **Glossário**

estranhos, forasteiros, adversários ou inimigos, os sentimentos que eles despertam são de indiferença ou inimizade); *contatos categóricos* (resultam da classificação que fazemos de uma pessoa desconhecida, baseada em sua aparência física, cor da pele, feições, profissão etc., de acordo com as características atribuídas a ela pelo "nosso grupo"); *contatos simpatéticos* (baseados em qualidades manifestadas pelos indivíduos e não em características de categorias) (vide Categoria).

CONTROLE SOCIAL. Conjunto das sanções (veja Sanções) positivas e negativas a que uma sociedade recorre para assegurar a conformidade das condutas aos modelos estabelecidos (Rocher). O controle social pode ser *informal* (natural, espontâneo, baseado nas relações pessoais e íntimas que ligam os componentes do grupo) e *formal* (artificial, organizado, exercido principalmente pelos grupos secundários) (veja Grupo secundário, onde as relações são formais e impessoais).

COOPERAÇÃO. É o tipo particular de processo social em que dois ou mais indivíduos ou grupos atuam em conjunto para a consecução de um objetivo comum. É requisito especial e indispensável para a manutenção e continuidade dos grupos e sociedades.

COSTUMES. Normas de conduta coletiva, obrigatória, dentro de um grupo social.

CRENÇA. Aceitação como verdadeira de determinada proposição, que pode ou não ser comprovada. Tem a possibilidade de ser tanto intelectual (crença científica) como emocional, falsa ou verdadeira. A realidade da crença independe da verdade intrínseca e objetiva de dada proposição (ou a ausência dela).

CRESCIMENTO. Transformação definida e contínua, determinada quantitativamente, com relação à magnitude; difere do desenvolvimento (veja Desenvolvimento) por ser uma variação *unidimensional*, que se limita a determinado setor da organização social, ao passo que desenvolvimento abrange os diferentes setores da sociedade, de forma harmônica, constituindo-se em um fenômeno *multidimencional*.

CULTURA. Forma comum e aprendida da vida que compartilham os membros de uma sociedade, e que consta da totalidade dos instrumentos, técnicas, instituições, atitudes, crenças, motivações e sistemas de valores que o grupo conhece (Foster).

CULTURA DE "FOLK". É pequena, homogênea, isolada, economicamente autossuficiente e de tecnologia simples. Com divisão do trabalho rudimentar e baseada, principalmente, em sexo, parentesco e idade; ágrafa ou com escrita rudimentar e, nesse último caso, constituindo-se em mero complemento da tradição oral; relativamente integrada, com modos de vida intimamente relacionados, e possuindo uma concordância mútua; comportamento fortemente padronizado, em bases convencionais. Tradicional, espontânea, não crítica e com forte senso de solidariedade grupal; mudança cultural e social lenta (veja Mudança cultural e Mudança social), possui formas de controle tradicionais (veja Controle social) e não organizadas, com cunho de espontaneidade, isto é, informais; sociedade familiar e sagrada; com animismo e antropomorfismo (veja Animismo e Antropomorfismo) manifestos; ausência de mercado, de moedas e do conceito "lucro", com economia baseada na troca (Redfield). Opõe-se à *civilização*.

CULTURA DE MASSA. É a divulgação, sem que se possa contestá-las ou debatê-las, de mensagens pré-fabricadas, cuja mediocridade prevê sua aceitação por pessoas de qualquer nível de conhecimento e idade mental, nivelando "por baixo" as informações, padronizando o uniforme e sintetizando os lugares-comuns, com a finalidade de tornar a cultura um conjunto semelhante, constante e não questionado.

DEGRADAÇÃO SOCIAL. Perda parcial ou total do *status* social. A exclusão dos direitos a que todo indivíduo tem na sociedade, em seus diferentes setores como família, educação, economia, política social etc.

DEMOCRACIA. Filosofia ou sistema social que sustenta que o indivíduo, apenas pela sua qualidade de pessoa humana, e sem consideração às suas qualidades, posição, *status*, raça, religião, ideologia ou patrimônio, deve participar dos assuntos da comunidade e exercer nela a direção que proporcionalmente lhe corresponde.

DESEJO. Expressão de impulsos inatos insatisfeitos. Na busca da satisfação, o desejo seria a força motivadora, a base de todas as ações.

DESENVOLVIMENTO. Ocorre como uma inter-relação de contraponto entre a diferenciação (fator de divisibilidade da sociedade estabelecida) e a integração (fator de unificação, em novas bases, das estruturas diferenciadas). Dessa maneira, para haver desenvolvimento, é necessário que haja uma integração adequada dos elementos diferenciados, abrangendo as seguintes etapas: *processo* (qualquer transformação definida e contínua, que ocorra numa estrutura preexistente); *segmentação* (tipo intermediário entre processo e as transformações da estrutura social); *transformação estrutural* (surgimento de complexos de organizações e papéis qualitativamente novos); *integração* (elemento unificador das estruturas diferenciadas) (Smelser).

DESORGANIZAÇÃO SOCIAL. É um estado relativo e, como a estabilidade, existe em diferentes graus. Em toda sociedade, sempre operam dois conjuntos de forças, os que criam estabilidade e os que produzem instabilidade. Numa sociedade estável, há, um equilíbrio entre ambos. Quando os últimos se tornam mais poderosos do que os primeiros, ocorre a desorganização social; esta é, portanto, uma perturbação no equilíbrio das forças, o que produz uma desintegração das instituições (veja Instituições) e um enfraquecimento de seu controle. A sociedade é, então, envolvida por todos os tipos de problemas sociais (veja Problemas sociais) (Koenig).

DESVIO. O comportamento em desvio é conceituado não apenas como um comportamento que infringe uma norma por acaso, mas também como comportamento que infringe determinada norma para a qual a pessoa está orientada naquele momento. O comportamento em desvio consiste, pois, em infração motivada.

DIFUSÃO CULTURAL. Processo de transferência dos traços culturais de uma região a outra ou de uma parte da cultura a outra (veja Traços culturais).

DISTÂNCIA SOCIAL. É a medida das diferenças de posições sociais ou *status* (veja *Status*) entre indivíduos e grupos. Existe pouca ou nenhuma distância social entre pessoas com posição social semelhante ou idêntica e, ao contrário, a distância social se revelará grande entre pessoas com posições sociais diferentes, tendendo a aumentar à medida que essas diferenças forem maiores e mais numerosas.

DIVISÃO DO TRABALHO. Distribuição de seres humanos, pertencentes à mesma comunidade, em ocupações interdependentes e complementares.

362 Glossário

EDUCAÇÃO. É a ação exercida, pelas gerações adultas, sobre as gerações que não se encontram preparadas para a vida social; tem por objeto suscitar e desenvolver, na criança, certo número de estados físicos, intelectuais e morais, reclamados pela sociedade política, no seu conjunto, e pelo meio especial a que a criança, particularmente, se destine (Durkheim).

EFEITOS PERVERSOS. Efeitos não desejados e, geralmente, opostos, de ações intencionais, visando a um objetivo específico.

ELITE. Compreende as pessoas e os grupos que, graças ao poder que detêm ou à influência que exercem, contribuem para a ação histórica de uma coletividade, seja pelas decisões tomadas, seja pelas ideias, sentimentos ou emoções que exprimem ou simbolizam (Rocher).

EMPRESA. Complexo de atividades econômicas, desenvolvidas sob o controle de uma entidade jurídica (pessoa ou pessoas físicas, sociedade mercantil ou cooperativa, instituição privada sem fins lucrativos e organizações públicas).

ENDOCULTURAÇÃO. Processo de aprendizagem e educação em uma cultura, desde a infância até a idade adulta (veja Cultura).

ENVELHECIMENTO. De acordo com a Organização Mundial da Saúde (OMS). No nível biológico, o envelhecimento é associado ao acúmulo de uma grande variedade de danos moleculares e celulares. Com o tempo, esse dano leva a uma perda gradual nas reservas fisiológicas, um aumento do risco de contrair diversas doenças e um declínio geral na capacidade intrínseca do indivíduo. Em última instância, resulta no falecimento. Porém, essas mudanças não são lineares ou consistentes e são apenas vagamente associadas à idade de uma pessoa em anos.

ESPAÇO SOCIAL. É uma espécie de universo constituído pela população humana; não havendo seres humanos, ou existindo apenas um, não há espaço social. Dessa maneira, espaço social é totalmente diverso do espaço geográfico, cuja existência independe dos seres humanos.

ESTADO. É uma nação politicamente organizada. É constituído, portanto, pelo povo, território e governo. Engloba todas as pessoas dentro de um território delimitado – governo e governados.

ESTAMENTO. Constitui uma forma de estratificação social com camadas sociais mais fechadas do que as classes (veja Classe social) e mais abertas do que as castas (veja Castas), reconhecidas por lei e geralmente ligadas ao conceito de *honra*.

ESTEREÓTIPOS. São construções mentais falsas, imagens e ideias de conteúdo alógico, que estabelecem critérios socialmente falsificados. Os estereótipos se baseiam em características não comprovadas e não demonstradas, atribuídas a pessoas, a coisas e a situações sociais, mas que, na realidade, não existem.

ESTRATIFICAÇÃO SOCIAL. Diferenciação de indivíduos e grupos em posições (*status*), estratos ou camadas, mais ou menos duradouros e hierarquicamente sobrepostos. Características: tem caráter social, é antiga, é onipresente, é diversa em suas formas, tem influência, isto é, as coisas mais importantes, mais desejadas e, frequentemente, mais escassas na vida humana constituem os materiais básicos, que são desigualmente distribuídos entre os componentes das diversas camadas.

ESTRUTURA DA CIDADE. Consiste num produto da interação competidora entre as pessoas, as facilidades de mercado, as agências de transporte e de comunicação, os tipos de funções exercidas e a sua localização (Hollingshead).

ESTRUTURA SOCIAL. Partindo da constatação de que os membros e os grupos de uma sociedade são unidos por um sistema de relações de obrigação, isto é, por uma série de deveres e direitos (privilégios) recíprocos, aceitos e praticados por eles, a estrutura social refere-se à colocação e à posição de indivíduos e de grupos dentro desse sistema de relações de obrigação. Em outras palavras, o agrupamento de indivíduos, de acordo com posições, que resulta dos padrões essenciais de relações de obrigação, constitui a estrutura social de uma sociedade (Brown e Barnett).

ETNOCENTRISMO. Atitude emocional que sustenta o grupo, a raça ou a sociedade a que uma pessoa pertence, superiores a outras entidades raciais, sociais ou culturais. Tal atitude se encontra associada ao desprezo pelo estrangeiro ou forasteiro, assim como por seus costumes.

EXPECTATIVA DE COMPORTAMENTO. Consiste no que as pessoas ao redor do indivíduo esperam dele, no que se refere a sua conduta em determinadas situações sociais.

FAMÍLIA. Grupo social caracterizado pela residência comum, pela cooperação econômica e pela reprodução. A família é constituída pelos pais e seus filhos.

FATO SOCIAL. É toda maneira de agir, fixa ou não, suscetível de exercer sobre o indivíduo uma coerção exterior, que é geral na extensão de uma sociedade dada, apresentando uma existência própria, independente das manifestações individuais que possa ter (Durkheim).

FEUDALISMO. Sistema social vigente na Europa Ocidental, aproximadamente entre os séculos X e XVII, com características políticas, econômicas, jurídicas e militares particulares. Sob esse aspecto, abrange também outras regiões que, à semelhança da Idade Média europeia, possuíam instituições de estilo feudal (Egito antigo, Índia, Império Bizantino, mundo árabe, Império Turco, Japão etc.). As características determinantes do feudalismo apresentam: um desenvolvimento extremo dos laços de dependência de homem para homem, com uma "classe" (veja Estamento) de guerreiros especializados que ocupam os escalões superiores da hierarquia (veja Estratificação – juridicamente fundamentada); um parcelamento máximo do direito da propriedade; uma hierarquia oriunda dos direitos sobre a terra (proveniente do parcelamento), e que corresponde à hierarquia dos laços de dependência pessoal; um parcelamento do poder público, criando em cada região uma hierarquia de instâncias autônomas que exercem, no seu próprio interesse, poderes normalmente atribuídos ao Estado e, em épocas anteriores, quase sempre da efetiva competência deste. A concepção política se baseia, portanto, nas relações individuais e estrutura-se na hierarquia e na fidelidade entre vassalos e suseranos, com pouca autoridade central, sendo o rei, na maioria dos casos, o mais alto suserano. Economicamente, a terra é o elemento fundamental da riqueza: sua fragmentação, acompanhada do estabelecimento de laços pessoais, cria o sistema de suserania e vassalagem: quem doa a terra é o senhor feudal ou suserano; quem a recebe, podendo transmiti-la a seus descendentes, é o vassalo.

FOLCLORE. Conjunto orgânico de modos de sentir, pensar e agir peculiares às camadas populares das sociedades "civilizadas" ou históricas, caracterizado pela espontaneidade.

364   **Glossário**

FOLKWAYS. Padrões não obrigatórios de comportamento social exterior, que constituem os modos coletivos de conduta, convencionais ou espontâneos, reconhecidos e aceitos pela sociedade. Regem a maior parte da vida cotidiana, mas não são impostos.

FORÇAS PRODUTIVAS. As relações de produção (veja Relações de produção) são constituídas, numa sociedade de classes, por uma dupla relação que engloba as relações dos homens com a natureza de produção material. São elas: relação dos agentes de produção com o objeto e relação com os meios de trabalho; a última, origina as forças produtivas.

FORÇAS SOCIAIS. De modo geral, pode ser entendida como todo estímulo ou impulso efetivo que conduz a uma ação social. De forma concreta, uma força social representa o consenso por parte de um número suficiente de membros de uma sociedade, que tenha a finalidade de acarretar uma ação ou mudança social de certa índole. No plural – forças sociais – é utilizada para designar os impulsos básicos típicos, ou motivos, que conduzem aos tipos fundamentais de associação e de formação de grupos.

FUNÇÕES LATENTES. Consequências não pretendidas, não esperadas e, inclusive, não reconhecidas.

FUNÇÕES MANIFESTAS. Finalidades pretendidas e esperadas das organizações.

GÊNERO. É um termo que se refere a distinções sociais ou culturais associadas ao ser masculino ou feminino.

GLOBALISMO LOCALIZADO. Se traduz no impacto específico nas condições locais, produzido pelas práticas transnacionais que se desprendem dos localismos globalizados.

GLOBALIZAÇÃO. A globalização pode ser definida como a intensificação das relações sociais em escala mundial que ligam localidades distantes de tal maneira que os acontecimentos de cada lugar são modelados por eventos que ocorrem a muitas milhas de distância e vice-versa.

GOVERNO. Como entidade objetiva, refere-se aos indivíduos e órgãos que têm a responsabilidade de conduzir a ação do Estado. Um governo exerce um controle imperativo no âmbito de um território definido onde reivindica, com êxito, o monopólio da força.

GRUPOS. Formam uma coletividade identificável, estruturada, contínua, de pessoas sociais que desempenham papéis recíprocos, segundo determinadas normas, interesses e valores sociais, para a consecução de objetivos comuns (Fichter).

GRUPOS DE REFERÊNCIA. Exercem ascendência sobre os indivíduos pela natureza e modo de identificação que neles despertam. Geralmente, a pessoa não pertence (mas pode pertencer) ao grupo de referência, que tem o condão de influenciá-lo, originando uma "assimilação" psicológica, funcionando como quadro de referência para as aspirações, tomada de consciência, opiniões, atitudes e padrões de comportamento do indivíduo.

GRUPOS PRIMÁRIOS. São caracterizados por uma íntima cooperação e associação face a face. São primários sob vários aspectos, principalmente porque são fundamentais na formação da natureza social e nos ideais do indivíduo. O resultado dessa associação íntima é, psicologicamente, certa fusão das individualidades num todo comum, de modo que o próprio ego individual se identifica, pelo menos para vários fins, com a vida e os propósitos comuns ao grupo.

Possivelmente a maneira mais simples de descrever essa totalidade consiste em apresentá-la como "nós", porque envolve a espécie de simpatia e de identificação mútuas para os quais o "nós" é a expressão natural (Cooley).

GRUPO SECUNDÁRIO. Possui certas características que se apresentam como opostas às do grupo primário. As relações geralmente são estabelecidas por contato indireto (veja Contato) e, no caso de serem por contato direto, são passageiras e desprovidas de intimidade. As relações são ainda formais e impessoais. No grupo secundário, a consciência de "nós" é fraca, o tipo de contato é predominantemente secundário e categórico (veja Contato secundário e Contato Categórico), a posição dos membros define-se em relação aos papéis que lhes cabem (veja Papéis), sendo sua participação limitada à contribuição que prestam.

HABITAT. Área apropriada para ocupação por uma espécie, grupo ou pessoa. Pode ter alguma significação associativa, porquanto se refere a uma área em que se realizam todas as atividades essenciais à vida (Anderson).

HÁBITO. Forma de conduta individual, mecanizada ou automatizada pelo indivíduo.

HINTERLAND. Área que é fonte de sustento e de matérias-primas para outra área, geralmente uma metrópole industrial, e que se constitui, ao mesmo tempo, em mercado para seus produtos.

HIPÓTESES. São formulações provisórias do que se procura conhecer, de cuja ajuda necessitamos para explicar fatos, descobrindo seu ordenamento. São supostas respostas para o problema ou o assunto de pesquisa. A hipótese, uma vez verificada (com a certeza de ser válida ou plausível e sustentável) pela pesquisa empírica, pode-se transformar em teoria (veja Teoria).

HOMO FERUS. Animal humano que, devido ao isolamento total de outros seres humanos, foi privado, durante os primeiros anos de vida, de interação com eles (veja Interação), fator essencial para sua socialização (veja Socialização), e que, por esse motivo, não adquiriu, ou o fez apenas de forma rudimentar, personalidade e cultura.

IDENTIDADE DE GÊNERO. Modo como o indivíduo se identifica com o seu gênero.

IDEOLOGIA. Sistema de ideias peculiar a determinado grupo social, condicionado quase sempre pela experiência e interesses desse grupo. A função da ideologia consiste na conquista ou conservação de determinado *status* social ou grupo e de seus membros (veja *Status*). Atitudes ou doutrinas políticas, econômicas ou filosóficas desempenham, geralmente, funções de ideologia. Mais precisamente, é o conjunto de ideias, crenças, doutrinas próprias a uma sociedade ou a uma classe (veja Classe). No contexto de uma sociedade, a ideologia pode estar em harmonia com os valores que prevalecem na própria sociedade, ou opor-se a eles. Não deixa, entretanto, de ficar afetada pela experiência dentro dessa sociedade. Assim, há uma ideologia do socialismo, uma ideologia da livre empresa, uma ideologia da sociedade industrial, marcadas pelas variáveis dos momentos históricos que percorrem (Delorenzo).

IDOSO. De acordo com a Organização das Nações Unidas (ONU) o conceito de idoso é diferenciado para países em desenvolvimento e para países desenvolvidos. Nos primeiros, são consideradas idosas aquelas pessoas com 60 anos ou mais; nos segundos são idosas as pessoas com 65 anos ou mais.

IMITAÇÃO. O ato de copiar, consciente e intencionalmente, determinado comportamento.

366 Glossário

IMPERIALISMO. Domínio ou ecológico, ou econômico, ou político, ou cultural de um grupo sobre outro.

INDIVÍDUO. O ser apenas biológico, que se distingue de pessoa social (veja Pessoa social).

INDUSTRIALISMO. Fase de aperfeiçoamento técnico avançado, alcançado por intermédio da ciência aplicada, cujas características típicas são a produção em larga escala e o emprego da energia mecânica, um mercado amplo, uma mão de obra especializada com uma complexa divisão de trabalho e uma urbanização acelerada. O processo de industrialização (veja Industrialização) seria o início do industrialismo; este também ocasiona profundas modificações sociais e no âmbito do trabalho propriamente dito, criando novas linhas de estratificação entre os trabalhadores, institucionalizando a mobilidade social (veja Mobilidade social) e originando nova estrutura diferenciada de classes, fazendo surgir novas formas de vida especificamente industriais; mediante a institucionalização da oposição de classes, transforma os trabalhadores, de assalariados necessitados, em portadores industriais de uma função. O industrialismo estende a mecanização não somente à maior parte da indústria, senão também, em certa medida, à agricultura; origina, em grau cada vez mais amplo, a produção em grande escala, a extrema especialização e a extensa e complexa divisão de trabalho; acelera o desenvolvimento dos meios de comunicação e transporte; produz profundas alterações nos grupos primários e secundários (veja Grupos primários e Grupos secundários) e nos processos sociais (veja Processo Social).

INDUSTRIALIZAÇÃO. Consiste na aplicação da mecanização em larga escala à produção industrial, propiciando a emergência dos fenômenos de urbanização (e sendo por ela influenciada), o aumento rápido da população (explosão populacional) e da mobilidade (geográfica e social) dessa população, a ruptura das hierarquias tradicionais de posição, a transformação das sociedades de castas, estamentos e classes sociais fechadas (veja Casta, Estamento e Classe social) em sociedades abertas de classe, a alteração dos sistemas de valores e de padrões de comportamento e, até, a criação de uma situação de inadaptação aguda e de alienação para o trabalhador, inicialmente estranho à indústria. Também se observam alterações do *status* profissional (veja *Status*), das capacidades (qualificações dos trabalhadores operários e empregados), da vida familiar, da situação jurídico-social das mulheres, da tradição e do hábito de consumo de bens; da mesma maneira, a oposição entre empresários e trabalhadores torna mais aguda a luta de classes.

INFRAESTRUTURA. É a estrutura econômica formada das relações de produção e das forças produtivas (veja Relações de produção e Forças produtivas).

INSTITUIÇÕES SOCIAIS. Consistem numa estrutura relativamente permanente de padrões, papéis e relações que os indivíduos realizam segundo determinadas formas sancionadas e unificadas, com o objetivo de satisfazer às necessidades sociais básicas (Fichter). As características das instituições são: têm finalidade e conteúdo relativamente permanentes, são estruturadas, possuem estrutura unificada e valores. Além disso, devem ter *função* (a meta ou o propósito do grupo, cujo objetivo seria regular suas necessidades) e *estrutura* composta de *pessoal* (elementos humanos), *equipamentos* (aparelhamento material ou imaterial), *organização* (disposição de pessoal e do equipamento, observando-se uma hierarquia – autoridade e subordinação), *comportamento* (normas que regulam a conduta e as atitudes dos indivíduos).

INTERAÇÃO. É a ação social, mutuamente orientada, de dois ou mais indivíduos em contato (veja Contato). Distingue-se da mera interestimulação em virtude de envolver significados e

Glossário 367

expectativas em relação às ações de outras pessoas. Podemos dizer que a interação é a reciprocidade de ações sociais.

INTERESSES. Desenvolvem-se quando o indivíduo tem conhecimento de algo, sente algo ou deseja algo; encarados subjetivamente, os interesses são desejos (veja Desejo); objetivamente, são carências.

INTERNET. É uma palavra de origem inglesa, vem de inter, "entre", mais "net" redução da palavra "network" (dispositivos ligados entre si). Faz referência a um conjunto de meios físicos (linhas digitais de alta capacidade, computadores, roteadores etc.) e de programas (protocolo TCP/IP) usados para o transporte das informações, enquanto que a 'web' (www) é apenas um dos diversos serviços disponíveis pela internet.

ISOLAMENTO. Falta de contato ou de comunicação entre grupos ou indivíduos. Produz no indivíduo não socializado, quando mantido inteiramente afastado do convívio de outros seres humanos, o *homo ferus* (veja Homo ferus); quando o isolamento for pronunciado, mas não total, produz mentalidade retardada. Depois que o indivíduo estiver socializado, o isolamento prolongado provocará a diminuição das funções mentais, podendo chegar à loucura. Quanto ao grupo, o isolamento produz costumes sedimentados, cristalizados, que praticamente não se alteram.

LEGITIMIDADE. Implica a aceitação do poder por uma pessoa ou grupo, pois este(s) age(m) em conformidade com os valores acatados pelos subordinados (veja Poder).

LEI. Regra de comportamento formulada deliberadamente e imposta por uma autoridade especial.

LEI CONSUETUDINÁRIA. Lei fundada nos costumes.

LIBERALISMO. Conjunto de ideias e doutrinas cuja finalidade é assegurar a liberdade individual nos diversos campos da sociedade – político, econômico, religioso, da moral etc. –, sem a interferência ou imposição de grupos estruturados ou do próprio Estado. Visa a assegurar o bem-estar humano sem subordinação a preconceitos de qualquer tipo.

LINHA DE POBREZA. Para o Banco Mundial, um método comum usado para medir a pobreza baseia-se em níveis de renda ou de consumo. Uma pessoa é considerada pobre se o seu nível de consumo ou de rendimento ficar abaixo de algum nível mínimo necessário para satisfazer as necessidades básicas. Esse nível mínimo é geralmente chamado de "linha de pobreza".

LOCALISMO GLOBALIZADO. O processo pelo qual um determinado fenômeno local se torna globalizado com êxito.

LUTA DE CLASSES. Esforço de uma classe (veja Classe social) para conseguir uma posição ou condição de maior bem-estar na comunidade, com respeito aos direitos, privilégios e oportunidades de seus membros.

MACROSSOCIOLOGIA. Estudo das relações intergrupais, dos padrões abrangentes de organização social e da estrutura social, da comunidade e da sociedade (veja Organização social, Estrutura social, Comunidade e Sociedade).

MARGINALIDADE. Tem diversas acepções. Para Stonequist, é a *personalidade marginal*: o homem marginal é aquele que, por meio da migração, educação, casamento ou alguma outra influência, abandona um grupo social ou cultural sem realizar um ajustamento satisfatório em

368 **Glossário**

outro e encontra-se na margem de ambos sem pertencer a nenhum. Segundo os estudos da DE-SAL, ocorre a *marginalidade cultural*: estado em que uma categoria (veja Categorias) social encontra-se sob a influência de outra categoria, mas devido a barreiras culturais se acha impedida de participar plena e legitimamente do grupo que a influência (sociedade moderna e tradicional, maioria e minoria étnica etc.). Lewis considera que a marginalidade é sinônimo de *cultura da pobreza*: composta por um conjunto de normas, valores, conhecimentos, crenças e tecnologia que é organizado e utilizado por indivíduos de uma sociedade, a fim de permitir a sua adaptação ao meio em que vivem. Características principais: ausência de participação efetiva e integração nas principais instituições; grande densidade populacional, condições precárias de habitação e um mínimo de organização; ausência da infância, iniciação precoce no sexo, abandono do lar, famílias centradas na mãe; sentimentos de desespero e de dependência. A CEPAL conceituou *marginalidade ecológica*: más condições habitacionais aliadas às más condições sanitárias, escassez de serviços urbanos, baixo nível de instrução, precários padrões alimentares, baixa qualificação profissional e instabilidade ocupacional. De acordo com Rosemblüth, existe a *marginalidade política*: grupos marginais são aqueles grupos de pessoas que têm certas limitações em seus direitos reais de cidadania e pelos quais não podem participar de forma estável no processo econômico, nem têm a possibilidade de alcançar mobilidade vertical ascendente. Finalmente, Quijano considera marginalidade como *falta de integração*: é um modo não básico de pertencer e de participar na estrutura geral da sociedade. Marginalidade é um problema inerente à estrutura de qualquer sociedade e varia em cada momento histórico.

MASSA. Conjunto de elementos em que: (a) o número de pessoas que expressam opiniões é incomparavelmente menor do que o das que as recebem; a massa é uma coleção abstrata de indivíduos, recebendo impressões e opiniões já formadas, veiculadas pelos meios de comunicação de massa; (b) a organização da comunicação pública impede ou dificulta a resposta imediata e efetiva às opiniões externadas publicamente; (c) as autoridades controlam ou fiscalizam os canais por meio dos quais a opinião se transforma em ação; (d) os agentes institucionais têm maior penetração; a massa, portanto, não tem autonomia, sendo reduzida à formação da opinião independente por meio da discussão.

MEIO AMBIENTE. Conjunto de unidades ecológicas que funcionam como um sistema natural mesmo com uma massiva intervenção humana e outras espécies do planeta, incluindo toda a vegetação, animais, micro-organismos, solo, rochas, atmosfera e fenômenos naturais que podem ocorrer em seus limites.

MEIOS DE COMUNICAÇÃO DE MASSA. Os meios de comunicação de massa são aqueles enviados por um emissor e recebidos de forma idêntica por vários grupos de receptores, tendo assim um grande público. O mundo os conhece e os reconhece como televisão, rádio, jornal, entre outros.

MÉTODO. É um conjunto de regras úteis para a investigação, um procedimento cuidadosamente elaborado, visando provocar respostas na natureza e na sociedade e, paulatinamente, descobrir sua lógica e leis (Calderón).

MICROSSOCIOLOGIA. Estudo das relações interpessoais, dos processos sociais, do *status* e do papel de todas as interações padronizadas (ou não) ocorridas no seio de grupos organizados ou em situações não estruturadas (veja Processo social, *Status*, Papel, Interação, Grupos sociais).

Glossário 369

MÍDIA ELETRÔNICA. Qualquer mecanismo, instalação, equipamento ou sistema que permita produzir, armazenar ou transmitir documentos, dados e informações, incluindo redes de comunicação aberta ou restrita, como a internet, telefonia fixa e móvel ou outros.

MÍDIA IMPRESSA. É um meio de comunicação que abrange particularmente materiais impressos em gráficas, sejam eles publicitários ou jornalísticos.

MIGRAÇÃO. Movimento espacial de indivíduos ou grupos (ou até de populações) de um *habitat* para outro.

MINORIA (RACIAL, CULTURAL, NACIONAL). Grupo racial, cultural ou de nacionalidade, autoconsciente, em procura de melhor *status* (veja *Status*) compartilhado do mesmo *habitat* (veja Habitat), economia, ordem política e social com outro grupo (racial, cultural ou de nacionalidade), que é dominante (ecológica, econômica, política ou socialmente) e que não aceita os membros do primeiro em igualdade de condições (Pierson).

MOBILIDADE SOCIAL E CULTURAL. Por *mobilidade social* entende-se toda passagem de um indivíduo ou de um grupo de uma posição social para a outra, dentro de uma constelação de grupos e de estratos sociais. Por *mobilidade cultural* entende-se um deslocamento similar de significados, normas, valores e veículos (Sorokin).

MODO DE PRODUÇÃO. As relações técnicas de produção ou processo de produção, ou processo de trabalho (veja Processo de trabalho) executadas sob determinadas relações de produção (veja Relações de produção) originam o modo de produção. Exemplo: escravista, feudal, capitalista etc.

MODUS VIVENDI. É uma espécie de arranjo temporário que possibilita a convivência entre elementos e grupos antagônicos e a restauração do equilíbrio afetado pelo conflito (veja Conflito). O antagonismo é temporariamente regulado e desaparece como ação manifesta, embora possa permanecer latente.

MORES. Padrões obrigatórios de comportamento social exterior que constituem os modos coletivos de conduta, tidos como desejáveis pelo grupo, apesar de restringirem e limitarem o comportamento. São moralmente impostos e considerados essenciais ao bem-estar do grupo. Quando se infringe um *more*, há desaprovação moral e até sanção vigorosa (veja Sanções).

MOVIMENTOS SOCIAIS. Ação ou agitação concentrada, com algum grau de continuidade, de um grupo que, plena ou vagamente organizado, está unido por aspirações mais ou menos concretas, segue um plano traçado e se orienta para uma mudança das formas ou instituições da sociedade existente (ou um contra-ataque em defesa dessas instituições) (Neumann).

MUDANÇA CULTURAL. Qualquer alteração na cultura, sejam traços, complexos, padrões ou toda uma cultura (veja Traços, Complexos culturais e Padrões culturais).

MUDANÇA SOCIAL. É toda transformação, observável no tempo, que afeta, de maneira não provisória ou efêmera, a estrutura ou o funcionamento da organização social de dada coletividade e modifica o curso de sua história. É a mudança de estrutura resultante da ação histórica de certos fatores ou de certos grupos no seio de dada coletividade (Rocher).

370 **Glossário**

MULTIDÃO. Agregado pacífico ou tumultuoso de pessoas que ocupam determinado espaço físico. Possui as seguintes características: é desordenada, descontrolada, anônima, desinibida; pode ser fanática, é constituída de unidades uniformes; os fins e os sentimentos estão enquadrados pelo mais baixo denominador comum; a interação manifesta-se em termos de emoções generalizadas; os participantes adquirem segurança e poder; apresenta uma ideia fixa; pode dar expressão aos motivos inconscientes, reforçados pelo caráter cumulativo e circular de interexcitação. Apresenta os seguintes tipos: *multidões casuais* (têm existência momentânea, organização frouxa e raramente apresentam unidade); *multidões* convencionais ou auditório (o comportamento se expressa de modo preestabelecido e regularizado, possuindo duração limitada); *multidão ativa, turba* ou turbamulta (caracterizada pela existência de um alvo ou objetivo para o qual se canaliza a ação, que, em geral, é agressiva e destrutiva); *multidões em pânico* (o interestímulo dentro do grupo exalta e intensifica a sensação de pânico, aumentando o caráter irracional da ação, voltada para a fuga de um perigo comum); *multidão expressiva* (a excitação é descarregada, sem regras preestabelecidas, pelo simples movimento físico que tem a finalidade de afrouxar a tensão; não se dirige a um objetivo determinado).

MUTIRÃO. Sistema de trabalho (não assalariado) entre vizinhos e amigos que implica reciprocidade.

NAÇÃO. É um povo (veja Povo) fixado em determinada área geográfica. Para alguns autores, seria um povo com certa organização. Para que haja uma nação, é necessário haver um ou mais povos, um território e uma consciência comum. Quando outros elementos aparecem – identidade de língua, religião, etnia –, reforçam a unidade nacional.

NORMA. Qualquer modo ou condicionante de conduta socialmente aprovada.

OPINIÃO PÚBLICA. Consiste nas opiniões sobre assuntos de interesse da nação, livres e publicamente expressas por homens que não participam do governo e reivindicam para suas opiniões o direito de influenciarem ou determinarem as ações, o pessoal ou a estrutura de governo (Spier).

ORDEM SOCIAL. Refere-se a certa qualidade, isto é, ao funcionamento sem choques, no seio da sociedade, da ação recíproca de indivíduos, grupos ou instituições e, por esse motivo, compreende valores de eficiência, coerência lógica, moralidade etc.

ORGANIZAÇÃO DA CIDADE. É constituída pelos seguintes processos: *concentração* (significa a reunião em massa de seres humanos e de utilidades em determinadas áreas que apresentam condições favoráveis às necessidades de sustento); *centralização* (é a organização das funções humanas em torno de um ponto central onde ocorre, com maior frequência, a interação social, econômica e cultural); *segregação* (quando, pela competição, determinados tipos de população e de atividades específicas são separados); *invasão* (significa a penetração, em determinada área, de tipos de população ou tipos de funções diferentes daqueles que a ocupam); *sucessão* (é o deslocamento completo dos antigos moradores que são substituídos por um novo grupo de população, ou a substituição de um tipo de utilização do terreno por outro); *descentralização* (tendência para o deslocamento de populações e de funções de menor poder competitivo – à medida que as áreas centralizadas atingem o máximo de sua capacidade funcional – para áreas periféricas): *rotinização* ou *fluidez* (é o movimento diário de ida e volta da população entre o seu local de residência e os locais de trabalho, de comércio, de diversão etc.).

Glossário 371

ORGANIZAÇÃO SOCIAL. Partindo da constatação de que os membros e os grupos de uma sociedade são unidos por um sistema de relações de obrigação, isto é, por uma série de deveres e direitos (privilégios) recíprocos, aceitos e praticados por eles, a organização social refere-se aos sistemas de relações de obrigação que existem entre os grupos que constituem determinada sociedade. Distingue-se da estrutura social que se refere à colocação e posição de indivíduos e de grupos dentro desse sistema de relações de obrigação (Brown e Barnett).

PADRÕES CULTURAIS. Conjunto e complexos culturais. O conceito de padrão implica maior integração e inter-relação dos elementos como unidade semi-independente, num todo (veja Complexos culturais).

PAPEL. É o padrão de comportamento esperado e exigido de pessoas que ocupam determinado *status* (veja *Status*). Portanto, as maneiras de comportar-se, esperadas de qualquer indivíduo que ocupe certa posição (*status*), constituem o papel associado com aquela posição.

PARENTESCO. Reconhecimento social e expressão do vínculo genealógico, tanto consanguíneo quanto por afinidade.

PESQUISA. Investigação sistemática levada a efeito no universo real. Sempre se orienta pelas teorias anteriores (veja Teoria) e se esforça em se relacionar com elas, logicamente, todas as novas descobertas e invenções, verificando, assim, o alcance da teoria anterior, modificando-a ou rejeitando-a (Delorenzo).

PESSOA SOCIAL. Indivíduo humano socializado e possuidor de *status* e papéis.

PLANEJAMENTO SOCIAL. Intervenção do Estado ou do poder público na organização da sociedade. Exige uma ordem de prioridades, de acordo com as necessidades. Geralmente especifica várias limitações de tempo à sua realização, da mesma forma que indica métodos de execução, inclusive a distribuição de recursos apropriados. É setorial, diferindo, portanto, da planificação, que é global.

POBREZA. A impossibilidade de uma pessoa ou grupo de pessoas, transformar essas capacidades em oportunidades para viverem a vida de acordo com seus objetivos e vontades, ou ainda, a incapacidade de alcançar o bem-estar devido à falta de meios econômicos e à impossibilidade de converter rendimentos e recursos escassos em capacidade de funcionar.

PODER. Capacidade que um indivíduo ou grupo de indivíduos tem de provocar a aceitação e o cumprimento de uma ordem.

POVO. Refere-se a um agrupamento humano com cultura semelhante (língua, religião, tradições) e antepassados comuns. Supõe certa homogeneidade e desenvolvimento de laços espirituais entre si.

PRECONCEITO. Atitude social (veja Atitude) que surge em condições de conflito (veja Conflito) com a finalidade de auxiliar a manutenção do *status* ameaçado (veja *Status*).

PRESSÃO SOCIAL. Conjunto das influências que se exerce sobre os indivíduos ou grupos com o propósito de modificar sua conduta, para conseguir certos objetivos claramente definidos. Com um sentido mais restrito, entende-se que é uma forma de opinião pública (veja Opinião pública), cujo peso se faz valer com frequência perante os funcionários públicos ou os corpos legislativos,

372 **Glossário**

para levar a cabo determinadas ações a respeito de problemas sociais (veja Problemas sociais) concretos (Watson).

PROBLEMA SOCIAL. É considerado como um problema de relações humanas que ameaça seriamente a própria sociedade ou impede as aspirações importantes de muitas pessoas. Um problema social existe quando a capacidade de uma sociedade organizada, para ordenar as relações entre as pessoas, parece estar falhando (Raab e Slznick).

PROCESSO DE TRABALHO. Designa geralmente as relações do homem com a natureza e é denominado também relações técnicas de produção ou processo de produção.

PROCESSO SOCIAL. Qualquer mudança ou interação social (veja Interação) em que é possível destacar uma qualidade ou direção contínua ou constante. Produz aproximação – cooperação, acomodação, assimilação (veja verbetes próprios) – ou afastamento – competição, conflito (veja estes verbetes).

PROPRIEDADE. Consiste nos direitos e deveres de uma pessoa (o proprietário) ou de um grupo que se ergue contra todas as demais pessoas ou grupos, no que concerne a certos bens escassos (Davis). Por conseguinte, o direito de propriedade refere-se tanto a coisas concretas, objetos palpáveis, quanto a coisas impalpáveis, e apresenta três tipos distintos: o *direito de uso*, o *direito de controle* e o *direito de disposição*.

PÚBLICO. Conjunto de indivíduos em que: (a) é praticamente igual o número de pessoas que expressam e recebem opiniões; (b) a organização da comunicação pública permite uma resposta imediata e efetiva a uma opinião publicamente expressa; (c) a opinião, formada por meio dessa discussão, encontra possibilidades de transformar-se em ação efetiva, mesmo contra o sistema de autoridade vigente, se necessário; (d) a instituição de autoridade não tem penetração: o público é, portanto, mais ou menos autônomo em suas ações.

RELAÇÕES DE PRODUÇÃO. As atuações do homem sobre a natureza (processo de trabalho – veja Processo de trabalho –, processo de produção ou relações técnicas de produção) não são isoladas: na produção e distribuição necessárias ao consumo, o homem relaciona-se com outros seres humanos, sob uma forma social historicamente determinada, originando as relações de produção concretas dessa época.

RELIGIÃO. Constitui um sistema unificado de crenças e práticas relativas a coisas sagradas, isto é, a coisas colocadas à parte e proibidas – crenças e práticas que unem, numa comunidade moral única, todos os que as adotam (Durkheim).

REVOLUÇÃO. Mudança brusca e profunda na estrutura social (veja Estrutura social) ou em aspectos importantes dela. Distingue-se da simples mudança social (veja Mudança social) pelo seu alcance e velocidade. Pode ser ou não acompanhada de violência e desorganização temporária. O essencial na revolução é a mudança brusca e não a violência que muitas vezes a acompanha.

SANÇÕES. A palavra *sanções* tem duplo sentido. Em primeiro lugar, e de uso mais comum, *aplicar sanções* significa aplicar penalidades por determinadas condutas que violem disposições legais, regulamentos, usos ou costumes, ou criar restrições e proibições que cerceiam a liberdade de conduta. Num segundo sentido, entendeu-se por *sanção* qualquer forma de aprovação de um

Glossário **373**

ato ou forma de conduta determinados, ou a aprovação com que se ratifica a validade de algum ato, uso ou costume.

SAÚDE MENTAL. De acordo com a Organização Mundial da Saúde (OMS) saúde mental é um estado de bem-estar no qual o indivíduo percebe o seu próprio potencial, é capaz de lidar com o estresse normal da vida, trabalhar de forma produtiva e frutífera e de dar um contributo para a sua comunidade.

SETORES DA ECONOMIA. *Setor primário*: abrange as atividades rurais como agricultura, pecuária e indústrias extrativas; *setor secundário*: corresponde às atividades industriais, indústria de transformação; *setor terciário*: inclui todos os serviços, comércio, bancos, transportes, seguros, educação etc.

SEXO. É a conformação física, orgânica, celular, particular que permite distinguir o homem e a mulher atribuindo-lhe um papel específico na reprodução.

SÍMBOLO. Por sua forma e natureza, os símbolos evocam, perpetuam ou substituem, em um determinado contexto, algo abstrato ou ausente.

SINCRETISMO. Processo de fusão de elementos ou traços culturais, dando como resultado um traço ou elementos novos (veja Traços culturais).

SISTEMA SOCIAL. Uma pluralidade de indivíduos que desenvolve interações (veja Interações), segundo normas e significados culturais compartilhados.

SOCIALISMO. Em sua essência, o socialismo é muito mais um conceito econômico que político. Baseia-se no princípio da propriedade pública (coletiva) dos instrumentos materiais de produção. Diferentemente do que ocorre em uma economia de mercado (veja Capitalismo), o capital das empresas não é propriedade privada, mas pertence à coletividade, representada pelo Estado. Na realidade, o socialismo não pressupõe a abolição total da propriedade privada, mas somente a dos meios de produção (bens de capital), que passam do domínio público, mantendo-se a propriedade individual dos bens de consumo e de uso. Por outro lado, no sistema socialista, inexiste o capital particular, auferidor de lucros, em função do que é acionada e impulsionada toda a economia de mercado. O estímulo que dinamiza a economia deverá ser o ideal de progresso, assim como o desejo coletivo de alcançar níveis elevados de bem-estar econômico e social. As decisões sobre o objeto, o volume e os preços da produção não são da alçada do administrador de empresa, mas constituem metas estabelecidas no planejamento governamental.

SOCIALIZAÇÃO. Processo pelo qual, ao longo da vida, a pessoa humana aprende e interioriza os elementos socioculturais do seu meio, integrando-os na estrutura de sua personalidade sob a influência de experiências de agentes sociais significativos, adaptando-se assim ao ambiente social em que deve viver (Rocher).

SOCIEDADE. Estrutura formada pelos grupos principais, ligados entre si, considerados como uma unidade e participando todos de uma cultura comum (Fichter).

SOCIEDADE DA INFORMAÇÃO. A expressão passou a ser utilizada, nos últimos anos deste século, como substituta para o conceito complexo de "sociedade pós-industrial" e como forma de transmitir o conteúdo específico do "novo paradigma técnico-econômico".

374 **Glossário**

SOCIEDADE EM REDE. Caracterizada pela globalização das atividades econômicas decisivas do ponto de vista estratégico, por sua forma de organização em redes; pela flexibilidade e instabilidade do emprego e pela individualização da mão de obra.

SOCIOLOGIA. Estudo científico das relações sociais, das formas de associação, destacando-se os caracteres gerais comuns a todas as classes de fenômenos sociais. Fenômenos que se produzem nas relações de grupos entre seres humanos.

SOLIDARIEDADE. Condição do grupo que resulta da comunhão de atitudes (veja Atitudes) e de sentimentos, de modo a constituir o grupo em apreço uma unidade sólida, capaz de resistir às forças exteriores e mesmo de tornar-se ainda mais firme em face de oposição vinda de fora (Pierson).

SOLIDARIEDADE MECÂNICA. Característica da fase primitiva da organização social que se origina das semelhanças psíquicas e sociais (e, até mesmo, físicas) entre os membros individuais. Para a manutenção dessa igualdade, necessária à sobrevivência do grupo, deve a coerção social, baseada na consciência coletiva (veja Consciência coletiva), ser severa e repressiva. O progresso da divisão do trabalho faz com que a sociedade de solidariedade mecânica se transforme.

SOLIDARIEDADE ORGÂNICA. A divisão do trabalho, característica das sociedades mais desenvolvidas, gera um novo tipo de solidariedade, não mais baseado na semelhança entre os componentes (solidariedade mecânica), mas na complementação de partes diversificadas. O encontro de interesses complementares cria um laço social novo, ou seja, outro tipo de princípio de solidariedade, com moral própria, e que dá origem a uma nova organização social – solidariedade orgânica. Sendo seu fundamento a diversidade, a solidariedade orgânica implica maior autonomia, com uma consciência individual mais livre.

STATUS. É o lugar ou posição que a pessoa ocupa na estrutura social (veja Estrutura social), de acordo com o julgamento coletivo ou consenso de opinião do grupo. Portanto, o *status* é a posição em função dos valores sociais correntes na sociedade. Pode apresentar-se como *status* legal e/ou social. *Status legal* é uma posição caracterizada por direitos (reivindicações pessoais apoiadas por normas) e obrigações (deveres prescritos por normas), capacidades e incapacidades, reconhecidas pública e juridicamente, importantes para a posição e as funções na sociedade. *Status social*: abrange características da posição que não são determinadas por meios legais. Portanto, difere do *status* legal por ser mais amplo e abarcar outras características de comportamento social além das estipuladas por lei. Além de legal e social, o *status* pode ser atribuído ou adquirido. *Status atribuído*: independe da capacidade do indivíduo. É atribuído mesmo contra sua vontade, em virtude de seu nascimento. *Status adquirido*: depende do esforço e do aperfeiçoamento pessoal. Por mais rígida que seja a estratificação de uma sociedade (veja Estratificação) e numerosos os *status* atribuídos, há sempre possibilidade de o indivíduo alterar seu *status* por meio de habilidade, conhecimento e capacidade pessoal. Essa conquista do *status* deriva, portanto, da competição (veja Competição) entre pessoas e grupos, e constitui vitória sobre os demais. Outras formas de *status* são: *Status principal, básico* ou *chave* (é o *status* mais significativo para a sociedade, já que as pessoas possuem tantos *status* quantos forem os grupos de que participam); *Status posicional* (aparece quando determinados aspectos – família, educação, ocupação e renda – e alguns índices exteriores – modos de falar, maneiras de se portar etc. – caracterizam o indivíduo como representante de determinado grupo ou classe social, sendo portador de certo prestígio. Portanto, é a

Glossário **375**

posição social atribuída pelos valores convencionais correntes na sociedade ao grupo ou categoria – veja Categoria – do qual o indivíduo é um representante); *status pessoal* (é a posição social real determinada pelas atitudes e comportamentos daqueles entre os quais o indivíduo vive e se movimenta, fazendo com que pessoas, com idêntico *status posicional*, tenham, mercê de suas qualidades particulares, diferentes *status pessoais*).

SUPERORGÂNICO. Abrangido pelas Ciências Sociais, tem seu início justamente quando os estudos físicos (inorgânico) e biológicos (orgânico) do homem e de seu universo terminam. O superorgânico é observado no mundo dos seres humanos em interação e nos produtos dessa interação: linguagem, religião, filosofia, ciência, tecnologia, ética, usos e costumes e outros aspectos culturais e da organização social.

SUPRAESTRUTURA. Divide-se em dois níveis: o primeiro, a estrutura jurídico-política, é formado pelas normas e leis que correspondem à sistematização das relações de produção já existentes (veja Relações de produção); o segundo, a estrutura ideológica (filosofia, arte, religião etc.), justificativa do real, é formado por um conjunto de ideias de determinada classe social (veja Classe social) que, por meio de sua ideologia (veja Ideologia), defende seus interesses.

TABU. Designa imposições (principalmente proibições) de mérito, apresentadas como inquestionáveis, isto é, de cuja origem e validade não é lícito indagar. Encontra-se na base das religiões ágrafas, nas quais inexistem esforços de justificação racional. Por vezes, essas imposições coincidem com preceitos, conduzindo à ordem social ou a práticas higiênicas, mas não se cogita, mesmo nesses casos, de qualquer fundamento de ordem lógica.

TEORIA. Consiste num sistema de proposições ou hipóteses (veja Hipóteses) que têm sido constatadas como válidas (ou plausíveis) e sustentáveis.

TIC. Em termos gerais, podemos dizer que as novas "tecnologias de informação e comunicação" são aquelas que giram em torno de três meios básicos: informática, microeletrônica e telecomunicações. Giram não só isoladamente, mas o que é mais importante, o fazem interativamente e interligados, o que permite alcançar novas realidades comunicativas.

TIPO IDEAL. As construções de tipo ideal fazem parte do método tipológico criado por Max Weber que, até certo ponto, se assemelha ao método comparativo. Ao comparar fenômenos sociais complexos, o pesquisador cria tipos ou modelos ideais, construídos a partir de aspectos essenciais dos fenômenos. A característica principal do tipo ideal é não existir na realidade, mas servir de modelo para a análise de casos concretos, realmente existentes.

TOTEM. Animal, planta ou objeto do qual deriva o nome de um grupo ou clã (veja Clã), e que se constitui supostamente em seu ancestral ou está relacionado de maneira sobrenatural com um antepassado. Sobre o totem recai tabu alimentício (veja Tabu) e se manifestam atitudes especiais.

TOTEMISMO. Forma de organização social e prática religiosa que supõe, de modo típico, uma íntima associação entre o grupo ou clã (veja Clã) e seu totem (veja Totem).

TRAÇOS CULTURAIS. A menor parte ou componente significativo da cultura (veja Cultura).

TRADIÇÃO. Aspectos culturais, material e espiritual, transmitidos oralmente, de geração a geração, por meio de hábitos, usos e costumes (veja Usos).

Glossário

TRANSCULTURAÇÃO. Processo de difusão e infiltração de complexos ou traços culturais de uma para outra sociedade ou grupo cultural. Troca de elementos culturais (veja Traços e Complexos culturais).

TRANSFORMAÇÕES SOCIAIS. Constituem etapas de mudança social (veja Mudança social). Apresentam as seguintes formas: i. Transformação definida e contínua – *processo*. ii. Transformação definida e contínua em uma direção específica: (a) determinada quantitativamente, com relação à magnitude – *crescimento*; (b) determinada quantitativamente em relação a uma diferenciação estrutural ou funcional – *evolução*; (c) determinada quantitativamente de acordo com sua concordância com padrão de valores – *progresso*; (d) determinada em relação a outro objeto ou sistema, segundo sua compatibilidade no seio de um processo comum – *adaptação* (Maclver e Page).

USOS. Normas de conduta coletiva; não são consideradas obrigatórias.

UTOPIA. Designa o regime social, econômico e político que, por ser perfeito e ideal, não pode ser encontrado em nenhum lugar.

VALOR. Consiste em qualquer dado que possua um conteúdo empírico acessível aos membros do grupo e uma significação com relação à qual é, ou poderá ser, objeto de atividade (Thomas).

VELHICE. A última fase do processo humano de envelhecer. A velhice não é um processo como o envelhecimento, é antes um estado que caracteriza a condição do ser humano idoso. No entanto, não há uma idade universalmente aceita como limiar da velhice. As opiniões divergem de acordo com a classe econômica e o nível cultural.

VIDEOCONFERÊNCIA. Na sua forma mais básica, é a transmissão entre dois computadores separados, fisicamente, a certa distância, com uma câmera e dispositivos de som, em cada computador.

VIZINHANÇA. Significa contato, interação (veja Contato e Interação) e intercâmbio entre pessoas que se conhecem. É uma área em que os residentes se dão pessoalmente, desenvolvem o hábito de se visitarem, trocam diversos artigos e serviços e, de modo geral, desenvolvem certas atividades conjuntas.

WWW (*WEB*). É a sigla para *World Wide Web*, que significa rede de alcance mundial, em português. É um sistema em hipermídia, que é a reunião de várias mídias interligadas por sistemas eletrônicos de comunicação e executadas na internet.

Bibliografia

ABEL, Theodore. *Os fundamentos da teoria sociológica*. Rio de Janeiro: Zahar, 1972.

ABERCROMBIE, N.; HILL, S.; TURNER, B. *The dominant ideology thesis*. London, England: George Allen & Unwin, 1980.

ABREU, Cesaltina. Desigualdade social e pobreza: ontem, hoje e (que) amanhã. *Revista Angolana de Sociologia*, n. 9, p. 93-111, 2012.

ACSELRAD, Henri (Org.). *Conflitos ambientais no Brasil*. Rio de Janeiro: Relume Dumará; Fundação Heinrich Böll, 2004.

ADAM, Philippe; HERZLICH, Claudine. Sociologia da doença e da medicina. Tradução de Laureano Pelegrin. EDUSC, 2001. Publicado em *PHYSIS*: Rev. Saúde Coletiva, Rio de Janeiro, v. 15, n. 2, p. 353-371, 2005.

AGÊNCIA BULA, *'As definições de saúde mental hoje são limitadas', diz socióloga da saúde*. Disponível em: <http://agenciabula.com.br/index.php/2015/08/25/definicoes-de-saude-mental-hoje--sao-limitadas-diz-sociologa-da-saude>. Acesso em: 26 jan. 2018.

AGUIAR, Neuma (Org.). *Hierarquias em classes*. Rio de Janeiro: Zahar, 1974.

AGUIARO, Felipe. *O idoso como cidadão*: enfrentando o abandono familiar da pessoa idosa. TCC. Curso Serviço Social, UFF, Rio das Ostras, 2016.

ALBERTI, Verena; PEREIRA, Amylcar. A defesa das cotas como estratégia política do movimento negro contemporâneo. *Estudos Históricos*, Rio de Janeiro, n. 37, jan.-jun. 2006, p. 143-166. Disponível em: <http://bibliotecadigital.fgv.br/ojs/index.php/reh/article/view/2249/1388>. Acesso em: 7 mar. 2018.

ALESINA, Alberto; LA FERRARA, Eliana. Ethnic diversity and economic performance. *Journal of Economic Literature*, v. 43, n. 3, September 2005. Disponível em: <https://www.aeaweb.org/articles?id=10.1257/002205105774431243>. Acesso em: 7 jun. 2018.

ALMEIDA, Alfredo W. B. de. Refugiados do desenvolvimento: os deslocamentos compulsórios de índios e camponeses e a ideologia da modernização. *Travessia*, maio/ago., p. 30-35, 1996.

ALMEIDA, Jalcione. Da ideologia do progresso à ideia de desenvolvimento (rural) sustentável. In: ALMEIDA, Jalcione; NAVARRO, Zander. (Orgs.). *Reconstruindo a agricultura*: ideias e ideais na perspectiva do desenvolvimento rural sustentável. Porto Alegre: Editora da Universidade (UFRGS), 1997.

ALMENARA, Julio. Impacto de las nuevas tecnologías de la información y la comunicación en las organizaciones educativas. In: LORENZO, M. et al. (Org.). *Enfoques en la organización y dirección de instituciones educativas formales y no formales*. Granada: Grupo Editorial Universitario, p. 197-206, 1998. Disponível em: <http://sistemaucem.edu.mx/bibliotecavirtual/oferta/maestria/educacion/ME205/impacto_de_las_nuevas_tecnologias_de.pdf>. Acesso em: 7 maio 2018.

378 **Bibliografia**

ALONSO, Ângela; COSTA, Valeriano. Ciências sociais e ambiente no Brasil: um balanço bibliográfico. *Revista Brasileira de Informações Bibliográficas em Ciências Sociais*, ANPOCS, n. 53, 1º sem., p. 35-78, 2002. Disponível em: <https://www.academia.edu/815642/Ci%C3%AAncias_Sociais_e_Meio_Ambiente_no_Brasil_um_balan%C3%A7o_bibliogr%C3%A1fico>. Acesso em: 4 fev. 2018.

ANDERSEN, Hanne; HEPBURN, Bryan. Notes to scientific method. *Stanford Encyclopedia of Philosophy*, 2015. Disponível em: <https://plato.stanford.edu/entries/scientific-method/notes.html>. Acesso em: 26 nov. 2017.

ANDERSON, Perry. Balanço do neoliberalismo. In: BORÓN, Atílio. *As políticas sociais e o estado democrático*. 3. ed. Rio de Janeiro: Paz e Terra, 1996.

_____. *As origens da pós-modernidade*. Rio de Janeiro: Jorge Zahar, 1999.

ANDERSON, Walfred A.; FREDERICK, B. Parker. *Uma introdução à sociologia*. 2. ed. Rio de Janeiro: Zahar, 1972.

ANDREOTTI NETO, Nello. *Curso de sociologia para estudantes*. São Paulo: Rideel, 1976.

ANSART, Pierre. *Las sociologías contemporaneas*. Buenos Aires: Amorrortu Editores, 1992.

ANTUNES, Ricardo. *Adeus ao trabalho?* Ensaio sobre as metamorfoses e a centralidade do mundo do trabalho. 16. ed. São Paulo: Cortez, 2015.

APARICI, Roberto. *Conectados en el ciberespacio*. Madrid: Universidad Nacional de Educación a Distancia (UNED), 2010.

ARGYLE, Michael. *A interação social*. Rio de Janeiro: Zahar, 1976.

ARON, Raymond. *As etapas do pensamento sociológico*. São Paulo: Martins Fontes/EUB, 1982.

_____. *Temas de sociologia contemporânea*. 2. ed. Lisboa: Presença, 1969.

_____. *Novos temas de sociologia contemporânea*. Lisboa: Presença, 1964.

ASSOCIAÇÃO BRASILEIRA DE PSIQUIATRIA SOCIEDADE BRASILEIRA DE MEDICINA DA FAMÍLIA E COMUNIDADE (SBMFC). Abuso e dependência de álcool. *Projeto Diretrizes Abuso e Dependência de Álcool*, 2012. Disponível em: <http://www.sbmfc.org.br/media/file/diretrizes/02abuso_e_dependenia_de_alcool.pdf>. Acesso em: 22 fev. 2018.

ATENCIO, Guido. *Causas familiares, sociales económicas y jurídicas del consumo de estupefacientes em adolescentes*. Mérida, 2014. Disponível em: <http://www.monografias.com/trabajos105/causas-familiares-sociales-economicas-y-juridicas-del-consumo-estupefacientes-adolescentes/causas-familiares-sociales-economicas-y-juridicas-del-consumo-estupefacientesemadolescentes.shtml#ixzz5CBTLnExw>. Acesso em: 17 abr. 2018.

AUGRAS, Monique. *Opinião pública*: teoria e pesquisa. 2. ed. Petrópolis: Vozes, 1974.

AVENSBLOG. *Psychological changes of aging*. May 13, 2016. Disponível em: <http://www.avensonline.org/blog/psychological-changes-of-aging.html>. Acesso em: 10 jun. 2018.

ÁVILA, Andre. *Desvio social*. 2007. Disponível em: <http://andreavila.blogspot.com.br/2007/11/desvio-social.html>. Acesso em: 22 fev. 2018.

AVISHAR, Rajel; JAN, Mijael. *El grupo como marco educativo*. Tel Aviv: Ijud Habdonim, 1964.

Bibliografia 379

AZEVEDO, Fernando. *Princípios de sociologia*. 9. ed. São Paulo: Melhoramentos, 1964.

_____. *Princípios de sociologia*. São Paulo: Melhoramentos, 1957.

_____. A Sociologia na América Latina, e particularmente, no Brasil. *Revista de História*, 1950.

AZEVEDO, Thiago. *A formação da sociologia*. 2015. Disponível em: <http://psicoativo. com/2015/12/formacao-da-sociologia-resumo.html>. Acesso em: 18 dez. 2017.

BABBIE, Earl. R. *Survey research methods*. Belmont, CA: Wadsworth, 1990.

BACCHIEGGA, Fábio. Desvendando o campo da sociologia ambiental: Revisão de artigos selecionados. *V Encontro Nacional da Anppas.*18 a 21 de setembro de 2012, Belém, Pará.

BASTIDE, Roger (Org.). *Usos e sentidos de termo "estrutura"*. São Paulo: Edusp, 1971.

BATHEN, Raul. *Corrientes sociológicas*. Seminário. Disponível em: <http://www.eleutheria.ufm. edu/ArticulosPDF/130408_Morales_Corrientes_sociologicas.pdf>. Acesso em: 24 jan. 2018.

BATISTA, Isabel. *A pobreza e a marginalização social no século XV aos nossos dias*. Publicação do Departamento de Centros Históricos e da Educação da Universidade Portucalense Infante D. Henrique, Porto, 2000.

BATISTA, Paulo N. O Consenso de Washington: a visão neoliberal dos problemas latino-americanos. In: LIMA SOBRINHO, Barbosa et al. *Em defesa do interesse nacional*: desinformação e alienação do patrimônio público. 3. ed. atual. Rio de Janeiro: Paz e Terra, 1995. p. 99-144.

BAUDRILLARD, Jean. *Tela total*. Tradução de Juremir Machado da Silva. Editora Sulina, 2005.

BAUER, Marcio. Organização social: Ressignificando o fenômeno para além da teoria organizacional organização dominante. *IV Congresso Brasileiro de Estudos Organizacionais*. Porto Alegre, RS, 19 a 21 de outubro de 2016. Disponível em: <https://anaiscbeo.emnuvens.com.br/cbeo/article/viewFile/258/250>. Acesso em: 14 abr. 2018.

BAUMAN, Zygmunt. *Modernidade e ambivalência*. Rio de Janeiro: Jorge Zahar, 1999.

BAUMGARTEN, Maíra. Conhecimentos e inovação social: redes e integração regional. In: BAUMGARTEN, M. *Conhecimentos e redes*: sociedade, política e inovação. Porto Alegre: UFRGS, 2005.

BEALS, Ralph; HOIJER, Harry. *Introducción a la antropología*. Madrid: Aguillar, 1969.

BEAMISH, Rob. Dialectical materialism. In: George Ritzer (Ed.). *The Blackwell Encyclopedia of Sociology*. Oxford: Blackwell, 2007, p. 1150-1151.

BECK, Ulrich. ¿Que es la globalización? Falacias del globalismo, respuestas a la globalización. 4. ed. Barcelona: Paidós, 1998.

BELO, Raquel P. et al. Correlatos valorativos do sexismo ambivalente. In: *Psicologia*: reflexão e crítica, Porto Alegre, v. 18, n. 1, p. 7-15, jan.-abr. 2005.

BELTRÃO, Pedro Calderan. *Sociologia da família contemporânea*. Petrópolis: Vozes, 1970.

BEMAN, Deane. Risk factors leading to adolescent substance abuse. *Adolescence*, v. 30, n. 117, p. 201-208, 1995.

BENEDICT, Ruth. *Padrões de cultura*. Lisboa: Livros do Brasil, s.d.

380   **Bibliografia**

BERGER, Peter L. *Perspectivas sociológicas*: uma visão humanística. 4. ed. Petrópolis: Vozes, 1978a.

_____. *A construção social da realidade*. 4. ed. Petrópolis: Vozes, 1978b.

BERGER, Peter; BERGER, Brigitte. O que é uma instituição social? In: FORACCHI, M. M.; MARTINS, J. S. (Orgs.). *Sociologia e sociedade*. Rio de Janeiro: Livros Técnicos e Científicos, 2004.

BERNARDI, Fabrizio; GONZÁLEZ, Juan; REQUENA, Miguel. The sociology of social structure. In: BRYANT B.; D. PECK, (Eds.). *21st Century Sociology*: A Reference Handbook. Sage, Thousand Oaks, 2007.

BERNERS-LEE, Tim. *Uma carta aberta aos legisladores brasileiros* / An open letter to brazilian lawmakers. Web Foundation, 2017. Disponível em: <https://webfoundation.org/2016/04/uma-carta-aberta-aos-legisladores-brasileiros-an-open-letter-to-brazilian-lawmakers>. Acesso em: 8 maio 2018.

_____. *Três desafios para a web, de acordo com seu inventor*. 12 de março de 2017. World Wide World Foundation. Disponível em: <https://webfoundation.org/2017/03/web-turns-28-letter/#VersionES>. Acesso em: 8 maio 2018.

BERRY, David. *Ideias centrais em sociologia*. Rio de Janeiro: Zahar, 1976.

BERTELLI, Antônio R. et al. (Org.). *Sociologia do conhecimento*. 2. ed. Rio de Janeiro: Zahar, 1974.

BERTRAN, Alvin L. et al. *Sociologia rural*. São Paulo: Atlas, 1973.

BETTELHEIM, Charles. *A luta de classes na União Soviética*. Rio de Janeiro: Paz e Terra, 1976.

BEZERRA, Juliana. Pobreza no Brasil, *Toda Materia*, 2017. Disponível em: <https://www.toda-materia.com.br/pobreza-no-brasil>. Acesso em: 9 jun. 2018.

BHATTACHERJEE, A. Social science research: principles, methods, and practices. *Textbooks Collection. Book 3*. Florida: University of South Florida, 2012. Disponível em: <http://scholar-commons.usf.edu/oa_textbooks/3>. Acesso em: 6 fev. 2018.

BIBLIOMED. *Como se define o uso, o abuso e a dependência do álcool?*. Disponível em: <http://www.boasaude.com.br/artigos-de-saude/5294/-1/como-se-define-o-uso-o-abuso-e-a-depen-dencia-do-alcool.html>. Acesso em: 22 fev. 2018.

BIESANZ, John; BIESANZ, Mavis. *Introdução à ciência social*. São Paulo: Nacional, 1972.

BIRNBAUM, Pierre; CHAZEL, François. *Teoria sociológica*. São Paulo: Hucitec/Edusp, 1977.

BIZERRA, Fernando; SOUZA, Reivan. Organização política da classe operária do século XIX. *Revista Online do Museu de Lanifícios da Universidade da Beira Interior*. Disponível em: <http://www.ubimuseum.ubi.pt/n02/docs/ubimuseum02/ubimuseum02.fernando-araujo-reivan-souza.pdf>. Acesso em: 25 nov. 2017.

BLACHOWICZ, James. How science textbooks treat scientific method: A philosopher's perspective. *British Journal of Philosophy of Science*, n. 60, p. 303-344, 2009.

BLANCO, Alejandro. *La Asociación Latinoamericana de Sociología: una historia de sus primeros congresos*, 2005. Disponível em: <www.scielo.br/pdf/soc/n14/a03n14.pdf>. Acesso em: 21 fev. 2018.

BLAU, Peter M. (Org.). *Introdução ao estudo da estrutura social*. Rio de Janeiro: Zahar, 1977.

BLAU, Peter; SCOTT, W. Richard. *Organizações formais*: uma abordagem comparativa. São Paulo: Atlas, 1970.

BLUMER, Herbert. *El interaccionismo simbolico*: perspectiva y método. Barcelona: Hora, 1982. (Trabalho publicado em 1969.)

BOAS, Franz. *Cuestiones fundamentales de antropología cultural*. Buenos Aires: Solar/Hachete, 1964.

BOBBIO, Norberto. *O novo liberalismo*. São Paulo: Brasiliense, 1998.

BOGARDUS, Emory S. *A evolução do pensamento social*. Rio de Janeiro: Fundo de Cultura, 1965. 2 v.

BODART, Cristiano. Estratificação social segundo Octávio Ianni. *Blog Café com Sociologia.com*. 2016. Disponível em: <https://jornalggn.com.br/noticia/o-conceito-de-estratificacao-social-segundo-octavio-ianni>. Acesso em: 4 fev. 2018.

BOMPADRE, Francisco. *Cultura y estructura en el "sueño americano"*. 2001. Disponível em: <http://www.derechoareplica.org/index.php/mas/criminologia/835-robert-merton-el-delito--como-tension>. Acesso em: 5 mar. 2018.

BORGES, Augusto; GERMANO, Ligia; ARAÚJO, Pedro. *Sociologia brasileira*. 2011. Disponível em: <http://portaldoprofessor.mec.gov.br/fichaTecnicaAula.html?aula=37897>. Acesso em: 3 mar. 2018.

BORÓN, Atílio (Org.). *Pós-neoliberalismo*: as políticas sociais e o estado democrático. 3. ed. Rio de Janeiro: Paz e Terra, 1996.

BOSCHI, Renato Raul (Org.). *Movimentos coletivos no Brasil urbano*. Rio de Janeiro: Zahar, 1983.

BOTTOMORE, T. B. *A sociologia como crítica social*. Rio de Janeiro: Zahar, 1976.

_____. *As classes na sociologia moderna*. Rio de Janeiro: Zahar, 1968.

_____. *Introdução à sociologia*. Rio de Janeiro: Zahar, 1965a.

_____. *As elites e a sociedade*. Rio de Janeiro: Zahar, 1965b.

BOTTOMORE, Tom; NISBET, Robert (Orgs.). *História da análise sociológica*. Rio de Janeiro: Zahar, 1980.

BOTVIN, Gilbert. Substance abuse prevention research: recent developments and future directions. *Journal of School Health*, v. 56, n. 9, p. 369-374, 1986.

BOUDON, Raymond. *A desigualdade das oportunidades*. Brasília: EUB, 1973.

_____. *Métodos quantitativos em sociologia*. Petrópolis: Vozes, 1971.

_____. *Efeitos perversos e ordem social*. Rio de Janeiro: Zahar, 1969.

BOURDIEU, Pierre. *A dominação masculina*. Rio de Janeiro: Bertrand Brasil, 1999.

BOURGUIGNON, François. *The growth elasticity of poverty reduction*, Delta Working Papers. 2003. Disponível em: <https://www.researchgate.net/publication/4861703_The_growth_elasticity_of_poverty_reduction_explaining_heterogeneity_across_countries_and_time_periods. Acesso em: 8 jun. 2018.

382 **Bibliografia**

_____; MORRISON, Christian. Inequality among world citizens 1820-1992. *The American Economic Review*, v. 92, n. 4. 2002.

BOUTHOUL, Gaston. *História da sociologia*. 3. ed. São Paulo: Difusão Europeia do Livro, 1966.

BRAGA, Ruy; SANTANA, Marco A. Sociologia pública: engajamento e crítica social em debate. *Caderno CRH*, Salvador, v. 22, n. 56, p. 223-232, maio/ago. 2009.

BRANDÃO, Carlos R. *O que é sociologia*. Coleção: Primeiros Passos, Brasiliense. Apud AZEVEDO F. Surgimento da Sociologia – Resumo C.R. Brandão 2015. Disponível em: <http://psicoativo.com/2015/12/surgimento-e-formacao-da-sociologia-resumo-c-r-brandao.html>. Acesso em: 24 nov. 2017.

BRANDÃO, Isabela et al. *Características da Internet*, 2009. Disponível em: <https://publicitarias.wordpress.com/caracteristicas-da-internet>. Acesso em: 8 maio 2018.

BRANDÃO LOPES, Juarez Rubens. *Desenvolvimento e mudança social*. 3. ed. São Paulo: Nacional/MEC, 1976.

BRANDENBURG, Alfio. Do rural tradicional ao rural socioambiental. In: *Anais do XII Congresso Brasileiro de Sociologia*, Belo Horizonte, 2005. Disponível em: <http://www.scielo.br/pdf/asoc/v13n2/v13n2a13.pdf>. Acesso em: 3 fev. 2018.

BRANDONE, Eduardo. Sociologia e temas. *Cuadernillo examen sociologia E.E.S.N. 8*. Buenos Aires. Disponível em: <http://socioberenselp.blogspot.com.br/2015/11/cuadernillo-de-estudio--para-ultimo.html>. Acesso em: 3 dez. 2017.

BRASIL. Presidência da República. Secretaria de Comunicação Social. *Pesquisa brasileira de mídia 2015*: hábitos de consumo de mídia pela população brasileira. Brasília: Secom, 2014. Disponível em: <http://www.secom.gov.br/atuacao/pesquisa/lista-de-pesquisas-quantitativas-e-qualitativas-de-contratos-atuais/pesquisa-brasileira-de-midia-pbm-2015.pdf>. Acesso em: 22 maio 2018.

BRASIL DEBATE. *A pobreza em perspectiva*, 2014. Disponível em: <http://brasildebate.com.br/a-pobreza-em-perspectiva> Acesso em: 9 jun. 2018.

BRASIL ESCOLA. *Globalização*, 2018. Disponível em: <https://brasilescola.uol.com.br/geografia/globalizacao.htm>. Acesso em: 14 de março de 2018.

BRÍGIDO, Ana Maria. *Sociologia de la educación*, Córdoba: Brujas, 2006.

BROOK, Jeffrey et al. The psychosocial etiology of adolescent drug use: a family interactional approach. *Genetic, Social, and General Psychology* Monographs, v. 116, p. 111-267, 1990.

BROOM, Leonard; SELZNICK, Philip. *Elementos de Sociologia*. Rio de Janeiro: Livros Técnicos e Científicos, 1979.

BRYANT, Clifton; PECK, Dennis. *21st century sociology*: a reference handbook. Sage Publications, Inc. Thousand Oaks, 2007.

BRYM, Robert et al. *Sociologia*: sua bússola para um novo mundo. São Paulo: Cengage Learning, 2008.

BUCI-GLUCKSMANN, Christine. *Gramsci e o Estado*. São Paulo: Paz e Terra, 1980.

BUCKLEY, Walter. *A sociologia e a moderna teoria dos sistemas*. São Paulo: Cultrix/Edusp, 1971.

Bibliografia 383

BULEGE, Wilfredo. *Metodologia de la investigación*: enfoque mixto de la investigación, 2013. Disponível em: <http://www.openscience.pe>. Acesso em: 24 nov. 2017.

BUNGE, M. *La ciencia, su método y su filosofía*. Buenos Aires: Eudeba, 1960.

BURGELIN, Olvier. *La comunicación de masas*. Madrid. Ediciones Planeta, 2004.

BUSATO, Paulo C. *Fundamentos do direito penal brasileiro*. 3. ed. Curitiba, 2012.

BUSFIELD, Joan. Introduction: Rethinking the sociology of mental health

Sociology of Health & Illness Vol. 22 No. 5, pp. 543-558, 2000.

BUTTEL, Frederick. A sociologia e o meio ambiente: um caminho tortuoso rumo à ecologia humana. *Perspectivas*, São Paulo, n. 15, p. 69-94, 1992.

_____. Environmental and resource sociology: theoretical issues and opportunities for synthesis. *Rural Sociology*, v. 61, n. 1. Institute for Environmental Studies. University of Illinois, 1996.

CAMARGO, Orson. Sociologia no Brasil. *Brasil Escola*. Disponível em: <http://brasilescola.uol.com.br/sociologia/sociologia-bibliografia.htm>. Acesso em: 4 mar. 2018.

CAMPIONE, Daniel. *Antonio Gramsci Breves Apuntes sobre su Vida y Pensamiento*. Disponível em: <http://www.gramsci.org.ar/GRAMSCILOGIAS/Campione-apuntes.htm>. Acesso em: 4 abr. 2018.

CANCIAN, Renato. *Interacionismo simbólico - fundamentos*: Blumer e o estudo das interações sociais. 2009. Disponível em: <https://educacao.uol.com.br/disciplinas/sociologia/interacionismo--simbolico---fundamentos-blumer-e-o-estudo-das-interacoes-sociais.htm>. Acesso em: 16 mar. 2018.

_____. Modernização: transformação política e econômica. *Sociologia*, 2007. Disponível em: <https://educacao.uol.com.br/disciplinas/sociologia/modernizacao-1-transformacao-politica-e--economica.htm>. Acesso em: 16 mar. 2018.

CANDIAN, Juliana. Dinâmicas intergeracionais das condições de vida: um estudo de mobilidade de bem-estar. *Escola de Verão sobre Desigualdades Interdependentes na América Latina Working Paper*. Iesp – Uerj, 2010. Disponível em: <http://web.fflch.usp.br/centrodametropole/antigo/static/uploads/julliana_c.pdf>. Acesso em: 13 abr. 2018.

CANDIDO, Antônio. A sociologia no Brasil. *Tempo Social, Revista de Sociologia da USP*, v. 18, n. 1, jun. 2006. Disponível em: <http://www.revistas.usp.br/ts/article/view/12503>. Acesso em: 2 dez. 2017.

CAPLOW, Theodore. *Sociología fundamental*. Barcelona: Vicenz-Vives, 1975.

CARDOSO, Fernando Henrique. *As ideias e seu lugar*: ensaios sobre teorias do desenvolvimento. Petrópolis: Vozes, 1980.

_____; IANNI, Octávio (Org.). *Homem e sociedade*. 2. ed. São Paulo: Nacional, 1965.

CARMUGO SOCIOLÓGICO. *Sociologia de la pobreza*. 2011. Disponível em: <https://carmugo-sociologico.blogspot.com/search?q=pobreza>. Acesso: 10 fev. 2018.

CARNEIRO DA CUNHA, Manuela; ALMEIDA, Mauro. *Cultura com aspas e outros ensaios*. São Paulo: Cosac Naify, 2009.

384 Bibliografia

CARVALHO, Ana P. et al. *Desigualdades de gênero, raça e etnia.* Curitiba, 2012. Disponível em: <http://www.intersaberes.com/item-catalogo/desigualdades-de-genero-raca-e-etnia>. Acesso em: 8 fev. 2018.

CARVALHO, Géssika. Microcrédito e empreendedorismo feminino em Recife: uma alternativa para a superação das desigualdades no mundo do trabalho. *Norus*, v. 1, n. 1, jan.-jun. 2013.

CARVALHO, José M. *Cidadania no Brasil:* o longo caminho. 10. ed. Rio de Janeiro: Civilização Brasileira, 2008.

CARVALHO, Virginia; BORGES, Livia; RÊGO, Denise. Interacionismo simbólico: origens, pressupostos e contribuições aos estudos em Psicologia Social. *Psicologia Ciência e Profissão*, 2010, v. 30, n. 1, 146-161.

CASANOVA. Pablo G. Corrientes críticas de la sociología latino-americana. *Nexos*, 1978. Disponível em: <https://www.nexos.com.mx/?p=3127>. Acesso em: 16 jan. 2018.

CASO, Antonio. *Sociología.* 15. ed. México: Limusa Wiley, 1969.

CASTELLS, Manuel. *Movimentos sociales urbanos.* 6. ed. México: Siglo Veinteuno, 1980.

_____. *Movimientos sociales urbanos.* 6. ed. México: Siglo Veinteuno, 1980.

_____. *La dimensión cultural de la Internet.* Universitat Oberta de Catalunya, 2002. Disponível em: <http://www.uoc.edu/culturaxxi/esp/articles/castells0502/castells0502.html>. Acesso em: 18 mar. 2018.

_____. *A sociedade em rede.* 8. ed. São Paulo: Paz e Terra, v. 1, 2000.

_____. *A galáxia da internet.* Rio de Janeiro: Zahar, 2003.

_____. *A sociedade em rede:* do conhecimento à ação política. Lisboa: Imprensa Nacional – Casa da Moeda, 2005.

CASTILLO, Antonio J. *Expectations of social mobility, meritocracy and the demand for redistribution in Spain.* Disponível em: <https://www.researchgate.net/publication/228216090_Expectations_of_Social_Mobility_Meritocracy_and_the_Demand_for_Redistribution_in_Spain>. Acesso em: 13 abr. 2018.

CASTRO, Anna Maria de; DIAS, Edmondo Fernandes. *Introdução ao pensamento sociológico.* Rio de Janeiro: Eldourado Tijuca, 1975.

CASTRO, Manuel A. O narrador e a obra: a linguagem como medida. In: MARCHEZAN, Luiz G.; TELAROLLI, Sylvia (Orgs.). *Cenas literárias:* narrativa em foco. São Paulo: Cultura Acadêmica, 2002.

CASTRO, Ramón. Globalização. In: *Dicionário da educação profissional em saúde.* Rio de Janeiro: Fundação Oswaldo Cruz/Escola Politécnica de Saúde Joaquim Venâncio, 2009.

CATALDI, Aline. *Redes sociais em excesso e os seus prejuízos*, 2016. Disponível em: <https://osegredo.com.br/redes-sociais-em-excesso-e-os-seus-prejuizos>. Acesso em: 8 maio 2018.

CAVALCANTE, Marcio. *O conceito de pós-modernidade na sociedade atual.* São Paulo: Escola de Engenharia de Lorena (EEL-USP), 2016.

CENTRO LATINO-AMERICANO EM SEXUALIDADE E DIREITOS HUMANOS (CLAM). *Gênero e diversidade na escola*: formação de professoras/es em gênero, orientação sexual e relações étnico-raciais. Brasília: Cepesc; SPM, 2009.

CENTRO UNIVERSITÁRIO QUEVEDO: *Sociólogos clássicos*, 2009. Disponível em: <https://es.slideshare.net/CENTRUNIVERSITARIOQUEVEDO/3-sociologosclasicos>. Acesso em: 15 dez. 2017.

CERQUEIRA E FRANCISCO, Wagner. *Diversidade cultural no Brasil*. Brasil Escola. Disponível em: <https://brasilescola.uol.com.br/brasil/a-diversidade-cultural-no-brasil.htm>. Acesso em: 24 fev. 2018.

CERVA, Ana C. *Aula de sociologia*. Texto informativo: as instituições. Porto Alegfre: UFRGS, 2006. Disponível em: <http://www.ufrgs.br/laviecs/edu02022/portifolios_educacionais/t_20061_k/ANA_CARINE/ANEXO1_AULA_6_ANA_CERVA.pdf>. Acesso em: 14 abr. 2018.

CERVO, Amado Luiz; BERVIAN, Pedro Alcino. *Metodologia científica*: para uso dos estudantes universitários. 2. ed. São Paulo: McGraw-Hill do Brasil, 1978.

CERVO, Amado; BERVIAN, Pedro; SILVA, Roberto. *Metodologia científica*. 6. ed. São Paulo: Pearson Prentice Hall, 2007

CESARINO, Frederico. O pensamento sociológico do século XX: 2012 as sociologias de Talcott Parsons, Norbert Elias e Erving Goffman. *Pós – Revista Brasiliense de Pós-Graduação em Ciências Sociais*, v. 11, p. 351-370, 2012.

CHAMBLISS, William. *On the take*: from petty crooks to presidents. Bloomington: Indiana University Press, 1978.

CHASE, Stuart. *Introdução às ciências sociais*. São Paulo: Sociologia e Política, 1956.

CHAUNN, Pierre. *A história como ciência social*. Rio de Janeiro: Zahar, 1976.

CHAUVEL, Louis. Clases y generaciones: La insuficiencia de las hipótesis de la teoría del fin de las clases sociales. In: *Marx 2000*: las nuevas relaciones de clase. Buenos Aires: Kai Ediciones, 2000.

CHINOY, Ely. *Sociedade*: uma introdução à sociologia. 2. ed. São Paulo: Cultrix, 1971.

CHOMSKY, Noam. Democracia e mercados na nova ordem mundial. In: GENTILLI, P. (Org.). *Globalização excludente*: desigualdade, exclusão e democracia na nova ordem mundial. Petrópolis: Vozes; Buenos Aires: CLACSO, 1999.

CHURCHMAN, C. West. *Introdução à teoria dos sistemas*. 2. ed. Petrópolis: Vozes, 1972.

CIVITA, Victor (Ed.). *Nietzsche*: obras incompletas. São Paulo: Abril Cultural, 1974.

CLIFF NOTES. *Three major perspectives in sociology*, 2016. Disponível em: <https://www.cliffsnotes.com/study-guides/sociology/the-sociological-perspective/three-major-perspectives-in-sociology>. Acesso em: 16 jan. 2018.

COELHO, Larissa. O que é cultura material e imaterial? *Desconversa*, 2016. Disponível em: <https://descomplica.com.br/blog/historia/o-que-e-cultura-material-e-imaterial>. Acesso em: 5 maio 2018.

COHEN, Bruce. *Sociologia geral*. São Paulo: McGraw-Hill do Brasil, 1980.

386   **Bibliografia**

COHEN, Lawrence; FELSON, Marcus. Social change and crime rate trends: A routine activity approach. *American Sociological Review*, v. 44, n. 4, Aug., 1979, p. 588-608.

COHEN, Percy S. *Teoria social moderna*. Rio de Janeiro: Zahar, 1970.

COHN, Gabriel. *Crítica e resignação*: fundamentos da sociologia de Max Weber. São Paulo: T. A. Queiroz, 1979.

_____. *Sociologia*: para ler os clássicos. Rio de Janeiro: Livros Técnicos e Científicos, 1977.

COMISIÓN ECONÓMICA PARA AMÉRICA LATINA Y EL CARIBE (CEPAL). *Globalización y desarrollo*. Santiago de Chile: CEPAL, 2002.

_____. *Anuario estadístico de América Latina y de Caribe*. Santiago de Chile: CEPAL, 2007.

COMSCHOOL. *Vantagens e desvantagens das redes sociais* – mídias sociais, 2018. Disponível em: <https://news.comschool.com.br/vantagens-e-desvantagens-das-redes-sociais-news-comschool>. Acesso em: 8 maio 2018.

CONCEITOS. *Pós-modernidade*. Disponível em: <https://conceitos.com/pos-modernidade>. Acesso em: 5 maio 2018.

CORDANI, Umberto G. As ciências da terra e a mundialização das sociedades. *Estudos Avançados*. v. 9, n. 25, set.-dez. 1995.

CORREA, Amelia. Interacionismo simbólico: raízes, críticas e perspectivas, *Revista Brasileira de História & Ciências Sociais*, v. 9, n. 17, jan.-jun. 2017.

COSTA, Antônio Carlos Gomes de. *Forças motrizes que impulsionam ou que emperram nossas ações*. Belo Horizonte: II Semana Social Brasileira, jul. 1995.

COSTA, Lairton. *Apostila sociologia 1º EM*. Instituto Educacional Raphael di Santo, 2015. Disponível em: <https://vdocuments.site/apostila-sociologia-1.html:. Acesso em: 24 nov. 2017.

COULSON, Margaret A.; RIDDELL, David S. *Introdução crítica à sociologia*. 2. ed. Rio de Janeiro: Zahar, 1974.

CRAGUN, Ryan; CRAGUN, Deborah; KONIECZNY, Piotrus. *Introduction to sociology*. Wikibooks.org, Florida, 2012.

CRESPO, Antônio; GUROVITZ, Elaine. A pobreza como um fenômeno multidimensional. *RAE- eletrônica*, v. 1, n. 1, jul.-dez. 2002. Disponível em: <http://www.scielo.br/pdf/raeel/v1n2/v1n2a03>. Acesso em: 8 jun. 2018.

CRESWELL, John. *Qualitative inquiry and research design*: choosing among five approaches. 2. ed. Thousand Oaks, CA: Sage, 2007.

_____; CLARK, Vicky. *Pesquisa de métodos mistos*. 2. ed. Porto Alegre: Penso, 2013.

CRISTOVÃO, Ana Luisa. *O movimento feminista*. Curso de Administração de Empresas FEA/PUC-SP. São Paulo, 2016. Disponível em: <http://www.pucsp.br/sites/default/files/download/posgraduacao/programas/administracao/bisus/bisus-1s2016-vol3.pdf>. Acesso em: 12 abr. 2018.

CROMPTON, Rosemary. *Class and stratification*: an introduction to current debates. New Jersey: Wiley and Sons, 1998.

CUARTO NOCTURNO. *La comunicación masiva-mapas conceptuales*. 2009. Disponível em: <http://cuartonocturno.blogspot.com/2009/04/la-comunicacion-masiva-mapas.html>. Acesso em: 14 abr. 2018.

CURY, Antonio. *Organização e métodos*: uma perspectiva comportamental. São Paulo: Atlas, 1983.

CUVILLIER, Armand. *Introdução à Sociologia*. São Paulo: Nacional, 1966.

_____. *Manual de sociologia*. Coimbra: Coimbra Editora, 3. v., 1965.

DAHRENDORF, Ralf. *Ensaios de teoria da sociedade*. Rio de Janeiro: Zahar/Edusp, 1974.

_____. *Las classes sociales y su conflicto en la sociedad industrial*. Madri: Rialp, 1962.

DAS NEVES, Renake. Ser classe trabalhadora ou não ser classe trabalhadora, eis a questão: uma defesa da pertinência analítica do conceito de classe para a análise da sociedade contemporânea através de uma breve análise do movimento piqueteiro. In: *5° Colóquio Internacional Marx-Engels*, Campinas, 2007.

DAVENPORT, Thomas H.; PRUSAK, Laurence. *Conhecimento empresarial*: como as organizações gerenciam o seu capital intelectual. Rio de Janeiro: Campus, 1998.

DAVIS, Kingsley. *A sociedade humana*. Rio de Janeiro: Fundo de Cultura, 2 v., 1961.

_____ et al. *Cidades*: a urbanização da humanidade. 2. ed. Rio de Janeiro: Zahar, 1972.

DAVIS, Philip; SANCHEZ-MARTINEZ, Miguel. A review of the economic theories of poverty. *National Institute of Economic and Social Research*, 2014. Disponível em: <https://www.niesr.ac.uk/sites/default/files/publications/dp435_0.pdf>. Acesso em: 8 jun. 2018.

DEARO, Ray T. *Criador do '@' nos emails morre aos 74 anos,* 2016. Disponível em: <https://exame.abril.com.br/tecnologia/ray-tomlinson-criador-do-nos-emails-morre-aos-74-anos>. Acesso em: 8 maio 2018.

DELGADO, John S. *Principales funciones que nos ofrece el Internet*, 2016. Disponível em: <https://pt.slideshare.net/CbasL/principales-funciones-del-internet>. Acesso em: 8 maio 2018.

DELLA FAVE, L. Richard. Success values: are they universal or class differentiated? *American Journal of Sociology*, v. 80, n. 1, p. 153-69, 1974. Disponível em: <https://www.journals.uchicago.edu/doi/abs/10.1086/225765>. Acesso em: 9 jun. 2018.

DELORENZO Neto, A. *Sociologia aplicada à administração*: sociologia das organizações. 7. ed. São Paulo: Atlas, 1980.

_____. *Sociologia aplicada à educação*. São Paulo: Duas Cidades, 1974.

DEMO, Pedro. *Sociologia*: uma introdução crítica. São Paulo: Atlas, 1983.

DEUS, Jorge Dias de (Org.). *A crítica da ciência*: Sociologia e ideologia da ciência. 2. ed. Rio de Janeiro: Zahar, 1979.

DIAMOND, Milton. *Sex and gender are different*: sexual identity and gender identity are different, 2002. Disponível em: <http://journals.sagepub.com/doi/pdf/10.1177/1359104502007003002>. Acesso em: 21 abr. 2018.

388   **Bibliografia**

DIEGUEZ, Antonio. La ciencia desde una perspectiva postmoderna: entre la legitimidad política y la validez epistemológica. In: *Jornadas de Filosofía*: Filosofía y política, 2, Coín, Málaga, 2004. Actas... Coín, Málaga: Procure, 2006. p. 177-205.

DIGITAL DISCOVERY. *Que tipos de redes sociais existem actualmente?* 2017. Disponível em: <http://digitaldiscovery.eu/que-tipos-de-redes-sociais-existem-actualmente> Acesso em: 8 maio 2018.

DOMINGOS, Cristina; LEMOS, Jorge; CANAVILHAS, Telma. *Desafios globais a enfrentar.* Geografia, C. ano 11, v. 1, n. 1. Lisboa: Edição Plátano; Editora Abril, 2009.

DODA, Zerihun. *Introduction to introduction to sociology.* In collaboration with the Ethiopia Public Health Training Initiative, The Carter Center, the Ethiopia Ministry of Health, and the Ethiopia Ministry of Education, 2005. Disponível em: <https://www.cartercenter.org/resources/pdfs/health/ephti/library/lecture_notes/health_science_students/ln_sociology_final.pdf>. Acesso em: 24 nov. 2018.

DONATH, Judith S. Identity and deception in the virtual community. In: KOLLOCK Peter; SMITH, Marc. (Orgs.) *Communities in cyberspace.* Routledge. New York, 1999.

DOS SANTOS, Jair. *O que é pós-moderno?* São Paulo: Brasiliense, 2005. Coleção Primeiros Passos.

DOS SANTOS, José; BAUMGARTEN, Maira. Contribuições da Sociologia na América Latina à imaginação sociológica: análise, crítica e compromisso social. *Sociologias*, Porto Alegre, ano 7, n. 14, jul./dez. 2005, p. 178-243.

DOS SANTOS, Sidney F. *Os direitos humanos das mulheres visto através de um olhar pluralista e interdisciplinar.* Tese de Doutorado. Curso de Pós-Graduação em Direito. Universidade Federal de Santa Catarina.

DRUCKER, Peter F. *Uma era de descontinuidade.* Rio de Janeiro: Zahar, 1970.

DUARTE, Esmeralda. Las tecnologías de información y comunicación (TIC) desde una perspectiva social. *Revista Electrónica Educare*, vol. XII, 2008, p. 155-162. Universidad Nacional Heredia, Costa Rica. Disponível em: <http://www.redalyc.org/pdf/1941/194114584020.pdf>. Acesso em: 8 mar. 2018.

DUARTE, Pedro H.; Graciolli, Edílson. *A teoria da dependência: interpretações sobre o(sub)desenvolvimento na América Latina.* Disponível em: <http://www.unicamp.br/cemarx/anais_v_coloquio_arquivos/arquivos/comunicacoes/gt3/sessao4/Pedro_Duarte.pdf>. Acesso em: 7 fev. 2018.

DURKHEIM, Émile. *A ciência social e a ação.* São Paulo: Difel, 1975.

_____. *O suicídio.* Lisboa: Presença, 1973a.

_____. *De la división del trabajo social.* Buenos Aires: Schapire, 1973b.

_____. *As regras do método sociológico.* 4. ed. São Paulo: Nacional, 1966.

DUVIGNAUD, Jean (Dir.). *Sociologia*: guia alfabético. Rio de Janeiro: Forense/Universitária, 1974.

_____. *A solidariedade.* Lisboa: Instituto Piaget, 1986.

EDUCABRAS. *Grupos sociais*. Disponível em: <https://www.educabras.com/vestibular/materia/sociologia/aulas/grupos_sociais>. Acesso: 2 fev. 2018.

_____. *Desigualdade de gênero*. Disponível em: <https://www.educabras.com/enem/materia/sociologia/aulas/desigualdade_de_genero>. Acesso em: 8 fev. 2018.

EISENSTADT, S. N. *Modernização*: protesto e mudança. Rio de Janeiro: Zahar, 1969.

_____. *Modernização e mudança social*. Belo Horizonte: Editora do Professor, 1968.

ENGELS, Friedrich. *A origem da família, da propriedade privada e do estado*. Rio de Janeiro: Civilização Brasileira, 1975.

ENNES, Marcelo. Interacionismo simbólico: contribuições para se pensar os processos identitários. *Perspectivas*, São Paulo, v. 43, p. 63-81, jan./jun. 2013.

ESCARIÃO, Gloria. *A globalização e a homogeneização do currículo no Brasil*. Tese de Doutorado apresentada ao Programa de Pós-Graduação em Educação, UFPB, João Pessoa, 2006.

ESPINOSA, Emilio. El objeto de la Sociologia: hecho social y consecuencias no intencionadas de la acción. *Reis: Revista Española de Investigaciones*, Madrid, n. 48, Oct.-Dec. 1989, p. 48-89.

ETZIONI, Amitai. *Análise comparativa de organizações complexas*. Rio de Janeiro: Zahar, 1974.

_____. *Organizações modernas*. São Paulo: Pioneira, 1967.

ETZIONI, Eva (Comp.). *Los cambios sociales*: fuentes, tipos y consecuencias. México: Fondo de Cultura Econômica, 1968.

EVANGELISTA, Carlos A. *Direitos indígenas*: o debate na constituinte de 1988. Dissertação de Mestrado. Programa de Pós-Graduação em História Social. Universidade Federal do Rio de Janeiro. Rio de Janeiro: UFRJ/IFICS, 2004.

EVANS, Jonny. *Opinião*: caso da Cambridge Analytica dá espaço para rede social da Apple, 2018. Disponível em: <http://idgnow.com.br/ti-corporativa/2018/03/19/artigo-escandalo-do-facebook-mostra-que-e-hora-da-rede-social-da-apple>. Acesso em: 8 maio 2018.

FAIRCHILD, Henry Pratt (Org.). *Diccionario de Sociologia*. 4. ed. México: Fondo de Cultura Econômica, 1966.

FANFAN, Emilio. Socialización. In: ALTAMIRANO, Carlos (Ed.). *Términos críticos*: diccionario de Sociología de la cultura. Buenos Aires: Paidós, 2002.

FARFÁN, Rafael. La sociología comprensiva como um capítulo de la historia de la sociologia. *Sociológica*, año 24, n. 70, mayo-agosto 2009, p. 203-214. Disponível em: <http://www.scielo.org.mx/pdf/soc/v24n70/v24n70a8.pdf>. Acesso em: 6 mar. 2018.

FELSON, Marcus; BOBA, Rachel. *Crime and everyday life*. Thousand Oaks, CA: Sage, 2010.

FERNANDES, Florestan. *A sociologia numa era de revolução social*. 2. ed. Rio de Janeiro: Zahar, 1976.

_____. *Capitalismo dependente*: classes sociais na América Latina. 2. ed. Rio de Janeiro: Zahar, 1975.

_____. *Mudanças sociais no Brasil*. São Paulo: Difusão Europeia do Livro, 1974.

390 **Bibliografia**

_____. *Sociedade de classes e subdesenvolvimento*. 2. ed. Rio de Janeiro: Zahar, 1972.

_____. *Ensaios de sociologia geral e aplicada*. 2. ed. São Paulo: Pioneira, 1971.

_____. *Elementos de sociologia teórica*. São Paulo: Nacional, 1970.

FERREIRA, Aurélio B. H. *Novo Aurélio Século XXI*: o dicionário da língua portuguesa. Rio de Janeiro: Nova Fronteira, 2000.

FERREIRA, Leila da C. (1996), Brazilian Environmental Sociology: a provisional estimate. In: Brazil Week, 2002, Austin. Institute of Latin American Studies – Brazil Center. Austin: University of Texas, 1996. v. 15. p. 1-10. Disponível em: <https://www.researchgate.net/publication/226434061_Building_Environmental_Justice_in_Brazil_A_Preliminary_Discussion_of_Environmental_Racism>. Acesso em: 2 fev. 2018.

_____. Ideias para uma sociologia da questão ambiental – teoria social, sociologia ambiental e interdisciplinaridade. *Desenvolvimento e meio ambiente*, n. 10, p. 77-89, jul.-dez. 2004. Editora UFPR. Disponível em: <https://revistas.ufpr.br/made/article/view/3096>. Acesso em: 3 jun. 2018.

FERRER, Urbano. *Max Weber: La Sociologia compreensiva*. Disponível em: <www.um.es/urbanoferrer/documentos/Weber.doc>. Acesso em: 7 fev. 2018.

FICHTER, Joseph H. *Sociologia*. São Paulo: Pedagógica Universitária, 1973.

FIRTH, Raymond. *Elementos de organização social*. Rio de Janeiro: Zahar, 1974.

FISBERG, Alex. *Doze passos práticos para solução de problemas (sociais)*. Por Paul Polak (#1 parte), 2012. Disponível em: <https://umjornalismosocial.wordpress.com/2012/08/16/doze-passos-praticos-para-solucao-de-problemas-sociais-por-paul-polak-1-parte>. Acesso em: 14 abr. 2018.

FISCHER, Claude. *America calling*: a social history of the telephone to 1940. Berkeley: University of California Press, 1992.

FLESCH, Rudolf. *The art for clear thinking*. Londres: Collica Books, 1961.

FLEURY, Lorena; BARBOSA, Rômulo; SANT'ANA JÚNIOR, Horácio. Sociologia dos conflitos ambientais: desafios epistemológicos, avanços e perspectivas. *Revista Brasileira de Sociologia*, v. 5, v. 11, set.- dez. 2017. Disponível em: <http://www.sbsociologia.com.br/revista/index.php/RBS/article/view>. Acesso em: 3 jun. 2018.

_____; ALMEIDA, Jalcione; PREMEBIDA, Adriano. O ambiente como questão sociológica: conflitos ambientais em perspectiva. *Sociologias*, ano 16, n. 35, jan.-abr. 2014, p. 34-82, Porto Alegre. Disponível em: <http://www.ufrgs.br/temas/artigos/2014_O_ambiente_como_questao_sociologica.pdf>. Acesso em: 3 jun. 2018.

FOLHA DE SÃO PAULO. *22% dos brasileiros vivem abaixo da linha da pobreza, diz estudo*. 21 de junho de 2018. Disponível em: <https://www1.folha.uol.com.br/mercado/2017/10/1931680-22-dos-brasileiros-vivem- abaixo-da-linha-da-pobreza-diz-estudo.shtml>. Acesso em: 9 jun. 2018.

FORACCHI, Marialice M.; MARTINS, José de Souza. *Sociologia e sociedade*. Rio de Janeiro: LTC, 1977.

FOREMAN, Curtis. *10 tipos de redes sociales y cómo pueden beneficiar a tu negocio*, 2017. Disponível em: <https://blog.hootsuite.com/es/8-tipos-de-redes-sociales>. Acesso em: 8 maio 2018.

FOUCAULT, Michel. O sujeito e o poder. In: DREYFUS, H.; RABINOW, P. *Michel Foucault uma trajetória filosófica*. Rio de Janeiro: Forense Universitária, 1995.

FRAGA, Luís. *Socialização e enculturação*. Disponível em: <http://aiesct.blogspot.com. br/2013/10/socializacao-e-enculturacao.html>. Acesso em: 26 mar. 2018.

FRAGA, Marcus. *Os não lugares não existem*: uma visão crítica na pós-modernidade. Disponível em: <https://revistas.pucsp.br/index.php/pontoevirgula/article/viewFile/13911/10235>. Acesso em: 22 maio 2018.

FRANCO JÚNIOR, Hilário. *História das civilizações*. 2. ed. São Paulo: Atlas, 1976.

FREIRE NETO, João. Carta aberta à população brasileira. *Sociedade Brasileira de Geriatria e Gerontologia*, Rio de Janeiro, 2014. Disponível em: <https://sbgg.org.br/wp-content/themes/sbgg/images/logo.png>. Acesso em: 10 jun. 2018.

FREITAS. Maria do Carmo. Pobreza e exclusão social. *Informação Sociológica*. Faculdade de Economia, Universidade de Coimbra, Coimbra, 2010. Disponível em: <http://www4.fe.uc.pt/fontes/trabalhos/2009011.pdf>. Acesso em: 6 jun. 2018.

FREUND, Julien. *Sociologia de Max Weber*. São Paulo: Forense, 1970.

FREYRE, Gilberto. *Sociologia*. 4. ed. Rio de Janeiro: José Olympio, 2. v., 1967.

FOSTER, G. M. *Las culturas tradicionales y los cambios técnicos*. México: Fondo de Cultura Económica, 1964.

FUNDAÇÃO MUNDO SEM DROGAS. *A verdade sobre o álcool*. Disponível em: <http://www.mundosemdrogas.org.br/real-life-stories/alcohol.html>. Acesso em: 22 fev. 2018

FUKS, Mario. *Conflitos ambientais no Rio de Janeiro*: ação e debate nas arenas públicas. Rio de Janeiro: Editora da UFRJ, 2001.

GADEA, Carlos. O interacionismo simbólico e os estudos sobre cultura e poder. *Sociedade e Estado*, v. 28, n. 2, Brasília, maio-ago. 2013.

GALBRAITH, John Kenneth. *O novo estado industrial*. Rio de Janeiro: Civilização Brasileira, 1968.

GALLIANO, A. Guilherme. *Introdução à sociologia*. São Paulo: Harper & Row do Brasil, 1981.

GAMBA, Susana. *Feminismo*: historia y corrientes. Diccionario de estudios de género y feminismos. Editorial Biblos, 2008. Disponível em: <http://www.mujeresenred.net/spip.php?article1397>. Acesso em: 12 ago. 2018.

GEERTZ, Clifford. *A interpretação das culturas*. Rio de Janeiro: Zahar, 1978.

GERMANI, Gino. *Sociologia da modernização*. São Paulo: Mestre Jou, 1974.

GERTH, Hans; MILLS, C. Wright. *Caráter e estrutura social*. Rio de Janeiro: Civilização Brasileira, 1973.

GIBBONS, J. *Trading around the clock*: global securities markets and information technology. Washington DC: US Congress, 1990.

GIDDENS, Anthony. *Há uma alternativa*. Entrevista à Veja. São Paulo: Abril, 1998.

_____. *Para além da esquerda e da direita*: o futuro da política radical. São Paulo: Unesp, 1995.

392 Bibliografia

_____. *As consequências da modernidade*. São Paulo: Editora Unesp, 1991.

_____. *Sociologia*. 6. ed. Porto Alegre: Artmed, 2006.

_____. *Sociologia*. 6. ed. Tradução de Alexandra Figueiredo et al. Fundação Calouste Gulbenkian, Lisboa, 2008.

_____. *Sociologia*. 4. ed. Porto Alegre: Artmed, 2005. Reimpressão, 2008.

_____. *As ideias de Durkheim*. São Paulo: Cultrix, 1981.

_____. *Novas regras do método sociológico*. Rio de Janeiro: Zahar, 1978.

_____. *A estrutura de classes das sociedades avançadas*. Rio de Janeiro: Zahar, 1975.

GINSBERG, Morris. *Psicologia da sociedade*. Rio de Janeiro: Zahar, 1966.

GLOBALIZAÇÃO. *Globalização no Brasil – Resumo*. Disponível em: <https://globalizacao.org/globalizacao-no-brasil-resumo.htm>. Acesso em: 14 mar. 2018.

GOHN, Maria da Gloria. Empoderamento e participação da comunidade em políticas sociais. *Saúde e Sociedade*, v. 13, n. 2, p. 20-31, maio-ago. 2004.

_____. Movimentos sociais na contemporaneidade. *Revista Brasileira de Educação*, v. 16, n. 47, maio-ago. 2011.

_____. *Teoria dos movimentos sociais paradigmas clássicos e contemporâneos*. São Paulo: Edições Loyola, 1997.

GOODE. Erich. The sociology of drug use. In: Bryant, C.; Peck, D. *21st century sociology*: a reference handbook. Thousand Oaks, California, 2007.

GOODE, William J. *A família*. São Paulo: Pioneira, 1970.

_____; HATT, Paul K. *Métodos em pesquisa social*. 2. ed. São Paulo: Nacional, 1968.

GORENDER, Jacob. Estratégias dos estados nacionais diante do processo de globalização. *Estudos Avançados*, n. 25. São Paulo: USP, 1995.

GORZ, André. *Adeus ao proletariado*, Rio de Janeiro: Forense, 1982.

GOYA, Emelia. Medios de comunicación massiva. *Red tercer milenio*, México, 2012.

GRAMSCI, Antônio. *Os intelectuais e a organização da cultura*. Rio de Janeiro: Civilização Brasileira, 1991, p. 3.

_____. *Cadernos do cárcere, volume 1*. Edição e tradução, Carlos Nelson Coutinho; coedição, Luiz Sérgio Henriques e Marco Aurélio Nogueira. 4. ed. Rio de Janeiro: Civilização Brasileira, 2006.

_____. *Cadernos do cárcere, volume 2*. Edição e tradução de Carlos Nelson Coutinho com a colaboração de Luiz Sergio Henriques e Marco Aurélio Nogueira. Rio de Janeiro: Civilização Brasileira, 2001.

GRAELLS, Pere. *Las TIC y sus aportaciones a la sociedade*, 2015. Disponível em: <https://www.researchgate.net/publication/267419766>. Acesso em: 8 maio 2018.

_____. Impacto de las tic en la educación: funciones y limitaciones. *Revista de investigación*, Barcelona, 2012. Disponível em: <https://www.3ciencias.com/wp-content/uploads/2013/01/impacto-de-las-tic.pdf>. Acesso em: 8 maio 2018.

GRANGE, Juliette. *L'industrialisme de Saint-Simon,* 2008. Disponível em: <https://halshs.archives-ouvertes.fr/halshs-00279757>. Acesso em: 22 nov. 2017.

GREEN, Bryan; JOHNS, Edward. *Introducción a la sociología.* Barcelona: Labor, 1969.

GRIGOROWITSCHS, Tamara. O conceito "socialização" caiu em desuso? Uma análise dos processos de socialização na infância com base em Georg Simmel e George H. Mead. *Educação e Sociedade,* v. 29, n. 102, p. 33-54, jan./abr. 2008, Campinas. Disponível em: <http://www.cedes.unicamp.br>. Acesso em: 16 maio 2018.

GRIJÓ, Wesley. Telenovela e subalternidade: A representação das camadas populares nas telenovelas da Rede Globo Wesley Pereira. *IV Seminário Internacional de Pesquisa em Comunicação* (*SIPECOM*), 12 a 14 de setembro de 2011, Universidade Federal de Santa Maria. Disponível em: <http://coral.ufsm.br/sipecom/2012/anais/artigos/televisao/GRIJO.pdf>. Acesso em: 22 maio 2018.

_____. Telenovela brasileira: uma crítica diagnóstica. *Revista de Estudos da Comunicação.* Curitiba, v. 17, n. 43, p. 66-82, set.-dez. 2016.

GRUPPI, Luciano. *O conceito de hegemonia em Gramsci.* 2. ed. Rio de Janeiro: Edições Graal,1978.

GUIA PRÁTICO DE ANTROPOLOGIA. São Paulo: Cultrix, 1971.

GUILLAUME, Pierre et al. *Desenvolvimento das classes sociais.* Porto: Rés, 1976.

GUIMARÃES. Luiza. *Análise dos efeitos da globalização sobre a inflação.* PUC-Rio de Janeiro. Departamento de Economia. Monografia de Final de Curso. Rio de Janeiro, 2009. Disponível em: <http://www.econ.pucrio.br/uploads/adm/trabalhos/files/Luiza_Ferreira_Guimaraes.pdf>. Acesso em: 14 mar. 2018.

GUIMARÃES, Juarez Rocha. Culturas brasileiras de participação democrática. In: AVRITZER, Leonardo (Org.). *Experiências nacionais de participação social.* São Paulo: Cortez, 2009.

GUIVANT, Júlia S. Conflitos e negociações nas políticas de controle ambiental: o caso da suinocultura em Santa Catarina. *Ambiente e Sociedade,* n. 2, p. 101-23, 1998.

GURR, Robert. *Why men rebel?* Princeton, New Jersey: Princeton University Press, 1971.

GURVITCH, Georges (Org.). *El concepto de classes sociales.* Buenos Aires: Nueva Visión, 1970.

_____. *Los fundadores franceses de la sociología contemporánea*: Saint-Simon y Proudhon. Buenos Aires: Nueva Visión, 1955.

_____. *Tratado de sociologia.* Buenos Aires: Kapelusz, 2. v., 1962.

GUSMÃO, P. Dourado de. *Manual de Sociologia.* 5. ed. Rio de Janeiro: Forense Universitária, 1977.

_____. *Teorias sociológicas.* 2. ed. Rio de Janeiro: Forense, 1968.

HABERMAS, Jürgen. *Mudança estrutural da esfera pública.* São Paulo: Unesp, 2014.

_____. *O discurso filosófico da modernidade.* São Paulo: Martins Fontes, 2002.

_____. *Pensamento pós-metafísico.* Rio de Janeiro: Tempo Universitário, 1990.

394   Bibliografia

HADDOCK LOBO, Roberto Jorge. *História econômica geral e do Brasil*. 4. ed. São Paulo: Atlas, 1973.

HALL, Stuart et al. *Policing the crisis*. Mugging, the state and law & order. Hong Kong: MacMillan, 1978.

HANESAKA, Thais. *Inovações tecnológicas e globalização*, 2017. Disponível em: <https://thaishanesaka.jusbrasil.com.br/artigos/400503280/inovacoes-tecnologicas-e-globalizacao>. Acesso em: 14 mar. 2018.

HANEY, David P. *The americanization of social science*. Philadelphia: Temple University Press, 2008.

HANNIGAN, John. *Sociologia ambiental*: a formação de uma perspectiva social. Lisboa: Piaget, 1997.

HARGREAVES, Andy. *Os professores em tempo de mudança*: o trabalho e a cultura dos professores na idade pós-moderna. Toronto: McGraw-Hill, 1998.

HAUSER, Philip M. et al. *Panorama da população mundial*. Rio de Janeiro: Fundo de Cultura, 1965.

HAWKINS, David; CATALANO, Richard; MILLER Janet. Risk and protective factors for alcohol and other drug problems in adolescence and early adulthood: implications for substance abuse prevention. *Psychological Bulletin*, v. 112, n. 1, p. 64-105, 1992.

HEDLUND, Dhion. *Organização eletrônica: Eletrônico ou digital?*, 2011. Disponível em: <http://www.dhionhedlund.com.br/2011/02/eletronico-ou-digital.html>. Acesso em: 8 jun. 2018.

HELD, David et al. *Global transformations*: politics, economics, and culture. Stanford University Press, CA, 1999.

HEER, David M. *Sociedade e população*. São Paulo: Pioneira, 1972.

HEINTZ, Peter. *Poder y prestígio*. Buenos Aires: Editorial Universitária de Buenos Aires, 1968.

HERSKOVITS, Melville J. *Antropologia cultural*. São Paulo: Mestre Jou, 3. v., 1963.

HILLEBRAND, Evan. Poverty, growth, and inequality over the next 50 years. *FAO Expert meeting on How to Feed the World in 2050*, 2009. Disponível em: <http://www.uky.edu/~ehill2/dynpage_upload/files/02-Hillebrand_poverty-growth-inequality.pdf>. Acesso em: 9 jun. 2018.

HILLMANN, Karl Heinz. *Sozialisation*: wörterbuch der soziologie. Stuttgart: Kröner, 1994.

HIRANO, Sedi. *Castas, estamentos e classes sociais*. São Paulo: Alfaômega, 1974.

HIRST, Paul O. *Evolução social e categorias sociológicas*. Rio de Janeiro: Zahar, 1977.

HOBSBAWM, Eric. *O novo século*: entrevista a Antônio Políto. São Paulo: Companhia das Letras, 2000.

HODGE, Bob; TRIPP, David. *Children and television*: a semiotic approach. Cambridge: Polity 1986.

HOEBEL, R. Adamson; FROST, Everett L. *Antropologia cultural e social*. São Paulo: Cultrix, 1981.

HOFFMANN, John; CERBONE, Felicia. Parental substance use disorder and the risk of adolescent drug abuse: an event history analysis. *Drug and Alcohol Dependence*, v. 66, p. 255-264, 2002.

HORKHEIMER, Max; ADORNO, Theodor W. *Temas básicos de sociologia*. São Paulo: Cultrix, 1973.

HORTON, Paul B.; HUNT, Chester L. *Sociologia*. São Paulo: McGraw-Hill do Brasil, 1980.

HOUAISS, Antônio. *Dicionário Houaiss da língua portuguesa*. Rio de Janeiro: Objetiva, 2009.

HOUT, Mike. The inequality-mobility paradox. The lack of correlation between social mobility and equality, *New Economy*, n. 2, p. 206- 207, 2003.

HUBERMAN, Leo. *História da riqueza do homem*. 10. ed. Rio de Janeiro: Zahar, 1974.

HUIDOBRO, José M. *Tecnologías de información y comunicación*, Madrid, 2012.

Disponível em: <http://www.monografias.com/trabajos37/tecnologias-comunicacion/tecnologias-comunicacion.shtml>. Acesso em: 7 maio 2018.

HUMPHREY, Craig; BUTTEL, Frederick. *Environment, energy and society*. Belmont: Wadsworth, 1982.

IANNI, Octávio. *Neoliberalismo e neo-socialismo*. Campinas: FCH/Unicamp, 1996.

_____. *Teorias de estratificação social*. 2. ed. São Paulo: Nacional, 1973.

_____. *Teorias da globalização*. 10. ed. Rio de Janeiro: Civilização Brasileira, 2002.

IAROZINSKI, Maristela. *Contribuições da teoria da ação comunicativa de Jürgen Habermas para a educação tecnológica*. Dissertação de Mestrado – Programa de Pós-Graduação em Tecnologia, Centro Federal de Educação Tecnológica do Paraná, Curitiba, 2000.

INKELES, Alex. *O que é sociologia*. São Paulo: Pioneira, 1967.

INNIS, Harold. *Empire and communications*. Oxford: Oxford University Press, 1950.

INSIGHTCARE. *Conceitos dos Problemas Sociais*, 2016. Disponível em: <http://gameinsightcare.com/2016/10/conceitos-dos-problemas-sociais>. Acesso em: 22 fev. 2018.

INSTITUTO DE PESQUISAS ECONÔMICAS AVANÇADAS (IPEA). *Pobreza e mudança social*. Comunicado da Presidência, n. 9, set. 2008. Disponível em: <http://www.ipea.gov.br/portal/index.php?option=com_content&view=article&id=1716>. Acesso em: 9 jun. 2018.

ISLAM, S. Aminul. Sociology of poverty: quest for a new horizon. *Bangladesh e-Journal of Sociology*, v. 2, n. 1, January 2005. Disponível em: <https://www.researchgate.net/publication/237736311_Sociology_of_Poverty_Quest_for_a_New_Horizon>. Acesso em: 8 jun. 2018.

JACCARD, Pierre. *Introdução às ciências sociais*. Lisboa: Horizonte, 1974.

JARUERAS-BANDEIRA. *Teorias de classe e estratificação*. Disponível em: <http://jaueras.blogspot.com.br/2011>. Acesso em: 12 fev. 2018.

JASANOFF, Sheila. *States of knowledge*: The co-production of science and social order. Routledge: London and New York, 2006.

JASPER, James. ¿De la estructura a la acción? La teoría de los movimientos sociales después de los grandes paradigmas. *Sociológica*, n. 27, p. 7-48, 2012. Disponível em: <http://jamesmjasper.org/ArticlesandChapters.html>. Acesso em: 24 fev. 2018.

396   **Bibliografia**

JESSOR, Richard et al. Protective factors in adolescent problem behavior: moderator effects and developmental change. *Developmental Psychology*, v. 31, n. 6, p. 923-933, 1995.

JESUS, Jacqueline. *Orientações sobre identidade de gênero*: conceitos e termos, 2012. Disponível em: <http://www.diversidadesexual.com.br/wp-content/uploads/2013/04/G%C3%8ANERO--CONCEITOS-E-TERMOS.pdf>. Acesso em: 21 abr. 2018.

JICK, Todd. Mixing qualitative and quantitative methods: triangulation in action. *Administrative Science Quarterly*, n. 24, p. 602-611, 1979.

JONES, John. *Poverty and the human condition*: a philosophical inquiry. Lewiston, New York: Edwin Mellen Press, 1990.

JONES, Quentin. Virtual-Communities, virtual settlements & cyber-archaelogy – a theoretical outline. *Journal of Computer Mediated Communication*, v. 3, n. 3, December, 1997. Disponível em: <https://onlinelibrary.wiley.com/doi/full/10.1111/j.1083-6101.1997.tb00075.x>. Acesso em: 27 maio 2018.

JOHNSON, Doyle. *Contemporary sociological theory*: an integrated multi-level approach. Springer Science, Business Media, LLC, 2008.

JOHNSON, Harry M. *Introdução sistemática ao estudo da sociologia*. Rio de Janeiro: Lidador, 1960.

JOHNSTON, Kelsi. *Tipos de estratificación de género*, 2017. Disponível em: <http://www.ehowe-nespanol.com/tipos-estratificacion-genero-info_306632>. Acesso em: 21 abr. 2018.

KAHN, J. L. *El concepto de cultura*: textos fundamentales. Barcelona: Anagrama, 1975.

KANDEL, Denise. Parenting styles, drug use, and children's adjustement in families of young adults. *Journal of Marriage and the Family*, v. 52, p. 183-196, 1990.

KANDEL, Denise; KESSLER, Ronald; MARGULIES, Rebecca. Antecedents of adolescent initiation into stages of drug use: a developmental analysis. *Journal of Youth and Adolescence*, v. 7, p. 13-40, 1978.

KATZ, Daniel; KAHN, Robert. *Psicologia social das organizações*. São Paulo: Atlas, 1975.

KERBO, Harold R. *Social stratification and inequality*: class conflict in historical and comparative perspective. Boston: WCB/McGraw-Hill, 1996.

_____; COLEMAN, Juan. Social problems. In: BRYANT, C.; PECK, D. *21st century sociology*: a reference handbook. Thousand Oaks: Sage Publications, 2007.

KEESING, Felix M. *Antropologia cultural*. Rio de Janeiro: Fundo de Cultura, 2.v, 1961.

KERR, Clark. *A sociedade multidimensional*. Rio de Janeiro: Zahar, 1972.

KLUCKHOHN, Clyde. *Antropologia*: um espelho para o homem. Belo Horizonte: Itatiaia, 1963.

KODJO, Cheryl; KLEIN, Jonathan. Prevention and risk of adolescent substance abuse. The role of adolescents, families and communities. *The Pediatric Clinics of North America*, v. 49,p. 257-268, 2002.

KOECHLIN, Juan José. Sobre la pobreza: orígenes, cuentas y evolución en el Perú y el mundo. *Revista de Economía y Derecho*, v. 10, n. 39 (invierno de 2013).

KOENIG, Samuel. *Elementos de sociologia*. Rio de Janeiro: Zahar, 1970.

KOURKOUTA Lambrini; ILIADIS C.; MONIOS, Alexandros. Psychosocial issues in elderly. *Prog Health Sci*, v. 5, n. 1, 2015. Disponível em: <https://www.researchgate.net/publication/279552056_Psychosocial_Issues_in_Elderly>. Acesso em: 10 jun. 2018.

KOLLOCK Peter; SMITH, Marc. (Orgs). *Communities in cyberspace*. Routledge. New York, 1999.

KOZAN, Mariana. *O discurso de arrecadação do Estado e a descriminalização dos jogos de azar*. TCC. Bacharelado em Direito, da Universidade Estadual do Oeste do Paraná. Francisco Beltrão, 2016.

KRADER, Lawrence. *A formação do Estado*. Rio de Janeiro: Zahar, 1970.

KROEBER, A. L. et al. *Organização social*. Rio de Janeiro: Zahar, 1969.

LABBENS, Jean. *Le Quart Monde*. Pierrelaye, Editions Science et Service, 1969.

LAKATOS, Eva Maria. *Estrutura e organização social em Israel*. Osasco: Faculdade Municipal de Ciências Econômicas e Administrativas, 1970.

_____. *Metodologia do trabalho científico*. São Paulo: Atlas, 1985b.

_____; MARCONI, Marina de Andrade. *Metodologia do trabalho científico*. São Paulo: Atlas, 1983. Capítulo 2.

LANE, Robert E.; SEARS, David O. *A opinião pública*. Rio de Janeiro: Zahar, 1966.

LASSWELL, Harold. The structure and function of Communication in society. In: BRYSON, L. (Ed.). *The Communication of ideas*. New York: Harper, 1948, p. 32-51.

LATOUR, Bruno. *Science in action*. Cambridge, Mass: Harvard University Press, 1987.

LEÃO, A. Carneiro. *Fundamentos de sociologia*. 5. ed. São Paulo: Melhoramentos, 1963.

LEE, Alfred McClung (Org.). *Princípios de sociologia*. São Paulo: Herder, 1962.

LEFÈBVRE, Henri. *Sociologia de Marx*. Rio de Janeiro: Forense, 1966.

LEINHARDT, Godfrey. *Antropologia social*. 2. ed. Rio de Janeiro: Zahar, 1973.

LEMOS, André; CUNHA, Paulo. (Orgs.). Cibercultura. Alguns pontos para compreender a nossa época. *Olhares sobre a cibercultura*, p. 11-23, 2003.

LENHARD, Rudolf. *Sociologia geral*. 2. ed. São Paulo: Pioneira, 1973.

LEÓN, Osvaldo; BURCH, Sally; TAMAYO, Eduardo. Movimientos sociales en la Red, *Agencia Latino-Americana de Información (ALAI)*, septiembre 2001. Disponível em: <http://alainet.org/publica/msred>. Acesso em: 18 fev. 2018.

LEONAM JUNIOR. *Globalização no Brasil*. Cap. 2, Colégio Ari de Sá Cavalcante. Disponível em: <https://vdocuments.site/globalizacao-no-brasil-capitulo-2.html>. Acesso em: 14 mar. 2018.

LÉVY. Pierre. *A inteligência coletiva*: por uma antropologia do ciberespaço. São Paulo: Loyola, 2000.

_____. *O que é virtual*? São Paulo: Editora 34, 1996.

_____. *Cibercultura*. Rio Janeiro: Editora 34, 1999.

398 **Bibliografia**

LIEDKE FILHO, Enio. A Sociologia no Brasil: história, teorias e desafios. *Sociologias*, Porto Alegre, ano 7, n. 14, jul.-dez. 2005, p. 376-437.

LIGUORI, Guido. Gramsci e a revolução de outubro. *O Social em Questão*. ano XX, n. 39, set.-dez. 2017. PUC, Rio de Janeiro.

LIMA, Alan. *Características dos meios de comunicação*, 2011. Disponível em: <http://incomuniq. blogspot.com.br/2011/10/caracteristicas-dos-meios-de.html Acesso em: 8 jun. 2018.

LIMA, Eduardo; VASCONCELOS, Jussara. Tecnologias de Informação e Comunicação (TIC) na Educação: Concepção dos Professores de Química do Ensino Básico de Diamantina. VII Simpósio Nacional da Associação Brasileira de Pesquisadores em Cibercultura, realizado de 20 a 22 de novembro de 2013.

LINTON, Ralph. *O homem*: uma introdução à antropologia. 3. ed. São Paulo: Martins, 1959.

LITTLE JOHN, James. *Estratificação social*: uma introdução. Rio de Janeiro: Zahar, 1969.

LÈVI-STRAUSS, Claude. *Totemismo hoje*. Petrópolis: Vozes, 1973.

LONG, J. Bradford de. Estimates of world GDP, one million B.C. – present. *UCB Working Paper 5/98*, 1998. Disponível em: <https://delong.typepad.com/print/20061012_LRWGDP.pdf>. Acesso em: 8 jun. 2018.

LUGARINI, Verônica. Privatização: Banco Mundial sugere acabar com ensino público no Brasil. *Portal Vemelho*, 2017. Disponível em: <http://www.vermelho.org.br/noticia/304527-10>. Acesso em: 30 maio 2018.

LUHMANN, Niklas. *Introducción a la teoría de sistemas*. México: Universidad Iberoamericana, 2002.

LUKÁCS, Gyorgy et al. *Estrutura de classes e estratificação social*. 2. ed. Rio de Janeiro: Zahar, 1969.

LYOTARD, Jean-François. *A condição pós-moderna*. Rio de Janeiro: José Olímpio, 2009.

MACHADO NETO, A. L.; MACHADO NETO, Zahidé. *Sociologia básica*. São Paulo: Saraiva, 1975.

MACHIAVELLI. *O príncipe*. São Paulo: Exposição do Livro, s.d.

MACÍA, Olga; MENSALVAS, Jaime; TORRALBA, Raquel. Roles de género y estereótipos. *Fundación Esplai*. 10 de marzo 2008. Disponível em: <https://perspectivagenerotelecentro.wordpress. com/manual-trabajo-con-grupos-mixtos-en-el-tc/roles-de-genero-y-estereotipos>. Acesso em: 22 abr. 2018.

MACIONIS, John. *Sociology*. Pearson Prentice Hall. Upper Saddle River, New Jersey, 2012.

MACIVER, R. M.; PAGE, Charles H. *Sociología*. Madri: Tecnos, 1972.

MACK, Raymond, SNYDER, Richard C. *El analisis del conflicto social*. Buenos Aires: Nueva Visión, 1974.

MADDISSON, Angus. *Contours of the world economy*, Oxford University Press, 2007.

MAGALHÃES, Dirceu. *A invenção social da velhice*. Rio de Janeiro: edição do autor, 1989.

Bibliografia 399

MAGALHÃES, Sônia. *Lamento e dor*: uma análise sócio-antropogica do deslocamento compulsório provocado pela construção de barragens. Tese de doutorado. Programa de Pós-Graduação em Ciências Sociais (UFPA) e École Doctorale Vivant et Sociétés (PARIS XIII). Belém: UFPA, 2007.

MAGEE, Bryan. *As ideias de Popper*. 3. ed. São Paulo: Cultrix, 1979.

MAIR, Lucy. *Introdução à antropologia social*. Rio de Janeiro: Zahar, 1970.

MALINOWSKI, Bronislaw. *Uma teoria científica da cultura*. Rio de Janeiro: Zahar, 1962.

MANNHEIM, Karl. *Diagnóstico de nosso tempo*. Rio de Janeiro: Zahar, 1967a.

_____. *Ideologia e utopia*. 2. ed. Rio de Janeiro: Zahar, 1967b.

_____. *Sociologia sistemática*. São Paulo: Pioneira, 1962.

MARCELLESI, Florent. *La crisis económica es también una crisis ecológica*. Disponível em: <http://florentmarcellesi.eu/2013/10/09/la-crisis-economica-es-tambien-una-crisis-ecologica/13>. Acesso em: 3 jun. 2018.

MARCONI, Marina de Andrade; PRESOTTO, Zelia Maria Neves. *Antropologia*: uma introdução. São Paulo: Atlas, 1985.

_____. *Técnicas de pesquisa*. São Paulo: Atlas, 1985a.

MARCUSE, Herbert. *O fim da utopia*. São Paulo: Perspectiva, 1969.

MARINHO, Neumalyna; BRASIL, Danielle. Os direitos humanos e (in)efetividade dos direitos fundamentais de transexuais: contextualizando a "patologia" da transexualidade. XIII Colóquio Nacional Representações de Gênero e de Sexualidades. Campina Grande – PB, 30 de maio a 01 de junho de 2018. Disponível em: <http://www.editorarealize.com.br/revistas/conages/trabalhos/TRABALHO_EV112_MD1_SA11_ID506_11052018194256.pdf>. Acesso em: 8 mar. 2018.

MARIOTTI, Humberto. *Autopoiese, cultura e sociedade*, 1999. Disponível em: <http://www.dbm.ufpb.br/~marques/Artigos/Autopoiese.pdf>. Acesso em: 15 mar. 2018.

MARIYLASTIC. *Definición y clasificación de las TIC*. Disponível em: <https://mariylastic.weebly.com>. Acesso em: 7 maio 2018.

MARKLINE, Jessica. *Classe e estratificação social para Weber e Marx*. Disponível em: <https://jessicamarkline.wordpress.com/author/jessicamarkline>. Acesso em: 21 nov. 2018.

MARSHALL, T. H. *Cidadania, classe social e status*. Rio de Janeiro: Zahar, 1967.

MARTIN, Juan J. José Medina Echavarría. Un clásico de la sociología mexicana. *Desacatos*, México, n. 33, p. 133-150, agosto 2010. Disponível em: <http://www.scielo.org.mx/scielo.php?script=sci_arttext&pid=S1607-050X2010000200009&lng=es&nrm=iso>. Acesso em: 23 mar. 2018.

MARTINS, M. *Sociologia geral*. Guarapuava: Unicentro, 2012.

MARTINDALE, Don. *La teoría sociológica*: natureza y escuelas. Madri: Aguillar, 1971.

MARTUCCELLI, Danilo; SANTIAGO, José. *El desafío sociológico hoy*: individuo y retos sociales. Madrid: Centro de Investigaciones Sociológicas (CIS), 2017.

MARX, Karl. *El capital*. México: Fondo de Cultura Económica, 3. v., 1975a.

400 Bibliografia

_____. *Formações econômicas pré-capitalistas*. Rio de Janeiro: Paz e Terra, 1975b.

MATTEDI, Marcos. Dilemas da abordagem sociológica da problemática ambiental: considerações epistemológica, metodológica e normativa sobre a guinada ambiental na sociologia. In: *Anais...* XXIV Congresso Latino-Americano de Sociologia, Arequipa, Perú, 2003.

MATTEI, Lauro. Políticas sociais de combate à pobreza no Brasil. In: Congresso Internacional da BRASA. 13.; 2016. *Anais...* Providence (EUA), 2016. Disponível em: <http://www.brasa.org/wordpress/wp-content/uploads/2015/07/Lauro-Mattei.pdf>. Acesso em: 9 jun. 2018.

MAUSS, Marcel. *Sociologia e antropologia*. São Paulo: Editora Pedagógica e Universitária, 1974.

_____. *Ensaios de sociologia*. São Paulo: Perspectiva, 1969.

MCDONALD, Kevin. *Global movements*. Action and culture. Oxford, Blackwell Publishers, 2006.

MCLEOD, Jane. *Entrevista publicada em Diário Mental*, 26 de agosto de 2015. Disponível em: <https://diariomentalfeiradesantana.wordpress.com/2015/08/26>. Acesso em: 10 jun. 2018.

MCLUHAN, Marshall. *Os meios de comunicação como extensões do homem*. Ed. Cultrix, São Paulo, 1964.

_____. *Comprender los medios de comunicación*: las extensiones del ser humano. Barcelona: Paidós, 1996.

MCQUAIL, Dennis; WINDAHL, S. *Communication models*. 2. ed. London: Longman, 1993.

MEDEIROS, Alexsandro. *Breve história dos movimentos sociais no Brasil*, 2015. Disponível em: <https://www.sabedoriapolitica.com.br/products/breve-historia-dos-movimentos-sociais-no--brasil> Acesso em: 18 fev. 2018.

_____. *A Filosofia no século XXI*: desafios na era globalizada. 2011. Disponível em: <https://www.sabedoriapolitica.com.br/products/a-filosofia-no-seculo-xxi-desafios-na-era-globalizada>. Acesso em: 24 mar. 2018.

MEIRELES, Viviani et al. Características dos idosos em área de abrangência do programa saúde da família na Região Noroeste do Paraná: Contribuições para a gestão do cuidado em enfermagem. *Saúde e Sociedade*, v. 16, n. 1, p. 69-80, jan.-abr. 2007.

MELLO, T. H. Pobreza. *Conflitos e vida em sociedade*. Disponível em: <http://educacao.globo.com/sociologia/assunto/conflitos-e-vida-em-sociedade.html>. Acesso em: 8 jun. 2018.

MELO JÚNIOR, Luiz. A teoria dos sistemas sociais em Niklas Luhmann, 2013. *Resenha Leo Peixoto Rodrigues, Fabrício Monteiro Neves. Niklas Luhmann: a sociedade como sistema*. Porto Alegre: Edipucrs, 2012. Disponível em: <http://www.scielo.br/scielo.php?script=sci_arttext&pid=S0102-69922013000300013>. Acesso em: 14 mar. 2018.

MELUCCI, Alberto. The symbolic challenge of contemporary movements. *Social Research*, (online), n. 52, v. 4, p. 789-816, 1985. Disponível em: <http://www.jstor.org/stable/40970398>. Acesso em: 22 fev. 2018.

MENDONÇA, Clarice; FUKS, Mario. Privação relativa e ativismo em protestos no Brasil: uma investigação sobre o horizonte do possível. *Opinião Pública*, Campinas, v. 21, n. 3, dez. 2015.

MENDRAS, Henri. *Princípios de sociologia*. Rio de Janeiro: Zahar, 1969.

MENEZES, Audemiro. *As vantagens e desvantagens da globalização*, 2017. Disponível em: <https://pt.linkedin.com/pulse/vantagens-e-desvantagens-da-globaliza%C3%A7%C3%A3o-gomes-patricio-de-menezes>. Acesso em: 14 mar. 2018.

MERCADANTE, Elizabeth. Velhice: a identidade estigmatizada. In: Velhice e Envelhecimento. *Revista Serviço Social e Sociedade*, n. 75 Especial. São Paulo: Cortez, 1999.

MERTON, Robert K. *Sociologia*: teoria e estrutura. São Paulo: Mestre Jou, 1970.

MESQUITA FILHO, Marcos; EUFRÁSIO, Cremilda; BATISTA, Marcos. Estereótipos de gênero e sexismo ambivalente em adolescentes masculinos de 12 a 16 Anos. *Saúde e Sociedade*, v. 20, n. 3, p. 554-567, 2011.

MILIBAND, Ralph. *O estado na sociedade capitalista*. Rio de Janeiro: Zahar, 1972.

MILLS, C. Wright. *A imaginação sociológica*. 2. ed. Rio de Janeiro: Zahar, 1972.

_____. *A nova classe média*. Rio de Janeiro: Zahar, 1969b.

_____. *A elite do poder*. 2. ed. Rio de Janeiro: Zahar, 1968.

MILLS, Theodore M. *Sociologia dos pequenos grupos*. São Paulo: Pioneira, 1970.

MIRANDA, Gabriella; MENDES, Antonio; SILVA, Ana. O envelhecimento populacional brasileiro: desafios e consequências sociais atuais e futuras. *Revista Brasileira de Geriatria e Gerontologia*, Rio de Janeiro, v. 19, n. 3, p. 507-519, 2016.

MISTER SABIDO. *Sociologia no Brasil: resumo, história e dias atuais*. Disponível em: <https://www.mistersabido.com/sociologia-no-brasil>. Acesso em: 4 abr. 2018.

MOLINARES GUERRERO, Ivonne. Los movimientos sociales: enfoques explicativos. *Clío América*, v. 3, n. 5, p. 7-14, 2009. Disponível em: <http://revistas.unimagdalena.edu.co/index.php/clioamerica/article/view/378>. Acesso em: 14 fev. 2018.

MONGE, Peter; CONTRACTOR, Peter; CONTRACTOR, Noshir. *Theories of communication networks*. Oxford University Press, 2003.

MONSERRAT FILHO, José. Globalização, interesse público e direito internacional. *Estudos Avançados*, n. 25. São Paulo: USP, 1995.

MONTAGU, Ashley. *Introdução à antropologia*. São Paulo: Cultrix, 1972.

MONTANER, Bárbara. *Medio electrónico*. 2018. Disponível em: <https://www.derecho.com/c/Medio_electr%C3%B3nico>. Acesso em: 8 jun. 2018.

MORAN, José M. *Mudanças na comunicação pessoal*. São Paulo: Paulinas, 1997.

MORAIS DE SOUZA, Maria de Fátima. *Breve análise sobre a internet*: o futuro da humanidade frente às tecnologias na era da informática, 2018. Disponível em: <https://www.webartigos.com/artigos/breve-analise-sobre-a-internet-o-futuro-da-humanidade-frente-as-tecnologias-na-era-da-informatica/155696#ixzz5IsLhGd93>. Acesso em: 7 maio 2018.

_____. *A utilização da internet como ferramenta de contribuição para aprendizagem na escola pública e privada em Campina Grande – PB*. Dissertação de Mestrado, Universidade Lusófona de Humanidades e Tecnologias (ULHT), Lisboa, 2016.

402 Bibliografia

MORRIS, R. N. *Sociologia urbana*. Rio de Janeiro: Zahar, 1973.

MOURA, Thalita; LEAL, Maria; RUFINO, Daiane. O movimento feminista contemporâneo e sua representação midiática: uma análise do portal globo.com. *XVIII Congresso de Ciências da Comunicação na Região Nordeste*, realizado de 7 a 9 de julho de 2016. Picos, PI.

MOUSTAKAS, Clark. *Phenomenological research methods*. Thousand Oaks, CA.: Sage Publications, 1994.

MÜLLER, Antonio Rubbo. *Elementos basilares da organização humana*. São Paulo: Escola de Sociologia e Política de São Paulo, 1957 (mimeo).

MÜNCH, Richard. American and European social theory: cultural identities and social forms of theory production. *Sociological Perspectives*, n. 34, v. 3, 1991, p. 313-335.

MUÑOZ CAMPOS, Roberto. La Investigación Científica Paso a Paso. Talleres gráficos UCA. *Revista de Investigación Educativa*, año 20, n. 33, 87. Reimpresión El Salvador, 2000.

MURDOCK, George. *Social structure*. New York: Macmillan Company, 1949.

NARVAEZ, José; HERNANDEZ, Mónica. *Princípios e técnicas de la investigación*. México: Unam, 2016. Disponível em: <http://fcaenlinea1.unam.mx/apuntes/interiores/docs/2016/informatica/1/apunte/apunte_1765.pdf>. Acesso em: 24 nov. 2017.

NEGROPONTE, Nicholas. *A vida digital*. São Paulo: Companhia das Letras, 1995.

NÉRICI, Imídeo Giuseppe. *Introdução à lógica*. 5. ed. São Paulo: Nobel, 1978.

NETO, Vicente; PASTERNAK, Jacyr. Privatização da saúde pública. *Revista Adusp*, Outubro 1999.

NEVES, José Adolfo Pereira. *Desenvolvimento e população*. São Paulo: Atlas, 1973.

NICO, Magda. Reconfigurações e reposicionamentos do conceito da mobilidade social nas ciências sociais. *Observatório das Desigualdades. Instituto Universitário de Lisboa*. 2015. Disponível em: <https://repositorio.iscte-iul.pt>. Acesso em: 13 abr. 2018.

NICOLAI, André. *Comportamento econômico e estruturas sociais*. São Paulo: Nacional, 1973.

NOELLE NEUMANN, Elizabeth. Return to the concept of powerful mass media. *Studies 01 Broadcasting*, v. 9, p. 67-112, 1973. Disponível em: <https://archive.org/stream/pdfyvr8zF_6Q8jVGSmJ4/Spiral%20of%20Silence,%20Elizabeth%20Noelle-Nuemann_djvu.txt>. Acesso em: 22 maio 2018.

NOGUEIRA, Oracy. *Pesquisa social*. São Paulo: Nacional, 1968.

NONAKA, Ikujiro; TAKEUCHI, Hirotaka. *Criação de conhecimento na empresa*: como as empresas japonesas geram a dinâmica da inovação. Rio de Janeiro: Campus, 1997.

NOVA, Sebastião Vila. *Desigualdade, classe e sociedade*. São Paulo: Atlas, 1982.

_____. *Introdução à sociologia*. São Paulo: Atlas, 1981.

NÚCLEO ESTADUAL DE EDUCAÇÃO DE JOVENS E ADULTOS E CULTURA (NEEJACP). *O surgimento da sociologia*. Disponível em: <http://neejacp.blogspot.com/2017/07>. Acesso em: 22 fev. 2018.

Bibliografia 403

NUNES, Cristina. *O conceito de movimento social em debate*: dos anos 60 até à atualidade. Instituto Universitário de Lisboa (ISCTE-IUL), CIES-IUL, Lisboa, Portugal, 2014. Disponível em: <https://journals.openedition.org/spp/1596>. Acesso em: 24 fev. 2018.

OGBURN, William F.; NIMKOFF, Meyer F. *Sociología*. Madri: Aguillar, 1971.

OLIVÉ, Antonio. *El "intelectual orgánico" en Gramsci. Una aproximación*, 2012. Disponível em: <https://kmarx.wordpress.com/2012/11/20/el-intelectual-organico-en-gramsci-una-aproximacion>. Acesso em: 4 abr. 2018.

OLIVEIRA, Albertina.; BRUSCINI, Cristina. (Org.). *Uma questão de gênero*. Rio de Janeiro: Rosa dos Tempos; São Paulo: Fundação Carlos Chagas, 1992. p. 183-215.

OLIVEIRA, Dalila. Mobilidade social. In: OLIVEIRA, Dalila; DUARTE, Adriana; VIEIRA, Lívia. *Dicionário*: trabalho, profissão e condição docente. Belo Horizonte: UFMG/Faculdade de Educação, 2010.

OLIVEIRA, Juliano. *Ação comunicativa e democracia*: por uma política deliberativa em Jürgen Habermas. Dissertação apresentada ao Curso de Pós-Graduação em Filosofia, pela Universidade Federal do Ceará (UFC), 2009.

OLIVEIRA, Marcio. Três abordagens para o estudo da sociologia contemporânea. *I Seminário Nacional de Sociologia & Política*. UFPR, 2009. Disponível em: <http://www.humanas.ufpr.br/site/evento/SociologiaPolitica/GTs-ONLINE/mesa-redonda/marcio_mesa_redonda.pdf>. Acesso em: 21 fev. 2018.

OLIVEIRA, Roberto Cardoso de. *Identidade, etnia e estrutura social*. São Paulo: Pioneira, 1976.

OPENSTAX. *Introduction to Sociology*. Texas: Rice University Houston, 2013. Disponível em: <http://cnx.org/content/col11407/latest>. Acesso em: 24 nov. 2107.

ORGANIZAÇÃO DAS NAÇÕES UNIDAS (ONU). *Assembleia mundial sobre envelhecimento*: resolução 39/125, Viena, 1982. Disponível em: <https://nacoesunidas.org/acao/pessoas-idosas>. Acesso em: 10 jun. 2018.

ORGANIZAÇÃO DAS NAÇÕES UNIDAS (ONU-BR) *Brasil*: livres e iguais, 2017. Disponível em: <https://nacoesunidas.org/campanha/livreseiguais>. Acesso em: 7 jun. 2018.

ORGANIZAÇÃO MUNDIAL DA SAÚDE (OMS). *Relatório mundial do envelhecimento e saúde*, 2015. Disponível em: <http://apps.who.int/iris/bitstream/handle/10665/186468/WHO_FWC_ALC_15.01_por.pdf;jsessionid=96F970B1766A290603D72C0F8A9A12B5?sequence=6.> Acesso em: 10 jun. 2018.

_____. *Envelhecimento ativo*: um projeto de política de saúde. Documento preparado para o Segundo Encontro Mundial sobre Envelhecimento, Madrid, Espanha, abril 2002. Traduzido em 2005. Brasília, DF. Disponível em: <http://bvsms.saude.gov.br/bvs/publicacoes/envelhecimento_ativo.pdf>. Acesso em: 10 jun. 2018.

ORGANIZAÇÃO PAN-AMERICANA DA SAÚDE (OPAS). *Envelhecimento ativo*: uma política de saúde. Tradução Suzana Gontijo, Brasília, DF, 2005. Disponível em: <https://www.nescon.medicina.ufmg.br/biblioteca/imagem/4478.pdf>. Acesso em: 10 jun. 2018.

404 Bibliografia

ORTÍ, Consuelo. *Las tecnologías de la información y comunicación* (*TIC*). Unidad de Tecnología Educativa. Universidad de Valencia. Disponível em: http://www.uv.es/~bellochc/pdf/pwtic1.pdf. Acesso em: 7 maio 2018.

OSSOWSKI, Stanislaw. *Estrutura de classes na consciência social.* Rio de Janeiro: Zahar, 1964.

PACCAGNELLA, Luciano. Getting the seats of your pants dirty: strategies for ethnographic research on virtual communities. *Journal of Computer Mediated Communication*, v. 3, issue 1, June 1997. Disponível em: <http://www.ascusc.org/jcmc/vol3/issue1/paccagnella.html>. Acesso em: 2 jan. 2018.

PACHECO, Jaime. Sobre a aposentadoria e envelhecimento. In: PACHECO, Jaime et al. (Orgs.). *Tempo rio que arrebata.* Holambra: 2005, p. 59-73.

PALACIOS, Marcos. *Cotidiano e sociabilidade no cyberespaço*: apontamentos para discussão.1998. Disponível em: <http://facom/ufba/br/pesq/cyber/palacios/cotidiano.html>. Acesso em: 8 mar. 2018.

PARSONS, Talcott. *Sociedades*: perspectivas evolutivas e comparativas. São Paulo: Pioneira, 1969.

_____. *La estructura de la acción social.* Madri: Guadarrama, 1968, 2 v.

_____. *Ensayos de teoría sociológica.* Buenos Aires: Paidós, 1967.

_____. (Org.). *A sociologia americana.* São Paulo: Cultrix, 1970.

PARSONS, Talcott. Sugestões para um tratado sociológico da teoria de organização. In: ETZIONI, Amitai. *Organizações complexas.* São Paulo: Atlas, 1973.

_____; SHILS, Edward A. *Hacia una teoría general de la acción.* Buenos Aires: Paidós, 1967.

PASTORE, José. *Desigualdade e mobilidade social no Brasil.* São Paulo: T. A. Queiroz/Edusp, 1979.

PASCHOALI, Antonio. *Comunicación y cultura de masa.* 2. ed. Caracas: Monte Avila, 1972.

PASTORINI, Alejandra. Quem mexe os fios das políticas sociais: avanços e limites da categoria "concessão-conquista". *Serviço Social & Sociedade*, n. 53. São Paulo: Cortez, 1997.

PATROCÍNIO, Tomás. Para uma genealogia da cidadania digital. *Educação, Formação & Tecnologias*, v. 1, n. 1, maio 2008.

PAULA, José. Apostila: a construção da identidade social. In: SILVA, Camila et al. A socialização primária e sua importância na integração do indivíduo no meio em que vive. *Jornal Eletrônico*, Faculdades Integradas Vianna Junior, ano VII, 2015.

PEARCE, Frank. *Crimes of the powerful*: marxism, crime and deviance. London: Pluto Press, 1976.

PENA, Rodolfo. Globalização no Brasil. Geografia humana do Brasil. *Mundo Educação*, 2018. Disponível em: <https://m.mundoeducacao.bol.uol.com.br/geografia/globalizacao-no-brasil.htm>. Acesso em: 14 mar. 2018.

PENA, Rodolfo. Capitalismo informacional. *Mundo Educação.* Disponível em: <https://mundoeducacao.bol.uol.com.br/geografia/capitalismo-informacional.htm>. Acesso em: 8 maio 2018.

PEREIRA, Carlos Alberto. *O que é contracultura.* 8. ed. São Paulo: Brasiliense, 1992.

PEREIRA. Danilo; SILVA, Gislane. As Tecnologias de Informação e Comunicação (TICs) como aliadas para o desenvolvimento. *Cadernos de Ciências Sociais Aplicadas*. Vitória da Conquista, BA n. 10, p. 151-174, 2010. Disponível em: <http://periodicos.uesb.br/index.php/cadernosdeciencias/article/view/884>. Acesso em: 14 abr. 2018.

PEREIRA, João Baptista Borges. *A escola secundária numa sociedade em mudança*. São Paulo: Pioneira, 1969.

PEREIRA, Luiz (Org.). *Populações "marginais"*. São Paulo: Duas Cidades, 1978.

_____. (Org.). *Urbanização e subdesenvolvimento*. 2. ed. Rio de Janeiro: Zahar, 1973.

PEREIRA, Luiz; FORACCHI, Marialice M. *Educação e sociedade*. 6. ed. São Paulo: Nacional, 1974.

PERISTA, Pedro; BAPTISTA, Isabel. A estruturalidade da pobreza e da exclusão social na sociedade portuguesa – conceitos, dinâmicas e desafios para a ação. *Fórum Sociológico*, 2010. Disponível em: <http://journals.openedition.org/sociologico/165>. Acesso em: 7 jun. 2018.

PIKETTY, Thomas. *Capital in The 21st Century*. Tradução Arthur Goldhammer. The Belknap Press of Harvard University Press, Cambridge, Massachusetts London, England, 2014. Disponível em: <http://piketty.pse.ens.fr/files/Piketty2014IntroChap1.pdf>. Acesso em: 10 jun. 2018.

PETITFILS, Jean-Christian. *Os socialistas utópicos*. Rio de Janeiro: Zahar, 1978.

PIERSON, Donald. *Teoria e pesquisa em sociologia*. 9. ed. São Paulo: Melhoramentos, 1965.

_____. (Org.). *Estudos de ecologia humana*. São Paulo: Martins, 1970a.

_____. (Org.). *Estudos de organização social*. São Paulo: Martins, 1970b.

PIMENTA ALUÍSIO. *Educação e cultura*: a construção da cidadania. São Paulo: Unimarco, 1997.

PIN, Emile. *As classes sociais*. São Paulo: Duas Cidades, 1964.

PINTO, L. A. Costa; BAZZANELLA, W. *Processos e implicação do desenvolvimento*. Rio de Janeiro: Zahar, 1969.

PLEYERS, Geoffrey. *Alter-globalization*. Becoming actors in the global age. Cambridge, Polity Press, 2010.

PROGRAMA DE LAS NACIONES UNIDAS PARA EL DESARROLLO (PNUD). *Informe sobre desarrollo humano - 2002*. Ediciones Mundi-Prensa Madrid, 2002.

POLAK, Paul. *Out of poverty*. São Francisco, CA: Berrett Koehler Publishers, 2008.

POLITZER, Georges. *Princípios elementares de filosofia*. 9. ed. Lisboa: Prelo, 1979.

_____ et al. *Princípios fundamentais de filosofia*. São Paulo: Hemus, s.d.

POPPER, Karl S. *Autobiografia*. São Paulo: Cultrix/Edusp, 1977.

_____. *A lógica da pesquisa científica*. 2. ed. São Paulo: Cultrix, 1975a.

_____. *Conhecimento objetivo*: uma abordagem evolucionária. São Paulo: Itatiaia/Edusp, 1975b.

_____. *Conjecturas e refutações*. Brasília: EUB, s.d.

406 **Bibliografia**

PORTAL DA EDUCAÇÃO. *O surgimento da Sociologia*. Disponível em: <https://www.portaledu-cacao.com.br/conteudo/artigos/pedagogia/o-surgimento-da-sociologia/52938>. Acesso em: 22 fev. 2018.

PORTANTIERO, Juan. C. *La sociología clásica: Durkheim y Weber - estudio preliminar: el orígen de la sociología. Los Padres Fundadores*. Disponível em: <https://marioaramirez.files.wordpress.com/2010/04/portantiero1.pdf>. Acesso em: 14 fev. 2018.

PORTCOM. *Introdução rádio, televisão, Internet. Os meios de comunicação*. Disponível em: <http://www.portcom.intercom.org.br/pdfs/9189206986356676248934979898046301 9352.pdf>. Acesso em: 8 jun. 2018.

PORTELA, Tarlis. *Interferência da tecnologia nas relações*. Universidade Tecnológica Federal do Paraná (UTFPR), 2011. Disponível em: <http://www.esocite.org.br/eventos/tecsoc2011/cd-anais/arquivos/pdfs/artigos/gt007-interferenciado.pdf>. Acesso em: 7 maio 2018.

POULANTZAS, Nicos. *As classes sociais no capitalismo de hoje*. Rio de Janeiro: Zahar, 1975.

_____ et al. *Sartre y el estructuralismo*. Buenos Aires: Quintana, 1968.

POURSIN, Jean-Marie; DUPUY, Gabriel. *Malthus*. São Paulo: Cultrix, 1975.

POVIÑA, Alfredo. *Diccionario de sociologia a través de los sociólogos*. Buenos Aires: Astrea, 1976. 2 v.

_____. *La sociologia contemporânea*. Buenos Aires: Arayú, 1955.

PRADO COELHO, Eduardo. Introdução a um pensamento cruel: estruturas, estruturalidade e estruturalismos. In: PRADO COELHO, Eduardo (Org.), *Estruturalismo antologia de textos teóricos* (pp. I - LXXV). Portugália: Martins Fontes, 1967.

PRIETO, José Maria. *Introducción al pensamiento global de Gramsci*. Asociación Cultural Wenceslao Roces: Cuadernos Edición Popular, n. 1, Gijón, 2004.

PRIMO, Alex. A emergência das comunidades virtuais. In: Intercom 1997 – XX Congresso Brasileiro de Ciências da Comunicação, 1997, Santos. *Anais...* Santos, 1997. Disponível em: <http://www.pesquisando.atraves-da.net/comunidades_virtuais.pdf>. Acesso em: 7 maio 2018.

QUAGLIA, Vicente. *Sociologia*: princípios e problemas. São Paulo: Obelisco, 1964.

QUEIROZ, Maria Isaura Pereira de. *Bairros rurais paulistas*. São Paulo: Duas Cidades, 1973.

QUISENGUELE. *Os meios de comunicação de massa e suas funções*. 2017. Disponível em: <https://quissenguelerafrica.wordpress.com/2017/02/26/os-meios-de-comunicacao-de-massa-e-suas-funcoes>. Acesso em: 8 jun. 2018.

RAAZ, Ana. *Internet*, 2010. Disponível em: <http://www.monografias.com/trabajos81/introduccion-internet/introduccion-internet.shtml>. Acesso em: 8 maio 2018.

RADCLIFFE-BROWN, A. R. *Estrutura e função na sociedade primitiva*. Petrópolis: Vozes, 1973.

RAINER, Helmut; SIEDLER, Thomas. Subjective income and employment expectations and preferences for redistribution. *Economics Letters* 99, p. 449-453, 2008. Disponível em: <https://www.sciencedirect.com/science/article/pii/S0165176507003369>. Acesso em: 7 jun. 2018

RAISON, Timothy (Org.). *Os precursores das ciências sociais*. Rio de Janeiro: Zahar, 1971.

RAMOS, Leonardo. Ordem e poder na economia política global: a contribuição neogramsciana. *Contexto Internacional*, Rio de Janeiro, v. 34, n. 1, jan.-jun. 2012, p. 113-150.

RATTNER, Henrique. Globalização em direção a um mundo só? *Estudos Avançados*, n. 25. São Paulo: USP, 1995.

RAVALLION, Martin; CHEN, Shaouhua. The developing world is poorer than we thought, but no less successful in the fight against poverty. *Policy Research Working Paper Series*, n. 4703, The World Bank, 2008. Disponível em: <https://elibrary.worldbank.org/doi/abs/10.1596/1813-9450-4703>. Acesso em: 9 jun. 2018.

REBOUÇAS, Roberta. A telenovela, história, curiosidades e sua função social. *VII Encontro Nacional de História da Mídia*, p. 19-21, ago. 2009, Fortaleza, CE.

RECASENS SICHES, Luís. *Tratado de Sociologia*. Porto Alegre: Globo, 1965. 2 v.

RECUERO, Raquel. Comunidades virtuais: uma abordagem teórica. *V Seminário Internacional de Comunicação*, PUC/RS, 2009.

REDFIELD, Robert. *O mundo primitivo e suas transformações*. São Paulo: Sociologia e Política, 1964.

_____. *Civilização e cultura de folk*. São Paulo: Martins, 1949.

REQUIÃO, Dagoberto. *O uso, abuso ou dependência de álcool*. Disponível em: <http://www.agrinho.com.br/site/wp-content/uploads/2014/09/22_O-uso-abuso.pdf>. Acesso em: 22 fev. 2018.

REX, John. *Problemas fundamentais da teoria sociológica*. Rio de Janeiro: Zahar, 1973.

REYES, Juan. *Investigación periodística sobre el microtráfico y la criminalidad en el sector de La Mariscal*. Universidad Politécnica Salesiana, Quito, Ecuador, 2015. Disponível em: <https://dspace.ups.edu.ec/handle/123456789/9095>. Acesso em: 22 maio 2018.

RHEINGOLD, Howard. *A comunidade virtual*. Lisboa: Gradiva, 1996.

_____. *La comunidad virtual:* Una sociedad sin fronteras. Barcelona: Gedisa Editorial, 1994. Colección Limites de La Ciência.

RIBEIRO, Carlos Antônio. *Estrutura de classe e mobilidade social no Brasil*. Bauru, Edusc, 2003. Disponível em: <http://ceres.iesp.uerj.br/wp-content/uploads/2016/05/Estrutura-de-classe-e-mobilidade-social-no-Brasil-Carlos-Ant%C3%B4nio-Costa-Ribeiro.pdf>. Acesso em: 13 abr. 2018.

RIBEIRO, Carlos Antônio; SCALON, Maria Celi. *Mobilidade de classe no Brasil em perspectiva comparada*. Dados [online]. 2001, v. 44, n. 1. Disponível em: <http://dx.doi.org/10.1590/S0011-52582001000100004>. Acesso em: 12 mar. 2018.

RIBEIRO, Gustavo L. *Empresas transnacionais:* um grande projeto por dentro. Rio de Janeiro/São Paulo: ANPOCS; Marco Zero, 1991.

RIBEIRO, Paulo. A escola de Frankfurt. *Brasil Escola*. Disponível em: <http://brasilescola.uol.com.br/sociologia/a-escola-frankfurt.htm>. Acesso em: 6 mar. 2018.

RICHTA, Radovan. *Revolução científica e técnicas e transformações sociais*. Porto: Firmeza, 1973.

RIGOL, Pedro Negre. *Sociologia do terceiro mundo*. Petrópolis: Vozes, 1977.

408 **Bibliografia**

RITZER, George; STEPNISKY, Jeff. *Sociological theory*. 9. ed. New York: McGraw-Hill, 2012.

ROCHER, Guy. *Talcott Parsons e a sociologia americana*. Rio de Janeiro: Francisco Alves, 1976.

_____. *Sociologia geral*. Lisboa: Presença, 1971. 5 v.

RODRIGUES, Leo; NEVES, Fabricio. *Niklas Luhmann*: a sociedade como sistema. Porto Alegre: Edipucrs, 2012.

RODRIGUES, Leôncio Martins. *Trabalhadores, sindicatos e industrialização*. São Paulo: Brasiliense, 1974.

RODRÍGUEZ, Justo; CAÑARTE, Betty; BEZERRA NETO, Cándido. Periodización de la sociología de la educación em América Latina. *XXIX Congreso de la Asociación Latinoamericana de Sociologia*, Chile, 2013.

ROSE, Caroline B. *Iniciação ao estudo da sociologia*. Rio de Janeiro: Zahar, 1967.

RUMNEY, Jay; MAIER, Joseph. *Manual de sociologia*. Rio de Janeiro: Zahar, 1957.

RUNCIMAN, Walter. *Relative deprivation and social justice*: a study of attitudes to social inequality in twentieth-century England. Berkeley: University of California Press, 1966.

RUTTER, M; PLOMIN, R. Opportunities for psychiatry from genetic findings, *British Journal of Psychiatry*, 171. p. 209-219, 1997.

SADER, Emir. A trama do neoliberalismo: mercado, crise, exclusão social. In: BORON, Atílio. *As políticas sociais e o estado democrático*. 3. ed. Rio de Janeiro: Paz e Terra, 1996.

SAFFFIOTI, Heleieth. Rearticulando gênero e classe social. In: COSTA, Albertina; BRUSCHINI Cristina. (Org.). *Uma questão de gênero*. Rio de Janeiro: Rosa dos Tempos, 1992.

SALMON, Wesley C. *Lógica*. 4. ed. Rio de Janeiro: Zahar, 1978.

SAN JOSÉ, Laia. *Historia de las mujeres (I): Historia del Feminismo*. Disponível em: <https://historiadospuntocero.com/historia-del-feminismo>. Acesso em: 23 abr. 2018.

SANTA HELENA, Ana. Os mundos real, virtual e hiper-real de Jean Baudrillard. *NAMID*, ano XI, n. 4, abril 2015, UFPB. Disponível em: <http://periodicos.ufpb.br/ojs2/index.php/tematica>. Acesso em: 12 jun. 2018.

SANTOS, Boaventura de Souza. *A crítica da razão indolente*: contra o desperdício da experiência. São Paulo: Cortez, 2001.

_____. *Democratizar a democracia*: os caminhos da democracia participativa. Rio de Janeiro: Civilização Brasileira, 2002a.

_____. *Pela mão de Alice*: o social e o político na pós-modernidade. 8. ed. Porto: Edições Afrontamento, 2002b.

SANTOS, Cila. *Estereótipos de gênero*: e como isso constrói nossa sociedade machista, 2017. Disponível em: <https://medium.com/qg-feminista/dos-tais-estere%C3%B3tipos-de-g%C3%AAnero--e4c334c11ea6>. Acesso em: 21 abr. 2018.

SANTOS, Theotonio dos. Globalização. *Cadernos do Terceiro Mundo*, 163. Rio de Janeiro, jul. 1993.

_____. *Conceito de classes sociais*. Petrópolis: Vozes, 1982.

SANTOS, Wanderley. *Horizonte do desejo*: instabilidade, fracasso coletivo e inércia social. Rio de Janeiro: FGV, 2006.

SAUSSURE, Ferdinand. Vida e obra. In: SAUSSURE, Ferdinand. *Jakobson, Hjemslev, Chomsky*. São Paulo: Abril Cultural, 1978. (Os Pensadores).

SAVOIA, Mariangela. *Psicologia social*. São Paulo: McGraw-Hill, 1989.

SCHADEN, Egon. *Aculturação indígena*. São Paulo: Pioneira/Edusp, 1969.

SCHEFF, Thomas. *Being mentally ill*: a sociological theory. 3. ed. New York: de Gruyter, 1999.

SCHENKER, Miriam; Minayo, Maria C. Fatores de risco e de proteção para o uso de drogas na adolescência. *Ciencia e Saúde Coletiva*, v. 10, n. 3, 2005. Disponível em: <http://www.scielo.br/pdf/csc/v10n3/a27v10n3.pdf>. Acesso em: 3 mar. 2018.

SCHERER-WARREN, Ilse. Movimentos sociais no Brasil contemporâneo. *Revista História: debates e tendências*, v. 7, n. 1, p. 9-21, jan.-jun. 2008. Disponível em: <http://seer.upf.br/index.php/rhdt/article/view/2947/1994>. Acesso em: 7 mar. 2018.

SCHILLING, Kurt. *História das ideias sociais*. 2. ed. Rio de Janeiro: Zahar, 1974.

SCHIOCHET, Valmor. Neoliberalismo e proteção social na América Latina. *Cadernos do CEAS*, n. 160. São Paulo, 1995.

SCHNEIDER, Rodolfo; IRIGARAY, Tatiana. O envelhecimento na atualidade: aspectos cronológicos, biológicos, psicológicos e sociais. *Estudos de Psicologia I*, Campinas, v. 25, n. 4, p. 585-593, out./dez. 2008.

SCOTSON, John. *Introdução à sociedade*. Rio de Janeiro: Zahar, 1976.

SCOTT, Joan. *Gender and the politics of history*. New York, Columbia University Press, 1988.

SELZNICK, P. *A liderança na administração*: uma interpretação sociológica. Rio de Janeiro: FGV, 1972.

SÉMBLER, Camilo. *¿Estratificación social y clases sociales*. Una revisión analítica de los sectores médios. Santiago de Chile: CEPAL, 2006.

SEN, Amartya K. *Desenvolvimento como liberdade*. São Paulo: Companhia das Letras, 2000.

_____. *Inequality reexamined*. Nova Iorque: Russel Sage, 1992.

SHAPIRO, Harry L. (Org.). *Homem, cultura e sociedade*. Rio de Janeiro: Fundo de Cultura, 1966.

SHILDRICK, Tracy; RUCELL, Jessica. *Sociological perspectives on poverty*. Joseph Rowntree Foundation – JRF, 2015. Disponível em: <www.jrf.org.uk>. Acesso em: 8 jun. 2018.

SHINN, Terry. Desencantamento da modernidade e da pós-modernidade: diferenciação, fragmentação e a matriz de entrelaçamento. *Scientiæ Ztudia*, v. 6, n. 1, p. 43-81, São Paulo, 2008.

SIGNIFICADOS. *Significado de identidade de gênero*. Disponível em: <https://www.significados.com.br/identidade-de-genero>. Acesso em: 22 abr. 2018.

410 Bibliografia

_____. *Significado de Cultura de massa*, 2017. Disponível em: <https://www.significados.com. br/cultura-de-massa>. Acesso em: 14 maio 2018.

_____. *Significado de Mobilidade Social*. Disponível em: <https://www.significadosbr.com.br/ mobilidade-social>. Acesso em: 12 abr. 2018.

SILVA, Ademar Alves da. Política social e política econômica. *Serviço Social & Sociedade*, n. 55. São Paulo: Cortez, 1997.

SILVA, Camila et al. A socialização primária e sua importância na integração do indivíduo no meio em que vive. *Jornal Eletrônico*, Faculdades Integradas Vianna Junior, ano VII, 2015.

SILVA, Manuel. Desigualdades de género. *Configurações*, n. 4, p. 65-89, 2008.

SILVA, Vanessa. *Velhice e envelhecimento*: qualidade de vida para os idosos inseridos nos projetos do SESC-ESTREITO. Trabalho de Conclusão de Curso apresentado ao Departamento de Serviço Social da UFSC. Florianópolis, 2009.

SINGER, Paul; BRANT, Vinicius Caldeira (Orgs.). *São Paulo*: o povo em movimento. Petrópolis: Vozes/Cebrap, 1980.

SIQUEIRA, Vinicius. O que é pós-modernidade? Resumo de uma falência da modernidade. *Colunas tortas*, 2014. Disponível em: <http://colunastortas.com.br/2014/05/15/pos-modernidade>. Acesso em: 5 maio 2018.

SKIDMORE, William. *Pensamento teórico em sociologia*. Rio de Janeiro: Zahar, 1976.

SMELSER, Nell J. *A sociologia da vida econômica*. São Paulo: Pioneira, 1968.

SMITH, Adam. *An enquiry into the nature and causes of the wealth of nations*. London: Methuen, 1776.

SMITH, Ana Du Val. Problems in conflict managemente in virtual communities. In: KOLLOCK Peter; SMITH, Marc. (Orgs) *Communities in cyberspace*. Routledge. New York, 1999.

SMITH, T. Lynn. *Sociologia da vida rural*. Rio de Janeiro: CEB, 1946.

SOCIOLOGIA. *Cultura e contracultura*, 2016. Disponível em: <http://download.uol.com.br/educacao/aquecimento_enem_sociologia.pdf>. Acesso em: 24 nov. 2017.

_____. *Sociologia*, 2016. Disponível em: <http://download.uol.com.br/educacao/aquecimento_enem_sociologia.pdf>. Acesso em: 24 nov. 2017.

SOROKIN, Pitirim A. *Novas teorias sociológicas*. Porto Alegre: Globo, 1969.

_____. *Sociedade, cultura e personalidade*. Porto Alegre: Globo, 1968. 2 v.

_____. *Tendências básicas de nossa época*. Rio de Janeiro: Zahar, 1966.

_____. *Social mobility*. New York: Harper and Brothers, 1927.

SOTELO, Ignácio. *Sociologia da América Latina*. Rio de Janeiro: Pallas, 1975.

SOUTO, Cláudio. *Teoria sociológica geral*. Porto Alegre: Globo, 1974.

SOUSA, Rainer. Contracultura. Sociologia. *Mundo Educação*. Disponível em: <https://mundoeducacao.bol.uol.com.br/sociologia/contracultura.htm>. Acesso em: 24 nov. 2017.

SOUZA, Michel. *O que é estrutura social.* Filosofonet, 2011. Disponível em: <https://filosofonet.wordpress.com/2011/10/21/2189>. Acesso em: 16 mar. 2018.

SOWELL, Thomas. *Riqueza, pobreza e política.* Filosofia Política. Retirado de Wealth, Poverty and Politics, edição revista e alargada. Nova Iorque: Basic Books, 2016. Tradução de Desidério Murcho, 2017. Disponível em: <https://criticanarede.com/pol-rawls.html>. Acesso em: 8 jun. 2018.

SPARK NOTES. *Sociology study guides*: social institutions – medicine, 2017. Disponível em: <http://www.sparknotes.com/sociology> Acesso em: 4 abr. 2018.

STEWART, Elbert W.; GLYNN, James A. *Sociologia*: uma introdução. São Paulo: Atlas, 1978.

STRASSER, Hermann. *A estrutura normativa da sociologia.* Rio de Janeiro: Zahar, 1978.

SUAPESQUISA. *Aspectos positivos da globalização*, 2018. Disponível em: <https://www.suapesquisa.com/globalizacao/aspectos_positivos.htm>. Acesso em: 26 fev. 2018.

_____. *Problemas Sociais do Brasil*, 2018. Disponível em: <https://www.suapesquisa.com/religiaosociais/problemas_sociais.htm>. Acesso em: 22 fev. 2018.

SUÁREZ, Francisco M. *Problemas sociales y problemas de programas sociales massivos.* Naciones Unidas: Comisión Económica para América Latina y el Caribe (CEPAL), 1989.

SUMNER, William. *Folkways, a study of the sociological importance of usages, manners, customs, mores, and morals.* Boston Ginn, 1906. Project Gutenberg, 2008. Disponível em: <http://www.gutenberg.org/files/24253/24253-h/24253-h.htm>. Acesso em: 14 mar. 2018.

SWADI, Harith. Individual risk factors for adolescent substance use. *Drug and Alcohol Dependence*, v. 55, p. 209-224, 1999.

SZMRECSÁNYI, Tamás; QUEDA, Oriowaldo (Org.). *Vida rural e mudança social.* São Paulo: Nacional, 1973.

TAKAGI, Cassiana; MORAES, Amaury. Um olhar sobre o ensino de Sociologia: pesquisa e ensino. *Mediações*, Londrina, v. 12, n. 1, p. 93-112, jan./jun. 2007.

TARTUCE, T. J. A. *Métodos de pesquisa.* Fortaleza: Unice – Ensino Superior, 2006.

TEFFÉ, Chiara; MORAES, Maria Celina. Redes sociais virtuais: privacidade e responsabilidade civil Análise a partir do Marco Civil da Internet. *Pensar*, v. 22, n. 1, p. 108-146, jan.-abr. Fortaleza, 2017. Disponível em: <http://periodicos.unifor.br/rpen/article/view/6272>. Acesso em: 8 maio 2018.

TERCEIRA VIDA. *Quais são os problemas enfrentados pelos idosos?*, 2011. Disponível em: <http://terceira3vida.blogspot.com/2011/08/problemas-enfrentados-pelos-idosos.html>. Acesso em: 10 jun. 2018.

TEIXEIRA, Alessandra; BECKER, Luciana; LOPES, Manuela. A aplicabilidade da teoria dos sistemas de Niklas Luhmann na fundamentação das decisões jurídicas. *Revista Eletrônica Direito e Política*, UNIVALI, Itajaí, v. 11, n. 1, 1.º quadrimestre de 2016. Disponível em: <www.univali.br/direitoepolitica>. Acesso em: 16 mar. 2018.

TEIXEIRA, Ana Maria et al. *O desvio.* Sociologia do Desenvolvimento (FLUP), 2007. Disponível em: <http://socdesenvolvimento.blogspot.com/2007/12/o-desvio.html>. Acesso em: 22 fev. 2018.

412   **Bibliografia**

TEIXEIRA, Francisco J. S. (Org.). *Neoliberalismo e reestruturação produtiva.* São Paulo: Cortez, 1996.

THERBORN, Göran. A trama do neoliberalismo: mercado, crise e exclusão social. In: BORON, Atílio. *As políticas sociais e o estado democrático.* 3. ed. Rio de Janeiro: Paz e Terra, 1996.

THOMPSON, John. *Ideology and modem culture.* Cambridge: Polity, 1990.

THOMPSON, Van Houten. *As ciências do comportamento:* uma interpretação. São Paulo: Atlas, 1975.

TIBERIUS, Valerie. *In defense of reflection.* Philosophical issues: epistemic agency, v. 23, 2013. Disponível em: <http://onlinelibrary.wiley.com/doi/10.1111/phis.12011/full>. Acesso em: 23 nov. 2018.

TIMASHEFF, Nicholas. *Teoria sociológica.* 2. ed. Rio de Janeiro: Zahar, 1965.

TITIEV, Mischa. *Introdução à antropologia cultural.* Lisboa: Fundação Calouse Gulbeinkian, 1963.

TODA MATÉRIA. *Papel social,* 2015. Disponível em: <https://www.todamateria.com.br/papel--social>. Acesso em: 11 jan. 2018.

TÓTORA, Silvana. Envelhecimento ativo: proveniências e modulação da subjetividade. *Revista Kairós – Gerontologia,* v. 20, n. 1, p. 239-258. São Paulo: FACHS/NEPE/PEPGG/PUC-SP, 2017.

TOURAINE, Alain. *La producción de la sociedad.* México: IIS UNAM, 1995.

_____. *Em defesa da sociologia.* Rio de Janeiro: Zahar, 1976.

TREND, M. G. On the reconciliation of qualitative and quantitative analysis: a case study. In:

BRIMBER, David; COOK, Thomas; REICHARDT, Charles. (Eds.). *Qualitative and quantitative methods in evaluation research.* Beverly Hills: Sage, 1979. p. 68-86.

TRONQUOY, Darlene. *Esperamos Godot, o que Beckett tem a nos dizer sobre o sujeito pós-moderno?* Tese de doutorado, Programa de Pós-Graduação em Letras, UFES, Vitória, 2016.

TRUJILLO FERRARI, Alfonso. *Fundamentos de sociologia.* São Paulo: McGraw-Hill do Brasil, 1983.

_____. *Microssociologia.* Campinas: Capelli, 1980.

_____. *Metodologia da ciência.* 2. ed. Rio de Janeiro: Kennedy, 1974.

TUMIN, Melvin M. *Estratificação social.* São Paulo: Pioneira, 1970.

TUNUSSI, Gabriela. *Análise da teoria sociológica de Merton e suas manifestações,* 2016. Disponível em: <https://gabrielasaad.jusbrasil.com.br/artigos/339495814/analise-da-teoria-sociologica--de-merton-e-suas-manifestacoes>. Acesso em: 5 mar. 2018.

TURNER, Ralph; KILLIAN, Lewis. *Collective behavior.* New Jersey: Prentice-Hall, 1972.

TURNER, David; MUÑÕZ, Jesus. *Para os filhos dos filhos de nossos filhos:* uma visão da sociedade internet. São Paulo: Summus, 2002.

UNITED NATIONS RESEARCH INSTITUTE FOR SOCIAL DEVELOPMENT (UNRISD). *Health systems as social institutions:* progress towards health in all policies. Project from: 2012

Bibliografia 413

to 2013. Disponível em: <http://www.unrisd.org/80256B3C005BB128/(httpProjects)/DB13A3F-75C30A5B7C1257A1000576F5F>. Acesso em: 4 maio 2018.

UNIVERSIDADE FEDERAL DE ALAGOAS (UFAL). *Gestão do conhecimento.* Disponível em: <http://www.ufal.edu.br/gestaodoconhecimento>. Acesso em: 23 jan. 2018.

UNIVERSIDADE FEDERAL DE SANTA CATARINA (UFSC). *Conceito de gênero.* Curso Gênero e Diversidade na Escola. Módulo 2 – Gênero, Unidade 1, Texto 1. 2017. Disponível em: <https://grupos.moodle.ufsc.br/pluginfile.php/1685/mod_resource/content/0/modulo2/mod2_unidade1_texto1.pdf>. Acesso em: 22 abr. 2018.

VALDERRAMA, Carlos. Movimientos sociales: TIC y prácticas políticas. *Nómadas,* n. 28. Bogotá ene/jun. 2008.

VASQUES, Álvaro. *Tecnologia da informação e as relações sociais.* Portal da Educação. Disponível em: <https://www.portaleducacao.com.br/conteudo/artigos/informatica/tecnologia-da-informacao-e-as-relacoes-sociais/51023>. Acesso em: 7 maio 2018.

VEBLEN, Thorstein. *A teoria da classe ociosa.* São Paulo: Pioneira, 1965.

VELHO, Octávio Guilherme et al. (Org.). *Estrutura de classes e estratificação social.* 7. ed. Rio de Janeiro: Zahar, 1977.

VIANA, Nildo. *O dinheiro como valor fundamental.* Crítica, 2014. Disponível em: <http://informecritica.blogspot.com/2011/10/o-dinheiro-como-valor-fundamental.html>. Acesso em: 14 maio 2018.

VIEIRA, Evaldo A. *As políticas sociais e os direitos sociais no Brasil.* Serviço Social & Sociedade, n. 53. São Paulo: Cortez, 1997.

VILHENA, Valéria Cristina. *Pela voz das mulheres*: uma análise da violência doméstica entre mulheres evangélicas atendidas no núcleo de defesa e convivência da mulher. Dissertação (Mestrado em Ciências da Religião) – Universidade Metodista de São Paulo – Faculdade de Humanidades e Direito, São Paulo, 2009.

VIRTON, P. *Os dinamismos sociais*: iniciação à sociologia. São Paulo: Pioneira, 1967.

WEBER, Max. *Economia y sociedad.* México: Fondo de Cultura Econômica, 1974.

_____. *Economía y sociedad. Conceptos de la sociología y del"significado" en la acción social.* México, D. F. Fondo de Cultura Econômica,. 1984.

_____. *História sociológica da cultura.* São Paulo: Mestre Jou, 1970.

_____. *A ética protestante e o espírito do capitalismo.* São Paulo: Pioneira 1967.

_____. *Ensaios de sociologia.* Rio de Janeiro: Zahar, 1963.

_____. *Metodologia das ciências sociais (parte I).* São Paulo: Cortez, 1993.

_____. *Fundamentos da sociologia.* Porto: Rés, s.d.

_____. *Sociologia.* Porto Alegre: Artmed, 2008.

_____ et al. *Sociologia da burocracia.* Rio de Janeiro: Zahar, 1966.

WEINBERG, Steven. *The quantum theory of fields.* London: Cambridge University Press, 1995. v. 1.

414 **Bibliografia**

WEINREICH, Frederick. Establishing a point of view towards virtual communities. *Computer-Mediated Communication*, 3, (2),1997. Disponível em: <http://www.december.com/cmc/mag/1997/feb/wein.html>. Acesso em: 25 maio 2018.

WELLMAN, Barry e GULIA, Milena. Virtual communities as communities: net surfers don't ride alone. In: KOLLOCK Peter; SMITH, Marc (Orgs). *Communities in cyberspace*. Routledge. New York, 1999.

WERTHEIN, Jorge. A sociedade da informação e seus desafios. *Ciência da Informação*. Brasília, v. 29, n. 2, p. 71-77, 2000. Disponível em: <http://www.scielo.br/scielo.php?script=sci_arttext&pid=S0100-19652000000200009&lng=en&nrm=iso>. Acesso em: 8 maio 2018.

WHEATON, Blair. The role of sociology in the study of mental health... and the role of mental health in the study of sociology. *Journal of Health and Social Behavior*, v. 42, n. 3, p. 221-234, 2001.

WHITE, Mary. *What types of social networks exist?* Disponível em: <https://socialnetworking.lovetoknow.com/What_Types_of_Social_Networks_Exist>. Acesso em: 8 maio 2018.

WILLEMS, Emílio. *Antropologia social*. 2. ed. São Paulo: Difusão Europeia do Livro, 1966.

WILLIAMS, Walter. *A pobreza é fácil de ser explicada*, 2012. Disponível em: <https://www.mises.org.br/Article.aspx?id=971>. Acesso em: 8 jun. 2018.

WISDOMJOBS. *Formal and informal organisation in management*. Disponível em: <https://www.wisdomjobs.com/e-university>. Acesso em: 14 mar. 2018.

WOLF, Mauro. *La investigación de la comunicación de masas*. Barcelona: Paidós, 1987.

WOLFF, Jonathan; LAMB, Edward; ZUR-SZPIRO, Eliana. *A philosophical review of poverty*. Joseph Rowntree Foundation – JRF, 2015. Disponível em: <www.jrf.org.uk>. Acesso em: 8 jun. 2018.

WORDPRESS.COM. *Crecimiento económico y crisis ecologica*, 2010. Disponível em: <https://rojas2010.wordpress.com/alternativas/crecimiento-economico-y-crisis-ecologica>. Acesso em: 3 jun. 2018.

WORLD HEALTH ORGANIZATION (WHO). *Men ageing and health*, Geneva, 1999. Disponível em: <http://www.who.int/ageing/publications/men/en>. Acesso em: 10 jun. 2018.

XAVIER, Mavila. *A pobreza*. Luanda, Angola: Colégio Nódulo, 2017.

YAZBEK, Maria Carmelita. *Classes subalternas e assistência social*. São Paulo: Cortez, 1993.

ZANZINI, José Luiz. *O descaso com a pobreza no Brasil*. Sociologia, 2017. Disponível em: <http://sociologiacienciaevida.com.br/o-descaso-com-a-pobreza-no-brasil>. Acesso em: 9 jun. 2018.

ZGOURIDES, George; ZGOURIDES Christie. *Sociology*. Cliffs quick review. Foster City, CA: IDG Books Worldwide, 2000.

ZHOURI, Andrea; LASCHEFSKI, Klemens (Orgs.). *Desenvolvimento e conflitos ambientais*. Belo Horizonte: Editora UFMG, 2010.